आचार्य रामचन्द्र शुक्लः
प्रस्थान और परम्परा

जन्म : 4 अक्टूबर, अश्विन पूर्णिमा, सन् 1884, अगौना ।
निधन : 2 फरवरी, वसन्त पंचमी, सन् 1941, काशी ।

वाणी प्रकाशन

21-ए, दरियागंज, नई दिल्ली-110002

फोन : 23273167, 23275710, 51562622 फैक्स : 23275710

e-mail : vani_prakashan@yahoo.com

vani_prakashan@mantraonline.com

आचार्य रामचन्द्र शुक्लः प्रस्थान और परम्परा

राममूर्ति त्रिपाठी

वाणी प्रकाशन का 'लोगो'
विख्यात चित्रकार मक़बूल फ़िदा हुसेन की
कूची से

ISBN : 81-8143-345-9

वाणी प्रकाशन
21-ए, दरियागंज, नयी दिल्ली-110002
द्वारा प्रकाशित
प्रथम संस्करण : 2005
द्वितीय संस्करण : 2008

मूल्य : 495.00
आवरण : वाणी प्रकाशन
जय भारत प्रिंटिंग प्रेस, शाहदरा, दिल्ली-110032
द्वारा मुद्रित

AACHARYA RAMCHANDRA SHUKLA : PRASTHAN AUR PARAMPARA
by : Rammurti Tripathi

पुरोवाक्

आचार्य रामचन्द्र शुक्ल वस्तुतः भारतीय परम्परा के एक ऐसे आचार्य हैं जिनका एक युगोचित प्रस्थान है। हमारे यहाँ आचार्य वही माना गया है जो 'प्रस्थान' प्रवर्त्तक होता है। आचार्य शंकर और वैष्णव आचार्य ऐसे ही हैं। शुक्ल जी का दैशिक-कालिक परिवेश व्यापकतर है। वे 'हमारे यहाँ' से संस्कारतः जुड़े हुए हैं और पश्चिमी संसार के भी चैन्तनिक जगत् से उनका गंभीर परिचय है—यह परिचय दर्शन और साहित्य से तो है ही, 'विज्ञान' की मान्यताओं से भी है। भारत 'देश' अवश्य अपनी पहचान विशिष्ट आध्यात्मिकता में रखता है—पर उसके 'काल' को विज्ञान का हस्तावलंब है। अतः इन सबको आत्मसात् करते हुए उन्होंने अपना प्रस्थान निर्मित किया है—अपना एक वैचारिक दुर्ग तैयार किया है। असहमति तो आचार्य शंकर से वैष्णव आचार्यो की भी हुई—अतः यदि परवर्ती स्वच्छंदतावादी आचार्य नंददुलारे प्रभृति से भी इनकी असहमति बनी—तो यह स्वाभाविक है। आचार्य वाजपेयी मानते हैं 'बुद्धिवादी अधूरी दृष्टि है और वैदिक दृष्टि समग्र दृष्टि।' आचार्य शुक्ल अपने साहित्यिक चिन्तन में औसतन बुद्धिवादी और वस्तुवादी है। इसीलिए प्रगतिवादी चिन्तक उन्हें अपने बहुत नजदीक मानते हैं।

चाहे सर्जक हो या समीक्षक और दार्शनिक—'दृष्टि' सम्पन्न होना सब के लिए अनिवार्य है। दृष्टि से हनारा अभिप्राय 'विश्व-दृष्टि' और 'जीवन दृष्टि' से तो है ही—उससे प्रसूत काव्य दृष्टि और समीक्षक दृष्टि से भी है। जहाँ तक विश्व दृष्टि का संबंध है—मेरा आशय विश्व के उपादान विषयक दृष्टि से है। विश्व का उपादान 'शक्ति' है—यह चेतनावादी[1] भी मानते हैं और पदार्थवादी भी। शुक्ल जी का संस्कार कहीं न कहीं अवरोध पैदा करता है—पर विज्ञान अभी उसे अपनी प्रक्रिया से चिन्मय नहीं मानने देता। वे विश्व की उपादानभूत मूलसत्ता को अबुद्धिबोध्य होने से काण्ट की भाँति 'दर्शन' का विषय मानते हैं। विज्ञान केवल हमारे भौतिक और मानसिक विकास पर ही दृष्टिपात करता है। वे नहीं मानते हैं कि दिव्यसत्ता की इच्छा से विश्व का अक्रम प्राकट्य हो गय। भारतीय दर्शन भी जात्यन्तर परिणाम द्वारा विकास की

1. आदि शक्ति जेहि जग उपजाया। — रामचरित मानस

बात करता है। वे लोक मंगल की अपनी धारणा स्पष्ट करते हुए सांख्य की त्रिगुणात्मिका प्रकृति का भी सहारा लेते हैं और मानते हैं कि संसार जिस त्रिगुणात्मिका प्रकृति की अभिव्यक्ति है–उसमें सत्त्व और तम का रजोगुण द्वारा सक्रिय होना और संघर्ष होते रहना अनिवार्य है–कभी सत्त्व और कभी तम का प्रभाव बढ़ जाता है–दोनों की सत्ता बराबर रहेगी। शुक्ल जी लोकमंगल में तम के प्रकर्ष को अवरोधक मानते हैं और इसके निवारणार्थ पदार्थवादियों की भाँति रक्तक्रांति नहीं, अपितु किसी क्षात्र शक्ति का प्राकट्य मानते हैं–उसी के कारण तमोनिवारणमूलक आवरण के ध्वंस से ब्रह्म की आनन्दकला का प्रकाश होता है। तम वहाँ सत्त्व के प्रभाव में होने से अपना उपयोग मंगलानुरूप, सत्त्वानुरूप होने देने लगता है। इस प्रकार विश्व के मूल उपादान के संबंध में कभी विज्ञान की 'शक्ति' का और कभी सांख्य की प्रकृति तथा वेदान्त के ब्रह्म का भी उल्लेख करने लगते हैं। यह उनके 'संस्कार' और 'अर्जित ज्ञान' का अन्तर्विरोध है। अस्तु।

अब आती है उनकी जीवन दृष्टि। इसके तीन पक्ष होते हैं गंतव्य, मार्ग और मार्ग के प्रति आस्थावान् या अडिग रहने के लिए विचार। पं. जवाहरलाल नेहरू ने Modern mind[2] की पहचान युगोचित भूमि पर निर्धारित करते हुए कहा है कि उसकी विशेषता दो बातों में है–एक तो वह मानवता को ईश्वर के स्थान पर रखता है और दूसरे समाज सेवा को मार्ग या धर्म के रूप में स्वीकार करता है। द्विवेदी युग नैतिकता का युग है–आचार्य शुक्ल और प्रेमचन्द (का दार्शनिक मेहता) दोनों समाज सेवा के माध्यम से आत्ममंगल और लोकमंगल की बात करते हैं। मानवगत मानवता की चरितार्थता ही उनका गंतव्य है और यह भी इसी शरीर और धराधाम में। शुक्ल जी मानते हैं कि मानवता मानवस्तर पर विकसित चेतना में उद्रिक्त 'परदुःखकातरता;' का दूसरा नाम है–जिसका उभरना रागात्मक सत्ता के विस्तार से ही संभव है। रागात्मक सत्ता को 'स्व' और 'स्वीय' से आगे बढ़कर 'पर' तक विस्तृत होना चाहिए और 'पर' परिधि पूरे इहलोक को व्याप्त करती है। इस गंतव्य तक पहुँचने के लिए अपेक्षित मार्ग या आचार का ही नाम 'धर्म' है। जिसका विकास समाज के भीतर क्रमशः हुआ है। इसका संबंध परलोक और अध्यात्म से नहीं है। शुक्ल जी के दुर्ग में ब्रह्म फिर सेंध लगाकर पहुँच जाता है। वे मानते हैं कि ब्रह्म के सदंश की व्यक्त प्रवृत्ति का नाम धर्म है और इसी की रसात्मक अनुभूति भक्ति। ब्रह्म के सदंश का संबंध धर्म से और आनन्दांश का संबंध काव्य और भक्ति से है। शुक्ल जी ने इस धर्म पर विचार करते हुए सरस्वती और दृषद्वती के बीच आर्यशास्त्रानुमोदित सामान्य धर्म के अतिरिक्त विशेष धर्म (वर्णाश्रम धर्म) की भी चर्चा की है–यह अवश्य है कि उसका आधार जन्मना नहीं, अपितु गुणकर्म पर समाधृत माना है। गंतव्यगामी मार्ग के प्रति निष्ठा के दृढ़ीकरण के लिए एक विचार

2. Discovery of India

सरणि या दर्शन भी चाहिए। वाजपेयी जी ने इसी पर 'हिन्दी साहित्य : बीसवीं शताब्दी' में अँगुली उठाई है कि यह दर्शन पदार्थवादी है, आत्मवादी है या विज्ञान सम्मतहै? पदार्थवादी या विज्ञान सम्मत दर्शन में ब्रह्म कहाँ से आ जायेगा? आत्मवादी दर्शन में धर्म का संबंध परलोक और अध्यात्म से कैसे नहीं होगा? एक बात और शुक्ल जी मानते हैं कि जब 'अव्यक्त' व्यक्त होता है तब उसके दो पक्ष सत् और असत् हो जाते हैं। सत् की सत्ता असत् की अपेक्षा से ही है। इन्हीं के ताने-बाने से विश्व का पट बुना गया है। प्रमाण में शुक्ल जी तुलसी का दोहा रखते हैं :–

'जड़ चेतन, गुण–दोषमय विश्व कीन्ह करतार'[3]

यह स्पष्ट नहीं है कि 'अव्यक्त' सांख्य की प्रकृति है या अद्वैतवाद का निर्गुण ब्रह्म। इस प्रकार 'आचार' की तह में रहने वाला 'विचार' कुछ बहुत स्पष्ट नहीं है। इस प्रकार उनके जीवन दर्शन का गंतव्य (मानवता) मार्ग (धर्म) तथा पोषक विचार जैसे तीनों बिंदु विचारार्थ आपके समक्ष हैं।

इसी विश्व दृष्टि और जीवन दृष्टि के अनुरूप उनकी 'काव्य दृष्टि' और 'समीक्षा दृष्टि' (मानदण्ड) का भी प्रसव हुआ है। जिस प्रकार 'परम्परा' में गंतव्य (स्वरूपबोध) मार्ग (धर्म) और अनुरूप दर्शन प्रतिष्ठित है उसी प्रकार आचार्य शुक्ल के यहाँ भी अपने ढंग से तीनों बिंदुओं का विचार है। शुक्ल जी मानते हैं कि जो चिन्तन अद्वैत के जितना ही समीप पहुँचता है वह उतना ही सत्य के पास पहुँचता है। इस प्रकार वे परमार्थतः अद्वैतवादी और व्यवहारतः द्वैतवादी हैं। जिस प्रकार परम्परा, गंतव्य को सच्चिदानंदमय मानती है और 'रसो वैसः' कहती है–जीवन, चिन्तन और साहित्य–सर्वत्र उसी की ओर प्रस्थित होती है–शुक्ल जी की भी स्थिति वही है। वे भी जीवन अर्थात् व्यवहार और साहित्य–दोनों का गंतव्य 'मानवता' या इंसानियत की ही भूमि को मानते हैं–व्यक्तिगत राग-द्वेष की अर्जन-विसर्जन वाली संकीर्ण भूमि से ऊपर लोकसामान्य भावभूमि पर प्रतिष्ठित हो जाना मानते हैं और इसकी चरितार्थता लोकमंगल में स्वीकार करते हैं। परम्परा जहाँ विश्रान्ति स्वरूपबोध या रसात्मक प्रतीति में मानती है–शुक्ल जी उससे हटकर उसे पद्धति गत स्वीकार करते हैं और पर्यवसान लोक मंगल विधायक कर्म में मानते हैं। काव्य उनकी दृष्टि से रस विश्रान्ति या संविद् विश्रान्ति में नहीं, कर्तव्याविश्रान्ति में पर्यवसन्न होता है। इसका कारण है मनोविज्ञान का अनुधावन। मनोविज्ञान 'भाव' को प्रवर्तक और बुद्धि को सहायक बनाता है। शुक्ल जी भी यही मानते हैं–अतः पुष्ट भाव (रस) उनकी दृष्टि में कर्तव्यविश्रान्त ही होगा। तुलसी की कर्म-ज्ञान-गर्भ भक्ति–गंगा, यमुना, सरस्वती की त्रिवेणी है–प्राधान्य भक्ति का है–पर्यवसान उसका लोकमंगल में ही है।

---

3. रामचरित मानस।

पेम आमिम मंदरू बिरट, भरत पयोधि गंभीर
'मथि काढ़ेउ सुर साधुहित कृपा सिंधु रघुबीर"[4]

भरत गंभीर पयोधि है, विरह मंदराचल है जो मथकर 'पेम अमिय' की उपलब्धि कराता है–उसका भी प्रयोजन लोकमंगल विधायक 'सुरसाधु हित' ही है। कैंकर्य तुलसी की मूलभावना या साधना है। व्यक्त जगत रूप आराध्य की सेवा ही उनकी अनन्य भक्ति है। शुक्ल जी भी भक्ति को धर्म का हृदय कहते हैं। धर्म या लोकमंगलोपयोगी कर्म करते समय धार्मिक की रसमग्नता ही भक्ति है। परम्परा की तरह उसकी चरितार्थता घट के भीतर लीला दर्शन से नहीं–अपितु व्यक्त जगत में लोकमंगल विधान से है। वे परम्परा की तरह भाव का विचार ग्रहण की ओर से नहीं, आश्रय की ओर से नहीं, विषय (आलम्बन) की ओर से करते हैं–इसीलिए कवि-कर्म का क्षेत्र उसी के ऐसे चित्रण को बताते हैं–जो सर्व सामान्य (या सहृदयमात्र) में समान भाव जगाता है। वे राग-द्वेषमय अव्यक्त वासना के व्यक्त रूप भाव की चर्चा करते हुए लोकमंगल विधायक प्रेम और करुणा का राग से और सहायक क्रोध का द्वेष से संबंध जोड़ते हैं। काव्य इन विरुद्धों में सामंजस्य पैदाकर सौंदर्य और आनन्द का साक्षात्कार कराता है। रचयिता इसी सौंदर्य का स्वयं साक्षात्कार करता है और दूसरे को भी कराता चलता है। रामचरित गत सौंदर्य की अभिव्यक्ति के लिए ही रावण का उपयोग हैं। काव्य में यही दो पक्ष होते हैं–सुरूप और कुरूप। कुरूप भी अन्ततः सुरूपता का अनुभव कराकर इसी में पर्यवसन्न हो जाता है।

संक्षेप में आचार्य शुक्ल का यही वैचारिक दुर्ग है जिसका निरूपण उनका एक स्वतंत भारतीय प्रस्थान है। यह प्रस्थान अध्यात्म और परलोक से जुड़ी रहने वाली परम्परा से पृथक् अपना वैशिष्ट्य स्थापित करता है। नेहरू जी इसे युगधर्म के रूप में रेखांकित करते हैं–जो परिवर्तनशील युगान्तर में विस्थापित भी हो सकता है। इस प्रकार द्विवेदी युग के ये नैतिकतावादी आचार्य समीक्षक शुक्ल जी और कथा सम्राट सर्जक शिरोमणि प्रेमचंद–दोनों अपने युग के प्रति जागरूक सर्जक और समीक्षक हैं। दोनों सुलाने की अपेक्षा जगाने में विश्वास रखते हैं।

प्रस्तुत पाण्डुलिपि शुक्ल शती के दौरान आज से पन्द्रह बीस वर्ष पहले तैयार की गयी थी। पाण्डुलिपि तैयार कर लेखक प्रकाशक के दरवाजे खटखटाते हैं। मैं सबसे पहले प्रभात प्रकाशन, दिल्ली के पास गया। उन्होंने तीन हजार रूपए में इसे बेच देने की बात कही। बात नागवार गुजरी। मैं लौट गया। तदनन्तर श्री अशोक माहेश्वरी जी से संपर्क किया वे रामचन्द्र शुक्ल पर डॉ. शिवकुमार मिश्र की पुस्तक प्रकाशित कर चुके थे–अतः उनके द्वारा पुनः उसी लेखक पर प्रकाशन संभव नहीं था। अन्ततः वाणी प्रकाशन से प्रकाशक अरुण माहेश्वरी के पास गया। उस समय श्री जगदीश शर्मा राजकमल से हटकर उनके यहाँ कार्यरत थे। पाण्डुलिपि उनके हाथ

---

4. रामचरित मानस।

में गयी। उन्होंने उलट-पुलट कर देखा और प्रकाशनार्थ ले लिया। पाण्डुलिपि तो ले ली, पर डाल दी ठंडे बस्ते में। वर्षों वह और मैं दोनों तड़पते रहे। बात यहाँ तक आ गयी कि मुझे लौटा सकें तो बड़ी अनुकम्पा हो। इस अंतराल से मेरी कई पुस्तकें कुछ तो इनके यहाँ से भी प्रकाशित होती रही। एक दिन एक बंडल अप्रत्याशित रूप से कोरियर द्वारा मेरे पास आ ही गया, प्रसन्नता हुई कि चलो पांडुलिपि लौटकर आ तो गयी, पर खोलकर देखने पर कुछ और ही दृश्य सामने आया। रघुवंशियों की तरह अरुण जी भी अपने वचन के पक्के निकले। बंडल में खंडित पाण्डुलिपि के साथ प्रूफ के निमित्त मुद्रण प्रक्रिया से गुजरी हुई सामग्री मिली। हृदय से धन्यवाद का स्वर फूट निकला। निस्संदेश मुद्रण प्रक्रिया से गुजरी प्रति को देखकर लगा कि प्रूफ द्रष्टा ने अपनी सीमा में प्रशंसनीय प्रयत्न किया है। धन्यवाद उस महाशय को भी। अन्ततः यह भरत वाक्य

विश्रामजननं लोके नाट्यमेतद् भविष्यति।

नाट्यशास्त्र

टिप्पणी :

आचार्य शुक्ल काव्य को चर्वणाविश्रान्त न मानकर कर्तव्य विश्रान्त मानते हैं—कारण, भाव या पुष्टभाव मनोविज्ञान की दृष्टि से प्रवर्तक होता है। इस संदर्भ में एक बिन्दु चिन्तनीय यह आता है कि शृंगाररसपरक काव्य या नाट्य अनुशीलन या दर्शन के फलस्वरूप जो भाव या पुष्ट भाव अनुभव गोचर होगा वह किस मानवीय कर्तव्य में प्रवृत्त कराएगा? पुष्टरति (नायक-नायिका के बीच) किस तरह की मानवीय और सामाजिक कर्तव्य में प्रवृत्त करायेगी? निश्चय ही यह पुष्टरति उदात्त प्रकृति की होगी, पर उसकी तत्काल परिणति किस तरह की होगी? काव्य को चर्वणाविश्रान्त होने पर यह सवाल खड़ा नहीं होगा, विपरीत इसके वह राग संस्कार में आकर प्रीति में परिणत हो जाएगा और सहृदय में लहनासिंह की तरह आत्मसमर्पण की ओर भी ले जा सकता है।

अनुक्रम

आचार्य रामचन्द्र शुक्ल : जीवनवृत्त तथा साहित्यिक मान्यताएँ

जीवनवृत्त

आचार्य पं. रामचन्द्र शुक्ल का जन्म सं. 1941 (4 अक्टूबर सन् 1884) में आश्विन शुक्ल चतुर्दशी के अनन्तर पूर्णिमा को मध्याह्न में हुआ। इनके पिताश्री थे पं. चन्द्रबली शुक्ल और माता थीं गाना के प्रतिष्ठित मिश्र कुल की सुलक्षणा। कहा तो यह भी जाता है कि तुलसीदास इसी वंश के पूर्वजों में थे। शुक्ल जी अपने पिता की चौथी सन्तान और दूसरे पुत्र थे। सँतवासा होने के कारण वे अत्यन्त क्षीणकाय और दुर्बल थे। बहुत बाद में जब नागरी प्रचारिणी सभा के तत्त्वावधान में सम्पादित होने वाले 'शब्दसागर' के सन्दर्भ में इन्हें महीनों कश्मीरवास का अवसर मिला—तब स्वरूप उभरा, देह भर गई—वे अपेक्षाकृत मांसल और स्वस्थ हो सके। कश्मीर से वापस आने पर जब पिताश्री के चरण स्पर्श करने गए—तो पिता ही अपने पुत्र को कुछ समय तक न पहचान सके। शुक्ल जी की जन्मभूमि बस्ती जिला में अगौना नाम का एक गाँव है। यह गाँव सरयूतट पर स्थित कलवारी थाने से एक फलांग हटकर है। गर्गगोत्री सरयूपारीण ब्राह्मण बालक रामचन्द्र शुक्ल की माताश्री का निधन 1893 ई. में ही हो गया। वे नव वर्ष की अवस्था में ही माता की छाया से वंचित हो गए—फलतः पितामही की देखरेख में इनका बचपन बीता—दुर्भाग्यवश वे भी सन् 1918 में दिवंगत हो गईं।

पिता श्री चन्द्रबली शुक्ल फारसी, अरबी तथा उर्दू के ज्ञाता थे और आकार-प्रकार, वेश-भूषा तथा रहन-सहन से भी उसी संस्कृति में ढले हुए थे। शासकीय सेवा में वे सुपरवाइजर कानूनगो थे। शासकीय सेवा में होने के कारण स्थानान्तरण स्वाभाविक था—इटावा से राठ और राठ से इनका स्थानान्तरण मिर्जापुर हो गया। शुक्ल जी की शिक्षा का शुभारम्भ घर पर ही पं. गंगाप्रसाद जी से हुआ। चूँकि पिताश्री मिज़ाज से मुस्लिम सभ्यता और संस्कृति के पोषक थे, फलतः अंग्रेजी, उर्दू और फारसी से ही अध्ययन का आरम्भ हुआ, पर तीव्र संस्कार को परिवेश दबा नहीं सका। सन् 1898

में उर्दू और अंग्रेजी से मिडिल कक्षा उत्तीर्ण की। लन्दन मिशन स्कूल मिर्जापुर से 1901 में स्कूल फाइनल परीक्षा भी पास की। शुक्ल जी संस्कारी प्राणी थे, फलतः उनका अध्ययन आरम्भ से ही अत्यन्त मनोयोगपूर्वक होता रहा। परिणामस्वरूप अपनी कक्षा में वे निरन्तर प्रथम ही आते रहे। मिर्जापुर के रमई पट्टी मुहल्ले में एक स्कूल था—एंग्लो संस्कृत जुबली स्कूल, उसके हेडमास्टर थे—बाबू रामस्वरूप राय। इनका अंग्रेजी भाषा और साहित्य का ज्ञान बहुत अच्छा था। इन्होंने अत्यन्त रुचि लेकर शुक्ल जी को अंग्रेजी का व्यावहारिक ज्ञान बहुत ही अच्छा करा दिया। ऐसा ही मार्गदर्शन लन्दन मिशन स्कूल के हेडमास्टर काशीनाथ बरुआ और प्रिंसिपल चाडरी एफ. एफ. लांगमैन को भी अंग्रेजी और भाषा साहित्य के सन्बन्ध में मिला। इसी स्नेह और निर्देशन का परिणाम था कि सोलह वर्ष की उम्र में ही उन्होंने एडिसन के 'एसे ऑन इमेजिनेशन' का अनुवाद कर डाला था। बरुआ साहब प्रकृति के भी पुजारी थे—शुक्ल जी में प्रकृति-प्रेम के बीज का आधान इन्हीं के संसर्ग का परिणाम था।

अध्ययन के इसी क्रम में सन् 1896 में ही काशी के ज्योतिषी पं. रामफल पाण्डेय की कन्या से उनका विवाह भी सम्पन्न हो गया। मिडिल पास करते ही 1898 में गौना भी करा दिया गया। कष्ट इतना ही था कि माता का बचपन में निधन होने से पिताश्री को दूसरी शादी करनी पड़ी—फलतः विमाता ने परिवार का परिवेश बनाया। स्वाभाविक है इस नवनिर्मित पारिवारिक परिवेश में वह अपना दाम्पत्य जीवन सुखकर न रख सके हों।

मिर्जापुर के स्थानान्तरण से पूर्ववर्ती दूसरे स्थानों की अपेक्षा पिताश्री के फारसी-अरबी मिज़ाज और तदनुरूप सांस्कृतिक रुचि में थोड़ा बदलाव आया। पहले पितृ-निर्मित सारस्वत परिवेश में हिन्दी के लिए वह अवकाश नहीं था—जो थोड़ा-बहुत अब मिला। बात यह हुई कि मिर्जापुर आने के बाद वे आर्य समाज के सम्पर्क में आए—फलतः उनमें हिन्दी और अपनी संस्कृति के प्रति रुचि और रुझान पैदा हुई। जहाँ पहले शुक्ल जी हिन्दी की पुस्तकें लुकछिप कर पढ़ते थे—वहीं अब मुक्त-आकाश मिला और अध्ययन खुलकर बढ़ा। आर्यसमाज ने ही नहीं, रमई पट्टी के पं. विन्ध्येश्वरी प्रसाद तथा बाबू बलभद्र प्रसाद सिंह ने इन्हें सनातनधर्म की ओर भी उन्मुख किया। इस सबका परिणाम यह हुआ कि शुक्ल जी का भी मुस्लिम पाजामा उतर गया।

जैसा कि ऊपर कहा गया है विमाता-निर्मित नव पारिवारिक परिवेश उनके दाम्पत्य जीवन में अनुरूप हिस्सा अदा नहीं कर रहा था। विमाता और शुक्ल जी की पत्नी के बीच अनबन बढ़ रही थी और यह अनबन पिताश्री की नाराजगी तक बढ़ती गई। 1901 में उच्चशिक्षा के लिए ये प्रयाग गए और वहाँ इण्टरमीडिएट में नाम लिखाया। मिर्जापुर में पारिवारिक अशान्ति बढ़ रही थी—इस कारण जब वे पुनः

मिर्जापुर वापस लौट आए, तब तो पिताश्री की नाराजगी और बढ़ गई—परिणाम यह हुआ कि अध्ययन के निमित्त मिलने वाली आर्थिक सहायता बन्द कर दी गई। दुर्भाग्यवश 1902 में प्लीडरशिप की परीक्षा में भी वे उत्तीर्ण न हो सके। विवश होकर अपनी जन्मभूमि अगौना चले गए। इस संघर्षज अन्धकार के दौरान कुछ साहाय्य का प्रकाश मिला पं. बदरीनारायण चौधरी 'प्रेमघन' से। उन्होंने 1903 में 'आनन्दकादम्बिनी' के सम्पादन के लिए बुला लिया। शुक्ल जी के साहित्यिक व्यक्तित्व के निर्माण में प्रेमघन जी के अतिरिक्त संस्कृत साहित्य के प्रकाण्ड पण्डित विन्ध्येश्वरी प्रसाद तिवारी तथा इंसानियत की प्रतिमूर्ति बाबू बलभद्र सिंह का स्मरणीय योगदान है। महत्वपूर्ण और उल्लेख्य योगदान तो मेमोरियल लाइब्रेरी के अध्यक्ष पं. केदारनाथ पाठक का है जिन्होंने शुक्ल जी को बाबू श्यामसुन्दर दास से मिलाया। सन्दर्भ था 'हिन्दी शब्दसागर' के सम्पादन का। एतदर्थ गठित समिति के एक सदस्य के रूप में शुक्ल जी का प्रतिष्ठापित होना उनके भावी उत्कर्ष की भूमिका थी।

इस अन्तराल में शुक्ल जी के जीवन में और भी अनेक उतार-चढ़ाव आए। मिर्जापुर का एक कलेक्टर था—विंढभ साहब, इन्होंने शुक्ल जी की प्रतिभा से प्रसन्न होकर नायब तहसीलदार का पद प्रदान किया—यह बात दूसरी है कि शुक्ल जी की रुचि से उस पद का तालमेल न बैठ सका। यह वह समय था जब राष्ट्रीय कांग्रेस ने ब्रिटिश शासन का तख्त उलटने की घोषणा ही नहीं—तदनुरूप माहौल और मानसिकता भी देश में पैदा कर दी थी। इस माहौल और मानसिकता में शुक्ल जी ने ब्रिटिश-नीति-विरोधी राष्ट्रीयता की भावना से ओत-प्रोत होकर एक लेख लिखा—'What has India to do'. इस लेख से विंढभ साहब नाराज हो गए। फलतः उन्हें नायब तहसीलदारी के पद से हटना पड़ा और फिर 1904 में लंदन मिशन स्कूल में ड्राइंग मास्टर के रूप में नियुक्ति प्राप्त की—जहाँ वे 1908 तक कार्य करते रहे। यह समय 1908 का ही था, जब वे 'हिन्दी-शब्दसागर' के सम्पादन के लिए काशी को प्रस्थित हुए। उनके साहित्यिक जीवन के उदय की यही वेला थी। शुक्ल जी की साहित्यिक प्रतिभा में निखार लाने वाले जो अनेक विद्वान् थे, उनमें से एक और उल्लेख्य हैं—पं. रामगरीब चौबे—अंग्रेजी के अद्भुत विद्वान्। कोश के सन्दर्भ में काम करते-करते शुक्ल जी बाबू श्यामसुन्दर दास के घनिष्ठ-घनिष्ठतर होते गए। यह समय 1919 का था जब काशी हिन्दू विश्वविद्यालय में वे अध्यापक के पद पर नियुक्त हुए। बीच में अलवर नरेश ने अपने यहाँ आमंत्रित कर लिया था, पर सरस्वती की लक्ष्मी से कब पटी? वर्ष भर वहाँ रहकर पुनः विभाग में लौट आए। काशी निवास के उनके इतिहास को दो भागों में बाँटा जाता है—संघर्षकाल 1908-1929 तथा सुख-शान्तिकाल 1930-41। इस दीर्घ अवधि में शुक्ल जी की साहित्य- साधना अनवरत चलती रही। अन्ततः निष्ठा, सारस्वत साधना और

स्वाभिमान की इस प्रतिमूर्ति ने 2 फरवरी' 1941 को अपनी ऐहिक लीला समाप्त कर दी। मिर्जापुर उनकी कर्मभूमि और काशी उनकी फलभूमि रही। ऐसा आचार्य हिन्दी जगत् को दुबारा नहीं मिला।

साहित्यिक मान्यताएँ

सन् 1884 में हिन्दी साहित्य के आकाश में एक ओर 'इन्दु' (भारतेन्दु) का अस्ताचल की ओर प्रयाण हो रहा था और दूसरी ओर 'चन्द्र' (रामचन्द्र) का उदयाचल से उदय। पहला दूसरे को विरासत सौंप रहा था और दूसरा उस विरासत को सँभालने के लिए सामने आ रहा था। पहले ने तत्कालीन जनता की चित्तवृत्ति को अभिव्यक्ति देने लायक 'भाषा' की प्रतिष्ठा की थी। जबकि दूसरा इस संकल्प से गतिशील था कि कैसे वह उस मातृ-भाषा को राजनीति, विज्ञान, दर्शन और कला आदि के क्षेत्र में प्राप्त भाव और विचार से सम्पन्न कर दे कि भावी सन्तति उससे लाभान्वित हो सके।

शुक्ल जी कला, विज्ञान और दर्शन के गहन अध्येता थे। अध्ययन के इस सन्दर्भ में सृष्टि और उसके मूल उत्स पर पौरस्त्य एवं पाश्चात्य दर्शन का तुलनात्मक मन्थन करते हुए इस निष्कर्ष पर पहुँचे थे कि सृष्टि और स्रष्टा के बीच द्वैतभाव मानने की अपेक्षा अद्वैत वाला पक्ष अधिक संगत है। विश्वप्रपंच की भूमिका में उनका निर्णय है—"नाना भेदों में अभेद दृष्टि ही सच्ची तत्त्व दृष्टि है।" विज्ञानलब्ध मान्यताओं के आलोक में द्रव्य और शक्ति एक ही सत्ता के दो रूप हैं—यह धारणा तो उनकी है ही, साथ ही यह भी कि वह नित्य और अव्यय है। 'विश्वप्रपंच' की भूमिका में यह भी कहा है—"विश्व में जितना द्रव्य है उतना ही सदा से है और सदा रहेगा—उससे न घट सकता है, न बढ़ सकता है!" यह शक्ति गत्यात्मक है और उसकी गत्यात्मकता का रहस्य उसका आकर्षण-विकर्षण रूप स्वभाव है। सवाल अब यहाँ आकर रुक गया है कि वह सत्ता चेतन है या अचेतन। प्रयोगशाला में अभी चेतन का निर्माण नहीं हो सका है—विज्ञान अभी उसके उद्‌भव की पूरी व्याख्या नहीं कर सका है। उन्होंने इसीलिए कहा है—"यदि चैतन्य की नित्य सत्ता सर्वमान्य हो गई, तो फिर सब मतों की भावना का समर्थन हुआ समझिए—क्योंकि चैतन्य सर्वस्वरूप है" और अपने मन्तव्य की ओर संकेत करते हुए कहा है—"सब मतों और सम्प्रदायों में धर्म और ईश्वर की जो सामान्य भावना है—उसी का पक्ष अब शिक्षित पक्ष के अन्तर्गत आ सकता है।"[1] डॉ. रामविलास शर्मा इस पर से यह निष्कर्ष निकालते हैं—"यह सामान्य भावना नैतिक आदर्शों की हो सकती है—एक चेतन परोक्ष सत्ता की भी।" शुक्ल जी के विवेचनों में शर्मा जी के दोनों विकल्प मिलते हैं। धर्म विषयक उनकी सामान्य अवधारणा नैतिक आदर्शों से सम्बद्ध है और ईश्वर विषयक चेतन परोक्ष सत्ता से। व्यवहार की व्याख्या तो वहीं तक करते हैं जितना विकासवाद के आलोक में बोधगम्य और तर्कसंगत है,

पर **काव्य** और **परमार्थ** के विषय में विचार करते हुए वे 'अव्यक्त' (सच्चिदानन्द) की सत्ता स्वीकार करके ही अपना पक्ष रखते हैं।[2] स्रष्टा और सृष्टि की एकता की कल्पना करने वाले हीगेल, कांट और शापेन हावर को जब वे पढ़ते हैं और उनसे मिलते-जुलते विचार भारतीय वेदान्त में पाते हैं—तब उन्हें भारत के प्रति प्रगाढ़ श्रद्धा पैदा होती है। इसलिए उनकी विवेचना में 'हमारे यहाँ, हमारे यहाँ' की ध्वनि प्रायः सुनाई पड़ती है। उनके चामत्कारिक व्यक्तित्व के कारण उन्हें संस्कारी तो मानना ही पड़ता है—फलतः जहाँ एक ओर जन्मजात संस्कारों के कारण वे भारतीय ब्राह्म विभूति हैं—वहीं अर्जितज्ञान के कारण दूसरी ओर विज्ञान-सम्मत सार्वभौम मान्यताओं के समर्थक भी। राजनीति के क्षेत्र में पाश्चात्यनीति के विरोधी होते हुए भी ज्ञान-विज्ञान के क्षेत्र में वे उधर के ज्ञान से भी प्रभावित कम नहीं थे—इसलिए कभी-कभी उनमें इनकी टकराहट से अन्तर्विरोध का उभर आना सम्भव है। 'काव्य' स्वरूप के सन्दर्भ में अपने को **अभिव्यक्तिवादी** कहते हुए उन्होंने यह स्वीकार किया है कि **अव्यक्त** की अभिव्यक्ति जगत् और जगत् की अभिव्यक्ति काव्य है। परमार्थ के क्षेत्र में एक ही सत्ता के 'अव्यक्त' रूप को अतिप्राकृत योगमार्ग का और 'व्यक्त' रूप को प्राकृत भाव या रागमार्ग का विषय निरूपित किया है। **'धर्म'** की परिभाषा करते हुए उसे **'अव्यक्त'** के सत्स्वरूप की व्यक्त प्रवृत्ति कहा है। निष्कर्ष यह कि उनका चिन्तन और उनमें निहिंत दृष्टि 'अव्यक्त' संत्ता को मानकर चलती है और उसे 'सच्चिदानन्द' मानती है। शुक्ल जी के साहित्य-सिद्धान्त के लिए उनकी 'दृष्टि' का स्पष्टीकरण आवश्यक है।

चिन्तन या ज्ञान के क्षेत्र में अद्वैतवाद या अव्यक्तवाद को अवश्य मानते हैं, पर व्यवहार के स्तर पर द्वैतवाद या व्यक्तवाद तक ही अपनी सीमा मानते हैं। 'अव्यक्त' को उन योगियों के लिए छोड़ देते हैं—जो अतिप्राकृत साधना से अतिप्राकृत शक्ति द्वारा उसकी अपरोक्षानुभूति करते हैं—वे निर्वासन (वासनात्मक मन का ध्वंस कर चुके) होते हैं। वे महाभारत का साक्ष्य देते हैं—"यावन्नवासनानाशः तावत्तत्त्वागमः कुतः?" अतिप्राकृत शक्ति और अव्यक्त की बात करते हुए भी उसकी रहस्यात्मकता के कारण स्पष्टतावादी विवेकनिष्ठ शुक्ल जी मानवता की चरितार्थता या उसकी पूर्णता के विषय में प्राकृत सीमा में ही जमकर विचार करते हैं। शुक्ल जी के 'हदीस' के विषय में विश्वनाथप्रसाद मिश्र शुक्ल जी के भ्रातुष्पुत्र श्री चन्द्रशेखर जी को प्रमाण मानते हैं और उस चन्द्रशेखर शुक्ल का कहना है—"मनुष्य[3] को वे हृदय, बुद्धि और शरीर की त्रिमूर्ति मानते थे और कहते थे कि तीनों की समस्त शक्तियों के सामंजस्य का उत्कर्ष ही मनुष्य की पूर्णता है। किसी एक या दो की उन्नति तीसरे के उत्कर्ष के बिना मनुष्य को पूर्णता तक नहीं ले जा सकती।" मनुष्य की लोकयात्रा का यही लक्ष्य है और लोकयात्रा के लिए ही 'धर्म' की अपेक्षा की गई है।

लोकयात्रार्थमेवेहधर्मस्य नियमः कृतः।

यद्यपि धर्म को अभ्युदय और निःश्रेयस् की सिद्धिवाले गुण से सम्पन्न शुक्ल जी मानते हैं, तथापि 'धारणाद्धर्म इत्याहुः' में ही उसे ज्यादा स्पष्ट समझते हैं। जैसे अग्नि का धर्म जलाना उसके स्वभाव का पर्याय है वैसे ही मानव का धर्म मानवता है—जो उसका स्वभाव है। इस स्वभावात्मक धर्म के शाश्वत और अशाश्वत दोनों रूप हैं—पहला नित्य और दूसरा परिवर्तनशील, पहला अन्तरंग और दूसरा बहिरंग। मानवता मानव स्तर पर विकसित चेतना में व्यक्त उन गुणों—धैर्य, क्षमा, दम, अस्तेय, शौच, इन्द्रिय निग्रह, विद्या, बुद्धि, सत्य और अक्रोध—की समष्टि का नाम है जो मानव को लोकमंगल में प्रवृत्त कराता है—लोक के अस्तित्वरक्षण, पालन और रंजन में प्रवृत्त कराता है। इस धर्म के कारण मानव 'सर्वभूतात्मभूत ब्राह्मण' बन पाता है। शुक्ल जी मानव जीवन का उद्देश्य, उसकी सभी विकसित शक्तियों का सामंजस्य इसी ब्राह्मण में देखना चाहते थे—

'सर्वभूतात्मभूतो यस्तं देवा ब्राह्मणं विदुः'

इस शाश्वत धर्म का सम्बन्ध वे बुद्धि से नहीं, हृदय से बताते थे। उनकी दृष्टि में काव्य इसी 'सामंजस्य' की ओर मनुष्य को पहुँचाने का साधन है। उनके अनुसार काव्य में इसी धर्म के भावों को जगाने की शक्ति देखकर वे उसके आधार पर भावयोग की कल्पना करते हैं और उसे कर्मयोग तथा ज्ञानयोग के समकक्ष रखते हैं। वे मानते हैं कि जिस प्रकार आत्मा की मुक्तावस्था ज्ञानदशा कहलाती है उसी प्रकार हृदय की यह मुक्तावस्था रस दशा कहलाती है। हृदय की इसी मुक्ति की साधना के लिए मनुष्य की वाणी जो शब्दविधान करती आई है उसे कविता कहते हैं। शुक्ल जी की दृष्टि में कविता द्वारा भावित यह रस दशा—मन की सात्त्विक दशा—व्यक्तिसत्ता और लोकसत्ता की समरस दशा—वह मनोदशा है जो ग्राहक या रसयिता को लोकमांगलिक कर्मों में प्रवृत्त कराती है। वह रसदशा अपने-आप में साध्य नहीं है—सत्कर्म प्रवर्तन में साधन है। परम्परा काव्य को संविद् विश्रान्ति में साधन मानती है, शुक्ल जी रसमयता द्वारा उसके सत्कर्म विश्रान्त होने में साधन मानते हैं। उनकी दृष्टि में हृदय की मुक्तावस्था अर्जन-विसर्जन की व्यावहारिक जीवनयापन के सन्दर्भ में चेतना के शरीर-केन्द्रित हो जाने से उद्रिक्त राग-द्वेष मूलक स्वपरभाव के बन्धन से मुक्ति है। कविता मनुष्य की वासना का परिष्कार करती है—उसे राग-द्वेष मुक्त कर परकीय सुख-दुःख में रमण कराती है—परकीय सुख-दुःख को मन का विस्तार कर आत्मीय बनाती है—आत्मा या मन की परिधि का विस्तार करती है—इस प्रकार के व्यायाम से मन का परिष्कार होता है। मनुष्य के हृदय पक्ष के लिए उनका वही भावों के परिष्कार द्वारा सर्वात्मभूत होने का सिद्धान्त था जिसे वे भावयोग कहते थे और कविता को जिसका साधन मानते थे। इसी भावयोग या अनुभूतियोग के अभ्यास से

शेष सृष्टि के साथ हमारे रागात्मक सम्बन्ध की रक्षा और निर्वाह होता है।[4] उनका कहना है, "सम्पूर्ण सत्ताएँ एक ही परमसत्ता और सम्पूर्ण्र परमभाव एक ही परमभाव के अन्तर्भूत हैं। अतः बुद्धि की क्रिया में हमारा ज्ञान जिस अद्वैत भूमि पर पहुँचता है उसी भूमि तक हमारा भावात्मक हृदय भी इस सत्त्व-रस के प्रभाव से पहुँचता है। इस प्रकार अन्त में जाकर दोनों पक्षों की वृत्तियों का समन्वय हो जाता है। इस समन्वय के बिना मनुष्यत्व की साधना पूरी नहीं होती।" उनके शब्दों में "भावयोग की सबसे उच्च कक्षा पर पहुँचे हुए मनुष्य का जगत् के साथ पूर्ण तादात्म्य तो जाता है, उसकी अलग भावसत्ता नहीं रह जाती उसका हृदय विश्व हृदय हो जाता है।"[5]

शुक्ल जी काव्य को मनोमय कोश तक ही परिमित करते थे—क्योंकि उसका सम्बन्ध मनोविकारों से ही है। उन कोशों तक काव्य की सीमा कैसे बढ़ाई जा सकती है जिनका उद्घाटन मनोनिग्रह और मनोनाश से होता है—निर्वासन होने से होता है। भावमय मन का स्वरूप स्पष्ट करते हुए उन्होंने कहा है—

जिस सूक्ष्म सूत्र को पसारकर बँधा हुआ
*एक है अनेक होता गया वही **भाव** है* (हृदय का मधुर भार)

शुक्ल जी काव्यानुभूति और लोकानुभूति को भिन्न कोटि का नहीं मानते, जबकि परम्परा में काव्यानुभूति को लोकोत्तर अनुभूति सिद्ध करने का अटूट आग्रह है। इनकी दृष्टि में काव्यानुभूति एक सात्त्विक मनोदशा है जो लोकव्यवहार में भी अनुभवसिद्ध है। जिस तरह लोकव्यवहार की सात्त्विक मनोदशा की पर्यवसिति सत्कर्मप्रवृत्ति में है, वैसे ही काव्यानुभूति की भी—क्योंकि जीवन का जो परम लक्ष्य है उसी में काव्य का भी योगदान है। महज प्रस्थान भिन्न है। परम्परा से हटकर शुक्ल जी गैर-आत्मवादी भूमि पर काव्यानुभूति की व्याख्या करते हुए उसे सुख-दुःखों-भयात्मक मानते हैं। दुःखात्मक कोटि की काव्यानुभूति रसात्मक केवल इसलिए मानी जाती है कि वह स्व-पर-भावविनिर्मुक्त मन से अनुभूत होने के कारण उतना क्षोभकर अथवा उद्वेगजनक नहीं होती। इस रसात्मकता को काव्य का व्यावर्त्तक लक्षण मानने के कारण उक्तिवैचित्र्यपरक रचना को काव्य न कहकर वे **सूक्ति** कहना पसन्द करते हैं और जिसमें चमत्कार पर्यवसायी उक्तिवैचित्र्य भी न हो—उनकी दृष्टि में वह विशुद्ध 'पद्य' है।

सर्जना या निर्माण पक्ष से विचार करते हुए शुक्ल जी ने कहा कि जिस व्यक्ति का रागात्मक सत्त्व जितना ही उद्रिक्त है वह चराचर जगत् से विश्वसत्ता से उतना ही शीघ्र तादात्म्यापन्न हो उठता है—उसके लिए नर या नरेतर सृष्टि का साधारण रूप हो या असाधारण। इसीलिए रागात्मक सत्त्व सम्पन्न स्रष्टा या सर्जक मनोनिष्ठ या जगन्निष्ठ शेष सृष्टि के साथ तादात्म्यापन्न होकर व्यक्तिसत्ता को विश्वसत्ता से—इतर सत्ता से एकात्म कर देता है और यही मनोभूमि रसात्मक अनुभूति की

मनोभूमि है। इस मनोभूमि पर उदित काव्यानुभूति स्रष्टा की विधायक कल्पना को सक्रिय कर गोचर रूप विधान में संलग्न कर देती है। जिस प्रकार भक्ति के लिए 'उपासना' (आराध्य की मूर्ति मन में लाकर उसके सामीप्य का अनुकरण करना) की जरूरत होती है वैसे ही भावयोग के लिए 'भावना' या 'कल्पना' की, निर्माण की ओर से विधायक कल्पना की। शुक्ल जी भाव संचारोपयोगी मूर्त विधान में कल्पना को साधन मानते हैं और यह मूर्तविधान मूल रूपों और व्यापारों का होना चाहिए। यद्यपि आज भावों के विषयों और उनके द्वारा प्रेरित व्यापारों में बौद्धिकता के आड़े आने से जटिलता बढ़ती जा रही है—भाव भी नंगे होकर नहीं, सभ्यतासूचक लिवास में प्रच्छन्न रूप से सामने आ रहे हैं। शुक्ल जी की दृष्टि में इसी प्रच्छन्नता का निवारण कवि-कर्म का एक मुख्य अंग है। रस का आधार खड़ा करने वाला जो विभावन-व्यापार है, कल्पना का प्रधान क्षेत्र वही है। निर्माण के लिए कवि में वे 'सहृदयता' और 'कलानिपुणता' आवश्यक मानते हैं—अर्थात् कवि में प्रबल वासनात्मक अनुभूति भी हो और उसको व्यक्त करने की निपुणता भी। सहृदय और कलानिपुण कवि **कल्पना के सहारे जो रूपविधान** करता है उससे तो जागरित होने वाली मार्मिक अनुभूति काव्यानुभूति या रसानुभूति है ही, **प्रत्यक्ष रूपविधान** या **स्मृत रूपविधान** भी शुक्ल जी की दृष्टि में रसानुभूति की ही कोटि में विशेष दशाओं में आ सकती हैं। भाव-व्यंजना कवि स्वयं भी करता है और निबद्धपात्रों के माध्यम से भी करता है और निबद्धपात्र-गत भाव उचित भी हो सकते हैं तथा अनुचित भी। उचित स्थल पर कल्पित पात्र के साथ सहज किन्तु अनुचित स्थल पर आरोपित रूप में कवि तादात्म्यापन्न होकर सृष्टि करता है। इन अवसरों पर यदि कलात्मक शक्ति प्रौढ़ न हुई तो कभी आराध्य के शृंगारवर्णन में और कभी अनाराध्य के भावव्यंजन में कल्पना का शैथिल्य उभर आता है।

शुक्ल जी मानते हैं कि कविता का मूल तो अन्तर्निहित है—राग की वासना में ही, पर वह अव्यक्त मूल को लेकर नहीं चलती व्यक्त प्रसार को ही लेकर चलती है। इस दृष्टि से कविता अभिव्यंजना है—जहाँ अलंकरण और भाषा आदि का विचार आता है। शुक्ल जी के अनुसार काव्यभाषा के चार गुण हैं— लक्षणाशक्ति द्वारा गोचर रूपविधान, जाति-संकेत वाले शब्दों की अपेक्षा विशेष रूपव्यापार सूचक शब्द, नादसौन्दर्याधायकवर्णविन्यास तथा, व्यक्तियों के नाम के स्थान पर रूप-गुण या कार्यबोधक शब्द। कवि भाषा को प्रभावशाली बनाने के लिए कभी-कभी बात को घुमा-फिराकर या बढ़ा-चढ़ाकर रखना पड़ता है और इस क्रम में भाषा की सभी शक्तियों से काम लेना पड़ता है। उनकी दृष्टि में अलंकार कथ्य को प्रभावशाली बनाने के कथन का ढंग है। वे वर्ण्यवस्तु निर्देश कथन, जैसे—स्वभावोक्ति, उदात्त, अत्युक्ति आदि—को अलंकार नहीं मानते।

परम्परा में ग्रहण की दृष्टि से रस पर विचार किया गया है। वह रसनिष्पत्ति

पर काव्य की **सौन्दर्य-दृष्टि** से तो विचार करते ही हैं–उससे हटकर **लोकमंगल की दृष्टि** से भी विचार करते हैं –इसीलिए 'रस' के मूल-'भाव' क्षेत्र को वे अत्यंत पवित्र मानते हैं–क्योंकि न केवल वह सत्कर्म प्रवर्तक है अपितु **शील** विधायक भी है। परम्परा जहाँ 'भाव' का विचार सहृदय के वासनावासित हृदय से जोड़कर करती है शुक्ल जी वहाँ लौकिक विषय (पात्र) से जोड़कर मनोविकार के रूप में करते हैं। कारण, शुक्ल जी काव्यानुभूति को प्रत्यक्षानुभूति से भिन्न जाति का नहीं मानते और प्रत्यक्षानुभूति में भाव मनोविकार के रूप में लौकिक विषय से ही सम्बद्ध होता है। इसीलिए मनोविज्ञान के आलोक में भाव या मनोविकार को प्रत्ययबोध, अनुभूति और वेगयुक्त प्रवृत्ति तीनों के गूढ़ संश्लेष को कहते हैं। वे मानते हैं कि ज्ञान, कर्म तथा उपासना की जीवन पद्धतियों में सर्वोच्च स्थिति उपासना या भक्ति नामक भाव की ही है–जो धर्म की रसात्मक अनुभूति है और धर्म अव्यक्त के सत्स्वरूप की व्यक्त प्रवृत्ति का ही नाम है। अभिप्राय यह भाव-निरूपण के मूल में उनका मनोविज्ञान तथा रुचिविशेष का द्योतक लोकमंगलवाद भी है। इस भाव के व्यष्टिगत होते हुए भी उसमें परार्थता, समष्टिगामिता के साथ-साथ परमार्थता की भी सम्भावना है। इमोशन भाव हैं और सेंटिमेंट–स्थायीभाव। उनके अनुसार एक व्यक्ति या वस्तु के प्रति एक अवसर पर व्यक्त मनोवेग 'भाव' अनेक अवसर पर व्यक्त 'स्थायीभाव' या चिर भाव है। विशेष या निर्दिष्ट के सामने से हट जाने पर भी वह मनोवेग किसी के प्रति प्रकट होने लगे तब 'स्वभाव' (शीलदशा)। इनके अतिरिक्त लोकरक्षण तथा लोकरंजन की दृष्टि से उन्होंने 'बीजभाव' (करुणा तथा प्रेम) का भी उल्लेख किया है। स्थायीभाव पर जमकर विचार करते हुए उन्होंने कहा कि स्थायीभाव के दो अर्थ हो सकते हैं–

(क) किसी एक भाव का एक अवसर पर इस आधिपत्य के साथ बना रहनां कि उसके उपस्थितिकाल में अन्यभाव अथवा मनोवेग उसके शासन के भीतर प्रकट हों और वह ज्यों का त्यों बना रहे। अन्यत्र यह भी कहा है कि रसावस्था (पूर्ण) तक पहुँचने की सम्भावना से सम्पन्न 'भाव' ही स्थायी कहा जा सकता है और पूर्ण रसावस्था वह है जहाँ नायक, कवि तथा ग्राहक तीनों का तादात्म्य हो सके।

(ख) किसी मानसिक स्थिति का इतने दिनों तक बना रहना कि उसके कारण भिन्न-भिन्न अवसरों पर भिन्न-भिन्न भाव प्रकट होते रहें। चित्त की इन स्थितियों को 'भावकोश' कहते हैं और इनका विधान भाव-विधान से उच्चतर है। यह कोई भावसमष्टि नहीं है, अपितु अन्तःकरण में संघटित एक प्रणाली मात्र है जिसमें कई भिन्न-भिन्न भावों का संचार हुआ करता है। मनुष्य में शील या आचरण की प्रतिष्ठा इसी **भाव-प्रणाली** के अनुसार होती है। भाव में संकल्प वेग युक्त होते हैं और भाव-कोश में धीर और संयत।

परम्परा ने पहले प्रकार के स्थायीभाव को मानकर रसों की संख्या निर्धारित की

है। शुक्ल जी ने रस की उत्तम और मध्यम—दो कोटियाँ मानी हैं—पूर्ण रसदशा और शीलदशा। जहाँ कवि, ग्राहक और आश्रय तीनों का तादात्म्य हो—वहाँ रस की पूर्णदशा उत्तम कोटि और जहाँ ग्राहक और आश्रय का तादात्म्य न हो—फलतः उसकी भावदशा अतृप्त रह जाय—वहाँ मध्यम कोटि।

शुक्ल जी ने इसी सन्दर्भ में एक और रस की कल्पना की और उसे 'प्रकृति रस' कहा और बताया कि प्रकृति का उद्दीपनात्मक रूप ही नहीं होता, आलम्वनात्मक रूप भी होता है—जहाँ चिर साहचर्यजन्य प्रकृतिनिष्ठ वासना तृप्त होती है। जहाँ कवि प्रकृति-चित्रण की बारीकियों के साथ संश्लिष्ट रूप प्रस्तुत करे—वहाँ समझना चाहिए कि प्रकृति आलम्बनात्मक रूप में प्रस्तुत हुई है।

शुक्ल जी ने एक प्रश्न और उभारा और वह यह कि जहाँ रति की व्यंजना एकांगी हो—वहाँ क्या नियमतः रसाभास ही होगा? अगर ऐसी बात है तो घनानन्द की सुजान के प्रति या गोपियों की कृष्ण के प्रति की गई अतृप्त रति व्यंजना रसाभास अर्थात् अनुचित मानी जायगी? उत्तर स्पष्टतः निषेधात्मक है।

रसनिष्पत्ति के सन्दर्भ में उनका अविस्मरणीय सिद्धान्त साधारणीकरण का आता है—जहाँ उन्होंने कई विकल्प प्रस्तुत करते हुए अन्ततः कहा कि साधारणीकरण आलम्बन का नहीं, अपितु आलम्बनत्वधर्म का होता है। कल्पना में मूर्ति तो व्यक्ति या विशेष की ही आती है—पर उसमें विन्यास ऐसी साधारण विशेषताओं का होता है जो सर्वसामान्य (सहृदय ग्राहकों) में समानभाव ही व्यक्त करती हैं। इसी सन्दर्भ में उन्होंने दर्पणकार विश्नाथ महापात्र के 'तादात्म्य' (आश्रय और ग्राहक गत) की भी चर्चा की है। क्रोचे के अभिव्यंजनावाद तथा भारतीय परम्परागत सामान्यीकरण के बीच उभरते हुए अन्तर्विरोध को शान्त करने के लिए आलम्बनत्वधर्म के साधारणीकरण की उद्भावना की गई।

इनके अतिरिक्त शुक्ल जी की कुछ और भी प्रकीर्णक मान्यताएँ है—हिन्दी आलोचना को उनके प्रदेय हैं। वे परम्परा से हटकर यह स्वीकार करते हैं कि काव्य की रमणीयता वाच्यार्थ में रहती है—चाहे वह योग्य और उपपन्न हो या अयोग्य और अनुपपन्न—लक्ष्यार्थ या व्यंग्यार्थ में नहीं। अपनी बात को स्पष्ट करने के लिए 'जीकर हाय पतंग मरे क्या'—का साक्ष्य दिया है। शुक्ल जी की यह मान्यता पर्याप्त विवादास्पद रही और विद्वानों के बीच मान्यता न प्राप्त कर सकी।

उनका ऐसा ही विवादास्पद पक्ष यह भी है कि यूरोप का अभिव्यंजनावाद यहाँ के पुराने वक्रोक्तिवाद का विलायती उत्थान है। कहाँ स्पंदवादी कश्मीरी दर्शन पर आधारित लोकोत्तराह्लादकारी वैचित्र्य का साधक और स्वभाव-प्राण भारतीय वक्रोक्ति और कहाँ सर्वथा भिन्न दृष्टि पर आधारित मनोगत रूपव्यंजना?

डंटन का खण्डन करते हुए शुक्ल जी ने काव्य के दो भेदों—प्रयत्नपक्षपरक तथा भोगपक्षपरक—का उल्लेख किया है और बताया है कि डंटन की अपेक्षा वे उभयत्र

कलात्मकता का समावेश अपेक्षित मानते हैं। वे डंटन की इस स्थापना से भी असहमत हैं कि हैमलेट की सृष्टि विधायिनी कल्पना निरपेक्ष है और ऐसी ही नाटकीय या स्वानुभूति निरपेक्ष या नाटकीय दृष्टि ही काव्यकला का चरम लक्ष्य है।

शुक्ल जी काव्यरूपों में मुक्तक और प्रगीत की अपेक्षा प्रबन्धात्मक काव्यरूप को सर्वाधिक महत्व देते हैं। उनका मन्तव्य है कि मुक्तक में जो रस की रस्म अदायगी होती है—उससे शीलदशा का समावेश नहीं होता—उसका उद्देश्य तो क्षणिक मनोरंजन होता है, पर उच्च लक्ष्य रखनेवाले, मनुष्य की प्रकृति का संस्कार या निर्माण करने की सामर्थ्य रखने वाले प्रबन्धकाव्य या नाटक के चरित्र चित्रण का आधार शीलदशा ही है। आलम्बन का स्वरूप संघटित करने में उपादानरूप होकर शीलदशा रसोत्पत्ति में पूरा योग देती है। इसीलिए वे रामायण को आर्यकाव्य का आदर्श मानते हैं।

इसी प्रकार 'सौन्दर्य' क्या है—वस्तुगत है या आत्मगत? सौन्दर्यशास्त्रियों में विवाद का एक बृहद् बिन्दु है। शुक्ल जी का पक्ष है कि जिस प्रकार वीरकर्म से पृथक् वीरत्व कोई पदार्थ नहीं है वैसे ही सुन्दर वस्तु से पृथक् सौन्दर्य कोई पदार्थ नहीं है। कुछ रूप रंग की वस्तुएँ ऐसी होती हैं जो हमारे मन में आते ही थोड़ी देर के लिए हमारी सत्ता पर ऐसा अधिकार कर लेती हैं कि उसका ज्ञान ही हवा हो जाता है और हम उन वस्तुओं की भावना के रूप में परिणत हो जाते हैं। हमारी अन्तःसत्ता की यह तदाकार परिणति सौन्दर्य की अनुभूति है। अर्थात् जिस वस्तु के प्रत्यक्षज्ञान या भावना से तदाकार परिणति जितनी ही अधिक होगी उतनी ही वह वस्तु हमारे लिए सुन्दर कही जाएगी। इस विवेचन से स्पष्ट है कि भीतर-बाहर का भेद व्यर्थ है जो भीतर है वही बाहर है।

शुक्ल जी मन को तालाब के सदृश छायाग्राही, तदाकार परिणतिशील और दृश्य जगत् का मूल बतलाते थे। कर्म के मूल में वे उसी को बतलाते थे। उसकी इच्छाशक्ति के प्रवृत्ति और निवृत्ति नाम के दो रूप मानते थे। सौन्दर्यानुभूति के समय भीतर-बाहर एक हो जाता है—बाह्य वस्तु और आन्तरिकता एक हो जाती है—उसमें बाहर या भीतर जैसा विशेषण कैसे लगाया जाय?

साहित्यिक अभिव्यक्ति का एक बहुत बड़ा भाग है, जिसका स्रोत 'भक्ति' है। उस भक्ति के विषय में, उसके आलम्बन के विषय में और उससे प्राप्त मुक्ति के विषय में शुक्ल जी की अद्‌भुत धारणा है। शुक्ल जी मनुष्य को हृदय, बुद्धि और शरीर की विभूति मानते थे और कहते थे कि तीनों की समस्त शक्तियों के सामंजस्य का उत्कर्ष ही मनुष्य की पूर्णता है—पर कर्म, ज्ञान और उपासना की जीवन पद्धतियों में सर्वोच्च स्थिति उन्हें उपासना या भक्ति-धर्म की रसात्मक अनुभूति—में दिखाई पड़ती थी। उनकी दृष्टि में भक्ति का मार्ग प्राकृत मार्ग है—'यह सूधो सनेह को मारग है'—इसका विषय चरमसत्ता का ज्ञानी आचार्य निर्दिष्ट ज्ञात या व्यक्तपक्ष

है—क्योंकि भाव का संचार ज्ञान की ही परिधि में होता है। भक्त आराध्य व्यक्त रूप को भ्रमात्मक या मिथ्या नहीं मानता। प्राकृत-परिधि में ही भावात्मक भक्ति का विचार करने से उन्होंने दोनों—भक्ति और ज्ञान का क्षेत्र भेद माना है। ज्ञान से जितना जाना जाता है—भाव का उतनी दूर तक संचार हो जाता है। ज्ञान आगे-आगे रास्ता बनाता है—भक्ति पीछे-पीछे चलती जाती है। शुक्ल जी मानते हैं कि आत्मबोध और जगद्बोध में भारतीय भक्ति पद्धति ने ज्ञानियों की भाँति भेद नहीं माना और दूसरी ओर नर में ही नारायण की दिव्यकला का दर्शन कर हृदय का पूर्ण निवेदन किया—गीता ने नारायण में विश्वरूपता का भी दर्शन कराया। इस प्रकार भारतीय चिन्तन में भक्ति का व्यक्त-सत्ता से सम्बन्ध होने के कारण रहस्यवादिता की यहाँ कोई सम्भावना नहीं है—हाँ यदि प्राइवेसी के अर्थ में रहस्य माना जाय तब माधुर्य भक्ति में उसकी झलक मिलती है।

शुक्ल जी के अनुसार ज्ञानमार्ग या भक्तिमार्ग—उभयत्र रहस्य का लेश नहीं है—हाँ उस सामी मत में जहाँ ज्ञान अध्यात्म में वर्जित है फलतः उसका काम 'भाव' से ही लिया जाता है—वहाँ रहस्य की सम्भावना अवश्य हो सकती है। काव्य में 'रहस्य' की स्थिति केवल जिज्ञासा के ही रूप में विराट् प्रकृति के माध्यम से सम्भव है। ज्ञान के क्षेत्र के अद्वैत और अज्ञात सत्ता के प्रति राग के संयोग-वियोग का प्रलाप छद्‌म रहस्यवाद है।

संक्षेप में शुक्ल जी की ये ही साहित्य विषयक मान्यताएँ हैं। सैद्धांतिक आलोचन के क्षेत्र में जहाँ तक उनके प्रदेय का सम्बन्ध है चूँकि लगभग उनकी सारी मान्यताएँ परम्पराप्रतिष्ठ भारतीय चिन्तन से कहीं-न-कहीं हटकर हैं—इसलिए इन सारी मान्यताओं को उनका अवदान ही कह सकते हैं। इनमें से कई एक विवादास्पद भी बनीं और कई एक उनकी अवधारणा के रूप में चल रही हैं। उनके चिन्तन का प्रस्थान बिन्दु तदवधिक वैज्ञानिक और दार्शनिक मान्यताओं के आलोक में सक्रिय अपनी बुद्धि ही थी, साथ ही उनका संकल्प था कि शास्त्र के क्षेत्र में प्रत्येक निष्कर्ष तथ्याधृत, वस्तुमुखी और तर्कप्रतिष्ठ होना चाहिए—अतः वे अपने चिन्तन को यथासम्भव प्राकृत-परिधि में ही रखते थे। परम्पराप्रतिष्ठ मान्यताएँ प्रायः अतिप्राकृत शक्ति पर समाधृत हैं—इसलिए शुक्ल जी का उनसे संवाद नहीं हो पाता है। दूसरे उनका व्यक्त जगत् की परिधि का लोकमंगलवाद भी उन्हें अपने बनाए हुए रास्ते पर चलने को विवश करता था।

सन्दर्भ

1. आचार्य रामचन्द्र शुक्ल, पृ. 19। 2. वही, पृ. 253। 3. वही, पृ. 351। 4. रसमीमांसा, पृ. 11 । 5. वही, पृ. 20।

आचार्य रामचन्द्र शुक्ल : भारतीय परम्परा में एक नया प्रस्थान

पाश्चात्य परम्परा में 'थियालाजी' और 'फिलासफी' अलग-अलग हैं जबकि भारतीय परम्परा में दर्शन और धर्म—एकान्वित हैं। भारतीय संस्कृति आचार से विचार को निरन्तर जोड़कर चलती है। फलतः मानती है—''यस्तर्केणानुसंधत्ते स धर्मं वेद नेतरः''—यहाँ अध्यात्म में बुद्धि वर्जित नहीं है, विपरीत इसके विहित 'मनन' में उपयोगी है। जिस प्रकार अन्य भारतीय आचार्य स्व-सम्मत 'मुक्ति' के अनुसार 'दर्शन' निर्मित करते हैं—उसी प्रकार भारतीय परम्परा के अनुसार शुक्ल जी 'मुक्ति' की एक विशिष्ट धारणा और तदनुरूप 'दर्शन' निर्मित करते हैं। जिस प्रकार यहाँ की परम्परा में 'स्व-भाव' की चरितार्थता के अनुरूप परमार्थ दर्शन, व्यवहार दर्शन और काव्य दर्शन बने हैं—बनते हैं—उसी प्रकार शुक्ल जी भी तदनुरूप तीनों क्षेत्रों का दर्शन निश्चित करते हैं। जिस प्रकार भारतीय आचार्य भारतीय पुनीत वाङ्मय के साक्ष्य पर अपने मत को पुष्टि करते हैं उसी प्रकार शुक्ल जी भी भारतीय ऋषियों की उक्तियों का साक्ष्य देकर नई व्याख्या के साथ अपना पक्ष पुष्ट करते हैं। 'हमारे यहाँ' का उन्हें पर्याप्त गर्व है। निष्कर्ष यह कि परम्परा से जुड़ने की उनमें अदम्य आकांक्षा है और तदनुरूप प्रयास भी। इसलिए मैं उन्हें भारतीय परम्परा की ब्राह्मविभूति मानता हूँ।

उक्त पद्धति से जहाँ एक ओर वे भारतीय परम्परा से अपने को जोड़ते हैं—फलतः ब्रह्माद्वैतवाद से अपना दर्शन, वर्णाश्रमवाद से व्यवहार व दर्शन और रस पद्धति तथा शब्दशक्ति के आधार पर भारतीय समीक्षा के भवन का ढाँचा खड़ा करने का सुदृढ़ प्रयास करते हैं, वहीं दूसरी ओर अन्य आचार्यों की भाँति अपने युग की चेतना और समस्या से संपृक्त होकर ज्ञान-विज्ञान की नव्यतम प्रगति के आलोक में एक नए प्रस्थान का प्रवर्तन भी करते हैं। उनका युग विज्ञान और दर्शन के संघर्ष का युग है—जहाँ यह प्रश्न खड़ा है कि सृष्टि की बीज भूता 'शक्ति' जड़ मानी जाय या चेतन—शुक्ल जी बुद्धिवाद का सहारा लेते हैं—पर उसका क्षेत्र जगत्-व्यापार की व्याख्या (विकासवादी) को बताते हैं न कि जगत् की मूल सत्ता को। मूल सत्ता को

वे पराविद्या या दर्शन के क्षेत्र का मानते हैं। वे मानते हैं किं एक अव्यक्त सत्ता है, विश्वात्मा है जिसकी इच्छा के अनुरूप मानव का अन्तःकरण 'भाव' नामक पवित्र वस्तु धारण करता है–जिसमें स्वार्थ परार्थता का अविरोधी है–उसमें परार्थता का बीज है–उसी के विकास से मानव का भाव-स्वभाव विकसित और चरितार्थ होता है। मानव की प्राकृत सत्ता के दो पक्ष हैं–भावात्मक और बोधात्मक। दोनों का चरम विकास विश्व–व्यक्त जगत्–तक प्रसृत होने में है। विश्वव्यापी प्रसार ही ऐश्वर्य है–व्यक्तिगत योग-क्षेम की संकीर्ण रज्जु से मुक्ति है–ईश्वरत्व की अभिव्यक्ति है। मनुष्य ने राम और कृष्ण में अपनी सम्भावना की पूर्णता ही देखी है–मानव में निहित विभूति का वहाँ चरम विकास है। वहीं शक्ति, शील और सौन्दर्य की पराकाष्ठा है। वहीं जगत् के रक्षण, रंजन और पालन की पूर्ण स्थिति है। विश्वात्मा की इच्छा मानव के छोटे से अन्तःकरण में निहित भाव के माध्यम से उसी दिशा में प्रवृत्त होती है–तदर्थ बुद्धि सहायिका है। विश्वात्मा की इच्छा से नियंत्रित भावमूलक प्रवृत्ति में बुद्धि साधक है–बुद्धि सर्वोपरि नहीं है। फलतः इस लोकमंगल के उद्देश्य से नियंत्रित बुद्धिवाद आचार्य वाजपेयी द्वारा 'बुद्धिवाद अधूरी दृष्टि' शीर्षक लेख में निर्धारित बुद्धिवाद से भिन्न है–ध्वंस पर्यवसायी आज का भौतिक बुद्धिवाद नहीं है। वह पश्चिम की बेलगाम घोड़ी नहीं है।

शुक्ल जी मानते हैं कि समस्त व्यक्त जगत् अव्यक्त ब्रह्म की ही अभिव्यक्ति है–वही सदसत् रूप में, रामत्व-रावणत्व के रूप में अपने को व्यक्त करता है–फलतः तुलसी के साक्ष्य पर वे मानते हैं कि विश्व क्षीर-नीर का योग है। व्यक्त प्रकृति–जो निःसीम प्रवाह नित्य है–त्रिगुणात्मक है–जगत् उसी का विरूप परिणाम है। आगे वे जगत् के भौतिक और मानसिक व्यापारों की यथासम्भव विकासवादी चिन्तन के आलोक में व्याख्या करते हैं, यद्यपि उसकी सीमा का भी संकेत देते हैं। वे विकासवादी व्याख्या को आत्मवादियों द्वारा भी परम्परा ग्राह्य मानते हैं और डार्विन-सम्मत विकासवाद से अपना प्रस्थान-पार्थक्य करते हुए उसके 'योग्यताभावशेष' के सिद्धान्त को मानव जीवन के विकास के स्तर पर अमान्य ठहराते हैं, विपरीत इसके स्पेन्सर के 'परस्पर साहाय्य वृत्ति' वाले सिद्धान्त का उपयोग करते हैं और वहाँ भी विश्वात्मा की इच्छा की बात करते हैं। इनका विश्वात्म इच्छा सम्पन्न है और वह शक्ति समवेत है जो व्यक्त जगत् के रूप में परिणत होती है–फलतः व्यक्त जगत् मिथ्या नहीं है। इसलिए वे शंकर सम्मत अद्वैत से भी प्रस्थान-पार्थक्य कर लेते हैं। वाजपेयी जी ने उनमें स्पिनोजा के 'पैन्थेइज्म' की गन्ध देखी है–पर स्पिनोजा के पैन्थेइज्म में सत्व, रज, तमोमयी शक्ति की बात कहाँ है?

व्यवहार के स्तर पर भी उनका प्रस्थान-पार्थक्य है। एक ओर सरस्वती और दृषद्वती के तटों पर विकसित आर्य जाति द्वारा उद्भावित 'विशेष धर्म' (वर्णाश्रम धर्म) के पक्षधर होने के कारण जहाँ वह पारम्परिक प्रतीत होता है और संसार की अन्य

संस्कृतियों के 'सामान्य धर्म' से विशिष्ट हो जाता है वही कर्मणा आधार स्वीकार करने के कारण पृथक् भी हो जाता है। आर्यसमाज के त्रैतवाद से भिन्न दर्शन के कारण आर्यसमाजी कहना सम्भव नहीं। बुद्धि, बल, अर्थ और सेवा पर आधारित समाज-व्यवस्था के कारण वे वर्गवादी समाज-व्यवस्था से भी अपना टाट अलग कर लेते हैं। वे मानते हैं कि समाज सत्-असत् का मिश्रित रूप है—अतः वृत्ति-विरोध का आत्यंतिक उच्छेद कभी नहीं हो सकता। सत्व तथा तम का—जो रजस् प्रवर्तित है—संघर्ष बराबर रहेगा—काम्य है सत्व के शासन में रज तथा तम का क्रियाशील होना और वर्ज्य है—तमस् का समुद्रेक और प्रभावी होना। एतदर्थ शुक्ल जी करुणा और क्रोध—दोनों की उपादेयता स्वीकार करते हैं। अशेष सृष्टि के साथ राग तो वासना के रूप में रहता ही है—उसे करुणा तथा प्रेम के रूप में व्यक्त करके जगत् का रक्षण, रंजन तथा पालन साध्य है। विशेष धर्म, वर्णाश्रम धर्म ही शुक्ल जी का 'लोकधर्म' है। औसत लोक का धर्म है—सोशल डिसिप्लीन है—जिसके प्रति शुक्ल जी की अकाट्य आस्था है। शुक्ल जी का विश्वास है कि अधिकार कर्तव्यबोध के साथ लोकधर्म का पालन लोक को अवश्य धारण करेगा। इसके अतिक्रमण से लोक की स्थिति अस्त-व्यस्त हो जाएगी। वाजपेयी जी इस शुक्ल-सम्मत 'लोकधर्म' को कच्ची जमीन पर प्रतिष्ठित मानते हैं, जो ठीक नहीं। दूसरी ओर हजारी प्रसाद द्विवेदी जादू-टोना प्रभृति के निकृष्ट रूप को लोकधर्म कहते हैं और कभी शास्त्रीय जड़ता के प्रति क्रान्ति करने वाली अर्जित बौद्धिक आवरण से युक्त सहज ऊर्ध्वगामी चेतना के प्रकाश को लोकधर्म कहते हैं। यह लोकधर्म का उत्कृष्ट रूप है। यह दृष्टिभेद से सही है, पर अन्य दृष्टि से शुक्ल जी का पक्ष भी संगत है। शुक्ल जी औसत जनता को जो सँभाले रहे—वह लोकधर्म—वह यही वर्णाश्रम व्यवस्था है। सामाजिक अनुशासन का अतिक्रमण करने वाली प्रातिम चेष्टाएँ व्यक्ति साधना की ऐकान्तिक उपलब्धि हो सकती हैं—पर यह समुन्नत मनस्क साधक की बात है—यह औसत लोक का धर्म नहीं हो सकता। व्यवहार तत्त्ववाद से नहीं चलता, तदर्थ अपेक्षित विधि निषेधों से चलता है—यह विधि निषेध इतिहास में समाज की आवश्यकताओं से निर्धारित होते हैं। शुक्ल जी की दृष्टि में धर्म का परलोक और अध्यात्म से कोई सम्बन्ध नहीं है। लोकधर्म लोकमंगल की दिशा में और समाज द्वारा धीरे-धीरे निर्धारित होता चलता है।

परमार्थ दर्शन और व्यवहार दर्शन की भाँति उनका काव्य दर्शन भी परम्परा-सम्बद्ध होकर प्रस्थान-पार्थक्य की ही पुष्टि करता है। उन्होंने परम्परासम्मत 'वाक्यं रसात्मकं काव्यं' के पक्षधर होते हुए भी 'रस' की व्याख्या सर्वथा भिन्न ढंग से की है। एतदर्थ अध्ययन, संस्कार और मनोविज्ञान—तीनों की सहायता ग्रहण की है। जिस प्रकार परमार्थ दर्शन में डार्विन के 'योग्यतभावशेष' का और व्यवहार दर्शन में मार्क्स-सम्मत वर्गवाद से वे असहमत हैं—उसी प्रकार काव्य दर्शन में वे फ्रायड के कला सिद्धान्त से भी असहमत हैं। वे स्वप्न के समकक्ष काव्य को नहीं रखना

चाहते—जहाँ अतृप्त इच्छाओं की पूर्ति ही प्रवृत्ति मात्र की निमित्त मानी जाती है। वे रस की व्याख्या परम्परा की भाँति वासनावासित सहृदय से हृदय की ओर से नहीं करते—जहाँ संविद् विश्रान्ति रूप रस की पार्यन्तिक प्रतीति लोकोत्तर और विशुद्ध आनन्दमय मानी जाती है। विपरीत इसके विषयबद्ध लौकिक पात्र (के भाव या मनोविकार) से आरम्भ करते हैं। इसीलिए वे 'भाव' को मनोविज्ञान के अनुसार प्रत्ययबोध, अनुभूति और वेगयुक्त प्रवृत्ति के संश्लिष्ट रूप को मानते हैं। वे काव्य की स्वायत्तता के विरुद्ध जीवनायत्तता के पक्षधर हैं—पर जीवन की सीमा मनोमय कोश तक ही स्वीकार करते हैं—फलतः काव्य और उसके रसात्मक प्रभाव को लोकजीवन से और मनोमय कोश से ही सम्बद्ध करते हैं। उसकी दृष्टि में रस न तो चरम गन्तव्य है न ही निखालिस आनन्दमय। यह अवश्य है कि रस के लिए व्यक्तित्व का विलयन और सामग्री का साधारण्य—दो शर्तें अनिवार्य हैं। रस की मध्यम कोटि में वह विलयन भी आश्रय की सत्ता में नहीं हो पाता। वे रस को मन की एक योग-क्षेम-भावना-निर्मुक्त हृदय की अवदात्त दशा मानते हैं जो करुण में सुखदुःखात्मक भी हो सकती है। वे स्थायी भाव की शर्त आश्रय और ग्राहक के बीच तादात्म्य की सम्भावना को मानते हैं और साथ ही यह कि उस भाव के निर्धारित कालीन आधिपत्य में अन्य भाव भी संचरणशील हों। यदि भाव का स्थायित्व दीर्घ काल तक चलता रहे—तब वह भावकोश माना जाएगा। जैसे—प्रीति और बैर। रस की पारम्परिक परिधि से भिन्न केवल काव्य-नाट्यादि की परिधि का कल्पित रूप विधान ही नहीं, अपितु जीवन में स्मृत रूप विधान तथा प्रत्यक्ष रूप विधान भी ग्राहक मानव को रसात्मक भूमि पर उठा ले जाता है। यद्यपि यह बात लाक के अनुभववादी दर्शन पर आधारित एडीसन ने भी कही है—पर उसने यह स्पष्ट नहीं किया कि किस प्रकार और कौन-सी कल्पना का विधान कलात्मक माना जाएगा। शुक्ल जी ने रसपर्यवासियिनी प्रक्रिया से जोड़कर उसे भारतीय और हिन्दी का अपना चिन्तन प्रदान किया है। रस तरंगिणी के लोकरस से शुक्ल जी की संगति नहीं बैठती—कारण है दोनों के चौखटों का पार्थक्य। शुक्ल जी परम्परासम्मत मुनि निर्दिष्ट रस संख्या में भी विश्वास नहीं रखते—फलतः प्रकृति रस की स्थापना करते हैं। यही नहीं अपने प्रस्थान में शुक्ल जी ने आस्वाद की साधारणीकरण नामक प्रक्रिया का स्वरूप भी वस्तुवादी दृष्टि से निरूपित करते हुए उसे आलम्बनत्व धर्म से जोड़ा है और आस्वाद को नैतिकता-अनैतिकता के बीच से देखा है। इसीलिए उन्हें राम के व्यापार में सौन्दर्य दिखाई देता है, रावण के व्यापार में नहीं।

प्रायोगिक समीक्षा के क्षेत्र में भी जब वे रस-पद्धति और शब्द-शक्ति के आधार पर भारतीय समीक्षा के भवन निर्माण की बात करते हैं और उसका कार्यान्वयन करते हैं—तब वे परम्परा से ही जुड़ते हैं—पर उनके स्वरूप के सम्बन्ध में अपनी विशिष्ट धारणा—जैसे काव्यत्व का अधिवास वाच्यार्थ में ही होता है—व्यक्त करते हैं—तब उनके प्रस्थान का पार्थक्य स्पष्ट हो जाता है।

आचार्य रामचन्द्र शुक्ल : एक स्वतन्त्र भारतीय प्रस्थान

(तदवधिक प्रस्थानों से पृथक् प्रस्थान)

(क) परम्परा : आचार्य शुक्ल और भक्ति साहित्य

दर्शन, लोकधर्म, शब्दशक्ति तथा रसपद्धति—आदि की भाँति 'भक्ति' के सम्बन्ध में भी शुक्ल जी की अवधारणा परम्परा से हटकर है। उनकी दृष्टि में ब्रह्म के सदंश की व्यक्त प्रवृत्ति का नाम धर्म है और उसी की रसात्मक अनुभूति 'भक्ति'। भक्ति धर्म का हृदय है। अपनी प्रतिज्ञा के अनुसार शुक्ल जी 'भक्ति' की विकासवादी दृष्टि से क्रमिक निष्पत्ति निरूपित करते हैं और भारतीय वाङ्मय का साक्ष्य देते हैं। उनकी दृढ़ धारणा है कि 'धर्म' की प्रतिष्ठा 'लोक' में उसकी स्थिति और रक्षा के निमित्त होती है। यह 'धर्म' जब-जब तिरोहित होता है—विश्वधारिणी शक्ति तब-तब क्षात्रशक्ति के रूप में अवतीर्ण होकर उसे पुनः प्रतिष्ठित करती है।

धर्म की अद्यावधिक धारणा की उपस्थापना विकासवादी दृष्टि से 'विश्व-प्रपंच' की 'भूमिका' में और 'भक्ति' की 'सूरदास' नामक पुस्तक में शुक्ल जी ने विस्तार से की है। जातीय, ऐतिहासिक और सांस्कृतिक पृष्ठभूमि पर आचार्य हजारी प्रसाद द्विवेदी ने भी अपनी 'हिन्दी साहित्य की भूमिका' में 'भक्ति' की स्वरूप-परिणति पर विचार किया है—पर दोनों की 'दृष्टि' ही भिन्न है। आचार्य शुक्ल ने 'भक्ति' का मध्यदेशीय मध्यकालीन परिवेश में सहसा समुच्छलन पश्चिमी चिन्तकों की तरह नहीं माना। उन्होंने कहा है—"कालदर्शी भक्त कवि जनता के हृदय को सँभालने और लीन रखने के लिए दबी हुई भक्ति को जगाने लगे। भक्ति का जो सोता दक्षिण की ओर से धीरे-धीरे उत्तर भारत की ओर पहले से ही आ रहा था—उसे राजनीतिक परिवर्तन के कारण शून्य पड़ते हुए जनता के हृदय-क्षेत्र में फैलने के लिए पूरा स्थान मिला। इसके विकास-स्तरों का शुक्ल जी को पता है। सभ्य आर्य जाति के बीच आरम्भ में भय, लोभ तथा कृतज्ञता की भूमियों पर चढ़ती हुई लोक-चेतना 'कृत' से 'कर्त्ता' (लोक की स्थिति, रक्षा तथा रंजनकर्त्ता) की ओर उन्मुख होती गई और

द्रव्ययज्ञात्मक 'पूजा' से 'ज्ञानयज्ञात्मक' उपासना की ओर बढ़ती गई। धीरे-धीरे आंगिरस से दीक्षित देवकी पुत्र कृष्ण के हाथ में वह नेतृत्व आया और फिर महाभारत के कृष्ण द्वारा निष्काम कर्म-गर्भ ज्ञान और भक्ति की गीता में प्रतिष्ठा की गई। उन्हें ज्ञात है कि किस प्रकार नारद और शांडिल्य के निर्देशन से भक्ति द्विशाख हो गई—एक ज्ञान कर्म सम्मिलित भक्ति की गीता-गत स्थिति और दूसरी वृष्णिवंशियों के बीच पल्लवित भागवत-भक्ति—जो धीरे-धीरे ऐकांतिक माधुर्य-भाव की ओर मुड़ती गई। एक की स्थिति मर्यादामार्गी रामधारा में हुई और दूसरे की कृष्णधारा में। उनकी दृष्टि में भक्तिमार्ग अपने विशुद्ध रूप में धर्मभावना का भावात्मक या रसात्मक विकास है। शुक्ल जी ने यह कहाँ लिखा है कि मुसलमानों के आने पर ही 'भक्ति' की भावना प्रतिक्रिया के रूप में मध्यदेश के आकाश में सहसा विस्फुटित हुई? उन्होंने यही तो कहा है कि उत्तर भारतीय राजनीतिक परिस्थितियों ने दबी हुई भक्ति भावना को और धार दे दी। वल्लभाचार्य का उद्घोष 'कृष्ण एवं गतिर्मम' मध्यदेश की किस मानसिक स्थिति का पता देता है? गोस्वामीजी का 'कलियुग' वर्णन तात्कालिक राजनीतिक परिवेश के विषय में क्या कहता है? मध्यकाल के इतिहासविद् किस हिन्दू समाज की अत्याचारग्रस्त स्थिति का संकेत देते हैं? यह सब मिलकर क्या तत्कालीन जनता की सोत्साह और उन्नतदर्प मानसिकता का पता देते हैं? आखिर इतना तो विचारणीय है कि इसी युग में भक्ति (का उद्भव नहीं, वह तो पूर्व प्रतिष्ठ है) का इतना चतुरस्र प्रकाश क्यों हुआ—अकारण था यह? शुक्ल जी ने दबी हुई भक्ति भावना को तात्कालिक परिस्थितियों से दीप्त माना है—निश्चय यह भावना भारतीय मानसिकता का स्वाभाविक विकास थी—पर तात्कालिक परिस्थितियों को उद्दीपक मानने के पीछे किन पाश्चात्य साम्राज्यवादी चिन्तकों का समर्थन निहित है? यह मान लिया गया कि शुक्ल जी ने मुसलमानों के आक्रमण से ही भक्ति का अंकुरण माना है और फिर उनसे पूछा गया कि यदि ऐसा ही था—तो आक्रमण उत्तर भारत में हुआ और भक्ति सुदूर दक्षिण तमिल प्रदेश में आलवारों के बीच कैसे उदित हुई?

एक प्रश्न और उठाया जाता है कि हिन्दी साहित्य के विकास की केन्द्रीय शक्ति 'प्रभाव' है या 'स्वभाव'—मुसलमानी प्रभाव या शास्त्रीय जड़ता के विरुद्ध उठी हुई लोकचेतना का 'स्वभाव'? शुक्ल जी और द्विवेदी जी दोनों ही 'प्रभाव' और 'स्वभाव' को आत्यंतिक विरोधी विकल्प नहीं मानते—प्रश्न प्राधान्य का है। बीज तो 'स्वभाव' ही है—जिसका इतिहास शुक्ल जी ने भी प्रस्तुत किया है—प्रभाव प्रभाव ही है। विधेयवादी पद्धति—जो ग्रियर्सन द्वारा उत्थापित की गई थी—शुक्ल जी द्वारा अवश्य स्वीकृत हुई—पर भक्ति साहित्य के पल्लवन में निहित ग्रियर्सनी चेतना का समग्र अनुधावन नहीं है। शुक्ल जी जागरूक हैं—और भारतीय भक्तिमार्ग के इतिहास से अवगत हैं। परिस्थितियों और साहित्य में प्रतिफलित चित्तवृत्तियों का

कार्य-कारण भाव दिखाने के सन्दर्भ में इस्लाम-भिन्न सभी धर्म के अनुयायियों को काफिर घोषित करने वाली आक्रामक जाति का 'प्रभाव' कैसे अनदेखा कर दिया जाय? इतिहास इस बात का साक्षी अवश्य है कि शास्त्रीय जड़ता लोकचेतना में निहित सहज ऊर्ध्वगामी वृत्ति के झंझावात में टूट रही थी और वैदिक मार्ग की अपेक्षा रागमार्गी आगम मार्ग से जुड़ रही थी—शुष्क ज्ञानमार्ग से हटकर रागमार्ग की ऊर्ध्वगामिनी सम्भावनाओं से जुड़ रही थी—स्मरणीय है कि यह प्रक्रिया भी सुदूर अतीत से चली आ रही थी। इसमें कोई सन्देह नहीं कि अध्यात्म की धारा भारत के स्वभाव में है जब अर्जित बोध और 'स्वभाव' में संघर्ष होता है तो 'स्वभाव' अपने विकास के लिए रास्ता बना लेता है। शुक्ल जी साम्राज्यवादी पाश्चात्य चिन्तकों की भाँति यह नहीं मानते कि मध्यकाल में 'भक्ति' किसी अज्ञात स्रोत से सहसा फूट पड़ी—अपितु भारतीय वाङ्मय के साक्ष्य पर वे 'सूरदास' की भूमिका में यह अच्छी तरह बता चुके हैं कि 'भक्ति' किस तरह उद्भूत और विकसित होती हुई और मध्यकाल में दीप्त-दीप्ततर हो उठी। इस प्रकार 'प्रभाव' प्रभाव ही है—'स्वभाव' नहीं। स्वभाव में निहित सम्भावना पर ही प्रभाव असरकारी होता है। इसका द्वन्द्व खड़ा कर पक्षधरता की खाई क्यों खोदी जाय? हाँ, यह अवश्य है कि शुक्ल जी का लोकधर्म आर्यशास्त्रानुमोदित है—वर्णाश्रमी है—वे शास्त्रपक्ष के पक्षधर हैं और द्विवेदी जी का लोकधर्म शास्त्रीय जड़ता के विरुद्ध क्रान्ति की ओर अग्रसर, जड़ता-प्रताड़ित-लोकसामान्य का धर्म-अनुभववादी विवेकसम्मत धर्म। शुक्ल जी इसे इसीलिए आत्म-प्रेरणा परिचालित होने के कारण व्यक्ति साधना कहना पसन्द करते हैं—क्योंकि इन्होंने अज्ञ समाज को कोई स्थायी व्यवस्था नहीं दी—जिससे वे सन्तुलित लोकयात्रा का निर्वाह करते। निष्कर्ष यह कि प्रक्रान्त 'भक्ति चेतना' भारतीय स्वभाव में निहित सम्भावना का परिस्थितिजन्य 'प्रभाव' से दीप्तरूप है। क्रमागत 'भक्ति' धारा का विकास दिखाते हुए उसे **'उद्दिष्ट'** कर 'प्रभाव' की दीप्ति में 'विधान' करते हैं—**विधेय** बनाते हैं। द्विवेदी जी शुक्ल जी द्वारा प्रस्तावित विधेयात्मक प्रभाव को 'उद्देश्य' बनाकर 'स्वभाव' का विधान करते हैं। एक के यहाँ विधेय 'प्रभाव' है जबकि दूसरे के यहाँ 'स्वभाव'। जब भारतीय चिन्तनधारा यह कहती है—

कृते श्रुत्युक्त आचारस्त्रेतायां स्मृतिसम्भवः।
द्वापरे च पुराणोक्तः कलावागमसम्भवः।।

तब अपनी गिरती हुई क्षमता के अनुरूप मार्गभेद की ही बात करती है—'श्रुति' से 'आगम' की ओर त्रैवर्णिक से सार्ववर्णिक मार्ग की ओर बढ़ने का ही अनुमोदन करती है—इससे भारत की स्वाभाविक चिन्ताधारा के विकास का स्पष्ट संकेत मिलता है। क्या उस इस्लामी परिवेश में श्रुतिसम्मत पावन आचारों का निर्विघ्न निर्वाह हो सकता था? क्यां अन्तर्मुखी साधना की ओर मुड़ने की विवशता

में उसका कोई प्रभावात्मक योगदान नहीं था? खैर, 'प्रभाव' की बात को इनकार तो कोई नहीं करता—विवाद 'प्रभाव' और 'स्वभाव' के बलाबल पर है। निश्चय ही दोनों का अपनी जगह महत्व है—परिवेश का भी आनुवंशिक रिक्थ का भी। हिन्दी साहित्य की मूल प्राणधारा भक्ति है—वीरगाथा नहीं—इसीलिए द्विवेदी जी भक्ति साहित्य को ही हिन्दी का सच्चा साहित्य कहते हैं—विद्यापति को उसी धारा से जोड़ते हैं। वस्तुतः दोनों आचार्यों की मूल मानसिक बनावट ही भिन्न है—अतः एक 'लोकधर्म' को लेकर चलता है और दूसरा व्यक्ति साधना को महत्व देता है। एक **अध्यात्म** को बोधगम्य व्याख्या से दूर रखता है और दूसरा उसे लेकर ही चलता है—एक की समाजमुखी वृत्ति उसे सर्वथा अविकृत रहने के लिए 'कर्म-ज्ञान-उपासना' परक सामंजस्यवादी मार्ग की वकालत करती है दूसरे की जर्जर होती हुई आर्यशास्त्रानुमोदित धारा के विरुद्ध लोकचेतना की सहज विच्छुरित सप्राण धारा का पक्ष ग्रहण कराती है। शुक्ल जी व्यवहारमुखी चिन्तक हैं अतः भेद सर्वदा उनके ध्यान में है दूसरा व्यवहार से व्यवहारातीत की ओर भी दृष्टि रखता है—अतः व्यक्ति साधना को अन्ततः महत्व देता ही है। इस मूल दृष्टि के कारण अनिवार्यतः फूटने वाले विपरीत अंकुरों को आगन्तुक विरोध समझना चाहिए—स्वाभाविक नहीं। अध्यात्म की दृष्टि से लोकधर्म और व्यक्ति साधना विरोधी नहीं है—पर जिस स्थिति में व्यवहार की भूमि पर शुक्ल जी ने विरोध देखा है—वह संगत है। विरोध अन्तःप्रेरणा से परिचालित व्यक्ति साधना का नहीं है—विरोध ऐसे सिद्ध के अन्धानुयायी जनसामान्य में होने वाली अराजकता से है। यही बात कर्म, ज्ञान, उपासना के सम्बन्ध में भी समझना चाहिए। अध्यात्म की अन्तःप्रेरणा से परिचालित केवल 'ज्ञान' मार्ग भी संगत है और केवल 'राग' मार्ग भी—पर व्यवहार के धरातल पर सामान्य जनता में यदि तीनों का सामंजस्य रूप भावमार्गी साधना न हो—तो कर्ता की निम्नवृत्तिवश ऐकान्तिक मार्ग विकृत होकर ही रहेंगे—अतः वाजपेयी जी जब शुक्ल जी के परस्पर विरोधी शिविरों—ज्ञानमार्गी, भक्तिमार्गी—आदि का उल्लेख करते हैं और कहते हैं कि हर साधना में तीनों की स्थिति है—किसी एक का प्राधान्य है—तब कोई अन्तर्विरोध नहीं खड़ा होता—महज अध्यात्म की सच्ची अन्तःप्रेरणा के संस्पर्श और असंस्पर्श का सवाल रहता है। अध्यात्म—जो व्यक्ति साधना की भूमि पर पहुँच जाता है—कभी-कभी ज्ञान और कर्म का समुच्चय अस्वीकार कर देता है—राग का दमन करता है और कर्म से संन्यास ले लेता है। कभी-कभी दोनों का या तीनों का समुच्चय भी कहता है—कभी-कभी 'राग' को ही 'ज्ञानात्मक' मान लेता है और 'प्रेम' के आगे 'नेम' को गौण कर देता है। शुक्ल जी लोकधर्म के रूप में ज्ञान-कर्म-उपासनामयी जिस भक्ति का 'तुलसी-मानस' के साक्ष्य पर पक्ष लेते हैं—वह शुद्ध व्यवहारमय 'लोक' को दृष्टिगत कर। विकासवाद उनकी सीमा है जो उन्हें 'भक्ति' की परिकल्पना की व्यवहारातीत धरातल पर नहीं ले जाने देती और 'लोक-धर्म' के 'हृदय' रूप में प्रतिष्ठा पाती है।

इस सीमा के कारण उनकी भक्ति सम्बन्धी धारणा निश्चय ही परम्परा से हटकर है। मध्यकालीन जिस 'भक्ति' और 'भक्तिरस' की वे व्याख्या करते हैं–निश्चय ही वह न मनोविज्ञान-सम्मत है और न परम्परागत अध्यात्म-सम्मत–पर इसमें कोई सन्देह नहीं कि वह उनके लोकधर्म सम्बन्धी अवधारणा की ही परिणति है–इसीलिए उनका 'धर्म' लोक को धारण करने वाला शासन (आप्तशब्द) या विवेकसम्मत तो है ही–उससे सर्वथा समुन्नत हृदयानुमोदित भी। यही हृदयानुमोदित लोकधर्म ही तो उनकी भक्ति है–जो कर्म-ज्ञान-उपासना के सन्तुलन से विकृत नहीं होती। इसी 'प्रकृति' और 'प्राकृत' स्तर पर ही उसका विवेचन होने के कारण वह प्राकृत-व्यापार है–अन्तःकरण का बोधानुमोदित 'राग' है–जो कर्म या सत्कर्म या लोकमंगल में पर्यवसित होती है–संवाद पाकर उस उपास्य की ओर मुड़ती है जो लोकमंगलकारी है। उसकी ओर झुककर केवल बाह्य द्रव्यों से उसका पूजा–द्रव्ययज्ञ–ही नहीं करती, द्रव्ययज्ञ से आगे बढ़कर ज्ञानयज्ञ करती है। उसके प्रति बाह्य द्रव्य की अपेक्षा अपने जीवन का कुछ अंश ही समर्पित करती है या करवा देती है–इसीलिए 'भाग' के अर्थ में 'भक्ति' का प्रयोग होता है। विकास के सन्दर्भ में जिजीविषा को चरितार्थ करने के सन्दर्भ में प्रकृति के बीच जीवनयापन करने वाले जनसमाज के अन्तस् में क्रमशः भय→लोभ→कृतज्ञता→श्रद्धा→भक्ति का उदय हुआ होगा।

शुक्ल जी मानते हैं कि भारतीय धर्म साधना में सच्चिदानन्दमय परमसत्ता अव्यक्त भी है और व्यक्त भी–निर्गुण भी और सगुण भी–दोनों ही नित्य और सत्य हैं–असीम और अनन्त हैं–दोनों में पारमार्थिक अभेद ही है–पर व्यवहार या प्राकृत जगत् की सीमा में 'भक्ति' का स्वरूप निर्धारित करने वाला आचार्य मानता है कि वह लोकधर्म की रसात्मक दशा है–अवदात रागमयी मनोवृत्ति है–जो पर-उपकार-निरत रहने में ही तृप्त होती है–फलतः उसका पूरा लगाव लोकमंगलकारी उपास्य की ओर हो जाता है–जो अपने सदंश की अभिव्यक्ति रक्षण में और आनन्दांश की अभिव्यक्ति रंजन में करता रहता है। शुक्ल जी अपनी सीमा या लक्ष्मण रेखा का ध्यान रखते हुए कहते हैं कि प्राकृत अन्तःकरण की यह रागात्मिका वृत्ति ज्ञान की परिधि में ही संचरित होती है–वे किसी अतिप्राकृत शक्ति की बात में विश्वास नहीं रखते–जिससे अनायास-प्राकृत बोध के व्यवस्थित प्रयास से निरपेक्ष-ज्ञान झरता हो। वे 'ज्ञान' को एकमात्र प्राकृत बोधवृत्ति की उपलब्धि मानते हैं और विशेषकर भारत में। भारत में शुक्ल जी के मन में अद्वैत का बोध प्राकृत बोध वृत्ति की परिणति है किसी इलहामी या अज्ञान प्रक्रिया से प्राप्त नहीं। निष्कर्ष यह कि भारत में उनकी दृष्टि से परम सत्ता का 'व्यक्त' पक्ष भक्ति का और 'अव्यक्त' रूप योग का क्षेत्र है। योग अवश्य उनकी दृष्टि में अतिप्राकृत जटिल मार्ग है और वह रहस्यमय है–परन्तु भक्ति और ज्ञान-विशुद्ध प्राकृत अन्तःकरण की रागात्मक और बोधात्मक वृत्तियाँ हैं। आचार्यगण बुद्धि से अद्वैत तक पहुँचते हैं और 'योग' से 'अव्यक्त' का

साक्षात्कार कर सकते हैं—पर मनन या बुद्धि से उस अव्यक्त के अनेकविध लक्षण-स्वरूप तथा तटस्थ—निर्धारित करते हैं। आचार्यों द्वारा व्यक्त जिन लक्षणों से लक्षित कर दिया जाता है—भक्त उसी सीमा में अपने राग का आलम्बन बनाते हैं और उपासना करते हैं—उपासना से जो 'संत-रहनि' मिलती है—वह परउपकार-निरत रहने की है। श्रौतधर्म का स्तर यही है—'पर उपकार सार श्रुति को'। शुक्ल जी इसी श्रौतधर्म को लोकधर्म कहते हैं। शुक्ल जी की दृष्टि में न तो यहाँ का ज्ञान मार्ग किसी रहस्य के चक्र में है और न ही भक्ति मार्ग। हाँ, योगमार्ग की साधना अवश्य रहस्यमय है।

भारतीय धर्म में अध्यात्म के विषयों में अक्ल की दखल वर्जित नहीं है, सामी धर्मों में वर्जित है—फलतः भारत में अव्यक्त सत्ता को जिन लक्षणों से लक्षित कर या अद्वैत रूप तय कर राग का आलम्बन बनाया जाता है—वे बुद्धि की स्वाभाविक प्रक्रिया से उपलब्ध नहीं होते, अपितु रहस्यमयी इलहामी प्रक्रिया से उपलब्ध होते हैं—उसके लिए किसी अतिप्राकृत माध्यम की कल्पना ऐसे लोगों के लिए आवश्यक हो जाती है और सामान्य प्राकृत जन के लिए रहस्यमय हो जाती है। भारत चिन्तन के माध्यम से चलकर 'अद्वैत' तक पहुँचा था—चिन्तन को वर्जित मानने वाले 'भाव' के माध्यम से उसे 'जानना' चाहेंगे तो अस्वाभाविक है—'भाव' से 'जानना' वैसे ही होता है जैसे-जैसे नाक से खाना। वैराग्यमार्गी क्रिश्चियनिटी में रहस्यवाद रागमार्गी साधकों से ही आया। गृहस्थधर्मी नियंत्रित-रागी इस्लाम में उन्मुक्त रागमार्गी सूफी ही रहस्यवादी हुए—जहाँ रागात्मक सम्बन्ध दाम्पत्य भावात्मक माधुर्य-उपासना की ओर झुका। निष्कर्ष यह कि शुक्ल जी की दृष्टि में भारत में **बोध** और **राग** के क्षेत्र में प्रक्रिया और आलम्बन के सुस्पष्ट होने से कोई 'रहस्यमयता' थी ही नहीं—रहस्यमयता थी तो केवल योगमार्ग में। यद्यपि सूफी भी राग की साधना का आरम्भ प्रथम स्तर पर 'व्यक्त' से करते हैं और भारतीय का तो 'व्यक्त' है ही—तथापि दोनों में एक सूक्ष्म अन्तर है। सूफी परम सुन्दर की छाया जगत् में देखते हैं और उधर उन्मुख होते हैं जबकि भारतीय साधक 'अव्यक्त' की अभिव्यक्ति जगत् को मानते हैं—दोनों में भेद ही नहीं मानते—इसीलिए इनकी दृष्टि में वह मिथ्या या असत्य नहीं है। 'भक्ति' क्षेत्र में भारत में रहस्यवादिता नहीं थी—पर माधुर्यभाव के कारण जो प्रायवेसी आई—उसके कारण कुछ रहस्यमयता इसी अर्थ में आ सकती है। जहाँ भक्ति माधुर्य भावात्मिका नहीं है—मर्यादामार्गी है—वहाँ तो 'रहस्य' की बात ही नहीं है। भारतीय प्रकृति की 'भक्ति' और 'काव्य' उभयत्र रहस्यवादिता नहीं है और यदि है तो सामी मतों के सम्पर्क से। मध्यकालीन भक्तिधारा में सूफियों के सम्पर्क से और आधुनिक साहित्य में क्रिश्चियन मिस्टिसिज्म के अनुकरण पर—जहाँ पारमार्थिक या मध्यकालिक अनुभूतियों का छायाभास दाम्पत्य-सम्बन्ध के रूपकों में प्रस्तुत किया जाता है—रहस्यवादिता संक्रान्त हुई।

यद्यपि गीता में कहा गया है कि-

'भक्त्या मामभिजानाति यावान् यश्चास्मि तत्त्वतः।'

अर्थात् भक्तिभाव से युक्त होकर अव्यक्त को तत्त्वतः जाना जा सकता है—पर शुक्ल जी इसका आशय भिन्न ही लगाते हैं। उनका कहना है कि भक्ति से जानने का आशय है भक्ति द्वारा 'जानने' में सौकर्य का आ जाना। 'जानना' तो बोध से ही होता है, पर 'भक्ति' से यह जानना अपेक्षाकृत 'सुकर' हो जाता है।

इस प्रकार ज्ञान और भक्ति क्षेत्रों में अतिक्रमण का विचार पश्चिम में ही उठा। रहस्यवादी भक्तों और कवियों की दृष्टि में भक्ति ज्ञानात्मक ही है। शुद्धभाव प्रेरित भावना के उमंग में भक्त या साधक को ईश्वर के स्वरूप का बोध होता है अतः भक्त, भावुक तथा कवि को वे एक प्रकार का पैगम्बर या रहस्यद्रष्टा मानते हैं।

एक बात इस सम्बन्ध में शुक्ल जी और कहते हैं और वह यह कि भक्तिरस और काव्यरस के आस्वाद की एक ही प्रक्रिया है। जिस प्रकार काव्य में अभिधा से ज्ञात अर्थ का कल्पनासहकृत बिम्ब रूप में ग्रहण होता है और फिर अंकुरित भाव का आस्वाद होता है—वैसे ही आचार्यों के द्वारा चिन्तित और निर्धारित लक्षणों से लक्षित और 'ज्ञात' (व्यक्त) ब्रह्म भक्त की भावना शक्ति से बिम्ब का विषय बनता है तदनन्तर आस्वाद। वे स्पष्ट कहते हैं—'विज्ञात' और 'साक्षात्कृत' में अन्तर होता है। साक्षात्कार होने पर ही कल्पना में पूर्ण बिम्बन होने पर रसानुभूति हो सकती है। भक्त की अनुभूति यही है जिसे काव्य की लीनता या रसप्रतीति कहते हैं। प्रक्रिया भी वही स्वाभाविक और सीधी-सादी है। कल्पना या साधना जिससे विज्ञात का भीतरी साक्षात्कार होता है और भाव या एक समर्पित रागात्मिकांवृत्ति, जिससे आनन्दानुभूति होती है—दोनों मनुष्य की स्वाभाविक वृत्तियाँ हैं। बस इन्हीं दो स्वाभाविक वृत्तियों के सहारे भक्तिरस की निष्पत्ति हो जाती है।

शुक्ल जी के अनुसार भारतीय भक्ति और काव्य में जो रहस्यवादिता संक्रान्त हुई है—वह आगन्तुक है—कम से कम भाव और ज्ञान के क्षेत्र में। उनके अनुसार आचार्य के क्षेत्रबोध की व्यवस्थित प्रक्रिया से अव्यक्त के लक्षणों का निर्धारण होता है और भक्त उन लक्षणों से निर्धारित 'व्यक्त' सीमा में भाव का संचार करता है। इस प्रकार उपासक का उपास्य में इस तरह लीन हो जाना कि वह अनुभूति मात्र रह जाय भक्ति का आस्वाद है। यह भी अभेद की ही भूमि है—ज्ञान से हम जहाँ पहुँचते हैं भक्ति से भी पहुँच सकते हैं—पर एक 'बोध' है और दूसरा 'अनुभव'। 'भक्ति' के साथ-साथ संक्रान्त 'रहस्यवादिता' की बात करते-करते उन्होंने उसका स्रोत तो विदेशी बताया ही है—उसे त्रिविध भी निरूपित किया है—(1) भावोपलब्धि के साधन के रूप में (2) ज्ञानोपलब्धि के साधन के रूप में (3) और अर्थोपलब्धि के साधन के रूप में। 'रहस्य' का धावा 'भाव' के क्षेत्र पर कभी-कभी अत्यन्त रमणीय होता

है, पर ज्ञान और कर्म के क्षेत्र में रहस्य की वृत्ति अराजकता पैदा करती है। अन्तिम को तो पाश्चात्य भी गर्हित बताते हैं—पर शुक्ल जी दूसरे को भी मिथ्या रहस्यवाद मानते हैं। पहले को स्वाभाविक और रमणीय मानते हैं—'व्यक्त' की ओर लगा हुआ भक्त 'अव्यक्त' पक्ष के प्रति माहात्म्य बोध से विह्वल हो जाता है।

संक्षेप में 'भक्ति' के प्रति शुक्ल जी की यही धारणा है। उसमें संक्रान्त होने वाली 'रहस्यवादिता' की वृत्ति क्या है? उसका स्रोत कहाँ है? कहाँ तक और किस रूप में उसे वह ग्राह्य और त्याज्य है—आदि-आदि बातों का निरूपण किया जा चुका।

सम्प्रति आचार्य शुक्ल की 'भक्ति' सम्बन्धी यह अवधारणा परम्परा से कितनी विच्छिन्न है और इसीलिए पारम्परिक भक्ति चेतना से प्रेरित हिन्दी का भक्ति साहित्य अपनी उपधाराओं में कहाँ तक और किस रूप में उनसे मूल्यांकित हुआ है—यह विचारणीय है। परम्परा से वे अपने विवेचन में कितनी दूर हैं। साथ ही यह भी कि उनकी बौद्धिक विरासत को परवर्ती पीढ़ी ने कैसा सहेजा है—दोनों पक्ष देखने हैं।

इसके पूर्व कि भक्तिकालीन अवान्तर धाराओं के उन्नायक पुरस्कर्ताओं और उनसे रचित साहित्य के प्रति उनकी प्रतिक्रिया क्या है—सामान्य रूप से पहले यह देख लिया जाय कि 'भक्ति सामान्य' की उनकी और पारम्परिक अवधारणा में कितना अन्तर है?

हिन्दी के जिस मध्यकालीन भक्ति साहित्य की समीक्षा शुक्ल ने जिस 'लोकधर्म' के मानदण्ड पर की है—उससे न तो उस साहित्य की अध्यात्म की भूमि पर प्रतिष्ठित ऊँचाई ही नापी जा सकती है और न ही तदनुरूप साहित्य में वर्णित व्यापार। वाजपेयी जी ने इसी त्रुटि को पकड़ लिया है और शुक्ल जी को हिला दिया है। इसमें कोई संदेह नहीं कि शुक्ल जी ने शब्द सभी प्रायः भारतीय परम्परा से लिए हैं—ऐसे शब्द जिन्हें उनकी समीक्षा का 'की-वर्ड्स' कहा जा सकता है—पर अर्थ सबको अपना दिया है—इससे उनकी 'मौलिकता' तो स्थापित होती है—पर 'परम्परानुगति' भंग हो जाती है। 'परम्परानुगतिकता' से मेरा आशय क्रमागत मान्यताओं के यथास्थितिवादी व्याख्यान से नहीं है—पर अध्यात्म चेतना से विच्छिन्न विज्ञानसम्मत नितान्त बुद्धिवादी व्याख्यान से भी नहीं है। जब मैं 'परम्परा' से हटकर भारतीय भक्ति साहित्य के व्याख्यान की बात शुक्ल जी के सन्दर्भ में उठाता हूँ—तब एकमात्र मेरा ध्यान उस 'अध्यात्म' की ओर जाता है—जिसे शुक्ल जी साहित्य के क्षेत्र से बर्खास्त करने की बात करते हैं।

कहने को वे सरस्वती और दृषद्वती के बीच प्रतिष्ठित आर्यशास्त्रानुमोदित धर्म को ही 'लोकधर्म' या 'धर्म' कहते हैं—पर विज्ञानसम्मत विकासवादी व्याख्या उनकी रुचि से निर्धारित है और उनकी रुचि 'मानवता' (मानव स्तर तक विकसित

चेतना में उदित लोकमंगलोपयोगी वृत्ति) केन्द्रित है। इस 'मानवता' की चरितार्थता ही उनके चैन्तनिक प्रस्थान का मूल बिन्दु है। इसी को केन्द्र में रखकर वे शास्त्र, काव्य और व्यवहार—सब तरफ सोचते हैं—उनका चिन्तन इससे ऊपर किसी लोकातीत लक्ष्य की ओर नहीं जाता। हाँ, वे किसी ऐसी शक्ति की कल्पना परमसत्—विश्वधारकसत्य के रूप में अवश्य करते हैं जिससे मानवता में सम्भावित विशेषता परिपूर्णता को पहुँचती है। यही परिपूर्णता ईश्वर सत्य है और वह परिपूर्णता जगत् के रक्षण और रंजन में है—उसका सदंश रक्षण में और आनन्दांश रंजन में व्यक्त होता है। यह सम्भावना मानव-स्तर पर विकसित चेतना में है—उसी की चरितार्थता ईश्वरत्व की उपलब्धि है। उसका रास्ता है व्यक्तिसत्ता का विस्तार—बोध शक्ति का भी और राग शक्ति का भी। यदि व्यक्ति सत्ता रक्षण और रंजन के जिस आर्यशास्त्रानुमोदित माध्यम से लोकसत्ता से एक रस हो जाती है तो वह चरितार्थ हो गई—ईश्वरत्व या पूर्णता को पहुँच गई। शुक्ल जी व्यक्त जगत् को इसीलिए अव्यक्त की अभिव्यक्ति मानते हैं। चिन्तन या बोधवृत्ति से हम उसके लोकरक्षक और लोकरंजक रूप (यह रूप उपासना के लिए आरोपित नहीं है—वास्तविक है) को 'जान' लेते हैं—पर वह सरस तब होता है जब हमारा व्यक्ति हृदय सर्वात्मना उसके इस रूप पर रीझकर समर्पित हो जाता है। समर्पित होने का मतलब है उसके गुणों को अपने में उभारना और इस प्रकार हृदयानुमोदित पद्धति पर उस उपाय से एकात्म हो जाना। विवेक गृहीत 'लोकधर्म' का हृदय-गृहीत रूप ही 'भक्ति' है। शुक्ल जी इसे ही अपना पूर्ण समर्थन देते हैं।

स्पष्ट है कि शुक्ल जी का चैन्तनिक प्रस्थान बिन्दु 'मानवता' की चरितार्थता है—इसी व्यक्त जगत् के बीच आराध्य है सगुण रूप में 'अव्यक्त' का अभिव्यक्त रूप 'व्यक्त' लोक। यही लोक शुक्ल जी की सीमा है इसलिए उनका 'धर्म' इसी से जुड़ा हुआ है। मानवता की इसी चरितार्थता में काव्य स्तर पर 'रसदशा' है, व्यवहार के स्तर पर लोकमंगलोपयोगीआचरण 'उपासना' है और आचार्य-लक्षण-लक्षित 'व्यक्त' का भावना द्वारा बिम्बन करते हुए भावमग्न होना 'भक्तिरस' का आस्वाद है और यह सब प्राकृत वृत्तियाँ—बोध तथा राग—से ही सम्भव है।

परम्परा भी 'मानवता' की चरितार्थता मानती है और उसे महाभारतकार 'गुह्य ब्रह्म' कहता है।

'गुह्यं ब्रह्म तदिदं ब्रवीमि न मानुषाच्छ्रेष्ठतरं हि किंचित्।'

मनुष्य पूर्णता की सम्भावना है और 'पूर्णता' निरपेक्षता अबुद्धिबोध्य है। गोस्वामी जी उसका बोध उसी के अधीन है—ऐसा मानते हैं—

सो जाने जेहि देहु अनाई। जानत तुम्हहिं तुमहिं होई जाई।।

उपनिषदों की ही प्रतिध्वनि है—यह कालक्रम से कोई विकसित मत नहीं है।

उपनिषद् है–

यमेव एष वृणुते तेनैव लभ्यः

निष्कर्ष यह कि 'मानवता' विषयक शुक्ल-सम्मत-धारणा से 'परम्परा' सम्मत-धारणा भिन्न है। शुक्ल जी उसे 'स्पष्ट' कहते हैं और परम्परा उसे 'गुह्य' (रहस्य) कहती है। तुलसी कहते हैं–

बड़े भाग्य मानुस तन पावा। सुर दुर्लभ सद्ग्रंथन गावा।।

यदि तुलसी-सम्मत सद्ग्रंथ में 'महाभारत' का भी शुमार है–तो 'मनुष्य' का पारमार्थिक रूप गुह्य अर्थात् बुद्धि से परे है–अबुद्धिबोध्य है–रहस्यमय है। यहाँ 'रहस्य' शब्द 'पर्सनल' या 'प्राइवेसी' के अर्थ में नहीं है–क्योंकि वह वस्तु सत्य है। वह किसी का व्यक्तिगत सत्य नहीं है–व्यक्तिगत सत्य सापेक्ष होता है जबकि वह पूर्ण तथा निरपेक्ष सत्य है। अपने इस रूप में सत्य 'अव्यक्त' है–उसका 'व्यक्त' रूप वह है जो 'ज्ञानेन्द्रिय' मन तथा बुद्धि की पकड़ में आ सके। इसीलिए शुक्ल जी उसे 'ज्ञात' कहकर भाव की सीमा वहाँ तक निर्धारित करते हैं। भक्त 'भक्ति' द्वारा उसके व्यक्त रूप से एक रस होकर अनुभव करता जाता है और 'अव्यक्त' रूप से अभिन्न सत्ता की ओर बढ़ता जाता है। शुक्ल जी 'ज्ञान' को प्राकृत अन्तःकरण की वृत्ति ही मानते हैं–वे ज्ञान को अतिप्राकृत स्तर पर नहीं लेते। 'सूरदास' में स्पष्ट ऐसी किसी शक्ति का निषेध किया गया है। इसलिए उनका 'ज्ञान' चिन्तन-प्रसूत 'अद्वैतवाद' की उपलब्धि कर उस लक्षण से परमसत् को लक्षित कर सकता है–पर शुक्ल-सम्मत 'ज्ञान' इससे आगे नहीं जा सकता। यह केवल योग है जो अतिप्राकृत और जटिल व्यापारों के माध्यम से 'अव्यक्त' का साक्षात्कार करा सकता है। शुक्ल जी उसे लोक सामान्य के लिए सुलभ नहीं मानते। इसीलिए उस क्षेत्र को योगियों के लिए व्यक्तिगत साधना वालों के लिए छोड़ देते हैं। वे तो केवल उस 'लोकधर्म' या 'सोशल डिसिप्लिन' के प्रति प्रतिबद्ध हैं जिससे 'व्यक्त' जगत् में ध्वंसक तत्त्व रचनात्मक तत्त्वों पर हावी न हो सके। आर्यशास्त्रानुमोदित समाज व्यवस्था ही उनका 'लोकधर्म' है, यह वर्णाश्रम धर्म है। अविकल परम्परासम्मत अर्थ में यह 'धर्म' शब्द भी नहीं है। शुक्ल जी के 'धर्म' में जिस कर्म, ज्ञान और भक्ति–तीनों का सामंजस्य है–उसकी सीमा 'व्यक्त' ही है–वे सब प्राकृत भूमि के ही हैं–उनमें अन्तःकरण की वृत्ति और तत्प्रेरित कर्म से आगे कोई नहीं जानता। अपने 'लोकधर्म' को स्पष्ट करते हुए कर्म, ज्ञान और भक्ति की त्रयी से 'योग' को बाहर रखा और 'अव्यक्त' से उसे सम्बद्ध किया। उसे व्यक्तिगत स्तर पर साधन करने वाले योगियों के लिए छोड़ दिया गया।

'मानस' के साक्ष्य पर ही देखना चाहिए कि 'धर्म' 'भक्ति' 'मुक्ति' 'ईश्वर' 'ज्ञान' को जो अर्थ शुक्ल जी ने दिए हैं–वे 'परम्परा' के उपासक तुलसी को कहाँ

तक स्वीकार्य हैं? शुक्ल जी का गन्तव्य है—व्यवहार, भक्ति, काव्य तथा कर्म—सभी क्षेत्रों में 'व्यक्त' लोक की सत्ता में व्यक्तिसत्ता का लय—कर्म सम्पाद्य है तो उसी भूमिका पर। हृदय की इसी अवदातदशा से प्रेरित कर्म द्वारा मानवता जगत् की स्थिति—रक्षा द्वारा चरितार्थ होती है—यही शुक्ल जी का प्राप्य है—यही मुक्ति है, इसी के लिए भक्ति है जो ज्ञात के प्रति होती है।

'मानस' और 'विनय'—के साक्ष्य पर क्या तुलसी का भी यही चरम गन्तव्य सिद्ध होता है? क्या परम्परागत शास्त्र शुक्ल जी का पक्ष समर्थित करते हैं? तुलसी के मानस का परम्परासम्मत दृष्टि से चरम लक्ष्य है—भक्ति। यह साध्य भक्ति है। शुक्ल जी ने इस 'साध्य' का नाम अवश्य लिया, पर उसका विवेचन नहीं किया। यह साध्य भक्ति भगवद्रूप ही है—इससे भिन्न नहीं। इसीलिए 'भक्ति' सुतंत्र अवलम्बन आना—ज्ञान और कर्म स्वतन्त्र नहीं है—भक्ति स्वतन्त्र है—ज्ञान-विज्ञान सब उसके अधीन है। आर्यशास्त्रानुमोदित 'कर्म' (या धर्म) में अधिकार, द्रव्य-विधान, सामर्थ्य, देश, काल आदि की अपेक्षा है। 'ज्ञान' में ही स्वातंत्र्य नहीं है—ज्ञानदीप के प्रज्वलन में कितनी कठिनाई और किन-किन साधनों की अपेक्षा है—यह उत्तरकाण्ड में विस्तार से निरूपित है। इस अन्य सापेक्ष 'कर्म' और 'ज्ञान' का सम्पादन हो भी गया तो भी 'भक्ति' हीन कर्म 'रक्तबीज इव बाढ़त जाई' और निरुपास्ति ज्ञान—भक्तिशून्य ज्ञान—उपद्रवग्रस्त होता है—ज्ञानी साधक का भक्ति शून्य होने पर पतन सम्भव है।

जे ज्ञान मान विमत्त-तव भव हरनि भगति न आदरी।
ते पाई सुर दुर्लभ पदादपि परत हम देखन हरी।।

तुलसी की साध्य भक्ति कर्म और ज्ञान की मुक्तापेक्षी नहीं है। तुलसी कहते हैं—

*'कौन **सोमयाजी** अजामिल रह्यौ कौन गजराज रह्यौ **वाजपेयी**?'*

तुलसी कह रहे हैं कि किरातों को कौन-सा 'ज्ञान' था—जिनके लिए कहा गया है—

वेद वचन, मुनि मन, अगम ते प्रभु करुना ऐन।
वचन किरातन्ह के सुनत जिमि पितु बालक बैन।।

तुलसी के मत से 'ज्ञान-दीप' में स्वात्मानुभव प्रकाश आगन्तुक है, पर भक्ति-मार्ग में स्वाभाविक—**'राम भगति चिंतामनि सुन्दर'** शुक्ल जी भी तुलसी की भाँति 'भक्ति' को सर्वोपरि महत्व देते हैं—पर उसे कर्म और ज्ञान-समन्वित ही मानतें हैं—क्योंकि उनकी दृष्टि से 'भक्ति' अन्तःकरण की वृत्ति विशेष है—और—वह अन्तःकरण उस त्रिगुणात्मिका प्रवृत्ति की परिणति है जो जड़ है—जीव का मूल

'स्वभाव' उससे सर्वथा परे है—जड़ वृत्ति चिदानन्दमय **'स्वभाव'** का प्रकाश किस प्रकार कर सकती हैं? तुलसी की साध्य भक्ति आराध्य की शक्ति है—

लसत भंजु मुनि मंडली, मध्य सीय, रघुचन्दु।
ज्ञान सभा, जनु तनु धरे भगति सच्चिदानन्द।।2।।239 रा.च.मा.

का ही नामान्तर है। वह शक्ति जो चाँद से चाँदनी की तरह अविच्छेद्य है, प्रभा से भानु की तरह एक है—

प्रभा जाइ किमि भानु विहाई?

सीता ही आदि शक्ति है—'राम से कहियत भिन्न न भिन्न'। उसी ने 'सब जग उपजाया'। तत्त्वतः साध्य भक्ति नित्य, विभु, आत्मशक्ति ही है—अन्तःकरण की वृत्ति तो प्रकाशक बल्ब की भाँति है—प्रकाशक होने से उपचारतः उसे भक्ति कहते हैं—तत्त्वतः नहीं। वह **साध्यभक्ति**—साधक के पौरुष से नहीं—राम की कृपा से मिलती है—

तो मणि जदपि प्रगट जग अहई।
राम कृपा विनु कोउ न लहई।।

राम की कृपा से वह मिलती है और उससे राम मिलते हैं—और अन्ततः नाभादास के शब्दों में—

'भक्ति-भक्त भगवंत गुरु चतुरनाम वपु एक'

सबका कल्पित भेद निरस्त हो जाता है—अद्वैततत्त्व अनुभूति मात्र रहता है। 'मानस'—साक्षिक 'भक्ति' का यही रूप शुक्ल जी बताते हैं? तुलसी के यहाँ 'अविरल प्रेम भगति' प्राप्त सुतीक्ष्ण बीच रास्ते हृदय के भीतर जिस द्विभुज राम का साक्षात्कार करता हुआ 'भक्ति रस मग्न' है—यह काव्य की ही भावन वाली शुक्ल-सम्मत प्रक्रिया नहीं है। क्या गुरु-प्रसादवश 'सूर' के हृदय में जो 'लीला' स्फुरित हुई—वह काव्योपयोगी बिम्बनात्मक प्रक्रिया से सम्भव है? क्या हृदय के मध्य 'साक्षात्कार' व्यक्तिमात्र संवेद्य होने से 'रहस्य' नहीं है—रहसि भवः—रहस्यस् नहीं है? क्या यह साक्षात्कार अन्तःकरण की जड़ वृत्ति से सम्भव है? क्या जड़ वृत्तिमयी शुक्ल-सम्मत 'भक्ति' ही तुलसी का साध्य है? क्या मानस के साक्ष्य पर 'भक्ति' का यही स्वरूप बनता है? नहीं। साध्यभक्ति के अधीन **ज्ञान** अर्थात् वाक्यज्ञान तर्कलब्ध **ज्ञान** और **विज्ञान** अर्थात् अपरोक्षानुभूति—दोनों हैं। यद्यपि उन्होंने एक जगह 'भगति का साधन कहउँ बखानी'—कहा है—जिससे 'भक्ति' की पराधीनता, साधन की मुखापेक्षिता प्रतीत होती है—'इससे स्वतंत्र' और 'साधनाधीन'—कहने से एक अन्तर्विरोध भी आता है—तथापि उसकी संगति यह है कि साध्यभक्ति

सच्चिदानन्द की स्वतंत्र्यभक्ति है—और साधन या साधारण भक्ति—परमात्मा या उसके व्यक्त रूप के प्रति अन्तःकरण की वृत्ति के झुकाव के लिए आवश्यक है। अन्तःकरण की वृत्ति रूपी प्रकाशक बल्ब को निर्मल करना आवश्यक है और तदर्थ साधन भी आवश्यक है। प्रकाशक जितना ही निर्मल होगा—विद्युत्प्रवाह की भाँति चिन्मयी शक्ति रूप भक्ति का उतना ही प्रकाश होगा। निष्कर्ष यह कि साध्य भक्ति स्वतंत्र है और साधन भक्ति साधनाधीन। इसी 'साध्य' भक्ति के लिए 'विनय' में तुलसी ने कहा है—'रघुपति भगति करत कठिनाई।' वह करने से नहीं, 'स्वभाव' से 'हो जाती' है। मत्त गजराज की भाँति अत्यन्त पुरुषार्थी भी निम्नगामी भव जल के तीव्र प्रवाह में ऊर्ध्वयात्रा—उल्टी यात्रा नहीं कर सकता—पर 'मछली' 'स्वभाव' के कारण अनायास कर लेती है। साध्यभक्ति की यात्रा पुरुषार्थ और साधन से नहीं—'स्वभाव' से होती है। जब तक साधक 'विभाव' में स्थित है तब तक वह 'साध्यभक्ति' नहीं होगी—वह करने से हो गई तब तो क्रियाधीन हो गई—'स्वतंत्र' काहे की? तुलसी कहते हैं कि वह तो—'जेहि पैबनि आई'—स्वयं वह जिसके अनुकूल हो गई—हो गई। 'वि-भाव' स्थित व्यक्ति उसे नहीं पा सकता—'स्वभाव' स्थित ही पा सकता है। यह 'स्वभाव' भी स्वतंत्र है—'भक्ति' उसी की शक्ति है—उसी का प्रकाश है—दोनों में चाँद और चाँदनी का सम्बन्ध है। इस 'स्वभाव' की अपरोक्षानुभूति कैसे हो? वस्तुतः 'शक्ति या भक्ति' इसी 'स्व-भाव' का स्वातंत्र्य प्रकाश है—इसी 'शक्ति' से वह 'आत्मानुभव' करता है। शक्ति प्रकाशमय स्वभाव का विमर्श या परामर्श है—फलतः दोनों स्वतंत्र हैं और कहने के लिए तत्त्वतः चाँद और चाँदनी की तरह एक हैं। वास्तव में 'मानस' के साक्ष्य पर 'भक्ति' के तीन स्तर हैं—(1) साधनभक्ति (2) भावभक्ति (3) प्रेमभक्ति। पहली 'की जाती' है और परवर्ती 'हो जाती' है। पहली को वैधीभक्ति भी कहते हैं—इस स्तर पर निष्काम भाव से आर्यशास्त्रानुमोदित 'धर्म' का आचरण होता है—शुक्ल-सम्मत भक्ति इसी स्तर की कदाचित् हो सकती है—उनका भक्ति प्रभावान्वित लोकधर्म—यहीं तक है—क्योंकि इसका कार्यान्वयन व्यक्त जगत् में होता है और राग-द्वेष के धागे के टूटने से उसका व्यक्तिबद्ध रूप लोकमय हो जाता है। शुक्ल जी की दृष्टि लोकबद्ध है—अतः लोकातीत व्यक्ति के स्तरों को वे वर्जित क्षेत्र मानते हैं—उधर व्यक्तिगत साधक या योगी लोग जा सकते हैं—वह जनसामान्य के लिए 'प्राहिविटेड-एरिया' है। तुलसी स्वयं कहते हैं—

प्रीति राम सों, नीतिपथ चलिय, राग रिस जीति।
तुलसी सन्तन के मते इहै भगति की रीति।।

(दोहावली)

शुक्ल जी का 'लोकधर्म' या 'भक्ति'—'रागरिसजीति नीति पथ चलिय' तक ही है—'व्यक्ति हृदय' में राम विषयक 'भाव' भगति या प्रेम भगति'—तक नहीं।

शुक्ल जी की दृष्टि में—

सगुण उपासक परहित, निरत नीति दृढ़ नेम।
ते नर प्रान समान मम जिन्हके द्विज पद प्रेम।।

(मानस—5 ।48)

सगुण है—व्यक्त लोक समष्टि अथवा स्थिति—रक्षाविधायी अवतार। तुलसी सगुण-निर्गुण—दोनों को समेटते हैं—

हियं निर्गुण नयनन्हि सगुन रसना राम सुनाम।
मनहुँ पुरट संपुट लसत तुलसी ललित ललाम।।

अस्तु, मुझे यहाँ अप्रासंगिक विस्तार नहीं करना है—केवल यह दिखाना है कि शुक्ल जी ने '**मानस**-साक्षिक भक्ति' का उतना ही रूप अपनी युग चेतना-निर्दिष्ट रुचि से लिया है जितना 'व्यक्तलोक' के बीच जनसामान्य के लिए स्थिर व्यवस्था का कार्य कर सकती है।

शुक्ल जी की एक यह भी मान्यता है कि अन्तःकरण की वृत्ति ही राग है और वह दो ही कारणों से सम्भव है—साहचर्य तथा रूपदर्शन। तुलसी—जो आध्यात्मिक उपलब्धि से सबको जोड़ कर चलते हैं—का यह भी पक्ष है—

सुमिरिय नाम रूप बिनु देखें।
आवत हृदय सनेह विशेखे।।

बिना रूपदर्शन और भौतिक साहचर्य के भी नाम स्मरण मात्र से स्नेह उत्पन्न होता है।

यदि घट के भीतर तत्त्वदर्शन ही रहस्यवाद का आधार है तो वह सुतीक्ष्ण मुनि और हृदय में स्फुरित लीला का साक्षात्कार करने वाले सूर पर भी लागू होता है और वह भारतीय परम्परा-सम्मत है।

प्राकृत अन्तःकरण के परे जिस विमर्शमयी स्वरूपशक्ति से प्रकाश-स्वभाव निज रूप की पहचान सम्भव है—यह ज्ञानात्मिका भक्ति है। वहाँ प्राकृत जगत् की व्यवस्था लागू नहीं होगी। वहाँ एक ही शक्ति से सब तरह का ज्ञान होता है—वहाँ देखने के लिए आँख या सुनने के लिए कान—जैसी इन्द्रिय-नियत व्यवस्था नहीं है कि भाव-भक्ति से 'जानने' का काम लेना नाक से खाने की तरह अस्वाभाविक काम लेना है। वहाँ 'स्वभाव' शक्ति से 'स्वभाव' का प्रकाश होता है। शुक्ल जी 'सूरदास' में लिखते हैं—''भक्त्या मामभिजानाति '' को लेकर 'शाण्डिल्यसूत्र' में यह कहा गया है कि भक्ति ही के द्वारा भगवान तत्त्वतः जैसे हैं—वैसे जाने जा सकते हैं। अतः भक्ति साधन नहीं, साध्य है। पर यह बात यहाँ तक नहीं पहुँचाई गई कि जानने का काम प्रेम या भक्ति से लिया जा सकता है—और आगे अपनी धारणा के अनुसार

इस श्लोक की अन्यथा व्याख्या की और कहा—"हमारे यहाँ भक्ति-मार्गियों की ओर से ज्ञान क्षेत्र की ऐसी अवहेलना नहीं हुई—भक्ति ने ज्ञान का काम अपने ऊपर नहीं लिया।" उनके अनुसार "गीता का उपदेश तो यही रहा कि जानते चलो, भक्ति करते चलो और कर्म करते चलो।" वे पाश्चात्य आधुनिक चिन्तकों की भाँति किसी अतिप्राकृत 'स्वानुभूति' को (Intuition) नहीं मानते। इस ओर शुक्ल जी की रुचि है, 'परम्परा' या 'दार्शनिक' युक्ति नहीं। जब शुक्ल जी यह स्वीकार करते हैं कि 'व्यक्त' 'अव्यक्त' की अभिव्यक्ति है—तो 'शक्ति'—अतिप्राकृत शक्ति का स्वीकार अनायास हो जाता है—और ऐसा संकेत भी उनमें है—यह बात अलग है कि वे 'शक्ति' और 'भक्ति' को एक नहीं मानते—साध्य या भक्ति की भी नहीं। कदाचित् वह उनकी प्रस्थान-परिधि में नहीं आती, फलतः वह मौन हैं।

एक बात और 'साध्यभक्ति'—भाव और प्रेम भगति—भारतीय परम्परानुसार ज्ञानोत्तरा भक्ति है—'स्वरूप बोध' के अनन्तर प्रकाशित होती है। दर्शन-भेद से 'स्वरूप' भिन्न-भिन्न रूप है—जीव का। निर्धारित प्रक्रिया से 'तात्विक ज्ञान' 'अज्ञान' का निवर्तक होता है—जिस अज्ञान या अविधा से 'अहंकारविमूढ़ात्मा' जीव अपने को 'कर्ता' होने का अभिमान करता है। अनादिकाल से चली आती हुई अविद्या, अविद्या से स्वरूप-विस्मृति, स्वरूप-विस्मृति से स्वरूप का अन्यथा बोध और अन्यथा बोध से दुःखानुभव की शृंखला चलती रहती है—अविद्यामूलक कर्तृत्वबोधपूर्वक सम्पादित कर्म और तज्जनित वासना आत्मा के बन्धन बन जाते हैं। इस बन्धन से जो मुक्ति काम्य है—वह 'ज्ञान' से ही सम्भव है। तुलसी 'ज्ञान' से 'मल' का सर्वथा प्रहाशा नहीं मानते—तदर्थ 'भक्ति' की अपेक्षा मानते हैं—

धर्म ते बिरति जोग ते ज्ञाना।
ज्ञान मोच्छप्रद बेद बखाना।।
जातें वेगि द्रवहुं मै भाई।
सो मम भगति भगत सुखदाई।।

(मानस—3.16.1)

अहंकार रूप मृषाग्रंथि ही बन्धन है और उसका निराकरण तुलसी ज्ञानदीप के प्रकाश में मानते हैं। यह 'ज्ञान'—स्वरूपबोध—स्वरूप स्मृति—आत्मप्रत्यभिज्ञा—निजरूप की पहचान—आपन पहचान—स्वरूप विस्मृति रूप अज्ञान विरोधी है। श्रवण, मनन, निदिध्यासन रूप वेदान्तसम्मत प्रक्रिया से अधिकारी साधक 'सोऽहमस्मि'—इत्याकारक अखंडाकार वृत्ति से विरोधी वृत्ति का नाश करती हुई 'कतकरजो न्यायेन'—स्वयं भी शान्त हो जाती है। तदनन्तर आवरण के नष्ट होने से तात्विक स्वरूपबोधात्मक ज्ञान अनावृत हो जाता है। यह 'ज्ञान' अन्तःकरण की वृत्ति नहीं है। शुक्ल जी 'ज्ञान' या 'बोध' को भी अन्तःकरण की वृत्ति तक ही मानते हैं और कहते हैं कि इसी वृत्ति

से 'अद्वैतवाद' की उपलब्धि हुई है—निश्चय ही यह सही है, पर 'अद्वैतवाद' और अद्वैततत्त्व' में अन्तर है। शुक्ल जी 'अद्वैतवाद' की वृत्यात्मक ज्ञान से उपलब्धि की बात तो करते हैं, पर 'अद्वैततत्त्व' के अतिप्राकृत स्वरूपात्म चिन्मय ज्ञान रूप में अनावृत होने की बात ही नहीं करते। इस प्रकार शुक्ल जी ने न केवल 'भक्ति' का प्रत्युत 'ज्ञान' का भी परम्परासम्मत आख्यान नहीं किया—कदाचित् अपने दुर्ग के भीतर उन्हें इन रूपों में 'भक्ति' और 'ज्ञान' की चर्चा अनावश्यक प्रतीत हुई, जैसे भारतीय दर्शन अपनी सीमा का ध्यान रखकर ही किसी की चर्चा करते हैं और किसी को छोड़ देते हैं। इस वृत्ति से शुक्ल जी को जोड़ दें—तो वह उनका पक्ष कहा जा सकता है। जिस प्रकार 'साध्य' भक्ति का नाम लेकर भी उसे अचर्चित ही छोड़ दिया, उसी प्रकार 'जोग ते ज्ञाना' के अनुसार 'अव्यक्त' पक्ष को योग-लभ्य 'ज्ञान' प्राप्य कहकर भी अचर्चित ही छोड़ दिया। इससे निष्कर्ष यही निकलता है कि उनका एक वैचारिक दुर्ग है—वे उसी दर्शन के संस्थापक हैं—एक युगानुरूप दार्शनिक प्रस्थान के प्रस्थापक आचार्य हैं।

शुक्ल जी 'मानस' को साक्ष्य बनाकर वैसे ही अपना प्रस्थान बनाते हैं—जैसे वैदिक वाङ्मय का साक्ष्य देकर आचार्यों ने अपने-अपने प्रस्थान निकाले। शुक्लजी ने तुलसी का साक्ष्य देकर 'मुक्ति' के तीन साधनों—भक्ति, ज्ञान और कर्म की बात कही है और तीनों के समंजस रूप से लोकप्रस्थान का सन्तुलन बनाया है—तुलसी का वक्तव्य है—

राम भगति जहाँ सुरसरि धारा। सरसई ब्रह्म विचार प्रचारा।।
विधि निषेधमय कलिमल हरनी। करमकथा रविनैदिनी वरनी।।

संतसमाज रूपी तीर्थराज में भक्ति (गंगा) ज्ञान (सरस्वती) तथा कर्म (यमुना) का संकेत स्पष्ट है। व्यवहार में व्यक्त सौन्दर्य की निष्पत्ति के लिए तीनों का सामंजस्य अनिवार्य है।

परम्परा अभक्ति और अज्ञान को बन्ध का कारण मानती है—अतः भक्ति और ज्ञान को मुक्ति (स्वरूप की पहचान) का मार्ग बताती है। परम्परा 'मुक्ति' को 'विश्रान्ति' मानती है—शुक्ल जी उससे हटकर सोचते हैं।

शुक्ल जी का लक्ष्य व्यवहार का व्यक्त सौन्दर्य है—जगत् की स्थिति और रक्षा है और तदर्थ 'कर्म' आवश्यक है, 'ज्ञान' (विधिनिषेधप्राय आर्यशास्त्रानुमोदित लोकधर्म का ज्ञान) उसमें सहायक है और लोकसत्ता में लीन व्यक्ति सत्ता की सामान्य इंसानियत वाली भावभूमि प्रेरक। शुक्ल जी इसी 'भावयोग' को महत्व देते हैं—'ज्ञानयोग' और 'कर्मयोग' को इसे चरितार्थ करने में केन्द्रीय तत्त्व मानते हैं।

'भक्ति', 'ज्ञान' के साथ 'मुक्ति' विषयक धारणा की परम्परा-सम्मत मानस-साक्षिक-धारणा से भिन्न है। परम्परा मुक्ति या मोक्ष के विभिन्न रूप प्रस्थान

भेद से मानती है। उसका अभावात्मक रूप त्रिविधताप की आत्यंतिक निवृत्ति और भावात्मक रूप निरतिशय, शाश्वत आनन्द 'स्वभाव' की पहचान है और यह स्थिति 'विश्रान्ति' धाम है। शुक्ल जी की 'मुक्ति' व्यवहार सौन्दर्य में राग-द्वेष-सूत्र-मुक्त हृदय द्वारा ज्ञानपूर्वक कर्तव्यपरायणता है—इसीलिए वे विश्रान्तिमय काव्यास्वाद को साध्य नहीं—साधन मानते हैं।

उनका 'ईश्वर' जगत्-स्थिति-रक्षा-रंजन-कारी परमसत् सच्चिदानन्दमय है—जिसकी अवधारणा मनुष्य ने अपनी ऊर्ध्वगामी लोकमंगलोपयोगी सम्भावनाओं की परिपूर्णता में की है। उसका मंगलकारी सुन्दर रूप धारक शक्तियों की सहायता और विध्वंसक के मर्दन में करुणा और क्रोध के समन्वय में दिखाई पड़ता है। तुलसी की तरह शुक्ल जी का 'मनुष्य' उसी में लीन होना चाहता है—अन्तर्यामी से यह बहिर्यामी बड़ा है। परम्परानुसार तुलसी 'अव्यक्त' (निर्गुण) और 'व्यक्त' (सगुण) में सर्वथा अभेद मानते हैं और इसी की सिद्धि में उनका समस्त 'मानस' संलग्न है—

एहि महँ आदि मध्य अवसाना। प्रभु प्रतिपाद्य राम भगवाना।।

शुक्ल जी का झुकाव 'अव्यक्त' की अपेक्षा 'व्यक्त' लोक की ओर ही है। इसीलिए परम्परासम्मत न तो द्वैतवादियों के अतिप्राकृत लोकान्तरों की बात करते हैं और न ही सालोक्य, सायुज्य, सारूप्य, सामीप्य और सार्ष्टिरूप मुक्ति की बात करते हैं और न ही अद्वैतियों की भाँति ब्रह्मजीवैक्यरूप स्वरूप साक्षात्कारात्मक विश्रान्ति की ही बात। ज्ञान और ज्ञानोत्तरा भक्ति की सिद्धावस्था या विश्रान्ति से हटकर लोकमंगलोपयोगी लोकसत्ता में व्यक्तिसत्ता के विसर्जित होने में ही वे मुक्ति मानते हैं। 'व्यक्त समष्टि' ही उनका आराध्य है—जगत् स्थिति—रक्षा-परायण परात्पर शक्ति की साकार प्रतिमूर्ति राम की ही उपासना उनका काम्य है। उपासनावश उपासक की भावना में घटित मूर्ति—जो लोकमंगलोपयोगी अनुरूप-विरूप-व्यापारों के प्रभाव से मण्डित है—प्रेरणादायक है। व्यवहार सौन्दर्य के निमित्त उनकी उपासना और उनकी लीनता की ये ही सीमाएँ हैं—परम्परागत अन्य प्रस्थानों से हटकर।

सम्प्रति, 'मानस-साक्षिक' धर्म या 'लोकधर्म' की परम्परा से हटकर शुक्ल जी की अपनी धारणा क्या है—यह देखकर इस प्रसंग को सम्पन्न करूँगा।

विद्वानों की धारणा है कि भक्तिकाल की उपधाराओं में रामधारा के प्रतिनिधि (चार संत कवियों के बीच) जहाँ तक तुलसी का सम्बन्ध है उनका दर्शन धर्म-निष्ठ दर्शन है—विशेषतः मानस-साक्षिक दर्शन। हमारे यहाँ परम्परा में 'धर्म' का स्रोत 'शास्त्र' को माना गया है—वह 'शास्त्रैकसमधिगम्य' है। गोस्वामीजी की दृढ़ धारणा है कि वह 'शास्त्र' जो श्रुतिसम्मत हो—'धर्म' का स्रोत है। उससे अभ्युदय और निःश्रेयस्—दोनों की सिद्धि होती है—लोक और परलोक दोनों की सिद्धि होती है। शुक्लजी के चैन्तनिक दुर्ग के अनुरूप जो नहीं पड़ता, उसका नाम लेकर भी छोड़

देते हैं। भक्ति के 'साध्य' रूप को छोड़ दिया, ज्ञान की चर्चा करके भी उसके सिद्धान्तों को ढूँढ़ने में रुचि नहीं ली और उसी प्रकार 'धर्म' के सन्दर्भ में परलोक की बात उठाकर भी उसकी अवहेलना कर दी। 'धर्म' का स्वरूप स्पष्ट करते हुए कह दिया कि 'व्यक्तिगत' सफलता के लिए जिसे 'नीति' कहते हैं, सामाजिक आदर्श की सफलता का साधक होकर वही 'धर्म' हो जाता है। शुक्ल जी मानते हैं कि शेष तीन भक्तिकालीन धाराएँ 'लोकधर्म' से विमुख थीं—ये तुलसीदास ही थे—जिन्होंने साधारण जनता (गृहस्थ जनता) के आरूढ़ होने की सम्भावना वाले लोकधर्म की चर्चा की।

याज्ञवल्क्य स्मृति पर विज्ञानेश्वर की मिताक्षरा टीका है—उसमें श्रुतिसम्मत सनातन धर्म की छह विधाएँ बताई हैं—जिन्हें हम स्मार्त धर्म कहते हैं। गोस्वामीजी की धर्मभावना यही सनातन धर्म भावना है। छह हैं—साधारण धर्म, वर्ण धर्म, आश्रम धर्म, वर्णाश्रम धर्म, गुण धर्म और निमित्त धर्म। शुक्ल जी ने भी यही सन्दर्भ देकर 'गोस्वामी तुलसीदास' में लोक धर्म का निरूपण करते हुए कहा कि संसार के सभी देशों में जो मत प्रचलित हुए, उनमें 'साधारण धर्म' का ही पूर्ण समावेश हो सका—विशेष धर्मों की बहुत कम व्यवस्था हुई, पर सरस्वती और दृषद्वती के तटों पर पल्लवित आर्य सभ्यता के अन्तर्गत जिस धर्म का प्रकाश हुआ विशेष धर्मों को विस्तृत व्यवस्था उसका लक्षण हुआ और वह वर्णाश्रम धर्म कहलाया। उसमें कर्म, वचन और भाव की सम्यक् व्यवस्था हुई। शुक्ल जी ने वर्ण-व्यवस्था का 'कर्मणा' वाला रूप ही माना है, 'जन्मना' वाला नहीं। गोस्वामीजी ने भक्ति और अध्यात्म के प्रेम वाले क्षेत्र में इसका प्रतिबन्ध उपेक्षित कर दिया है—क्योंकि वहाँ तो 'प्रेम' ही 'नेम' की दायित्व-भावना को आत्मसात् किए रहता है—पर जहाँ स्वभावगत 'भक्ति' या 'प्रेम' प्रतिष्ठित नहीं है—वहाँ बाबा के सोशल डिसिप्लिन 'रूप' 'धर्म' की लौह शृंखला निर्मम है। जनता या तो निर्मल अन्तस् की प्रेरणा से व्यवहार कर सकती है अथवा आर्यशास्त्रानुमोदित धर्मानुशासन से। साधारण जनता में पहली स्थिति कम सम्भव है—होगी भी—तो कहीं—क्वचित्—अन्यथा फिर वह जनता साधारण ही क्यों कही जायगी? तुलसी का धर्म चक्र निरूपण इस दिशा में आलोक विकीर्ण करता है। उनके 'धर्म' में लोकधर्म, राजधर्म, स्त्रीधर्म—सबका सन्निवेश है।

धर्म के साधन दो प्रकार के हैं—आध्यात्मिक और आर्थिक। पहली के भी दो पक्ष— शारीरिक और मानसिक। बाबा के अनुसार सुर दुर्लभ मानव शरीर साधन-धाम है। मानसिक के भी दो रूप हैं—विधि एवं निषेध।

विधि रूप साधन श्रद्धा है—बाबा कहते हैं—

श्रद्धा बिना धर्म नहीं होई।

निश्चय ही धर्म के 'साधारण' और 'विशेष' रूपों में साधारण मानव धर्म पर उनका अधिक झुकाव है।

'पर उपकार सार श्रुति को।'

(विनयपत्रिका)

धर्म के इस रूप के मन में प्रतिष्ठित हो जाने पर समाजहित के और रूप स्वतः आचरित होने लगते हैं। 'पर उपकार' रूप धर्म की मात्रा व्यक्तिसत्ता के लोकसत्ता में विलयन की मात्रा पर ही निर्भर है। इस प्रकार परम्परा जहाँ 'धर्म' को 'परलोक' तथा व्यक्तिगत आध्यात्मिक उपलब्धि से चित्त शुद्धि द्वारा जोड़ती है—वहाँ शुक्ल जी उसका समाजोपयोगी रूप ही ग्रहण करते हैं और विकासवादी पद्धति पर उसका उत्तरोत्तर विकास भी बताते हैं।

निष्कर्ष यह कि भक्तिकालीन चारों शाखाओं में मर्यादामार्गी तुलसी का साहित्य उनकी रुचि के अनुरूप जितना प्रशस्त प्रतीत होता है—उतना दूसरा नहीं। इसलिए रामचन्द्र के प्रति जैसे तुलसी समर्पित हुए वैसे ही तुलसी के प्रति रामचन्द्र। 'मानस' के साक्ष्य पर 'रुचि सम्मत' लोक-काव्योपयोगी जो मानदण्ड शुक्ल जी ने निर्धारित किए—उसका प्रशस्त तथा चतुष्पाद संचार भी उन्होंने वहाँ किया। यह बात सही है कि 'तुलसी साहित्य' की समीक्षा मानदण्ड निर्धारण के सन्दर्भ में उतनी नहीं उभर पाई, जितनी उभर सकती थी। पद्मावत की आलोचना के स्तर पर गोस्वामीजी का स्तर साहित्यिक आलोचना की दृष्टि से नहीं पहुँच सका।

रामधारा की ही 'रसिक धारा' वाला साहित्य उनकी न केवल सहानुभूति नहीं पा सका—प्रत्युत भर्त्सना का भी विषय बना। इसका कारण था 'गुह्य' भावना का अलोकोपयोगी संक्रमण। यद्यपि 'गुह्यता' भारतीय परम्परा में समाधृत है—पर शुक्ल जी उसमें विकृति की सम्भावना देखकर भारतीय मानने से ही मना कर देते हैं—उसे विदेशी वृत्ति मानते हैं और अत्यन्त अभिनिवेश के साथ 'काव्य में रहस्यवाद' शीर्षक निबन्ध में प्रतिपादित करते हैं।

शुक्लजी न तो भारतीय काव्य परम्परा में 'गुह्य' भावना स्वीकार करते हैं और न ही 'ज्ञान' तथा 'भक्ति' के क्षेत्र में ही। कर्म के क्षेत्र में गुह्यता का बहिष्कार तो सभी करते हैं। 'अव्यक्त' विषयक योगमार्ग में ही उनकी दृष्टि में 'रहस्यमयता सम्भव है। विपरीत इसके परम्परागत प्रस्थान 'ज्ञान' और 'भक्ति' दोनों की साध्यावस्था में गुह्यता स्वीकार करते हैं। स्वयं गोस्वामीजी कहते हैं—"जिन्ह जाना तिन्ह जाना नाहीं"—अर्थात् जानतामविज्ञातम्, विज्ञातम विजानताम्—जिन्होंने प्राकृत अन्तःकरण की वृत्ति रूप ज्ञान से 'स्वरूप' या 'चरमतत्त्व' को जानने की बात की—उसने गलती की। वह बुद्धिबोध्य नहीं है, वह वृत्यात्मक ज्ञान कहीं से शुक्ल जी की दृष्टि में 'रहस्य' है—होना ही चाहिए। 'अद्वैतवाद' और वस्तु है, 'अद्वैततत्त्व' और वस्तु है। 'अद्वैतवाद' तक वृत्यात्मक ज्ञान के माध्यम से स्पष्ट पहुँचा जा सकता है—पहुँच गया है, पर 'अद्वैतवाद' तक अतिप्राकृत शक्ति—स्वानुभूति के ही माध्यम से ही जाया जा सकता है। यही स्थिति 'भक्ति' की भी परम्परा में है। साध्य भक्ति

भी प्राकृत अन्तःकरण की वृत्ति नहीं है। अतिप्राकृत 'स्वरूप शक्ति' है—अतः उसके बल से लीला का आस्वाद व्यक्तिगत होने से रहस्यमय है। वह घट के भीतर ही स्फुरित होता है।

इस प्रकार परम्परागत प्रस्थानों की धारणा से हटकर शुक्ल जी ने कालोचित चेतना के सन्दर्भ में अपना एक स्वतंत्र प्रस्थान निर्धारित किया है और तदनुरूप चैन्तनिक व्यूह रचा है। फलतः वाजपेयी नन्द दुलारेजी ने जो उनके 'लोकधर्म' की दार्शनिक भूमि को प्रतिष्ठित प्रस्थानों के सन्दर्भ में चुनौती दी है—वह सम्यक् विचारित पक्ष नहीं है—यद्यपि यह सही है कि शुक्ल-सम्मत मानदण्ड साहित्य की हर विधा के साथ आलोचनोचित तटस्थता का सम्यक् और प्रत्याशित निर्वाह नहीं कर सका है।

(ख) कृष्णाश्रयी धारा और आचार्य शुक्ल

आचार्य शुक्ल के चैन्तनिक व्यूह के अनुसार 'सगुणभक्ति' का ही पक्ष भारतीय पद्धति से बैठता है। पाश्चात्य चिन्तन ने उन्हें कहीं दिग्भ्रान्त अवश्य किया है—इसका स्पष्ट प्रमाण 'सूरदास' की पादटिप्पणियाँ हैं—जिनसे इस धारणा का प्रकाश होता है कि भारतीय आचार्य प्राकृत बोधवृत्ति से उपासना के लिए अपेक्षित लक्षणों का निर्धारण किया करते थे और भक्त उसी परिधि में लक्षण-लक्षित अर्थात् व्यक्त के प्रति भक्ति की भावना करते थे। पश्चिम में तर्क-पद्धति का समावेश न होने से उन्हीं तर्क प्राप्त लक्षणों को रहस्यात्मक ढंग से प्राप्त किया जाता था और भक्ति में उसका उपयोग किया जाता था—इसीलिए विदेशी भक्ति से स्वदेशी भक्ति का निवर्तक लक्षण ही उन्होंने 'रहस्यवाद' मान लिया और भारतीय परम्परा से हटकर उसे सिद्ध किया। उन्होंने 'भक्ति' में 'रहस्य' का प्रवेश माना भी तो महज उसके 'महत्व' और 'असीम' की भावना करने के लिए—न कि उपासना या मानसिक लगाव के लिए। भक्त इस 'अव्यक्त' या 'निर्गुण' पक्ष से जो जुड़ते हैं—वह 'अचिन्त्य ऐश्वर्य' की भावना के लिए—ताकि 'महत्व' बुद्धि दृढ़ हो। भक्ति से 'रहस्य' का सम्बन्ध होता भी है तो महज इतने के लिए—न कि इलहामी या रहस्यवादी ढंग से प्राप्त ज्ञात लक्षण-लक्षित की उपासना के लिए। ज्ञान के क्षेत्र में चिन्तनमात्र होता है और यह काम समुन्नत मनस्क आचार्य करते हैं—भक्तों को सुचिन्तित मार्ग से यह लक्षण प्राप्त होता है। यहाँ आलम्बन भी 'स्पष्ट' और वृत्ति भी प्राकृत। अतिप्राकृत कुछ नहीं। वास्तव में शुक्ल जी के हिसाब से भक्तिमार्ग अपने विकृतरूप में धर्म भावना का भावात्मक या रसात्मक विकास है और यह विकास उपास्य ईश्वर के स्वरूप की प्रतिष्ठा के उपरान्त ही होता है। स्वरूप की प्रतिष्ठा तत्त्व चिन्तन की प्राकृत पद्धति से ही हो सकती है और यह काम समुन्नत मानकर आचार्य ही करता है। भक्ति के अधिकारी सभी हैं और ज्ञान के इने-गिने। भक्त को भी ज्ञानी माना

जाने लगे–तो अव्यवस्था ही उत्पन्न होगी। शुक्ल जी अपनी विकासवादी पद्धति को प्रामाणिक बताते हुए कहते हैं–कर्म, ज्ञान तथा उपासना–का क्रम ही प्रमाण है कि उपासना या भक्ति 'ज्ञानयज्ञ' के बाद भी होती है और ज्ञानयज्ञ पूजा समनियत द्रव्ययज्ञ के बाद। उनकी दृष्टि में तुलसी और सूर, कबीरदास आदि की अपेक्षा ज्यादा पढ़े-लिखे तो थे ही–फिर भी 'भक्ति' की सहज-सरल पद्धति पकड़ने के कारण 'ज्ञान' की बातें कम करते थे–उलटवाँसी की वक्र वृत्ति उनमें नहीं थी–हो कैसे सकती है?

तर्कसंगत कार्यकारण भाव की परिणति से हटकर होने वाली परिणति 'रहस्यवादी' ही होगी। शुक्ल जी की दृष्टि से भारतीय ज्ञान, भक्ति और कर्म, सर्वत्र असंगत, फलतः रहस्यमयता अस्वीकार्य है। 'भक्ति' में अगर है भी तो वह केवल 'माहात्म्य' या 'असीम' बोध के लिए। भक्त लोग 'सगुण' के साथ 'निर्गुण' को भी मानते हैं। शुक्ल जी स्पष्ट मानते हैं कि पहले बुद्धि से तात्विक ज्ञान और फिर ज्ञात का भावना से योग–अर्थात् मनुष्य की बुद्धि और मुनष्य का हृदय–इन्हीं दोनों अन्तर्वृत्तियों का ठीक और स्वाभाविक ढंग से संचालन उपनिषदों के ज्ञानकाण्ड और उपासनाकाण्ड–दोनों में विद्यमान है। उपनिषदों में दृष्टान्त पति-पत्नी–समागमजन्य आनन्द से जिस समाधि सुख की वर्णना की गई है–वह 'विज्ञात' का 'साक्षात्कार' है–वह कोई इलहामी अनुभूति नहीं है। यह सूफियों और कैथोलिक ईसाइयों का 'माधुर्यभाव' नहीं है। पश्चिमी जगत् में धर्म का भक्तिपक्ष रहस्यवाद है और उसका आधारभूत तत्त्वबोध भी रहस्यवाद है। पश्चिमी दृष्टि से रंजित लोग ही यहाँ के ज्ञान और भक्ति में रहस्यवाद देखते हैं। उनकी दृष्टि में रहस्यवाद का मूलमंत्र है–अज्ञात की उपासना और उपनिषदों में है–ज्ञात की उपासना। शुक्ल जी की दृष्टि में 'पूजा' जिस द्रव्ययज्ञ रूप में–कर्मकाण्ड के रूप में होती थी–वह पूज्य के स्वरूपबोध के बिना होती थी–फलतः वह 'अविद्या' की उपासना थी–इसीलिए ईशोपनिषद् में कहा गया–

'अन्धन्तमः प्रविशन्ति येऽविद्यामुपासते।'

पर शुक्ल जी अगली पंक्ति को अपने अनुरूप न पाकर छोड़ गए। (ततोऽपि भूयः ये विद्यामुपासते)। इसका अर्थ है–जो केवल विद्या की उपासना करते हैं–वे केवल अविद्या की उपासना करने वाले से भी गहरे अन्ध तमस् में जाते हैं–इसलिए दोनों की उपासना की जानी चाहिए। अविद्या से मृत्यु का संतरण होता है और विद्या से अमृत की प्राप्ति। शुक्ल जी अपने चैन्तनिक व्यूह के निर्माण में औपनिषद वाङ्मय की अन्यथा योजना करते हैं–या कभी-कभी छोड़ देना बेहतर समझते हैं। अस्तु, पहले हम 'भक्ति' के विषय में उनके चैन्तनिक व्यूह को समझ लें। उनकी दृष्टि में 'अज्ञात' की उपासना ही रहस्यवाद है और उसका उक्त पंक्ति के आलोक में आरम्भ से ही निषेध है। भक्त 'अज्ञात' को मानता अवश्य है–पर हृदय का आलम्बन नहीं बनाता–वह तो 'ज्ञात' ही होता है।

शुक्ल जी भक्ति का विकास बताते हुए कहते हैं—पहले भय या लोभवश अज्ञात शक्ति की पूजा—द्रव्ययज्ञ, तदनन्तर चिन्तन—ज्ञानयज्ञ, तदनन्तर ज्ञात के प्रति हृदय की योग-उपासना। इसी उपासना से प्रेम-प्रधान भक्ति का विकास। गीता में वह कर्म-ज्ञान समन्वित है और शाण्डिल्य आदि भागवत परम्परा में प्रस्थान भेदवश—स्वतंत्र लोकधर्म से वह संपृक्ति नहीं रहती। शुक्ल जी के अनुसार रहस्यवादी भक्ति में उपास्य का स्वरूप आरोपित होता है और भारतीय पद्धति में चिन्तन-प्रतिष्ठित। उपास्य का रक्षक और रंजक रूप तर्कसिद्ध है—आरोपित नहीं। शतपथ ब्राह्मण में ब्रह्म की नारायण रूप में कल्पना नर प्रकृति के अनुरंजनकारी रूप की कल्पना है—इसके पीछे (चतुर्भुज रूप की कल्पना के पीछे) जातीय रुचि है। उनका स्वरूप और लोक भी माना गया। उन्हीं की निकटस्थ प्रतीति के लिए नारायण की नर रूप में—कृष्ण-राम—रूप में भी प्रतिष्ठा की गई। यह वह पद्धति है जिससे श्रीकृष्ण भक्ति के निर्दिष्ट आलम्बन हुए। शुक्ल जी को इसका समाधान देना है कि वासुदेवोपासना को जो महाभारत आदि में 'रहस्य' या 'राजगुह्य' कहा गया—वह किस दृष्टि से? आप भारतीय भक्ति में 'रहस्यवादिता' तो मानते नहीं—अतः इसका आशय या व्याख्या यह कहकर की कि यहाँ 'रहस्य' का अर्थ है—किसी का निजी या प्राइवेट। नारायण या वासुदेव के स्वरूप की कल्पना चूँकि जाति-विशेष या व्यक्ति के भीतर जातीय रुचि वश स्फुटित है—बस इतने ही अर्थ में वह 'रहस्य' है—न कि 'अज्ञात की उपासना' के पश्चिमी अर्थ में। शुक्ल जी कहते हैं कि कुरुक्षेत्र के युद्ध के बाद वह 'रहस्य' भी नहीं रह गया। पहले उनमें कुछ लोगों में 'ईश्वरत्व' देखा पर बाद में वह 'लोक' मात्र ग्राह्य हो गया—सो, इस तरह वह रहा-सहा 'रहस्य' भी गया। 'अज्ञात' प्रेम 'वक्र' है और ज्ञात के प्रति सीधा। सूर कहते हैं—

काहे को रोकत मारग सूधो।
सुनि ऊधो, निर्गुन कंटक ते राजपंथ क्यों रूंधो।।

कहीं कोई दुराव-छिपाव उपास्य या उपासक की ओर से है ही नहीं। अपनी स्थापना को और अधिक स्पष्ट करते हुए वे कहते हैं कि गीता के कृष्ण ने कहा कि—ब्रह्म से अभिन्न लोक में जो भी 'श्रीमत्' और 'अर्जित' है—उसमें वे ही प्रतिष्ठित हैं। जिससे पालन, रक्षण हो—उसमें उन्हीं की व्यक्त कला है। इन्द्र को छोड़कर गोवर्द्धन की पूजा का अनुरोध स्पष्ट इसी तथ्य का द्योतक है कि उक्त 'पूजा' (प्रत्यक्ष रक्षक-पालक की पूजा) **हमारी भक्ति भावना का प्रधान लक्षण है।** बिना इसके हृदय का परिष्कार हो नहीं सकता। जड़-चेतन किसी भी उपकारी के प्रति भक्ति भगवान के प्रति ही भक्ति है। हमारी 'भक्ति' का सामी मतों की भक्ति से यही अन्तर है कि हम किसी भी प्रत्यक्ष उपकारक में भगवत् बुद्धि रखकर उसकी उपासना का विधान करते हैं—सामी मतों में यह प्रत्यक्ष या 'अपरोक्षपूजा' वर्जित है।

अवतार पूजा इसी वृत्ति का बढ़ाव है–पूजा परोक्ष का अविद्या मार्ग है और उपासना प्रत्यक्ष का विद्यामार्ग–इस प्रकार अज्ञात से ज्ञात की ओर हमारी भक्ति बढ़ी। प्रत्यक्षों के प्रति पूज्य बुद्धि हमारे धर्म हृदय की वृत्ति है।

शुक्ल जी की स्थापना में–भक्ति में 'रहस्य' नहीं है–एक अड़चन और है और वह यह कि प्राकृत कार्यकारण परम्परा से विच्छिन्न यदि कुछ घटित हो जाय तो वह 'रहस्य' है। राम और कृष्ण की लीला में यशोदा और कौसल्या को ऐसा 'रहस्य' दिखता है। यशोदा को कृष्ण के मुँह में ब्रह्माण्ड और कौसल्या का शिशु राम का चतुर्भुज रूप–अब उसका क्या हो? शुक्ल जी कहते हैं–यह हो भी तो भी यह हमारी भक्ति की स्थायी वृत्ति नहीं है। उनकी प्राकृत हृदय वृत्ति स्थायी रूप से नर-लीला में ही रमती है–कभी-कभी वे लोग रहस्योन्मुख हो उठते हैं और तब या तो उस माधुर्य लीला (नर-लीला) से हटकर 'ऐश्वर्यलीला' की बात करते हैं अथवा प्रतिपाद्य राम अचिन्त्यैश्वर्य अव्यक्त ब्रह्म ही हैं–अतः वहाँ सब सम्भव है–संगत है–मान लो।

शुक्ल जी ने गोलोक, साकेत आदि लीलाओं की कल्पना के पीछे उपासक की उपास्य से नित्य जुड़े रहने का नित्य अभिलाष माना है। स्वरूप की नित्य लीला के अवस्थान के लिए ऐसे नित्य लोकों की वह भावना करता है। विश्व में विद्यमान वही ब्रज और ब्रज-विभूतियाँ वहाँ नित्य विद्यमान हैं। शुक्ल जी की दृष्टि में नित्यता की यह रहस्यभावना भी भावप्रेरित ही है। भक्त का चाहे ऐहिक जीवन हो या पारलौकिक–सर्वत्र वह उपास्य के स्वरूप में अपनी हृदय-वृत्ति को लीन रखना चाहता है–इस प्रकार नित्य लीला सृष्टि में प्रवेश ही उसका चरम लक्ष्य है–जीवन मात्र के साथ ऐहिक तथा पारलौकिक–सम्बन्ध भक्त का चरम काम्य है–किसी अज्ञात निर्विशेष दशा की नहीं।

एक बात और भी। यह जो थोड़ी-बहुत रहस्य भावना है भी–वह भी भारतीय भक्ति की निजी है–उससे पश्चिमी भक्ति की रहस्य भावना सर्वथा भिन्न है–दोनों में कोई साम्य नहीं। 'पश्चिमी' 'रहस्यवाद' की सबसे बड़ी विशेषता है–अज्ञात निर्विशेष परमसत्ता के साथ समागम और सन्ताप, सीधे जिसके द्वारा भक्त या साधक को लोकोत्तर या पारमार्थिक ज्ञान की प्राप्ति होती है। पर शुक्ल जी के साथ पाश्चात्य चिन्तक भी मानते हैं कि उन रहस्यदर्शियों की अटपटी उक्तियों में छानबीन करने पर ऐसा कोई नया तथ्य नहीं मिलता जो ज्ञान के स्वाभाविक विकास क्रम में उपलब्ध न हो चुका हो। पश्चिमी रहस्यवादिता की **दूसरी विशेषता** उक्तिगत वैलक्षण्य या अनूठा रूपक जाल। इसका साम्प्रदायिक कारण है। 7वीं शती के सन्त ग्रेगरी की धारणा है कि ईश्वर का साक्षात्कार हमारे कल्मष के कारण धुँधला होता है और 12 वीं शती के सन्त बरनार्ड की धारणा है कि जब साधक के हृदय देश में क्षणभर के लिए ईश्वर प्रेषित ज्योति आती है तब उस चकाचौंध को कम करने के लिए अथवा उपलब्ध ज्ञान को दूसरों में संप्रेषित करने के लिए पार्थिव जगत् का कुछ

अनूठा रूप विधान सामने आ जाता है। छलावा की तरह आए हुए इस रूपक को 'छायादृश्य' या 'फैंटाज्माटा' कहते हैं। शुक्ल जी सूफियों और कबीर की बानियों में इसी रूढ़ि का निर्वाह समझते हैं। उनके अनुसार इस ईसाई भक्तिमार्ग के फैंटाज्माटा का प्रभाव यूरोपीय काव्य पर भी पड़ा और माना गया कि कल्पना ईश्वर का दिव्य साक्षात्कार है (ब्लेक)। 19वीं शताब्दी के प्रतीकवादियों पर इसी का प्रभाव था—जो बंगाल के ब्राह्मसमाजी भजनों में भी लक्षित होता है। उन रचनाओं में जो साध्यवसान रूपकों की प्रचुरता है—वह इसी छायादृश्य की झलक देने के लिए। शुक्ल जी की दृष्टि में यही रूढ़ि हिन्दी की छायावादी कविता में भी खिसक आई।

विलियम जेम्स ने रहस्यानुभूति के जो चार लक्षण बताए हैं—वे भी भारतीय भक्ति पद्धति में नहीं हैं—(1) अनिर्वचनीयता (2) ज्ञानोदय (3) क्षणिकता और (4) निश्चेष्टा। भारतीय भक्ति मार्ग में भक्ति के आनन्द को भक्ति रस कहते हैं—यह बिल्कुल काव्य में रस दशा की सी प्राकृत अन्तः की प्रक्रिया है—इसमें व्यक्ति का हृदय भजनीय में लीन रहता है—यह भूत-प्रेत की सी आविष्ट दशा नहीं है—न यहाँ राम-कृष्ण किसी के सिर आते हैं। फलतः उक्त चारों विशेषताएँ या तो होती नहीं या अपने ढंग की होती हैं। कुरु जांगल प्रदेश में घूमते हुए शुकदेव की दशा का व्यक्तिरेक लक्षित करते हुए शुक्ल जी कहते हैं कि यह उनकी उन्माद दशा नहीं थी—प्रत्युत रसलीनता थी।

कथमालक्षितः पौरैः सम्प्राप्तः कुरु जांगलान्।
उन्मत्त मूक जड़वत् विचरन् गजसाह्वये।। (भाग.—1 ।4 ।6)

पण्डित विश्वनाथ प्रसाद मिश्र ने भी इस अंश को लक्षित कर एक आलोचक का हवाला दिया। आलोचक का यह कहना है कि शुकदेवजी की भक्ति के आवेश को रस दशा कहना केवल अपने पक्ष के समर्थन करने का आग्रह ही है, वस्तुतः रहस्यदर्शी के 'दर्शन' और भक्ति की तल्लीनता में कोई अन्तर नहीं है। पं. मिश्रजी के अनुसार " 'रहस्य दशा' और 'रस दशा' में अन्तर यह कि पहली व्यक्ति-भूमि की अनुभूति है और दूसरी लोकभूमि की, पहली परोक्ष सत्ता को परोक्ष रखकर होती है और दूसरी उसे प्रत्यक्ष करके।" चैतन्य सम्प्रदाय में जो मूर्च्छा की बात आती है—वह दो कारणों से—एक तो बंगाल का भावावेश और दूसरे पठानों के शासन में सूफियों के प्रचार (हाल दशा) से निर्मित वातावरण।

भारतीय भक्ति मार्ग की सामान्य धारणा के स्पष्टीकरण के अनन्तर कृष्ण भक्ति धारा की जहाँ तक बात है—उसमें भागवत दशम स्कंध के पूर्वार्द्ध के बाल कृष्ण और गोपियों के प्रियतम प्रेममूर्त्ति कृष्ण गृहीत हुए हैं। इनमें जो प्रेममय भक्ति गृहीत हुई—वह **'लोक' और 'वेद' के ऊपर प्रेम लक्षणा भक्ति है।** उसमें लोक और वेद की मर्यादाओं का कोई अवरोध नहीं है। उनके मधुर स्वरूप का

आकर्षणं और सान्निध्य ही काम्य है। यह प्रेम दाम्पत्य रूप है। यही भावना 'माधुर्यभाव' है और इसी क़ी अनुभूति 'मधुररस' है। चूँकि दाम्पत्य राग व्यापक और अन्तर्व्यापक होता है—इसीलिए भारतीय भक्ति धारा में मीरा का माधुर्यभाव तो है ही—उससे भी आगे बढ़कर 'वृन्दावन' की भक्ति 'गोपीभाव' से आगे 'सखीभाव' तक पहुँच गई। सूफियों और ईसाइयों के कैथोलिक सम्प्रदाय में भी यह 'माधुर्यभाव' प्रचलित है।

शुक्ल ज़ी के मत में इस दाम्पत्य वासना रूप भक्ति भाव की साधना में शृंगारिक व्यापार कहाँ तक होते हैं—यह प्रश्न उठाकर दो पक्ष विचारार्थ प्रस्तुत किए—लीला पक्ष और ध्यान पक्ष। लीला पक्ष में गोपियाँ दाम्पत्य-भाव की वासना की तृप्ति चाहती हैं—सो, वह स्वाभाविक है। ध्यान पक्ष में जो शृंगार है—उसकी स्थिति काव्यानुभूति जैसी ही होगी—मानसिक स्तर पर रसानुभूति। हाँ, यदि पुरुष दाम्पत्य भाव की उपासना करता है तो वह केवल आलंकारिक आरोप पर होगा। कठिनाई सामी मत के साधकों के समक्ष है—जहाँ उपास्य निरिन्द्रिय है। एक तो वहाँ लीला का प्रश्न नहीं, दूसरे ध्यान भी निराकार का क्या होगा? मात्र दूल्हें का आरोप ही होगा। यहाँ भी सामी मतों और कृष्ण भक्तों के माधुर्यभावपरक उपासना में दो अन्तर स्पष्ट हैं—पहला यह कि कृष्ण वास्तव में प्रियतम हैं—खुदा या गॉड—में दूल्हात्व आरोपित है। दूसरे यहाँ माधुर्यभाव के अतिरिक्त वात्सल्य; सख्य, दास्य और शांत भी हैं—अन्ततः दाम्पत्य में इन सबका समावेश माना जाता है।

इस प्रकार शुक्ल जी की स्थापना है कि भारतीय भक्ति मार्ग रहस्यवाद (अज्ञात के प्रति प्रेम) नहीं है—जो रहस्यवादिता या माधुर्य की प्राइवेसी है भी—वह अपना अलग रंगत लिए हुए। फिर जो रहस्य है भी वह कोई स्थायी और प्रमुख वृत्ति नहीं है। भारतीय रहस्यवाद योगमार्ग है—भक्ति मार्ग या ज्ञानमार्ग नहीं। भक्तों में ध्यान-जप-प्राणायाम की जो यत्र-तत्र स्थिति मिलती है—वह यहाँ-वहाँ से ली हुई ऊपरी है—उसकी मुख्य वृत्ति तो नवधा भक्ति ही है। श्रवण और कीर्तन-भक्ति की प्राप्ति, दृढ़ीकरण और प्रचार के साधन हैं। भारतीय भक्ति शक्ति-शील-सौन्दर्य के अधिष्ठाता आराध्य को इसी जगत् के व्यवहार के बीच रखकर चलता है। फलतः भक्ति के लिए आराध्य रूप में राम और कृष्ण ही लिए गए हैं। राम तो अपने शक्ति-शील-सौन्दर्य संवलित समग्र रूप में किन्तु कृष्ण केवल वात्सल्य और शृंगार के सौन्दर्य पक्षीय आलम्बन रूप में ही लिए गए। कृष्ण का लोकपक्ष इस धारा में उपेक्षित रामधारा में अपेक्षित। राम के रक्षक, पालक तथा रंजक—तीनों रूप लिए गए जबकि कृष्ण का केवल रंजक रूप ही है।

इस सबके साथ शुक्ल जी की मूल स्थापना यह है कि अन्य देशों के पैगम्बरों या उपास्यों की अपेक्षा भारतीय परम्परा के आराध्य और आराधक—विशेषकर राम कृष्ण और उनके अनुयायी जीवन व्यवहार से दूर रहकर उपदेशक मात्र नहीं हैं—

वे व्यवहार में जीवन के हर पक्ष को समुन्नत करने वाले आचार से संयुक्त हैं—यह आचार हृदय की करुणा तथा प्रेम—नामक भावना से प्रेरित होता है और दूसरों में भी वही 'हृदय' जगाता है। यही 'हृदय' शील का मूल है—इसी से 'साधारण धर्म' की स्थापना होती है। 'भक्ति' इसीलिए 'धर्म' का 'हृदय' है। शुक्ल जी 'आगम' की ओर गए होते तो 'हृदय' का भी 'हृदय' पा गए होते। इन उपासकों का साधन भी 'हृदय' है और साध्य भी 'हृदय' है—इसी के बल से व्यक्ति की लोकमंगलोन्मुखी व्यवहार पद्धति जब प्रकृतिस्थ हो जाती है—तब वह 'शील' कही जाती है। सगुण साधना का मार्ग इसी व्यवहार के बीच से जाता है। 'भक्ति' के द्वारा जिस 'शील' या 'धर्म' की संप्राप्ति होती है—वह 'साधारण धर्म' है।

संप्रति, यह देखना चाहिए कि 'भक्ति' में विशेष धर्म का क्या स्थान है? विशेष धर्म है—लोकधर्म, कुलधर्म, गृहधर्म, आश्रमधर्म। 'भक्ति' ऐसी हृदय की पवित्र उत्कृष्ट भूमि है कि एक तो उसके लिए किसी प्रकार का अधिकार भेद नहीं है—कुल, जाति, लिंग, वय का भेदवाद और तन्निमित्तक अधिकारवाद समाप्त हो जाता है—विधि-निषेध पानी भरने लगते हैं—पर इसके बाहर के विधान में इन भक्तों का क्या योगदान लोकसंग्रह बुद्धया हो? 'विशेष धर्म' के प्रति 'लोकधर्म' के प्रति उनका क्या रुख हो? उनकी व्यापकतम सौन्दर्य भूमि में व्यवहार जगत् का विरुद्धों के बीच व्यवस्थापक सामंजस्य या सौन्दर्यबोध का समावेश ही नहीं? शुक्ल जी की दृष्टि में भक्त की सम्यक् दृष्टि वही कही जा सकती है जिसके अन्तर्मुख शीलसाधना और बहिर्मुख लोकधर्मपालन के बीच तथा 'धर्म' और 'विशेष धर्म' के बीच सामंजस्य स्पष्ट हो। भिन्न गुणात्मक जगत् के बीच उभरने वाले चिरन्तन संघर्ष को जीवन के विभिन्न क्षेत्रों में समाहित करने वाले लोगों से भक्त को तटस्थ रहना चाहिए या उनमें भी परमात्मा का अंश देखकर उनके प्रति श्रद्धा रखनी चाहिए। शुक्ल जी का पक्ष है कि भारतीय भक्ति शुद्ध सत्वस्थ वृत्ति है—जिसके शासन में रज तथा तम रहकर व्यवहारगत व्यवस्था या सौन्दर्य को बनाए रखते हैं—अतः उनकी परमात्मा की व्यवस्थापक कला को चरितार्थ करने वाले व्यवहारनिष्ठ सभी के प्रति विनत और श्रद्धा संचलित होना चाहिए। भारतीय प्रकृति की भक्ति की यह प्रत्याभिज्ञापक रेखा है। निर्गुनियों में यह नहीं मिलती फलतः शुक्ल जी की दृष्टि में वह विदेशी भक्ति है। भारतीय भक्ति पद्धति न ज्ञान मार्ग में अड़ंगेबाजी करते हैं और न ही कर्म मार्ग में।

लोकधर्म संवलित भक्ति को भारतीय भक्ति की मूल वृत्ति मानने वाले शुक्ल जी को 'कृष्णभक्ति' में बहुत त्रुटियाँ भी दिखाई पड़ी हैं। शुक्ल जी ने आचार्य वल्लभ के विचार पक्ष को तो साभिनिवेश और हृदय का योग देते हुए प्रस्तुत किया, पर आचारमार्ग जो 'पुष्टिमार्ग' के नाम से प्रतिष्ठित है—का परिचय देते हुए अन्ततः अरुचिकर वृत्तियों की बात भी कही है। पुष्टिमार्ग में आलम्बन कृष्ण के स्वरूप से

रक्षक-पालक-ऐश्वर्यमय रूप को हटा देना, भक्ति (श्रद्धा + प्रेम) में से माहात्म्यबोध पर्यवसायी श्रद्धा वृत्ति को घटाकर विशुद्ध प्रेम लक्षण बना देना, मंदिरों में राग, भोग और शृंगार पर ही संकेन्द्रण होना, मर्यादा की पुष्टि को तीसरे दर्जे पर रखना—आदि वृत्तियों ने कृष्ण भक्ति मार्ग में हृदय के उस पक्ष के विकास का दरवाजा बन्द कर दिया—जिससे लोक-रक्षण, लोकपालन कर्म परायण विभूतियों के प्रति जनसामान्य में श्रद्धा नाम का सामाजिक भाव पैदा होता है और भक्ति सांगोपांग प्रभामण्डल से दीप्त होती है। परमात्मा के रक्षक-पालक-प्रवण सदंश की अभिव्यक्ति से अलग होना और मात्र रंजनविधायक सिद्ध पक्ष में तत्पर होना—क्या पूर्ण रूप को खण्डित करना नहीं है? इसीलिए विरहानलावतार आचार्य वल्लभ की सूर-साहित्य में व्यक्त मेरुदण्ड स्थानीय विरहभावना की आचार्य शुक्ल ने खिल्ली उड़ाई है—क्योंकि उसके पीछे सीता-राम-विरह की भाँति लोकरक्षण की वृत्ति सक्रिय नहीं है। आचार्य वल्लभ निर्दिष्ट पुष्टिमार्गी भक्ति—प्रेमलक्षणा—के उपासक होने के कारण सूर की वृत्ति शुक्ल जी की दृष्टि में दशम स्कंध के उत्तरार्द्ध वाले कृष्ण को तो छोड़ ही दें—पूर्वार्द्ध वाले ब्रजगोपाल और वृंदावनी कृष्ण में भी जहाँ कहीं उनका लोकसंग्रही रूप है—नहीं रमी है।

लोकमंगलवाद की उनकी चेतना अत्यन्त प्रबल है। इसलिए कुछ भी सोचते-विचारते हुए उससे वे जुड़े रहते हैं—अन्यथा मूल्यांकन में कमी आ सकती है। इसी लोकमंगलवाद के सन्दर्भ में भावजगत् पर विचार करना प्रसंगतः आरम्भ किया और कहा कि करुणा और प्रेम ये दो बीजभाव हैं—करुणा से रक्षा होती है और प्रेम से रंजन। इनकी तह में घुसें तो मानव में जिजीविषा के कारण राग और द्वेष की वासना जन्मजात होती है—जिनके आलम्बन निर्दिष्ट नहीं होते—आलम्बन निर्दिष्ट हो जाने पर 'राग' ही 'लोभ' और 'लोभ' ही व्यक्ति विषयक अव्यभिचरित रूप से स्थिर हो जाने पर 'प्रेम' कहा जाता है। पूर्व राग का श्रुतालम्बनक तक रूप 'लोभ' तक ही जा सकता है 'प्रेम' तक नहीं—सम्भव है उससे अधिक गुण श्रवण पर वृत्ति बदल जाय—व्यभिचारित हो जाय। इस 'करुणा' और 'प्रेम' से—जो रक्षण और रंजन के मूल हैं—के मूल में विघटनकारी 'द्वेष' नहीं—अव्यक्त वासना के रूप में 'राग' ही रहता है। अव्यक्त रूप में 'राग' जहाँ रहेगा—'करुणा' अथवा 'प्रेम' उसी तरफ संचरित होगा—आलम्बन के निर्दिष्ट होने पर स्पष्ट 'भाव' रूप में संचरित होने लगेगा। रक्षण से ही विकास होता है—अतः 'करुणा' को ही मूल रस कुछ लोग मानते हैं और 'रंजन' पर जिन राजाओं (भोजराज) का झुकाव है—वे शृंगार को 'रसराज' कहेंगे—पर दोनों जगह अव्यक्त है—विकासोपयोगी 'राग' ही। कविता का सम्बन्ध चूँकि 'व्यक्त' से है—अतः निर्दिष्टालम्बनक 'करुणा' और 'प्रेम' परक ही काव्य होगा। पहला 'प्रयत्न' पक्षीय होगा और दूसरा 'सिद्धि' पक्षीय। सूर दूसरे पक्ष के कवि हैं। दूसरी बात यह है कि 'कविता' व्यक्त से ही सम्बन्ध रखती है—क्योंकि वह

'अभिव्यंजना' है और अभिव्यंजना 'विकास' ही है–इसलिए 'अव्यक्त' 'राग' के व्यक्त पक्ष 'करुणा' तथा 'प्रेम' की अभिव्यक्ति है काव्य।

यद्यपि 'अव्यक्त' से 'काव्य' और 'भक्ति' को शुक्ल जी दूर रखकर रहस्यवादिता से मुक्त रखना चाहते हैं–फिर भी वह इधर-उधर से सेंध फोड़कर घुसने लगता है–इनके चैन्तनिक-व्यूह में। बात यह है कि 'ज्ञान' दो प्रकार का है–वृत्यात्मक और स्वरूपंबोधात्मक। स्वरूपबोधात्मक ज्ञान 'स्वानुभूति' ही है–जो अप्राकृत है–प्राकृतबोध से परे है। शुक्ल जी 'वाक्यज्ञान' से 'साक्षात्कारात्मक' ज्ञान को जब पृथक् करते हैं तब बीच में 'बिम्बन' की प्रक्रिया की सहायता लेते हैं–लेकिन उससे भी आगे जाकर कहा है–पूर्ण तत्त्वाभास केवल कोरी बुद्धि की क्रिया में नहीं हो सकता–यह बात शंकराचार्य ऐसे बुद्धि के दार्शनिक को भी माननी पड़ी थी। पारमार्थिक सत्ता के बोध की सम्भावना उन्होंने बहुत कुछ स्वानुभूति द्वारा कही है–केवल शब्द बोध या तर्क द्वारा नहीं। वर्गसाँ और कारपेण्टर भी समर्थन में हैं। तुलसी और सूर का भी यही पक्ष है। दूसरी जगह शुक्ल जी ने काव्य के प्रेरणा पक्ष की बात करते हुए कहा है–कवि सौन्दर्य से प्रभावित रहता है और दूसरों को भी प्रभावित करना चाहता है। किसी **रहस्यमयी** प्रेरणा से उसकी कल्पना में कई प्रकार के सौन्दर्य का जो मेल आप से आप हो जाया करता है–उसे पाठक के सामने भी वह प्रायः रख देता है। अस्तु, व्यक्तवादी या अभिव्यक्तिवादी शुक्ल जी यह मानते हैं कि काव्य की रमणीयता (पूरी) इन दोनों (साधन और सिद्धि) पक्षों के समन्वय के बीच मंगल या सौन्दर्य के विकास में दिखाई देती है। पर आचार्य के प्रेममार्गी पक्ष में काव्य की सिद्धावस्था ही आती है–जो प्रवर्तक प्रेमभाव वश आनन्दमय ही होती है। इसका केन्द्र प्रेम ही है–फलतः वही साध्य है–यह उनका पक्ष है। प्रेम से पालन (वात्सल्य) और रंजन (दाम्पत्य) होता है–इसीलिए इन दो का यहाँ प्रसार है। प्रेमोपयोगी माधुर्य से शुक्ल जी का 'माधुर्य' व्यापक है–वह जीवन की हर लोकमंगलोन्मुखी स्थिति में हैं–'सर्वावस्थाविशेषेषु माधुर्यं रमणीयता।' (साहित्य दर्पण–3/87)

वात्सल्य और दाम्पत्य भाव के गायक सूर को सख्यभाव का उपासक बताने वालों के प्रति शुक्ल जी असन्तुष्ट हैं। सूर की वृत्ति जब वात्सल्य और दाम्पत्य में इतनी रमी है–तब भी केवल इसलिए उन्हें सख्यभाव का उपासक कहना कि उनमें संकोच का अभाव है–तो यह तर्क शिव-पार्वती का निःसंकोच वर्णन करने वाले कालिदास पर भी लागू हो सकता है और वे भी सख्यभाव के उपासक कहे जा सकते हैं। सख्यभाव और सेव्य-सेवक भाव का उपासना भेद मानकर चलने वालों ने जो और भी अन्तर सूर और तुलसी की काव्य वृत्तियों में दिखाये हैं–वे भी चिन्त्य ही हैं। यह कहना कि संकोचभाववश सूर खरी-खोटी सुनाते हैं और तुलसी चापलूसी करते हैं–गलत है। प्रेम की गहरी भूमि में उतरकर दोनों ही एक ही प्रकार की अभिव्यक्ति करते हैं–तुलसी कहते हैं–"तारेहु का रही सगाई?" और सूर कहते हैं–"कारो

कृषहिं न माने।'' दूसरा अन्तर सूर की अपेक्षा तुलसी में बार-बार ब्रह्म भावना की स्मृति दिलाता है—उसका प्रत्याख्यान करते हुए शुक्ल जी कहते हैं कि वह प्रतिज्ञा निर्वाह का 'अभ्यास' (प्राचुर्य) है। प्रतिज्ञा है—शिव, याज्ञवल्क्य और कागभुशुण्डि द्वारा दशरथसुत राम का ब्रह्मत्व प्रतिपादन। यही वृत्ति मुक्तक पदकार सूर में भी 'सूर के प्रभु' में निहित है।

सूर से तुलसी की एक विशेषता अवश्य है कि वे जितना अधिक सूक्ष्म लोक गति के पर्यवेक्षक थे—सूर नहीं। वैसे 'निर्गुनवानी' की ओर कान सूर के भी लगे थे, पर वे उस अन्देशे से पतले नहीं थे। शुक्ल जी की दृष्टि में तुलसी की अपेक्षा सूर में साम्प्रदायिकता भी कहीं अधिक है—वे कृष्णेतर देवताओं की बात नहीं करते—तुलसी सबकी वन्दना करते हैं। यह सब उनका लोकसंग्रही भाव है। सूर और तुलसी दोनों में 'निर्गुनवानी' की प्रतिक्रिया है और दोनों प्रसंग निकालकर निर्गुण के साथ सगुण की और ज्ञान की अपेक्षा भक्ति की प्रतिष्ठा करते हैं।

यह रही लोकधर्म के चौखटे में सूर काव्य की समीक्षा। शुक्ल जी की समीक्षा के दो पक्ष हैं—एक निर्धारित मानदण्ड के अनुरूप मूल्यांकन पर्यवसायी अर्थात्—**निर्णयात्मक** और दूसरे **तत्त्वार्थदर्शिनी**—भावयित्री प्रतिभा द्वारा कृति के मूल में निहित सर्जनात्मक अनुभूति का साक्षात्कारपूर्वक किया गया क्रमागत औजारों (रस पद्धति और शब्द शक्ति) के आधार पर व्याख्यात्मक समीक्षा। पहले पक्ष के सम्बन्ध में परवर्ती आलोचकों ने पर्याप्त मतामत प्रदर्शित किए हैं—पर दूसरे पक्ष की सर्वत्र शिरसा स्वीकृति है। बात यह कि पहले क्षेत्र में पढ़-पढ़कर सभी कुछ न कुछ कह सकते हैं—पर दूसरी है तत्त्वार्थ ग्राहिणी प्रकृति प्रदत्त सूक्ष्म अन्तःप्रज्ञा—जो जन्मजात आलोचकों में ही होती है।

वस्तुतः 'स्वभावबोध' रूप स्वानुभूति (Intution) को हृदय से स्वीकर न करना, अध्यात्म के दरवाजे बन्द कर देना, लोकधर्म को केन्द्र में रखना, व्यवहारगत व्यक्त प्राकृत सौन्दर्य ही तक सौन्दर्य दर्शन करना, अन्तःपक्ष की उपेक्षा करना—ये सब सम्मिलित रूप से ऐसी वृत्तियाँ हैं—जो भक्तिकाल के मूल्यांकन में अत्यन्त अवरोधकारिणी हैं। आलोचक आलोचना से पूर्व आलोच्य कृति में निहित सर्जनात्मक अनुभूति का साक्षात्कार करता है और तदनन्तर उसकी अभिव्यंजना—उपकरणों से सार्थक अभिव्यक्ति की परीक्षा करता है। सर्जनात्मक अनुभूति के घटक हैं—विचार पक्ष—दृष्टिपक्ष और भावपक्ष। रचनाकार जीवन का कलात्मक उद्रेखण करता है और 'दृष्टि' गन्ध की तरह अन्तर्व्याप्त रहती है। शुक्ल जी ने जिस मूलवर्ती संवेदना का साक्षात्कार किया—आलोच्य काव्य में उसके घटक साम्प्रदायिक 'दृष्टिपक्ष' को हटाकर स्व-सम्मत दृष्टि को स्थानापन्न कर दिया और इस तरह 'विनायक'—'वानर' बन गया और मूल्यांकन पर्यवसायी आलोचना में सूर अपनी ऊँचाई आकलित नहीं करा पाए। शुक्ल जी मान बैठे हैं अपने चैन्तनिक व्यूह के अनुसार कि 'भक्ति' तो वैधी

ही होती है—जबकि सारी मध्यकालीन 'भक्ति' का साध्य रूप इससे परे है—वह चाहे कोई भी धारा हो—सूर और तुलसी की तो बात ही भिन्न है। ऊपर तुलसी वाले प्रसंग में कहा जा चुका है कि शुक्ल जी ने अपनी रुचि के अनुसार जिस भारतीय 'भक्ति' की मूल वृत्ति स्पष्ट की है—वह शास्त्रनिरूपित मध्यकालीन 'भक्ति' की मूल वृत्ति से सर्वथा भिन्न है।

शुक्ल जी ने भक्ति के विकास का जो क्रम बताया है—परम्परा उससे सहमत नहीं है। परम्परा का पक्ष यह है कि वैदिक देव-भक्ति और मध्यकालीन वैष्णवाचार्यों की भागवत भक्ति सर्वथा भिन्न है—परम्परा में 'आगम' का स्वतंत्र प्रामाण्य न मानने वाले करपात्रीजी मध्यकालीन भक्ति का बीज भी यथा कथंचित् वेद से ही सिद्ध करते हैं—म.म. गोपीनाथ जी उसका अस्तित्व आगम में ही देखते हैं। बात यह है कि वेद में मुख्यतः दो ही काण्ड हैं—कर्मकाण्ड तथा ज्ञानकाण्ड। पहले का सम्बन्ध पूर्व मीमांसा से है और दूसरे का उत्तर मीमांसा से। उपासना कर्मकाण्ड का अंग है—फलतः वह साधन रूपा ही है जिसका साध्य स्वर्ग है। उसका द्वार भी सबके लिए अनावृत नहीं है। वह पुरोहित प्रतिपाद्य ही हो सकती है। जबकि यह साधन और साध्य दोनों हैं—यह स्वयं साध्य है। इसके सभी अधिकारी हैं। यह स्वसम्पाद्य है। ज्ञानकाण्ड में जो मन्द अधिकारी हैं उनके लिए सगुणोपासना के माध्यम से भी परम्परा या ब्रह्म साक्षात्कार कहा गया है। मतलब यह कि कर्मकाण्ड या ज्ञानकाण्ड—उभयत्र भक्ति या उपासना का प्रसंग आता भी है तो अंग रूप में—जबकि आगम परम्परा में वह 'साध्या' है—स्वयं अंगी है। निष्कर्ष यह कि मध्यकालीन भक्ति की धारा ही स्वतंत्र है। यहाँ चित्तशोधन के लिए वैधी भक्ति अपेक्षित है। शुद्ध चित्त वाला ही प्रेम लक्षणा भक्ति का अधिकारी है—इसीलिए वह लोक और वेद के विधि-निषेध से ऊपर माना जाता है। कृष्णभक्ति धारा जो उत्तरोत्तर 'ब्रजरस' 'वृन्दावनरस' तथा 'नित्यविहाररस' की ओर विकसित होती है—वह शुक्ल जी के व्यवहार सौन्दर्य के वायुमण्डल से ऊपर चली जाती है—फिर उसकी उपलब्धियों का आकलन सम्भव ही कैसे है? इसीलिए उस धरातल के 'पलकान्तर विरह' का महत्व आकलित न हो सका। इस धारा में माना जाता है कि प्रत्येक जीव 'दास भाव' का स्वरूप बोध करने पर 'अक्षर ब्रह्म' में प्रतिष्ठित होता है, जहाँ उसमें शुद्ध दृष्टि की पात्रता आती है। यहाँ पौरुष काम नहीं करता। शुद्ध अनुग्रह से वृणीत साधक में 'स्त्री भाव' का उन्मेष होता है जिससे रस स्वरूप कृष्ण का सौन्दर्य या रस आस्वादित होता है—वह भी उत्तरोत्तर 'स्वसुखी भाव' से 'तत्सुखीभाव' की ओर बढ़ता है। व्यक्त जगत् तक ही भाव का प्रसार मानने वाले शुक्ल जी को यह परेशानी मनोविज्ञान की दृष्टि से खड़ी होगी ही कि दाम्पत्य वासना नारी (गोपी) साधिका में ऐन्द्रिय स्तर पर तो स्वाभाविक होगी—पर पुरुषस्तरीय साधना में आरोपित होगा? मनोविज्ञान के नियमों का संचार मूल्यांकन में सर्वथा अन्यथा भाव ही पैदा करेगा।

हाँ, यह प्रश्न खड़ा करना कि लोक संग्रह की दृष्टि से इस धारा का मूल्य क्या

है? निस्सन्देह राग-भोग और शृंगार रूप सेवाभाव के इस वायुमंडल में अनधिकारियों का प्रवेश अव्यवस्था पैदा करेगा। धर्म, लोकधर्म और अनुरूप ज्ञान से अनियंत्रित 'राग' विकृतिग्रस्त हो सकता है—विशेषकर उसका जिसका चित्त मर्यादा पुष्टि से शोधित नहीं है। इसी अराजकता के भय से 'पुष्टि' की श्रेणियाँ बनाई गई हैं। अतिक्रमण सर्वत्र अराजकता का आधायक होता है। इन भक्तों की भी यह मान्यता है कि अशुद्ध चित्त वाला व्यक्ति 'लोकधर्म' के माध्यम से पहले चित्त शुद्धि करे। यह अवश्य है कि कुछ लोग साधारण धर्म को महत्व देते हैं और कुछ लोग 'लोकधर्म' को। लोकधर्म समाज की एक व्यवस्था है—मेरुदण्ड है—'साधारण धर्म' उसका भी मेरुदण्ड है। जो मानवता-रक्षण-रंजनपरक वृत्ति से प्रेरित होकर आचरण करेगा—उससे समाज का अहित क्यों होगा? हर व्यवस्था के आलोच्य और अनालोच्य पक्ष हैं—यदि उस व्यवस्था का पालक ही विकृत हो—तो व्यवस्था का विकृत होना अनिवार्य है।

सन्दर्भ

1. **भगति का साधन** कहउँ बखानी—मानस। 2. सुनि मुनि वचन राम मुसकाने। **भाव भगति** आनन्द अघाने—मानस। 3. **अविरल प्रेम भगति** मुनि पाई। प्रभु देहहिं तरु ओट लुकाई ॥—मानस।

(क) "श्री रामचन्द्र शुक्ल भारतीय परम्परा के आचार्य हैं जिन्होंने 'नाना पुराण निगमागमसम्मत, रामायणनिगदितं, क्वचिवन्यतोऽपि श्रुत' साक्षिक भाषा निबन्ध 'मानस' को आधार बनाकर अपना समग्र दर्शन प्रस्तुत किया है—वह उनका वैचारिक दुर्ग है—जो कालांकित चेतना से निःसृत है। उनका सारा विवेचन इसी सीमा में है। दृष्टि दार्शनिक भी है और विज्ञानसम्मत विकासवादी भी—पर 'दृष्टि' निजी है—भानुमती का कुनवा नहीं।

(ख) "उनके दार्शनिक 'मानदण्ड' से निःसृत हिन्दी साहित्य-सागर-मन्थन-जन्य मूल्यांकन के रत्न चाहे विवादास्पद हों और काल की छाया से अन्यथाभूत हो जायँ, पर उनकी अर्थ-साक्षात्कार की प्रक्रिया निर्विवाद रिक्थ होगी। मूल्यांकन के लिए लोकधर्माश्रित 'रसपद्धति' के विषय में चाहे जो कहा जाय—पर अर्थ-साक्षात्कार में उपयोगी और प्रस्तावित 'शब्द-शक्ति' की सरणि हिन्दी साहित्य की बहुमूल्य निधि है। उनकी व्याख्या पद्धति अत्यन्त प्रातिभ क्षमता संवलित और भारतीय काव्यालोचन के उपकरणों से मण्डित है।"

(ग) "शुक्ल जी हिन्दी साहित्य में अपने युग के ही नहीं, अद्यावधिक लोगों में भी सर्वाधिक अधीत और चिन्तक व्यक्ति हैं। उनके स्वरूप साक्षात्कार के लिए तदवधिक चिन्तन और सर्जन के संगम में निष्णात होना आवश्यक है—अन्यथा उन्हें जैसे-तैसे 'जान' भले ही लिया—पहचाना नहीं जा सकता। पहचान के लिए 'यत्नतः प्रत्यभिज्ञान' आवश्यक है।"

(घ) "जहाँ तक काव्य का सम्बन्ध है—वह भी व्यवहारगत सौन्दर्य का ही साधक है, व्यवहारातीत सौन्दर्य उनका साध्य नहीं—वाजपेयी जी की दृष्टि में वह पक्ष भी महत्व का है। काव्यमात्र का मूल्यांकन भी वे इसी लोकमंगल-मानवता की चरितार्थता की दृष्टि से ग्राहक की मनःस्थिति को तदनुरूप अवदात भूमि—तक पहुँचाने में ही मानते हैं।"

आचार्य रामचन्द्र शुक्ल : सैद्धान्तिक चिन्तन के बीज

(क) आचार्य शुक्ल के सैद्धान्तिक चिन्तन के तीन पक्ष हैं :—पारमार्थिक, व्यावहारिक और काव्य सम्बन्धी। पारमार्थिक दृष्टि से शुक्ल जी मानते हैं कि जो चिन्तन अद्वैत के जितना नजदीक पहुँचता है वह उतना ही सत्य है। अर्थात् परमार्थतः उन्हें सत्ता के अद्वैत में आस्था है—जो पराविद्या के क्षेत्र की वस्तु है। अभिव्यक्त होना उसकी 'प्रकृति' में है। यही प्रकृति उसकी आकर्षण अपकर्षणमयी शक्ति है—जो अव्यक्त है। सारा भौतिक और मानसिक जगत् इसी स्पंदनमयी शक्ति का नामरूपात्मक रूपान्तरण है। अव्यक्त चिन्मय अद्वैत सत्ता का सद्रूप में व्यक्त होना असत्-सापेक्ष है। उनकी दृष्टि में अव्यक्तावस्था से छूटी हुई प्रकृति की व्यक्तावस्था जगत् सत्व, रजस्, तमोमय है—क्योंकि उसका मूल उपादान प्रकृति त्रिगुणात्मिका है। सदसदात्मक जगत् के भौतिक और मानसिक व्यापारों का विकासवाद के अनुसार विवेचन प्रस्तुत करते हैं पर यह विकासवादी व्याख्या डार्विन के योग्यतमावशेष पर नहीं, समाजशास्त्रियों के इकरार सिद्धान्त पर नहीं, बहुत कुछ स्पेंसर की परस्पर साहाय्य वृत्ति और उससे भी बढ़कर विश्वात्मा की इच्छा से है।

(ख) शुक्ल जी में विवेक या बुद्धि का तत्त्व आस्था से ज्यादा है—इसीलिए बाद में उनकी बुद्धि का सारा संरम्भ 'व्यक्त' पर आकर टिक जाता है—चाहे व्यवहार हो या काव्य। अव्यक्त के व्यक्त रूप लोक या जगत् का मंगल, जिसमें मानुषभाव की चरितार्थता निहित है—ही उनके व्यक्तवादी या अभिव्यक्तवादी चिन्तन का केन्द्र है। इस लोकमंगल के विधान के लिए वे 'धर्म' की बात करते हैं—जो ब्रह्म के सदंश का व्यक्त रूप है। उनकी दृष्टि में धर्म वह वृत्ति या व्यवस्था है जो लोक को धारण करती है—उसका अभ्युदय करती है। निःश्रेयस् की बात वे जानकर भी नहीं करते। उनकी दृष्टि में धर्म का परलोक और अध्यात्म में नहीं—लोक के अभ्युदय में ही उपयोग है। वह नित्य वस्तु नहीं है वरंच उसका सामाजिक विकास हुआ है। विश्व की अन्य प्राचीन संस्कृतियों ने केवल सामान्य धर्म की बात की है—यह केवल भारत है जहाँ के आर्य सरस्वती और दृषद्वती के तट पर 'विशेषधर्म' या वर्णाश्रम धर्म की

बात करता है। यह धर्म एकांगी नहीं है—सर्वांग है। इसमें करुणा और क्रोध—उभय मूलक सुन्दर तथा समंजस कर्म से ही रक्षण, रंजन और पालन के सामंजस्य से लोकमंगल सम्पन्न होता है। रागद्वेषात्मक वासना के व्यक्त रूप प्रेम-करुणा (बीजभाव) और क्रोध मूलक सुन्दर तथा समंजस कर्म ही रक्षण, पालन एवं रंजनात्मा लोकमंगल है।

(ग) काव्य चिन्तन : शुक्ल जी व्यक्तवादी होते गए हैं। अतः काव्य को अभिव्यक्ति मानते हुए रागद्वेषमय अव्यक्त वासना के व्यक्तरूप प्रेम करुणा तथा क्रोध-जैसे मृदु-कठोर विरुद्धभावों के सामंजस्य विधान पर ही बल देते हैं—केवल प्रेम जैसे कोमल भाव में निरत काव्य सिद्धावस्थापन्न है और केवल क्रोध में निरत भाव साधनावस्थापन्न। उत्तम काव्य में सामंजस्य का विधान होना चाहिए। वहीं सामंजस्य-विरुद्धों का सामंजस्य सौन्दर्य है—जो लोक की दृष्टि में मंगल है। इस सौन्दर्य के पीछे शक्ति और शील का अवस्थान है। इसी सौन्दर्य की उपासना में वह मानुषभाव चरितार्थ होता है—जिसके संचार का साधन काव्य है। यह सौन्दर्य काव्य दृष्टि सम्पन्न को दृष्टिगत होता है—मुक्तहृदय को प्रत्यक्ष होता है। जो वाग्धारा इस भूमि पर पाठक को उठा ले जाय वही काव्य है। यह भूमि लोक सामान्य भावभूमि है—चित्त की उदात्तदशा है—जो लोक और काव्य में भिन्न नहीं है—एक ही है। यही रस दशा है—जो न अनिवार्यतः आनन्दमय है और न ही अखण्ड कोटि। इसमें एक ओर कोटियाँ भी सम्भव हैं और दूसरी ओर सुखदुःखात्मकता। इस तक पहुँचने के लिए प्रत्यक्ष, स्मृत तथा कल्पित त्रिविध रूप विधान सम्भव है। विभाव चित्रण ही इसके लिए प्रमुख साधन है—जो प्राकृत कल्पनाशक्ति की एकान्त क्षेत्र है।

आचार्य रामचन्द्र शुक्ल : सैद्धान्तिक चिन्तन
(परमार्थ दर्शन, व्यवहार दर्शन, काव्य दर्शन)

पं. रामचन्द्र शुक्ल सर्ववादिसम्मत आचार्य थे। आचार्य 'सत्य' का साक्षात्कार करता है और साक्षात्कृत सत्य के अनुरूप अपने राष्ट्र के प्रतिष्ठित वाङ्मय के साक्ष्य पर अपना प्रस्थान निरूपित करता है। आचार्य शुक्ल ने अपने युग के सत्य का साक्षात्कार किया था और वह युग सत्य है—मानवता ही ईश्वर है और समाज सेवा धर्म। शुक्ल जी का केन्द्र यही 'मानवता' है। यदि जगत् रक्षक, रंजक और पालक का नाम ईश्वर है—तो उसकी अभिव्यक्ति की सम्भावना मानव में है। यह मानवता मनुष्य में विकसित चेतना की अवदात सम्भावना है जो विकासक्रम में निम्नस्तरीय जीवों की भूमिका पर अव्यक्त थी। जिस युग सत्य को शुक्ल जी की मृत्यु के दो वर्ष बाद नेहरू जी घोषित कर रहे हैं—उसे केन्द्र में रखकर एक विराट प्रस्थान की रचना आचार्य शुक्ल ने पहले ही कर दी है। नेहरूजी कहते हैं—

The modern mind that is to say the Letter type of the modern mind is practical and pragmatic ethical and social, altruistic and humanitarian. It is governed by a practical idealism by social betterment. The ideals which move it, represent the sprit of one age, the zeitgist, the yugdharma. It has discarded to a large extent the philosophic approach of the ancients, their search for ultimate reality, as well as the devotionalism and mystecism of the medieval period.[1]

Humanity is its God and Social service its religion.

आचार्य नन्द दुलारे वाजपेयी सन् 40 में ही नहीं—उसके बाद तक यही आक्षेप कर रहे थे कि शुक्ल जी के पीछे न तो पौरस्त्य और पाश्चात्य दर्शन की संगत पीठिका है और न ही ठोस ऐतिहासिक आधार। यद्यपि वाजपेयी जी यह स्वीकार करते हैं—'साम्प्रदायिक और परम्परागत विवेचन पद्धति से छुटकारा देने और एक व्यापक मानव दृष्टिकोण का संस्थापन करने में शुक्ल जी समर्थ हुए।' शुक्ल जी का समस्त कार्य नवयुग के सच्चे साहित्याचार्य का कार्य है।. दूसरी ओर शुक्ल जी की चिन्तामणि को 'मंजूषा' में सँजोकर रखने वाले वाजपेयी जी की अपेक्षा 'परम्परा' से

अधिक जुड़े हुए आचार्य विश्वनाथ प्रसाद[2] मिश्र (मंजूषा, पृ. 22) कहते हैं—'वरं विरोधोऽपि समं महात्मभिः' की नीति से कुछ कहना दूसरी बात है और शुक्ल जी की धारणा को समझने और पूरा-पूरा हृदयंगम कर लेने के अनन्तर उसका खण्डन करना दूसरी बात। मिश्र जी शुक्ल जी से प्रभावित ही नहीं, अभिभूत हैं। इसीलिए उन्होंने तो यहाँ तक कह दिया—'उन्होंने (शुक्ल जी ने) पारम्परिक विचारधारा की पकड़ से अपना विच्छेद नहीं होने दिया।' तीसरी ओर प्रगतिवादियों और रीति या शास्त्रीयतावादियों के आक्रमण से क्षुब्ध प्रसिद्ध मार्क्सवादी आलोचक डॉ. रामविलास शर्मा ने उनकी पक्षवारता करते हुए बड़े-बड़े शुक्ल-विरोधी महारथियों को धराशायी कर दिया है। लौहपुरुष शुक्ल जी पर सर्वाधिक सांघातिक प्रहार करने वाले वाज़पेयी जी ने एक बात विरोध में कहते हुए भी अनजाने अनुकूल कह दी और वह यह कि—अनुसंधान के विभिन्न विषयों को एक-दूसरे से पृथक् मानकर उनमें अलग-अलग दृष्टियों से प्रवेश करना शुक्ल जी को अभीष्ट न था। सचमुच उन्हें यह अभीष्ट न था। उनका केन्द्रबिन्दु एक था और वह है—मानवता-सात्विक अवदात मनोदशा—मानव का स्वभाव। इसी को केन्द्र में रखकर उनका व्यवहार-प्रस्थान, काव्य-प्रस्थान और भक्ति-प्रस्थान प्रस्थापित हुआ है। भारतीय परम्परा में भी 'स्वभाव' को केन्द्र में रखकर व्यावहारिक, पारमार्थिक तथा काव्यात्मक-प्रस्थान का विवेचन किया गया है और तीनों की सार्थकता या चरितार्थता उसकी ही उपलब्धि में मानी गयी है। शुक्ल जी मानव स्वभाव की व्याख्या 'लोक' के सन्दर्भ में करते हैं ज़बकि परम्परा 'परलोक' के सन्दर्भ में भी करती है—यह बात अलग है कि उसकी 'सामान्य' और 'विशेष' व्याख्या लोकहित को आत्मसात् करती है। परम्परा 'स्वभाव' की व्याख्या आत्मवाद के आलोक में करती है जबकि शुक्ल जी विकासवाद[3] के आलोक में। विकासवाद का अवलम्ब लेकर भी शुक्ल जी डार्विन के योग्यतमावशेष की मान्यता कम से कम मानव स्तर पर विकसित चेतना में तो नहीं ही मानते, विपरीत इसके स्पेन्सर की 'परस्पर साहाय्यवृत्ति' की बात मानते हैं। वस्तुतः वे विश्वात्मा की प्रेरणा भी उसके पीछे निहित मानते हैं। वे मानव भाव में परार्थता की लोक प्रसारी सम्भावना स्वीकार करते हैं। शुक्ल जी का साध्य व्यवहार का सौन्दर्य है विरुद्धों का सामंजस्य है—मानवता की ईश्वरत्वपर्यवसायिनी कला का पूर्ण प्रस्फुटन व्यक्त जगत् के बीच ही होता है। व्यवहार वही व्यवहार है जो उसी भूमि से प्रेरित हो, काव्य वही काव्य है जो उसी मानवता की भूमि से प्रस्फुटित होकर उसी भूमि पर पहुँचा दे और लोक मंगलोपयोगी कर्तव्य में लगा दे। यह मानवीय उदात्त मनोदशा, जो रसदशा है—लोक और काव्य का अन्तर नहीं जानती। इसी से प्रेरित कर्म ही धर्म और उसी की रसात्मक अनुभूति भक्ति है। शुक्ल जी की भक्ति लोकधर्म का हृदय[4] है। उनका भक्तिरस काव्यरस की तरह प्राकृत मनोभूमि का ही है। वह अतिप्राकृत और रहस्यमय नहीं है। निष्कर्ष यह कि व्यवहार, काव्य और भक्ति तीनों प्रस्थानों का गन्तव्य—मानव

स्वभाव–मानवता की उपलब्धि ही है। इस प्रस्थापना में भारतीय चेतना काम कर रही है। भारतीयता की ओर झुकाव होने के ही कारण अपनी मान्यता की पुष्टि के लिए वे भारतीय वाङ्मय का साक्ष्य भी देते चलते हैं–पर उसमें धारणा अपनी भरते हैं। परम्परा व्यवहार, काव्य तथा परमार्थ सर्वत्र 'विश्रान्ति' चाहती है–शुक्ल जी 'कर्तव्य' के पक्षधर हैं। इसीलिए परम्परा जहाँ रस को आत्मवादी दर्शन के आलोक में संविद्विश्रान्ति कहना चाहती है–वहाँ शुक्ल जी वैज्ञानिक परिवेश में 'रस' को कर्तव्यरत होने में साधन मानते हैं। इस दृष्टि से आप उन्हें प्रतिबद्ध चिन्तक भी कह सकते हैं। एक तरफ 'हमारे यहाँ' 'हमारे यहाँ' की भावना से वे भारतीय चेतना से सम्पृक्त लक्षित होते हैं पर दूसरी ओर वे परम्परा से अपना प्रस्थान पृथक् भी कर लेते हैं–इसीलिए वे एक स्वतंत्र परम्परा के प्रस्थापक आचार्य प्रतीत होते हैं। भारतीय परम्परा इस प्रवृत्ति की साक्षी है कि वह शब्दावली परम्परा से ही लेती है–पर अर्थ अपना भरती है। 'आशय' का अर्थ वासना पातञ्जलधारा अपने ढंग से करती है। 'अनुग्रह' और 'कृपा' में तुलसी अर्थभेद करते हैं। अभिप्राय यह कि शुक्ल जी परम्परागत धर्म, दर्शन और काव्यशास्त्र की शब्दावली तो लेते हैं पर युग सत्य के अनुरूप 'दर्शन' जीवन-दर्शन अथवा काव्य-दर्शन का निर्माण करते हुए उसमें अर्थ अपना भरते हैं।

(क) दर्शन

शुक्ल[5] जी मूलसत्ता का प्रश्न उठाते हैं और कहते हैं कि जगत् के विषय में दो प्रकार की जिज्ञासा हो सकती है–यह जगत् क्या है अर्थात् इसकी मूल सत्ता किस प्रकार की है? जगत् के नाना व्यापार किस प्रकार होते हैं, उस गति का विधान क्या है जिसके अनुसार नाना पदार्थ अपने वर्तमान रूप को प्राप्त हुए हैं। कहने की आवश्यकता नहीं कि विकास सिद्धान्त का सम्बन्ध असल में दूसरे प्रश्न से है। सत्ता की मीमांसा विकास का विषय नहीं है। विकासवाद की सीमा बताते हुए शुक्ल जी कहते हैं कि 'वह[6] केवल गोचर व्यापारों की पूर्वापर परम्परा दिखाता है–ये सब व्यापार किसके हैं–वस्तु या सत्ता का शुद्ध (इन्द्रिय निरपेक्ष) स्वरूप क्या है–वह सब यह नहीं बताता। वह केवल तटस्थ लक्षण कहता है, स्वरूप लक्षण नहीं। अतः सत्ता के विवेचन के लिए विज्ञान के क्षेत्र से निकलकर पराविद्या या शुद्ध दर्शन की ओर आना पड़ता है।' वे मानते हैं कि भेदों में अभेद दृष्टि ही सच्ची तत्त्व दृष्टि है। जो चिन्तक अभेद के जितना ही नजदीक पहुँचता है वह 'सत्ता' के उतना ही पास पहुँचता है। अभेद पक्ष में भी दो सम्भावनाएँ हैं–पदार्थ तत्त्व है, चेतना उसकी विकृति है या चेतना प्रकृति है–पदार्थ या भौतिकता उसकी परिणति है। इस बिन्दु पर पहुँचकर शुक्ल जी लिखते हैं कि–'यदि चैतन्य की नित्यसत्ता सर्वमान्य हो गई तो फिर सब[7] मतों की भावना का समर्थन हुआ समझिए।' 'विश्वप्रपंच' की भूमिका का

समापन धर्माचार्यों के पक्षधर प्रसिद्ध वैज्ञानिक सर आलिवर लाज के व्याख्यान से लिए गए लम्बे उद्धरण से करते हुए अपना आन्तरिक झुकाव आत्मवाद[8] की ओर ध्वनित करते हैं। प्रो. गिरिजा दत्त शुक्ल 'गिरीश' का मत है कि शुक्ल जी आत्मवाद के प्रति दृढ़ विश्वासी थे और उसी पर आधारित सामाजिक व्यवस्था(लोकधर्म) के पक्ष में इन्होंने सर्वत्र अपना मत व्यक्त किया है। इसके अतिरिक्त वे मानते हैं कि 'अव्यक्त' की अभिव्यक्ति जगत् है और जगत् की अभिव्यक्ति कविता। वे कविता और भक्ति की बात करते हुए कहते हैं 'धर्म है ब्रह्म के सत्स्वरूप की व्यक्त प्रवृत्ति, जिसकी असीमता का आभास अखिल विश्व स्थिति में मिलता है।' इसी क्रम में वे स्वीकार करते हैं–सत्, चित् और आनन्द–ब्रह्म के हम तीन रूपों-स्वरूपों में से काव्य और भक्ति मार्ग 'आनन्द' स्वरूप को लेकर चले। साधनावस्था और सिद्धावस्था–इसकी अभिव्यक्ति की लोक में दो अवस्थाएँ हैं। इसी तरह वे यह भी मानते हैं कि जब भीतर का चित्त बाहर सदंश की पूर्ण अभिव्यक्ति का साक्षात्कार करता है तब आनन्दमग्न हो उठता है। परस्पर साहाय्य (स्पेंसर) के जो व्यापक उद्देश्य हैं, उनको धारण करने वाला मनुष्य का छोटा-सा अन्तःकरण नहीं, विश्वात्मा (करुणा) है। इन सब विवेचनों से उनका आत्मभाव की ओर उन्मुख अवचेतन स्पष्ट झलकता है–यद्यपि सचेतन बुद्धिवाद की भूमि पर वे आत्मवाद की सीमाओं का भी संकेत देते हैं और व्यवसायात्मिका बुद्धि से परे स्वानुभूति या 'इंट्यूशन' का भी तटस्थ इजहार करते हैं।

दूसरी ओर डॉ. रामविलास शर्मा उनके दार्शनिक दृष्टिकोण को मूलतः वस्तुवादी कहना चाहते हैं। वे कहते हैं–विश्वात्मवाद उनके साहित्यशास्त्र की मूलधारा नहीं है। वह एक ओर संसार की भौतिकता पर जोर देते हैं और ज्ञान को भौतिक जीवन से ही उत्पन्न मानते हैं। दूसरी ओर वह विश्व-आत्मा और भौतिक जगत् में व्यक्त होने वाले ब्रह्म की बात कहते हैं–उनके विचारों में यह एक असंगति है।

तीसरी ओर डॉ. रामचन्द्र तिवारी का मत है कि शुक्ल जी आत्मवाद और भूतवाद–दोनों की ओर झुकते हुए भी दोनों की सीमाओं का स्पष्ट उल्लेख करते हैं–फलतः वे बुद्धिवादी हैं। साथ ही नलिनविलोचन शर्मा का साक्ष्य देते हुए उनके चिन्तन को 'विधेवादी' भी समझे जाने का प्रस्ताव करते हैं। पर अन्ततः उसका खण्डन ही करते हैं।

चौथी ओर पं. नन्ददुलारे वाजपेयी[13] हैं, जिनका निष्कर्ष है कि द्विवेदीयुग के प्रतीक जिस आदर्शात्मक बुद्धिवाद को शुक्ल जी ने पराकाष्ठा पर पहुँचाया है–उसके लिए उन्होंने एक दार्शनिक नींव भी तैयार की है–पर वह कच्ची है। उनके शब्दों में शुक्लजी का विवेचन न तो प्राचीन दार्शनिक पद्धति का अनुसरण करता है और न वे उस प्रकार के सांस्कृतिक समाजशास्त्री अध्ययन में प्रवृत्त हुए हैं जो आज की

आलोचना में आवश्यक है। वाजपेयी जी[14] ने शुक्ल-सम्मत 'प्रवृत्ति' की अवधारणा के पीछे 'स्पिनोज़ा' की निरन्तर गतिशील प्रवृत्ति का निर्धारण किया है पर उसके भी आत्यंतिक निर्वाह में असंगति लक्षित की है।[15]

इस प्रकार जहाँ तक शुक्ल जी की मूल दृष्टि का सम्बन्ध है–परवर्ती हिन्दी आलोचना में तरह-तरह के मत मिलते हैं। मेरी मान्यता है कि शुक्ल जी के जिस व्यक्तित्व का प्रस्फुटन उनका समस्त लेखन है–वह दो प्रकार का है–जन्मजात संस्कार सम्पन्न और अर्जित। पहले रूप में वे एक सच्ची भारतीय ब्राह्म विभूति हैं–जिसका झुकाव आत्मवाद की ओर है और दूसरा स्पष्ट ही बुद्धिवादी है–जो 'व्यक्त' की विकासवादी व्याख्या में औचित्य देखता है–इसके कारण असंगति या अन्तर्विरोध झलक सकता है। जहाँ तक विधेयवाद का सम्बन्ध है, नलिनजी[16] ने उसका इतिहास लेखन की एक प्रणाली विशेष के रूप में किया है जिसकी अन्तर्व्याप्त मान्यता उन्हीं के शब्दों में यह है–'साहित्य की व्याख्या भौतिक विज्ञानों की प्रणालियों से, कार्यकारण मीमांसा के द्वारा और बहिर्भूत निर्धारक शक्तियों को ध्यान में रखते हुए होनी चाहिए।' वैसे काम्टे का एक दर्शन भी है–विधेयवादी। इसमें चरमसत्ता को अबुद्धिगम्य माना जाता है–फलतः उस पर मूड़ मारना व्यर्थ है। विज्ञान का सत्य ही सत्य है और विज्ञानों में उपयोगी है–समाजविज्ञान। इस स्थिति में मानव की सेवा ही जीवन का परम लक्ष्य है और इसके लिए विज्ञान के सिद्धान्तों का अनुशीलन ही विचारकों का कर्तव्य है। इस प्रकार प्रणाली के अर्थ वाले विधेयवाद का दृष्टि निर्धारण में कोई रेखांकनीय स्थिति नहीं है–पर एक दर्शन के अर्थ में उसकी ओर शुक्ल जी का झुकाव कथंचित् माना जा सकता है–पर इस अन्तर को ध्यान में रखते हुए कि शुक्ल जी मूल सत्ता को पराविद्या या दर्शन का विषय मानते हैं जबकि विधेयवाद अबुद्धिगम्य होने से स्पष्ट निषेध करता है। फलतः उन्हें पूर्णतया विधेयवादी कहना सुविचारित नहीं। रहा–वस्तुवाद, उस सम्बन्ध में रामविलास शर्मा का अभिमत है कि भौतिकवाद की ओर झुकाव होने पर भी शुक्ल जी को सुसंगत भौतिकवादी नहीं कहा जा सकता। दार्शनिक दृष्टिकोण से उनका विकासवाद भी कुछ डार्विन का और कुछ अपने ढंग का भी है–जिसका प्रमाण धर्म और भक्ति का विकास है। जहाँ तक स्पिनोजा[17] का सम्बन्ध है और उसकी मान्यताओं के आलोक में शुक्ल-सम्मत 'प्रवृत्ति' की व्याख्या की बात है–जगत् को ब्रह्म की व्यक्त सत्ता मानने वाले शुक्ल जी की चिन्तन भूमि स्पष्ट है। स्पिनोजा का Panthlism सविशेष है–उसमें गति और बोध दो गुण हैं–जिनसे भौतिक और मानसिक व्यापार निष्पन्न होते हैं। शुक्ल जी अंव्यक्त ब्रह्म की व्यक्त प्रकृति को सदसदात्मक या त्रिगुणात्मक मानते हैं–अतः प्रवृत्ति के साथ अवरोधात्मक निवृत्ति सम्भव है–अतः यह आक्षेप कि जहाँ एकमात्र प्रगति ही तत्त्व हो–वहाँ प्रवृत्ति और निवृत्ति के लिए स्थान कहाँ संगत नहीं है। अव्यक्त की सद्रूप में अभिव्यक्ति असत्-सापेक्ष ही होगी।

निष्कर्ष यह कि इस 'दर्शन' के बिन्दु पर तो मैं यहाँ इतना ही कहना चाहता हूँ कि शुक्ल जी के समग्र व्यक्तित्व के घटकों—जन्मजात और अर्जित के कारण संस्कार और चिन्तन के स्तरों पर परस्पर अन्तर्विरोध झलक सकता है—परन्तु उन्होंने अपना एक नवीन दर्शन दिया है जिसमें यहाँ-वहाँ के विचारों का रासायनीकरण है—यही उनकी स्थापना है। यहाँ-वहाँ के में बाँटकर उनके चिन्तक व्यक्तित्व का विभाजन करने की जगह एक नवीन संगत रूप उभारना कहीं संगत होगा—जैसा कि हम आगे देखेंगे अथवा यह भी कहा जा सकता है कि जिस प्रकार शुक्ल जी गोस्वामी तुलसीदास के दर्शन के विषय में परमार्थतः अद्वैतवादी और व्यवहारतः द्वैतवादी की बात करते हैं उसी प्रकार उनके विषय में भी कहा जा सकता है कि वे भी परमार्थतः अव्यक्तवादी हैं, पर व्यवहारतः व्यक्तवादी हैं।

(ख) जीवन-दर्शन

अव्यक्त के पंक्षधर होते हुए भी शुक्ल जी 'व्यक्त' को ही व्यवहार काव्य और भक्ति की भूमि मानते हैं—व्यवहार का सौन्दर्य ही उनका साध्य है। व्यवहार का यह सौन्दर्य विरुद्धों—सत् तथा असत्—का सामंजस्य है। विरोध सत् और असत् के बीच है और ये दोनों पक्ष अव्यक्त की व्यक्तावस्था में सहज हैं—जैसे सदंश की अभिव्यक्ति धर्म है वैसे ही असदंश की अधर्म। 'सत्' की स्थिति 'असत्' के बिना सम्भव ही नहीं है। वे कहते हैं कि पारमार्थिक दृष्टि से तो सारा जगत् राममय है, पर व्यावहारिक दृष्टि से उसके राम और रावण दो पक्ष हैं। अपने प्रकाश के लिए मानो राम नें ही रावण का असत् रूप खड़ा किया है। अपने जीवनदर्शनोपयोगी 'दर्शन' को स्पष्ट करते हुए शुक्ल जी कहते हैं—"जबकि अव्यक्तावस्था से छूटी हुई प्रकृति के व्यक्त स्वरूप जगत् में आदि से अन्त तक सत्व, रजस् और तमस्—तीनों गुण रहेंगे—तब समष्टि रूप में लोक के बीच मंगल का विधान करने वाली ब्रह्म की आनन्दकला की यही पद्धति हो सकती है कि तमोगुण और रजोगुण—दोनों सत्वगुण के अधीन रहकर उसके इशारे पर काम करें।"[21] इन पंक्तियों में स्पष्ट भारतीय प्रभाव बोल रहा है। इसी परमार्थ दर्शन पर उनका 'लोकधर्म' नामक व्यावहारिक जीवन दर्शन टिका हुआ है।

अव्यक्त की व्यक्तावस्था ही लोक है—उसी की तरह यह भी निःसीम सत्य किन्तु प्रवाहनित्य[22] है। उनकी दृष्टि में जागतिक क्रियाकलाप मात्र की शक्ति अव्यक्त ब्रह्म में ही समवेत है किंवा उसकी भानु प्रभा की भाँति स्वरूप शक्ति ही है। लोक उसी का रूपान्तरण है। इस लोक को धारण करने वाला तत्त्व ही 'धर्म' है। वे स्पष्ट कहते हैं—'लोक व्यवहार और समाज विकास की दृष्टि से ही धर्म और आचार की व्याख्या की गई है—परलोक और अध्यात्म की दृष्टि से नहीं।' 'धर्म का विकास धीरे-धीरे समाज की उन्नति के साथ हुआ है। अतः विकासवादियों के

अनुसार इहलोक या समाज से परे धर्म कोई नित्य या स्वतः प्रमाण पदार्थ नहीं है।[23]' साथ ही शुक्ल जी यह भी मानते हैं कि विश्व की और संस्कृतियों में 'सामान्य धर्म' की ही चर्चा हुई है, पर भारत की सरस्वती और दृषद्वती नदियों के तट पर 'विशेष धर्म' के रूप में जिस आर्यशास्त्रानुमोदित 'वर्णाश्रमधर्म' की उद्भावना हुई—वह समाज-धारक था—उसमें बुद्धि, बल, अर्थ और सेवा सबकी व्यवस्था थी, कर्म के साथ ज्ञान और उपासना का समन्वय था। इस धर्म में लोकमंगल में मंगल समाविष्ट था। इस साधना में कहीं भी गुह्यता नहीं थी। जैसा कि ऊपर कहा है शुक्ल जी व्यवहार की सर्वोत्तम उपलब्धि मानवता या मानव के स्व-भाव की उपलब्धि इसी गोचर जगत् में मानते हैं। यह मानव स्तर पर विकसित चेतना है जिसकी राग और बोधात्मक दोनों शक्तियाँ विश्व को विषय कर चरितार्थ होती हैं। उनका स्वप्न है कि एक ओर बोध 'सर्व' तक प्रसृत हो और दूसरी ओर राग अपनी सात्विकता में लोक की स्थिति, रक्षण तथा रंजन की उपयोगिता के अनुरूप विश्वव्यापी हो जाय। शुक्ल जी का लोकधर्म एकांगी नहीं है—वह प्रकृति प्रदत्त उग्र और कोमल उभयविध वृत्तियों से अत्याचार का दमन और सदाचार का संवर्धन करता है।

हिन्दी की परवर्ती समीक्षा में शुक्ल जी के इस 'लोकधर्म' पर भी जमकर प्रहार किया गया। सर्वाधिक तमतमाया हुआ और सांघातिक प्रहार आचार्य वाजपेयी का है। उन्होंने कहा है कि यह आपात् रमणीय जीवन दर्शन विचार करने पर नितान्त आधारहीन, परम्पराविरुद्ध, असंगत और सही कहें तो न घर का है न घाट का न पूरब का न पश्चिम का, न प्राचीन और न ही अर्वाचीन। प्रगतिवादियों में अनेक विरोधी विद्वानों का उल्लेख डॉ. रामविलासजी ने किया है। इन विद्वानों को शुक्ल-सम्मत लोकधर्म में रूढ़िवाद, ब्राह्मणवाद एकांगी समाजशास्त्रीयता, मध्यवर्गीय और मध्यकालीन संस्कृति—न जाने क्या-क्या दिखाई पड़ा है। डॉ. शर्मा ने रीतिशास्त्रियों और यशपाल, नामवर सिंह, रांगेय राघव, प्रकाशचन्द्र गुप्त प्रभृति प्रगतिवादियों तथा शिवनाथ आदि समीक्षकों के आक्षेपों का उत्तर जमकर दे दिया है—उन्हें केवल शुक्ल जी का सबसे कमजोर पक्ष वह दिखाई पड़ा है जहाँ उन्होंने लोकधर्म विरोधी कबीर की आलोचना करते-करते रूसी व्यवस्था और लेनिन के प्रति अपनी हिकारत व्यक्त की है।

डॉ. रामविलास शर्मा ने 'आचार्य रामचन्द्र शुक्ल और हिन्दी आलोचना' तथा डॉ. नामवर सिंह ने 'दूसरी परम्परा की खोज' में आचार्य द्विवेदी और आचार्य शुक्ल को आमने-सामने रखकर 'लोकधर्म' के सन्दर्भ में परस्पर विरोधी मान्यताएँ व्यक्त की हैं। जहाँ डॉ. शर्मा द्विवेदी जी की लानत-मलामत करते हैं, वहाँ नामवर सिंह शुक्ल जी की। 'लोकधर्म' शब्द का प्रयोग द्विवेदी जी भी करते हैं और शुक्ल जी भी, पर दोनों ने इस शब्द के भिन्न-भिन्न अर्थ दिए हैं। डॉ. नामवर सिंह कहते हैं—'**इस प्रकार 'लोकधर्म' साधारण जनों के विद्रोह की विचारधारा है।**' ऐसा मानने के

मूल में दो कारण दिए गए हैं—पहला यह कि यह उच्च-वर्गों के शास्त्र के समान सूक्ष्मातिसूक्ष्म तर्क पद्धति से सम्पन्न तथा व्यापक विश्व दृष्टि के रूप में विकसित कोई सुसंगत और सुव्यवस्थित 'विचार प्रणाली' नहीं है और दूसरा यह कि यह पूँजीवादी समाज के बीच निर्मित किसी एक सुनिश्चित वर्गचेतना की विचार प्रणाली नहीं, बल्कि सामन्ती युग के असंगठित किसानों और दस्तकारों के विभिन्न वर्गों-उपवर्गों की मिली-जुली भावनाओं के पुंज हैं। उनकी दृष्टि में शास्त्र-वंचित विविध दलित जातियों और जन समूह की मानसिक अभिव्यक्ति होने के कारण इस 'लोकधर्म' का अव्यवस्थित और अनिश्चित होना अनिवार्य है और इसलिए उच्च वर्गों के शास्त्र की तुलना में वह हीनतर भी प्रतीत हो सकता है किन्तु सिर्फ इसीलिए वह महत्वहीन नहीं हो जाता। वास्तव में द्विवेदी जी साधारण जन द्वारा गृहीत 'शास्त्र-सम्मत' निम्नगामी टोना-टोटका, जादू-मंतर को जब निकृष्ट 'लोकधर्म' कहते हैं, तब ठीक ही कहते हैं। अपकर्ष और उत्कर्ष विरोधी हैं—केवल भिन्न नहीं। द्विवेदी जी जिस 'लोकधर्म' को उत्कृष्ट कहते हैं—वह 'लोक' गृहीत 'धर्म'—साधारण में छिपी हुई 'असाधारणता' का 'धर्म' है। दोनों 'लोक' को एक करना ठीक नहीं है। द्विवेदी जी मानते हैं कि जब अर्जित शास्त्रीयता यथास्थितिवादियों द्वारा 'समष्टिमानस' के माध्यम से विकसित ऊर्ध्वगामी 'सहज चेतना' का अवरोध बनने लगती है तब वह उसे तोड़ती है—पर यह काम किसी महाप्राण 'लोक' या 'जन' से होता है—दलित या शोषित 'भीड़' से नहीं होता। शुक्ल[24] जी भी कभी 'लोक' को तुलसी के शब्दों में 'भेंढकी धंसनि' कह कर गर्हित भी करते हैं और कभी 'लोक' को 'राममय' कहकर अभ्यर्हित भी। दोनों प्रकार के 'साधारण जन' को एक वर्ग में नहीं रखा जा सकता। द्विवेदी जी पर यह आरोपित मत है। यह अवश्य है कि द्विवेदी जी का यह 'लोकधर्म' शुक्ल जी की 'व्यक्ति साधना' है जिसका कभी-कभी उनके 'लोकधर्म' से विरोधी भी हो जाता है। इस 'विरोध' को भी स्पष्ट कर लेना चाहिए। आर्यशास्त्रानुमोदित धर्म से हटकर व्यक्तिगत महाप्राणता से अर्जित साधना व्यक्तिमंगल कर सकती है और करती है—पर उसके प्रभाव में दृष्टि हीन लघु मानव अन्धानुकरण करता हुआ न 'लोक' बना पाता है और न 'परलोक'। शुक्ल[25] जी इसीलिए कहते हैं कि जब 'व्यक्ति साधना' और 'लोकधर्म' में विरोध हो, तब आर्यशास्त्रानुमोदित विशेषधर्म के अर्थ में प्रचलित 'लोकधर्म' की ही शरण लेनी चाहिए—व्यवहार का सौन्दर्य उसी से निष्पन्न हो सकता है। व्यक्तिगत साधक का अन्धानुकरण 'सोशल डिसिप्लिन' के विरुद्ध चला जाता है। गोपियों के आर्यपथ के अतिक्रमण का अर्थ भिन्न है। अतिक्रमण का अर्थ है—स्वच्छन्द और स्वच्छन्द का अर्थ है—दबाव में न रहना अर्थात् स्वभाव चालित होकर लोकमांगलिक कर्म सम्पन्न करना।

ज़हाँ तक वाजपेयी जी के आक्षेपों का सम्बन्ध है—उसका निराकरण स्पष्ट है। शुक्ल जी की भारतीय वाङ्मय के साक्ष्य पर युगानुरूप नई व्याख्या के आलोक में

जब उनका अखण्ड प्रस्थान है तब उसमें यह-वह खोजना और उसके आधार पर असंगत कहना स्वयं असंगत है।

(ग) लोकधर्म

लोकधर्म का हृदय भक्ति है। अपने नूतनप्रस्थान के चौखटे में 'भक्ति' का भारतीय वाङ्मय के साक्ष्य पर शुक्ल जी ने जो स्वरूप निरूपित किया है उसके अनुसार 'भक्ति' का प्रसार चरम सत्ता के व्यक्त और सगुण रूप तक ही निहित है। भाव का संचार ज्ञात की परिधि में ही होता है अज्ञात के प्रति नहीं। कम-से-कम भारतीय भक्ति की प्रकृति में यह नहीं है। साथ ही शुक्ल जी यह मानते हैं कि हृदय को सगुण और व्यक्त रूप में अनुरक्त रखते हुए सम्यक् दर्शन के लिए उसके निर्गुण और व्यक्त सत्ता को भी लेना पड़ेगा। भक्त यदि अव्यक्त सत्ता से जुड़ता भी है तो उसके 'अचिन्त्य ऐश्वर्य' की भावना के लिए, ताकि 'महत्व' बुद्धि दृढ़ हो, न कि उपासना के लिए। उपासना के लिए जिन गुणों से सत्ता को 'व्यक्त' रूप मिलता है वह आचार्यों के तत्त्व चिन्तन से न कि इलहामी तरीके से। इस प्रकार शुक्ल जी[26] की भक्ति और उसका आलम्बन दोनों सुस्पष्ट हैं—रहस्यमय और अतिप्राकृत नहीं। मनुष्य ने कर्म, ज्ञान और उपासना की जो जीवन साधना पद्धतियाँ विकसित की हैं, उनमें सबसे परिपूर्ण पद्धति उन्हें भक्ति या उपासना की दिखाई पड़ी है।

भक्ति का लोकधर्म—गर्भ रूप जिसमें कर्म, ज्ञान संवलित उपासना का मंजुल समन्वय है—शुक्ल जी की रुचि के अनुरूप है। गीता इसी रूप का प्रतिपादन करती है, पर कृष्णाश्रयी भक्ति में शाण्डिल्य व नारद ने उपासना वाले पक्ष को ही महत्व दिया—कर्म और ज्ञान वहाँ गौण हैं या उपेक्षित हो गए हैं। गोपियाँ 'आर्यपथ' का अतिक्रमण करती हैं। शुक्ल जी की दृष्टि में इस धारा में 'भक्ति' की चतुष्पादता खण्डित होती है—आलम्बनगत शक्ति और शील नहीं—केवल सौन्दर्य महत्व पाता है। भक्त की भक्ति से भी श्रद्धा का अंश घट जाता है और दाम्पत्य पर्यवसायी प्रेम 'प्राइवेसी' या रहस्य की सीमा का स्पर्श करने लगता है—फिर भी शुक्ल जी ने प्रयत्नपूर्वक विदेशी भक्ति की रहस्यमयता से देशी रहस्यमयता का अन्तर बनाये रखा है।

इसी सन्दर्भ में उनकी 'भक्तिरस' से सम्बद्ध उद्भावना की चर्चा भी अपेक्षित है। वे ज्ञानी और भक्त का अपने ढंग से अन्तर करते हुए कहते हैं कि कोरे ज्ञानी को भगवान के स्वरूप की—व्यक्त और सगुण स्वरूप की—कुछ जानकारी भर रहती है, पर भक्त को उसी कुछ जाने हुए या विज्ञात स्वरूप का 'साक्षात्कार' और 'रसात्मक अनुभूति' होती है। साक्षात्कार भावना या कल्पना द्वारा होता है और रसात्मक अनुभूति भाव-पोष द्वारा। साक्षात्कार होने पर भी, कल्पना में पूर्ण बिम्बन होने पर ही रसानुभूति हो सकती है। भक्ति की अनुभूति यही है। काव्य की लीनता या

रस-प्रक्रिया भी वही सीधी-सादी है। कल्पना या भावना, जिससे विज्ञात का भीतरी साक्षात्कार होता है और भाव या रागात्मिका वृत्ति जिससे आनन्दानुभूति होती है—दोनों मनुष्य की स्वाभाविक वृत्तियाँ हैं। बस इन्हीं दो स्वाभाविक वृत्तियों के सहारे भक्तिरस की निष्पत्ति हो जाती है।

शुक्ल जी की 'भक्ति' सम्बन्धी यह धारणा युग-चेतना-निर्धारित लक्ष्य के अनुरूप ही निर्धारित हुई है। यहाँ प्रिय आलम्बन है—शक्ति, शील, सौन्दर्य सम्पन्न लोक-स्थिति, रक्षण, रंजन-विधायक व्यक्त या सगुण सत्ता, और उपासक श्रद्धा प्रेम संवलित भक्ति से सर्वात्मना तद्रूप होने की साधना करता है—जिससे उसमें निहित मानवीय सम्भावना—ईश्वरत्व पर्यवसायिनी सम्भावना चरितार्थ हो सके। मानव सत्ता की रागात्मक और बोधात्मक—उभयविध क्षमताएँ उपलब्धि बन जाती हैं। परम्परा कुछ भी कहती हो—शुक्ल जी की युगीन उद्भावना और नव-प्रस्थापना अपनी है। इसलिए यदि कोई आलोचक परम्परासम्मत शुकदेव की भक्ति की आविष्ट स्थिति से शुक्ल-सम्मत भक्ति में अन्तर देखता है—तो कोई गलत नहीं है—पर पं. विश्वनाथ[27] प्रसाद मिश्र उसे ही दोषी ठहराते हैं। वैसे शुक्ल जी की दृष्टि में यह सब है—वे स्वयं इस प्रसंग को उठाते हैं—

कथमालक्षितः पौरैः सम्प्रातः कुरुजांगलान्।
उन्मत्तमूकजड़बद् विचरन् गजसाह्वये।।

शुक्ल जी कहते हैं कि यह दशा दिव्योन्माद नहीं है—प्रेम की रसलीनता ही है।

परवर्ती हिन्दी साहित्य में आचार्य वाजपेयी ने स्वयं भी 'महाकवि सूरदास लिखकर' 'भक्ति का विकास' शुक्ल-सम्मत पद्धति से भिन्न पथ पर प्रतिष्ठापित किया और जो त्रुटियाँ सूर के मूल्यांकन में उद्घाटित की थीं उनको अपने ढंग से समाहित किया है। वाजपेयी जी में कृष्णाश्रयी धारा के प्रेम को ऐकांतिक नहीं—अपितु सामाजिकीकृत माना है। उनका कहना है कि जो प्रेम राधा और कृष्ण के बीच ऐकांतिक था—वह गोपी समष्टि के द्वारा सामाजिकीकृत कर दिया गया है। उनकी दृष्टि में व्यक्तिगत प्रेम का सामाजिक रूप भक्ति है। पर भक्ति की परम्परासम्मत धारणा यही कहाँ है? इतना अवश्य कहा जा सकता है कि दृष्टिभेद के कारण विरहानलावतार वल्लभाचार्य की दृष्टि से गोपियों के पलकान्तर विरह तथा वनान्तर विरह के सन्दर्भ में प्रवासविप्रलम्भ का जैसा मूल्यांकन होना चाहिए था—शुक्ल जी के मानदण्ड से वैसा न हो सका। परवर्ती हिन्दी आलोचना में यह बिन्दु अनेक बार आवृत्त हुआ है।

जहाँ तक निर्गुण भक्ति को विदेशी परम्परा से जोड़ने का सम्बन्ध है—अथवा सूफियों से उधार लेने की बात है—शुक्ल परवर्ती प्रायः समस्त चिन्तन एकमत से इसे अमान्य घोषित करता है। वस्तुतः मध्यकालीन समस्त भक्ति आन्दोलन को

जिस तंत्रवादी धारा से जोड़ना था—शुक्ल जी ने उसका कहीं कोई उल्लेख नहीं किया। न तो साध्यभक्ति की बात करके भी उसका स्वरूप विवेचन किया और न ही उत्तरोत्तर गम्भीर-गम्भीरतर होती गई रस-साधनापरक साहित्य पर दृष्टिपात ही किया। यह सब उनके फ्रेम में फिट नहीं हो पाता। यह अवश्य है कि यह प्रवाह प्रेम की उस भूमि पर अधिष्ठित था—जहाँ 'नेम' नहीं पहुँच पाता या कि उसे कोई खतरा नहीं था। शुक्लजी का यह भय सही है कि यह भक्ति रागतः प्रवृत्त होने वाले जन-साधारण के लिए उपयोगी नहीं थी। श्री जयशंकर प्रसाद ने शुक्ल जी के विपक्ष में निर्गुण भक्ति की तो बात ही छोड़ दी—सूफी राग साधना का बीज भी भारत में ही बताया। पं. चन्द्रबली पाण्डेय तक ने भारतीय प्रभाव की बात स्वीकार की है। प्रसाद जी तो उस रहस्यवाद को जिसे शुक्ल जी ने बेहद अलगाया है—बिन्दु-दर-बिन्दु भारतीय सिद्ध किया है। इन लोगों के 'रहस्यवाद' (काव्य में) सम्बन्धी लेखों को पढ़कर लगता है जैसे वे परस्पर पक्ष-प्रतिपक्ष बनकर शास्त्रार्थ कर रहे हों। सौ बात की एक बात कि जिस शुक्ल जी ने व्यवहारगत सौन्दर्य को ही साध्य मानकर अपने चिन्तन का व्यूह रचा है, उसे रहस्यवाद में रुचि होगी कैसे? प्रसादजी ने समस्त भारतीय चिन्तन को विवेकवादी और आनन्दवादी धारा में बाँटकर शुक्ल जी को विवेकवाद वर्ग में ही बैठाया है।

(घ) भक्ति

चूँकि भक्ति का प्रसंग है—अतः मैं उचित समझता हूँ कि हिन्दी साहित्य के इतिहास के सन्दर्भ में की गई 'भक्ति' चर्चा भी यहीं हो जाए। लोगों ने इस विवाद को 'द्विवेदी-शुक्ल' विवाद नाम ही दे दिया है। शुक्ल जी ने हिन्दी साहित्य के इतिहास लेखन में हिन्दू-मुस्लिम संघर्ष को केन्द्र में रखकर 'वीरगाथाकाल' और 'भक्तिकाल' का उपस्थापन किया है—जबकि ह.प्र. द्विवेदी जी **सवर्ण-असवर्ण** संघर्ष के सन्दर्भ में 'भक्ति' को हिन्दी साहित्य की प्राणधारा निरूपित करना चाहते हैं और उसी साहित्य से हिन्दी साहित्य के सच्चे इतिहास का शुभारम्भ करना चाहते हैं। वे कहते हैं कि शुक्ल जी जिस 'भक्ति' को इस्लाम का 'प्रभाव' या 'प्रतिक्रिया' कहना चाहते हैं वह भारतीय चिन्तन का स्वाभाविक विकास था। उसका 'प्रभाव' या 'प्रतिक्रिया' नहीं—जातीय स्वभाव का क्रमिक स्फुरण मानना चाहिए। तीसरे लोगों का विचार[28] है कि सवर्ण-असवर्ण संघर्ष की जगह इस 'भक्ति' धारा को वर्ग-संघर्ष के सन्दर्भ में देखना चाहिए और अपनी बात की पुष्टि के लिए डॉ. इरविन, डॉ. इरफान हबीब का उद्धरण देते हैं। शुक्ल जी के विपक्ष में द्विवेदी जी का पक्ष लेते हुए शुक्ल जी को डॉ. नामवर सिंह ने साम्राज्यवादी लेखक डॉ. ग्रियर्सन और हैवेल से प्रभावित बताते हुए उनकी काफी गर्हा की है। भक्ति साहित्य को हताश जाति हतदर्प जाति का प्रवृत्ति बताना एक तरह से साम्राज्यवादियों की मूल चेतना का पक्षधर होना

बताया गया है। वास्तव में शुक्लजी ने 'प्रतिक्रिया' शब्द का प्रयोग कहीं नहीं किया है। हाँ, इस्लामी आक्रमण को बड़ा धक्का अवश्य कहा है और यह कहा है कि उस धक्के के कारण भारतीय स्वभाव में दबी हुई आध्यात्मिक वृत्ति अवश्य उभर आयी। शुक्ल जी ने जब 'भक्ति' की क्षीण प्रकट बहती हुई सरस्वती का विस्तार से आकलन किया है—तब वे 'भक्ति' को महज प्रतिक्रिया मान कैसे सकते हैं? प्रतिक्रिया मानकर ही ह.प्र. द्विवेदी कहते हैं कि यदि इस्लामी आक्रमण की प्रतिक्रिया में ही भक्ति का उदय होना था तो उससे पहले-पहले सिन्ध और पश्चिमोत्तरांचल में होना था—न कि निरुपद्रुत सुदूर दक्षिण तमिल प्रान्त मैं। मेरा प्रस्ताव यह है कि मुस्लिम, वर्ण या वर्ग संघर्ष को केन्द्र में न रखकर नैगमिक और आगमिक चिन्ताधारा का सन्दर्भ रखकर त्रैवर्णिक और सार्ववर्णिक धाराओं का संघर्ष निरूपित कर—इसे लोक के स्तर पर रागमार्गी आगम धारा का प्रभावी प्रस्फुरण मानना चाहिए। लोक चेतना आगमसम्मत रागमार्गी सहज धारा ही निर्जीव पड़ती शास्त्रीय जड़ता को तोड़कर अपना महाप्राण रूप व्यक्त कर रही थी। मध्यकालीन भक्ति के प्रवाह का उत्स 'आगम' है, इतर संघर्ष सहायक हो सकते हैं—पर उत्स नहीं।

(ङ) काव्य-प्रस्थान

मूल लक्ष्य मानवता की उपलब्धि के अनुरूप व्यवहार, (लोकधर्म) और भक्ति पर विचार कर लेने के अनन्तर सम्प्रति काव्य की ओर से जो प्रस्थान शुक्ल जी ने निर्धारित किया है—उसे भी देख लेना है। 'लोकधर्म' और 'भक्ति' की भाँति काव्य के सम्बन्ध में भी शुक्ल जी परम्परागत लीक से हटकर अपना प्रस्थान निर्धारित करते हैं। जहाँ एक ओर वे लोकधर्म और भक्ति की भाँति काव्य का सम्बन्ध भी गोचर या व्यक्त जगत् से जोड़ते हुए अव्यक्त की अभिव्यक्ति जगत् और जगत् की अभिव्यक्ति को काव्य मानते हैं, वहीं दूसरी ओर भीतर की ओर उसकी अन्तिम भूमि मनोमय कोष को ही मानते हैं—उसके आगे नहीं। इनके 'व्यक्त' या 'गोचर' की परिधि मनोगोचर से लेकर बहिरिन्द्रिय गोचर तक प्रसृत है। उत्तरोत्तर अपने को स्पष्ट करते हुए वे कहते हैं—कविता अभिव्यंजना है—वह अभिव्यक्ति या विकास को लेकर चलती है। इस दृष्टि से हमारे यहाँ के कवियों ने लोक रक्षा के विधान में करुणा को ही बीजभाव में रखा है। करुणा से रक्षा का विधान होता है और प्रेम से पालन और रंजन। पालन रक्षित का होता है और रक्षा आपदग्रस्त का। निष्कर्ष यह कि मानवता जिस लोक-मंगल-रक्षण, पालन, रंजन में चरितार्थ होती है—तदनुरूप प्रवर्तक भाव या बीजभाव दो ही हैं। इसीलिए काव्य में प्रयत्न पक्ष पर बल देने वाला 'करुण' को और सिद्धि पक्ष पर बल देने वाला 'शृंगार' को रसराज कहना चाहता है। अपने 'व्यक्त' वाद को समझाते हुए एक और भी सूक्ष्म बात वे कहते हैं। उनका कहना है कि राग की वासना ही करुणा और प्रेम दोनों भावों का प्रवर्तन करती है—फिर

भी 'राग' को ही निर्विवाद रूप से रसराज क्यों नहीं कह दिया? नहीं, बात यह है कि वासना और भाव में अन्तर है—वासना का आलम्बन निर्दिष्ट नहीं होता, जबकि 'भाव' का आलम्बन निर्दिष्ट रहता है। राग वासना के रूप में 'अव्यक्त' है—करुणा और प्रेम—व्यक्त हैं। कविता अव्यक्त मूल को लेकर नहीं चलती—व्यक्त प्रसार[29] को लेकर चलती है। शुक्ल जी स्थायी और संचारी से हटकर अपने मूल गन्तव्य के अनुसार बीज भाव की उद्भावना करते हैं।

लोकमंगल साध्य है, क्योंकि उसी में मानवता चरितार्थ है—अतः 'काव्य' भी उसी का साधन है। वह अपना काम पाठक को इन्सानियत की भूमि पर आरूढ़ करके सम्पन्न करता है। वे काव्य को 'संविद्' विश्रान्ति परक नहीं, कर्तव्य विश्रान्ति परक मानते हैं। यह कर्तव्य है—लोकमंगल। कर्तव्य में प्रवर्तक है—भाव। अतः भाव को सत्व की भूमि तक उठाना एक अवदात मनोदशा में आना है। यही अवदात मनोदशा रस है और रसात्मक वाक्य ही काव्य है।

काव्य का अन्तस्तत्त्व है—रस और रस है—भाव की पुष्टदशा—स्थायी-भाव की पुष्टदशा। रस के मूल में निहित 'भाव' का विचार परम्परा आत्मवादी भूमि पर सहृदय के वासनावासित हृदय से करती है जबकि शुक्ल जी लोकगत पात्र की दृष्टि से करते हैं—इसीलिए मनोविज्ञान की आधुनिक मान्यता, लोकनिरीक्षण तथा काव्यग्रन्थों के अनुशीलन के सम्मिलित बोध के आधार पर वे 'भाव' का स्वरूप निर्धारित करते हैं। साहित्य शास्त्र का विभाव, अनुभाव, संचारी तथा स्थायी भाव अलौकिक संज्ञा है—फलतः उसका कार्य भी अलौकिक है—शुक्ल जी का विवेचन अधिकांश प्रत्यक्षानुभूति या लोकानुभूति का है। मनोविज्ञान प्रत्यक्ष या लोकानुभूति का ही इसके साथ ही उनकी दृष्टि लोकमंगल पर टिकी है—फलतः वे भाव को अत्यन्त[30] पवित्र क्षेत्र कहते हैं। वे यह मानते हैं कि भाव की जटिलता का विकास मनुष्य में विश्वात्मा की जिस प्रेरणा से हुआ है, उसमें लोकमंगल की भावना छिपी है। अस्तु।

विचारणीय यह है कि 'रस' पर विचार करने का यह दिशा भेद कैसे हुआ ? इस पर डॉ. रामविलास शर्मा और आचार्य विश्वनाथ प्रसाद मिश्र ने जम कर विचार किया है। डॉ. शर्मा का कहना है—'साहित्य या कला की गोचरता का सिद्धान्त शुक्ल जी के ज्ञान-ज्ञानशास्त्र[31] का ही परिणाम है। ज्ञान न तो आत्मा का प्रकाश है न इलहाम होने से प्रकट हुआ है, न वह मनुष्य की सहज भावना का परिणाम है। इस तरह से ज्ञात शास्त्रों का विरोध करने के बाद शुक्ल जी ने अपना वैज्ञानिक सिद्धान्त रखा है। वह सिद्धान्त यह है कि मनुष्य के बौद्धिक चिन्तन का विकास इन्द्रियज ज्ञान के आधार पर ही हुआ है। आरम्भ में मनुष्य जाति की चेतना इन्द्रियज ज्ञान की समष्टि के रूप में ही अधिकतर रही। पीछे ज्यों-ज्यों सभ्यता बढ़ती गई है त्यों-त्यों मनुष्य की ज्ञान सत्ता बुद्धि व्यवसायात्मक होती गई है[32]।' ज्ञान की पहली सीढ़ी इन्द्रिय-बोध है। साहित्य इस सीढ़ी को पूरी तरह कभी नहीं छोड़ता है। साहित्य की

अनुभूति भावों की अनुभूति है। भाव की अनुभूति वास्तविक जगत की अनुभूति से निराली नहीं है। जिन बातों से संसार में दुःख मिलता है, उनसे साहित्य में भी मिलता है। ट्रेजेडी पर आँसू बहाने में शुद्ध आनन्द का अनुभव होता है—शुक्ल जी यह नहीं मानते। वह पहले आलोचक हैं, जिन्होंने पूर्व और पश्चिम के विचारकों से इस बारे में मतभेद प्रकंट किया है। इस सन्दर्भ में एक बात और शुक्ल[33] जी ने कही है और वह यह—कविता केवल वस्तुओं के रूप-रंग के सौन्दर्य की छटा नहीं दिखाती। प्रत्युत कर्म और मनोवृत्ति के सौन्दर्य के भी अत्यन्त मार्मिक दृश्य सामने रखती है। अभिप्राय यह कि पश्चिम के उन कतिपय विचारकों की स्थापना कि गोचरता तक ही इन्द्रिय बोध और रूप रंग की सुन्दरता—तक ही साहित्य सीमित है—अमान्य है। इसीलिए शुक्ल जो ने सौन्दर्यशास्त्र के बदले काव्यशास्त्र का प्रयोग संगत माना है। डॉ. शर्मा[34] कहते हैं कि सौन्दर्य से इन्द्रियबोध का सौन्दर्य लेना गलत है। सौन्दर्य का अर्थ केवल इन्द्रियबोध वाला सौन्दर्य नहीं है। ज्ञान का मूल आधार इन्द्रियबोध मानने के दुष्परिणामों से जहाँ वे सावधान हैं, वहीं उसे ही आधार बनाकर रसानुभूति वाली अपनी परम्परा विरुद्ध स्थापना भी रखते हैं। उनकी दृष्टि में साहित्य की अनुभूति भाव की अनुभूति है और भाव का प्रथम अवयव विषयबोध है—इस प्रकार साहित्य की अनुभूति के साथ इन्द्रियबोध भी जुड़ा रहेगा। विचार से भाव और भाव से इन्द्रियबोध ज्यादा व्यापक है। वैसे श्रेष्ठ साहित्य सदा ज्ञानप्रसार के भीतर भावप्रसार के मार्ग पर चलता है। शुक्ल जी भी काव्य में कल्पना का स्थान मानते हैं—पर उसका आधार इन्द्रियबोध ही मानते हैं। वे भाववादियों के निराधार कल्पनावाद से असहमत होते हुए कहते हैं—जो तथ्य हमारे किसी भाव को उत्पन्न करे, उसे उस भाद का आलम्बन कहना चाहिए। ऐसे रसात्मक तथ्य आरम्भ में ज्ञानेन्द्रियाँ पैदा करती है—फिर भी ज्ञानेन्द्रियों द्वारा प्राप्त सामग्री से भावना या कल्पना उनकी योजना करती है।[35]

ऐसे काव्यचिन्तन के सन्दर्भ का शुक्ल-सम्मत ज्ञानशास्त्र वस्तुवादी है—क्योंकि वे मानते हैं कि मनुष्य का मन बाहूय जगत् का ही प्रतिबिम्ब है। पर 'कविता क्या है' में 'सौन्दर्य' विवेचन के सन्दर्भ में वे यह भी कहते हैं—'भीतर-बाहर का भेद व्यर्थ है—जो भीतर है वही बाहर है।' अस्तु, प्रकृत में कहना यह है काव्य को वे साधन मानते हैं और लोकजीवन में उसकी चरितार्थता की बात करते हैं—अतः काव्यानुभूति या भावानुभूति को वे लोकानुभूति से सर्वथा भिन्न नहीं मानते। वह लोक की अन्य अनुभूतियों से केवल इस माने में भिन्न हैं कि वह व्यक्तिगत अर्जन-विसर्जन के राग-द्वेष-मय-सूत्र से मुक्त हैं—सामान्य मानवीय भूमि है—व्यक्तिसत्ता की लोकसत्ता में व्यक्तिगतरागद्वेष परिहारगर्भसात्विक तथा अवदात मनोमय दशा है—इसीलिए यह दुःख कोटि की अनुभूति भी उतनी क्षोभ-कारिणी नहीं होती। काव्यरस को सर्वथा आनन्द के अर्थ में लेना उन्हें अभीष्ट नहीं।

इस प्रकार सोचने-विचारने के ढंग से डॉ. शर्मा का निष्कर्ष है—एडीसन के कल्पना सम्बन्धी विवेचन के साथ चलते हुए शुक्ल जी दो तरह का रूप-विधान बतलाते हैं—एक तो प्रत्यक्ष देखी हुई वस्तुओं का ज्यों का त्यों प्रतिबिम्ब होता है। दूसरा इनके आधार पर खड़ा किया हुआ नया वस्तु व्यापार विधान होता है। पहला रूप विधान स्मृति है, दूसरा कल्पना। एडीसन ने स्मृति को भी कल्पना का नाम दिया है। शुक्ल जी ने यह स्थापना अमान्य ठहरायी है। इसके सिवा 'प्रत्यक्ष या स्मरण द्वारा जागरित वास्तविक अनुभूति भी विशेष दशाओं में रसानुभूति की कोटि में आ सकती है—पर यह स्थापना एडीसन के चिन्तन से बहुत दूर है। बौद्धिक चिन्तन, इन्द्रियबोध और भावन का समन्वय साहित्य की विशेषता है। इस विशेषता के मौलिक व्याख्याकार आचार्य शुक्ल हैं। यह व्याख्या पूर्व और पश्चिम—दोनों के काव्यशास्त्र से ज्यादा संगत है और वैज्ञानिक है। यह हिन्दी का अपना साहित्यशास्त्र है।' **लाक के वस्तुवाद से प्रभावित होकर एडीसन ने कल्पना का सिद्धान्त निकाला था और काव्य की विशेषता उसका रूप-विधान बतलाया था।** किस तरह की कल्पना या रूपविधान काव्य के लिए आवश्यक है—कलात्मक है—इसका जवाब एडीसन के यहाँ नहीं है। कारण यह है कि उसके पास रस सिद्धान्त नहीं था। कल्पना और रूपविधान को काव्यसौन्दर्य का मूल आधार मानकर इस प्रश्न का उत्तर दिया ही नहीं जा सकता। इसका उत्तर कल्पना या रूपविधान का सम्बन्ध भावानुभूति से ही जोड़कर दिया जा सकता है। यह काम शुक्ल जी ने किया। शुक्ल जी ने कहा है—'काव्य विधायिनी कल्पना वही कही जा सकती है जो या तो किसी भाव द्वारा प्रेरित हो अथवा भाव का प्रवर्तन और संचार करती[36] हो।' डॉ. नामवर सिंह ने भी चिन्तामणि—तृतीय भाग की भूमिका में इसका विवरण (लाक और एडीसन सम्बन्धी चिन्तन) दिया है—जिसमें इतना और जुड़ता है कि शुक्ल जी का यह चिन्तन काव्यशास्त्र के लिए ही नहीं, सौन्दर्यशास्त्र के लिए भी नई देन है। आचार्य शुक्ल के समीक्षा सिद्धान्त—में डॉ. रामलाल सिंह ने किसी के 'अभिभाषण' का सन्दर्भ देते हुए (1958 ई.) भी इस उत्स की ओर संकेत दिया है। आचार्य विश्वनाथ प्रसाद मिश्र ने कल्पित रूपविधान के साथ प्रत्यक्ष और स्मृत रूपविधान में भी शुक्ल-सम्मत रसात्मक बोध को परम्परा से जोड़ने की कोशिश की है। और इसकी पुष्टि में रसतरंगिणीकार को उद्धृत किया है। रसतरंगिणीकार ने कहा है[37]—'रसो द्विविधः—लौकिकोऽलौकिकश्च लौकिक सन्निकर्ष जन्मा रसो लौकिकः। अलौकिक सन्निकर्ष जन्मा—अलौकिकः सन्निकर्षः षोढा विषयगतः।' अर्थात् रस दो प्रकार हैं—लौकिक और अलौकिक। लौकिक सन्निकर्षजन्य लौकिक और अलौकिक सन्निकर्षजन्य अलौकिक। फिर उभयविध रसों में व्याप्त लक्षण भी समान ही दिये गए हैं। जिस प्रकार शुक्ल जी प्रत्यक्ष विषय का अर्थ इन्द्रियगोचर को भी माना है, उसी प्रकार रसतरंगिणीकार ने भी लौकिक रस को विषयगत कहा है।

फलतः मिश्र जी का अभिमत है—'इसलिए शुक्ल जी ने निर्विशेष स्थिति, सामाजिक सत्ता और मुक्त स्थिति या लीन होने अथवा रमण करने की पीठिका पर जो प्रत्यक्ष बोध में रसात्मक स्थिति संकेतित की है—वह परम्परासम्मत ही प्रतीत होती है।' इतना ही नहीं, रसतरंगिणीकार के ही साक्ष्य पर उन्होंने शुक्ल-सम्मत प्रकृति रस की भी परम्परा सम्मत होने की सम्भावना व्यक्त की है। यह बात भिन्न है कि इसे लौकिक रस के ही भीतर माना जाय या नहीं।

उपर्युक्त परस्पर विरोधी वक्तव्यों के सन्दर्भ में यह प्रश्न सहज ही उठ खड़ा होता है कि शुक्ल जी के इस प्रत्यक्ष तथा स्मृत रूपविधान के पीछे लाक और एडीसन का प्रभाव है या रसतरंगिणीकार का? यह सही है कि शुक्ल जी रसतरंगिणी से परिचित हैं, पर स्वयं मिश्र जी एकत्र स्वीकार करते हैं कि शुक्ल जी का रस-प्रस्थान परम्परासम्मत सहृदय के वासनावासित हृदय से कटकर विषयबद्ध लौकिक पात्र से है फिर परम्परा से जोड़ने का लोभ निरर्थक है—परम्परा में सहृदय-हृदयनिष्ठ संस्कारगत भाव की सत्ता को केन्द्र में रखकर विभावादि का स्वरूप परिभाषित होता है—जबकि शुक्ल जी प्रत्यक्षानुभूत या मनोविकार से जोड़कर उसका विचार करते हैं। एक क्षण के लिए मान भी लिया जाय कि 'रसतरंगिणी' के अनुसार उन्होंने लौकिक रस का विचार किया है—तब भी प्रश्न बना ही रहता है। प्रश्न इसलिए बना रहता है कि रसतरंगिणीकार 'अलौकिकरस' की भी तो बात करता है—पर उसका अनुसरण क्यों नहीं किया? एडीसन का प्रभाव इसलिए अधिक सम्भाव्य है कि स्वयं शुक्ल जी ने उसका अत्यंन्त मनोयोगपूर्वक अनुवाद किया है। साथ ही डॉ. शर्मा के अनुसार शुक्ल जी केवल एडीसन का विचार ज्यों का त्यों ग्राह्य नहीं करते, प्रत्युत उसमें अपनी रुचि के अनुसार उसे नया आधार भी देते हैं। निष्कर्ष यह कि पण्डितजी का पक्ष यहाँ चिन्त्य प्रतीत होता है।

'शुक्ल-प्रसाद' विवाद 'शुक्ल-द्विवेदी' की भाँति तो परवर्ती आलोचना में शिष्य-प्रशिष्यों द्वारा नहीं चलाया गया, पर 'प्रसाद' जी ने भारतीय चिन्तनधारा को विवेकवादी और आनन्दवादी—जैसी उपधाराओं में विभाजित किया है और उनके विवेचन से जो ध्वनि निकलती है, उसके अनुसार शुक्ल जी विवेकवादी धारा के ही अन्तर्गत पड़ते प्रतीत होते हैं। पं. विश्वनाथ प्रसाद मिश्र ने इस बिन्दु पर 'मंजूषा' में विचार करते हुए कहा है कि शुक्ल जी न तो एकान्ततः 'सर्वंदुःखम्' वाले पक्ष के हैं और न ही एकान्ततः 'सर्वंसुखम्' के ही।[38] जगत् में दोनों हैं तो दोनों को व्यवस्थित रखना ही ठीक है, पर करुणा में जैसी सार्वभौम स्थिति है वैसी आनन्दवाली धारा में नहीं। परवर्ती हिन्दी आलोचना 'शुक्ल-प्रसाद' विवाद को अंशतः अवश्य प्रतिबिम्बित करती है—पर उस पर अभी और विचार की अपेक्षा है। प्रसादजी 'रहस्यवाद' को काव्य की मूलवृत्ति कहते हैं और भारतीय गुह्य साधनरत मण्डलियों को उसका स्रोत—शुक्ल जी विपक्ष में हैं। 'प्रसाद' जी के पक्षधर हैं—नन्ददुलारे

वाजपेयी—उन्होंने प्रसादजी के साथ काव्य सम्बन्धी सर्जन और चिन्तन—उभयत्र अध्यात्म का समर्थन किया है और कहा है कि भारत की जातीय चेतना को इससे कटकर नहीं समझा जा सकता। माना कि इस रास्ते अंधविश्वास प्रवेश करता है, पर प्रकाश की भी सम्भावना का द्वार खुला रहता है।

रस से सम्बद्ध और भी अनेक छोटी-मोटी मान्यताएँ शुक्ल जी की हैं—जहाँ वे परम्परा से पृथक हो जाते हैं। उदाहरणार्थ, प्रिय के वियोग से होने वाला दुःख शृंगार के अन्तर्गत आता है पर प्रिय के दुःख से होने वाले दुःख को वे करुण के अन्तर्गत लेते हैं और मानते हैं कि करुणा शृंगार की अपेक्षा अपनी परगामितावश शृंगार की आत्मपरकता की तुलना में अधिक सामाजिक और सात्विक है, पर इसका तात्पर्य यह नहीं कि वे 'एको रसः करुण' के पक्षधर हैं—वे तो करुणा के साथ प्रेम को भी बीजभाव के रूप में स्वीकार करते हैं। ऐसी ही मान्यता 'प्रलय' नामक सात्विक भाव के साथ भी है। 'प्रलय' को वे शारीर चेष्टा कहते हैं—चेष्टाश्रय शरीर में ही चेष्टानिरोध सम्भव हैं।

इस प्रकार ऐसी ही उनकी और बहुत-सी मान्यताएँ हैं जिनको लेकर परवर्ती हिन्दी आलोचना में काफी विचार-विमर्श हुआ। उनकी साधारणीकरण सम्बन्धी मान्यता तथा वाच्यार्थ में ही कवित्व का अधिवास-प्रभृति ऐसे अनेक बिन्दु हैं—जिन पर पर्याप्त मंथन हुआ है और तरह-तरह के अभिमत सामने आए हैं। निष्कर्ष यह कि संस्कृत काव्यशास्त्र में जो स्थान अपनी व्यवस्थित और प्रौढ़ मान्यताओं के कारण वाग्देवतावतार मम्मट की है—वहीं हिन्दी में शुक्ल जी की। मम्मट की तरह वे परवर्ती चिन्तकों के खण्डन या मण्डन के विषयक बने रहे हैं। खण्डन-मण्डन कहीं संतुलित है और कहीं अतिवादी—एक तरफ आचार्य विश्वनाथप्रसाद मिश्र, डॉ. रामविलास शर्मा तथा श्री अजीतकुमार—आदि शुक्ल जी को न केवल भारतीय साहित्य में अपितु विश्व साहित्य का प्रातिभ समीक्षक और मौलिक चिन्तक मानते हैं जबकि दूसरी ओर उनको परम्परा विच्छिन्न कच्ची जमीन का आत्मरुचि प्रधान विवेचक—न कि तटस्थ आलोचक। कहने के लिए तो उन्हें साम्राज्यवादियों का पक्षधर पौरोहित्यवादी, अनाधुनिक, सामयिक राजनीति से दूर कोरा साहित्यिक तथा एकांगी समाजशास्त्री—आदि भी कहा गया है। निस्सन्देह शुक्ल जी प्रातिभ व्यक्ति थे और प्रातिभ व्यक्ति अपनी राह बनाता है और तदनुसार चलता है—इससे वह अपनी पहचान बनाता है। शुक्ल जी ने अपने चिन्तन कार्य से अपनी एक विशिष्ट पहचान बनाई है। ज्ञान की जो सांगोपांगता उनमें थी—वह न किसी हिन्दी आलोचक में थी और न है—यह बात अवश्य है कि उनकी मान्यताएँ तदवधिक चिन्तन की सीमाओं से जुड़ी हैं। उनमें 'दृष्टि' है और 'दृष्टि' परम्परा को आत्मसात् करती हुई अपनी है—फलतः 'दृष्टिकोण' अवश्यम्भावी है और यह अवश्यम्भाविता परवर्ती चिन्तकों के लिए उत्प्रेरक है। चिन्तन न किसी का अन्तिम हुआ है और न हो सकता है—शुक्ल जी भी उसके

अपवाद नहीं हैं। यह अवश्य है कि हिन्दी में जिस तरह के चिन्तन तदनुरूप पद्धति और व्यावहारिक समीक्षा का शुभारम्भ उन्होंने किया था—उसका विकास उस प्रौढ़ि के साथ नहीं हो रहा है। आचार्य नन्ददुलारे वाजपेयी ने भी सन् 75 में उनकी जयन्ती के अवसर पर दिये गए एक भाषण में स्पष्ट स्वीकार किया है। उनका संकल्प था कि शब्द-शक्ति और रस-पद्धति पर भारतीय समीक्षा भवन का उत्तम प्रासाद खड़ा किया जा सकता है और इस संकल्प के अनुसार उनकी प्रायः सभी प्रायोगिक समीक्षाएँ रस-पद्धति पर हुई हैं और शब्द की सम्प्रेषण शक्ति का यत्र-तत्र अभूतपूर्व उद्घाटन हुआ है। उनकी सैद्धान्तिक समीक्षा सम्बन्धी मान्यताओं पर चाहे विवाद हो—पर अर्थ दोहन के सन्दर्भ में उन्हें वाग्धेनु का जो वात्सल्य प्राप्त हुआ है—उसकी कोई तुलना नहीं है। काव्य चाहे प्राचीन हो या नवीन नवीनतर—तत्त्वार्थदर्शिनी क्षमता का विस्मयावह रूप सर्वत्र दृष्टिगोचर होता है।

सन्दर्भ

1. Discovery of India : Pandit Jawahar Lal Nehru., पृष्ठ 557 (1972 E.)। 2. मंजूषा, चिन्तामणि, पृष्ठ 66। 3. सूरदास, पृष्ठ 3 तथा 82। 4. सूरदास, पृष्ठ 10। 5. चिन्तामणि—तृतीय भाग, पृष्ठ 160। 6. —वही —पृष्ठ 161। 7. —वही —पृष्ठ 166। 8. वही, पृष्ठ 182। 9. चिन्तामणि, भाग-1, पृष्ठ 142। 10. वही, पृष्ठ 146। 11. सूरदास, पृष्ठ 16। 12. आचार्य रामचन्द्र शुक्ल और हिन्दी आलोचना। 13. हिन्दी साहित्य : बीसवीं शताब्दी, पृष्ठ 110। 14. —वही —पृष्ठ 116। 15. —वही —पृष्ठ 114। 16. साहित्य का इतिहास दर्शन, पृष्ठ 52। 17. हिन्दी साहित्य : बीसवीं शताब्दी। 18. आचार्य रामचन्द्र शुक्ल और हिन्दी आलोचना। 19. वही, पृष्ठ 79। 20. वही, पृष्ठ 80। 21. सूरदास, पृष्ठ 18। 22. वही, पृष्ठ 1। 23. वही, पृष्ठ 1। 24. वही, पृष्ठ 86। 25. वही, पृष्ठ 86। 26. वही, पृष्ठ 86। 27. मंजूषा (चिन्तामणि), पृष्ठ 9, 10 एवं 11। 28. रामचन्द्र शुक्ल और हिन्दी आलोचना, पृष्ठ 218। 29. चिन्तामणि भाग-2। 30. चिन्तामणि भाग-1, पृ. 3। 31. आचार्य रामचन्द्र शुक्ल और हिन्दी आलोचना, पृष्ठ 218। 32. चिन्तामणि भाग-3, पृ. 102 (2006 सं.) 33. वही —पृष्ठ 114, भाग-1 (1976) 34. आचार्य रामचन्द्र शुक्ल और हिन्दी आलोचना, पृष्ठ 220। 35. चिन्तामणि भाग-2। 36. मंजूषा, पृष्ठ 69। 37. —वही —पृष्ठ 29। 38. निश्चय ही यह या ऐसी ही और मानसिक प्रक्रिया शर्मा जी के अनुसार—वस्तुवादी है—पर इस सन्दर्भ में शुक्ल जी का यह वक्तव्य भी ध्येय है—"पूर्णतत्त्वावभास केवल कोरी बुद्धि की क्रिया में नहीं हो सकता—यह बात शंकराचार्य ऐसे बुद्धि के दार्शनिक को भी माननी पड़ी थी। पारमार्थिक सत्ता के बोध की सम्भावना उन्होंने बहुत कुछ स्वानुभूति द्वारा कही है। केवल शब्दबोध या तर्क द्वारा नहीं। वर्तमान समय का सबसे आगे बढ़ा हुआ दार्शनिक वर्गसाँ भी कोरी बुद्धि क्रिया को एकांगी, भ्रान्तिजनक और असमर्थ बताकर स्वानुभूति की ओर संकेत कर रहा है। एडवर्ड कारपेण्टर ने अपनी प्रसिद्ध अंग्रेजी पुस्तक (सिविलाइजेशन इट्स काजेज एण्ड क्योर) में वर्तमान समय की उस वैज्ञानिक प्रवृत्ति का विरोध किया है जिसमें बुद्धिक्रिया ही सब कुछ मानी गई है—मनुष्य के हृदय पक्ष तथा स्वानुभूति पक्ष का एकदम तिरस्कार कर दिया गया है। उसने शब्दबोध की प्रणाली को अज्ञान प्रणाली कहाँ है। वर्तमान काल के प्रसिद्ध उर्दू शायर अकबर ने भी बुद्धिरोग से छुटकारा पाने पर खुशी जाहिर की है— मैं मरीजे होश था, मस्ती ने अच्छा कर दिया। यही पक्ष तुलसी, सूर आदि भक्तों का भी रहा है— (1) यह निर्गुना निर्मूल गाठरी (2) वाक्यज्ञानअत्यन्त निपुण भव पार न पावै कोई (सूरदास, पृष्ठ 126)।

आचार्य रामचन्द्र शुक्ल : उनकी काव्य-दृष्टि–1

शुक्ल जी के काव्य चिन्तन के मूल में कौन-सी दृष्टि सक्रिय है–वस्तुवादी या विश्वात्मवादी? डॉ. रामविलास शर्मा शुक्ल जी के दृष्टिकोण को सुसंगत रूप में भौतिकवादी न मानते हुए भी जहाँ तक साहित्यशास्त्र की बात है, निश्चयपूर्वक विश्वात्मवाद को उसकी मूलधारा नहीं मानते–फलतः वे मानते हैं कि शुक्ल जी का दार्शनिक दृष्टिकोण मूलतः वस्तुवादी[1] ही है। यों वे यह भी स्वीकार करते हैं कि उनके विचारों में एक असंगति भी है। वे जगत् के भौतिक और मानसिक व्यापारों की विकासवादी दृष्टि से वस्तुनिष्ठ व्याख्या भी करते हैं और परमसत्ता को पराविद्या के क्षेत्र की वस्तु भी मानते हैं। पं. नन्ददुलारे वाजपेयी[2] का भी मत है–"इसीलिए उनका दार्शनिक अनुसन्धान, उनका काव्य-विवेचन और उनका सारा विचारात्मक साहित्य उनकी व्यक्तिगत रुचियों और प्रेरणाओं से ऊपर उठकर वैज्ञानिक (या ठोस दार्शनिक) श्रेणी में नहीं पहुँच सका।" यह विवाद विषयान्तर होते हुए भी अप्रासंगिक नहीं है। कारण, मूल दृष्टि से ही काव्य-दृष्टि का सही निर्धारण हो सकता है।

वाजपेयी जब शुक्ल जी के प्रवृत्तिमूलक चिन्तन के पीछे 'स्पिनोजा' के होने का पक्ष प्रस्तुत करते हैं तब वे चाहे जितना सही-गलत हों परन्तु एक सम्भावना का इंगित अवश्य देते हैं और वह यह कि कहीं-न-कहीं पाश्चात्य आधुनिक (काण्ट) दर्शन का संस्कार उनमें सक्रिय है जो यह मानता है कि विश्व, आत्मा और ईश्वर परम सत् है–पर वह मानव की इन्द्रियाश्रयी ज्ञान की परिधि से बाहर है। उनका 'जन्मजात अन्तस्' विश्वात्मा पर विश्वास करता[3] है, पर **'अर्जित ज्ञान'** उस तक पहुँचने में अपने को असमर्थ पाता है। इस खाई को वे भारतीय दर्शन से पाटते हैं और मानते हैं कि आत्मवादी भी सृष्टि की विकासवादी व्याख्या करता है। वे कहते हैं–[4]"जबकि अव्यक्तावस्था से छूटी हुई प्रकृति के व्यक्त स्वरूप जगत् में आदि से अन्त तक सत्व, रजस् और तमस्–तीनों गुण रहेंगे–तब समष्टि रूप में लोक के बीच मंगल का विधान करने वाला ब्रह्म के आनन्द कला के प्रकाश की यही पद्धति हो सकती है कि तमोगुण और रजोगुण–दोनों सत्वगुण के अधीन होकर उसके इशारे पर काम करें। इस दिशा में किसी ओर अपनी प्रवृत्ति के अनुसार काम करने पर भी

समष्टि रूप में और नब ओर से वे सत्वगुण के लक्ष्य की ही पूर्ति करेंगे।[5] सत्वगुण के शासन में कठोरता, उग्रता और प्रचण्डता भी सात्विक तेज के रूप में भासित होगी। इस उद्धरण से उनके दर्शन की रूपरेखा स्पष्ट हो जाती है। अनेक तर्क और प्रमाणों से यह सिद्ध हो जाने पर भी कि उनकी आस्था विश्वात्मा[6] पर है, जगत् ब्रह्म की अभिव्यक्ति है, मुक्त हृदय व्यापक विश्वात्मा का[7] अंग है, मानव-भाव के पीछे विश्वात्मा की इच्छा सक्रिय है, ब्रह्म के सदंश से कर्म, चिदंश से ज्ञान और आनन्दांश से उपासना का सम्बन्ध है तथा काव्य और भक्ति का ब्रह्म के आनन्दांश से सम्बन्ध है–आदि-आदि–फिर भी इतना निर्भ्रान्त सत्य है कि वे कर्म (धर्म) ज्ञान और भक्ति का पर्यवसान व्यक्त जगत् के सौन्दर्य या व्यक्त जगत् के मूल उपादान सत् और असत् के सामंजस्य में ही स्वीकार करते हैं। उनकी मान्यता है कि व्यक्त जगत् समष्टि रूप में ब्रह्म का ही रूपान्तर है–अभिव्यक्ति है–अतः वह भी अनन्त और नित्य है–यदि अन्तर है ब्रह्म और उसके अभिव्यक्त रूप जगत् में तो वह इतना ही कि पहला कूटस्थ नित्य है और दूसरा प्रवाह नित्य। निष्कर्ष यह कि शुक्ल जी का चरम प्राप्त गन्तव्य या मनुष्यत्व की साधना का पर्यवसान लोकमंगल[8] में है। उनके 'लोक' में 'पर' का समावेश नहीं है, न ही अन्तर्लोक में मनोमय कोश के आगे का। इसी इन्द्रियगोचर मनोगोचर व्यक्त जगत् के सौन्दर्य में ही कर्म, ज्ञान और भक्ति का पर्यवसान है। उनके कर्म या धर्म का अध्यात्म और परलोक से कोई सम्बन्ध नहीं है–उनकी दृष्टि में ज्ञान की चरम सीमा विश्वबोध में है, वैसे ही भक्ति या भाव की चरम परिणति अशेष सृष्टि से एकात्म अनुभव करने में है–व्यक्ति-भाव परम-भाव का ही अंग है और उसी में विसर्जित हो जाना उसकी चरम सम्भावना है–ज्ञान और राग के इसी समन्वय में मनुष्यत्व की साधना[9] निहित है। काव्य भी इसी चरम गन्तव्य का माध्यम है। शुक्ल जी के शब्दों में भाव या रस ही काव्य की आत्मा है और यह रस दशा हृदय की मुक्त दशा है जिसे शुक्ल जी व्यापक विश्वात्मा का ही अंग मानते हैं। रस दशा या हृदय की मुक्त दशा की ओर ले जाने वाली वाग्धारा की काव्य है। उनकी दृष्टि में काव्य मानुष-भाव–जिसके पीछे विश्वात्मा की जगद्रक्षण स्थिति–रंजिनी इच्छा सक्रिय है–की न केवल रक्षा करती है प्रत्युत निर्वाह भी करती है। मानुष-भाव की रक्षा में उनका मानववाद मुखर है। उनकी दृष्टि में कविता को 'आनन्द' और 'चमत्कार' से जोड़ने वालों ने गड्ढे में धकेल दिया और विलास की वस्तु बना दी–एक पवित्र लक्ष्य से उसे च्युत कर दिया। उनकी दृष्टि में काव्य की आत्मा 'रस' आनन्द का पर्याय नहीं है और न ही उस रस का सम्बन्ध केवल काव्य और नाट्य आदि से ही है। विपरीत इसके रसदशा मानव मन की एक उदात्त या अवदात्त दशा है–जो जीवनयापन के संकीर्ण सन्दर्भ में उभरते हुए राग और द्वेष के बन्धन से मुक्त है–इसे हम मानवीय या इन्सानियत की भूमि भी कह सकते हैं जिसका अनुभव हमें लोकजीवन में भी होता है। इस प्रकार उनकी रसानुभूति

लोकानुभूति–सात्विक लोकानुभूति से भिन्न नहीं है। यह व्यक्तिगत भावभूमि से ऊपर उठी हुई लोक सामान्य की भावभूमि है–जिस भूमि पर मूल विश्वात्मा जगद् रक्षण–पालन और रंजन में व्याप्त है। निष्कर्ष यह कि मानव का यह मुक्त हृदय उसी अंगी का अंग[10] बन जाता है–काव्य का लक्ष्य यही है। इस भूमि पर पहुँचा हुआ सहृदय मानव लोकमंगल की भूमिका में आरूढ़ होता है तभी उसकी मनुष्यता चरितार्थ होती है।

शुक्ल जी जिस भाव या रस को काव्य की आत्मा कहते हैं–उसका विवेचन वे मनोविज्ञान[11] के आलोक में करते हैं और साथ में अपने अनुशीलन और अनुभव को भी रखते हैं। पारम्परिक काव्य-दृष्टि में भाव या रस का विवेचन वासना-वासित-सहृदय[12] के हृदय से आरम्भ होता है–ग्राहक पक्ष से विचारित होता है जबकि शुक्ल जी का प्रस्थान विषयबद्ध पात्र की मनोदशा से। इसीलिए जहाँ परम्परा भाव को 'भावन' से जोड़ती है वहाँ शुक्ल जी मनोविज्ञान की दृष्टि से उसे प्रत्ययबोध, अनुभूति और वेगयुक्त[13] प्रवृत्ति का संश्लिष्ट रूप मानते हैं। पारम्परिक काव्य-दृष्टि रस का आत्मवादी भूमि पर विचार करती है जबकि शुक्ल जी प्राकृत भूमि पर। उनकी दृढ़ धारणा है कि काव्य की सीमा मनोमय कोश तक ही है और काव्यानुभूति या रसानुभूति का प्रसार जीवन तक। इसीलिए रसानुभूति लोकानुभूति की भाँति सुख-दुःखोमयात्मक[14] है–असात्विकबद्ध हृदय की अनुभूति व्यक्तिगत राग-द्वेष सम्पृक्त होने के कारण क्षोभकारिणी होती है जबकि सात्विक फलतः मुक्त हृदय की लोकानुभूति या रसानुभूति उतनी विक्षोभकर नहीं होती है। इसीलिए उनकी काव्य-दृष्टि और पारम्परिक काव्य-दृष्टि में कई अन्तर आ जाते हैं। उनकी दृष्टि में काव्य रस गन्तव्य नहीं, लोकमंगल सम्पादन का माध्यम है जबकि पारम्परिक काव्य-दृष्टि में वह स्वयं साध्य है। उनकी दृष्टि में भाव या स्थायी भाव का आलम्बन निर्दिष्ट होता है–पारम्परिक दृष्टि वाले 'उत्साह' पर यह घटित नहीं होता। 'उत्साह' का आलम्बन अनिर्दिष्ट होता है–सहृदय की ओर से ही विचार करने के कारण वीर रस पर्यवसायी उत्साह को स्थायी मान लिया जाता है। उनकी दृष्टि में स्थायी भाव वह है जिसके आधिपत्य में अन्य भाव संचरित हों और जिसका अनुभव कवि तथा आश्रय से तादात्म्यापन्न होकर ग्राहक भी करे। वह भाव स्थायी नहीं है जिसका अनुभव ग्राहक आश्रय से तटस्थ होने के कारण न कर सके। शुक्ल जी की दृष्टि में एक स्थायी भाव वह भी है–जो भावकोश[15] या भाव पद्धति के नाम से पुकारा जाता है–यह आश्रयपात्र में निश्चित समय में ही नहीं–बल्कि लम्बे समय तक स्थिर हो जाता है–जैसे राग या रति का प्रीति में और क्रोध का बैर में परिणत हो जाना है। वे प्रीति और बैर और ही प्रकार के स्थायी भाव हैं।

शुक्ल जी की काव्य-दृष्टि लोकमंगल[16] केन्द्रित है, इसीलिए वे मानते हैं कि काव्य की आत्मा भाव का एक और भी गहरा रूप है जिसे हम संचारी और स्थायी

की अपेक्षा बीजभाव कह सकते हैं ग्राहक के हृदय में इसकी सत्ता तह में हो सकती है और चेतन स्तर पर अन्य भाव क्रियाशील हो सकते हैं—पर उनके प्रवर्तन का सूत्र उस बीजभाव से जुड़ा रहता है। शुक्ल जी मानते हैं कि काव्य अभिव्यक्ति है—अतः उसका सम्बन्ध 'व्यक्त' से ही हो सकता है—अव्यक्त से नहीं। राग-द्वेष वासना के रूप में मानव-मात्र में अव्यक्त रहता है। राग ही प्रेम और करुणा के रूप में तथा द्वेष क्रोध के रूप में व्यक्त होता है। ये प्रेम और करुणा बीजभाव हैं—ये रचनात्मक भाव हैं—इनके वक्षस् पर विघटनात्मक द्वेष भाव के व्यक्त रूप क्रोध का संचार यदि हो—तो वह भी लोकमांगलिक हो जाता है। यही विरुद्ध भावों का सामंजस्य है। वाल्मीकि का क्रोध ऐसा ही सुन्दर था—जहाँ मूल में करुणा थी और उसके भी तह में सृष्टि-मात्र के प्रति राग अव्यक्त वासना के रूप में था। राग न होता तो करुणा न होती और करुणा ही असत् से सृष्टि की रक्षा करवाती है—लोकमंगल का दूसरा तथा तीसरा पक्ष पालन और रंजन प्रेम की परिणति है। इस प्रकार लोकमंगल से जुड़ी हुई उनकी काव्य-दृष्टि संचारी और स्थायी से आगे बढ़ती हुई बीजभाव तक[17] पहुँच जाती है।

शुक्ल जी काव्य का उपयोग भाव संचार में मानते हैं और भाव का लोकमंगलोपयोगी प्रवृत्ति में—इसीलिए वे यह भी मानते हैं कि कवि की शक्ति—कल्पना—का मुख्य क्षेत्र है भाव को दीप्त करने वाला रूप विधान-व्यापार विधान। इसे वे बिम्बार्थ नाम देते हैं और पारम्परिक काव्य-दृष्टि में इसका वे अभाव देखते हैं। वे कहते हैं कि परम्परा ने वाच्यार्थ के रूप में केवल जाति, गुण, क्रिया और यदृच्छा की ही बात की—अर्थ ग्रहण मात्र की बात की—बिम्बार्थ ग्रहण की नहीं। यह बिम्बार्थ विधायिनी शक्ति ही कल्पना है—भावना है—प्रतिभा है। भक्तियोग में जो स्थान 'उपासना' का है—[18] भावना के माध्यम से इष्ट का रूप मानस में सन्निहित कर उसे भावदीपक बनाने का है—वही काम काव्य में कल्पना करती है। कल्पना वह मानसिक शक्ति है जो इन्द्रियानुभव से प्राप्त स्मृति-गत-संस्कारों का भावदीपनोपयोगी इस्तेमाल करती हो। परम्परा से हटकर वे मानते हैं कि कल्पना या प्रतिभा कोई ऐसी शक्ति नहीं है जिसके निखार के लिए व्युत्पत्ति और अभ्यास अपेक्षित न हो। वे भाववादियों और आत्मवादियों की भाँति किसी पूर्ण दिव्य शक्ति के रूप में प्रतिभा या कल्पना[19] को नहीं मानते । साथ ही यह भी कि कल्पना द्वारा विहित रूप विधान अपने-आप में लक्ष्य नहीं है—वह रूपविधान अनुभूति प्रेरित हो और रस पर्यवसायी हो। उनकी दृष्टि में रस-दीप्त कल्पना ही काव्योपयोगी है। कल्पना काव्य का बोध पक्ष है—पर भाव का घटक होने से यह बोध भाव संचारकारी होकर ही सार्थक होता है। एडीसन के कल्पना-जन्य आनन्द से इनकी रस पर्यवसायिनी कल्पना अपना अलग ही रंग रखती है। क्रोचे की तरह केवल रूपविधान ही अपने-आप में काव्य का लक्ष्य नहीं है।

व्यक्तवादिता का ही यह प्रभाव है कि वे काव्य में 'विभाव' को ही मुख्य स्थान देते हैं और इसी के सर्वसामान्य में समान भावोत्पादकारी चित्रण को कल्पना का मुख्य कार्य मानते हैं—कवि की शक्ति का मुख्य क्षेत्र मानते हैं। इसीलिए उनका साधारणीकरण आलम्बन[20]-निष्ठ धर्म से सम्बन्ध रखता है। आलम्बनगत रूप या व्यापार विधान ऐसा हो—जो सहृदय मात्र में समान भाव पैदा कर सके।

उनकी व्यक्तवादी और लोकमंगलवादी काव्य-दृष्टि में ब्रह्म के आनन्दांश से जुड़ा हुआ काव्य दो प्रकार का हो सकता है—प्रयत्नावस्था का और सिद्धावस्था का।[21] बात यह है कि उस आनन्द कला की अभिव्यक्ति जगत् में सतत नहीं होती—उसका आविर्भाव और तिरोभाव चलता रहता है। सौन्दर्य उसके आविर्भाव में तो है ही—सौन्दर्य उस पर फैले हुए असत् के प्रभाव को हटाने में भी है। पूर्ण कवि वे ही हैं जो जीवन की अनेक परिस्थितियों के भीतर सौन्दर्य का साक्षात्कार करते हैं।

शुक्ल जी काव्य को कला से नहीं जोड़ना चाहते। कला के साथ काव्य को जोड़ने से वह 'सौन्दर्य' ही के साथ जुड़ा रह गया। उनकी दृष्टि में सौन्दर्य अन्तःसत्ता की तदाकार परिणति[22] है—जहाँ वस्तु और चेतना, बाहर और भीतर एकाकार होते हैं। 'आनन्द' और 'मनोरंजन' की भाँति शुक्ल जी कला-क्षेत्रीय 'सौन्दर्य' से भी काव्य को नहीं जोड़ना चाहते। उनके अनुसार यह सुन्दर शब्द काव्यानुभूति की भावना को संकुचित करता है। प्रत्येक कविता का ग्रहण सौन्दर्यानुभूति के रूप में नहीं होता। उनके अनुसार बीभत्स-व्यापार द्वारा मन को क्षुब्ध करने में भी सौन्दर्य है—कुरूप की काव्य स्थिति सुरूप की पूर्ण अभिव्यक्ति के लिए अपेक्षित है।

पारम्परिक काव्य-दृष्टि में काव्य की आत्मा रस और ध्वनित वस्तु दोनों को समकक्ष माना जाता है—दोनों को व्यंजना व्यापार का विषय माना जाता है। शुक्ल[23] जी इसे असंगत समझते हैं—व्यंजना से होने वाला परगत 'भाव' का बोध भिन्न वस्तु है और आत्मगत 'रस या भाव' की अनुभूति भिन्न वस्तु है—अतः दोनों को समान व्यापार का विषय कहना अनुभव के विरुद्ध जाता है। इसीलिए तो बोध पक्षीय महिम के काव्यानुमितिवाद का खण्डन किया गया।[24] शुक्ल जी कहते हैं—इस पर विचार होना चाहिए। इसी प्रसंग में उनकी स्थापना यह भी है कि कविता या रसात्मकता का अधिवास अभिधेय अर्थ में ही होता है—लक्षणा और व्यंजना तो केवल धारक सत्य का बोध कराती हैं।

एक बात शुक्ल जी की काव्य-दृष्टि के सन्दर्भ में अवश्य ध्यातव्य है। उनका पक्ष है कि भारतीय काव्य-दृष्टि में कविता गोचर अभिव्यक्ति को लेकर ही बराबर चलती रही है और यही अभिव्यक्ति उसकी प्रकृत भूमि है। मनुष्य के ज्ञान क्षेत्र के भीतर ही उसका संचार होता है। चेतना के कोने के बाहर न वह झाँकने जाती है, न जा ही सकती है। अज्ञात[25] जिज्ञासा का विषय हो सकता है—लालसा का नहीं। अज्ञात सत्ता के प्रति भाव का संचार स्वदेशी कविता की प्रकृति में नहीं है। उनकी

दृष्टि[26] में रहस्यवाद कविता की एक शाखा विशेष है—पर जो इसे काव्य का सामान्य स्वरूप समझते हैं—उनके अज्ञान का निराकरण वे आवश्यक समझते हैं।

स्वदेशी भक्ति काव्य को वे काव्य (मनोमय कोश की प्राकृति अनुभूति) ही मानते हैं और भक्ति रस को काव्य रस। रस मात्र की अनुभूति एक प्राकृतिक या स्वाभाविक अनुभूति है।

वास्तव में विलायती काव्य[27] क्षेत्र में सुख-सौन्दर्य की भावना को अज्ञात और अव्यक्त के क्षेत्र में ले जाकर पूर्णता पर पहुँचाने का श्रेय काण्ट जैसे दार्शनिकों से मिला। काण्ट के व्यवहार पक्ष का निरूपण उसी दृष्टि से हुआ है जिस दृष्टि से शंकराचार्य का—पर दोनों में उतना ही अन्तर भी है जितना भारत और यूरोप में। व्यवहार पक्ष में शंकर ने जिस उपासनागम्य ब्रह्म का अवस्थान किया है—वह सोपाधि या सगुण ब्रह्म है—काण्ट की तरह अव्यक्त पारमार्थिक सत्ता नहीं।

इस प्रकार आचार्य शुक्ल की काव्य-दृष्टि हिन्दी काव्यशास्त्र की अपनी दृष्टि है—न पारम्परिक और न ही पश्चिमी—यद्यपि खुराक उन्होंने खुली खिड़की से दोनों से ली है।

सन्दर्भ

1. आचार्य रामचन्द्र शुक्ल और हिन्दी आलोचना, पृष्ठ 46। 2. हिन्दी साहित्य : बीसवीं शताब्दी, पृष्ठ 117, 131, व चिन्तामणि, भाग-2, पृष्ठ 64। 3. विश्व प्रपंच की भूमिका, पृष्ठ 103 (सं. 1977)। 4. चिन्तामणि, प्रथम भाग, पृष्ठ 181। 5. चिन्तामणि, द्वितीय भाग, पृष्ठ 43। 6. रस-मीमांसा, पृष्ठ 273। 7. चिन्तामणि, भाग-1, पृष्ठ 41। (परस्पर साहाय्य के जो उद्देश्य हैं, उनका धारण करने वाला मनुष्य का छोटा-सा अन्तःकरण नहीं, विश्वात्मा है।) 8. चिन्तामणि, भाग-1, पृष्ठ 172। 9.—वही—पृष्ठ 174। 10. सूरदास, पृष्ठ 76। 11. चिन्तामणि, भाग-2, पृष्ठ 71। 12. रस-मीमांसा, पृष्ठ 224। 13.—वही—पृष्ठ 134। 14. चिन्तामणि, भाग-2, पृष्ठ 59। 15. रस-मीमांसा, पृष्ठ 137-138। 16. सूरदास—'काव्य में लोकमंगल' शीर्षक निबन्ध, पृष्ठ 74-90। 17. चिन्तामणि, भाग-2, पृष्ठ 1। 18. चिन्तामणि, भाग-1, पृष्ठ 129। 19. रस-मीमांसा, पृष्ठ 83। 20. चिन्तामणि, भाग-1, पृष्ठ 173। 21. रस-मीमांसा, पृष्ठ 80। 22. चिन्तामणि, भाग-2, पृष्ठ 142। 23. चिन्तामणि, भाग-2, पृष्ठ 130-131। 24.—वही—पृष्ठ 70। 25.—वही—पृष्ठ 37। 26.—वही—पृष्ठ 165। 27.—वही—पृष्ठ 63-64।

आचार्य रामचन्द्र शुक्ल : उनकी काव्य-दृष्टि–2

शुक्ल जी की काव्य-दृष्टि लोकमंगल की भावना से नियंत्रित है। उनकी काव्य सम्बन्धी सारी मान्यताएँ इसी लोकमंगलवाद के परिप्रेक्ष्य में निधारित होती हैं–चाहे काव्य का स्वरूप हो–उसकी आत्मा भाव या रस हो अथवा उसके प्रभेद या विधाएँ हों। पहले वे मानव जीवन की सम्भावना और चरितार्थता पर विचार करते हैं और फिर तदनुरूप चिन्तन–यही भारतीय परम्परा है–यहाँ इसीलिए 'दर्शन' और 'धर्म' कभी अलग नहीं हुए। 'विचार' और 'आचार' एक लक्ष्य के अनुरूप विकसित होते रहे। इसी परम्परा में शुक्ल जी ने भी पहले मानव जीवन की सार्थकता या चरितार्थता किसमें है–यह तय किया–तदनन्तर अनुरूप परमार्थ, व्यवहार और काव्य-दर्शन।

शुक्ल जी की धारणा है कि यह मानव-चेतना ही है, जिसमें समष्टि स्थिति की रक्षा से सम्बन्ध रखने वाले भावों का संचार[1] सम्भव है। यही वृत्ति या तदनुरूप व्यवस्था ही धर्म है–मानवेतर चेतना धर्म की इसी भूमि तक पहुँची ही नहीं। फलतः जिन प्राणियों में जिन भावों का विकास नहीं हुआ है, उनमें उनकी चरितार्थता की आवश्यकता भी प्रकृति[2] नहीं समझती। मानव जीवन की चरितार्थता इसी सम्भावना को उपलब्धि का रूप देने में है और यही सम्भावना लोकमंगल पर्यवसायिनी है। इसी लक्ष्य से उन्होंने लोकदृष्टि और काव्य-दृष्टि की स्थापना की।

दर्शन के पारमार्थिक स्तर पर भी इसी दृष्टि से सोचते हुए उन्होंने कहा कि लोकमंगल का विधान करने वाला ब्रह्म की आनन्द-कला का 'प्रकाश' है–'प्रकाश' ही नहीं उसमें प्रकाश तक पहुँचने की पद्धति या प्रयत्न का भी समावेश है। उनकी धारणा है कि इस आनन्द कला का आविर्भाव और तिरोभाव होता रहता है–अतः आविर्भाव या प्रकाश लोकमंगल का सिद्ध पक्ष है और तदर्थ किया जाने वाला प्रयत्न प्रयत्न-पक्ष है। सौन्दर्य का सम्बन्ध दोनों से है–जो काव्योपयोगी है। उसी कवि का हृदय उत्कृष्ट कवि हृदय है, जिसके हृदय में दोनों के समंजस रूप में उल्लास और आनन्द की तरंगें समुच्छ्वसित होने लगें और उसकी काव्यात्मक अभिव्यक्ति होने लगे। यही **सौन्दर्य** और यही **आनन्द** काव्योपयोगी है, न कि इस बृहत् लक्ष्य या सन्दर्भ से कटा हुआ। ब्रह्म की आनन्द कला के प्रकाश की पद्धति व्यक्त जगत् में यही हो सकती है कि सत्व गुण के शासन में रजस् तथा तमस् सक्रिय रहें। जिस

तरह समष्टि लोक में—उसी तरह व्यष्टि में भी जब सत्व का समुद्रेक रहेगा और उसके शासन में रजस् तथा तमस् सक्रिय रहेंगे—तभी व्यक्ति आत्मगत चरम सम्भावना की लोकमंगलात्मक चरितार्थता की ओर बढ़ेगा। इस दृष्टि से विचार करते हुए उन्होंने काव्य के दो रूप बताए—आनन्द की सिद्धावस्था का काव्य तथा आनन्द[3] की प्रयत्नावस्था का काव्य। समष्टि-स्थिति की रक्षा में ही निरत जीवन मानव जीवन है—यही उसका प्रकृत रूप है—इसी रूप की रक्षा कविता अनुरूप भाव-संचार के माध्यम से करती है। इसीलिए शुक्ल जी कविता को साधना का पर्याय मानते हैं। वे कहते हैं—कविता के सम्बन्ध मे मेरी धारणा बराबर से यही रही है कि वह एक ऐसी साधना है कि जिसके द्वारा शेष सृष्टि के साथ मनुष्य के शुद्ध रागात्मक सम्बन्ध की रक्षा और निर्वाह तथा उसके हृदय का प्रसार और परिष्कार होता है। जब तक कोई अपनी पृथक् सत्ता की भावना को ऊपर किए जगत् के नाना रूपों और व्यापारों को अपने व्यक्तिगत योग-क्षेम, हानि-लाभ, सुख-दुःख आदि से सम्बद्ध करके देखता रहता है तब तक उसका हृदय एक प्रकार से बद्ध रहता है। इन रूपों और व्यापारों के सामने जब कभी वह अपनी पृथक् सत्ता की धारणा से छूटकर अपने-आप को बिल्कुल भूलकर—विशुद्ध अनुभूति मात्र रह जाता है—तब वह मुक्त हृदय हो जाता है। जिस प्रकार आत्मा की मुक्तावस्था ज्ञानदशा कहलाती है उसी प्रकार हृदय की यह मुक्तावस्था रसदशा कहलाती है। हृदय की मुक्ति की साधना के लिए मुनष्य की वाणी जो शब्द-विधान करती आई है—वही कविता है। हृदय की मुक्त दशा में सत्वगुण उद्रिक्त रहता है। पारम्परिक काव्य चिन्तन में भी रसानुभूति में सत्व का उद्रेक माना गया है। सत्व का उद्रेक या रागात्मक सत्व का उत्कर्ष एक ही बात है। काव्य का 'आनन्द' और 'सौन्दर्य' इसी स्थिति का होता है।

काव्य का 'आनन्द' विलास पर्यवसायी और 'सौन्दर्य' पच्चीकारी वाला नहीं है। इसीलिए कभी-कभी शुक्ल जी 'मनोरंजन' या 'चमत्कार' के साथ हलके 'आनन्द' और 'सौन्दर्य' को भी काव्य की लक्ष्य परिधि से बाहर कर देते हैं। काव्य के स्वरूप लक्षण में 'सुन्दर' की जगह 'रमणीय' को स्थान देने के पक्ष में है। लोकमंगलबद्ध दृष्टि के कारण ही वे रस को हृदय की उदात्त या अवदात्त दशा कहते हैं और उसे काव्य-नाट्य तक ही सीमित न रखकर लोकजीवन तक खींच लाते हैं—उनकी रसावस्था की व्याप्ति लोकजीवन तक है। इसीलिए उनकी दृष्टि में केवल कल्पित रूप विधान ही नहीं—स्मृत और प्रत्यक्ष रूप विधान भी हृदयगत सत्वोत्कर्ष द्वारा रसात्मक मनोदशा में पहुँचा देते हैं। शुक्ल जी इसी सन्दर्भ में अपनी 'काव्य-दृष्टि' को स्पष्ट करते हुए कहते हैं—'काव्य-दृष्टि[4] से जब हम जगत् को देखते हैं तभी जीवन का स्वरूप और सौन्दर्य प्रत्यक्ष होता है। इस दृष्टि का उन्मेष व्यक्तिगत सम्बन्ध के संकुचित मण्डल से ऊपर लोक-सामान्य भावभूमि पर आरूढ़ होने पर होता है—जहाँ जगत् के नाना रूपों और व्यापारों के साथ मनुष्य के बृहत्

सम्बन्ध का सौन्दर्य दिखाई पड़ता है। इस सौन्दर्य के अभ्यास से हमारे मनोविकारों का परिष्कार और जगत् के साथ हमारे रागात्मक सम्बन्ध की रक्षा और निर्वाह होता है।' इस काव्य-दृष्टि को जीवन से जोड़ते हुए वे कहते हैं—'जिस[5] प्रकार जगत् अनेक रूपात्मक है उसी प्रकार हमारा हृदय भी अनेक भावात्मक है। इस अनेक भावों का व्यायाम और परिष्कार हो सकता है जबकि उन सबका प्रकृत सामंजस्य जगत् के भिन्न-भिन्न रूपों और व्यापारों के साथ हो जाए। जब तक यह सामंजस्य पूरा-पूरा न होगा तब तक यह नहीं कहा जा सकता है कि कोई पूरी तरह जी रहा है।'

स्वरूप, अभेद और प्रयोजन तो लोकमंगल पर्यवसायी दृष्टि से विवेचित हुए हैं—काव्य हेतु प्रतिभा या कल्पना का भी विचार उसी मनोदशा से जुड़ा हुआ है। उनकी दृष्टि से मुक्त हृदय या रसात्मक आवेश से ही कल्पना दीप्त होती है और अनुरूप मूर्त रूप-व्यापार का संयोजन करती है। व्युत्पत्ति और अभ्यास से उसमें और निखार आता है। उन्हें अनुभूति-शून्य नूतन सृष्टि विधायिनी कल्पना अग्राह्य है। वे डंटन की व्यक्ति-वैचित्र्य विधायक कुतूहल मात्र पर्यवसायिनी कल्पना—जिससे अनुभूति का कोई सम्बन्ध नहीं—को खिलवाड़ समझते हैं। डंटन ने 'हेमलेट' के व्यक्ति वैचित्र्यपरक चित्रण में जिस कल्पना का चरम उत्कर्ष बताया है—वह भी तत्त्वतः देखा जाए तो अनुभूति-निरपेक्ष नहीं है।

यह लोकमंगल पर्यवसायी मानवीय जीवन की चरितार्थतापरक दृष्टि है कि काव्य की आत्मा, उसका अन्तस्तत्त्व वे 'रस' को ही मानते हैं। मुक्त हृदय की अनुभूति या रस ही मानव जीवन को उसके प्रकृत रूप में प्रतिष्ठित करता है। रस-दीप्त उक्ति ही वक्रोक्ति के रूप में उन्हें स्वीकार्य है—विशुद्ध वाग्वैदग्ध्य या बौद्धिक चमत्कार मात्र पर्यवसायी उक्ति को तो वे 'काव्य' मानते ही नहीं—काव्य से भिन्न सूक्ति कहते हैं या रस की निकृष्ट या अधम कोटि कहते हैं। जिस आश्रयगत 'भाव' को ग्राहक उससे तादात्म्यापन्न होकर अनुभव करता है—वही भाव सामाजिक, लोकमांगलिक और समुचित तथा रसात्मक है—न कि जिस पर ग्राहक तटस्थ होकर अपरितुष्ट दशा में अन्य भावात्मक प्रतिक्रिया पैदा करता है। रस की यह मध्यम कोटि है। परम्परा आत्मवादी की भूमि पर रसानुभूति में कोई कोटि नहीं मानती। लोकानुभूति से रसानुभूति को जोड़ने के कारण ही वे उसे सुख-दुःखोभयात्मक मानते हैं—पर मुक्त हृदय की होने से, सत्व की उद्रिक्तावस्था में घटित होने से बद्ध-हृदय की अनुभूति की अपेक्षा अनुद्वेजक मानते हैं। अनिवार्य रूप से अपनी आनन्दमयता के कारण नहीं, अपितु इसी आपेक्षिक अनुद्वेजकता के कारण ही उसे 'रस' कहते हैं।

लोकमंगल-बद्ध दृष्टि होने के तथा व्यक्त जगत् के सौन्दर्य का पक्षधर होने के कारण ही वे 'भक्ति' रस और 'काव्य' रस की प्रक्रिया में कोई प्राकृत-अप्राकृत भाव-परक अन्तर नहीं स्वीकार करते। समष्टि स्थिति की रक्षा और तदनुरूप शक्ति

या व्यवस्था ही को वे धर्म मानते हैं और लोकमंगल विधायक धर्म के प्रति जब हृदय का लगाव हो जाए—तब वही 'धर्म' 'भक्ति' की संज्ञा पा लेता है। शुक्ल जी तो 'ज्ञान' को भी तब तक रूक्ष ही मानते हैं जब तक उसका हृदय से लगाव न हो। इस प्रकार कर्म तथा ज्ञान—दोनों की रसात्मक अनुभूति ही उनकी दृष्टि में अन्तःकरण की सात्विक वृत्ति भक्ति है। जिस प्रकार काव्य रस में शब्द से अर्थ का ज्ञान, ज्ञात अर्थ का कल्पना से बिम्बन और बिम्बात्मक अर्थ द्वारा संचरित भाव का रसात्मक अनुभव होता है, वही स्थिति भक्ति रस की भी है। उनकी भक्ति का इसी व्यक्त जगत् की व्यक्त विभूति से सीधा सम्बन्ध है। मानवीय अनुभूति के ही साक्ष्य पर सृष्टि-स्थिति-रक्षण-रंजनकारी गुणों की समष्टि जहाँ चरम शिखर पर लक्षित हो—वही ईश्वर है। शुक्ल जी का कवि हृदय और भक्ति हृदय दोनों उसके समंजस रूप सौन्दर्य और प्रकाश के आवरण के ध्वंस में व्यक्त कर्म सौन्दर्य पर रीझ उठते हैं। इन्होंने अपने अन्तस् को समष्टि लक्ष्य के अनुरूप सामान्य आदर्शों से न केवल अवगत कराया है, बल्कि कृतज्ञता के सोपान से आगे बढ़कर लोकमांगलिक विभूति के अलोकसामान्य गुणों पर श्रद्धानत भी किया है। यही श्रद्धा लोकमंगल विधायी धर्म की पहली सीढ़ी है। श्रद्धा उन्हीं में सम्भव है जिनका अहंकार शान्त हो और जो दूसरों को महत्व देते हों। इस श्रद्धा में जब प्रेम भाव भी जुड़ गया—तब भक्ति भाव नाम पड़ जाता है। शुक्ल जी धर्म के तीन पक्ष—कर्म, ज्ञान तथा उपासना—मानते हैं—और तीनों के सामंजस्य में धर्म को चतुष्पाद कहते हैं। इन तीनों में शुक्ल जी भक्ति पर्यवसायी उपासना को ही महत्वपूर्ण मानते हैं—जो कर्म और ज्ञान—दोनों का रसात्मक अनुभव है।

यह लोकमंगलपरक दृष्टि ही है जो भावों की छानबीन करती हुई स्थायी और अंगी भावों, तथा काव्यशास्त्र में निरूपित से अतिरिक्त **बीजभाव** तक पहुँचती है। शुक्ल जी कहते हैं—''भावों की प्रक्रिया[7] की समीक्षा से पता चलता है कि उदय से अस्त तक भावमण्डल का कुछ भाग तो आश्रय की चेतना के प्रकाश (कांशस) में रहता है और कुछ अन्तःसंज्ञा के क्षेत्र (सब कांशस) में छिपा रहता है। संचारी भावों के संचरण काल में कभी-कभी उनके स्थायी भाव कारण रूप में अन्तःसंज्ञा के भीतर पड़ जाते हैं। जिस प्रकार किसी आश्रय के भीतर कोई एक भाव स्थायी रहता है और अनेक भाव तथा अन्तर्दशाएँ उसके संचारी के रूप में आती हैं—उसी प्रकार किसी प्रबन्ध काव्य के प्रधान पात्र में कोई मूलप्रेरक भाव या बीजभाव रहता है जिसकी प्रेरणा से घटनाचक्र चलता है और अनेक भावों के स्फुटन के लिए जगह निकलती चलती है। इस बीजभाव को साहित्य ग्रन्थों में निरूपित स्थायी भाव और अंगीभाव—दोनों से भिन्न समझना चाहिए।

''बीजभाव[8] द्वारा स्फुरित भावों में कोमल और मधुर कठोर और तीक्ष्ण दोनों प्रकार के भाव रहते हैं। यदि बीजभाव की प्रकृति मंगलविधायिनी होती है तो रस

की व्यापकता और निर्विशेषता के अनुसार सारे प्रेरित भाव तीक्ष्ण और कठोर होने पर भी सुन्दर होते हैं। ऐसे बीजभाव की प्रतिष्ठा जिस पात्र में होती है–उसके सब भावों के साथ पाठकों की सहानुभूति होती है अर्थात् पाठक या श्रोता भी रस रूप में उन्हीं भावों का अनुभव करते हैं।''

मंगल का विधान करने वाले ये बीजभाव दो ही ठहरते हैं–प्रेम और करुणा। वस्तुतः काव्य अभिव्यक्ति है–अतः उसका सम्बन्ध विकसित और व्यक्त से ही है। अविकसित और अव्यक्त से नहीं। जैसे कविता का सम्बन्ध अव्यक्त और अज्ञात से नहीं है–वैसे ही अव्यक्त वासना के रूप में पड़े हुए अनिर्दिष्ट आलम्बन वाले राग और द्वेष से भी नहीं है। राग का ही व्यक्त रूप 'करुणा' और 'प्रेम' है–यही जोड़ने वाला भाव है। प्रयत्नावस्था परक प्रबन्ध काव्य का बीजभाव करुणा है और सिद्धावस्थापरक काव्य का बीजभाव प्रेम। करुणा से जगत् की रक्षा होती है और प्रेम से पालन और रंजन। इसीलिए प्रेम या रति के दो पक्ष प्रमुख हो जाते हैं–वात्सल्य और दाम्पत्य या शृंगार। करुणा और प्रेम में रक्षा को प्राथमिकता देने वाले 'एको रसः करुणा' की घोषणा करते हैं और पालन या रंजन को प्रमुखता देने वाले प्रेम को ही साध्य मानते हैं और केवल रंजन को महत्व देने वाले 'शृंगार एवं रसनाद्रसमामनामः' का उद्घोष करते हैं। शुक्लजी की दृष्टि अतिवादी नहीं है–न वे एकान्ततः दुःखवादी हैं और न एकान्ततः आनन्दवादी। जगत् में दोनों हैं–तो दोनों को व्यवस्थित रखना ही ठीक है–पर करुणा में जैसी सार्वभौम स्थिति है–वैसी आनन्दवादी धारा में नहीं। करुणा में हृदय का जितना व्यापक प्रसार होता है–प्रेम में नहीं।

निष्कर्ष यह कि शुक्ल जी मानव मात्र की चरितार्थता लोकमंगल में मानते हैं और उसी को केन्द्र में रखकर काव्य-दृष्टि निर्मित करते हैं। काव्य लोकमंगलानुरूप भाव जगत् को उदात्त और परिष्कृत करता है। लोक की दृष्टि से जो मंगल है–काव्य-दृष्टि से वही सुन्दर है।

सन्दर्भ

1. चिन्तामणि, भाग-1, रामचन्द्र शुक्ल, इण्डियन प्रेस प्राइवेट लिमिटेड, 1970, पृष्ठ 31। 2.–वही–पृष्ठ–31। 3. सूरदास, नागरी प्रचारिणी सभा, संवत् 2030, रामचन्द्र शुक्ल पृष्ठ 75. 4. चिन्तामणि, भाग-2, रामचन्द्र शुक्ल, नागरी प्रचारिणी सभा, संवत् 2029, पृष्ठ 75। 5.–वही–पृष्ठ 37। 6.–वही–पृष्ठ 37। 7. सूरदास, पृष्ठ 79। 8.–वही–पृष्ठ 79।

भारतीय साहित्य चिन्तन की परम्परा और आचार्य रामचन्द्र शुक्ल

हमारे यहाँ-हमारे यहाँ—जैसे शतशः आवृत्त प्रयोगों से आचार्य शुक्ल जी की न केवल 'परम्परा' के प्रति मात्र आस्था ही व्यक्त होती है बल्कि उनकी विवेचनाओं, स्थापनाओं और उद्‌भावनाओं में उपलब्ध तत्त्वों के साथ परम्परा प्रतिष्ठ पंक्तियों के साक्ष्यों, क्रमागत मानों और पारिभाषिक शब्दों के ग्रहण से विच्छेदरहित चिन्तन भी व्यक्त होता है। उन्हें भारतीय चिन्मय अद्वैतवाद में निष्ठा है—यद्यपि इसे वे पराविद्या के क्षेत्र की वस्तु समझते हैं और मानते हैं कि उस भूमि से केवल रहस्यदर्शियों और योगियों का ही सम्बन्ध है या हो सकता है। वे इस व्यक्त जगत् को चिन्मय अव्यक्त अद्वैत सत्ता की ही अभिव्यक्ति मानते हैं—इस अन्तर के साथ कि जहाँ अव्यक्त सत्ता कूटस्थ नित्य है, वहाँ व्यक्त जगत् या लोक प्रवाहनित्य। अभिव्यक्ति उसकी आकर्षण-अपकर्षमयी शक्ति का स्वभाव है। अभिव्यक्ति के सत् होने को अर्थ असत् से ही मिलता है—इसीलिए लोक उनकी दृष्टि में सदसदात्मक है—सत्त्वतमोमय है—रजस् मात्र दोनों का प्रवर्तक है। इसीलिए वे एक ओर—

सगुन छीर अवगुन जल ताता।
मिलइ रचइ परपंच विधाता।

जैसी तुलसी की पंक्तियों का साक्ष्य देते हैं और दूसरी ओर सांख्य दर्शन के अनुरूप वक्तव्य देते हैं कि अव्यक्तावस्था से छूटी हुई प्रकृति की व्यक्त अवस्था जगत् में आद्यन्त सत्व, रजस् तथा तमस् की स्थिति रहती है। इसी सत् और असत् अथवा सत्व और तमस् जैसे विरुद्धों के सामंजस्य में ही वे लोकमंगल देखते हैं और परम्परानुसार यह विश्वास व्यक्त करते हैं कि विश्व को धारण करने वाली यही मूल शक्ति असामंजस्य की चरम सीमा में भयावह रूप धारण कर क्षात्रतेज के रूप में अवतीर्ण होगी और चोरी का बदला डकैती से लेगी। उनकी दृष्टि में सत् पर फैले हुए असत् के आवरण को चीरकर व्यक्त होने वाली लोकमंगलविधायिनी ब्रह्म की आनन्दकला के प्रकाश का आशय सत्व के शासन में तम का होना ही है। यद्यपि

वे इस व्यक्त जगत् के भौतिक और मानसिक विकास की व्याख्या विकासवाद के ही आलोक में करते हैं—फिर भी तदर्थ डार्विन के 'योग्यतामावशेष' अथवा समाजशास्त्रियों के स्वार्थ-रक्षण मूलक इकरार सिद्धान्त को अग्राह्य मानते हैं। विपरीत इनके स्पेन्सर की परस्पर साहाय्यवृत्ति को उपादेय समझते हुए भी अन्ततः विश्वात्मा की इच्छा को ही कारण निरूपित करते हैं। उनके अनुसार मानव हृदय में जो लोकमंगलोपयोगी करुणा नामक भाव है—वस्तुतः वह उसी विश्वात्मा की इच्छा का ही एक रूप है। विश्व को धारण करने वाला धर्म ब्रह्म के ही सदंश की व्यक्त प्रवृत्ति है। भक्ति और काव्य दोनों का सम्बन्ध उन्हीं के शब्दों में ब्रह्म के आनन्दांश से है। काव्य द्वारा अनुभूत हृदय की मुक्तदशा उनकी दृष्टि में व्यापक आत्मा का ही एक पक्ष है। निष्कर्ष यह कि इन और ऐसे अनेक वक्तव्यों और उद्धरणों से स्पष्ट है कि उनके चिन्तन की जड़ें भारतीय जमीन में कितनी गहरी हैं और परम्परा से उनकी कितनी गहरी सम्पृक्ति है। इस प्रकार भारतीय परम्परा में शुक्ल जी की उन प्रस्थान-प्रस्थापक आचार्यों की शृंखला की मैं एक उल्लेख्य कड़ी मानता हूँ, जो अपनी पारम्परिक जमीन से जुड़े रहकर एक मौलिक और युगानुरूप स्वतंत्र प्रस्थान देते हैं। प्रस्थान से मेरा तात्पर्य त्रिकोणात्मक है—गन्तव्य, तदनुरूप आचार या व्यवस्था और उस व्यवस्था के प्रति आस्था पैदा करने वाली विचारधारा। पारम्परिक आचार्यों की भाँति शुक्ल जी भी **'स्वभाव की उपलब्धि'** को ही मानव जीवन का गन्तव्य मानते हैं—पर उसमें अर्थ नया भरते हैं। परम्परा में आत्मवाद की भूमि पर उसका अर्थ होता है—'चिदानन्दमय स्वरूप की अपरोक्षानुभूति' जबकि शुक्ल जी बोधगम्य भूमि पर उसका अर्थ करते हैं—'स्वभाव अर्थात् मानुष-भाव की लोकमंगल पर्यवसायी चरितार्थता।' जिस प्रकार परम्परा में व्यवहार-जगत् और काव्य जगत्—उभयत्र 'स्वभाव-साक्षात्कार' ही चरम गन्तव्य है—'रसो वै सः' है—उसी प्रकार शुक्ल जी के यहाँ भी उभयत्र मानुष भाव में स्थिति के माध्यम से लोकमंगल में उसकी चरितार्थता ही गन्तव्य है। यहाँ परम्परा से शुक्ल जी का प्रस्थान भेद लक्षित करने का है। यहीं से वे अलग होते हैं। संस्कार की भूमि पर वे अवश्य अतिप्राकृत या अव्यक्त स्तर की बात करते हैं। परन्तु सचेत चैन्तनिक स्तर पर व्यक्त या प्राकृत स्तर का अतिक्रमण कभी नहीं करते। पारम्परिक साहित्य चिन्तन में मूल चिन्तन के अनुरूप जहाँ 'रस' साध्य है, वहाँ शुक्ल जी की दृष्टि से 'रस' पद्धति है—साधन है। परम्परा में काव्य 'संविद् विश्रान्ति' की दशा में पहुँचाता है—शुक्ल जी के अनुसार वह मानुष भावात्मक हृदय की मुक्तदशा या रसदशा में पहुँचाता हुआ लोकमंगलात्मक कर्तव्य में विश्रान्त होता है। परम्परानुसार रस आत्मवादी दृष्टि से अनिवार्यतः आनन्दमय तथा कोटिरहित है जबकि शुक्ल जी के यहाँ काव्य की भूमि मनोमय होने से सुखदुःखात्मक तथा कोटिसहित है। सुखदुःखोभयात्मक होते हुए भी वह 'रस' पद बोध्य इसलिए है कि वह स्वार्थबद्ध भाव की परिणति न होकर तन्मुक्त भाव की परिणति है—फलतः न वह व्यक्तिगत

है और न ही दुःखात्मक स्थिति में भी क्षोभकर। परम्परासम्मत रस लोकोत्तर है। शुक्ल-सम्मत रसात्मक भूमि कभी-कभी व्यवहार दशा में भी लोक जीवन में भी अनुभूति होती है। अभिप्राय यह कि शुक्ल जी मानते हैं कि कभी-कभी व्यवहार में भी मानव स्वार्थ से ऊपर उठकर लोक सामान्य भाव-भूमि पर अपनी स्थिति का अनुभव करता है—मुक्त हृदय हो जाता है। परम्परा मानती है कि विभावादि पदबोध्य लोकोत्तर सामग्री ही ग्राहक को रसानुभूति करा सकती है जबकि शुक्ल जी कारण-कार्य-सहकारी से भी रसानुभूति मानते हैं। इसलिए परम्परा जहाँ प्रतिभानीत सामग्री से ही रस निष्पत्ति स्वीकार करती है, वहाँ शुक्ल जी मानते हैं कि प्रतिभा या कल्पनातीत सामग्री के साथ-साथ प्रत्यक्ष तथा स्मृत सामग्री भी रसात्मक मनोदशा उत्पन्न कर सकती है। परम्परा जहाँ रस को लोकोत्तर कहकर काव्यानुभूति से व्यवहार प्रवर्तक लोकानुभूति को भिन्न मानती है वहाँ शुक्ल जी दोनों के बीच की दीवार तोड़ देते हैं और लोकानुभूति तथा काव्यानुभूति को एक कर देते हैं। इसलिए परम्परा जहाँ रस पर विचार वासना वासित हृदय-सहृदय के कोण से करती है, वहाँ शुक्ल जी विषयबद्ध क्षेत्र के कोण से। इसीलिए परम्परागत दृष्टिकोण को शुक्ल जी महज साहित्यिक कहते हैं जबकि स्वयं को अध्ययन, अनुभव और मनोविज्ञान सम्मत। क्रमागत साहित्यिक दायरे से मुक्त होने के कारण ही उनके यहाँ रसों की संख्या में वृद्धि हो जती है और प्रकृति रस की भी कल्पना हो जाती है। इसीलिए शुक्ल जी न तो उस परम्परा में हैं जो रस को साध्य मानती है और न ही उस परम्परा में जो रस को काव्य के केन्द्रीय स्थिति से ही निष्कासित कर सह-अनुभूति को प्रतिष्ठापित करती है। वे रस को साधन मानने वाली उन प्रगतिवादियों की धारा में भी नहीं आते। कारण वे सामूहिक क्रान्ति से आने वाली 'प्रगति' की जगह अवतार लेने वाली क्षात्र शक्ति से लोकमंगल का पक्ष लेते हैं। वे लोकमंगल में प्रवर्तक मानुष भाव में संचार का माध्यम काव्य को मानते हैं एक विशिष्ट अवधारणा से जुड़ी हुई 'प्रगति' में प्रवर्तक पक्ष को नहीं। इस प्रकार उनका प्रस्थान सर्वथा निराला ही है।

लोकमंगलोपयोगी पद्धतिभूत रस को केन्द्र में रखकर शुक्ल जी का चिन्तन पारम्परिक साहित्य चिन्तन का अनुधावन नहीं करता—बल्कि समानान्तर दूरी बनाए हुए चलता है। परम्परा रस के लिए जिस 'भाव' का साहित्यिक दृष्टि से विचार करती है—शुक्ल जी वैसा नहीं करते। परम्परा 'भाव' को भाव इसलिए कहती है कि वह सहृदय के अन्तस् के काव्यार्थ का 'भावन' या 'वासन' करती है जबकि शुक्ल जी प्रत्ययबोध, अनुभूति और वेग युक्त प्रवृत्ति के संश्लिष्ट रूप को मनोविज्ञान के अनुसार 'भाव' कहते हैं। परम्परा भाव को दो ही वर्गों में विभक्त करती है—शुक्ल जी अपनी मान्यताओं के अनुसार अनेकधा विभाजन करते हैं—संचारी, स्थायी तथा बीजभाव का एक वर्ग है और भावदशा, रसदशा तथा शीलदशा की परिणति पर समाधृत दूसरा वर्ग। यह लोकमंगल केन्द्रित रस चिन्तन ही है, जिससे उन्हें राग और

करुणा जैसे बीजभावों की कल्पना करनी पड़ी। व्यक्त-वादिता के कारण ही उन्हें यह कहना पड़ा कि यद्यपि काव्य का मूल राग द्वेष मनोगत अव्यक्त वासना में है–तथापि कविता अभिव्यक्ति है–इसलिए जैसे एक तरफ वह व्यक्त गोचर जगत् को लेकर चलती है (अव्यक्त या अज्ञातप्रिय को नहीं) वैसे ही राग-द्वेषमयी वासना के व्यक्त रूप करुणा और प्रेम को लेकर। यह विरुद्धों के सामंजस्य को केन्द्र में रखकर चलने का परिणाम है कि एक तरफ राग के व्यक्त रूप करुणा और प्रेम को और दूसरी ओर द्वेष के व्यक्त रूप क्रोध को ही लेते हैं और दोनों के सामंजस्य में उन्हें काव्य का सौन्दर्य और लोक का मंगल दिखाई पड़ता है। व्यक्तवादी या लोकमंगलवादी होने के ही कारण उनकी 'भक्ति' विषयक अवधारणा भी सर्वथा भिन्न हो जाती है। उनकी दृष्टि में भक्ति ज्ञान और धर्म की रसात्मक अनुभूति है–अतः भक्ति ही एक ऐसी समग्र वृत्ति है जिसमें मनुष्य चेतना का इच्छा, ज्ञान तथा क्रियात्मक–तीनों पक्ष एकान्वित हो पाता है। परम्परा से हटकर उन्होंने स्थायी के स्वरूप पर भी विचार किया और स्थायी के दो रूप निर्धारित किए–एक वह भाव जो कालविशेष में इस आधिपत्य के साथ ग्राहक के मन पर छाया रहे कि अन्य भाव उसके अधीन संचरण करते रहें और दूसरा वह भाव जो स्थायी रूप से लम्बे समय तक मन में बना रहे–शुक्ल जी उसे भाव-पद्धति या भाव-कोश नाम देते हैं–प्रीति और बैर ऐसे ही भावकोश हैं। वे कहते हैं कि रसावस्था तक विकसित होने की सम्भावना रखने वाला भाव ही स्थायी भाव है और रसावस्था तक विकसित होने की सम्भावना उसी में सम्भव है जिस पर कवि, आश्रय तथा ग्राहक तीनों के तादात्म्य की सम्भावना हो। उन्हें स्थायी की वह परम्परागत धारणा अमान्य है, जहाँ अनिर्दिष्ट आलम्बन वाले भाव को (उत्साह) भी स्थायी माना गया है। वे वासना के स्थायित्व को स्थायी का आधार नहीं मानते और न ही आप्रबन्ध स्थिरता को, न ही विरोधी-अविरोधी भावों से भी जिसकी धारा विच्छिन्न न होती हो। वे यह भी नहीं मानते कि भरत ने जो अपने अनुभव के बल पर तय कर दिया–वे ही और उतने ही स्थायी भाव हैं–वरन् यह कि वे सब जो आश्रय, ग्राहक तथा कवि–तीनों तादात्म्यापन्न होने की सम्भावना रखते हों। वे भावों का विचार संचारी तथा स्थायी तक ही नहीं करते–अपितु उसकी परिणति को शील दशा तक ले जाते हैं–जहाँ एक ही नहीं–अनेक आलम्बनों के प्रति भी भाव की एक ही दशा हो–वह शील दशा है। भाव व्यंजना की शील दशा तक परिणति को उत्तम मानने का ही परिणाम है कि उन्हें मुक्तक और प्रगीत की अपेक्षा प्रबन्धात्मक काव्य रूप प्रिय है–मुक्तक को तो वे क्षणिक मनोरंजन का काव्य मानते हैं। जबकि आनन्दवर्द्धन कवि के एक-एक मुक्तक को प्रबन्धशतायमान घोषित करते हैं।

शुक्ल जी केवल रस की अवधारणा; उसकी साधनरूपता, उसके मूल 'भाव' की अन्यथा व्याख्या और विभाजन में ही परम्परा से हटकर नहीं सोचते प्रत्युत

रसात्मकदशा तक पहुँचाने की प्रक्रिया और सामग्री के विषय में भी हटकर सोचते हैं। सामग्री की बात का संकेत ऊपर किया जा चुका है–सम्प्रति प्रक्रिया–पार्थक्य पर विचार कर लिया जाय। प्रक्रिया से मेरा आशय साधारणीकरण से है। जहाँ पारम्परिक साहित्य चिन्तन विभावादि और ग्राहक प्रमाता–दोनों के साधारणीकरण की बात करता है–वहाँ शुक्ल जी आलम्बनत्व धर्म का साधारणीकरण मानते हैं और कहते हैं कि कवि–कल्पना आलम्बन में ऐसे साधारण धर्मों का उद्रेखण करे कि कवि द्वारा अनुभूत भाव सहृदय मात्र द्वारा तादात्म्यापन्न होकर–अनुभूतिगोचर किया जा सके। शुक्ल जी की दृष्टि साधारणीकरण का विचार करती हुई सब तरफ से हटकर आलम्बन पर ही केन्द्रित हो जाती है और उसे व्यक्ति या विशेष ही रखकर केवल उसमें चित्रित धर्मों का साधारण्य इस अर्थ में स्वीकार करते हैं कि वह सब में एक जैसा प्रभाव या भाव उत्पन्न कर सके। परम्परा भी विभावादि गत वैयक्तिकता का शत-प्रतिशत विगलन नहीं मानती–अपितु उतने ही अंश का विगलन मानती है, जितने से वह सहृदय मात्र के (स्थायी) भाव का आलम्बन बन सके। संकुचित प्रमातृता या अहम् का विगलन दोनों ही स्वीकार करते हैं पर अन्ततः वहाँ भी उन दोनों का अन्तर है। पारम्परिक चिन्तन में प्रमाता अपने पारिमित्य को विसर्जित कर समष्टि संवित् बन जाता है–शुक्ल जी का प्रमाता अपनी प्राकृत भूमि पर ही रहता है। शुक्ल जी सिद्धान्ततः अभेदवादी अवश्य हैं–पर विचार भेदमय व्यक्त भूमि पर ही करते हैं–इसलिए वे मानते हैं कि अलंकार-अलंकार्य का भेद मिट नहीं सकता। इसीलिए उन्हें राम के निरूपण में सौन्दर्य दीखता है–रावण के निरूपण में नहीं। निष्कर्ष यह कि उन्हें कहीं न कहीं नैतिकता-अनैतिकता का द्वन्द्व ग्रसता है। वे दोनों को विश्लिष्ट करके देते हैं–संश्लिष्ट करके नहीं–अन्यथा उन्हें समग्र रूप से सौन्दर्य ही दीखता–सौन्दर्य तथा असौन्दर्य–दोनों नहीं। इसीलिए केशव जी उन्हें भेदवादी कहकर भट्टनायक के साथ जोड़ते हैं–अभेदवादी अभिनवगुप्त के साथ नहीं। तत्त्वतः वे भट्टनायक से भी भिन्न हैं।

परम्परा काव्यत्व के लिए रसेतर तत्त्वों का भी विचार करती है–पर शुक्ल जी कविता के लिए रसात्मकता को अनिवार्य तत्त्व मानते हैं और कुतूहलपर्यवसायी भी। वाग्वैचित्र्य विधान को बहिर्भूत कर देते हैं–वे उसे कविता नहीं–सूक्ति कहते हैं। 'साहित्य' की परिधि में उन्होंने इसका भी समावेश अवश्य किया है। पर तब 'कविता' और 'साहित्य' के व्यावर्तक वैशिष्ट्य अलग-अलग हो जाते हैं। सौन्दर्य और रस की अपेक्षा लोकमंगल विधायक सौन्दर्य और रस पर उनकी दृष्टि अपने मूल मन्तव्य के अनुसार केन्द्रित है–इसीलिए वे जिस मानुष भाव की चित्त को उदात्त या अवदात दशा मानते हैं–उसी के संचार का माध्यम काव्य को सिद्ध करते हैं। जो वाग्धारा अशेष सृष्टि के साथ मनुष्य के रागात्मक सत्व की रक्षा और निर्वाह न कर सके–वह काव्य नहीं। काव्य मानव को अप्रकृत स्वार्थबद्ध दायरे से ऊपर उठाकर

प्रकृत भूमि पर प्रतिष्ठापित करता है। इसीलिए वे जहाँ एक ओर कुतूहल पर्यवसायी चमत्कार को काव्य के प्रयोजन पद से च्युत करते हैं वहीं दूसरी ओर 'रस' को आनन्द का पर्याय कह देने पर उसके अवाचकत्व का परिहार नहीं मानते। निखालिस आनन्द उनके 'रस' का पर्याय नहीं है—कारण उसमें विलासिता की ओर झुक जाने का खतरा है। इसी भय से वे सौन्दर्य मात्र को काव्य का पर्याय नहीं मानते—क्योंकि उसमें भी पच्चीकारी की ओर झुक जाने की सम्भावना है। उनके सौन्दर्य के पीछे शक्ति और शील की शर्त है। वैसे पारम्परिक साहित्य चिन्तन भी अनासक्त (ऐन्द्रिय स्तर पर आसक्ति से परे) सौन्दर्य का पक्षधर है। उसकी एक ही शर्त है और वह है—ग्रहण और निर्माण—उभयविध भूमि पर अनासक्ति। काव्य का सौन्दर्य या रस इसी अर्थ में लोकोत्तर है न कि वह किसी परलोक की वस्तु है। परम्परा रस की सामग्री में असामाजिकता या अनौचित्य का अनिवार्यतः निषेध करती है और ग्रहण के लिए 'अहृदय' नहीं, 'सहृदय' का विधान करती है। जिस सामग्री से 'अहृदय' की व्यसनिता तृप्त हो सकती है—वही सामग्री सहृदय को लोकोत्तर सौन्दर्य या रस का साक्षात्कार कराती है।

रस के स्वरूप पर पारम्परिक साहित्य चिन्तन के साथ शुक्ल जी का मत पार्थक्य ऊपर विवेचित किया जा चुका है। सम्प्रति 'सौन्दर्य' विषयक उनकी अवधारणा को भी पारम्परिक साहित्य चिन्तन के सन्दर्भ में देखना चाहिए। पारम्परिक साहित्य चिन्तन में अनुभूति प्रवाह के समर्थ चिन्तक आनन्दवर्द्धन और अभिनवगुप्त हैं और उसके साथ चारुता या सौन्दर्य प्रवाह के चिन्तक आचार्य कुन्तक। शुक्ल जी सुन्दर वस्तु में सौन्दर्य मानते हैं—मानते तो कुन्तक भी हैं। कुन्तक अलंकार और रीतिवादियों की स्वरूपनिष्ठ और संघटनानिष्ठ चारुता से आगे बढ़कर काव्य के केन्द्रीय तत्त्व 'सौन्दर्य' को वस्तु के 'स्वभाव' के सन्दर्भ में स्पष्ट करते हैं और कहते हैं कि काव्य में वक्रता का रहस्य सहज ढंग से स्वभाव का ही निरूपण है—

'स्वभावस्यैवाञ्जसेन रूपेण निरूपणमेव वक्रतायाः परं रहस्यम्'

जो सौन्दर्य काव्योचित है—उसका साक्षात्कार कवि दृष्टि या प्रतिभा से होता है और ग्रहण भी उसी से होता है।

'यत् किंचनापि वैचित्र्यं तत्सर्वं प्रतिभोद्भवम्'

अन्यथा सामान्य चक्षुओं से दृष्ट 'सामान्य' में क्या आकर्षण है। यह प्रतिभादृष्ट 'सौन्दर्य' वर्ण्यवस्तुगत स्वभाव ही है। पर 'स्वभाव' के बिन्दु पर विषयी और विषय का भेद समाप्त हो जाता है। कुन्तक कहते हैं—'वस्तु में लीन सूक्ष्म सुभग तत्त्व को प्रतिभावान् कवि अपनी वाणी से उभारकर सर्वगोचर करा देता है। इस साम्य के बावजूद शुक्ल जी कुन्तक के स्पंदवादी दर्शन से दूर हैं। स्पंद-स्वभाव वस्तु चेतन का

ही रूपान्तरण है। यहाँ विषय और विषयी का दृष्टिभेद ही नहीं है। वैसे शुक्ल जी भी सौन्दर्यानुभूति को मन की तदाकार परिणति कहते हैं और कहते हैं कि उसे बाहर-भीतर का कहना सिवा शब्द के गड़बड़झाले के और कुछ नहीं है। वास्तव में जो भीतर है, वही बाहर है। मन या चेतना की तदाकार परिणति को सौन्दर्यानुभूति कहकर शुक्ल जी पारम्परिक साहित्य चिन्तन के 'तन्मयी भाव' का स्मरण दिला देते हैं—पर परम्परा जिस दार्शनिक भूमि पर तन्मयीभाव का गहन विश्लेषण करती है—वह शुक्ल जी की प्राकृत भूमि पर सम्भव नहीं। परम्परा इस तन्मयीभाव का अद्वैत वेदान्त तथा अद्वैत शैव दर्शन की भूमियों पर गहन विश्लेषण करती है।

अभी जिस काव्य के केन्द्रीय तत्त्व सौन्दर्य (या रस) की चर्चा की गई और उसे प्रतिभा की प्रसूति कहा गया—शुक्ल जी उसे कल्पना या भावना के नाम से भी पुकारते हैं और उसी के बल से रसोद्रेकी-बिम्बार्थ का अस्तित्व मानते हैं। परम्परा से इस बिन्दु पर मिलकर भी तब वे अलग हो जाते हैं, जब परम्परा इसे अतिप्राकृत शक्ति कह देती है और शुक्ल प्राकृत अन्तःकरण का एक विशिष्ट व्यापार। इस रूप में वह अभ्यास और व्युत्पत्ति से निरन्तर परिमार्ज्य है।

इस सन्दर्भ में अब एक अन्तिम बात कहकर निबन्ध समाप्त करूँगा और वह यह कि जिस सौन्दर्य को कल्पनानीत कहा गया—रसोद्रेकी-बिम्बार्थ में देखा गया—क्या वह केवल वहीं है या अन्यत्र भी? शुक्ल जी उसे 'वाच्यार्थ' में ही मानते हैं। शुक्ल जी का पक्ष है कि कवित्व का उत्स सौन्दर्य या रमणीयता **'वाच्यार्थ'** में ही होती है—चाहे वह उपपन्न हो या अनुपपन्न। परम्परा व्यंग्यार्थ में भी मानती है।

पहले इस सन्दर्भ में परम्परा को देख लें। जब तक पारम्परिक साहित्य चिन्तन में व्यंजना शक्ति की स्थापना नहीं थी—तब तक का विचार उतना सूक्ष्म और ग्राह्य नहीं था, पर व्यंजना की स्थापना के साथ-साथ यह भी स्थापित हो गया कि सौन्दर्य का स्रोत व्यंजना है—वह व्यंजकत्व में है—अन्यत्र नहीं। कारण, सौन्दर्य की सत्ता शरीर में नहीं—शरीरी में है—आत्मा में है और आत्मा अन्ततः ध्वनित रस है—ध्वनित वस्तु या ध्वनित अलंकार नहीं—वे रस के नजदीक होने से उपचारतः आत्मा कह दिए गए हैं। उनका आशय यह है कि कवि ऐसा क्यों कहेगा—जिसका चित्त पर कोई असर न हो—जिससे कोई चित्तवृत्ति ही न बने। और यह चित्तवृत्ति ही तो रस है। कवि—जो अस्वभावस्थ है—स्वभावात्मा रस की उपेक्षा कर सकता है—पर कवि जो स्वभावस्थ होता है—समाहित होता है—वह अपनी रचना की परिणति को आनन्दमय रसमय स्वभाव के साक्षात्कार तक पहुँचायेगा ही—अतः सौन्दर्य या तो उसमें है या उसके कारण है। शुक्ल जी उस ध्वनित की कारणता का खण्डन नहीं करते—तन्निष्ठता के विपक्ष में अवश्य स्थापना देते हैं और कहते हैं कि कवित्व या काव्यत्वोचित सौन्दर्य वाच्यार्थ में ही है—वह चाहे उपपन्न हो या अनुपपन्न। यदि ध्वनि की कारणता का खण्डन करते तो कारो 'कृतहिं न माने' तथा 'सूरदास प्रभु वै अति खोटे

तूँ, उनहूँ ते अति खोटी' की रमणीयता का समर्थन व्यंग्यार्थ का सन्दर्भ देकर कैसे करते? वे तो लक्ष्यार्थ और व्यंग्यार्थ को अनुपपन्न वाच्यार्थ में सत्य का धारक मानते हैं। वे आनन्दवर्द्धन की तरह ही मानते हैं कि आज तक संसार की प्रत्येक सच्ची कविता की तह में भावानुभूति आत्मा की तरह रहती चली आ रही है। काव्य में भाव के आलम्बन के रूप में ही जगत् की किसी वस्तु का ग्रहण हो सकता है और किसी रूप में नहीं।

परम्परा में काव्योचित रमणीयता को अनिवार्य मानते हुए भी व्यंजना के विपक्ष में कहने वाले प्रमुख रूप से तीन चिन्तक हैं–कुन्तक, महिम और रामचन्द्र शुक्ल। फिर भी शुक्ल जी कुन्तक और महिम की भाँति व्यंजना का खण्डन कर उसे विचित्र 'अभिधा' या 'अनुमान' में अन्तर्मुक्त नहीं करते–लेकिन वस्तु और अलंकार के साथ मात्र असंलक्ष्य क्रम का भेद मानकर रस को भी व्यंग्यार्थ नाम की एक ही कोटि में नहीं रखना चाहते। कारण, व्यंग्य वस्तु तथा अलंकार का 'बोध' (परगत) होता है और 'रस' का अनुभव होता है–अतः जब बोध और अनुभूति नामक परिणतियों में भेद है तब परिणति तक पहुँचाने वाले व्यापार में भी भेद होना ही चाहिए। शुक्ल जी आत्मवादी भूमि पर नहीं सोचते, फलतः 'व्यक्तिश्च भग्नावरणाचित्' भग्नावरण चेतना ही व्यंजना है–वहाँ तक व्यंजना का विस्तार नहीं मानते। इसीलिए वे वस्तु और अलंकार के साथ रस को एक ही कोटि अर्थात् व्यंग्य कोटि का मानते ही नहीं। परगत प्रतीत 'भाव' भी बोध के ही स्तर का हो सकता है–पर आत्मगत अनुभूत होकर 'अनुभूति' कोटि का है। उन्होंने उदाहरण देकर अपने अनुभव के साक्ष्य पर स्पष्ट किया। चाहे 'जीकर हाय पतंग मरे क्या' द्वारा वस्तु की व्यंजना का सन्दर्भ हो या 'आप अवधि बन सकूँ...' वाले भाव व्यंजना का। उपपन्न लक्ष्य और व्यंग्य अर्थ की तुलना में वाच्यार्थ ही वैचित्र्य गर्भ होने से रमणीय लगता है। जहाँ वाच्यार्थ उपपन्न है, वहाँ भी उसकी रमणीयता का कारण उसका धारक (व्यंग्य) भाव ही है–जो और चाहे जो हो–वाच्य नहीं है।

समस्या यह है कि रमणीयता धारक आत्मा में है या उसके द्वारा धार्य वाच्यार्थ में? ध्वनिवादियों की भाँति शुक्ल जी भी मानते तो भाव या रस को ही आत्मा है–पर कवित्व या रमणीयता का अधिवास वे बेधड़क वाच्यार्थ में ही मानते हैं। वे कहते हैं कि उसी धारक सत्य के कारण काव्य (वाच्यार्थ) मनमानी क्रीड़ा करता है। उसके आशय को समझने के लिए प्रश्न यों भी उठाया जा सकता है कि जहाँ वस्तु व्यंग्य है, वहाँ व्यंग्य वस्तु और व्यंजक वाच्य–दोनों में स्पष्ट ही वाच्य सुन्दर है। यह अवश्य है कि वह ढँके हुए अर्थ के कारण ही सुन्दर लगता है। अयोग्य और अनुपपन्न वाच्यार्थ ढँके हुए के कारण अधखुला रहता है। और इसी में सौन्दर्य है। काव्योपयोगी वाच्यार्थ सदा ढँके (लक्ष्य, व्यंग्य अर्थबोध) हुए के कारण ही अधखुला होने से सुन्दर लगता है। यह ढँका हुआ अर्थ वस्तु भी हो सकता है और अनुभूति भी। जहाँ वस्तु

ढँकी अर्थात् लक्ष्य या व्यंग्य हो—वहाँ दोनों को आमने-सामने रखकर तुलना कर लीजिए। 'जीकर हाय पतंग मरे क्या' तथा 'आप अवधि बन सकूँ कहीं तो क्या कुछ देर लगाऊँ' का साक्ष्य दे कर उन्होंने स्पष्ट किया। इन दोनों स्थलों में अयोग्य, अनुपपन्न या आपाततः अप्रासंगिक वाच्यार्थ अधखुला है—फलतः सुन्दर या रमणीय है। पर जहाँ वाच्यार्थ योग्य और उपपन्न हैं—वहाँ क्या होगा? उनका आशय यह है कि काव्योचित वाच्यार्थ कभी उत्तान या खुला होता ही नहीं—वहाँ हमेशा कुछ न कुछ ढँका ही रहता है—चाहे वस्तु अथवा भाव। यदि वहाँ प्रतीयमान या लक्ष्य अर्थ तह में न हो—तो वाच्यार्थ काव्य ही नहीं है। जहाँ तह में भावनुभूति है—वहाँ उसके साक्षात्कृत होने पर भी वाच्यार्थ खुलेगा—अन्यथा अधखुला ही रहेगा। दूसरा प्रश्न यह भी है कि भावानुभूति काव्य है या सामग्री? वाच्यार्थ इस सामग्री का उपलक्षण है। काव्य तो भावानुभूति तक पहुँचाने का साधन ही है—भावानुभूति तो लक्ष्य है—इस दृष्टि से देखने पर भी वाच्य ही काव्य ठहरता है। बिम्बार्थ रूप वाच्यार्थ भी भावदीप्त होने के कारण ही सुन्दर होता है। एक बात और है और वह शुक्ल जी की दृष्टि में यह कि भावानुभूति की वृत्ति व्यंजना से भिन्न है—फलतः वह व्यंग्य ही नहीं है। रहा यह कि उसे व्यंग्य मान भी लें—तो वह साध्य होने से साधनात्मक काव्य नहीं। फलतः परम्परा में भी जिस ध्वनि को काव्य की आत्मा कहा गया है—वह व्यंजक वाच्य ही है—यों अकेला वाच्य व्यंजक नहीं होता—शब्द सहकृत ही होता है। व्यंजक वाच्य ही अधखुला होता है। ध्वनिकार वाच्य को भी ध्वनि ही कहेगा। शुक्ल जी उसे वाच्य रूप में कह रहे हैं—फर्क इतना ही है। कारण—वाच्य हमेशा शुक्ल जी की भी दृष्टि में ढँके हुए अर्थ-सत्य द्वारा धार्यमाण होकर ही काव्योपयोगी होता है—तब उसे दृष्टि भेद से व्यंजन भी कहा जा सकता है—अर्थात् व्यंजक में सौन्दर्य होता है। परन्तु जब भावानुभूति को व्यजक वृत्ति का वेध ही न कहा जाए और उसे साध्यात्मा होने के कारण पृथक् रखकर विचार किया जाय तब? तब तो लक्ष्य या व्यंग्य वस्तु की अपेक्षा वाच्य ही रमणीय लगता है—तुलना करके देख न लें। वस्तुतः यह दृष्टि भेद ही है—कोई तात्विक विरोध नहीं है। इस परम्परा विरोध का भी धारक सत्य दृष्टि भेद ही है—इसलिए यह भी सुन्दर लगता है। यदि 'भाव' को व्यंजनावृत्ति वेध न मानकर काव्य-साध्य माना जाय—तब तो तुलना करने से स्पष्ट ही वाच्यार्थ सुन्दर या रमणीय लगेगा।

भारतीय साहित्य चिन्तन और शुक्ल जी के सन्दर्भ में एक बिन्दु और शेष रह जाता है और वह यह कि काव्य की भूमि मनोमय कोश से आगे भी जाती है या नहीं? शुक्लजी का पक्ष यह है कि ज्ञान के क्षेत्र में रहस्य होता ही नहीं और भाव का आलम्बन अज्ञात होता ही नहीं। हाँ, योगियों की साधना अवश्य अतिप्राकृत और जटिल होती है। बोध और राग—दोनों प्राकृत वृत्तियाँ हैं। वे मनुष्यत्व की साधना की पूर्ति इन्हीं के समन्वय में मानते हैं—इनका प्रास्थानिक गन्तव्य इसके आगे जाता ही

नहीं। इसीलिए उनका धर्म और उसकी रसात्मक अनुभूति भक्ति का प्रसार इसी व्यक्त और प्राकृत जगत् तक है—जो बुद्धि का विषय होने से ज्ञेय है—अज्ञेय नहीं। वास्तव में भारतीय परम्परा प्राकृत ज्ञान या राग को वृत्ति रूप ज्ञान कहती है—तत्त्वतः ज्ञान शुक्ल-सम्मत बोध नहीं—अनुभूति या अपरोक्षानुभूति है। एक अतिप्राकृत साध्य राग भी है—सूर के प्रसंग में जिसकी चर्चा चलाकर शुक्ल जी ने छोड़ दिया है। शुक्ल जी के प्रस्थान में इस अतिप्राकृत अपरोक्षानुभूति रूप ज्ञान और साध्य राग को कोई स्थान ही नहीं है। इसीलिए वे ज्ञान और भक्ति का अन्तर बताते हुए कहते हैं कि 'ज्ञान' में सामान्य जानकारी भर रहती है। 'भक्ति' द्वारा हम उसका अनुभव कर लेते हैं। वस्तु और भाव में बोध और अनुभव का अभेद एक जगह शुक्ल जी को उलझन में डालता है और तात्विक स्तर पर ज्ञान और अनुभव का भेद दूसरी जगह। क्या बुद्धि द्वारा अद्वैत का दार्शनिक 'बोध' और साधना द्वारा 'अद्वैत' का अपरोक्षानुभव एक ही है—यदि भिन्न है तो अद्वैत ज्ञान या बोध ही के क्षेत्र का कैसे हुआ? हाँ—यह बात दूसरी है कि वह अनुभव का विषय नहीं—अनुभव ही है—'यत्साक्षाद परोक्षाद् ब्रह्म' ब्रह्म साक्षात् अपरोक्षानुभूति का ही नामान्तर है। शुक्ल जी के उपास्य तुलसी कहते हैं।

'जिन जाना तिन्ह जाना नाहीं'

जो उसे 'बोध' का विषय मानते हैं—उन्होंने अनुभव नहीं किया। पर शुक्ल जी के प्रस्थान-भेद पर दृष्टिपात करने से ये सब बातें उठेंगी ही नहीं। उनके प्रस्थान का गन्तव्य व्यक्त के ही समन्वय में है—समन्वय व्यक्त विरुद्धों में ही सम्भंव है—अव्यक्त का क्या पता? विरोध व्यक्त दशा में ही आता है—अव्यक्त जब 'सत्' रूप में व्यक्त होगा—तब 'असत्' के बिना उसकी सत्ता ही न होगी।

निष्कर्ष यह कि भारतीय साहित्य चिन्तन की प्रास्थानिक विश्वदृष्टि और शुक्ल जी की प्रास्थानिक विश्वदृष्टि में ही अन्तर है—अतः दोनों में दृष्टिभेद देखना उचित है—तात्विक विरोध नहीं—यद्यपि उन्होंने अपने प्रस्थान में भारतीय मूल और मान्य वाङ्मय का साक्ष्य दिया है।

परम्परागत भारतीय काव्यचिन्तन और आचार्य शुक्ल की लोकमंगल सम्बन्धी अवधारणा

खण्ड–क

(क) परम्परासम्मत मूल गन्तव्य–स्वभावोपलब्धि

औसतन परम्परागत भारतीय काव्यचिन्तन कहीं-न-कहीं आत्मवाद से जुड़ा हुआ है–इसीलिए निर्माण पक्ष से 'प्रतिभा' और 'प्रभाव' या 'ग्रहण पक्ष' से 'रस' का विवेचन किसी न किसी आत्मवादी चिन्तन के आलोक में किया गया है–यद्यपि इसे सर्वाधिक व्यवस्थित रूप कश्मीरी दार्शनिकों ने दिया है। वास्तव में भारतीय चिन्तन अनुभूति-साक्षिक गन्तव्य का निर्धारण करता हुआ अधिकार भेद से प्रस्थान भेद की बात करता है। यह अनुभूति-साक्षिक गन्तव्य है–स्वभाव की उपलब्धि–आत्म प्रत्यभिज्ञा, अपने को ही फिर से पाना या पहचानना। भारतीय चिन्तन का विश्वास है कि प्राणिमात्र का सारा व्यापार अपने को ही पाने के लिए होता है–लेकिन अज्ञान के कारण 'अपने' का अर्थ ही वह गलत समझता है। अनादिकाल से चली आती हुई इस गलतफहमी के कारण वह असलियत से नावाकिफ रहता है–परिणाम यह होता है कि अचेतन स्तर पर 'स्वभाव' का साक्षात्कार करना चाहता है–पर चेतन स्तर पर 'अस्वभाव' के पीछे ही दौड़ता रहता है। इस दौड़ या विक्षेप के पीछे धक्का देने वाला 'अस्वभाव की वासना' है। भारतीय पारम्परिक चिन्तन 'स्वभाव' को आत्म-भाव और अस्वभाव को 'अनात्म भाव' कहता है। अनात्म 'विषय' का ही दूसरा नाम है और 'विषय' उसको कहते हैं जो 'विशेषेण सिनोति बध्नाति'–बन्धन का कारण है–बाँधता है–देह के स्तर पर जीने वालों में संकीर्ण राग-द्वेष पैदा कर आत्मभाव की ओर से विमुख कर देता है–वस्तुतः अपने को पाने नहीं देता। 'स्वभाव' या आत्मभाव को स्पष्ट करते हुए यह भी कहा जाता है कि जिस प्रयोजन का निमित्त अनात्म या और कहीं न मिते–उसे स्वभाव में ही समझना चाहिए। प्रत्येक प्राणी सुख के लिए ही प्रत्येक व्यापार करता है–पर इस सुख का निमित्त क्या है–क्यों वह ऐसा

चाहता है? क्या उत्तर हो सकता है–इसका? सिवा इसके कि प्राणिमात्र का यह स्वभाव है। अर्थात् प्राणिमात्र का स्वभाव ही सुखात्मक है। मनुष्य ऐसा सुख चाहता है जो कभी नष्ट न हो–साथ ही जिससे बड़ा और कोई सुख न हो–अर्थात् जिसमें तारतम्य न हो। निष्कर्ष यह कि स्वभावअविनश्वर, निरतिशय आनन्दमय है–पाना तो प्राणिमात्र चाहता है–पर पाने की सम्भावना केवल मानव में है। भारतीय पारम्परिक चिन्तन इसे ही **गतव्य** मानकर **परमार्थसाधना, व्यवहारसाधना** और **काव्यसाधना** का स्वरूप निर्धारित करता है। उसका समस्त चिन्तन इसी गन्तव्य की सिद्धि के लिए है। काव्यचिन्तन भी इसी का अंग है। इसका अभिप्राय यह कदापि नहीं कि भारतीय पारम्परिक चिन्तन लोकातीत–स्वभाव–की उपलब्धि के लिए लोक की अवहेलना या उपेक्षा करता है।

(ख) गन्तव्य तक जाने वाली दो धाराएँ–वासनादमन और वासनाशोधन–शुक्ल जी का सम्बन्ध दूसरी से

पारम्परिक चिन्तन में अधिकार भेद से उक्त गन्तव्य तक पहुँचने की दो धाराएँ सामान्यतः चलती हैं–एक है वासनादमन की ओर दूसरी है वासनाशोधन की। पहली है निवृत्तिमार्गी और दूसरी है–प्रवृत्तिमार्गी। प्रवृत्तिमार्ग ने आत्म विकास करते हुए निवृत्ति को भी आत्मसात् कर लिया–गीताकार इसी को 'अनासक्ति मूलक कर्मयोग' संज्ञा देता है। वही नारायणी धर्म है। कहा है–

"प्रवृत्तिलक्षणश्चैव धर्मो नारायणात्मकः।"

भारतीय पारम्परिक जीवन साधना की मुख्य धारा यही है–दमनमार्गी धारा **व्यक्तिसाधना** है–प्रवृत्तिमार्गी साधना **लोकसाधना** है–लोकधर्म है। आचार्य शुक्ल इसी के पक्षधर हैं। परम्परा इसी साधना से 'आत्मप्रत्यभिज्ञा' या 'स्वभाव की उपलब्धि' करती है। प्रवृत्तिमार्गी समग्रांग–कर्म, ज्ञान तथा उपासना संवलित–साधना की अपेक्षा वह सात्वत, भागवत या पांचरात्र मार्ग–जिसमें प्रेम की प्रमुखता ने आर्यशास्त्रानुमोदित मार्ग की उपेक्षा कर दी है–ऐकान्तिक होता गया। शुक्ल जी इस धारा से अपनी असंपृक्ति बताते हैं। यों शुक्ल जी कर्म, ज्ञान और उपासना में 'भक्ति' पर्यवसायी उपासना को ही सर्वाधिक महत्व देते हैं–पर कर्म और ज्ञान संवलित उपासना को महत्व देते हैं–लोकमंगल की जो सम्भावना उनको यहाँ दृष्टिगोचर होती है–वह ऐकान्तिक मार्ग में नहीं है। ऐकान्तिक मार्ग व्यक्तिसाधना के क्षेत्र हो सकते हैं–औसत लोक के लिए नहीं। वस्तुतः व्यक्तिसाधना समुन्नत मनस्क व्यक्ति की साधना होती है–सामान्यमनस्क औसत लोक की नहीं। तुलसी शुक्ल जी की रुचि के अनुरूप इसीलिए पड़ते हैं। गोस्वामी जी का ध्यान सामान्य लोक की ओर है–कबीर, जायसी और सूर आदि साधकों का उस 'प्रेम' की

ओर है—जहाँ 'नेम' की विधि-निषेधमय आर्यशास्त्रानुमोदित 'विशेष धर्म' की अपेक्षा नहीं है। वास्तव में इस भूमि पर तुलसी भी 'नेम' की उपेक्षा करते हैं—पर वे जानते हैं कि यह भूमि सामान्य लोक की नहीं है—विशेष मानसिक धरातल की है—जो निर्मल है—जिसके स्वभाव में देह के धरातल पर जीने वालों का छल-कपट शान्त हो चुका है। समस्या उनकी नहीं है—चिन्ता के विषय वे नहीं हैं—समस्या उनकी है जो देह के धरातल पर योग-क्षेम की राग-द्वेषमयी जंजीर से बँधे हुए हृदय वाले हैं—चितनीय वे हैं जिनको लोकमंगलोपयोगी मार्ग पर आरूढ़ कराना है—जिनकी वैयक्तिक या आसुरी वृत्ति को दबाकर लोकमांगलिक या दैवी वृत्ति को जागरित करना है—जिनकी पाशविक वृत्ति का सामाजिकीकरण आवश्यक है। फलतः समाजोपयोगी विधि-निषेध की वैसाखी जिनके लिए आवश्यक है—उनके लिए किस धर्म की बात की जाय? परम्परा उनके लिए 'वर्णाश्रम धर्म' और शुक्ल जी उनके लिए 'लोकधर्म' की बात करते हैं। परम्परा और शुक्ल जी दोनों लोकमंगल के लिए 'विशेषधर्म' के पक्षधर हैं—फिर भी दोनों की अवधारणाओं में अन्तर है।

(ग) परम्परासम्मत और शुक्ल-सम्मत लोकधर्म की अवधारणा में अन्तर

परम्परा 'लोकमंगल' के माध्यम से 'लोकातीत आत्ममंगल' की ओर जाने की बात करती है—लोकमंगल वासना के शोधन का मार्ग है—व्यक्ति की वासना का सामाजिकीकरण है—और यह प्रक्रिया उस मानसिक नैर्मल्य वाली भूमिका के लिए है—जिस पर आरूढ़ व्यक्ति-साधक 'लोकातीत आत्ममंगल' की ओर जाता है। शुक्ल जी 'लोकमंगल' को ही चरम साध्य मानते हैं—व्यक्त या व्यवहार जगत् का सौन्दर्य ही उनका अन्तिम साध्य है—उसका साक्षात्कार ही मानव-स्वभाव की चरितार्थता है—अस्मिता की पहचान है। 'स्वभाव' को परम्परा भी महत्व देती है और शुक्ल जी भी—पर उसकी व्याख्या दोनों की अपनी-अपनी है। परम्पर उसकी व्याख्या **सच्चिदानन्दमय स्वभाव** के रूप में करती है—शुक्ल जी मानव में निहित (विश्वात्मा की इच्छा से) **'लोकमांगलिक परार्थता'** के रूप में करते हैं। मानव का स्वभाव मानवता है और मानवता मानव स्तर पर विकसित उस चेतना का नाम है—जिसमें लोक या विश्व तक आत्म प्रसार की सम्भावना है। इसीलिए शुक्ल जी मानव स्तर पर डार्विन के 'योग्यतमावशेष' के सिद्धान्त को या 'मात्स्यन्याय' को समर्थन नहीं देते, विपरीत इसके वे कहते हैं कि उस ओर जाना पुनः पाशवस्तर की ओर प्रतिगामी प्रस्थान है। निष्कर्ष यह कि 'स्वभाव' की उपलब्धि परम्परा और किसी रूप में उससे जुड़े हुए शुक्ल जी दोनों को मान्य हैं—पर व्याख्या दोनों की पृथक् है। एक समानता दोनों में और भी है और वह यह है कि दोनों ही इसी 'स्वभाव' को गन्तव्य या केन्द्र बनाकर **परमार्थदर्शन** या शास्त्र चिन्तन **व्यवहारदर्शन** तथा **काव्यदर्शन** प्रस्तुत करते हैं। एक तीसरी समानता यह भी है कि दोनों परम्पराप्रतिष्ठ वाङ्मय का साक्ष्य अपनी स्थापनाओं के लिए देते हैं।

(घ) शुक्ल-सम्मत लोकधर्म और आधारभूत दर्शन

शुक्ल जी परम्परा पर आस्था रखने वाले बुद्धिवादी आधुनिक चिन्तक हैं। नेहरू जी The best type of modern mind उसे मानते हैं जो मध्यकालीन साम्प्रदायिक रूढ़ियों और पौराणिक विश्वासों तथा रहस्यवादी प्रवृत्तियों से मुक्त हो और व्यावहारिक भूमि पर समाज हित के लिए कटिबद्ध हो। उनके अनुसार आधुनिक युग में ईश्वर का स्थान **मानवता** ने ले लिया है और धर्म का स्थान **समाज सेवा** ने। शुक्ल जी भी इसी मानव स्वभाव या 'मानवता' की चरितार्थता को ही गन्तव्य मानते हैं और तदर्थ सामाजिक सन्दर्भ में क्रमशः विकसित परलोकवाद तथा अध्यात्म से सर्वथा निरपेक्ष 'लोकधर्म' को ही साधन। वे दर्शन या परमार्थ दर्शन की भूमि पर 'अव्यक्त' को स्वीकार करते हैं—पर मानवता की चरितार्थता व्यक्त जगत् के सौन्दर्य में ही स्वीकार करते हैं—गन्तव्य उनका यही है—एक तरह से वे इसके लिए प्रतिबद्ध चिन्तक हैं। व्यक्त जगत् के सौन्दर्य का अर्थ है—व्यक्त जगत् की समंजस स्थिति। सौन्दर्य या सामंजस्य का अर्थ है—विरुद्धों का सामंजस्य। उनकी दृष्टि में व्यक्त जगत् सत् और असत् का मिश्रित रूप है। अव्यक्त की सदात्मक अभिव्यक्ति असत् सापेक्ष है। अव्यक्त 'सत्' रूप में व्यक्त होते ही 'असत्' सापेक्ष हो जाता है और व्यक्त जगत् 'सत्' तथा 'असत् का मिश्रित रूप है। शुक्ल जी यह भी मानते हैं कि सदसत् रूप संसार या लोक जिस अव्यक्त की अभिव्यक्ति है—उसमें आकर्षण-अपकर्षणमयी शक्ति के रूप में लोक पहले से ही सम्भावना के रूप में निहित है। अभिव्यक्ति विद्यमान की होती है। फलतः मानना पड़ता है कि व्यक्त जगत् 'अव्यक्त' में शक्त्यात्मना शक्ति के रूप में पूर्वतः विद्यमान था। यह 'शक्ति' सत्व, रजस्तमोमयी है—इसी का 'विरूप परिणाम' व्यक्त जगत् है। इसीलिए वह अपने मूल उपादान 'अव्यक्त-समवेत' शक्ति की भाँति जहाँ एक ओर सत्य, असीम और प्रवाहनित्य है—वहीं दूसरी ओर रजः प्रवर्तित सत्वतमोमय भी है—परस्पर विरुद्ध स्वभाव भी है—इसीलिए गतिशील है—जगत् (गच्छतीति) कहा जाता है। इसी दर्शन की भूमि पर शुक्ल जी की मान्यता है कि मूल उपादान शक्ति के सत्वांश का कभी प्राधान्य होता है और रजस् तथा तमस् उसके शासन में सक्रिय रहते हैं और कभी-कभी जब यह स्थिति उलट जाती है अर्थात् तमस् का प्राधान्य हो जाता है तब उसके शासन में शेष दो गुण सक्रिय होते हैं। पहली स्थिति विरुद्धों में सामंजस्य की है—यही स्थिति व्यवहार जगत् के सौन्दर्य की है, यही लोकमंगल की परिणत और काम्य स्थिति है—इसी स्थिति में लोकरक्षित रहता है—रक्षित की स्थिति रहती है और स्थितिशील में निहित सात्विक सम्भावनाओं का सम्मूर्तन होता है। लोकमंगल इसी जगत् रक्षण-पालन और रंजन का नामान्तर है। सत्व और तमस् या रामत्व और रावणत्व का यह संघर्ष शाश्वत है—पहले के प्राधान्य में लोकमंगल और दूसरे के प्राधान्य में अमंगल निष्पन्न होता है। जगद्धात्री शक्ति सन्तुलन या सामंजस्य लाने

के लिए किसी विशिष्ट विभूति (अवतार) के रूप में व्यक्त होती है—अत्याचार के प्रचण्ड हिमपात द्वारा ध्वस्त धरती से वसन्त के रूप में फूटती है। परम्परा भी मानती है कि जब-जब धारक सदंश का तिरोधान होने लगता है और ध्वंसकारी असदंश का प्रावल्य—तब-तब शक्ति किसी विशिष्ट विभूति के रूप में व्यक्त होकर लोकमंगल का सम्पादन करती है। शुक्ल जी भी जगत् की गति चक्राकार मानते हैं—अर्थात् मंगल-अमंगल का चक्र शाश्वत है—मानवता की चरितार्थता लोकमंगल में है।

(ङ) शुक्ल-सम्मत लोकमंगल और लोकधर्म का हृदय—'भक्ति'

परम्परा ने 'स्वभाव' की उपलब्धि के लिए समाज में विधि निषेधमय वर्णाश्रम जैसे विशेष धर्म की स्थापना की है और इसी के समानान्तर किन्तु कर्मणा समर्थित 'लोकधर्म' की बात शुक्ल जी ने भी की है। यह विधि-निषेधमय लोकधर्म ही स्वभावगत होकर 'भक्ति' का दरजा प्राप्त करता है, जिसका आलम्बन जगत्-उपादान मूल शक्ति की व्यक्त विभूति (अवतार) है—सगुण होता है। यह विभूति अपनी शक्ति, शील और सौन्दर्य से जगत् का रक्षण, पालन और रंजन करती है। मानव में जो भाव-जगत् का विधान है वह विश्वात्मा की इसी लोकमंगलोपयोगी इच्छा के अनुरूप है। शुक्ल जी मानते हैं कि ऐन्द्रिय जगत् के संवेदन से राग-द्वेषमय वासना बनती है और वही वासना प्रवर्तक-निवर्तक रूप में 'भाव' नाम से 'व्यक्त' होती है। फलतः शुक्ल जी 'भाव' को प्रत्याबोध, अनुभूति और वेगयुक्त प्रवृत्ति का संश्लिष्ट चक्र मानते हैं। उनके अनुसार इस 'भाव' में 'परार्थता' मानवीय स्तर पर सम्भावना

भक्त की सम्यक् दृष्टि समंजस

अन्तर्मुख शीलसाधना	बहिर्मुख लोकधर्म
(व्यक्तिगत) →(साधारणधर्म)	(लोकगत)→पालन (विशेषधर्म)

के रूप में निहित है—उसे चरितार्थ करना हमारा धर्म है—हमारा स्वभाव है। सत्वांश के प्राधान्य से यह स्वभाव उभरता है—तदर्थ तमस् का अवरोध आवश्यक है। इस 'भाव' में सम्भावना के रूप में निहित 'परार्थता' ही 'करुणा' तथा 'प्रेम' के रूप में बीज भाव का आकार ग्रहण करती है। 'व्यक्त भाव' की तह में राग-द्वेषमयी वासना है। रागात्मक सत्व 'करुणा' और 'प्रेम' के रूप में और द्वेषात्मक तमस् ध्वंसक भाव के रूप में व्यक्त होते हैं 'करुणा' से 'रक्षण' और 'पालन' होता है तथा 'प्रेम' से 'रंजन'। लोकमंगलोपयोगी भाव का विधान मनुष्य के स्वभाव में है। शुक्ल जी यह भी मानते हैं कि 'करुणा' का क्षेत्र व्यापक है—प्रेम की अपेक्षा। दूसरों के सुख से

सुखी होने की अपेक्षा दूसरों के दुःख से दुखी होने की मानवीय वृत्ति ज्यादा व्यापक है। विधि निषेधमय लोकधर्म इसी 'करुणा' और 'प्रेम' को उभारकर लोकमंगल साधन करता है। यदि कर्तव्यवश लोकधर्म किया जाता है तो वह 'धर्म' है–पर स्वभावनिहित 'करुणा' और 'प्रेम' वश यदि चरितार्थ होता है–तो भक्ति है। इसीलिए इस वृत्ति (भक्ति) को अव्यक्त शक्ति की सृष्टि-स्थिति रंजनकारिणी व्यक्त विभूति आलम्बन बनती है–इस विभूति में जिस मानव ने अपने को लीन कर दिया है–लोकमंगल उसका स्वभाव हो जाता है–यही सन्त स्वभाव है जिसको पाने की तुलसी में अदम्य अभिलाषा है–

'कबहुँक हौं यह रहनि रहौंगो'

(च) पारम्परिक मूलगन्तव्य केन्द्रित काव्यचिन्तन और शुक्ल-सम्मत लोकमंगल केन्द्रित काव्यचिन्तन

(क) परम्परा में असाक्षात् तथा शुक्ल-सम्मत चिन्तन में साक्षात् लोकमंगल का सम्बन्ध :

सम्प्रति, यह द्रष्टव्य है कि 'स्वभाव-उपलब्धि' को केन्द्र में रखकर परम्परा ने अपना काव्यचिन्तन किस रूप में प्रस्तुत किया है और लोकमंगल से उसका क्या सम्बन्ध है–सम्बन्ध है भी तो साक्षात् या परम्परया? शुक्ल जी इस परम्परा से किस तरह जुड़ते हैं और अपनी पृथक् पहचान के रूप में अपना वैशिष्ट्य किस प्रकार रखते हैं। परम्परा चूँकि 'स्वभाव' का अर्थ 'सच्चिदानन्द' सदातन-निरतिशय-आनन्द रूप विश्रान्ति को मानती है–अतः काव्य द्वारा भी वह उसी चरम मूल्य या परम प्रयोजन 'संविद् विश्रान्ति' को मानती है–इसीलिए काव्य का प्रयोजन 'रस' मानती है और 'रस' का स्वरूप अनिवार्यतः 'संविद् विश्रान्ति' या आनन्दमय प्रतिपादित करती है। इस अवधारणा से लोकमंगल भी परम्परया जुड़ा हुआ है। रसवादियों की मान्यता है कि काव्य सामग्री तभी रसोपयोगी हो सकती है जब वह औचित्य युक्त हो और संप्रेष्य की दृष्टि से औचित्य 'सामाजिकता' का पर्याय है। इसीलिए परम्परा 'रस' का सम्बन्ध 'व्यक्ति' से नहीं 'लोक' या समाज से मानती है और सामाजिक में ही रस की निष्पत्ति प्रतिपादित करती है। वह असामाजिक व्यक्ति का'अहृदय' और सामाजिक को 'सहृदय' कहती है। परम्परा कहती है कि जो संगीत-बनितादि सामग्री अहृदय या असामाजिक में व्यसनिता का भाव असामाजिक भाव पैदा करती है–वही सामाजिक में 'संविद् विश्रान्ति' रूप स्वभाव के साक्षात्कार का निमित्त बनती है।

(ख) शुक्ल द्वारा रसानुभूति को वास्तविक लोकानुभूति तक ले जाना—फलतः रसस्वरूप की अन्यथा व्याख्या :

शुक्ल जी भी भारतीय परम्परा से जुड़कर ही 'वाक्यं रसात्मकं काव्यम्' के अनुसार उसी वाग्धारा को काव्य मानते हैं—जो रसात्मक हो—रसानुभूति तक पहुँचा दे। शुक्ल जी अपने मूल गन्तव्य के अनुरूप रसानुभूति—जो उनके काव्यचिन्तन का केन्द्र है—की व्याख्या करते हैं। उनकी दृष्टि में 'रस' व्यक्ति-हृदय का लोक-हृदय में लीन होना है। इसीलिए शुक्ल जी मानते हैं कि सच्चा कवि वही है जिसे लोकहृदय की पहचान हो। जो स्वयं लोकहृदय में अपने हृदय को लीन नहीं कर सकता—वह अपनी कृति-काव्य से दूसरों को उसी भूमि पर किस प्रकार पहुँचा सकता है? शुक्ल जी 'रस' को परम्परा की भाँति काव्य का मूल प्रयोजन मानकर भी उसे लोक जीवन से हटाने के पक्ष में नहीं हैं—जबकि परम्परा स्पष्टतः 'न तु लोके' कहकर निषेध करती है। रस की अनुभूति—परिधि को काव्य तथा नाट्यादि से बढ़ाकर लोक जीवन तक खींच लाने के ही कारण उनका रूप विधान 'कल्पित' की भाँति 'स्मृत' और 'प्रत्यक्ष' भी होता है—फलतः वे 'रस' की परिभाषा ऐसी करते हैं जो सब पर लागू की जा सके। सर्वसाधारण हो, काव्य और नाट्यादि की भाँति लोक जीवन में भी अपनी व्याप्ति ला सके। नाट्यशास्त्र के 'रस' को श्रव्य काव्य तक ध्वनिवादियों ने खींचा और उससे भी आगे लोक-जीवन तक आचार्य शुक्ल ने। उनके अनुसार लोक-जीवन में मनुष्य जिस मनोदशा में रहता है—वह दो प्रकार की होती है—व्यक्ति-मंगलमुखी और व्यक्तिमंगल की अविरोधी लोकमंगलोन्मुखी। पहली देह के धरातल पर व्यक्तिहित कामी होने से, व्यक्तिगत योगक्षेम की भावना से रंजित होने से, राग-द्वेष की शृंखला से बद्ध होने के कारण रागात्मक सत्व की अविकसित दशा में लोकमंगल से विमुख और असात्विक या अनवदात है, जबकि दूसरी—विश्वमंगल की ओर उन्मुख सात्विक और अवदात मनोदशा है। यही दशा रसदशा है—एक प्रकार से यह इंसानियत की जागरण दशा है—इसी मानवता की दशा का साक्षात्कार रसदशा है—यही स्वभाव का साक्षात्कार है। यह वह दशा है, जिससे मनुष्य लोकमंगल की ओर प्रवृत्त होता है। मतलब यह कि काव्य रसानुभूति द्वारा लोकमंगल की ओर प्रवृत्त कराता है—लीन या विश्रान्त नहीं—इसीलिए शुक्ल जी की दृष्टि में 'रस' काव्य का चरमं साध्य नहीं है—लोकमंगल में प्रवर्तक होने का माध्यम है। परम्परा से हटकर शुक्ल जी यह भी मानते हैं कि रस चाहे करुण हो या शृंगार—सभी अनिवार्यतः आनन्दमय ही हों—ऐसा नहीं। प्रश्न किया जा सकता है कि तब करुण रस कैसे—यदि आनन्दमय नहीं? शुक्ल जी का उत्तर है—व्यक्तिगत रूप से न लिए जाने के कारण वह क्षोभकारी नहीं होता। इसी 'अक्षोभकारिता' के कारण वह 'रस' कहा जाता है।

(ग) परम्परासम्मत और शुक्ल-सम्मत रस तथा उसके मूल 'भाव' का स्वरूप और पारस्परिक अन्तर :

रस का मूल भाव है और 'भाव' पर शुक्ल जी का वैचारिक प्रस्थान परम्परासम्मत वैचारिक प्रस्थान से भिन्न है। परम्परा 'भाव' पर वासना-वासित हृदय सहृदय की ओर से विचार करती है जबकि शुक्ल जी विषयबद्ध लौकिक पात्र की ओर से सोचते हैं। परम्परा रसात्मक लोकोत्तर प्रभाव को दृष्टिगत रखकर साहित्यिक और दर्शनिक दृष्टि से विचार करती है जबकि शुक्ल जी मनोविज्ञान के आलोक में। परम्परा 'भाव' को 'भावन' या 'वासन' का पर्याय मानती है। स्थूल अनुभव की छाप गंध के रूप में जो चित्त में रह जाती है—वही वासन या भाव है—यही गंध साधारणीकृत विभाव से जब पुनः अनुभव में आने लगती है—तब उसमें केवल सत्वांश उद्रिक्त रहता है। लोकजीवन में जो 'भाव' लौकिक विषय से सम्पर्क से उत्पन्न होता है—वह छाप का पुनर्जागृत रूप नही है—मूल रूप ही है—फलतः त्रिगुणत्मक ही है। मनोविाान उसे प्रत्ययबोध, अनुभूति और वेगयुक्त प्रवृत्ति का संश्लिष्ट रूप मानता है— शुक्ल जी यही मानते हैं। वास्तव में शुक्ल जी की इस मान्यता के पीछे अनुभववादी दार्शनिक लाक के चिन्तन पर आधारित एडीसन के कल्पनाजन्य आनन्द नामक निबन्ध का प्रभाव है। उसने ऐन्द्रिय अनुभूति को भी आनन्दात्मक निरूपित किया है और तदाधृत कल्पना जन्य अनुभूति को भी। स्मृतिजन्य अनुभूति की आनन्दमयता की भी उसने चर्चा की है और उस से ही सारी बातें शुक्ल जी ने भी की हैं—पर एडीसन से शुक्ल जी की आनन्दानुभूति इसलिए विशिष्ट हो जाती है कि वह कलात्मक या काव्योचित अनुभूति को अन्यविध ऐन्द्रिय अनुभूति से भिन्न निरूपित करते हैं और इसका कारण भारतीय परम्परा से प्राप्त रसानुभूति रूप प्रभाव है। इन्द्रियज स्मृतिज या कल्पित वह अनुभूति काव्योचित है जो रसात्मक प्रभाव पैदा कर सके। एडीसन को अपनी परम्परा से यह तत्त्व नहीं मिला था। इस वैशिष्ट्य में शुक्ल जी हिन्दी का काव्यशास्त्र लिख रहे थे।

(घ) व्यवहारगत सौन्दर्य केन्द्रित रस चिन्तन से स्वकीय प्रस्थान पार्थक्य की स्थापना :

पारम्परिक और शुक्ल-सम्मत—उभयविध काव्यचिन्तन का केन्द्र 'स्वभाव' और 'रस' है—यद्यपि आशय दोनों के भिन्न हैं। परम्परा 'व्यक्त' और 'अव्यक्त'—दोनों को लेकर चलती है—'व्यक्त' का पर्यवसान 'अव्यक्त' में करती है। शुक्ल जी का सारा चिन्तन 'व्यक्त' केन्द्रित है—उनका व्यवहार दर्शन या लोकधर्म और काव्यदर्शन—दोनों 'व्यक्त' को लेकर चलते हैं और व्यक्त या व्यवहार जगत् के सौन्दर्य में ही पर्यवसित होते हैं—यह सौन्दर्य या सामंजस्य ही लोकमंगल की परिणत दशा है। पारम्परिक काव्यचिन्तन समुचित सामाजिक काव्य सामग्री द्वारा सद्यः परा निवृत्ति को ही मुख्य प्रयोजन मानता है—पर उससे जो अनायास व्युत्पत्ति मिलती है,

बाई प्राइक्ट के रूप में–वह लोकमंगलोपयोगी हो सकती है–व्यवहार साधक होती है। इसीलिए पारम्परिक काव्यशास्त्री काव्य को मधुवेष्टित कड़वी औषधि कहते हैं जबकि मनोविज्ञान के अनुसार शुक्ल जी काव्य को उस रसदशा–सात्विक मनोदशा–पर पहुँचा देने का माध्यम मानते हैं, जो सत्कर्म या लोकमंगलोपयोगी कर्म में प्रवृत्त करके विश्रान्त होता है। कारण, इनके मतानुसार–जो भाव या स्थायी भाव निर्दिष्ट आलम्बन वाला तथा वेगयुक्त प्रवृत्ति वाला होता है–उसका परिणत रूप कर्म में–लोकमंगलोपयोगी कर्म में प्रवृत्त करके ही रहेगा। निष्कर्ष यह कि परम्परा जहाँ परम्परया काव्य को लोकमंगलोपयोगी मानती है, शुक्ल जी उसे साक्षात् लोकमंगलोपयोगी मानते हैं। लोकजीवन में अवदात मनोदशा में प्रतिष्ठित होने का प्रमाण ही है सत्कर्म की ओर प्रवृत्त होना। यह ज्ञात कैसे हो कि रसभोक्ता रसानुभव की स्थिति में है–लोकसामान्य वेगयुक्त भावभूमि पर प्रतिष्ठित है–सत्कर्म की ओर प्रवृत्त होने पर ही तो? परम्परा में 'भाव' की परिभाषा में वेगयुक्त प्रवृत्ति का सन्निवेश नहीं है–वह तो प्रत्यक्षानुभूति-जन्य एक ऐसी गन्ध है जो उद्रिक्त सत्व के कारण प्रकाशनन्दमय विश्रान्ति में पर्यवसित होती है। अभिप्राय यह कि भाव सम्बन्धी पारम्परिक और शुक्ल-सम्मत अवधारणाओं में अन्तर है। एक लोकजीवन तक अपनी व्याप्ति रखती है और दूसरी उससे तटस्थ है। रसतरंगिणीकार अवश्य लौकिक-अलौकिक जीवन साधारण रस की बात करता है–पर वह औसत भारतीय पारम्परिक काव्यचिन्तन नहीं है।

(ङ) निष्कर्ष :

इस प्रकार मूलभूत पारम्परिक चिन्तन के अनुरूप प्रवाहित पारम्परिक काव्यचिन्तन से शुक्ल जी कई बिन्दुओं पर जुड़ते हुए भी अपना प्रस्थान युग-चेतना के अनुरोध पर अलग कर लेते हैं–(1) पारम्परिक काव्यचिन्तन रस को ही काव्य का चरम साध्य मानता है और उसे संविद् विश्रान्ति मय 'स्वभाव' का ही साक्षात्कार करता है जबकि शुक्ल जी रसानुभूति को माध्यम मानते हैं और लोकमंगल में उसकी प्रवर्तकता को स्वभाव की चरितार्थता प्रतिपादित करते हैं। (2) परम्परा रसानुभूति पर्यवसायी काव्य को परम्परया व्युत्पादक बताकर लोकमंगलकारी कहती है जबकि शुक्ल जी साक्षात्। (3) परम्परा जिस प्रकार कहीं-न-कहीं आत्मवाद से काव्य चिन्तन को जोड़ती है, वैसे ही शुक्ल जी भी 'भाव' में निहित लोकमंगलोपयोगी परार्थता को विश्वात्मा की इच्छा से जोड़ते हैं। (4) परम्परा काव्य को लोकजीवन से विशिष्ट श्रेणी में रखती है–यद्यपि उपादान लोकजीवन को ही मानती है और उसी जीवन की व्याप्ति मनोमय कोष से आगे ले जाती है–जबकि शुक्ल जी काव्यानुभूति को कर्ममय लोकजीवन तक प्रसृत करते हैं और उसकी इयत्ता मनोमय कोश तक ही निर्धारित करते हैं।

खण्ड–ख

शुक्ल जी का समस्त चिन्तन 'लोकमंगल' पर केन्द्रित है और समस्त चिन्तन से मेरा मतलब परमार्थ, व्यवहार और काव्य सम्बन्धी चिन्तन से है। उनका सारा परमार्थ चिन्तन जिस लोकमंगल को केन्द्र में रखकर चलता है–उसका मतलब है–लोक या व्यक्त या व्यवहार जगत् की रक्षा स्थिति और रंजन। रक्षक, पालन और रंजन 'सत्' और विरोधी ध्वंस 'असत्' का व्यक्त रूप है। इसीलिए शुक्ल जी मानते हैं कि जगत् अपने व्यक्त रूप में सत् और असत् का मिश्रण है और पुष्टि के लिए गोस्वामी जी को उद्धृत करते हैं–

सगुन छीर अवगुन जल, ताता।
मिलइ रजइ परपंच विधाता।।

इस पारमार्थिक अवधारणा को और गहराई देते हुए उन्होंने कहा है कि पारमार्थिक दृष्टि से तो सारा जगत् राममय है, पर व्यावहारिक दृष्टि से उसके राम और रावण–दो पक्ष हैं। अपने स्वरूप के प्रकाश के लिए मानो राम ने ही रावण का असत् रूप खड़ा किया। गोस्वामीजी की ही भाँति शुक्ल जी जगत् को 'तद्रूपमेव' –अर्थात ब्रह्म रूप ही मानते हैं–फलतः 'सत्य' और 'नित्य' तथा 'असीम' स्वीकार करते हैं–अन्तर इतना ही बताते हैं कि अव्यक्त सत्ता कूटस्थ नित्य है जबकि सद्सदात्मक संसार प्रवाह-नित्य। व्यक्त सद्सदात्मक जगत् अव्यक्त में ही सम्भावना के रूप में–शक्ति के रूप में–अनभिव्यक्त रूप में उसी प्रकार पड़ा रहता है जैसे बीज में वृक्ष। यह शक्ति आकर्षण–अनाकर्षणमयी है–इस विरोध से गति होती है–गति का ही दूसरा नाम जगत् है। यह शक्ति स्पंदात्मक है–जिसके 'विरूप परिणाम' से जगत् की अभिव्यक्ति होती है। शुक्ल जी ने इसी आशय को स्पष्ट करते हुए जो कुछ कहा है उससे उनका परमार्थ दर्शन और लोकमंगलवाद विषयक अवधारणा दोनों ही स्पष्ट होते हैं–"जबकि अव्यक्तावस्था से छूटी प्रकृति के व्यक्त स्वरूप जगत् में आदि से अन्त तक सत्व, रजस् और तमस्–तीनों गुण रहेंगे, तब समष्टि रूप में लोक के बीच मंगल का विधान करने वाली ब्रह्म की आनन्द कला के प्रकाश की यही पद्धति हो सकती है कि तमोगुण और रजोगुण सत्वगुण के अधीन होकर उसके इशारे पर काम करें। इस दिशा में किसी और अपनी प्रकृति के अनुसार काम करने पर भी समष्टि रूप में और सब ओर वे सत्वगुण के लक्ष्य की ही पूर्ति करेंगे। सत्वगुण के इस शासन में कठोरता, उग्रता और प्रचण्डता भी–सात्विक तेज के रूप में भासित होगी।" त्रिगुणों में सत्वगुण सबसे ऊपर है। यहाँ तक कि उसकी ऊपरी सीमा नित्य पारमार्थिक सत्ता के पास तक–व्यक्त और अव्यक्त की सन्धि तक जा पहुँचती है। इसी से कदाचित् वल्लभाचार्य जी ने

सच्चिदानन्द के सत् स्वरूप का प्रकाश करने वाली शक्ति को 'सन्धिनी' कहा है। व्यवहार में 'सत्' शब्द के दो अर्थ लिये जाते हैं—'जो वास्तव में हो' तथा 'अच्छा या शुभ'। शुक्ल जी की इन मान्यताओं के आलोक में उनका परमार्थ दर्शन तो सामने आता ही, लोकमंगतवादी अवधारणा भी स्पष्ट हो जाती है। 'सत्' की अभिव्यक्ति रक्षण, पालन और रंजन में ही है और 'असत्' की इसके विरोध में। सत् और असत्—दोनों के सह-अस्तित्व में ही संसार है—अतः वृत्ति विरोध भी शाश्वत है—इसी विरोध में सामंजस्य लाना व्यवहार जगत् का सौन्दर्य है—यही शुक्ल जी का प्रतिपाद्य चिन्तन है। इसी के प्रति वे प्रतिबद्ध हैं। परमार्थ दर्शन के क्षेत्र में उनका प्रदेय इसी को केन्द्र में रखकर है। वे अद्वैत के पक्षधर होते हुए भी शंकर के अनुयायी नहीं हैं। क्योंकि वे जगत् को वैष्णवाचार्यों की भाँति 'सत्य' मानते हैं। उनकी मान्यता अद्वयपरक आगमिक धारणा से मेल खाती है—फिर भी व्यक्त जगत् का सौन्दर्य चरम साध्य होने के कारण, धर्म का परलोक या अध्यात्म से सम्बन्ध न मानने के कारण अपना प्रस्थान-गत पार्थक्य बना लेती है। लक्ष्य के अनुरूप परमार्थ दर्शन का निर्धारण उनका अपना है—सामग्री अवश्य यहाँ-वहाँ से ली है—पर उसकी अन्तश्चेतना में शुक्ल जी की अपनी प्रातिभ दृष्टि है।

उनके चैन्तनिक प्रदेय का दूसरा क्षेत्र है—व्यवहार दर्शन, जिसे उन्होंने लोकमंगलोपयोगी 'लोकधर्म' की संज्ञा दी है। शुक्ल जी का अपना वैशिष्ट्य यहाँ भी है। वे कहने को तो यह कहते हैं कि ब्रह्म के सदंश की व्यक्त प्रवृत्ति का नाम 'धर्म' है—यही लोक का धारक है—उसी के कारण अरक्षित का रक्षण, रक्षित का पालन और पालित का रंजन होता है। शुक्ल जी का कहना है कि विश्व के अन्य राष्ट्रों में भी 'धर्म' के स्वरूप पर विचार किया गया है—पर वे सभी 'सामान्य धर्म' हैं—यह केवल भारतवर्ष है, जहाँ 'वर्णाश्रम धर्म' के रूप में 'विशेष धर्म' की चर्चा हुई है। 'सोशल डिसिप्लिन' के रूप में वही यहाँ की समाज व्यवस्था भी है। यही 'लोकधर्म' है—लोक का धारण इसी व्यवस्था के रूप में सम्भव है। कारण, लोक का मंगल जिन शक्तियों या स्रोतों की अपेक्षा करता है, वे हैं—बुद्धि, बल, अर्थ और सेवा। किसी भी समाज के विधारण के लिए ये चारों आवश्यक हैं। इन्हीं गुणों के अनुरूप कर्म हों—इसी गुण-कर्म के आधार पर आर्यों ने सरस्वती और दृषद्वती के तटों पर कर्तव्य-अधिकार से युक्त वर्णाश्रम धर्म की प्रतिष्ठा की। जिसका कर्तव्य और अधिकार जितना ही क्लेशसाध्य और गहरा था—समाज में उसे उतना ही बड़ा माना गया। शुक्ल जी का आर्यशास्त्रानुमोदित विधि-निषेधमय यही वर्णाश्रम धर्म लोक धर्म है। यह प्रवृत्ति धर्म है—निवृत्ति या अनासक्ति इसके मूल में है। गीता का निष्काम कर्मयोग है—आदर्श कहता है कि स्वयं कृतार्थ होकर भी सामाजिक व्यक्ति को लोकसंग्रही होना चाहिए। यही उस आचारसंहिता का विधान है जिसे पकड़कर औसत लोक लोकमंगल की ओर बढ़ता है। शुक्ल जी धर्म की रसात्मक अनुभूति को ही भक्ति कहते हैं। अर्थात् जिस

धर्म को हम कर्तव्य समझ विवेकपूर्वक करते हैं—वही यदि हमारे स्वभाव में उतर जाय तो भक्ति बन जाता है। लोक धर्म यदि 'नेम' है तो 'भक्ति' प्रेम। 'प्रेम' का दर्जा 'नेम' से बढ़कर है। 'प्रेम' क्वचित् और कहीं भी होता है—'नेम' को इसलिए सामान्य या औसत लोक के निमित्त विधान किया जाता है। ये 'प्रेमी' अपनी मस्ती में रहते हैं—फलतः कभी-कभी 'नेम' का स्वयं भी अतिक्रमण कर जाते हैं और असमर्थों के बीच भी बोल जाते हैं। प्रेमी लोकमंगल में समर्थ है। उसके द्वारा किये गए नेम के अतिक्रमण से अ-लोकमंगल नहीं हो सकता। कारण, उसने आत्मगत रागात्मक सत्व का जगद्व्यापी प्रसार कर लिया है—फलतः उसकी सारी चेष्टा चाहे ऊपर से देखने में कैसी भी लगे—अशेष सृष्टि से रागात्मक सम्बन्ध होने के कारण लोकमंगलमयी ही होगी। पर इस स्तर पर 'व्यक्ति' हो सकता है—औसत लोक नहीं। अतः औसत लोक के लिए 'नेम' का विधान ही—वर्णाश्रम धर्म ही, लोकधर्म ही विधेय है। तुलसी की भाँति शुक्ल जी भी 'नेम' से बड़ा 'प्रेम' या भक्ति को मानते हैं। पर औसत लोक के लिए 'सोशल डिसिप्लिन या 'विशेष धर्म' का ही विधान करते हैं। शुक्ल जी उन 'प्रेम' साधक व्यक्तियों का जो औसत लोक को बरगलाने वाले वक्तव्य अपने स्तर से देते हैं—विरोध करते हैं। लोकसंग्रह की दृष्टि से 'प्रेमी' को भी व्यवहार में 'नेमी' की तरह चलना चाहिए। शुक्ल जी की 'भक्ति' में 'प्रेम' के साथ 'श्रद्धा' का भी योग है—अतः उनकी भक्ति का आलम्बन लोकमंगलमयी शक्ति, शील, सौन्दर्यमय शक्ति का उद्‌भावित नराकार रूप भी है—अवतार है—विशिष्ट विभूति है। किसी का यह कहना कि होगा तो वह अपने पर का होगा—शुक्ल जी को बर्दाश्त नहीं है। शुक्ल जी का लोकधर्म एकांगी नहीं है—वहाँ करुणा के साथ क्रोध भी है। वे टालस्टॉय और गाँधी के एकांगी अध्यात्म का विरोध करते हैं। वे वर्णाश्रमवाद के मूल में निहित जन्मना के सिद्धान्त के विरुद्ध हैं। उनका 'लोक' वर्गीय नहीं है—सम्पूर्ण मानव है। लेनिन उनकी दृष्टि में चिन्त्य हैं। इस प्रकार इस क्षेत्र के चिन्तन पर भी उनकी अपनी मुद्रा है।

उनके प्रदेय का तीसरा क्षेत्र हैं—काव्य। वे काव्य को भी लोकमंगल का साधन मानते हैं। और मानते हैं कि काव्य यह कार्य भावजगत् का परिष्कार करता हुआ सम्पादित करता है। वह सर्जक और पाठक—दोनों को व्यक्तिगत भावभूमि से ऊपर उठाकर लोक सामान्य की भावभूमि पर प्रतिष्ठित कर देता है—सर्जक और ग्राहक की यह मनोदशा ही शुक्ल जी की दृष्टि में रसदशा है। इसी रसदशा का विधान करने वाली वाग्धारा काव्य है। सर्जक में जो बीज है वही ग्राहक में फलीभूतं है।

शुक्ल जी मानते हैं कि काव्य अभिव्यक्ति है—अतः वासना रूप में स्थित राग-द्वेष के व्यक्त रूप 'भाव' से काव्य का सम्बन्ध बनता है। यह 'भाव' ही परिष्कृत होकर लोकमंगल विधायक कर्तव्य में प्रवृत्त और अलोकमंगल विधायक कर्म से

निवृत्त करता है। रसदशा अन्तिम साध्य नहीं है–इसी लक्ष्य में साधन है। लोकमंगल केन्द्रित चिन्तन के ही कारण 'भाव' पर विचार करते हुए शुक्ल जी पारम्परिक चिन्तन से हटकर 'प्रेम' और 'करुणा' को बीजभाव मानते हैं और दोनों के मूल में रचनात्मक 'राग' की वासना के रूप में स्थिति स्वीकार करते हैं। उनकी दृष्टि में लोकमंगल का रक्षणांश करुणावश और पालन तथा रञ्जनांश 'प्रेम' वश निष्पन्न होता है। इन दोनों में भी 'करुणा' का प्रसार–दूसरों के दुःख से दुःखी होने का क्षेत्र व्यापकतर है। केवल 'प्रेम' का पक्ष लेकर चलने वाला काव्य का अंग बन कर आए। उत्तम काव्य में दोनों का समन्वय होता है।

पारम्परिक काव्यचिन्तन से हटकर शुक्ल जी ने काव्य और नाट्यादि के क्षेत्र से खींचकर रसात्मक मनोदशा की परिधि लोक तक प्रतिष्ठित कर दी है। व्यक्त जगत् का मंगल और तदर्थ रसात्मक मनोदशा को साधन बनाने के कारण ही उन्हें ऐसा सोचना पड़ा। इसीलिए उन्होंने काव्य की सीमा मनोमय कोश तक ही निर्धारित की है और भाव का प्रसार ज्ञात की सीमा तक ही किया है–इसीलिए वे अज्ञात के प्रति भाव-प्रसार को रहस्यात्मक मानकर काव्य में उसे अस्वाभाविक और अग्राह्य मानते हैं। उनकी दृष्टि में रस पारम्परिक चिन्तन की भाँति न तो अनिवार्यतः आनन्दमय है और न ही संविद् विश्रान्त अपितु दुःखात्मक सुख और कर्तव्यविश्रान्त। कारण, उनका 'भाव'–जो रस का मूल है–प्रत्यबोध, अनुभूति तथा वेगयुक्त प्रवृत्ति का संश्लिष्ट रूप है। प्रवर्तक भाव पुष्ट होकर निवर्तक या विश्रान्तिकारी कैसे होगा? उन्होंने पारम्परिक चिन्तन की भाँति रस को कोटि-मुक्त न मानकर कोटि-युक्त माना है–उत्तम तथा मध्यम कोटि का माना है। पहला रसदशा है–जहाँ ग्राहक और आश्रय का तादात्म्य होना है और दूसरा शीलदशा–जहाँ ग्राहक अपने को आश्रय में निमग्न नहीं करता–अपितु पृथक् अस्तित्व सँभाले रहता है।

इस प्रकार शुक्ल जी का लोक-केन्द्रित चिन्तन का प्रदेय तीनों ही क्षेत्रों में स्मरणीय है–परमार्थ, व्यवहार तथा काव्य।

लोकमंगल और सर्जनशीलता

लोकमंगल और सर्जनशीलता समानाधिकरण विशेषता के रूप में अभीष्ट हैं—पर ऐसा होने के लिए अधिकरण या एक अधिकरण मानव की चेतना ही सम्भव है। उसी में सर्जनशीलता सम्भावित है—उसके लिए रक्षण, पालन तथा रचनात्मक कर्म के रूप 'लोकमंगल' नहीं, अपितु तथाविध कर्म के लिए अपेक्षित लोकमंगल-परकता अपेक्षित है। इस प्रकार लोकमंगल-परकता और सर्जनशीलता परस्पर कार्यकरणभावापन्न होकर समानाधिकरण हो सकते हैं। अर्थात् जिस व्यक्ति चेतना में या समष्टि चेतना में लोकमंगल-परकता या लोकमंगल की भावना होगी—उसी में सर्जनशीलता भी सम्भव होगी।

शुक्ल जी की दृष्टि में 'लोकमंगल' के विधान का अर्थ है—ब्रह्म की आनन्द कला का प्रकाश और ब्रह्म की आनन्दकला का प्रकाश तभी सम्भव है जब समष्टि रूप में सत्व का उद्रेक हो—अर्थात् सत्व के शासन में रजस् और तमस् सक्रिय रहे। उन्होंने सूरदास में कहा है—जबकि अव्यक्तावस्था से छूटी हुई प्रकृति की व्यक्त अवस्था जगत् में आदि से अन्त तक सत्व, रजस् तथा तमस् की स्थिति विद्यमान रहती है तब लोकमंगल का विधान करने वाली ब्रह्म की आनन्दकला के प्रकाश का यही अर्थ हो सकता है कि समष्टि रूप में सत्व के शासन में रजस् तथा तमस् सक्रिय रहें। समष्टि चेतना में इस सत्वोद्रेक से ही ब्रह्म की आनन्दकला का प्रकाश हो सकता है—यही लोकमंगल की सिद्धावस्था है। पर शुक्ल जी यह भी मानते हैं कि इस 'प्रकाश' का आविर्भाव तिरोभाव होता रहता है—इसीलिए यह 'सिद्ध' के साथ 'साध्य' भी होता है—इसीलिए लोक कर्मलोक रहता है—इसीलिए कर्मण्यता यहाँ सदा अपेक्षित है—विश्रान्ति नहीं, गति निरन्तर काम्य है—स्थिति नहीं। ब्रह्म की व्यक्त प्रकृति में अपने सदंश के प्रकाश के लिए असत्-सापेक्ष होता है—सत्व के साथ तमस् की अनन्यथासिद्धि स्थिति होती है—रजस् तो दोनों को गति देता है। यही असत् या तमस् जब सत्व या प्रकाश या सत् पर आवरण डालता है—तब उसको विदीर्ण करने वाली करुण-क्रोधमयी भयावह-सुन्दर शक्ति का जो प्रयत्न है—वह भी लोकमंगल की परिधि में समाविष्ट है। यह अवश्य है कि एक सिद्धावस्थापन्न है और दूसरा साध्यावस्थापन्न। निष्कर्ष यह है कि सत्व की यही समुद्रेक दशा

शुक्ल-सम्मत दृश्य की मुक्त दशा है—रसदशा है—लोकमंगल परक दशा है। यहीं सर्जनशीलता का समुद्रेक सम्भव है—यही वह भूमि है जहाँ चेतना व्यक्तिगत सर्जन-विसर्जन, योग-क्षेम की भूमि से ऊपर उठी हुई समष्टि चेतना से एक रस हो जाती है—प्रकृत भूमि पर अधिष्ठित होती है। लोक-गत सौन्दर्य का अपरोक्षीकरण करती है—स्वभाव संगटित होकर सर्जनरत पारम्परिक काव्यचिन्तना भी सर्जन तथा ग्रहण—दोनों भूमियों पर सत्वोद्रेक की बात करती है—जिससे प्रकाशनन्दमय निरवच्छिन्न चेतना का प्रकाश होता है और उसके निर्देशन में लोकमंगल परक सर्जना आरम्भ होती है—महाकवित्व फूटता है—उत्कृष्ट रचना होती है। यहाँ 'प्रकाश' में 'विमर्श' की प्रधानता रहती है। इस 'विमर्श' को 'हृदय' कहा जाता है—इसी से युक्त रचयिता या ग्राहक 'सहृदय' होता है। इसीलिए आनन्दवर्द्धन महाकवित्व सम्बन्धी अपनी अवधारणा को स्पष्ट करते हुए कहते हैं—'येषां हि सुकवीनां प्राक्तन पुण्यपरिपाकवशेन प्रवृत्तिस् तेषां परोपरचितार्थपरिग्रहनिस्पृहाणां स्वव्यापारः कर्तुं नयुज्यते। भगवती सरस्वती स्वयमेवाभिमतमर्थमाविर्भवयति। एतदेव हि महाकवित्वं महाकवीनाम्' (ध्वन्यालोक, चतुर्थ उद्योत)। अर्थात् सर्जनोन्मुख महाकवि जब किसी सर्वथा अपूर्वार्थमय काव्यनिर्माण का संकल्प लेता है तब उचित यह है कि वह न तो परोपरचित अर्थ-संग्रह में प्रयत्न करे और न ही स्वोपर्जित अर्थ को लेकर सचेतन मनोभूमि पर व्यापारशील हो। मतलब यह कि उसकी व्यक्तिचेतना काव्य का माध्यम बनकर निष्क्रिय हो जाय—अंग बन जाय—समर्पित हो जाय—उस अवसर या क्षण में भगवती सरस्वती का विमर्श महाशक्ति-निरवच्छिन्न चेतना ही स्वयम् अभिमत अर्थ का उद्वमन करने लगती है—यही अतिप्राकृत शक्ति सक्रिय हो जाती है—लोकमंगल विधायिका। यही महाकवि का महाकवित्व है।

पर सर्जनशीलता की इस अतिप्राकृत प्रक्रिया से शुक्ल जी की प्रक्रिया भिन्न है। वे मानते हैं कि काव्य अभिव्यक्ति है—अतः उसका सम्बन्ध 'व्यक्त' से है—समस्त जगत् और व्यक्त हृदय से है। हृदय की अव्यक्त राग-द्वेषमयी वासना ही व्यक्तावस्था में लोकमंगल विधायक बीज भाव करुणा तथा प्रेममय हो जाती है—कोमल भावमय। पर शुक्लजी लोकमंगल विधान में मृदुभाव को ही पर्याप्त नहीं, अपितु एकांगी मानते हैं—अतः वे द्वेष के व्यक्त रूप 'क्रोध' का भी समंजस विधान आवश्यक मानते हैं—सौन्दर्य या मंगल इन्हीं विरुद्धों के सामंजस्य में स्फुरित होता है। भारतीयता का पूर्ण प्रकाश इसी सामंजस्य विधान में है—इसी प्रक्रिया में उसकी अस्मिता की पहचान होती है। शुक्ल जी हृदय की इसी व्यक्त भावभूमि-बीजभावभूमि-लोकमंगल विधायक भावभूमि पर जो भावना या विधायक कल्पना शक्ति सक्रिय रहती है उसे अतिप्राकृत नहीं मानते, अपितु इंद्रियनुभावजन्य संस्कार जैसी सामग्री के अनुरूप योजना करने वाली प्राकृत अन्तःकरण की शक्ति मानते हैं। व्युत्पत्ति और अभ्यास से इसका परिमार्जन वे स्वीकार करते हैं। वे यह नहीं मानते

कि इसने एक बार जो रसानुरूप बिम्बार्थ विधान या वाग्विधान कर दिया—वह अन्तिम हो गया। उनके अनुसार उसमें परिष्कार किया जा सकता है। इसीलिए शुक्ल जी चेतना के मनोमय कोश तक ही काव्य की सीमा निर्धारित करते हैं। मनोमय कोश के संस्काररूप में संचित सामग्री के सहकार से उसी मन की कल्पनात्मक विशिष्ट क्षमता ग्राहक को मुक्त हृदय दशा तक उठा ले जाने वाले बिम्बार्थ का विधान करती है और उसे वाग्वद्ध करती है। यह शक्ति पारम्परिक काव्यचिन्तना में जहाँ अतिप्राकृत है—वहाँ शुक्ल चिन्तन में प्राकृत है—परिष्कार्य है—इसीलिए वह किसी 'रहस्यमयता' का समर्थक या उपस्थापक नहीं है और यदि है भी तो इसी प्राकृत अन्तःकरण की सीमा तक। ऐसा नहीं कि वे अतिप्राकृत या रहस्य मानते ही नहीं—मानते हैं, पर काव्य की भूमि पर नहीं—अध्यात्म-योग के क्षेत्र में। वे भारतीय साधनात्मक रहस्यवाद को मानते हैं—हाँ भावनात्मक रहस्यवाद को अवश्य विदेशी मानते हैं—जो 'प्रसाद' जी की दृष्टि में विचारणीय है। प्रसाद जी जिस संकल्पात्मक अनुभूति को काव्य कहते हैं और जिसके विपक्ष में लौकिक ज्ञान को रखते हैं विकल्पात्मक अनुभूति की बात करते हैं—वह मननजन्य मन की असाधारण दशा है—रहस्यदशा है। इस दशा में अतिप्राकृत शक्ति द्वारा श्रेयमय प्रेय का सहसा अपनी समग्र चारुता में साक्षात्कार होता है।

शुक्ल जी 'प्रकाशवादी' हैं 'छाया' अस्पष्टवादी नहीं। वे निराला, पंत के पक्ष में विश्वास नहीं रखते। उनका मार्ग अभिव्यक्ति या व्यक्तिवादी है। इस प्रकार उनकी दृष्टि में लोकमंगलपरक व्यक्तिचेतना, मुक्त हृदय की चेतना ही सर्जनशील होती है—न कि अर्जन—विसर्जनबद्ध व्यक्ति चेतना। चेतना की लोकमंगल परक लोकोन्मुखी भूमि रचनाशील होती है न कि व्यक्ति-हितबद्ध भूमि।

भारतीय काव्यशास्त्र और आचार्य रामचन्द्र शुक्ल

पारम्परिक भारतीय चिन्तन व्यवहार, परमार्थ तथा काव्य सभी क्षेत्रों में मूल गन्तव्य–**अस्मिता की पहचान अथवा स्वभाव की उपलब्धि**–से निबद्ध है। यही कारण है कि काव्य के सम्बन्ध में औसत प्रसिद्धि 'रस-परक' होने की है और इस 'रस' की स्वरूप विषयक अवधारणा आत्मवादी पीठिका पर निर्धारित की गई है। इस दृष्टि से रस का साक्षात्कार आत्मस्वरूप या स्वभाव का ही साक्षात्कार है। भारतीय काव्य-चिन्तन को दर्शन का दर्जा (सारस्वत प्रदेश के) कश्मीरी आचार्यों ने दिया–जिनमें आनन्दवर्द्धन गंगोत्री स्थानीय हैं। अभिनवगुप्त ने उन्हीं का सहारा लेकर काव्यचिन्तन को काव्य-दर्शन बनाया। उनकी दृष्टि 'द्वयात्मक अद्वय' वादी है। आनन्दवर्द्धन का मत है के प्राथमिक अभ्यासी कवियों को छोड़ दें, परिणतप्रज्ञों का काव्य तो ध्वन्यात्मक ही होता है और उनमें भी 'परिपाकवतां कवीनां[1] रसादितात्पर्यविरहे व्यापार एव न शोभते' परिपाकवान् कवियों का रसादि निरपेक्ष काव्य में व्यापृति हो ही नहीं सकती। इसीलिए उनका निष्कृष्ट मत है कि 'ध्वन्यालोक' केवल ध्वनितत्त्व के प्रतिपादन मात्र में अभिनिविष्ट नहीं है प्रत्युत 'रसादि रूपतात्पर्यमेवैषां युक्तमिति यत्नोऽस्माभिराब्धो न ध्वनिप्रतिपादनमात्राभिनिवेशेन'–[2] रस के प्रतिपादन में भी उतना ही तात्पर्य है कि कवियों का चरम लक्ष्य काव्य द्वारा रसानुभूति करानी ही हो। इस तथ्य पर आनन्द ने बार-बार बल दिया है और अन्त में भी कहा है–

अत्र च पुनःपुनरुक्तमपि सारतयेदमुच्यते–[3]
व्यङ्ग्यव्यंजकभावेऽस्मिन् विविधे सम्भवत्यपि।
रसादिमय एकस्मिन् कविः स्यादवधानवान्।।

अर्थात् यद्यपि यह बात बार-बार पहले कही जा चुकी है–फिर भी सार-सार होने के कारण पुनः पुनः कही जा रही है कि व्यंग्य-व्यंजक भाव के अनेक प्रकार के होने पर भी कवि को एकमात्र रसादिमय व्यंग्य-व्यंजक भाव में ही सावधान रहना चाहिए। नाट्यशास्त्र भी कहता है–'न हि रसादृते कश्चिदर्थः प्रवर्तते।' रचनाकार रचना में नवता का आधान इसी रसमयता से करता है। आभ्यासिक कवियों की बात

भिन्न है, पर **परिणत** और **परिपक्व** कवि का व्यापार स्वभावनिष्ठ होकर ही होगा, अ-स्वभावनिष्ठ होकर नहीं। अतः परिणति में उससे स्वभाव अर्थात् 'रसो वै सः' का ही साक्षात्कार होगा। जो स्वभावनिष्ठ नहीं, वे 'कवि' नहीं 'कपि' हैं–वे इधर-उधर की डालियों पर भटक सकते हैं–निष्प्राण 'चित्र' की ओर जा सकते हैं। आनन्दवर्द्धन की दृष्टि में स्वभावशून्य–रसशून्य स्थिति त्तो तत्त्वतः कहीं हो ही नहीं सकती–यह तो वक्ता की विवक्षा पर है कि वह उसको विषय बनाए या न बनाए। चित्र काव्य को निष्प्राण या निरात्म कहने का यह अभिप्राय है ही नहीं कि रसमय आत्मा या स्वभाव वहाँ नहीं है, नहीं, है। अन्तर इतना ही है कि उसकी उसने अवहेलना की है और अनात्म की ओर अस्वभाव की ओर अपनी शक्ति को मोड़ दिया है। अस्तु, इस विस्तृत सन्दर्भ से मैं पारम्परिक प्रतिनिधि भारतीय काव्य मत को स्पष्ट करते हुए यह कहना चाहता हूँ कि उनका झुकाव 'काव्य' के माध्यम से भी 'स्वभाव' की ही उपलब्धि है और यह स्वभाव 'रसमय' है।

आचार्य रामचन्द्र शुक्ल प्राचीन और आधुनिक चिन्तन के सेतु हैं–वे नव्यशास्त्रीय चिन्तक आचार्य हैं–जो पुनर्जागरण के बाद हिन्दी साहित्याकाश में उदित होते हैं। एक ओर उनमें कहीं न कहीं आत्मवाद के जन्मजात पुरातन संस्कार हैं और दूसरी ओर वे बुद्धिवादी और वस्तुनिष्ठ चिन्तक भी हैं। इसे अन्तर्विरोध माना जाय या इसके बीच कोई संगत दृष्टि ढूँढ़ी जाए? पं. नन्ददुलारे वाजपेयी असंगति ही मानते हैं जबकि डॉ. रामविलास शर्मा ठोस दार्शनिक संगति की बात करते हैं। वैसे शुक्ल जी के समग्र लेखन को दृष्टिगत करें तो वे चिदद्वैतवादी ठहरते हैं वे अव्यक्त चिन्मय अद्वैत सत्ता से व्यक्त जगत्' को अभिन्न मानते हैं–शंकर की तरह मिथ्या या अनिर्वचनीय नहीं–हाँ, व्यवहार की दृष्टि से 'अन्तर्' से 'बहिर्गामी' को वे अधिक महत्व देते हैं–'अव्यक्त' से 'व्यक्त जगत्' को वे ज्यादा उपादेय और महत्व का मानते हैं–यही मान्यता उन्हें वस्तुनिष्ठ विवेचक बना देती है। चाहें तो इस तरह संगति लगा सकते हैं। नव्यशास्त्रीय चिन्तकों की भाँति मान्यताएँ वे पुरानी ही हमारे यहाँ की लेते हैं–पर व्याख्या सर्वथा बोधगम्य और परम्परा से हट कर देते हैं। उदाहरणार्थ–परम्परा की भाँति मनुष्य की चरितार्थता उसके 'स्वभाव' की चरितार्थता में मानते हैं–पर 'स्वभाव' की व्याख्या परम्परा की भाँति अतिप्राकृत भूमि पर नहीं, प्राकृत भूमि पर करते हैं। उनकी दृष्टि में मानव का स्वभाव–मानवभाव या मानवता है और मानवता मानव स्तर पर विकसित चेतना की उस विशेषता का नाम है–जो उसे मानवेतर प्राणियों से विशिष्ट बनाती है। उनके अनुसार मानव मनोगत भाव में विश्वात्मा की इच्छा से 'परार्थता' या लोकमंगलकामिता सम्भावित है। यही सम्भाव्यमान वैशिष्ट्य मानवता या इन्सानियत है–इसकी चरितार्थता अशेष सृष्टि के साथ एकात्म हो जाने में है। काव्य भी इसी चरम लक्ष्य का साधन है। उनके अनुसार काव्य द्वारा मानव इसी उदात्त मनोभूमि पर पहुँच जाता है। यही उदात्त या

अवदात्त मनोदशा रस दशा है—वहीं तक पहुँचाने वाली वाग्धारा उनकी दृष्टि में तत्त्वतः काव्य है। मानव मन में परम्परागत हैवानियत भी है—पर विश्वात्मा की इच्छावश इन्सानियत भी सम्भावना के रूप में है—काव्य इसी मनोभूमि से उदित होता है और इसी मनोभूमि में पर्यवसित होकर लोकमंगल में प्रवृत्त करता है। एक प्रकार से व्यक्त जगत् का सौन्दर्य—व्यक्त जगत् के मूल उपादान सत् और असत् जैसे विरुद्ध पक्षों का सामंजस्य ही है। यही लोकमंगल की भूमि है। व्यक्त जगत् ही उनका लोक है—जो परम्परागत 'लोक' से भिन्न अर्थ रखता है। परम्परा में 'लोक' में 'पर' विशेषण भी सम्भावित है और 'इह' भी—पर शुक्ल जी के यहाँ 'लोक' का अर्थ केवल 'इहलोक' ही है। इस 'इह' की भी सीमा है—परम्परा 'इह' में अन्तर्लोक और बहिर्लोक का विभाजन करती है—शुक्ल जी के अन्तर्लोक की सीमा है—मनोमय कोश। इसके आगे उनका लोक नहीं जाता। इन्द्रियगोचर और मनोगोचर लोक ही उनका 'व्यक्त जगत्' है और उसी का सौन्दर्य उनका साध्य, जिसमें मानव स्वभाव चरितार्थ होता है। निष्कर्ष यह कि स्वभाव की उपलब्धि को केन्द्र में ये भी रखते हैं और उसे 'रस' से जोड़ते हैं। साथ ही इसी रसमय वाक् को काव्य कहना चाहते हैं। उनकी दृष्टि में प्रशस्त काव्य यही है। इस प्रकार जहाँ पारस्परिक काव्य चिन्तन से कुछ साम्य दृष्टिगत होता है—वहीं उससे वैषम्य भी नितान्त सुस्पष्ट है।

शुक्ल जी उक्तिवैचित्र्य को काव्य का लक्षण नहीं मानते। इसके विपरीत 'रसात्मकता' को ही अकाव्य से काव्य की व्यावर्तक विशेषता या लक्षण मानते हैं। उनकी सुस्पष्ट धारणा है कि जिस उक्ति में भाव संचार की क्षमता न हो—वह काव्य के अन्तर्गत नहीं आ सकता। उनकी दृष्टि में जहाँ उक्तिवैचित्र्य या चमत्कार पर्यवसायी वाग्वैदग्ध्य मात्र हो—वहाँ कविता नहीं, 'सूक्ति' मानी जानी चाहिए।

परम्परा में साहित्य शब्द तीन अर्थों में प्रयुक्त हुआ है—वाङ्मय, काव्य, तथा काव्य और उसका शास्त्र। परम्परा काव्य की कई कोटियाँ—उत्तम, मध्यम तथा अधम—बनाकर काव्य की ही सीमा में शुक्ल-सम्मत 'सूक्ति' का भी समावेश कर लेती है परन्तु शुक्ल जी महिमभट्ट की भाँति काव्य का एक ही प्रकार मानते हैं और वह है—रसात्मक। यह रसात्मकता कभी अप्रधान होकर गुणीभूत भी हो सकती है—इस पर ध्यान नहीं दिया। कदाचित् उनके चिन्तन की दिशा ही भिन्न थी। उनका लक्ष्य है **लोकमंगल पर्यवासी भाव संचार क्षम वाग्धारा की योजना**। इसमें प्रधानीभूत या गुणीभूत का विकल्प नहीं रहता। 'काव्य में अभिव्यंजनावाद'—शीर्षक निबन्ध में उन्होंने 'साहित्य' की सीमा में उस समस्त वाङ्मय को लिया है जिसमें अर्थबोध के अतिरिक्त भावोन्मेष अथवा चमत्कारपूर्ण अनुरंजन हो तथा जिसमें ऐसे वाङ्मय की विचारात्मक समीक्षा या व्याख्या हो। स्पष्ट है कि काव्य में सूक्ति का समावेश नहीं करते, पर 'साहित्य' में करते हैं। परम्परा में साहित्य और काव्य पर्याय रूप में भी प्रयुक्त हुए हैं—जब राजशेखर 'शब्दार्थयोः यथावत् सहभावः साहित्यम्'

कहते हैं—तब वे उसे काव्य के अर्थ में ही प्रयुक्त करते हैं। शुक्ल जी 'काव्य' से सूक्ति को बाहर करते हैं और 'साहित्य' में समाविष्ट मानते हैं। रही उसकी विचारात्मक समीक्षा या व्याख्या—वह तो काव्य के साथ सम्बद्ध है ही। इस प्रकार से 'काव्य' से 'साहित्य' की अर्थ परिधि व्यापक मानते हैं—यों वाङ्मय के अर्थ में तो साहित्य शब्द का व्यापकतम अर्थ में प्रयोग होता ही है—'साहित्य विभाग' में 'साहित्य' शब्द की अर्थ सीमा उससे छोटी है। यदि शुक्ल जी काव्य और साहित्य का पर्यायवाची भी मानते तो 'सूक्ति' को एक की सीमा से बाहर और दूसरी की सीमा के भीतर कैसे रखते? निष्कर्ष यह कि शुक्ल जी की दृष्टि में 'साहित्य' शब्द का प्रयोग दो ही अर्थों में सम्भव है—वाङ्मय के अर्थ में तथा काव्य सूक्ति और इनकी विचारात्मक समीक्षा या व्याख्या के सम्मिलित अर्थ में। सैद्धान्तिक समीक्षा को भी इसी में अन्तर्भुक्त समझना चाहिए।

काव्य प्रयोजन

परम्परा में काव्य प्रयोजन पर बड़े विस्तार के साथ विचार हुआ है—पर अन्ततः सिमटते-सिमटते दो पक्ष शेष रह जाते हैं—प्रीति और व्युत्पत्ति। अभिनव दोनों को सामंजस्य करते हुए कहते हैं कि परम प्रयोजन तो प्रीति-रस-संविद् विश्रान्ति या स्वरूपोपलब्धि ही है—यद्यपि वह साधारणीकृत भाव की भूमि पर होता है, पर व्युत्पत्ति आनुषंगिक रूप से हो ही जाती है। काव्य की ओर प्रवृत्ति 'विवेक' समृद्धि की अपेक्षा 'आस्वाद' के लिए होती है—व्युत्पत्ति तो है—उससे एक विकल्प बनाकर निरस्त नहीं किया जा सकता। प्रधान और प्रमुख प्रयोजन 'प्रीति' ही है। आत्मवादी भूमि पर सोचने का परिणाम था—काव्यास्वाद का आनन्दमय रूप। आचार्य शुक्ल प्राकृत भूमि पर जब काव्यास्वाद या रसास्वाद की व्याख्या करते हैं—तब उन्हें अड़चन होती है। वे कहते हैं—"मेरी[5] समझ में रसास्वादन का प्राकृत स्वरूप 'आनन्द' शब्द से व्यक्त नहीं होता। लोकोत्तर, अनिर्वचनीय आदि विशेषणों से न तो उसके अवाचकत्व का परिहार होता है न प्रयोग का प्रायश्चित्त।" उन्होंने तो झल्लाकर यहाँ तक कह दिया कि—[6]"इस आनन्द शब्द ने काव्य के महत्व को बहुत कुछ कम कर दिया है। उसे नाच-तमाशे की तरह बना दिया है।" आनन्द शब्द ने जिस प्रकार काव्य की नीयत को बदनाम किया है—उसी प्रकार 'चमत्कार' शब्द ने उसके रूप को बहुत कुछ बिगाड़ दिया है। परम्परा ने काव्य को हृदय से हृदय का व्यापार माना है और समाज उसमें प्रधान रहा है—'रस' का रहस्य जहाँ औचित्य माना जाता हो—वहाँ आनन्दात्मक रस ने काव्य की नीयत को कैसे बिगाड़ दिया—विचारणीय है। अस्तु, शुक्ल जी का कहना है—"कविता[7] का अन्तिम लक्ष्य जगत् के मार्मिक पक्षों का प्रत्यक्षीकरण करके उनके साथ मनुष्य हृदय का सामंजस्य स्थापन है।" यह कर्मयोग और ज्ञानयोग की तरह भाव योग या अनुभूति योग है—इससे मनुष्य के भावजगत् का परिष्कार होता

है—उसका हृदय स्वार्थ-सम्बन्धों के संकुचित मण्डल से ऊपर उठकर लोकसामान्य भाव भूमि पर चला जाता है—अशेष सृष्टि के साथ उसका रागात्मक सम्बन्ध हो जाता है—उसकी रागात्मक सत्ता का विश्वव्यापी प्रसार हो जाता है। जिस प्रकार बुद्धि चिन्तन के द्वारा अद्वैत तक पहुँच जाती है उसी प्रकार हृदय भी मुक्त होता हुआ वहाँ तक पहुँच जाता है। रागात्मक और बोधात्मक सत्ता के इसी सामंजस्य में मनुष्यता चरितार्थ होती है। उनके अनुसार "सम्पूर्ण सत्ताएँ एक ही परमसत्ता और सम्पूर्णभाव एक ही परमभाव के अन्तर्भूत हैं। इसीलिए बुद्धि की क्रिया से हमारा ज्ञान जिस अद्वैत भूमि पर पहुँचता है उसी भूमि तक हमारा भावात्मक हृदय भी इस सत्व रस के प्रभाव से पहुँचता है। इस प्रकार अन्त में जाकर दोनों वृत्तियों का समन्वय हो जाता है इसके बिना मनुष्यत्व की साधना पूरी नहीं[8] होती।" उनकी दृष्टि में वाल्मीकि और तुलसी ने 'आनन्द' और 'चमत्कार' मात्र के लिए रचना नहीं की होगी[9]—अवश्य ऐसा ही गम्भीर प्रयोजन उसके मूल में निहित होगा। वास्तव में कविता भाव-प्रसार द्वारा कर्मण्य के लिए कर्मक्षेत्र का और विस्तार कर देती है, फलतः वह भावसंचार माध्यम है—अन्तिम प्रयोजन नहीं। परम्परा भाव के माध्यम से संविद् विश्रान्ति को लक्ष्य मानती है। एक जगह काव्य प्रयोजन पर विस्तार से विचार करते हुए कहा है—हमारे[10] यहाँ काव्य का लक्ष्य है जगत् और जीवन के मार्मिक पक्ष को गोचर रूप में लाकर सामने रखना, जिससे मनुष्य अपने व्यक्तिगत संकुचित घेरे से अपने हृदय को निकालकर उसे विश्वव्यापिनी और त्रिकालदर्शिनी अनुभूति में लीन करे। इसी लक्ष्य के भीतर जीवन के ऊँचे से ऊँचे उद्देश्य आ जाते हैं। इसी लक्ष्य की साधना से मनुष्य का हृदय जब विश्व हृदय भगवान के लोकरक्षक और लोकरंजक हृदय से जा मिलता है तब वह भक्ति में लीन कहा जाता है। उस दशा में धर्म, कर्म के साथ और ज्ञान के साथ उसका पूर्ण सामंजस्य घटित हो जाता है। भक्ति, धर्म और ज्ञान—दोनों की रसात्मक अनुभूति है। जिस धर्म की साधना में हृदय का योग नहीं, वह शुष्क, नीरस और अधूरा है। इसी प्रकार जिस ज्ञान के साथ हृदय लगा नहीं चलता, वह भी शुष्क, नीरस और अधूरा है। उसमें मिठास न रहने का मतलब यह है कि ज्ञानी को केवल चित्स्वरूप का कुछ स्पर्श हुआ—आनन्द स्वरूप छूने को रह गया। यही बात गोस्वामी जी ने इस ढंग से कही है—

ब्रह्म पयोनिधि, मंदर ज्ञान, संत सुर आहिं।
कथा सुधा मथि काढ़हिं, भक्ति मधुरता जाहि।।

ब्रह्म से गोस्वामी जी का अभिप्राय व्यक्त ब्रह्म—'सिया राममय सब जग' से है। यह जगत् ब्रह्म का व्यक्त स्वरूप है। और समष्टि रूप में शाश्वत और अनन्त है। विशेष रूप अनित्य है—पर रूप परम्परा नित्य है। ज्ञान इस रूप सागर का मन्थन करके अनेक कथाएँ या कथ्य निकालता है और हृदय उनको आलम्बन के रूप में

सामने रखकर भक्ति की मधुरता का अनुभव करता है। इस प्रकार जब ज्ञान और भक्ति–बुद्धि और हृदय–दोनों सहयोगी होकर काम करें, तब अन्तःकरण की पूर्णता समझनी चाहिए। इतना प्रदीर्घ उद्धरण साभिप्राय रखा गया है। इस उद्धरण में शुक्ल जी की सभी **थीसिस** संक्षेप में आ गई हैं। उनकी दृष्टि में धर्म, भाव और ज्ञान का यही सामंजस्य हमारे यहाँ का मूल मंत्र है–जिस काव्य में यह सामंजस्य न होगा, उसका मूल्य गिरा हुआ होगा। पारम्परिक काव्य-चिन्तन में जब 'रस' की परा-उपनिषद् औचित्य को माना गया है–तब उसकी अपेक्षा करने वालों से शुक्ल जी को कोई शिकायत होनी तो नहीं चाहिए–उपेक्षा करने वाले अवश्य उसके भाजन हैं।

काव्य हेतु

पारम्परिक काव्यचिन्तन काव्य हेतु के सन्दर्भ में काव्य सामान्य और काव्य-विशेष को दृष्टिगत कर अनेकविध पक्ष प्रस्तुत करता है–पर 'प्रतिमा' की काव्यकारणता पर सभी एक मत हैं। यह 'प्रतिभा' कहीं 'शक्ति' का पर्याय और कहीं व्यापार मानी गई है। विभिन्न दर्शनों के आलोक में भी उसे प्रस्तुत किया गया है। कश्मीरी आचार्यों ने तो परमार्थ के स्तर पर उसे 'वंदे तां प्रतिभां शिवाम्' कहकर मूल शक्ति ही माना है–पर व्यवहार में काव्यनिर्माण के स्तर पर भी प्रजापति कवि में सक्रिय रहस्यमय स्फुरण के रूप में ही उसे रेखांकित किया गया है। यह 'प्रतिमा' सहजा भी होती है और उत्पाद्या भी। रसावेश में सक्रिय प्रतिभा ही वर्ण्य में ह्लादकारी अपूर्वता का आधान करती है। कुन्तक कहते हैं–

यत् किंचनापि वैचित्र्यं तत्सर्वं प्रतिभोद्भवम्।[11]

रचना में नवता के नाम पर जो कुछ है–वह सब प्रतिभा प्रसव ही है।

आनन्दवर्द्धन कहते हैं कि कवि का मुख्य कर्म है रस को केन्द्र में रखकर औचित्यानुधावी शब्दार्थ[12] योजना। आचार्य शुक्ल जी का भी पक्ष है कि काव्य का आभ्यंतर स्वरूप या आत्मा भाव या रस[13] है–अलंकार उसके बाह्य रूप हैं। जिस प्रकार विभाव, अनुभाव में हम उसका प्रयोग करते हैं उसी प्रकार रूपक, उत्प्रेक्षा आदि अलंकारों में भी। जबकि रस ही काव्य में प्रधान वस्तु है, तब उसके **संयोजकों** में जो **कल्पना** का प्रयोग होता है–वही आवश्यक और प्रधान ठहरा। इसका आधार खड़ा करने वाला जो विभावन व्यापार[14] है–कल्पना का प्रधान कर्म क्षेत्र वही है। पर वहाँ उसे अनुभूति या रागात्मिका वृत्ति के आदेश पर कार्य करना पड़ता है। शुक्ल जी के अनुसार–"भाव संचारोपयोगी[15] मूर्ति विधानकारी मानसिक शक्ति का नाम कल्पना है। उसके अनुसार मूर्ति विधान अपने-आप में साध्य नहीं है, अपितु रस निरूपण में जो विभाव कहा गया है, वही कल्पनात्मक या ज्ञानात्मक अवयव है–

जो भाव का संचार करता है। भाव प्रधान है—कल्पना सहयोगिनी। इस प्रकार कल्पना काव्य का क्रियात्मक बोधपक्ष है जिसका विधान हमारे यहाँ के रसवादियों ने भाव[16*] के योग में ही इसे काव्य के अन्तर्भूत माना है।

इन्होंने कल्पना के पर्याय रूप में 'प्रतिभा' (चिन्तामणि भाग-2, पृष्ठ 157) तथा 'भावना'[17] का प्रयोग किया है और बताया है कि जो स्थान धार्मिकों में उपासना या ध्यान का है, वही साहित्यिकों में "भावना' या 'कल्पना' का है—उभयत्र भाव संचार के लिए मूर्ति विधान की अपेक्षा है। प्रतिभा या कल्पना के साथ जहाँ तक व्युत्पत्ति और अभ्यास की बात है—उस सन्दर्भ में भी उनका कहना है—"मैं यह नहीं स्वीकार[18] करता कि प्रतिभा को परिश्रम की आवश्यकता ही नहीं—प्रतिभा **अभ्यास** से उन्नति ही नहीं कर सकती, उसमें भूल-चूक होने की सम्भावना ही नहीं और जो एक बार चित्त के उद्वेग में निकला और लिखा गया—वह किसी दूसरे अवसर पर पूर्ण और संशोधन नहीं किया जा सकता।'' साथ ही वे उस अभ्यास और ज्ञानार्जन (व्युत्पत्ति) को भी काव्य में प्रशस्त नहीं मानते जो अनुभूति के आवेग की अपेक्षा न करके चलने वाली व्युत्पाद्या प्रतिभा या कल्पना का अंग होता है। उन्होंने कहा है—''कृत्रिमता के[19] काल में, जिसमें कविता केवल अभ्यासगम्य समझी जाने लगी, कल्पना का प्रयोग काव्य का प्रकृत स्वरूप संघटित करने में कम होकर अलंकार आदि बाह्य आडम्बर फैलाने में अधिक होने लगा।'' शुक्ल जी[20] 'कल्पना' के उस रूप का भी विरोध करते हैं जहाँ कल्पना के लोक को नित्य, शाश्वत और अनन्त माना गया है और माना गया है कि उस नित्य लोक में उन सब वस्तुओं की नित्य और पारमार्थिक सत्ताएँ हैं—जिन्हें हम प्रकृति रूपी दर्पण में प्रतिबिम्बित देखते हैं। शुक्ल जी काव्य की प्रकृत[21] भूमि मनोमय कोश तक ही मानते हैं और मानते हैं कि हृदय का अव्यक्त और अगोचर से कोई सम्बन्ध नहीं है। उनके अनुसार कल्पना की सारी रूप सामग्री बाह्य[22] जगत् की ही होती है। इस प्रकार काव्य जिस अनुभूति को संप्रेषित कर पाठक को अनुभूति मात्र बना देता है—उसकी सीमा निर्धारित कर काव्य हेतु का विचार किया गया है। पारम्परिक काव्यचिन्तन आगमिक चिन्तन के आलोक में 'प्रतिभा' का जो स्वरूप निर्धारित करता है—शुक्ल जी उससे पृथक् पड़ते हैं। परम्परा मानती है कि कवि के अपूर्वार्थोपस्थापन सम्बन्धी संकल्प को भगवती सरस्वती स्वयं पूर्ण करती है—शुक्ल जी को इस सबमें विश्वास नहीं है। वे 'प्रतिभा' को ऐसी कोई दिव्य शक्ति नहीं मानते।[23] वह इन्द्रियानुभव से स्मृति में संचित सामग्री का भावोद्रेक के सन्दर्भ में सक्रिय एक मानसिक क्षमता-भर मानते हैं।

---

*16. हमारे यहाँ के रस-सिद्धान्त के अनुसार (कल्पना) मूल रूप भावात्मक या अनुभूत्यात्मक है। मनोविज्ञान के अनुसार भाव कोई एक अकेली वृत्ति नहीं, एक वृत्ति-चक्र है (सिस्टंम है) जिसके भीतर बोधवृत्ति या ज्ञान (काग्निशन) इच्छा या सकल्प (कोनेशन) प्रवृत्ति (टेंडेंसी) और लक्षण (सिम्प्टम्स) ये चार मानसिक या शारीरिक वृत्तियां आती है। अतः भाव का एक अवयव प्रतीति या बोध भी होता है।

काव्य हेतु के सन्दर्भ में जहाँ तक अन्तःप्रेरणा का सम्बन्ध है—एक जगह वे अवश्य कहते हैं—"किसी रहस्यमयी प्रेरणा से उसकी कल्पना में कई प्रकार के[24] सौन्दर्यों का जो मेल आप से आप हो जाया करता है—उसे पाठक के सामने भी वह प्रायः रख देता है।" यह रहस्यमयी प्रेरणा क्या है—स्पष्टता की अपेक्षा रखती है? शुक्ल जी काव्य को अभिव्यक्ति मानते हैं—अतः 'अव्यक्त' से नहीं—'व्यक्त' से ही उसे परिचालित और 'व्यक्त' से सम्बद्ध मानते हैं। परिचालक वासना रूप में अनिर्दिष्ट आलम्बन वाला अव्यक्त राग-द्वेष नहीं, वरन् 'प्रेम' 'करुणा' और 'क्रोध' जैसी मृदु तथा उग्र-वृत्तियाँ हैं। काव्य में इन्हीं का सामंजस्य सौन्दर्य रूप में उन्हें अभीष्ट है—न कि पाश्चात्य सौन्दर्य शास्त्र में 'कला' के अन्तर्गत 'काव्य' को भी परिगणित करके विवेचित होने वाला सामान्य 'सौन्दर्य'। उनकी दृष्टि में "पहले तो सौन्दर्यशास्त्र अभी कोई ठीक-ठिकाने का शास्त्र नहीं—कभी होगा, यह भी नहीं कहा जा सकता। यदि हो भी तो काव्य से उसका सम्बन्ध नहीं।" शुक्ल जी काव्य के स्वरूप लक्षण में 'सुन्दर' शब्द को उतने काम का नहीं मानते जितना 'रमणीय' को। उनके अनुसार अर्थ के मैदान में सुन्दर शब्द की दौड़ उतनी नहीं, जितनी 'रमणीय' शब्द की। दूसरी बात यह कि 'सुन्दर' शब्द बाह्यार्थ की ओर संकेत करता है और 'रमणीय' शब्द 'हृदय' की ओर। इसीलिए उनकी दृष्टि में 'सुन्दर' शब्द काव्यानुभूति के स्वरूप को संकुचित करता है। 'रमणीयता' सापेक्ष 'सौन्दर्य' तो ग्राह्य है—पर अन्यथा नहीं। कहा ही है—मन की दर्शन वृत्ति की रागात्मिका दशा ही सौन्दर्य की अनुभूति कहलाती है। उसे भीतर-बाहर[25] कहना व्यर्थ है, क्योंकि यहाँ वस्तु और चेतना का तादात्म्य रहता है।

काव्य-प्रभेद

पारम्परिक काव्य चिन्तन पाँच आधारों पर काव्य-प्रभेद की बात करता है—भाषा, शैली (गद्य-पद्य), बन्ध, इन्द्रियमाध्यस्थ तथा अर्थ (प्रतीयमान)। फिर इनमें अवान्तर प्रभेदों का प्राचुर्य है। भाषा पर आधारित भेद की चर्चा तो पहले ही निःशेष हो गई। गद्य काव्य तथा पद्य काव्य का उल्लेख अवश्य होता रहा—शुक्ल जी ने भी किया। अन्तिम तीन आधार अवश्य महत्व के हैं।

आचार्य शुक्ल ने 'बन्ध' को आधार बनाकर किए जाने वाले प्रभेद को **स्वाभाविकता** और **अतिरंजना** के आधार पर चर्चित किया है। कहा है—काव्य के दो स्वरूप देखने में आते हैं—अनुकृत (इमिटेटिव) या प्रकृत (रियलिस्टिक) तथा अतिरंजित (एक्जोजरेटिव) या प्रगीत। पहला वह है जहाँ वस्तु-व्यापार का चित्रण तथा अभिव्यंजना चाहे जितना बढ़ा-चढ़ाकर किया जाय—पर वास्तविकता का आधार नहीं छूटता और दूसरा वह जहाँ उभयत्र अतिरंजना होती है। भारतीय कवियों की मूल प्रवृत्ति वास्तविकता की ओर ही रही है—चाहे प्रबन्ध हो या

मुक्तक या गीत। भाव-व्यंजना के क्षेत्र में काव्य का अतिरंजित या प्रगीत स्वरूप अधिकतर मुक्तक पद्यों में—विशेषतः शृंगार या प्रेम सम्बन्धी—पाया जाता है। सहृदयता और भावुकता की परख की दृष्टि से शुक्ल[26] जी 'मुक्तक' की अपेक्षा 'प्रबन्ध' को महत्वपूर्ण मानते हैं—क्योंकि वहीं मानव जीवन की विभिन्न दशाओं के साथ कवि अपने हृदय का पूर्ण सामंजस्य दिखा सकता है। उनकी दृष्टि में प्रबन्ध क्षेत्र में तुलसी का स्थान सर्वोच्च है। वहाँ सम्पूर्ण जीवन और उसकी विभिन्न दशाएँ वर्णित हैं।

इन्द्रियमाध्यस्थ्य के आधार पर श्रव्य के साथ दृश्य का उल्लेख करते हुए इस प्रयास की प्रशंसा की है कि हिन्दी के नाटकों में पारम्परिक 'रस-निर्वाह' के साथ पाश्चात्य नाटकों की विशेषता—अन्तःप्रकृति का वैचित्र्य—के समाहार का भी प्रयत्न हो रहा है।

श्रव्य काव्य के अन्तर्गत गद्यबद्ध विधाओं में **उपन्यास, कहानी** तथा **निबन्ध** पर विचार किया है। विशेष उल्लेख्य बिन्दु यह है कि 'निजता' बनाए रहने पर ध्यान सर्वत्र है। विशेषकर 'निबन्ध' की पश्चिमी विशेषता 'उच्छिन्न चिन्तनात्मकता' या 'मन की मुक्त भटकन' के रूप में उसकी स्वीकृति का विरोध। 'निबन्ध' में भारतीय प्रकृति के अनुसार 'बन्ध-शैथिल्य' नहीं है। 'अनुज्झितार्थ सम्बन्ध' होना चाहिए।

अर्थ (प्रतीयमान) के आधार पर किया गया प्रभेद सबसे परवर्ती है—उत्तम, मध्यम तथा अधम। पारम्परिक काव्य-चिन्तन में इस आधार पर चार तरह के मत मिलते हैं—(1) ध्वन्यालोककार—ध्वनिकाव्य, गुणीभूतव्यंग्य (2) पण्डितराज—उत्तमोत्तम, उत्तम, मध्यम और अधम (3) साहित्य दर्पणकार—ध्वनि और गुणीभूत व्यंग्य रस (4) महिमभट्ट—रसात्मक काव्य (एक ही भेद)। शुक्ल जी काव्य को रसात्मक ही मानते हैं—पर रस की कोटियाँ कई मानते हैं—उत्तम, मध्यम तथा निकृष्ट। पहले में आश्रय तथा ग्राहक का तादात्म्य होता है, दूसरे में ग्राहक तादात्म्यापन्न न होकर तटस्थ प्रतिक्रिया व्यक्त करता है तथा तीसरे में भाव अविवक्षित रहता है—वाग्वैदग्ध्य ही प्रधान हो जाता है। रस की मध्यम दशा शील दशा है—जहाँ अन्तःप्रकृति का वैचित्र्य प्रदर्शित होता है। इस सन्दर्भ में डंटन की स्थापना से शुक्ल जी असहमत हैं जहाँ वह अनुभूति-निरपेक्ष कुतूहल मात्र पर्यवसायी वैचित्र्य की बात करता है और कहता है कि वही नूतन सृष्टि विधायिनी कल्पना शक्ति उत्कृष्ट सर्जन का मानदण्ड है। डंटन के द्वारा प्रदत्त हैमलेट के उदाहरण में भी शुक्ल जी अनुभूति-सापेक्षता मानते हैं। वे काव्य के उस भेद से भी असहमत हैं जहाँ Poetry of An Art तथा Poetry of an energy जैसे भेद की बात कही गई है। उनका पक्ष है कि कलात्मकता काव्य मात्र के लिए अपेक्षित है। फलतः काव्य के दो रूप हैं—साधनास्थापन्न तथा सिद्धावस्थापन्न। कलात्मकता उभयत्र अपेक्षित है। उत्तम काव्य में दोनों का सामंजस्य है।

काव्यात्मवाद

पारम्परिक काव्यचिन्तन में काव्य की आत्मा के सन्दर्भ में सामान्यतः सात मतों का उल्लेख मिलता है–अलंकार, रीति, ध्वनि, रस, वक्रोक्ति, औचित्य तथा चमत्कृति। परन्तु चमत्कृति सर्वसाध्य रूप में तथा औचित्य सर्वसाधन रूप में स्वीकृत होने से प्रतिस्पर्धी रूप में प्रायः पाँच का ही काव्यात्मवाद की परिधि में ग्रहण होता है। समुद्रबन्ध ने भी इन्हीं का संकेत दिया है। मूर्द्धन्य चिन्तक ध्वनिवादियों ने ध्वनित रस को ही काव्य की आत्मा कहा है और शुक्ल जी का भी पक्ष है–**काव्य का[27] आभ्यन्तर स्वरूप या आत्मा भाव या रस है। अलंकार** उसके बाह्य स्वरूप हैं। विभावादि द्वारा ग्राहक के हृदय में प्रसुप्त स्थायी भाव का अनुभव ही रस है। पारस्परिक रस चिन्तन और शुक्ल-सम्मत रस चिन्तन में अन्तर ही अन्तर है–वह क्रमागत रसवाद से अत्यन्त भिन्न है। दोनों की ही चैन्तनिक भूमियाँ और क्षेत्र–भिन्न भी हैं–स्वरूप भेद तो है ही–शुक्ल-सम्मत रस स्वरूप में मानववाद के बीज भी अक्षत[28] हैं। पारम्परिक चिन्तन भी जिस रसवाद की परा-उपनिषद् औचित्य या सामाजिकता में मानता हो–उसे भी अलोकमांगलिक कैसे कहा जाए? पर रस को आनन्द रूप में लेना, उसका शृंगार केन्द्रित होना और शृंगार को भी नायक-नायिका भेद के चौखटे में कैद करना और उसे भी विलासी दरबारियों के माहौल में रखना–इन सबने उसके प्रशस्त और समुन्नत रूप को विकृत तथा परिपाटीबद्ध होने से विजड़ित कर दिया। उसके प्रशस्त रूप को रचना के मुक्त प्रांगण में लाकर उभारना चाहिए। 'रसअलंकार[29] तो पुरानी चीजें हैं, उनका जमाना गया'–नई रंगत की कविताओं के सन्दर्भ में इन बातों को सुनकर शुक्ल जी क्षुब्ध हो जाते हैं और ऐसा कहने वालों को नासमझ कहते हैं। उनकी दृष्टि में शब्द-शक्ति, रीति, रस और अलंकार–ये विषय काव्य समीक्षा के लिए इतने उपयोगी हैं कि इनको अन्तर्भूत करके संसार की नई पुरानी सब प्रकार की कविताओं की बहुत ही सूक्ष्म, मार्मिक और स्वच्छ आलोचना हो सकती[30] है। रिचर्ड्स जैसा समीक्षक अब इसी ओर लौट रहा है।

पारम्परिक चिन्तन 'रस' का विचार वासना-वासित हृदय सहृदय की ओर से करता है और शुक्ल जी विषयबद्ध-पात्र की ओर से। परम्परा से हटकर मानते हैं। जिस मुक्त हृदय की अनुभूति काव्यानुभूति या रसानुभूति है–वैसे मुक्त हृदय की अनुभूति हमें कभी-कभी प्रत्यक्ष लोकजीवन में भी होती हैं। अतः 'रसानुभूति प्रत्यक्ष या वास्तविक अनुभूति से सर्वथा पृथक् कोई अन्तर्वृत्ति नहीं है बल्कि उसी का एक अवदात्त और उदात्त स्वरूप है।'[31] इसीलिए कविता मनुष्य भाव की रक्षा करती है। ऐसी उनकी धारणा है। रस सम्बन्धी चिन्तन के सन्दर्भ में पारम्परिक चिन्तन से हटकर अनेक नई बातें कही गयी हैं–रस नियमतः आनन्द स्वरूप नहीं है, वह कल्पित ही नहीं प्रत्यक्ष और स्मृत रूप विधान में भी होता हैं, वह मन की अवदात दशा है, उसकी उत्तम और मध्यम दो कोटियाँ होती हैं, प्रकृति रस भी रस

है, वह भावात्मक होने से सत्कार्यप्रवर्तक होता है। साधारणीकरण आलम्बन का नहीं–आलम्बनत्व धर्म का होता है। भाव संचारी और स्थायी ही नहीं, बीज रूप भी हैं। स्थायीभाव की शर्त है–वह रसावस्था की सम्भावना के लिए होता है और उस बिन्दु पर कवि, आश्रय और ग्राहक–तीनों का समानुभव होता है। इस तरह उनकी अनेक नूतन उद्भावनाएँ हैं–और उसका कारण है पारम्परिक अतिप्राकृत आत्मवादी भूमि से हटकर प्राकृत मनोभूमि पर मनोविज्ञान, निजी अनुशीलन और अनुभव के सहारे सोचना।

वे 'रस' की प्रतीति या रसात्मक प्रतीति की परिणति दध्यादिन्याय से मानते हैं। रस की प्रतीति ध्वनिवादी व्यंजना से और अनुमितिवादी अनुमान से मानते हैं। शुक्ल जी ने इन पक्ष-प्रतिपक्षों को दृष्टिगत कर सोचा है और कहा है कि किसी भाव और वस्तु–दोनों की व्यंजना से प्रतीति होने पर एक ही कोटि और व्यापार की परिणति मानना संगत नहीं लगता। व्यंजनागम्य वस्तु का **बोध** होता है और रस की **अनुभूति**, क्या इन दोनों में **क्रम** की लक्ष्यता-अलक्ष्यता का ही अन्तर है या और कुछ? शुक्ल जी महज इतना ही अन्तर नहीं मानते। वे तो यहाँ तक कह गए हैं कि किसी भाव की अनुभूति को व्यंग्यार्थ कहना बहुत उपयुक्त नहीं जान पड़ता। व्यंग्य अर्थ बोध (अमुक का अमुकगत अमुक भाव) के ही स्तर होगा। अनुभव के स्तर का नहीं–अतः दोनों के लिए एक ही वृत्ति मानना संगत नहीं बैठता। इसलिए तो अनुमित्यात्मक ज्ञान के स्तर पर रस प्रतीति को मानंने वाले महिम का खण्डन किया गया। वस्तु व्यंजना के सन्दर्भ में महिम का पक्ष शुक्ल जी को जँचता है, पर–भावानुमिति का नहीं। अन्ततः यह प्रश्न छोड़ दिया है कि वस्तु व्यंजना की बोधात्मक कोटि से भिन्न अनुभूत्यात्मक कोटि की रस प्रतीति के लिए किस वृत्ति को माना जाय।

इसी से जुड़ा हुआ एक प्रश्न और है कि काव्यत्व का अधिवास कहाँ माना जाए–वाच्यार्थ में या व्यंग्यार्थ में? शुक्ल जी का स्पष्ट उत्तर है[32]–वाच्यार्थ में। वह रसात्मक वक्र उक्ति ही है। लक्षणा या व्यंजना से प्राप्त अर्थ तो उसका धारक सत्य है–जिससे उसकी पार्यन्तिक संगति बैठती है। पं. विश्वनाथ प्रसाद मिश्र की धारणा है कि यह एक दृष्टिभेद है–इसीलिए दूसरी दृष्टि से व्यंग्य रस ही तो सर्वाधिक उपादेय और रमणीय अर्थ माना जाता है। उनका कहना है कि शब्द शक्ति का विषय अत्यन्त महत्व का है–यदि रिचर्ड्स इस व्यंजना सिद्धान्त से परिचित होता तो अर्थ के चार भेद–सेंस, फीलिंग, टोन और इन्टेशन न मानता। कारण, तीसरे का समावेश व्यंजना के कारणों में हमारे यहाँ माना गया है। अभिधेय अर्थ में काव्यत्व का अधिवास है–इसकी पुष्टि में 'अभिधा उत्तम काव्य है' को उद्धृत करना गलत है। इसी प्रकार 'अनलंकृती' पद से अलंकार के अभाव का आशय बनाना भी गलत ही है।

अलंकार और वक्रोक्ति को वे रस के सन्दर्भ में उपादेय मानते हुए भी अलंकारवाद या वक्रोक्तिवाद को महत्व नहीं देते क्योंकि उनकी दृष्टि में ये दोनों ज्ञानात्मक अवयव से ही प्रयोजन रखते हैं। वे इन दोनों को वाग्वैचित्र्यवाद– जो चमत्कार या कुतूहल मात्र उत्पन्न करके रह जाता है–का रूप मानते हैं। इसीलिए अभिव्यंजनावाद को उन्होंने 'वक्रोक्तिः काव्यजीवितम्' का विलायती उत्थान माना है। यह मान्यता भी ठीक नहीं है–कारण, कुन्तक 'स्वभाव' को ही वक्रता का परम रहस्य मानते हैं। उनका 'वैचित्र्य' चमत्कारी नहीं, लोकोत्तर आह्लादकारी है–जो कवि प्रतिभा की उपज है। अलंकार को वह कहने का ढंग मानते हैं और मानते हैं कि उसे भाव पर्यवसायी प्रस्तुत अर्थ को सुन्दर बनाने में होना चाहिए। अलंकार के मूल में भी कल्पना काम करती है। वे उन पारम्परिक अलंकारों को अलंकार नहीं मानते जो वर्ण्य या उसके स्वभाव से सम्बद्ध हैं। इसीलिए वे स्वभावोक्ति आदि को अलंकार कहने के पक्ष में नहीं हैं। रहा रीतिवाद–सो उस पर भी विचार करते हुए कहा है–"रीति का विधान शुद्ध नाद का प्रभाव उत्पन्न करने के लिए हुआ है।[33]" विशिष्ट पद रचना यदि प्रभाव पैदा करने का अंग है तब तो ठीक–अन्यथा अपने-आप में उसका कोई महत्व नहीं हैं औचित्य के तो खैर सभी पक्षधर हैं–पर 'आनन्द' और 'चमत्कार'–शब्दों को शुक्ल जी ने अत्यन्त स्थूल अर्थ में ग्रहण न कर उनकी गर्हा भी की है।

समीक्षोपयोगी भारतीय काव्यशास्त्र के उपकरणों पर 'रस मीमांसा' के अन्त में पर्याप्त उपादेय सामग्री मिलती है। शब्द शक्ति, ध्वनि और उसके प्रभेद, गुणीभूतव्यंग्य, काव्यस्वरूप तथा प्रयोजन आदि पर जो विचार संकलित हुए हैं– उन्हें देखने से लगता है कि ये नोट्स साहित्य-दर्पण को केन्द्र में रखकर अपने समझने के लिए तैयार किए गए हैं। काव्य और शास्त्र दोनों का ज्ञान कितना अच्छा था–पद्मावत की भूमिका में उसकी जो चर्चा मिलती है–उससे स्पष्ट है।

निसन्देह आचार्य शुक्ल ने अपनी व्याख्यात्मक समीक्षा में जिस मर्मोद्घाटिनी शक्ति का संकेत दिया है–अप्रतिम है। शुक्ल जी भारतीय पारम्परिक सैद्धान्तिक समीक्षा में विवेचित उपकरणों का–कतिपय अपवादों को या त्रुटियों को छोड़ दें–अत्यन्त गहराई के साथ अध्ययन तथा मनन किया था। उनकी अध्ययन, मनन, धारण और उद्भावना की वृत्तियाँ बेजोड़ हैं। भारतीय काव्योपकरणों का पण्डित होना और बात है और पुरानी और नई कविता की समीक्षा और व्याख्या में पक्की समझ के साथ उनका संचार कर लेना और बात है। शुक्ल जी में दोनों विशेषताएँ हैं। पश्चिमी चिन्तन से भी अभिज्ञ होने के कारण भारतीय काव्यशास्त्रीय उपकरणों में निहित सम्भावना को युगोचित भूमि पर जिस आस्था और विश्वास के साथ

प्रतिष्ठापित किया है--वह आगे न बढ़ पाई। आचार्य पं. नन्ददुलारे वाजपेयी की भी इसमें स्वीकारोक्ति है। शुक्ल जी का विश्वास था कि अभी पश्चिमी समीक्षक—रिचार्ड्स जैसे लोग भी—उस विवेचन की ऊँचाई तक नहीं पहुँच सके हैं। शब्द-शक्ति विवेचन के सन्दर्भ में उन्होंने इस तथ्य को रेखांकित किया है। उनका यह भी विश्वास था कि शब्द-शक्ति, रीति, अलंकार और रस के सहारे अत्यन्त स्वच्छ समीक्षा प्रस्तुत की जा सकती[34] है और उन्होंने की भी है।

क्रमागत भारतीय मानदण्डों में उन्होंने 'रसवाद' के प्रति आस्था व्यक्त की और उसी में मानुष-भाव की रक्षा और निर्वाह की सम्भावना देखी। उनकी 'थीसिस' इतनी संश्लिष्ट है कि उसमें परमार्थ दर्शन, व्यवहार दर्शन और काव्य दर्शन—सभी समंजस हो उठे हैं। 'अव्यक्त' को वे मानते हैं—चाहे वह सच्चिदानन्दमय परमसत्ता हो या अन्य कुछ मानव हृदय की राग-द्वेषात्मक वासना—का सरोकार इनके व्यक्त रूप से ही है। एक ओर वे काव्य और भक्ति को 'अव्यक्त' के 'आनन्द' पक्ष से जोड़ते हैं तो दूसरी ओर हृदय की 'राग-द्वेषमयी वासना' से—पर दोनों के 'अव्यक्त' रूप से नहीं—'व्यक्त' रूप से पहले की लोकगत अभिव्यक्ति साधनावस्था और सिद्धावस्था में होती रहती है—जबकि दूसरे की प्रेम-करुणा (राग) तथा क्रोध (द्वेष) रूप में। सत् और असत् भी 'व्यक्त' की अभिव्यक्ति के ही दो पक्ष हैं—शुक्ल जी इन्हीं के सामंजस्य में मनुष्य-भाव की चरितार्थता मानते हैं और काव्य इसी भाव की रक्षा करता है—मुक्त हृदय द्वारा विश्व हृदय को एक कर। सत् चित् तथा आनन्द का ही लोक में व्यक्त रूप कर्म, ज्ञान तथा उपासन है। उपासना—जो हृदय की वृत्ति है—के लगाव से ही कर्म और ज्ञान सार्थक और सरस हो पाते हैं। वास्तव में वे मानते हैं कि मनुष्य-भाव की चरितार्थता है—कारुण्य प्रेरित लोक-मंगल सम्पादनोपयोगी कर्म में और कर्म में प्रवृत्त करता है—'भाव'। फलतः भावक्षेत्र को वे अत्यन्त 'पवित्र क्षेत्र' मानते हैं। वे मानते हैं कि भाव की जटिलता का विकास मनुष्य में विश्वात्मा की जिस प्रेरणा से हुआ है--उसमें लोकमंगल की भावना निहित है। लोकमंगलोपयोगी प्रवृत्ति या निवृत्ति की स्वभावगत करने की शक्ति कविता में ही वे मानते हैं—सम्प्रदाय या शासन में नहीं। इसीलिए उनकी कविता की स्वरूप विषयक धारणा विशिष्ट प्रकार की है—जिसकी अन्तरात्मा भाव या रस[35] है। उनकी दृष्टि में विश्वात्मा की इच्छा है कि मनुष्य शेष सृष्टि के साथ एकात्म हो जाए—यह काम भाव-विस्तार से ही सम्भव है जिसका दायित्व काव्य[36] पर है। फलतः उनकी काव्य सम्बन्धी धारणा कुछ और ही प्रकार की है—जो रसवाद से ही जुड़ सकती है और समस्त काव्य उपकरणों का उसकी उत्कृष्ट व्यंजना में पर्यवसान है। ज्ञान कर्म और उपासना की जो विभिन्न पद्धतियाँ विकसित हुई हैं—उनमें सबसे परिपूर्ण पद्धति भक्ति की है। शुक्ल जी इसीलिए भक्ति को धर्म और ज्ञान की रसात्मक अनुभूति मानते हैं। उनकी इस मान्यता में परमार्थ, व्यवहार और काव्य किस प्रकार समंजस हैं—एकदम सुस्पष्ट है।

सन्दर्भ

1. ध्वन्यालोक, चौखम्बा संस्करण, संवत् 1997, आनन्दवर्द्धन, पृष्ठ 497। 2. –वही–पृष्ठ 364। 3.–वही–पृष्ठ 529। 4. चिन्तामणि, भाग-2, नागरी प्रचारिणी सभा, काशी, रामचन्द्र शुक्ल, पृष्ठ 126। 5. रस-मीमांसा, नागरी प्रचारिणी सभा, काशी, संवत् 2029, रामचन्द्र शुक्ल, पृष्ठ 80। 6.–वही–पृष्ठ 80। 7.–वही–पृष्ठ 21। 8.–वही–पृष्ठ 11-12। 9. चिन्तामणि, भाग-2 पृष्ठ 155। 10.–वही–पृष्ठ 157। 11. वक्रोक्ति जीवितम्। 12. ध्वन्यालोक, पृष्ठ 400। 13. रस-मीमांसा, पृष्ठ 83। 14. चिन्तामणि, भाग-2, पृष्ठ 145। 15.–वही–पृष्ठ 136। 16. चिन्तामणि, भाग-3, राजकमल प्रकाशन, 1983, पृष्ठ 29। 17. चिन्तामणि, भाग-1, नागरी प्रचारिणी सभा, 1939, पृष्ठ 9। 18. चिन्तामणि, भाग-2, पृष्ठ 18। 19.–वही–पृष्ठ 93। 20.–वही–पृष्ठ 93। 21. चिन्तामणि, भाग-2, पृष्ठ 142। 22.–वही–पृष्ठ 22। 23. सूरदास, नागरी प्रचारिणी सभा, काशी, संवत् 2030, रामचन्द्र शुक्ल, पृष्ठ 82। 24. गोस्वामी तुलसीदास, नागरी प्रचारिणी सभा, काशी, संवत् 2033, पृष्ठ 42। 25.–वही–पृष्ठ 43। 26. जायसी ग्रन्थावली, नागरी प्रचारिणी सभा, संवत् 2008, भूमिका भाग, पृष्ठ 210। 27. रस-मीमांसा, नागरी प्रचारिणी सभा, संवत् 2023, रामचन्द्र शुक्ल, पृष्ठ 83। 28. चिन्तामणि, भाग-2, पृष्ठ 151। 29.–वही–पृष्ठ 180। 30.–वही–पृष्ठ 151। 31. रस-मीमांसा, पृष्ठ 224। 32. चिन्तामणि, भाग-2, पृष्ठ 130। 33. चिन्तामणि, भाग-1, इण्डियन प्रेस, प्रयाग, 1976, पृष्ठ 73, मंजूषा। 34. चिन्तामणि, भाग-2, पृष्ठ 133। 35. रस-मीमांसा, पृष्ठ 360। 36. चिन्तामणि, भाग-2, पृष्ठ 180।

आचार्य रामचन्द्र शुक्ल और आलोचना के मानदण्ड

(क) आचार्य रामचन्द्र शुक्ल एक मौलिक भारतीय प्रस्थान का नाम है। इसीलिए भारतीय परम्परा के अनुसार आचार्य जैसी अन्वर्थ या संगत संज्ञा हिन्दी साहित्य में किसी को दी जा सकती है–तो वह रामचन्द्र शुक्ल को। प्रस्थान-प्रस्थापक की देशकालानुरूप विकसित अपनी एक विश्व-दृष्टि होती है–जिसके अनुसार वह अपना 'गन्तव्य' सुस्पष्ट करता है और तदनुसार 'दर्शन' तथा 'धर्म' अथवा 'विचार' और 'आधार' या 'फिलासफी' तथा 'थियालाजी' का समंजस विधान करता है। भारतीय परम्परा के अनुसार इस प्रक्रिया में परम्परा-प्रतिष्ठ वाङ्मय का साक्ष्य भी दिया जाता है और शुक्ल जी ने इसका भी ध्यान रखा है। वे मानते हैं कि मानव का गन्तव्य है–मानवता की चरितार्थता और मानवता मानव-स्तर पर विकसित चेतना में विश्वात्मा की इच्छा से आहित एक विशिष्ट लोकमंगल विधायक सम्भावना है। इसीलिए मानव के छोटे से हृदय में करुणा नामक भाव के विधान में उन्होंने विश्वात्मा की इच्छा का ही हवाला दिया है। क्योंकि विश्व रक्षा का बीज यही करुणा है–परदुःखकातरता है–मानवता है–इसकी चरितार्थता लोकमंगल में होती है। इसीलिए इनका प्रस्थान लोकमंगलवादी प्रस्थान कहा जा सकता है।

लोकमंगल विधायक बीजभाव के रूप में प्रेम के साथ करुणा को स्वीकार करते हुए भी उन्होंने करुणा को ज्यादा व्यापक माना है–पर इसका मतलब यह नहीं कि वे 'एको रसः करुण एव' या कि दुःखवाद के ऐकान्तिक पक्षधर हैं। नहीं वे न तो प्रेम को ऐकान्तिक महत्व देते हुए 'आनन्दवादी' हैं और न ही करुणा को ऐकान्तिक महत्व देते हुए दुःखवादी–अपितु दोनों से सम्पन्न होने वाले रक्षण, पालन, और रंजनात्मक लोकमंगल के सन्दर्भ में समन्वयवादी हैं। इसी समन्वय और सामंजस्य का और संगत विचार करते हुए जहाँ लोकमंगल में वासनात्मक अव्यक्त राग के व्यक्त रूप और प्रेम और करुणा को अनिवार्य मानते हैं वहीं द्वेषात्मक वासना के व्यक्त रूप क्रोध जैसे कठोर भाव का भी (लोकमांगलिक) उपयोग स्वीकार करते हैं। भारत की निजता की पहचान इसी सामंजस्य में है न कि किसी एक के ऐकान्तिक

विधान में। इसीलिए वाद की दृष्टि से अपने को स्पष्ट करते हुए जहाँ एक ओर वे अभिव्यक्तिवादी होते हैं, वहीं दूसरी ओर सामंजस्यवादी।

उनकी विश्वात्म दृष्टि में अव्यक्त (चिन्मय अद्वय सत्ता) और व्यक्त में पारमार्थिक भेद नहीं है—यह भेद हमारी शक्ति सीमा का प्रतिफल है। हाँ, यह आवश्यक है कि व्यक्ति रूप में सदंश के प्रकाश के लिए 'असत्' का विधान अनन्यथा—सिद्ध है—क्योंकि ये सभी द्वन्द्व आत्यंतिक सत्य नहीं—सापेक्ष सत्य हैं। फलतः उनकी दृष्टि में लोक या व्यक्त जगत् अव्यक्त की सद्सदात्मक अभिव्यक्ति है। रामत्व और रावणत्व सापेक्ष सत्य हैं। इसीलिए शुक्ल जी अपने लोकमंगलवादी प्रस्थान को स्पष्ट करते हुए कहते हैं—जबकि अव्यक्तावस्था से छूटी हुई प्रकृति अपने व्यक्त रूप जगत् में सत्व, रजस् तमोमयी रूप में निरन्तर रहेगी ही—तब लोकमंगल का विधान करने वाली ब्रह्म की आनन्द कला के विकास का समष्टि रूप में यही अर्थ हो सकता है कि सत्व के शासन में रजस् तथा तमस् सक्रिय रहे। असत् सत् के अनुशासन में रह सकता है—उसका आत्यन्तिक उच्छेद नहीं हो सकता। इसीलिए आनन्द का प्रकाश फिर तिरोहित होता है—असत् का आवरण फिर चढ़ता है और क्षात्र शक्ति उसके चीरने में अपना करुण-क्रोध-गर्म लोकमांगलिक स्वरूप विकसित करती रहती है। इसीलिए यह सिद्ध या प्रकाश व्यक्तिगत उपलब्धि बन सकता है—लोक में वह निरन्तर साध्य ही रहता है—तभी तो उसे पाने का प्रयत्न अनवरत चलता रहेगा—तभी तो कर्म की सदा अपेक्षा रहेगी—तभी तो यह लोक कर्म लोक होगा। इसीलिए शुक्ल जी व्यक्तिसाधना और औसत लोकसाधना में आत्यन्तिक भेद न मानते हुए भी व्यावहारिक भेद मानते हैं। इसीलिए उनके लोकमंगल में साधना और सिद्धि—दोनों का समावेश है—और दोनों सुन्दर हैं। उनकी दृष्टि में सामंजस्य, सौन्दर्य और मंगल एक ही हैं—यह दूसरी बात है। दृष्टिभेद से क्षेत्र-विशेष में अलग-अलग चलते रहें—यह दूसरी बात है। सत्-असत् का यही सामंजस्य उनका गन्तव्य है और एतदर्थ अनुरूप वृत्ति या व्यवस्था धर्म है, जिसका विकास व्यक्ति और समष्टि के संघर्ष में लोकहित के सन्दर्भ में हुआ है। इसीलिए न तो वह नित्य है ईश्वरीय विधान है और न ही उसकी चरितार्थता अध्यात्म और परलोक में है। यह अवश्य है कि वे उस धर्म को **सामान्य** और **विशेष** द्विरूप मानते हैं। विश्व की अन्य संस्कृतियों ने सामान्य धर्म या विश्वधर्म की ही बात कही, पर यह भारत था जिसने सरस्वती और दृषद्वती के तीर पर वर्णाश्रम धर्मात्मक विशेष धर्म की उद्भावना की। संक्षेप में गन्तव्य, विचार तथा आचारमय यही त्रिकोणाकार उनका प्रस्थान है—इसी के उपस्थापक आचार्य हैं।

(ख) उनका काव्य दर्शन उनकी इसी विश्व-दृष्टि या प्रस्थान का अंग है। वे मानते हैं कि जिस लोकमंगल में मानवता—चरितार्थ होती है—उसकी ओर प्रवृत्त करने वाला है—मानुषभाव और कविता. इसी मानुषभाव का संचार करती है।

लोक या शेष सृष्टि के साथ प्रकृत सम्बन्ध या रागात्मक सम्बन्ध का साक्षात्कार इसी मानुषभाव की भूमि पर होता है। इसीलिए शुक्ल जी कहते हैं—कविता वह साधना है, जिसके द्वारा शेष सृष्टि के साथ मनुष्य के शुद्ध रागात्मक सम्बन्ध की रक्षा और निर्वाह तथा उसके हृदय का प्रसार और परिष्कार होता है। जब तक कोई अपनी पृथक् सत्ता की भावना को ऊपर किए जगत् के नाना रूपों और व्यापारों को अपने व्यक्तिगत योग-क्षेम, हानि-लाभ, सुख-दुःख आदि से सम्बद्ध करके देखता है तब तक उसका हृदय एक प्रकार से बद्ध रहता है। इन रूपों और व्यापारों के सामने जब कभी वह अपनी पृथक् सत्ता की धारणा से छूटकर अपने आपको बिलकुल भूलकर—विशुद्ध अनुभूति मात्र रह जाता है तब वह मुक्त हृदय हो जाता है। हृदय की यही मुक्त दशा रसदशा है—इसी का विधान करने वाली वाग्धारा कविता है। हृदय की यही मुक्त दशा सच्चा मानुषभाव है, रसमयी काव्यभूमि है। इसी भूमि पर लोक-सौन्दर्य का सच्चा अनुभव होता है। इसी सौन्दर्य को सम्प्रेषित करने के लिए कवि काव्य निर्माण में प्रवृत्त होता है। इसी सौन्दर्य की प्रतिष्ठा के लिए मानुषभाव कर्मरत रहता है। इस प्रकार शुक्ल-प्रस्थान में कवि की काव्यभूमि और लोकमंगल विधायक मनुष्य की इन्सानोचित भावभूमि एक ही है। इसीलिए परम्परा से हटकर शुक्ल जी रसात्मक मनोभूमि—सात्विक मनोभूमि—हृदय की उदात्त दशा पर पहुँचाने के लिए केवल कल्पित रूप विधान ही नहीं, स्मृत और प्रत्यक्ष रूप विधान की भी बात कही है। इसीलिए उनके प्रस्थान में लोकानुभूति और काव्यानुभूति भिन्न नहीं है। इसीलिए लोक से जुड़ी रहने के कारण ही उनकी रसभूमि न तो अनिवार्यतः आनन्दमयी है और न ही एक प्रकार की—वह सुख-दुःखोमयात्मक तथा विभिन्न कोटियों की है। इनके लोकमंगलवादी प्रस्थान में काव्य लोकमंगलानुरोधी सौन्दर्य तथा आनन्द का पक्षधर है न कि पच्चीकारी की ओर बढ़ने वाला सौन्दर्य तथा निवास की ओर अग्रसर होने वाला आनन्द। इसीलिए वे मात्र वैचित्र्य पर्यवसायी चमत्कार से भी काव्य का सम्बन्ध नहीं मानते। शुक्ल प्रस्थान यही है—चाहे कोई इसे परम्परासम्मत काव्यभूमि का अतिक्रमण कहे या विस्तार।

(ग) शुक्ल-सम्मत विश्व दृष्टि और अंग रूप में विकसित काव्य दृष्टि के सन्दर्भ में जब हम उनके **आलोचना के मानदण्ड** पर दृष्टिपात करते हैं—तब हम उन्हें एक प्रतिबद्ध आचार्य-आलोचक के रूप में पाते हैं। कहीं-न-कहीं से उनके आलोचना के मानदण्ड भी उनकी दृष्टि से ही ज्यादा जुड़े हुए हैं—दृश्य या आलोच्य से कम। यह अवश्य है कि उनकी दृष्टि अपने समय के समृद्ध पौरस्त्य तथा पाश्चात्य पुरातन तथा सम-सामयिक काव्य, काव्यशास्त्र तथा विभिन्न दार्शनिक और विज्ञानसम्मत विश्व दृष्टियों से अवगत है—फिर भी निजता की वासंतिक परिणति उनकी दृष्टि की पहचान बन गई है।

आलोचना के मानदण्ड आलोच्य कृति से निर्गत होते हैं—परिणत आलोच्य

कृति से। शुक्ल जी ने भी विश्व कवि तुलसी की परिणत कृति 'मानस' से मानदण्ड निकाले हैं—लेकिन अपनी दृष्टि से दृष्ट 'मानस' से गोस्वामी जी की आत्मवादी दृष्टि से दृष्ट 'मानस' से नहीं। इसीलिए शुक्ल जी के 'प्रस्थान' को स्पष्ट करने वाले बीज शब्द—धर्म, भक्ति, मुक्ति, रस, लोकमंगल आदि—गोस्वामी जी द्वारा प्रयुक्त इन्हीं शब्दों से भिन्न अर्थ रखते हैं। इसीलिए मैंने ऊपर कहा है कि इनके मानदण्ड इनकी 'दृष्टि' से अधिक और आलोच्य प्रतिमेय से कम जुड़े हैं।

सामान्यतः यह माना जाता है कि प्रतिमान प्रतिमेय से निकाला जाना चाहिए और उसी प्रतिमान से उस प्रतिमेय को नापा जाना चाहिए। जैसे दूध से निकाला गया प्रतिमान कपड़े की माप के लिए प्रयुक्त किये जाने पर उपहासास्पद होता है, उसी प्रकार एक प्रतिमेय से निकाला गया प्रतिमान सामान्यतः दूसरे नव-निर्मित प्रतिमेय पर लागू किया जाकर उपहासास्पद हो सकता है। दूसरे जिस प्रतिमेय से प्रतिमान निकाला जाय—उसके निर्माता से तादात्म्यापन्न होकर उसी की सृष्टि से उसकी निर्मिति को पहचान कर। तीसरे, आलोचना रचनात्मक वृत्ति की तह में निहित सर्जनात्मक कृति को साक्षात्कारपूर्वक किया गया सर्जनपरक विश्लेषणात्मक पुनराख्यान या व्याख्यान है—अतः निर्णयात्मक समीक्षा से व्याख्यात्मक समीक्षा अधिक वस्तुनिष्ठ और उत्तम मानी जाती है। इन मान्यताओं के आलोक में शुक्ल जी को जब हम देखते हैं तो यह पाते हैं कि उनके मान भी मेय 'मानस' से निकले हैं—पर कवि की दृष्टि से दृष्ट प्रतिमेय से नहीं। दूसरी बात यह है कि वे व्याख्यात्मक आलोचना में क्रमागत मानदण्डों को परिष्कारपूर्वक—उपयोग करते हैं—पर इसी के साथ-साथ वे मूल्यांकन भी करते चलते हैं—यह बात उनके इतिहास लेखन में भी है और आलोचन में भी। जो व्यक्ति यह मानकर ही चलता है कि काव्य वही है जो रसात्मक मनोदशा की ही परिणति हो—अन्यविध मनोदशा की नहीं—वह इसी मानदण्ड पर सबका संचार करने के लिए विवश है। इसी प्रकार मूल्य, दृष्टि-विशेष से आकलित उपादेयता का ही नामान्तर है और शुक्ल जी की दृष्टि विशेष से आकलित उपादेयता **लोकमंगलानुरूप्यता** है। उनके आलोचन की पद्धति **रस पद्धति** है और मूल्यांकन की **लोकमंगल**। उनकी आलोचना के ये दो मूल मानदण्ड हैं। उनकी रस विषयक अवधारणा भी लोकमंगलानुरूप है।

इस समीक्षा के स्वरूप, पद्धति और प्रयोजन पर 'काव्य में अभिव्यंजनावाद'—शीर्षक निबन्ध में उनके स्वयम् के भी विचार हैं—जिनका उपस्थापन इस प्रसंग में समुचित होगा। इससे प्रस्तुत विषय पर उनकी अवधारणा और स्पष्ट होगी। उनका कहना है—समीक्षा अच्छी तरह देखना और विचार करना है, वह जब होगी तब विचारात्मक होगी। इसीलिए वे क्रोचे का खण्डन और रिचाईस का अनुमोदन करते हैं। उनका कहना है—प्रत्येक सहृदय को अधिकार है कि वह उसके सम्बन्ध में अपनी अनुभूतियाँ प्रकट करे। वास्तव में समालोचना के लिए विद्वत्ता और प्रशांत रुचि—दोनों

अपेक्षित हैं। प्रशांत रुचि प्रभाव पक्ष है और विद्वत्ता उपकरणगत या प्रभाव के सामंजस्य परीक्षण में उपयोगी है। इन वक्तव्यों के आलोक में समीक्षा की परिधि में व्याख्या और मूल्यांकन—दोनों का समावेश स्पष्ट देखा जा सकता है।

काव्य या कविता के सन्दर्भ में आलोचना पर विचार करते हुए उन्होंने नया-पुराना, पूरब-पश्चिम—सबका गहरा मंथन-मनन करने के बाद निष्कर्ष रूप में कहा है कि साहित्य के शास्त्र पक्ष की प्रतिष्ठा काव्य की सुगमता के लिए माननी चाहिए, रचना के प्रतिबन्ध के लिए नहीं। इस दृष्टि से जब हम अपने साहित्य शास्त्र को देखते हैं तब उसकी अत्यन्त व्यापक और प्रौढ़ व्यवस्था स्वीकार करनी पड़ती है। शब्द शक्ति और रस पद्धति का निरूपण तो अत्यन्त गम्भीर है। उसकी तह में एक ऐसे स्वतंत्र और विशाल भारतीय समीक्षा भवन के निर्माण की सम्भावना छिपी हुई है जिसके भीतर लाकर हम सारे संसार के सारे साहित्य की आलोचना अपने ढंग से कर सकते हैं। आगे उन्होंने यह भी कहा है कि शब्द-शक्ति निरूपिणी पद्धति पर चलकर सारे संसार के नए-पुराने काव्य की बहुत ही स्पष्ट और स्वच्छ समीक्षा की जा सकती है।

व्याख्यात्मक समीक्षा के लिए उपयोगी भावों पर विचार करते हुए उन्होंने यह भी कहा है—शब्द शक्ति, रस रीति, और अलंकार—अपने यहाँ की ये बातें काव्य की स्पष्ट और स्वच्छ मीमांसा में कितने काम की हैं—मैं समझता हूँ कि इसके सम्बन्ध में अब और अधिक कहने की आवश्यकता नहीं है। देशी-विदेशी, नई-पुरानी सब प्रकार की कविताओं की समीक्षा का कार्य इनका सहारा लेने से सुगम होगा। आवश्यकता इस बात की है कि उत्तरोत्तर नवीन विचार परम्परा द्वारा इन पद्धतियों की परिष्कृति, उन्नति और समृद्धि होती रहे। पर यह हो कैसे? वर्तमान हिन्दी साहित्य के क्षेत्र में कुछ लोग ऐसे हैं जो लक्षणों की पुरानी लकीर से जरा भी इधर-उधर होने की कल्पना ही नहीं कर सकते। बेचारे नवीनतावादी अभी कलाबाजी कर रहे हैं—उन्हें विलायती समीक्षा क्षेत्र के उड़ते हुए लटकों की उद्धरणी और योरप के ग्रन्थकारों की नाम माला जपने से फुरसत नहीं। अब रहे, उच्च आधुनिक शिक्षा प्राप्त संस्कृतस्कालर नामक प्राणी। वे तो भारतीय वाङ्मय में जो कुछ हो चुका है—उसी को संसार के सामने—संसार का अर्थ आजकल योरप और अमरीका लिया जाता है—रखने में लगे हैं। यही उनका परम पुरुषार्थ है। उन्हें अपने साहित्य को और आगे बढ़ाकर उन्नत करने से क्या प्रयोजन? इस प्रकार व्याख्यात्मक समीक्षा के लिए न केवल हमने मानों की ग्राह्यता सैद्धांतिक स्तर पर बताई है—अपितु अपनी समीक्षाओं में इनका प्रयोग भी किया है।

निष्कर्ष यह कि उनकी मूल्यांकन गर्भ व्याख्यात्मक समीक्षा में दो तरह के मान हैं—एक तटस्थ और मर्मोद्‌घाटक मानदण्ड और दूसरे निजी रुचि से रंजित मूल्यांकन-परक मानदण्ड। पहले प्रकार के मानदण्डों के प्रभाव व्यंजक उपकरण के अनुरूप परम्परा

प्राप्त किन्तु परिष्कृत मानदण्ड हैं—उन्होंने कहा है कि समीक्षा के लिए दो बातें मुख्य हैं प्रशान्त रुचि व वैदुष्य। पहला **प्रभाव** पक्ष है और दूसरा प्रभाव प्रेषक **उपकरण**। समीक्षा इन्हीं के बीच के सामंजस्य का संपादन तथा विश्लेषण करना है। प्रभाव पक्ष के विषय में स्पष्ट है कि रचनाकार अपने बोधात्मक तथा रागात्मक सुख पक्ष और दुःख पक्ष से घटित समग्र व्यक्तित्व की रचनात्मक अभिव्यक्ति करता है—अर्थात् जिस विषय को संप्रेष्य करता है—उसके बोध के साथ उसके प्रति मानसिक लगाव का होना आवश्यक है—अन्यथा वह संप्रेष्य स्वयम् अनुभूत या रचनाकार का व्यक्ति सत्य हो ही नहीं सकता। यह बात दूसरी है कि व्यक्ति सत्य में लोक द्वारा साझीदारी की कितनी सम्भावना है। यह सम्भावना रचयिता द्वारा अर्जित लोक पहचान की क्षमता पर निर्भर करता है। रचयिता का वर्ण्य विषय के प्रति मानसिक लगाव हो—जिसको संतुलित करने के लिए उसकी तह में निहित बोध की आँच भी आवश्यक है। रचना का समीक्षक द्वारा गृहीत प्रभाव पक्ष है। शास्त्रीय भाषा में यही रचनात्मक अनुभूति है। समीक्षक प्रभाव पक्ष के ग्रहण के बाद वस्तुनिष्ठ मानदण्डों के द्वारा उसका विश्लेषण करता है। शुक्ल जी इसी प्रभाव पक्ष को रस कहते हैं और उसकी विवेचना के लिए रस पद्धति का विचार परम्परा के आलोक में परिष्कार करके प्रयोग करते हैं। उनकी सूर, जायसी तथा तुलसी की विस्तृत समीक्षाएँ इसका उदाहरण हैं।

शुक्ल जी काव्य के प्रभाव पक्ष को अंगद के पाँव की तरह अपनी भावयित्री प्रतिभा को जमा देते हैं और उसमें पैठकर शब्द और कवि की शक्ति की ऐसी परीक्षा करते हैं—जिससे संप्रेष्य का सौन्दर्य स्पष्ट हो जाय। यही है आलोचक की परान्तः प्रवेश क्षमता। अनुभूत काव्योचित सत्य को शब्द की शक्ति और रचयिता की कारयित्री शक्ति या कल्पना ही संप्रेषित करती है। इसलिए शुक्ल जी इन्हीं भावों को पकड़ते हैं—वे अभिव्यक्ति अशब्दात्मक नादमयी क्षमता से लेकर, अनुरूप शब्द तथा रूप-विधान के साथ-साथ तलवर्ती अर्थ विधान और भंगिमाओं के द्वारा विश्लेषण करते हैं—इसी को वे शब्द शक्ति, रीति, अलंकार और कल्पना कहते हैं। एक उदाहरण पुरानी रचना का लें और एक नई। सूर की अपेक्षा तुलसी को खोटा कहने वालों के आक्षेप का निराकरण करते हुए वे एक स्थल पर सूर के दो प्रयोग लेते हैं और उनकी व्याख्या करते हैं।

(i) सूरदास प्रभु वे अति खोटे, यह उनहूंते अति खोटी।

(ii) सूरदास सर्वस जो दीजै कारो कृतहिं न मानै।

शुक्ल जी बोध और क्रिया—उभयत्र ऊँचाई और सौन्दर्य—भावगत ऊँचाई और सौन्दर्य से मानते हैं और भावयोग या भक्तियोग को ज्ञानयोग और कर्मयोग की अपेक्षा ऊँचा मानते हैं। इसीलिए वे कहते हैं—धर्म एवं ज्ञान की रसात्मक अनुभूति भक्ति है। उनका कहना है कि उक्त उक्तियों के साक्ष्य पर सूर के प्रशंसक तुलसी

को चापलूस और सूर को खरा-खरा सुनाने वाला कहते हैं। शुक्ल जी कहते हैं–इन दोनों में वाच्यार्थ के अतिरिक्त संलक्ष्य या असंलक्ष्य किसी प्रकार का व्यंग्यार्थ भी है या नहीं? यदि किसी प्रकार व्यंग्य नहीं है तो उक्त कथन ठीक हो सकता है पर किसी प्रकार का व्यंग्यार्थ न होने पर दोनों वाक्य रसात्मक न होंगे–इनमें कुछ भी काव्यत्व न होगा। पर हमारे देखने में ये दोनों काव्य असंलक्ष्य क्रम व्यंग्य के कारण रसात्मक हैं। इन दोनों पक्षों पर साहित्यिक दृष्टि से जो थोड़ा भी ध्यान देगा वह जान लेगा कि कृष्ण न तो वास्तव में खोटे कहे गए हैं और न कलूटे कृतघ्न। प्रथम पद में जो सखी की उक्ति है वह **विनोद** या परिहास की उक्ति है–सरासर गाली नहीं है। सखी का यह विनोद हर्ष का ही एक स्वरूप है और **संचारी** के रूप में प्रिय सखी राधा के प्रति **रतिभाव** की व्यंजना करती है। इससे सखी के भाव का पता चलता है जो राधा कृष्ण के परस्पर प्रेम को देख उसे हो रहा है। इसी प्रकार दूसरा पद विरह व्याकुल गोपी का कथन है जिससे कुछ विनोद मिश्रित अमर्ष भी व्यंजित होता है।–इस स्वच्छन्द और स्पष्ट व्याख्या में प्रयुक्त रस पद्धति की समीक्षा द्रष्टव्य है। इसी प्रकार उनकी शब्द शक्ति की क्षमता का उदाहरण लें–

निरखत अंक श्यामसुन्दर के बारबार लावति छाती।
लोचन जल कागद मसि मिलि कै है गई स्याम स्याम की पांती।।

आँसुओं से भींगकर स्याही फैलने से सारी चिट्ठी काली हो गई है, इससे कृष्ण सम्बन्ध की भावना के कारण प्रबल प्रेमोद्रेक सूचित हुआ। आगे देखिए तो इस प्रेमोद्रेक की तीव्रता व्यजित करने के लिए 'अंक' और 'श्याम' शब्दों में श्लेष कैसा काम कर रहा है। पत्री पाकर वैसा ही प्रेम उमड़ा जैसा कृष्ण को पाकर उमड़ता। कृष्ण की पत्री ही उनके लिए कृष्ण हो गई। जैसा वे कृष्ण के अंक (गोद अर्थात् शरीर) को पाकर आलिंगन करती वैसे ही कृष्ण के लिखे अंक (अक्षर) देखकर पत्री को बार-बार हृदय से लगाती है। यहाँ भावाधिपति सूर ने भाव का और आधिक्य व्यंजित करने के लिए शब्द साम्य की सहायता ऐसे कौशल से ली है कि एक बार शब्दों का साधारण अर्थ (अक्षर और कला) लेने से जिस भाव की अधिकता सूचित हुई फिर आगे उसका श्लिष्ट अर्थ (गोद और श्रीकृष्ण) लेने से उसी भाव की और अधिकता व्यंजित हुई। इससे जो लाभ हुआ है–मजमून में जो चुस्ती आई है–यह तो है ही, साथ ही प्रेम के अन्तर्भूत एक मानसिक दशा के चित्र का रंग कैसा चटकीला हो गया। शब्द साम्य को उपयोग में लाने वाला सच्चा कवि कौशल यही है।

उनकी इस व्याख्या पद्धति के साथ मूल्यांकन पद्धति पर जब ध्यान जाता है तब उनकी रसवादी चिन्तन पद्धति से प्रसूत काव्य की भाव केन्द्रित ठोस जमीन की बात आती है–तब इसी (साम्य शब्द) साम्य का सहारा लेने वाली केशव की वाणी

उपहासास्पद करार दी जाती है। केशव को यही साम्य दिखाना होता तो कहते श्याम और पत्री दोनों इसलिए समान हैं कि दोनों में 'अंक' हैं।

इसी प्रकार छायावादी पन्त की कतिपय पंक्तियों के विश्लेषण में भी किस प्रकार क्रमागत मानों का प्रयोग उन्होंने किया है—देखें—

बाल्य सरिता के कूलों से
खेलती थी तरंग-सी नित
इसी में था असीम अवसित।

इसका अर्थ इस प्रकार कहा जा सकता है—वह बालिका अपने बाल्य जीवन के प्रवाह की सीमा के भीतर उछलती कूदती थी। उसके उस बाल्य जीवन में अत्यन्त अधिक और अनिर्वचनीय आनन्द प्रकट होता था।

बिना प्रस्तुत अर्थ को सामने रखे तो न तो कवि की उक्ति की **समीचीनता** की परीक्षा हो सकती है—न उसकी **रमणीयता** के स्थल ही सूचित किए जा सकते हैं। अब यह देखिए, कि उक्त प्रस्तुत अर्थ को कवि की उक्ति सुन्दरता के साथ अच्छी तरह व्यक्त कर सकी है या नहीं? पहले बाल्य सरिता—यह रूपक लीजिए। कोई अवस्था स्थिर नहीं होती—प्रवाह रूप में बहती चली जाती है—इससे **साम्य** ठीक है। अब नदी की **मूर्त भावना का प्रभाव** लीजिए। नदी की धारा को देखने से स्वच्छता, द्रुतगति, चपलता, उल्लास—आदि की स्वभावतः भावना होती है। अतः प्रभाव भी वैसा ही रम्य है जैसा भोलीभाली, स्वच्छ हृदय, प्रफुल्ल और चंचल बालिका को देखने से पड़ता है—अतः कह सकते हैं कि यह रूपक समीचीन और रम्य है बाल्यावस्था या कोई अवस्था हो—उसकी दो सीमाएँ होती हैं—एक सीमा के पार व्यतीत अवस्था होती है इसकी सीमा के पार आने वाली अवस्था। अतः कूलों भी बहुत ठीक है। तरंग नदी की सीमा के भीतर ही उछलती है, बालिका भी बाल्यावस्था के बीच स्वच्छन्द क्रीड़ा करती है। अतः **तरंग-सी उपमा** भी अच्छी है। असीम अर्थात् ब्रह्म अनन्त आनन्द स्वरूप है और उस वास्तविकता में भी अपरिमित आनन्द का आभास मिलता है—अतः यह कहना ठीक ही है कि मानों उस ससीम बाल्य जीवन के भीतर असीम आनन्द स्वरूप ब्रह्म ही आ बैठा है। इसलिए यह **प्रतीयमान उत्प्रेक्षा** भी अनूठी है क्योंकि इसके भीतर 'अधिक' अलंकार के वैचित्र्य की भी झलक है।

रस और अलंकार जैसे मानों के अतिरिक्त शब्द शक्ति के द्वारा छायावादी लाक्षणिक प्रयोगों की **स्वच्छ तथा सुस्पष्ट** अर्थापन भी किया है—जैसे—

जल उठा स्नेह दीपक सा,
नवनीत हृदय था मेरा
अब शेष धूम रेखा से,
चित्रित कर रहा अँधेरा।

धूमरेखा—बातों की धुँधली-स्मृति। अँधेरा—हृदय का अंधकार या शून्यता।

इसी प्रकार उनकी व्याख्यात्मक समीक्षा के लिए अपनाए गए शब्द शक्ति या अन्य भारतीय और पाश्चात्य काव्यमानों (परम्परा प्राप्त) को भी देखा जा सकता है। 'काव्य में अभिव्यंजनावाद' तथा 'हिन्दी साहित्य का इतिहास'—में ऐसी अनेक छायावादी कवियों द्वारा प्रयुक्त नवीन भंगिमामय पदावलियों का शब्द शक्ति पर आश्रित व्याख्यान है—जो व्याख्येय पंक्तियों के संप्रेष्य को स्वच्छ और स्पष्ट रूप में प्रस्तुत करता है। व्याख्यात्मक समीक्षा की यदि यह पद्धति विकसित हुई होती—तो आज हिन्दी में 'भाषा' और 'आलोचना' की जो दुर्दशा है—वह न होती।

शुक्ल जी की समीक्षा का व्याख्यात्मक पक्ष और तदर्थ गृहीत भारतीय (और पाश्चात्य) सौन्दर्य-उपकरण रूप मानों का प्रयोग कभी भी अपनी दीप्ति मन्द नहीं करेंगे और न ही विवादास्पद होंगे, पर समीक्षा का मूल्यांकनात्मक पक्ष और तदर्थ गृहीत उनका लोकमंगलवादी या रसात्मक मान विवादास्पद बन गया है। वे मानते हैं कि काव्य के दो ही पक्ष हैं—कुरूप और सुरूप और कुरूप की सार्थकता सुरूपता के उत्कर्ष के लिए है। यह सुरूपता और 'सौन्दर्य' उनकी दृष्टि में वही है जो काव्य दृष्टि से दिखाई पड़ता है—मुक्त हृदय से दिखाई पड़ता है। सच्चा सौन्दर्य वही है जो ब्रह्म की आनन्द कला के प्रकाश और उसके ऊपर चढ़े हुए अधर्म के आवरण को चीरने में अपेक्षित प्रयत्न में दिखाई पड़ता हो। इसी सौन्दर्य का सामंजस्य विधान हृदय और रूप के संगत विधान में लक्षित होगा। हृदय की न जाने वह कौन-सी रहस्यमयी शक्ति है जो इसी समंजस सौन्दर्य विधान में तुष्ट होती है। इस 'सौन्दर्य' से सम्पृक्त वही भाव विधान होगा जिसके पीछे 'शक्ति' और 'शील' की स्थिति होगी। 'सौन्दर्य' के इस मानदण्ड से ही मूल्यांकन करने के कारण अन्यथा परिचालित 'गुड पोयट्री' को वे 'ग्रेट पोयट्री' नहीं कह पाते—और कभी-कभी अपनी समुचित सहानुभूति भी नहीं दे पाते।

रसवादी पद्धति की लोकमंगलपरक और मनोविज्ञान सम्मत परिष्कार से और भी ऐसे मान निकले हैं—जिनसे मूल्यांकन का कार्य उन्होंने सम्पन्न किया है—उदाहरण के लिए (क) प्रकृतिपरक व्यापक राग की प्रतिष्ठा (ख) काव्यानुभूति या सात्विक लोकानुभूति (ग) जीवन का ठोस धरातल (घ) रस की दो कोटियाँ (ङ) राग का परिष्कार आदि।

इस प्रकार आचार्य रामचन्द्र शुक्ल के आलोचना के मानदण्ड दो रूपों में संहत हैं—व्याख्यात्मक समीक्षा के मान और मूल्यांकनात्मक समीक्षा के मान। पहला निर्विवाद और सप्रेम रहेगा—जबकि दूसरे के सम्बन्ध में रुचि-विशेष वश परिचालित होने के कारण मतभेद बने रहेंगे।

आलोचना का मानदण्ड : शुक्ल जी के सन्दर्भ में

आलोचना रचना में निहित सर्जनात्मक अनुभूति का साक्षात्कारपूर्वक किया गया सर्जनपरक विश्लेषणात्मक पुनराख्यान है। जिस रचनात्मक अनुभूति का सर्जक संश्लेषणात्मक आख्यान करता है, आलोचक भी तत्त्व ग्राहिणी बुद्धि से उसी का साक्षात्कार करता हुआ विश्लेषणात्मक पद्धति पर पुनः आख्यान करता है—आलोचन भी अनुभूति व्यंजक सामग्री का दृष्टिभेद से नव-नव आख्यान होने से अपनी जड़ता खोकर गतिशील होता रहता है। सर्जना रचना भी है और आलोचना भी—अन्तर दोनों की प्रकृति में इतना ही है कि एक की नवता का मूल कारयित्री प्रतिभा में है--दूसरे की नवता आलोचनक्षमदृष्टिगत है।

आलोचन को यथासम्भव वस्तुनिष्ठ बनाए रखने के निमित्त मानदण्ड की अपेक्षा होती है—पर वह मानदण्ड आलोच्य कृति से ही प्राप्त होता है। शर्त इतनी ही है कि उस कृति को परिणत और परिनिष्ठित होना चाहिए, जैसी-तैसी रचना से निःसृत मानदण्ड 'मानदण्ड' नहीं होता। पूर्वागत मानदण्ड कहीं-न-कहीं अपर्याप्त पड़ जाता है—अपेक्षाकृत नव-सृष्ट प्रतिमेय रचना के आलोचन में—इसीलिए पूर्वाभ्यास प्राप्त मानदण्ड की अपेक्षा तात्विक 'समझ' इसमें अधिक उपयोगी होती है। आलोचक आलोच्य रचना की तह में निहित मनोदशा या रचना प्रक्रिया का साक्षात्कार करके ही तय करता है कि उस पर किस मानदण्ड का प्रयोग किया जाय। उदाहरणार्थ—उस रचना को लें, जिसके निर्माण में स्रष्टा का आत्मचेतस् विश्वात्मचेतस् में निमग्न होकर, सृष्टि कर रहा हो—स्रष्टा व्यक्तिगत भावभूमि से ऊपर उठकर लोकसामान्य भावभूमि पर प्रतिष्ठित हो--वहाँ आचार्य शुक्ल-सम्मत रक्षात्मक मानदण्ड को छोड़कर किसी गैर-रसात्मक मानदण्ड का प्रयोग गज से दूध नापने की तरह उपहासास्पद होगा। रचना का विरोध ध्वंस से है—यदि रचनात्मक होने के लिए व्यक्तिगत अर्हता या सत्ता का किसी बड़ी सत्ता में विलयन-विसर्जन या समर्पण आवश्यक है—तो ध्वंस इसकी विरोधी स्थिति है—अर्थात् वहाँ समष्टि सत्ता में व्यक्ति सत्ता अपने विसर्जन को उद्यत नहीं है। शुक्ल जी अपने लोकमंगल केन्द्रित चिन्तन में मनोदशा को रचनात्मक कहते हैं और तदनुरूप रसात्मक मानदण्ड का अपने आलोचन में संचार कहते हैं—**विश्लेषण** के साथ **मूल्यांकन** भी करते चलते

हैं। यहाँ यह स्मरणीय है कि परम्परागत रसात्मक प्रतिमान से शुक्ल जी का रसात्मक प्रतिमान थोड़ा भिन्न है—क्योंकि वह 'संविद् विश्रान्ति' की जगह 'लोकमंगल' को केन्द्र में रखकर गढ़ा गया है। इसीलिए उसे नाट्य और श्रव्य काव्य जगत् से और आगे बढ़ाकर लोक व्यवहार तक फैला दिया गया है। उनका कहना यह है कि काव्य में प्रस्तुत विषय को हम अपनी योगक्षेममयी वासना की उपाधि से ग्रस्त हृदय द्वारा ग्रहण नहीं करते, निर्विशेष, शुद्ध और मुक्त हृदय द्वारा ग्रहण करते हैं। **इस मुक्त हृदय को व्यापक आत्मा का ही एक पक्ष समझना चाहिए।** अब हमारा कहना यह है कि प्रत्यक्ष और वास्तविक अनुभूति के समय भी कभी-कभी हमारा हृदय मुक्त रहता है अतः भावों की प्रत्यक्ष वास्तविक अनुभूति भी रसकोटि की हो सकती है और कभी-कभी होती है। परम्परा मानती थी कि काव्य वही उत्तम है, जो गन्तव्य अर्थात् 'स्वभाव' (आनन्दमय आत्मरूप) का साक्षात्कार समुचित अथवा समाजानुमोदित सामग्री से करा दे। शुक्ल जी गन्तव्य 'स्वभाव' के साक्षात्कार को मानते हुए भी उसका अर्थ बदल देते हैं—मानवता या 'इन्सानियत' कर देते हैं और उसी का साक्षात्कार स्वीकार करते हैं—इंसानियत का साक्षात्कार एक उदात्त या अवदात्त मनोदशा है जो लोकमंगल में प्रवृत्त करती है। अर्थात् शुक्ल जी उस काव्य को उत्तम मानते हैं जो इंसानियत की भूमि पर प्रतिष्ठित कर लोकमंगल में मानवता की चरितार्थता करा दे। छायावादी रचना संसार के सन्दर्भ में रसात्मक प्रतिमान पुनः मनोमय कोश को पार करता हुआ आत्मा के धरातल पर प्रतिष्ठित हो गया—तभी पं. नन्ददुलारे वाजपेयी कहते हैं—जिस जीवन से जोड़ने के लिए रस की व्याप्ति लोक तक फैल गई, उस जीवन की परिधि मनोमय कोश तक ही है—यह कैसे? छायावादी काव्य के सन्दर्भ में रसात्मक प्रतिमान को सर्वोत्तम घोषित करते हुए आचार्य वाजपेयी ने रस के परिपाटी विहित फलतः रीति कालीन विजड़ित स्वरूप को झाड़-पोंछ कर नई दीप्ति दी। शुक्ल जी के विपक्ष में वाजपेयी जी ने कहा कि भारतीय राष्ट्र के सन्दर्भ में काव्य के क्षेत्र से अध्यात्म का निष्कासन सर्वथा हितकर नहीं होगा क्योंकि वह भारतीय राष्ट्रीयता का अपराजेय घटक है।

प्रगतिवादी समीक्षकों ने प्रगतिवादी रचना संसार के सन्दर्भ में द्वन्द्वात्मक भौतिकवादी दृष्टि से 'सत्' या रसात्मक काव्य प्रभाव को पुनः समाज-मंगल—समाजहित के अनुरूप होने में माध्यम ठहराया। ऊपर-ऊपर से लगता है कि रस के प्रति या रसात्मक प्रतिमान के प्रति शुक्ल और प्रगतिवादी चिन्तक एक ही तरह की बात करते हैं। दोनों लोकमंगल को चरम गन्तव्य मानते हैं—दोनों प्रभावकारी काव्य को अंग या माध्यम मानते हैं—दोनों लोकजीवन से उसे जोड़ते हैं—फिर भी दोनों की मूल दृष्टि भिन्न है। शुक्ल जी लोकमंगल के पीछे मानव-भाव में विश्वात्मा की इच्छा निहित मानते हैं, मुक्त हृदय को व्यापक आत्मा का अंग बताते हैं तथा शोषक और शोषित जैसे शब्दों की अपेक्षा सत् और असत् का प्रयोग करते हैं। उनकी

दृष्टि में लोकमंगल असत् पर सत् की विजय है—सत्व के शासन में व्यक्ति-व्यक्ति के रजस और तमस् का क्रियाशील रहना है। उनकी दृष्टि में सत् और असत् एक ही अव्यक्त सत्ता का व्यवहार जगत् में द्विधा प्रकाशन है। उन्होंने कहा है कि मानो राम ने ही आत्मप्रकाश के लिए रावणत्व की सृष्टि की। शुक्ल जी मानते हैं कि जगत् गति है और गति आकर्षण-अपकर्षणमयी शक्ति का ही नामान्तर है जो अव्यक्त में समवेत है। डॉ. रामविलास शर्मा रस को परम्परागत चौखटों से मुक्त होने पर बड़ा काम का मानते हैं। रसमय काव्य प्रतिगामी शक्तियों के प्रति नफरत और प्रगतिशील शक्तियों या तत्त्वों के प्रति ललक जगाकर समाजमंगल की समुचित दिशा में ले जा सकता है। अन्यायियों के हाथ से उत्पादन स्रोत छीनकर न्याय परायण सर्वहारा के हाथ में उसे दे सकता है या दिला सकने में सहायक हो सकता है। 'सामूहिक भाव' को जगाकर गन्तव्य तक पहुँचा सकता है। शुक्ल जी के 'रस' में 'मानवीय भाव' है—'सामूहिक भाव' नहीं। शुक्ल जी की स्थापना है कि रस पद्धति और शब्द शक्ति के आधार पर भारतीय समीक्षा का विशाल और व्यापक भवन खड़ा किया जा सकता है और उन्होंने अपनी सारी समीक्षा इसी आधार पर प्रस्तुत की—समहित्य का विश्लेषण और मूल्यांकन किया। इससे हटकर एक मार्क्सवादी चिन्तक (डॉ. शिवकुमार मिश्र) का कहना है—"समाजवादी यथार्थ को मार्क्सवादी विचारकों ने यथार्थवादी कला सर्जना के **सर्वोच्च प्रतिमान** के रूप में मान्यता दी है और इस नाते उसकी व्याप्ति को कतिपय साहित्य रूपों के दायरे में सीमित नहीं किया जा सकता।" (यथार्थवाद, पृष्ठ 124) साथ ही वे मानते हैं कि समाजवादी यथार्थवाद का सच्चा लेखक कहलाने वाले के लिए केवल समाजवाद के प्रति **आस्था** ही पर्याप्त नहीं है, वह कला चेतना भी जरूरी है जिसके बल पर ही मार्क्सवाद मनुष्यता की अब तक की अर्जित मूल्यवान सांस्कृतिक विरासत का अपने को सबसे बड़ा—यहाँ तक कि एक मात्र संरक्षक और दावेदार कहता है। (वही, पृष्ठ 126)। इस विवेचन के आलोक में साधनीभूति शुक्ल-सम्मत रसात्मक मानदण्ड से प्रगतिवाद-सम्मत प्रतिमान का अन्तर दृष्टिगत किया जा सकता है। दोनों अपने-अपने गन्तव्य के अनुरूप रसात्मक मान की चर्चा करते हैं। एक का ख्याल है कि वर्गविहीन समाज की स्थिति आत्यंतिक रूप से लाई जा सकती है—दूसरे का विश्वास है कि वृत्ति विरोध संसार का स्वभाव है। वे कहते हैं—जगत् भिन्न गुणात्मक है और भिन्न गुणात्मक रहेगा। इस दशा में लोकधर्म का प्रवर्तन इसी रूप में हो सकता है कि सत्व ऐसी ही प्रधानता प्राप्त करे कि शेष गुण उसके अधीन होकर उसी के लक्ष्य की पूर्ति करें—(सूरदास, पृष्ठ 45)। प्रयत्नपूर्वक सामंजस्य स्थापित किया जा सकता है—असामंजस्य पुनः आ जाएगा। स्वभाव पर अंकुश लगाया जा सकता है—उसे नेस्तनाबूत नहीं किया जा सकता। अर्थात् सामंजस्य आत्यंतिक रूप से नहीं लाया जा सकता।

बदलते हुए छायावादोत्तर रचना संसार की प्रकृति और उसके मूलभूत उपादानों को देखते हुए साहित्य के विश्लेषण और मूल्यांकन के लिए पुनः नए प्रतिमान की अपेक्षा होने लगी। ऐसे प्रतिमान की जो अव्यक्त के साहित्य पर लागू हो सके–साथ ही नए साहित्य के विश्लेषण और मूल्यांकन में उपयोगी हो सके। कहा गया कि जिस मानसिकता से नया साहित्य रचा जा रहा है–उसकी बनावट और बुनावट रसानुरूप प्राचीन साहित्योपयोगी मानसिकता की बनावट और बुनावट से सर्वथा भिन्न है। इस भेद को लक्षित कर कहा गया कि जहाँ पहले 'राग' का प्राधान्य था, वहाँ विज्ञान युग में 'राग' तथा उससे प्रेरित व्यापार के बीच 'बुद्धि' जमकर बैठ गई है–फलतः 'राग' की जगह जटिल जटिलतर होते रागात्मक सम्बन्धों ने ले ली है। पुरानी कविता जहाँ भीतर (भाव) से बाहर आती थी, नई कविता बाहर (जटिल सम्बन्धों) से भीतर (भाव) जा रही है। इसकी उपादानभूत अनुभूति की पृथक् पहचान बताते हुए यह भी कहा जाता है कि यह 'विस्फोट' और 'तरंग' नहीं–निखालिस हीरे की संरचना की तरह संरचना ही संरचना है। इस दौरान सर्जनशीलता के क्रमागत उपादानों–छन्द, भावावेग आदि–को छोड़कर नये आयाम उद्घाटित किए गए। इसे भाषिक सर्जनात्मकता कहा गया। इस नई कविता के अज्ञेयवादी खेमे के अनुसार एक ओर डॉ. जगदीश गुप्त कविता की परिभाषा देते हैं और दूसरी ओर मुक्तिबोध के काव्य का साक्ष्य देकर–डॉ. नामवर सिंह। डॉ. सिंह **उत्कृष्ट काव्य के प्रतिमान के रूप में अर्थवान् शब्द के माध्यम से आवयविक अखण्डता** की बात करते हैं और दूसरी ओर डॉ. गुप्त सहज आन्तरिक अनुशासन से युक्त उस अनुभूति जन्य साधन लयात्मक **शब्दार्थ** को काव्य कहना चाहते हैं जहाँ रस अनुभूति की जगह सह-अनुभूति उत्पन्न करने की यथेष्ट क्षमता हो। अर्थवान् शब्द या शब्दार्थ–दोनों जगह उल्लिखित हैं–पर शेष अन्तर ही अन्तर है। पहले में अनुभूति के किसी रूप की सम्भावना का खण्डन नहीं है जबकि दूसरे में अनुभूतिगत रसात्मक सम्भावना का स्पष्ट निषेध है। पारम्परिक धारणा के अनुसार कहा जा सकता है–साहित्य काव्योचित सौन्दर्य के उन्मीलन में परस्पर प्रतिस्पर्द्धी शब्द एवं अर्थ का सहभाव है। स्पष्ट है कि गुप्तजी का लक्षण काव्य मात्र पर लागू नहीं होगा–केवल उस पर लागू होगा–जहाँ 'सह-अनुभूति' की ही स्थिति होगी। अपने पक्ष को स्पष्ट करते हुए वे कहते हैं कि यह शुक्ल-निर्दिष्ट दिशा का ही बढ़ाव है। शुक्ल जी काव्य वहाँ भी मानते हैं जहाँ ग्राहक का आश्रय के व्यक्तित्व में विलयन नहीं है–व्यक्तित्व-परिहार अनपेक्षित है। गुप्तजी का कहना है कि नई कविता जिस अनुभूत सत्य का संप्रेषण करती है–उसमें व्यक्तित्व और विवेक का परिहार होना आवश्यक नहीं है। कवि और भावुक–दोनों व्यक्तित्वों के सह-अस्तित्व में अनुभूति की प्रेषणीयता सम्भव होने के कारण 'सह-अनुभूति' न निराधार है और न अनुपयुक्त। उनका ख्याल है कि संप्रेष्य 'सत्य' को तटस्थ होकर ही ठीक-ठीक पकड़ा जा सकता है। सवाल यह है कि यह

सत्य सार्वभौम वैज्ञानिक सत्य है या काव्य का व्यक्ति-अनुभूत सत्य—जिसमें सार्वभौम या पर सम्बन्ध होने की सम्भावना है? काव्य के सन्दर्भ में दूसरा पक्ष ही सम्भव है और यह बिना तादात्म्य या विलयन के सम्भव नहीं। एक बात और, शरद बिल्लौरे की जो कविता 'तय तो यही हुआ था'—पुरस्कृत की गई—उसकी उत्तमता (या कविता) का मानदण्ड क्या हो सकता है? शुक्ल-सम्मत लोकमंगल-परक रसात्मक मानदण्ड उस पर संचरित हो सकता है या नहीं? कबूतर सत् का और 'बाज' असत् का प्रतीक है। 'असत्' से 'सत्' की रक्षा के प्रति समर्पित इंसान किस मनोदशा में यह कह रहा है? वर्तमान व्यवस्था 'असत्' है और 'सत्' का पक्षधर सर्जक कवि। अध्यात्म और परलोक से सर्वथा विच्छिन्न शुक्ल-सम्मत 'धर्म' जो 'सदंश' का व्यक्त रूप है—की रक्षा अब इंसानियत के शत-प्रतिशत समर्पण से भी सम्भव नहीं है—करुणा निरर्थक है—उसकी सार्थकता के लिए उभरती हुई जगद्धारक शक्ति के सत्वांश के प्रचण्ड पक्ष की अपेक्षा है। करुणा क्रोध के माध्यम से ही लोकमंगल का विधान कर सकती है।

निष्कर्ष यह कि अद्यतन परिणत रचना पर भी संचरित शुक्ल-सम्मत रसात्मक मानदण्ड की सम्भावनाएँ निःशेष नहीं हुई हैं।

आचार्य रामचन्द्र शुक्ल और परवर्ती हिन्दी आलोचना

(दर्शन और जीवनदर्शन के सन्दर्भ में)

जिस प्रकार पश्चिमी समीक्षा जगत् में चलती हुई हर हवा आई. ए. रिचर्ड्स[1] को छूकर बहती है, लगभग वही स्थिति आधुनिक हिन्दी समीक्षा में आचार्य रामचन्द्र शुक्ल की है। अपने समय तक के हिन्दी साहित्य का ऐसा कोई कोना नहीं है, जो शुक्ल जी के प्रातिभ-प्रकाश से अनातोकित हो और न केवल अनालोकित प्रत्युत उनकी अपनी असाधारण मान्यता से मण्डित भी। यही कारण है कि परवर्ती हिन्दी आलोचना प्रायः प्रत्येक महत्वपूर्ण क्षेत्र में अपना आरम्भ शुक्ल जी के पक्ष या विपक्ष से करती है। यद्यपि प्रकट रूप में उनका आलोचन छायावाद तक ही जाता है, पर अप्रकट रूप में छायावादोत्तर साहित्य तक उसकी प्रभा कौंधती है। इसीलिए छायावादोत्तर आलोचना में भी उनका उल्लेख किसी न किसी प्रसंग से होता रहता है। यहाँ तक कि युवापीढ़ी की नसों में प्रवाहित होने वाला साहित्यिक रक्त भी कहीं न कहीं अपने इस पूर्वज से जुड़ा रहा है। छायावाद और छायावादोत्तर से मेरा मतलब उनका सम्बंन्ध काव्य की पद्यात्मक विधा से मुख्यतः और गद्यात्मक विधा से सामान्यतः समझना चाहिए।

शुक्ल जी का जो व्यक्तित्व उनके समस्त लेखन का उत्स है—वह जन्मजात तो है ही, अर्जित भी कम नहीं है। 'हमारे यहाँ' के प्रयोगों से जहाँ एक ओर उनका जन्मजात व्यक्तित्व झंकृत होता है, वहीं परम्परा से हटकर की गई अनेक स्थापनाएँ और मान्यताएँ उनके अर्जित व्यक्तित्व को प्रमाणित करती हैं। उनके लेखन में व्यक्तित्व के इस अवचेतन और चेतन रूप की टकराहट से फूटते हुए अन्तर्विरोध भी लक्षित होते हैं। आचार्य हजारीप्रसाद द्विवेदी ने ही नहीं, अनेक परवर्ती हिन्दी समीक्षकों ने उनके इस व्यक्तित्व के दोनों रूपों को लक्षित किया है।

इस सन्दर्भ में सबसे पहला बिन्दु आता है उनकी मूल-दृष्टि का—जिसका अंकुरण, पुष्पन, पल्लवन और फलन उनका समग्र लेखन है। उनकी मूल दार्शनिक

दृष्टि के सम्बन्ध में विभिन्न विद्वानों के विभिन्न मत हैं–(क) इसलिए उनके दार्शनिक दृष्टिकोण को मूलतः वस्तुवादी कहना उचित है। विश्व-आत्मवाद उनके साहित्यशास्त्र की मूलधारा नहीं है। वह एक ओर संसार की भौतिकता पर जोर देते हैं और ज्ञान को भौतिक जीवन से ही उत्पन्न मानते हैं, दूसरी ओर वह विश्व-आत्मा और भौतिक जगत् में व्यक्त होने वाले ब्रह्म की बात करते हैं। उनके विचारों में यह एक असंगति है।[2]–यह मत डॉ. रामविलास शर्मा का है।

(ख) "शुक्ल जी आत्मवाद के प्रति दृढ़ विश्वासी थे और उसी पर आधारित सामाजिक व्यवस्था के पक्ष में उन्होंने सर्वत्र अपना मत व्यक्त किया है। लोकतंत्र राज्य के सफल संचालन की यदि कोई पक्की नींव हो सकती है, तो वह आत्मवाद ही है।"[3] यह मत डॉ. गिरिजादत्त शुक्ल गिरीश का है।

(ग) डॉ. रामचन्द्र तिवारी[4] ने उनके दार्शनिक चिन्तन के सम्बन्ध में प्रो. नलिन विलोचन शर्मा[5] का साक्ष्य देते हुए एक तीसरा मत भी रखा है–और वह है–विधेयवादी (Positivist)। यों तो उन्हें 'बुद्धिवादी' और 'विकासवादी' भी कहा गया है–स्वयं उन्होंने अपने को 'अभिव्यक्तिवादी' भी कहा है। पर ये वाद उपर्युक्त मूलवर्ती दो वादों की परिधि को अतिक्रांत नहीं करते। वास्तव में बुद्धिवाद या विधेयवाद ज्ञानमीमांसा (Epistomology) की विविध विधियों से सम्बद्ध है। विधेयवाद के उपस्थापक हैं–अगस्त कोमूटे। इनका कहना है कि जो विषय बुद्धि से परे है : ईश्वर, आत्मा और जगत् : उनके विषय में अनुसंधान करना व्यर्थ है। केवल प्रपंच (Phenomenon) का ज्ञान निश्चित है–प्रपंचातीत (Nomena) अनिश्चित है। विचार निश्चित का करना चाहिए, अनिश्चित का नहीं। निश्चित अर्थात् विज्ञान और समाजशास्त्र ही अध्येय है। समाजशास्त्र (मानव-मानव का परस्पर सम्बन्ध) सबसे बड़ा शास्त्र है और मानवता सबसे बड़ा धर्म है। शुक्ल जी के सन्दर्भ में विधेयवाद की चर्चा उनके साहित्येतिहास लेखन के सन्दर्भ में की जाती है। इसकी अन्तर्व्याप्त मान्यता यह है कि साहित्य की व्याख्या भौतिक विज्ञान की प्रणालियों से कार्य-कारण मीमांसा के द्वारा और बहिर्भूत निर्धारक शक्तियों को ध्यान में रखते हुए होनी चाहिए। वास्तव में उन्नीसवीं शताब्दी की विज्ञानवादिता ने भौतिक विज्ञान की प्रणालियों को साहित्यिक अध्ययन के क्षेत्र में स्थानांतरित करने की बहुविध चेष्टाओं के द्वारा उक्त लक्ष्य का सन्धान किया था। निष्कर्ष यह कि यह वाद भौतिकविज्ञान से साहित्य अध्ययन के क्षेत्र में स्थानान्तरित एक प्रणाली है–जो अपने अध्ययन का क्षेत्र एक निश्चित को ही बनाती है।

मुख्यतः दार्शनिक दृष्टि 'सत्' परक होती है, 'प्रणाली' परक नहीं। विधेयवाद एक स्थानान्तरित प्रणाली है, अतः उसका सन्निवेश इसके अन्तर्गत नहीं होना चाहिए। अनुभवगोचर 'सत्' Really के सम्बन्ध में कुल तीन विकल्प आते हैं–अनेकवाद (Pluralism) द्वैतवाद (Dualism) तथा अद्वैतवाद (Momism)।

जगत् की मूल सत्ता किस प्रकार की है–इस प्रश्न पर चिन्तकों ने ये तीन विकल्प रखे हैं। जगत् के सम्बन्ध में दो ही जिज्ञासाएँ हैं–उसकी मूल सत्ता क्या है और उसके नाना व्यापार किस प्रकार होते हैं ? विकासवाद दूसरे प्रश्न का उत्तर देता है–सत्ता की मीमांसा विकास का विषय नहीं है। वह दर्शन का क्षेत्र है। जगत् के अन्तर्गत दो प्रकार के व्यापार देखने में आते हैं–भौतिक और मानसिक–इन दोनों के उत्तरोत्तर क्रम विधान का वैज्ञानिक निरूपण विकासवाद करता है। अव्यक्त से व्यक्त की ओर गति का नाम ही विकास है। यह गति आकर्षण-अपकर्षण रूप है। शुक्ल जी[6] की धारणा है कि विकासवाद की भी सीमा है–आज तक इसने मन या आत्मा की प्रथमोत्पत्ति नहीं समझाया और इसकी प्रक्रिया से वह सम्भव भी नहीं है।[7] फलतः उनकी दृष्टियों में सत्ता के विवेचन के लिए हमें विज्ञान क्षेत्र से निकलकर पराविद्या पर शुद्ध दर्शन की ओर आना पड़ता है। नाना भेदों के बीच जो अभेद मिलता जाय उसे सत्ता के स्वरूप के पास तक पहुँचता हुआ समझना चाहिए। शुद्ध विज्ञान अपने सूक्ष्म अन्वीक्षणों द्वारा सर्वभूत की सामान्य सत्ता शक्ति तक पहुँच रहा है। ईथर का एक अड़ंगा रह गया है। ईथर भी शायद एक दिन शक्तिरूप ही प्रमाणित हो जाय। यह तो ऊपर कहा ही जा चुका है कि विज्ञान अपनी पद्धति से चैतन्य को इस भूतशक्ति के अन्तर्गत करने में समर्थ नहीं हो पाया है–अतः चैतन्य और शक्ति का ही द्वैत भाव रह गया है। भाव या तो भूताद्वैतवाद के अनुसार चैतन्य में शक्ति को या दोनों से अतिरिक्त रहकर एक दूसरे के अधिष्ठान है। शुक्ल जी[8] भी मानते हैं कि नानाभेदों में अभेद दृष्टि ही सच्ची दृष्टि है–पर अद्वैत जड़ है या चेतन–यही विवादास्पद है। यदि चैतन्य की नित्य सत्ता सर्वमान्य हुई तो फिर सब मतों की भावना का समर्थन हुआ समझिये–क्योंकि चैतन्य सर्वस्वरूप है। 'विश्वप्रपंच' की भूमिका का अन्त सर आलिवर लाज–जो वैज्ञानिक होते हुए भी धर्माचार्यों के पक्षधर हैं–के अध्यात्मोन्मुख निरूपण से हुआ है। लाज मानता है कि शुद्ध-भूत निर्लिप्त चैतन्य का साक्षात् ज्ञान हमें नहीं हो सकता, पर उसका आभास भौतिक जगत् में दिखाई देता है। इन सबसे शुक्ल जी का झुकाव आत्मवाद की ओर स्पष्ट है।[9] 'यदि' लगाकर निश्चय की तो नहीं, पर सम्भावना की है आत्म-अनात्म में आत्मपर्यवसायी अद्वैत सत्ता की।

निष्कर्ष यह कि शुक्ल जी ने 'विश्वप्रपंच' की भूमिका-गत ऊहापोहात्मक चिन्तन से अद्यावधिक जगत् विषयक चितन का संक्षिप्त पर सारगर्भ उपस्थापना कर 'चित्पर्यवसायी' अद्वैत की ओर सम्भावना व्यक्त की है।

डॉ. रामचन्द्र तिवारी[10] का मत ठीक लगता है कि 'विश्वप्रपंच' की भूमिका के साक्ष्य पर न तो उन्हें वस्तुवादी कहा जा सकता है और न ही आत्मवादी। वे निष्ठापूर्वक दोनों की मान्यताओं का उपस्थापन करते हैं–जहाँ वे एक तरफ आत्मवाद को विज्ञानसिद्ध देखना चाहते हैं–वहीं दूसरी ओर विज्ञान की सीमा भी बताते हैं।

फलतः वे बुद्धिवादी कहे जा सकते हैं।[11] मतलब 'इस सत्य' तक पहुँचने की प्रक्रिया में है कि वह जड़ है या चेतन।

(क) भूमिका को अधात्मपरस्त वैज्ञानिक सर आलिबर लाज के वक्तव्य से समाप्त करना और 'चैतन्य को सर्वस्वरूप' कहना चैतन्यवाद के प्रति शुक्ल जी की आस्था को व्यक्त करते हैं—भले ही उनकी विज्ञानप्रसूत मान्यताओं के आलोक में अभी चैतन्यवाद सिद्ध न होता हो। एक निष्ठावान बुद्धिवादी, अंधविश्वासियों की भाँति किसी भी पक्ष को विशेषकर जिसके पक्ष में प्रमाण नहीं—कैसे स्वीकर करेगा? आस्थावश सम्भावना ही कर सकता है।

डॉ. रामविलास जी भी जब यह कहते हैं—'विश्व आत्मवाद उनके साहित्यशास्त्र की मूलधारा नहीं है'[12]—तब यह स्पष्ट स्वीकारोक्ति ध्वनित होती है कि वह पार्श्वधारा अवश्य है। इसमें कोई सन्देह नहीं कि काव्य और भक्ति-साधना—दोनों ही क्षेत्रों को शुक्ल जी भावक्षेत्र कहते हैं और भाव मनोमय कोश की वस्तु है—जिसका विस्तार ज्ञान की ही परिधि में होता है। अतः काव्य के लिए व्यक्त और दृष्टिगोचर जगत् की ही सीमा है—फिर भी इतना तो वह कहते ही हैं कि अव्यक्त की अभिव्यक्ति जगत् है और जगत् की काव्य—इसलिए वे अपने को अभिव्यक्तिवादी मानते हैं। यह बात भिन्न है कि वे काव्य को अध्यात्म से पृथक् रखना चाहते हैं—गोचर और सविशेष जगत् से ही जोड़ना चाहते हैं। काव्य के केन्द्रीय सम्प्रेष्य सौन्दर्य को वस्तुनिष्ठ कहते हैं—सुन्दर कर्म से सौन्दर्य को भिन्न नहीं मानते, मनोजगत् का मूल बहिर्जगत् की रूपराशि को ही बताते हैं। भाव और विभाव में—विभाव या आलम्बन विभाव को ही—वस्तु को महत्व देते हैं। इस प्रकार काव्यदर्शन भले ही वस्तुवादी हो, पर समग्र जीवनदर्शन चैतन्यवाद की ओर झुका हुआ है। तत्त्वतः शुक्ल जी अद्वैतवादी हैं, तभी तो वे मानते हैं कि—'सम्पूर्ण सत्ता—क्या भौतिक, क्या आध्यात्मिक—एक ही परम सत्ता या परम भाव के अन्तर्गत है।' प्रसाद जी की ही तरह शुक्ल जी भी चेतना और प्रकृति में मौलिक भेद नहीं करते। भक्तिधारा पर विचार करते हुए वे विशुद्ध ज्ञानवादियों की तरह व्यक्त और अव्यक्त चैतन्य में प्रकृतिगत भेद स्वीकार नहीं करते। उनका पक्ष है कि जब हमारा 'चित्' 'सत्' का साक्षात्कार करता है, तब 'आनन्द' मग्न हो जाता है।

जीवन-दर्शन : पारमार्थिक और व्यावहारिक स्तर

एक बात और। वह यह कि क्या शुक्ल जी ने तदवधिक ज्ञानविज्ञान और पौरस्त्य-पाश्चात्य दर्शनों का अध्ययन ही किया था—अथवा उन सबको आत्मसात् कर अपना कोई जीवन-दर्शन भी बनाया था? शुक्ल जी जैसे व्यक्ति का जीवन-दर्शन ही न हो—यह सम्भव नहीं है। डॉ. रामविलास शर्मा भी स्पष्ट कहते हैं—फिर भी शुक्ल जी का दृष्टिकोण सुसंगत रूप से भौतिकवादी नहीं है। वह यह स्पष्ट नहीं कहते कि

विश्व की एकता उसकी भौतिकता में है। वह एक ओर संसार की भौतिकता पर जोर देते हैं और ज्ञान को भौतिक जीवन से ही उत्पन्न मानते हैं, दूसरी ओर वह विश्वात्मा और भौतिक जगत् में व्यक्त होने वाले ब्रह्म की भी बात करते हैं–उनके विचारों में यह एक असंगति है। मैंने आरम्भ में ही कहा है कि उनका समस्त व्यक्तित्व जन्मजात और अर्जित–उभयविध है–एक अवचेतन है दूसरा चेतन–एक आस्थावान है दूसरा विवेकसम्पन्न। विकासवाद की सीमा का उल्लेख करते हुए भी वे बोधगम्य, विश्वसनीय तथा तर्काधृत विकासवादी व्याख्या पर अडिग रहने वाले आचार्य पर जब जन्मजात संस्कार अधिकार कर लेंगे तब अन्तर्विरोधों का उभरना सम्भव है। प्रश्न यह है कि इसे वास्तविक अन्तर्विरोध और असंगति ही माना जाय या संगति की भी कोई सम्भावना व्यक्त की जाय? मेरा पक्ष तो यह है कि जिस प्रकार रामचन्द्र शुक्ल गोस्वामी जी के साहित्य के साक्ष्य पर उन्हें परमार्थतः अद्वैतवादी और व्यवहारतः द्वैतवादी स्वीकार करते हैं–उसी तरह शुक्ल जी को भी परमार्थतः चिदद्वैतवादी और व्यवहार या लोकजीवन में द्वैतवादी–जहाँ संसार सत्य है–माना जाय। वैसे व्यक्त जगत् को वे अव्यक्त की अभिव्यक्ति कहते हैं और वैसे ही अनन्त-असीम तथा प्रवाह नित्य भी मानते हैं। भक्ति की दृष्टि से व्यक्त लोक को वे अव्यक्त ब्रह्म का व्यक्त आराध्य रूप कहते हैं। उन्होंने स्पष्ट कहा है[13] **'पारमार्थिक** दृष्टि से तो सारा जगत् राममय है, पर **व्यावहारिक** दृष्टि से उसके राम और रावण **दो पक्ष** हैं। अपने स्वरूप के प्रकाश के लिए मानो राम ने ही रावण का असत् रूप खड़ा किया।' पारमार्थिक पक्ष से जिस ब्रह्मवाद में उनकी आस्था है–उस पक्ष को स्पष्ट करते हुए वे कहते हैं–क्रिया परिणामिनी है, पर चैतन्य अपरिणामी है। क्रियानुगत ज्ञाता ज्ञेय रूप में केवल क्रियाओं का ज्ञान करता है, अपने स्वरूप का नहीं जो अखण्ड, निर्विशेष और अपरिणामी है। इससे सिद्ध हुआ कि परिणामबद्ध क्रिया या क्रिया-बीज शक्ति स्वतंत्र सत्ता नहीं हो सकती–उसकी अक्षरसत्ता चैतन्य की सत्ता में ही है। शक्ति का जो स्फुरण है–उसका अधिष्ठान चैतन्य है अतः चैतन्य ही एक मात्र शुद्ध सत्ता है। इस स्फुरण व्यापार में ब्रह्म का चैतन्य का ही आभास मिलता है–शुद्ध चैतन्य स्वरूप का केवल आभास मिल सकता है। उसका बोध केवल लक्षण द्वारा हो सकता है, साक्षात् सम्बन्ध द्वारा नहीं। सब प्राकृतिक व्यापार चैतन्य के ही लक्षणाभास हैं और हमें केवल इन्हीं लक्षणाभासों (Appearance) का ही ज्ञान हो सकता है। ब्रह्म अनन्त ज्ञान स्वरूप और अनन्त शक्ति स्वरूप दोनों है। इस शक्ति को ब्रह्म का संकल्प ही समझना चाहिए जो अव्यक्त रूप में चैतन्य में अधिष्ठित रहता है।[14] यह एक प्रकार से ज्ञान का ही एक भोग या पक्ष है जिसकी अभिव्यक्ति सर्गोन्मुख गति या क्रिया के रूप में होती है। इसी अर्थ में ब्रह्म या चैतन्य को 'भूतयोनि'–कारण ब्रह्म कहते हैं। ज्ञाता ज्ञेय रूप से अपना अवस्थान कर क्रियारूप में अपनी संकल्पशक्ति को व्यक्त करता है–परमार्थतः चित्पदक अद्वैत

पक्ष को रखते हुए उसका ध्यान पौरस्त्य और पाश्चात्य–उभयभेदी अद्वैती चिन्तन पर है। इसीलिए वे कहते हैं कि (प्रमाणमीमांसा) यद्यपि भारतीय वेदान्त की पद्धति योरप की ज्ञानपरीक्षा वाली पद्धति से भिन्न है–पर अन्त में दोनों दर्शन किस प्रकार एक ही सिद्धान्त पर पहुँचे हैं–यह बात ध्यान देने योग्य है।

परमार्थतः मूल चिन्मय अद्वैत सत्ता और सत् का असत् रूप में उसकी संकल्पात्मिका शक्ति के सर्गोन्मुख रूप का उल्लेख करते हुए शुक्ल जी समस्त क्रियात्मक या गत्यात्मक जगत् को उसका ही लक्षणाभास मानते हैं। अपने जीवन दर्शन के पारमार्थिक पक्ष को 'दर्शन' के आलोक में किन्तु व्यवहार के स्तर पर उसके जागतिक रूप को विज्ञानसम्मत 'विकासवाद' के आलोक में प्रस्तुत करते हैं। वे कहते हैं कि चिदद्वयवादी भी विकासवादी व्याख्या का सहारा लेते हैं–उसमें कोई विरोध नहीं। ध्यान देने की बात है कि शुक्ल जी 'विवर्त' शब्द का (शंकरसम्मत) प्रयोग नहीं करते हैं–अन्यथा जगत् मिथ्या हो जाएगा और शुक्ल जी गोस्वामी तुलसीदास की भाँति जगत् को 'त्वद्रूपमेव' मानते हैं। यह अभिव्यक्तिवाद उन्हें शंकरसम्मत अद्वैतवाद की ओर न ले जाकर वैष्णवाचार्य सम्मत आगमिक अद्वयवाद की ओर ले जाता है। 'लक्षणाभास' शब्द चेतन स्तर पर यदि Phenomenon या Appearance का रूपान्तर है, तब पश्चिम अद्वैतवाद से मेल खाता है, पर अवचेतन स्तर पर आभासवादी ईश्वराद्वय वाद की ओर भी जाता है। उनके उपर्युक्त वक्तव्य में परम सत्ता का सत्-असत् रूप में जागतिक आत्माभिव्यंजन अत्यन्त दार्शनिक महत्व का है। ज्ञान या प्रकाशमय ब्रह्म का ही सर्गोन्मुख पक्ष विशेष है–शक्ति–यह भी अद्‌भुत स्फुरण है। शक्ति ब्रह्म का ईक्षण या संकल्प है। गीताकार के इस वक्तव्य से–

'भूतभावोद्‌भवकरः विसर्गः कर्मसंज्ञितः।'[15]

जहाँ भूतभावोद्‌कारी आद्य स्पंद या क्रिया को उसकी माया शक्ति कहा गया है–अद्‌भुत साम्य है। कुल मिलाकर पारमार्थिक दृष्टि से परसत्ता चेतन और अद्‌वयात्मा है। वहीं स्वभाववश (प्रकाशविमर्श) ज्ञानक्रियामय होकर सत् असत् रूप में अपने को व्यक्त करता है–इन्हीं के संघर्ष से विकास होता है। शक्तिवश परसत्ता–जो अपने को द्विधा विभाजित करती है–अभिव्यक्त होती है। यही शक्ति ही गति है–जो आकर्षण अपकर्षणमयी है–उसके स्वरूप में स्थित विरोध से ही विकास होता है। और उस विकास को विकासवादी दृष्टि से–विज्ञान-सम्मत दृष्टि से शुक्ल जी स्पष्ट करते हैं।

व्यावहारिक स्तर : लोकधर्म या लोकमंगलवाद

पारमार्थिक जीवन-दर्शन से व्यावहारिक जीवन-दर्शन की ओर उतरने के सन्दर्भ में शुक्ल जी का यह वक्तव्य महत्व रखता है–इससे उसके जीवन-दर्शन की शृंखला

जुड़ती है—और उनका एक अखण्ड जीवन व्यवस्थित रूप से प्रतिष्ठित होता है। वक्तव्य है[16]—"जबकि अव्यक्तावस्था से छूटी हुई प्रकृति के व्यक्त स्वरूप जगत् में आदि से अन्त तक सत्व, रजस् और तमस्—तीनों गुण रहेंगे, तब समष्टि रूप में लोक के बीच मंगल का विधान करने वाली ब्रह्म की आनन्दकला के प्रकाश की यही पद्धति हो सकती है कि तमोगुण और रजोगुण दोनों सत्वगुण के अधीन होकर उसके इशारे पर काम करें। इस दिशा में किसी ओर अपनी प्रवृत्ति के अनुसार काम करने पर भी समष्टि रूप में और सब ओर से वे सत्वगुण के लक्ष्य की ही पूर्ति करेंगे। सत्वगुण के इस शासन में कठोरता, उग्रता और प्रचण्डता भी सात्विक तेज के रूप में भासित होगी।" त्रिगुणों में सत्वगुण[17] सबसे ऊपर है। यहाँ तक कि उसकी ऊपरी सीमा नित्य पारमार्थिक सत्ता के पास तक—व्यक्त और अव्यक्त की संधि तक—जा पहुँचती है। इसी से शायद वल्लभाचार्य जी ने सच्चिदानन्द के सत्स्वरूप का प्रकाश करने वाली शक्ति को 'संधिनी' कहा है। व्यवहार में 'सत्' शब्द के दो अर्थ लिए जाते हैं—'जो वास्तव में हो' तथा 'अच्छा या शुभ'। शुक्ल जी अपने पक्ष को व्यवस्थित रूप में रखने के लिए कहीं से भी कुछ लेते हैं—यह स्पष्ट है। जहाँ वे अपने जीवन-दर्शन का रूप रखते हैं—वहीं वे काव्य के क्षेत्र में प्रचार पा रहे विदेशी (टालस्टाय सम्मत) आध्यात्मिक शक्ति से सचेत भी हैं।[18] वे स्पष्ट कहते हैं—साधुता की इस (टालस्टायी) मधुर गति को वे 'आध्यात्मिक शक्ति' कहते हैं। पर भारतीय दृष्टि से हम इसे भी प्राकृतिक शक्ति—मनुष्य की अन्तःप्रकृति की सात्विक विभूति—मानते हैं। विदेशी अर्थ में इस 'आध्यात्मिक शब्द' का प्रयोग हमारी देशभाषाओं में भी प्रचार का रहा है। 'अध्यात्म' शब्द की, मेरी समझ में काव्य या कला के क्षेत्र में कहीं कोई जरूरत नहीं है। इस निषेध का सन्दर्भ दृष्टिगत रहना चाहिए।

चूंकि शुक्ल जी मानते हैं कि व्यक्त प्रकृति त्रिगुणात्मिका है और त्रिगुण वैषम्य ही—सद्सदात्मक का मूल है—अतः "संसार में मनुष्य मात्र की समान वृत्ति कभी नहीं हो सकती। इस बात को भूलकर जो उपदेश दिए जाते हैं, वे पाखण्ड के अन्तर्गत आते हैं। वृत्तियों की भिन्नता के बीच से जो मार्ग निकल सकेगा, वही 'धर्म' का चलता हुआ मार्ग होगा। जिसमें शिष्टों के आदर, दीनों पर दया, द्रष्टा के दमन-आदि (भाव-क्रिया मय) में लोकधर्म का मार्ग होगा। क्षात्र धर्म पालन की आवश्यकता संसार में सब दिन बनी रहेगी। 'लोकधर्म' की सर्वांगपूर्णता का आशय स्पष्ट करते हुए अन्यत्र वे कहते हैं[19] कर्म, ज्ञान, उपासना—लोकधर्म के ये तीन स्तम्भ जनसमाज की स्थिति के लिए बहुत प्राचीन काल से भारत में प्रतिष्ठित हैं। 'विश्वप्रपंच' की भूमिका में वे यह भी कहते हैं कि सत्य की खोज विज्ञान के आलोक में इधर शती-दोशती से ही होनी शुरू हुई है—ऐसा नहीं—प्राचीन युग में भी इस दिशा में पर्याप्त प्रयास हुआ है।"

उन्होंने 'लोकधर्म' के इस स्थिति—रक्षण-रंजन-विधायक रूप को 'विश्वप्रपंच'[20]

की भूमिका में विकासवादी दृष्टि से जनसमाज के सन्दर्भ में लौकिक स्तर पर भी बड़े विस्तार के साथ निरूपित किया है। यह बात अलग है कि 'धर्म' या 'लोकधर्म' को स्पष्ट करते हुए कहीं से किसी भी रुचि-अनुरूप शास्त्र वाक्य को उद्धृत कर अनुरूप व्याख्या दे देते हैं। मर्मज्ञ लोग जानते हैं कि शुक्ल जी शब्द परम्परा से लेते हैं पर अर्थ अपनी ओर से भरते हैं। वे जब धारक तत्त्व को या अभ्युदय-निःश्रेयस विधायक तत्त्व को धर्म कहते हैं—तब उसकी अलौकिक नहीं—लौकिक संगति ही लगाते हैं। वे स्पष्ट कहते हैं[21]—''लोकव्यवहार और समाजविकास की दृष्टि से ही धर्म और आचार की व्याख्या की गई है, परलोक और अध्यात्म की दृष्टि से नहीं।" धर्म का विकास धीरे-धीरे समाज की उन्नति के साथ हुआ है। अतः विकासवादियों के अनुसार इहलोक या समाज से परे धर्म कोई नित्य या स्वतः प्रमाण पदार्थ नहीं है इसमें डार्विन, स्पेंसर और महाभारतकार आदि सबका साक्ष्य दिया गया है। स्पेंसर ने 'परस्पर साहाय्य की प्रवृत्ति' को ही धर्म की मूल प्रवृत्ति कहा है। 'परम्परा' यानी भारतीय परम्परा से हटकर यहाँ शुक्ल जी 'धर्म' की स्थिति निरूपित करते हैं। भारतीय परम्परा में 'धर्म' को मुक्ति अर्थात् आध्यात्मिक उपलब्धि से जोड़कर लोकजीवन में व्यवस्थित किया गया है। अजीब स्थिति है। एक तरफ भारतीय परम्परा से प्रस्थान पार्थक्य और दूसरी ओर उसी से जुड़ने का उपक्रम। उनके अनुसार जिस धर्म की रक्षा से लोक की रक्षा होती है—जिससे समाज चलता है—वही व्यापक धर्म है। सत् और असत्—भले और बुरे—दोनों के मेल का नाम संसार है।... यदि ये उभयपक्ष न होंगे तो सारे धर्म और कर्तव्य की, सारे जीवन प्रयत्न की इतिश्री हो जाएगी।[22]...प्रकृति के तीनों गुणों की जब तक अभिव्यक्ति है—तभी तक उसका नाम जगत् या संसार है—

सगुण छीर, अवगुन जल, ताता।
मिलइ रचइ परपंच विधाता।।

उनकी दृष्टि में जीवन के किसी एक अंग मात्र को स्पर्श करने वाला धर्म 'लोकधर्म' नहीं। जो धर्म उपदेश द्वारा न सुधरने वाले दुष्टों और अत्याचारियों को दुष्टता के लिए छोड़ दे—उनके लिए कोई व्यवस्था न करे—वह लोकधर्म नहीं—व्यक्तिगत साधना है।[23] यह साधना मनुष्य की वृत्ति को ऊँचे से ऊँचे ले जा सकती है, जहाँ वह लोकधर्म से परे हो जाती है पर सारा समाज इसका अधिकारी नहीं। जनता की प्रवृत्तियों का औसत निकालने पर धर्म का जो मान निर्धारित होता है—वही लोकधर्म होता है।[24] वैराग्य प्रधान मतों (ईसाई, बौद्ध, जैन) में साधना के जो उपदेश दिए जाते हैं—वे व्यक्ति द्वारा भले आचरित हों—समष्टि द्वारा नहीं आचरित हुए। ईसाई समाज में ही नहीं हुआ, पूरे समाज की तो बात ही नहीं है। तत्त्वतः व्यक्ति साधना लोकविरोधी नहीं है, पर यदि वह लोकनिरपेक्ष होकर आत्मलीन हो जाय—तो

लोकमर्यादा का उल्लंघन और समाज व्यवस्था का तिरस्कार उसके अन्धानुयायी करने लगेंगे। शुक्ल जी ऐसे लोकधर्मविरोधियों के विरोधी हैं। समाजशास्त्रियों ने भी लोकसंग्रही और लोकविरोधी की दृष्टि से जनता का विभाग किया है। वे हैं—लोकसंग्रही, लोकबाह्य, अलोकोपयोगी और लोकविरोधी। शुक्ल जी का लोकधर्म आर्यशास्त्रानुमोदित है—जो सरस्वती और दृषद्वती के दोआबे में पनपा। शुक्ल जी की धारणा है[25] कि "संसार के और देशों में जो मत प्रवर्तित हुए, उनमें, 'साधारण धर्म' का ही पूर्ण समावेश हो सका, विशेष धर्मों की बहुत कम व्यवस्था हुई। पर सरस्वती तथा दृषद्वती के तटों पर पल्लवित आर्य सभ्यता के अन्तर्गत जिस धर्म का प्रकाश हुआ, विशेष धर्मों की विस्तृत व्यवस्था उसका लक्षण हुआ और वह वर्णाश्रम धर्म कहलाया। उसमें लोकसंचालन के लिए ज्ञानबल, बाहुबल, धनबल और सेवाबल का सामंजस्य घटित हुआ—जिसके अनुसार केवल कर्मों की ही नहीं, वाणी और भाव की भी व्यवस्था की गई।'' उनके लोकधर्म में कर्तव्य और अधिकार—दोनों का समावेश है। वे कहते हैं—[26] ''जब कर्तव्य भाग शिथिल पड़ेगा और अधिकार भाग ज्यों का त्यों रहेगा—तब स्थिति विधायिनी विषमता पैदा होगी।'' यह धारणा भी गलत हैं कि वे 'लोकधर्म' और 'व्यक्तिसाधना'—दोनों को पृथक्-पृथक् अनिवार्यतः मानते ही है—वे कहते हैं[27] ''जहाँ लोकधर्म और व्यक्तिधर्म का विरोध हो—वहाँ कर्ममार्गी गृहस्थी के लिए लोकधर्म का ही अवलम्बन श्रेष्ठ है।'' शुक्ल-सम्मत लोकधर्म के स्वरूप को स्पष्ट करने में एक उद्धरण और आवश्यक है—इसके बिना उनकी लोकधर्म सम्बन्धी अवधारणा पूरी न होगी। उद्धरण यह है कि लोक में श्रेणी वैषम्य तो बराबर रहेगा—अतः श्रेणी वैषम्य को मानकर प्रतिष्ठापित लोकधर्म में आवश्यक है कि उच्चवर्ग अधिक मान या अधिक अधिकार के साथ कठिन कर्तव्यों की योजना और निम्नवर्गों में कम मान और कम सुख के साथ अधिक अवस्थाओं में आराम की योजना जीवन निर्वाह की दृष्टि से सामंजस्य[28] रखती थी। जब तक उच्च श्रेणियों के कर्तव्य की कठिनता प्रत्यक्ष रहेगी—कठिनता के साथ साक्षात्कार के अवसर आते रहेंगे—तब तक नीची श्रेणियों में ईर्ष्या, द्वेष का भाव नहीं जाग्रत हो सकता।...ऊँची श्रेणियों के कर्तव्य की पुष्ट व्यवस्था न होने से ही यूरोप में नीची श्रेणियों में ईर्ष्या, द्वेष और अहंकार का प्राबल्य हुआ, जिससे लाभ उठाकर 'लेनिन' अपने समय में महात्मा बना रहा। समाज में ऐसी वृत्तियों पर स्थित 'माहात्म्य' का स्वीकार घोर अमंगल का सूचक है। मूर्ख जनता के इस माहात्म्य प्रदान पर न भूलना चाहिए—यह बात गोस्वामी जी भी साफ-साफ कहते हैं—

तुलसी भेड़ी की धँसनि, जड़ जनता सनमान।
उपजत ही अभिमान भो, खोबत मूढ़ अपान।।

जड़ जनता के सम्मान का पात्र वही होगा, जो उसके अनुकूल कार्य करेगा। ऐसा कार्य लोकमंगलकारी कभी नहीं हो सकता। जनता के किसी भाग की दुर्वृत्तियों

के सहारे जो व्यवस्था स्थापित होगी, उसमें गुण, शील, कलाकौशल, बलबुद्धि के असामान्य उत्कर्ष की सम्भावना कभी नहीं रहेगी–प्रतिभा का विकास कभी नहीं होगा। रूस से भारी-भारी विद्वानों और गुणियों का भागना इस बात का आभास दे रहा है। अल्पशक्ति वालों की अहंकार वृत्ति को तुष्ट कोने वाला 'साम्य' शब्द ही उत्कर्ष का विरोधी है। उत्कर्ष विशेष परिस्थिति में होता है। परिस्थिति विशेष के अनुरूप किसी वर्ग में विशेषता का प्रादुर्भाव ही उत्कर्ष या विकास कहलाता है। इस बात को आजकल के विकासवादी भी अच्छी तरह जानते हैं। इस उत्कर्ष का विरोधी 'साम्य' जहाँ हो उसे हमारे यहाँ के लोग अंधेरनगरी[29] कहते हैं। निश्चय ही शुक्ल जी का लोकधर्म 'वर्णाश्रम' धर्म है–जो न केवल कर्मविभाग है, बल्कि भाव-विभाग भी है–ज्ञान योजक है। गोस्वामी जी की 'Social discipline' को तह से इसी सन्दर्भ में समझना चाहिए।

शुक्ल जी के जीवन-दर्शन के दो पक्ष हैं–पारमार्थिक तथा व्यावहारिक। व्यावहारिक पक्ष पर ही लोकधर्म है–जिसका स्वरूप ऊपर स्पष्ट किया गया है। शुक्ल-सम्मत 'लोकधर्म' के स्वरूप पर सबसे पहला दुर्धर्ष प्रहार श्री नन्ददुलारे वाजपेयी का है। वाजपेयी जी ने लिखा है–"रामचरित मानस के जिस व्यापक आदर्श की ओर शुक्ल जी सबसे अधिक आकृष्ट हैं–वह है लोकधर्म का आदर्श[30]–जहाँ कर्तव्य की ही प्रधानता है, किसी को अपने अधिकारों का ध्यान नहीं रहता–सबको कर्तव्य का ही पालन करना है। इसी आदर्शात्मक लोकधर्म में शुक्ल जी की वृत्ति रम गई है–इस त्यागमय धर्म को ही वे व्यवहार धर्म मानने लगे हैं।" वाजपेयी जी का शुक्ल-सम्मत लोकधर्म के विरुद्ध मुख्य तर्क यह है कि वह परम्परा प्राप्त मान्यताओं के अनुकूल नहीं है–यह उनके जीवन-दर्शन की उपज है। भारतीय परम्परा में सगुण-निर्गुण, लोकधर्म-व्यक्तिगत साधना, प्रवृत्ति-निवृत्ति सर्वथा दो पृथक् कठघरे हैं–उनमें तटवर्ती अध्यात्म दृष्टि एक ही है–स्थूलभेद अवश्य हैं। स्पष्ट ही शुक्ल जी लोकधर्म को अध्यात्म के नहीं–लोकसमाज के सन्दर्भ में परिभाषित करते हैं और एतदर्थ वे नवीन दर्शन का निर्माण करते हैं। वाजपेयी जी का कहना है–"शुक्ल जी का यह नवीन दर्शन क्या है? सबसे पहले हम देखते हैं कि यह नवीन दर्शन है–प्रवृत्ति और निवृत्ति, व्यक्तिधर्म और लोकधर्म को परस्पर विपरीत दार्शनिक विचारणा का परिणाम बताना और प्रवृत्ति तथा लोकधर्म के पक्ष में उत्साहपूर्वक आन्दोलन करना। सच पूछिये तो ऐसा करके शुक्ल जी ने समस्त आध्यात्मिक काव्य की मूल प्रेरक शक्तियों का विघटन कर दिया है।... प्रेरक शक्ति है आध्यात्मिक इष्ट के प्रति उच्चकोटि का आत्मोत्सर्ग (समर्पण)। यह आत्मोत्सर्ग ही प्रवृत्ति और निवृत्ति दोनों दिशाओं के साधक को ले जाता है। सूर को यह एक ओर ले गया है और तुलसी को दूसरी ओर।"[31]

वाजपेयी जी[32] का बड़े ऊहापोह के बाद यह निष्कर्ष है–"मैं उनकी प्रवृत्ति और

निवृत्ति की रेखाओं को स्थूल इसलिए कहता हूँ कि वे भारतीय आध्यात्मिक दर्शन के अनुसार प्रवृत्ति का उसके वास्तविक निवृत्ति मूलक (त्याग या अनासक्ति मूलक) स्वरूप में उपस्थित नहीं करते हैं। अत्याचारी के प्रति दोष से आविष्ट और पीड़ित के प्रति दया से द्रवित होकर लोकधर्म की जो प्रेरणा विकसित होती है—क्या उसका कोई सुव्यवस्थित आधार शुक्ल जी ने निरूपित किया है?" शुक्ल जी से यह प्रश्न इसलिए किया जा रहा है कि वे कोरे काव्यालोचक नहीं हैं, प्रत्युत लोकधर्मवादी दार्शनिक का महत्वपूर्ण पद भी उन्होंने अधिकृत किया है। अपेक्षित विवेचन का अभाव होने से वाजपेयी जी उन्हें लोकधर्म के आदर्श का पुजारी अथवा उनके महाकाव्योचित उदात्त स्वरूप का आदर्श भले ही मान लें, लोकधर्म का दार्शनिक विवेचक उन्हें बहुत ही स्थूल अर्थ में मानते हैं।

निश्चय ही शुक्ल जी के काव्यालोचनोपयोगी मानदण्ड, जिनके पीछे उनका अपना दर्शन और जीवन-दर्शन है—अध्यात्मनिष्ठ भारतीय या वाजपेयी जी के शब्दों में राष्ट्रीय परम्परा से हटकर निरूपित हुए हैं। ये मानदण्ड हैं—लोकधर्म या लोकमंगलवाद और रसवाद। शुक्ल जी का चेतन विज्ञान का पक्षधर है और विज्ञाननिष्ठ बुद्धिवादी अध्यात्मनिष्ठ मान्यताओं को यथावत् ले ही नहीं सकता—लेगा भी तो उसको तर्कसम्मत और बोधगम्य प्रक्रिया से विश्वसनीय नव व्याख्यात रूप। इसीलिए शुक्ल जी शब्दावली परम्परा से लेते हैं—पर व्याख्या अपने दर्शन या जीवन-दर्शन के अनुरूप देते हैं। इस निजी दृष्टि के संचार से आलोचनोपयोगी तटस्थता अवश्य व्याहत होती है—इसमें कोई सन्देह नहीं। लेकिन उनका 'दर्शन' या 'जीवन-दर्शन' न घर का है न घाट का, न पूरब का न पश्चिम का—फलतः वे कच्ची जमीन पर खड़े हैं—यह कहना भी एक उभरते हुए नए समीक्षक का आवेश या जोश ज्यादा है।

वाजपेयी जी पहली बात तो यह कहते हैं कि उनका दर्शन न पूरब का है न पश्चिम का—फलतः कच्ची जमीन का है—यह आक्षेप विचारणीय है। जैसा कि मैंने ऊपर कहा है। फलतः शुक्ल जी स्पष्ट कहते हैं कि जगत् के विषयों में दो प्रकार की जिज्ञासा हो सकती है—एक तो यह कि उसकी मूलसत्ता क्या है और दूसरी यह कि उसके व्यापार किस तरह सम्पन्न होते हैं—पहले प्रश्न का उत्तर दर्शन ही दे सकता है और दूसरे का विज्ञानसम्मत विकासवाद। दोनों दृष्टियों से उन्होंने अपने दर्शन का निरूपण किया है। उनके जीवन-दर्शन में मूल सत्ता का स्वरूप तो 'दर्शन' के क्षेत्र का चित्पर्यवसायी अद्वैत है—पर जगत् व्यापार की व्याख्या विज्ञानप्रसूत मान्यताओं के मेल में विकासवादी है। उनका जीवन-दर्शन इस प्रकार दर्शन और विज्ञान की मान्यताओं की संसृष्टि है—चिन्मय परसत्ता (ब्रह्म) उसका सद्-असद् रूपा अभिव्यक्ति तदधिष्ठित शक्ति, शक्ति का उसमें समवेत होना, शक्ति का स्तर भेद से पुरुष-प्रकृति में रूपान्तरण, प्रकृति की त्रिगुणात्मकता, त्रिगुण की विषमता,

विषमता से संसरण और संघर्ष और संघर्ष में असत् का सत् पर हावी होना 'स्थिति-रक्षण-रंजन-विधानक' अधर्म और असत् पर सत् का हावी होना, सत्व के शासन में रज-तम का चलना धर्म। इस संघर्ष के बीच ब्रह्म की सदंश की व्यक्त प्रवृत्ति का धर्म कहा जाना भी शुक्ल जी को अभीष्ट है। ब्रह्म की व्यापक भूति 'सत्' और 'प्रकृति' की ऊर्ध्वभूमि 'सत्व' दोनों की संधिनी में विश्व का कल्याण यहाँ तक दर्शन का सहारा है—पर जगत् में व्यापार-व्यवहार के रूप में धर्म की व्याख्या विकासवाद के आलोक में विज्ञानसम्मत है। इस तारतम्य में शुक्ल जी के नवदर्शन में स्पिनोजा की नित्य गत्यात्मक शक्ति से शुक्ल-सम्मत 'प्रवृत्ति' 'निवृत्ति' 'वृत्ति' को बेढंगे जोड़ना उनके साथ अन्याय है।

विवेकवादी शुक्ल जी अपने नवदर्शनाश्रित 'लोकधर्म' को स्पष्ट करते हुए जो कठघरे खींचते हैं—प्रवृत्ति धर्म, निवृत्ति धर्म, लोकधर्म-व्यक्तिसाधना, वैराग्यप्रधान निष्क्रिय धर्म और रागप्रधान सक्रिय धर्म—उससे परम्परानिष्ठ भक्ति साहित्य के मूल्यांकन में अवश्य बाधा आई है—पर यहाँ भी जोश में कुछ शुक्ल पक्ष का अन्यथा उपस्थान हो गया है। लोकधर्म जहाँ व्यक्तिसाधना से न मिलता हो—का आशय आत्यंतिक विरोध कैसे? वस्तुतः 'रामचरित मानस' को जिस अध्यात्मवादी दृष्टि से वाजपेयी जी देख रहे हैं और उसमें चित्रित आचार और विचारों की संगति बिठाना चाहते हैं—वह 'दृष्टि' शुक्ल जी द्वारा संचालित है ही नहीं—इसलिए दोनों के निष्कर्षों में टकराहट होगी ही। वैसे मैं भी यह मानता हूँ कि 'मानस' निरूपित 'धर्म' को आध्यात्मिक लक्ष्य से काटकर देखना—दिखाना सही नहीं है—पर शुक्ल जी अपने समय की मान्यताओं—मानवता ही ईश्वर है और समाज सेवा धर्म—से संपृक्त है और उस आत्मवाद के स्तर से कुछ देखना-दिखाना गैरईमानदारी मानते हैं जिसपर वे प्रतिष्ठित नहीं हैं—इसलिए वे बोधगम्य लौकिक भूमि की परिधि में ही सब-कुछ कहना-सुनना चाहते हैं—यद्यपि उनका अवचेतन ब्रह्मवाद से मुक्ति नहीं पाता। वाजपेयी जी एक तरफ शुक्ल जी पर यह आरोप लगाते हैं कि वे अपनी रुचि का दूसरों पर आरोप करते हैं और उसे उपयुक्त न पाने पर उसका गला नाप देते हैं—उदाहरणार्थ 'व्यवहार का व्यक्त सौन्दर्य' सूर और छायावाद में न पाकर उनको अन्यथा ठहराना और दूसरी ओर स्वयं अपनी दृष्टि से शुक्ल जी के आलोचन कर्म—जो भिन्न दृष्टि की सृष्टि है—की जाँच करते हैं। हाँ, यह प्रश्न सही है कि शुक्ल जी की वह 'लोकधर्म' परक दृष्टि ही असंगत है—कम से कम 'मानस' समर्थित नहीं है। वाजपेयी जी कहते हैं कि उनका 'लोकधर्म' अधिकार और कर्तव्य (लेनदेन) का धर्म है। जबकि मानस का लोकधर्म केवल त्याग-गर्भ कर्तव्य मात्र—अधिकार भावना शून्य। वाजपेयी जी ने प्रश्नों की बौछार लगा दी है। उनका कहना है कि उन्हें यदि 'नवदर्शन' देना है तो उसकी आत्मवादी या भूतवादी मार्क्सवादी दृष्टियों से पुष्टि करनी थी। वास्तव में शुक्ल जी मार्क्सवादी 'साम्यवाद'

को स्वसम्मत लोकधर्म के विरुद्ध पाते हैं और आत्मवाद से जगत् व्यापार की व्याख्या नहीं करना चाहते। इसलिए वाजपेयी जी का यह निष्कर्ष सही है[33]—"शुक्ल जी का विवेचन न तो प्राचीन दार्शनिक पद्धति का अनुसरण करता है और न वे उस प्रकार के सांस्कृतिक और समाजशास्त्रीय अध्ययन में प्रवृत्त हुए हैं—जो आज की आलोचना का आवश्यक अंग है।" पर इस 'लोकधर्म' की तार्किक संगति के विषय में उन्होंने कुछ सोचा ही नहीं है—ऐसा नहीं—यह ऊपर विस्तारपूर्वक दिखाया गया है। वे परम्परा से अपनी इस अवधारणा में पृथक् हैं—इसमें कोई संदेह नहीं।

डॉ. रामविलास शर्मा ने शुक्ल जी द्वारा निरूपित 'लोकधर्म' के सन्दर्भ में रूसी व्यवस्था के प्रति व्यक्त आक्रोश पर अपनी वैचारिक प्रतिक्रिया देते हुए लिखा है—"रूसी क्रान्ति के बारे में साम्राज्यवादियों ने धुआँधार प्रचार किया था, उसी को दोहराते हुए लिख डाला है शुक्ल जी ने यह सब।...शुक्ल जी के विवेचन का यह सबसे कमजोर पहलू है। उन्होंने शुरुआत की थी कबीर आदि का लोकविरोधी रूप दिखाने से, पहुँच गए रूसी क्रान्ति और लेनिन तक और अन्त में जनता को ही मूर्ख और जड़ कहने लगे।"[34] डॉ. शर्मा का कहना है, "शुक्ल जी ने ये शब्द आवेश में लिखे हैं—उनकी मूल विचारधारा से इसका मेल नहीं बैठता। इस आवेश के कारण तुलसी के महत्व का गलत प्रतिपादन करने के जोश में वह अनेक असंगतियों में फँस गए हैं। डॉ. शर्मा का यह भी पक्ष है कि शुक्ल जी की इन उक्तियों से उन्हें क्रान्तिविरोधी, जनता के प्रति अविश्वासी तथा वर्णव्यवस्था और सामंती समाज का हिमायती सिद्ध करना गलत निष्कर्ष होगा। अपने पथ की पुष्टि करते हुए उन्होंने कहा है कि शुक्ल जी ने जिस जनता को जड़ और मूर्ख कहा है—अनेक स्थलों पर उनको उसी जनता के गले का हार भी कहा है। यह जनता ही है जिसके बीच (राजाओं और मुट्ठी भर शास्त्रज्ञों के बीच नहीं) प्रतिष्ठित होने से वे 'भारत-हृदय', 'भारती कण्ठ' तथा 'भक्त चूड़ामणि' गोस्वामी तुलसीदास हुए। जनसाधारण में अंधविश्वास है, पर ऐसी सहृदयता भी है जो तुलसी के काव्य पर झूम उठती है। तुलसी यदि घोर व्यवस्थावादी थे, तो वे प्रेम को सारे नियमों के, समूची व्यवस्था के ऊपर क्यों मानते हैं? स्वयम् शुक्ल जी लिखते हैं—"यह कोमलता, यह सहृदयता सब प्रकार के नियमों से परे है।" तुलसी की भक्ति हिन्दू जनता मात्र के लिए ही नहीं, मानव मात्र की साम्य भावना लेकर चली है। इस साम्य भावना का आधार बुद्धिसाम्य नहीं—विकास के लिए अवसरसाम्य है—भक्ति सब कर सकते हैं। उनके अनुसार उत्पादन स्रोत पर अधिकार रखने वाले जब तक मुट्ठी भर रहेंगे, तब तक समान अवसर सबको नहीं मिलेगा। शर्माजी की धारणा है कि यदि रवीन्द्र की भाँति शुक्ल जी भी रूसी व्यवस्था को देखकर आते—तो वैसा न कहते, जैसा कह गए हैं। लेनिन शोषण से मुक्ति दिलाने के कारण मान्य था, न कि अन्यथा। डॉ. शर्मा का कहना है कि भक्तिधारा का लोकधर्म 'प्रेम' है, न कि वर्णव्यवस्था। फिर भी शुक्ल

जी ने जिस वर्णव्यवस्था की कर्माश्रित व्याख्या की है, वह तथाकथित ब्राह्मणवाद नहीं है।

आचार्य हजारीप्रसाद द्विवेदी ने अपने बहुचर्चित शालीन ढंग से 'लोकधर्म' की एक भिन्न ही अवधारणा व्यक्त की है—जिससे उनके पक्षधर शिष्यों ने दोनों आचार्यों को आमने-सामने खड़ा कर दिया है। आचार्य शुक्ल का 'लोकधर्म' और 'मनुष्य' तुलसी साहित्य के तथा द्विवेदी सम्मत 'लोकधर्म' और 'मनुष्य' कबीर साहित्य के साक्ष्य पर आधारित हुआ है। शुक्ल जी का लोकधर्म आर्यशास्त्रानुमोदित है और उसका रूप सरस्वती तथा दृषद्वती नदियों के बीच मानवता के उपासकों द्वारा निर्धारित हुआ है—उसमें बुद्धिसंगत वर्णाश्रमवादी चेतना अन्तर्भुक्त है—वह औसत जनधर्म है। दूसरी ओर द्विवेदी जी ने जड़ शास्त्रीय लौह ढाँचों के प्रति लोक की विरोधी चेतना को लोकवाद या लोकधर्म कहा है—वह विरोधी चेतना शास्त्र पन्थी और परलोक भीरु नहीं है—प्रत्युत अनभै पन्थी और अनुभव पन्थी है। द्विवेदी जी निश्चित रूप से चिदद्वैतवादी हैं और अन्तःप्रज्ञा के समर्थक। उन्होंने आत्मगत उच्चतम सम्भावनाओं में बाधक बन रहे शास्त्रीय विधानों के प्रति क्रान्ति की आवाज बुलन्द करने वाली चेतना को लोकचेतना कहा है। उन्होंने प्रेम की उच्चतम सम्भावनाओं में रोड़े अटकाने वाले आर्य मार्ग या आरजपन्थ के प्रति विद्रोही गोपियों में वेदवादियों के विपरीत लोकवादिता देखी। उनका विश्वास है कि 'लोक' नगर के विपरीत ग्राम का बोधक नहीं है, प्रत्युत नगर-ग्राम-साधारण उस चेतन वर्ग का बोधक है जो बुद्धिअर्जित विधान की अपेक्षा अन्तःप्रेरणा प्रसूत सहज चेतना के आलोक में अपनी यात्रा करता है। दोनों आचार्यों की अवधारणाएँ आपके निर्णयार्थ आमने-सामने हैं—कौन लोकधर्म है और कौन व्यक्तिधर्म—यह आप तय कीजिए। किसका मनुष्य देशकाल परिच्छिन्न होकर देशकालातीत सम्भावना व्यक्त कर सकता है? किसका लोकधर्म अधिकाधिक 'लोक' को अनुशासित रख सकता है? कितने लोग लोक में हैं जो अन्तःप्रेरणा से ऊर्ध्वगामी उच्चतम सम्भावनाओं को मुखर कर मानवता को चरितार्थ कर सकते हैं। अन्तःप्रेरणा पैदा नहीं की जा सकती—उसके लिए चित्त की समुन्नत भूमिका पहले से अपेक्षित है—'प्रमाणमंतः करण प्रवृत्तयः'—क्या निम्नगामी प्रवृत्तिवाले लोगों का लोकमत अधिकांश लोगों का होगा? लोक में विवेकहीनों की संख्या या तो कम होगी या अधिक। यदि अधिक है—तो सत् का असत् पर अंकुश होगा पर यदि विपरीत स्थिति हुई तो असत् का सत् पर आक्रमण होगा। सामान्यतः कौन-सी स्थिति रहती है? जन्मतः लोक का व्यक्त कैसा होता है? सत् पथ गामी? मानवता को चरितार्थ करने की दिशा में बढ़ने वाला? सारे संसार के चिन्तक यही मानते हैं? यदि ऐसी ही स्थिति है और सामान्यतः है तब तो किसी थोपी जाने वाली व्यवस्था की आवश्यकता? स्पष्ट है कि लोक में जन्मजात और अधिक संख्या सहजात शरीर धर्मा रागपंथियों की होती है—व्यवस्था उनकी इस व्यक्ति चेतना का

सामाजिकीकरण करती है। 'लोकधर्म' द्वारा शुक्ल जी इसी सामाजिकीकरण की बात करते हैं। समाज में प्रातिभ व्यक्तियों की संख्या सदा से कम रही है—और पीछे-पीछे चलने वालों की अधिक। यदि कबीर और गोपियों जैसे प्रातिभ वाणियों के साक्ष्य पर लोगों को समाजानुमोदित व्यवस्था का अतिक्रमण करने की छूट दे दी जाय—तो समाज की क्या दशा होगी?

वास्तव में 'लोक' वंद्य है—समष्टिबोधक शब्द के रूप में—पर उसी 'लोक' के 'व्यक्ति' को लें—तो वह नियमतः समष्ट्यर्थक लोक की भाँति वंद्य ही नहीं होगा। इसीलिए अर्थभेदवश 'लोक' गड्डारिका प्रवाही भी हो सकता है और 'लोक' प्रातिभ विभूति भी हो सकता है। इस अर्थभेद को ठीक से दृष्टिगत न रख सकने के कारण आचार्यों को आमने-सामने रख दिया गया है—और यदि जानबूझकर द्विवेदी जी शुक्ल-सम्मत 'लोकधर्म' से भिन्न अवधारणा वाला 'लोकधर्म' शब्द गढ़ रहे हैं, तो भी वे चिन्त्य हैं। दृष्टिभेद से लोक गर्हणीय भी है और वन्दनीय भी। इस दृष्टि को ध्यान में रखकर यदि डॉ. नामवर सिंह 'दूसरी परम्परा की खोज' में 'लोकधर्म' शब्द के पीछे निहित अवधारणा को देखते तो न केवल इस विरोधी प्रदर्शन से ही बच जाते, प्रत्युत द्विवेदी जी द्वारा टोना-टोटका, जादू जैसी निकृष्ट प्रवृत्तियों का आत्मसात् करने वाले 'लोकधर्म' का भी मर्म समझ जाते।

इसी 'लोकधर्म' के सन्दर्भ में साक्षात्-असाक्षात् जुड़ा हुआ प्रश्न 'कबीर' के 'समाज सुधारक' वाला भी है। डॉ. नामवर सिंह ने कहा है—आकस्मिक नहीं है कि द्विवेदी जी ने कबीर के समाजसुधारक रूप का खण्डन बड़ी दृढ़ता से किया है। शुक्ल जी ने अपने इतिहास में एक तरह से इस बात का समर्थन किया था[35] "पाश्चात्यों ने इन्हें (कबीर आदि निर्गुणियाँ सन्तो को) जो 'धर्मसुधारक की उपाधि' दी है वह उचित ही है।" उन्होंने द्विवेदी जी की दृष्टि से कबीर की क्रान्तिकारी और शुक्ल जी की दृष्टि से समाजसुधारक होने की बात की है और इसी आवेश में परम्पराभेद दिखाने के लिए निष्कर्ष रूप में यह भी कहा है[36]—"स्पष्टतः यह क्रान्तिकारी दृष्टिकोण है जिसमें गांधीवादी सारसंग्रह और समन्वय के सुधारवादी कार्यक्रम का विरोध निहित है।" यह सारा प्रयास अत्यन्त भ्रामक है। शुक्ल जी के इतिहास में जो लिखा है वह इस प्रकार है—"उच्च विषयों का कुछ आभास देकर, आचरण की शुद्धता पर जोर देकर आडम्बरों का तिरस्कार करके, आत्मगौरव का भाव उत्पन्न करके इन्होंने उसे (निम्न श्रेणी की जनता को) ऊपर उठाने का प्रयत्न किया। पाश्चात्यों ने इन्हें जो 'धर्मसुधारक' की उपाधि दी है, वह इसी बात को ध्यान में रखकर।"[37] शुक्ल जी ने इन्हें धर्मसुधारक कहने के मूल में पाश्चात्यों की दृष्टि का उल्लेख किया और उसका आधार बताया है। शुक्ल-सम्मत 'लोकधर्म' जिसकी ऊपर चर्चा की गई है—उस सन्दर्भ में क्या कबीर को धर्म सुधारक कहा जा सकता है? क्या कबीर शुक्ल-सम्मत 'आर्यशास्त्रानुमोदित' धर्म या लोकधर्म के सुधारक थे—उसी

धारणा से जुड़े हुए थे? विपरीत इसके वे उस 'आर्यशास्त्रानुमोदित' धर्म का शुक्ल जी के शब्दों में 'मुसलमानी जोश' के साथ विरोध करते थे। यह ठीक है कि शुक्ल जी न उन्हें द्विवेदी जी की भाँति 'क्रान्तिकारी' कहते थे, न ही 'धर्मसुधारक'। पाश्चात्यों ने अवश्य उन्हें 'धर्मसुधारक' कहा—जहाँ 'साधारण धर्म' की ही चर्चा हुई है—सरस्वती और दृषद्वती के बीच 'विशेष धर्म' (लोकधर्म) की नहीं। इतिहास में स्पष्ट लिखा है[38]—'निर्गुण पंथियों में लोकधर्म की उपेक्षा का भाव स्पष्ट दिखता है।'

निष्कर्ष यह कि परवर्ती आलोचना में शुक्ल जी के 'दर्शन' और 'जीवनदर्शन' पर पक्ष तथा विपक्ष के रूप में पर्याप्त मन्थन हुआ। एक बात और। शुक्ल जी का साम्य भारतीय परम्परा से एक यह अवश्य है कि जैसे प्राचीन भारतीय चिन्तक जीवन का सर्वोच्च लक्ष्य—अपने को पहचानना—तय करके, 'स्वभाव' की उपलब्धि को लक्ष्य करके व्यवहार, परमार्थ तथा काव्य तीनों को उससे जोड़ा है, वैसे ही शुक्ल जी ने भी (मानव-स्वभाव) 'मानवता' को केन्द्र में रखकर व्यवहार, परमार्थ तथा काव्य—तीनों को उससे सम्बद्ध किया। परम्परा 'मानवता' को 'गुह्यं ब्रह्म तदिदं ब्रवीमि न मानुषाश्रेष्ठतरं हि किंचित्'—कहती थी—अर्थात् 'रहस्यमय परमसत्ता' से एक कर देती थी—जबकि शुक्ल जी विकासवादी दृष्टि से मानवता के स्वरूप पर विचार करते हुए कहते हैं—मानव स्तर पर विकसित चेतना में ही लोकमंगल और परस्पर निस्सीम साहाय्य रति की सम्भावना विकसित हुई—इससे पूर्व स्तर के मानवेतर प्राणियों में यह सामाजिक भाव या लोकरक्षण तथा लोकरंजन की वृत्ति का उल्लेख नहीं था। सो, मानव स्तर पर सम्भावना के रूप में विकसित यही सामाजिक मंगल की भावना ही 'मानवता' है—मनुष्य का स्वभाव यही है—इसी की चरितार्थता में उसकी कृतार्थता है—इसी की रसात्मक अनुभूति भक्ति है, काव्य के द्वारा इस भाव पर पहुँच जाना रस का साक्षात्कार है और व्यवहार में इसी वृत्ति से परिचालित होना हमारा लक्ष्य है। लोकधर्म या धर्म को धारण करने वाली यही वृत्ति है—मानव स्तर पर विकसित चेतना की व्यावर्तक विशेषता या मानवता है। यही 'मानवता' लोकधर्म की धुरी है। जिन लोगों में सत्व का उद्रेक है—रज एवं तम उसके शासन में चल रहे हैं—उन लोगों में जगत् के रक्षण और रंजन की वृत्ति निरन्तर जाग्रत है। यह प्रक्रिया यदि समष्टि चित्त में है तो 'धर्म' और विपरीत है तो 'अधर्म'। इस वृत्ति का उदय जिन लोगों में सत्वशुद्धिवश सहज है—उनमें 'लोकधर्म' का अनुशासन अपेक्षित नहीं है—पर जिनमें वह तत्त्व नहीं है—ऐसे सामान्य लोक के लिए इस 'धर्म' का शासन आवश्यक है। शुक्ल जी का यह लोकधर्म सर्वांग है, एकांग नहीं—जिसमें केवल कोमल वृत्तियाँ ही क्रियाशील रहती हैं। यह एकांग धर्म व्यक्तिगत साधना के रूप में हो सकता है। परन्तु समष्टि साधना सम्भव नहीं है—समाज का संचालन इस एकांगी धर्म से नहीं हो सकता। इसके लिए कठोर एवं मृदुल—उभयविध वृत्तियों का सामंजस्य होना अनिवार्य है—व्यवहार का सौन्दर्य यही विरुद्धों का सामंजस्य है। शुक्ल जी लोकधर्म

के अनुरूप बीजभाव दो मानते हैं—करुणा और प्रेम। इस बीज भाव के राज्य में उदित होने वाले विध्वंसक भाव भी रचनात्मक हो जाते हैं—लोकधर्म सम्पादक हो जाते हैं। इस प्रकार परवर्ती हिन्दी आलोचना में शुक्ल जी के 'दर्शन' और 'जीवन-दर्शन' पर पर्याप्त मन्थन हुआ है। इसमें सांघातिक प्रहार आचार्य वाजपेयी जी की ओर से है—जिसमें कुछ अतिरिक्त जोश भी है और वजनदार विवेक तथा तटस्थ आलोचना क्षमता। उनकी दृष्टि में 'मानस' साक्षिक 'लोकधर्म' परम्परा से विच्छिन्न भूमि पर प्रतिष्ठित है। यह कहना कि उसके पीछे कोई तर्कसंगत दार्शनिक आधार नहीं है—फलतः उनका नवीन दर्शन खोखला है—पूर्णतः ग्राह्य नहीं है। उन्होंने अपने दर्शन और लोकधर्मात्मक जीवन-दर्शन की यथासम्भव अपनी सीमा में पृष्ठभूमि संकेतित की है।

डॉ. रामविलास शर्मा उनके 'लोकधर्म' को वस्तुवादी दृष्टि से इस मान्यता के साथ कि वे मार्क्सवादी चिन्तक नहीं हैं—बहुत दूर तक समर्थन देते हैं और जिन लोगों ने उनके लोकधर्म को ब्राह्मणवादी, सामन्ती आदि के रूप में आक्षिप्त किया है—उनका भरपूर समाधान भी किया है। केवल उस अंश को हलका कहा है जहाँ उन्होंने रूसी व्यवस्था अथवा उसके उन्नायक लेनिन को अन्यथा कहा है। उनकी दृढ़ धारणा है कि उन तथाकथित प्रगतिवादियों को जिन्होंने शुक्ल जी पर अन्यथा होने का आरोप किया है—शुक्ल जी से मार्क्सवादी को बहुत-सी मान्यताओं को समझना चाहिए। उनकी दृष्टि में शुक्ल जी अपने समय के जितने जागरूक चिन्तक थे—वैसा हिन्दी समीक्षकों में न कोई है और न हुआ।

डॉ. हजारीप्रसाद द्विवेदी की 'लोकधर्म' सम्बन्धी अवधारणा को डॉ. नामवर सिंह ने जिस शुक्ल-सम्मत अवधारणा से विपरीत रूप में पेश किया है—वह विवेकपूर्वक देखने से हट जाता है। समष्टि रूप में अव्यक्त के व्यक्त रूप में 'लोक' आराध्य है—इसीलिए तुलसी भी सब जग को सियाराममय मानते हैं—पर उसी लोक में व्यक्तियों को अधम निशाचर भी कहते हैं—'भेड़ियाधँसनि' से भी उपमित करते हैं। कबीर के साक्ष्य पर 'लोकधर्म' का स्वरूप प्रस्तुत करने वाले द्विवेदी जी 'व्यक्ति साधक' की बात करते हैं और अपेक्षाकृत 'व्यक्ति साधना' जो अनुभवसम्मत विवेक पर सहज साधना से निष्पन्न है—को 'लोकधर्म' कहते हैं। कभी-कभी गर्हित विधियों—जादू-टोना, तंत्र-मंत्र—को भी वे 'लोकधर्म' कहते हैं—क्योंकि शिष्टेतर 'लोक' आत्मरक्षा के निमित्त उधर से भी जाता है। ध्यान से देखने पर औसत लोक का धर्म वही प्रतीत होता है, जो शुक्ल-सम्मत है। औसत लोक मंगल विधान के निमित्त जिसके अनुशासन में चलता हो—वह जनसमाज के लिए अधिक उपादेय 'लोकधर्म' है। वैसे शास्त्रीय जड़ता से लोक की विकासात्मक गति जब रुद्ध हो जाती है—तब 'नेम' से भी बड़ा 'प्रेम' ही लोकधर्म हो जाता है—तुलसी ने इस ओर भी संकेत दिया है और रामविलास जी ने समर्थन भी। 'राग' लोक की सर्वोपरि शक्ति

है—बशर्ते कि वह शास्त्रीय जड़ता के अवरोध को तोड़ने वाली ऊर्ध्वगामी क्षमता से सम्पन्न हो, समूची 'भक्ति' इस दृष्टि से 'लोकधर्म' है—पर इस 'लोकधर्म' का उदय 'कश्चित्' में होना है—जबकि बैसाखी की तरह आर्यशास्त्रानुमोदित 'लोकधर्म' औसत जनता के लिए उपादेय है। वस्तुतः 'नेम' लोकधर्म है और 'प्रेम' व्यक्तिसाधना—दोनों में कोई आत्यंतिक विरोध नहीं है—दायित्वबोधपूर्वक सम्बन्ध हो तो 'नेम' और स्वभाव में उतर आये तो 'प्रेम'। गोस्वामी जी का ध्यान व्यक्ति की अपेक्षा लोक की ओर अधिक है—फलतः वे 'नेम' पर जोर देते हैं, परन्तु 'प्रेम' होने पर उसे स्वतः सिद्ध मानते हैं। शुक्ल जी भी आत्यंतिक विरोध नहीं मानते, किन्तु विरोध होने पर 'नेम' का पक्ष लेते हैं। यह विरोध तभी सम्भव होता है जब 'प्रेम' आडम्बर हो—पूर्णतः विकसित और प्रतिष्ठित ही न हो।

सन्दर्भ—

1. शंभुदत्त झा—रिचर्ड्स के आलोचना सिद्धान्त—'निवेदन' से उद्धृत। 2. आचार्य रामचन्द्र शुक्ल और परवर्ती हिन्दी आलोचना—डॉ. रामविलास शर्मा—तृतीय संस्करण, पृष्ठ 45-46। 3. समीक्षक प्रवर श्री रामचन्द्र शुक्ल—श्री गिरिजादत्त शुक्ल गिरीश, पृ. 128 4. चिन्तन-4—डॉ. रामचन्द्र तिवारी—आचार्य रामचन्द्र शुक्ल का दार्शनिक चिन्तन-शीर्षक लेख। 5. साहित्य का इतिहास दर्शन—आचार्य नलिनविलोचन शर्मा, पृ. 52-53। 6. विश्वप्रपंच की भूमिका—चिंतामणि, तृतीय भाग, पृ. 165। 7. वही, पृ. 166। 8. वही। 9. वही, पृ. 182। 10. वही, पृ. 180। 11. चिन्तन-4, पृ. 13। 12. आचार्य रामचन्द्र शुक्ल और हिन्दी आलोचना, पृ. 46। 13. गोस्वामी तुलसीदास—पृ. 17। 14. 'चितामंणि', तृतीय भाग—पृ. 174। 15. श्रीमद्भगवत् गीता। 16. चिंतामणि, प्रथम भाग, पृ. 181। 17. वही। 18. वही। 19. गोस्वामी तुलसीदास, पृ. 13। 20. चिंतामणि, तृ. भाग, पृ. 154-157। 21. वही, पृ. 156। 22. गोस्वामी तुलसीदास, पृ. 15। 23. वही। 24. वही। 25. वही, पृ. 24। 26. वही, पृ. 27। 27. वही, पृ. 20। 28. वही, पृ. 27। 29. वही, पृ. 27-28। 30. हिन्दी साहित्य : बीसवीं शताब्दी, पृ. 116। 31. वही, पृ. 113। 32. वही, पृ. 114। 33. वही, पृ. 112। 34. आचार्य रामचन्द्र शुक्ल और हिन्दी आलोचना, पृ. 110। 35. दूसरी परम्परा की खोज, डॉ. नामवरसिंह, पृ. 54। 36. वही, पृ. 55। 37. हिन्दी साहित्य का इतिहास, पृ. 73। 38. वही, पृ. 97।

हिन्दी की नव्यशास्त्रीय समीक्षा के शिखर : आचार्य रामचन्द्र शुक्ल

(क) आचार्य शुक्ल एक दृष्टि-सम्पन्न समीक्षक हैं और उनकी दृष्टि को लोकमंगलवादी कहा गया है। मंगल या लोकमंगल से शुक्ल जी का मंतव्य यह है कि संसार सत् और असत् का मिश्रण है। असत् की वृद्धि संसार या समाज की अधोगति या अव्यवस्था है और सत् की वृद्धि उसकी ऊर्ध्वगति और सुव्यवस्था। असत् की वृद्धि से या बढ़ती हुई अव्यवस्था से लोक या समाज का संरक्षण ही उसका मंगल-विधान है। लोक या समाज के विधारक या संरक्षणकारी तत्त्वों की समष्टि ही धर्म है। जब-जब असत् पक्ष की वृद्धि से अव्यवस्था उत्पन्न होती है–तब तब 'धर्मसंस्थापनार्थाय' किसी विशिष्ट मननीय शक्ति का उदय होता है–जिसे हम 'अवतार' संज्ञा देते हैं। शुक्ल जी लोक या समाज के संरक्षण या विधारण के लिए क्षात्र-संघ की प्रतिष्ठा आवश्यक समझते हैं। भारतीय परम्परा में लोक-धारक-धर्मतत्त्व की जब-जब ग्लानि हुई है–तब-तब क्षत्रिय के रूप में ही मानवीय शक्ति का अवतारी रूप प्रकट हुआ है। इसीलिए वे मानते हैं कि अवतार समाज को धारण करने वाली पूर्ण शक्ति का व्यक्त और विकसित रूप है।

सत् की रक्षा के लिए, लोक या समाज के संरक्षण और विधारण के लिए असत् से संघर्ष की अपेक्षा है और यह संघर्ष किसी व्यक्ति या संघ द्वारा ही छेड़ा जा सकता है। यह व्यक्ति ऐसा हो, जिसकी वृत्तियाँ परिष्कृत हों। वृत्तियों के परिष्कार का अर्थ है–उन्हें व्यक्तिगत राग और द्वेष से ऊपर उठाकर लोकसामान्य की भाव-भूमिका पर सर्वदा स्थिर रहने के अनुकूल बनाना। अर्थात् लोकमंगल या लोक-लक्ष्य के अनुरूप बनाना, संकीर्णता को हटाना और सद्भावों को बढ़ाना। उस लोक विधारक धर्मसम्पन्न व्यक्ति की वृत्तियाँ जहाँ एक ओर परिष्कृत हों, वहीं दूसरी ओर यह भी आवश्यक है कि वे ऊर्जस्वल भी हों, जिससे लोक-व्यवस्था लाई जा सके और उसे स्थिर रखा जा सके। निष्कर्ष यह है कि इस धर्मसंस्थापक व्यक्ति में 'शक्ति' और 'शील'–दोनों की प्रतिष्ठा होनी चाहिए। इस प्रकार शुक्ल जी जिस क्षात्रसंघ को सामाजिक-व्यवस्था के लिए अपेक्षित मानते हैं, उसमें 'शक्ति' और 'शील' की

अनिवार्य स्थिति स्वीकार करते हैं। 'शील' हृदय की वह स्थायीवृत्ति है जिससे सदाचार या लोक-मंगल-विधायक कर्तव्यों की प्रेरणा आपसे आप हुआ करती है। गीता में ऐसे ही 'शील' सम्पन्न लोगों की विशेषता का निर्देश करते हुए कहा गया है कि शीलवान् वह है जिससे न लोक उद्विग्न हो और जो न स्वयं लोक से उद्विग्न हो। शील नियन्त्रित शक्ति ही लोक मंगल की विधायिका है। 'शील' एवं 'शक्ति' सम्पन्न 'सुन्दर' व्यक्ति या संघ द्वारा सम्पाद्य-लोक-विधारक-धर्म का स्वरूप निर्देश करते हुए शुक्ल जी ने अनेकत्र अनेकधा गिर्वचन प्रस्तुत किये हैं। उन्होंने कहा है कि प्रोत्साहन और प्रतिबन्ध के द्वारा मन, वचन और कर्म को व्यवस्थित रखने वाला तत्त्व ही धर्म है। धर्म ब्रह्म की व्यक्त प्रवृत्ति है। उन्होंने इस धर्म को अपने ढंग से दो प्रकार का बताया है—सामान्य और विशेष। समस्त विश्व की व्यवस्था का विधारक तत्त्व यदि सामान्य धर्म है—तो विभिन्न देश और समाज के विधारक विशेष-धर्म। शुक्ल जी ने इस धर्म पर आधारित अपनी लोक मांगलिक दृष्टि का वैशिष्ट्य निरूपित करते हुए कहा है कि उनका धर्म ईसाई, जैन और बौद्धों का वैराग्य-प्रधान-धर्म नहीं है—जिसमें केवल अहिंसा और प्रेम जैसी कोमल वृत्तियों को ही एकांगी महत्व दिया गया है। इसीलिए टालस्टाय की लोकमांगलिक दृष्टि को एकांगी ब्राह्मण धर्म बताते हुए शुक्ल जी ने 'असत्' के संघर्ष में अक्षम बताया है। वे लोकमंगल के लिए उस रूसी साम्यवादी आदर्श को भी अमान्य घोषित करते हैं—जिसमें अल्पशक्ति वालों की अहंवृत्ति को परितुष्ट करने का विशेष प्रयत्न है। उनकी दृष्टि में दुवृत्तियों (क्रान्ति) के सहारे बढ़ने वाली यह साम्य व्यवस्था लोकमंगलकारी नहीं है। वे मानते हैं कि वहाँ साम्यवादी व्यवस्था में व्यक्ति स्वातंत्र्य का हनन होता है—वहाँ अपने श्रम का फल अपने को नहीं है। शुक्ल जी उसी प्रतिबन्ध को लोकमंगल की दृष्टि से उपयोगी मानते हैं जो दूसरों को उद्विग्न न करे। इस प्रकार शुक्ल जी अपने इस विवेचन में एक तरफ जहाँ अपनी लोकमंगलवादी दृष्टि का भारतीय परम्परा में सर्वथा नूतन आख्यान करते हैं—पुरातन शास्त्रीय पदावलियों (धर्म, भक्ति, ब्रह्म आदि) में नूतन अर्थ भर कर अपना वैशिष्ट्य निरूपित करते हैं, वहीं दूसरी तरफ लोकमंगल के अन्य विधायकों—टालस्टाय, गाँधी, साम्यवादी एवं पूँजीवादी विचारधाराओं से भी अपना पार्थक्य कर लेते हैं।

शुक्ल जी की लोकमांगलिक भूमि की चरम परिणति वह है जहाँ व्यक्ति सत्ता का लोक-सत्ता में पूर्णतः विलयन हो। मानवता की चरम परिणति यही है—यही मनुष्य का काम्य है—यही उसकी मुक्तिदशा है—जो आनन्दमयी है। शुक्ल जी की दृष्टि से समस्त 'धर्म' एवं 'काव्य' की साधना इसी परिणति (व्यक्ति सत्ता की लोकसत्ता में परिणति) के लिए है। वे मानते हैं कि धर्म साधना की दृष्टि से जो 'शिव' या 'मंगल' है, काव्य साधना की दृष्टि से वही 'सुन्दर' और दार्शनिक दृष्टि से उसी को 'सत्य' भी कहा गया है। शुक्ल जी मानते हैं कि सामान्य और विशेष

उभयविध धर्म के अनुरूप दया, दाक्षिण्य, औदार्य और मृदु तथा ऊर्जस्वल भावों का काष्ठापन्न रूप ही ईश्वरत्व है। उनके अनुसार मनुष्य ने अपनी इस मानवीय-यात्रा के प्रयत्न के सन्दर्भ में अव्यक्त ब्रह्म और उसके सगुण रूप की कल्पना की है। असत् की हानि द्वारा सत् की स्थापना करने के लिए अपेक्षित धर्म का आश्रय ही अवतार है।

ऊपर कहा गया है कि शुक्ल जी के अनुसार धर्म साधना और काव्य साधना दोनों का ही लक्ष्य 'व्यक्ति सत्ता का लोक सत्ता' में विलयन है। इनके अनुसार अव्यक्त ब्रह्म का व्यक्त रूप जिस प्रकार राम आदि अवतार हैं उसी प्रकार 'जगत' भी है—इसीलिए 'सियाराममय सब जग जानी'—उनकी दृष्टि में संगत है। धर्म साधना में तत्पर भक्त की भक्ति का अर्थ शक्ति, शील एवं सौन्दर्यमय समाज विधारक अवतार में स्थित लोकमांगलिक गुणों का पुनः-पुनः भावन और उस पर विह्वल होना है—धर्म की रसात्मक अनुभूति करना है। इस भक्ति का लक्ष्य अपनी व्यक्तिगत सत्ता का सियाराममय ब्रह्म के सगुण रूप **लोक की सत्ता का विलयन** ही है। यही व्यक्ति की संकीर्ण भावनाओं से छूटकर मुक्ति पाना है।

काव्य को भी शुक्ल जी वाणी का ऐसा विधान मानते हैं—जो पाठक को उसकी व्यक्तिगत संकीर्ण भावभूमि से ऊपर उठाकर लोक सामान्य की भूमिका पर उठा ले जाय। आध्यात्म को धर्म के क्षेत्र में जो स्थान ज्ञानयोग या भक्तियोग का है—काव्य में वही स्थान 'भावयोग' का है। ज्ञानयोग आत्मा को मुक्त करता है और भावयोग 'मन' को। काव्यानुभूति या रसानुभूति और कुछ नहीं, बल्कि व्यक्तिसत्ता का लोक सत्ता में विलयन है। व्यक्तिसत्ता में लोकसत्ता के विलयन से व्यक्ति में लोक विरोधी तत्त्वों का विलयन होता है—लोकमंगल की वृत्ति परिष्कृत होती है। विलयन की यह प्रक्रिया जितना प्रबन्ध काव्य द्वारा या अभिनय द्वारा सम्पन्न होता है—उतना अन्य काव्यरूपों से नहीं—इसीलिए प्रबन्ध काव्य को शुक्ल जी अधिक महत्व देते हैं। संक्षेप में यही शुक्ल जी की लोक मांगलिक दृष्टि है।

(ख) इसी लोकमंगलवादी दृष्टि से ही शुक्ल जी अपनी सैद्धांतिक और प्रयोगिक समीक्षाओं में तो परिचालित हुए ही हैं। आलोचनाओं में ही नहीं, वरन् अपने निबन्धों में भी वे इन्ही दृष्टि को मुख्य विषय के स्पष्टीकरण के सन्दर्भ में व्यक्त करते हैं।

शुक्ल जी की काव्योचित-स्थापनाओं में सबसे महत्वपूर्ण पक्ष 'रस' का पुनराख्यान है जो अंशतः मनोविज्ञान पर और अंशतः उनकी उपर्युक्त लोक मांगलिक दृष्टि पर आधारित है। (रस विवेचन के सन्दर्भ में उनकी प्रायः समस्त स्थापनाएँ किसी न किसी प्रकार आ जाती हैं।) मनोविज्ञान पर आधारित होने के कारण जहाँ वे एक ओर व्यक्तिगत मनोविकारों या मनोवेगों के रूप में स्थायीभाव के विश्लेषण से रस विवेचन का आरम्भ करते हैं वहीं दूसरी ओर अपने लोकमंगलवादी दर्शन के

अनुरूप उसकी चरम परिणति व्यक्तिसत्ता का लोकसत्ता में विलयन फलतः सत्कर्म में प्रवृत्ति मानते हैं। भरत ने भाव शब्द की व्युत्पत्ति बताते हुए जो दो विकल्प—"भवन्तीति भावाः, उत भावयन्तीति भावाः'—प्रस्तुत किये थे—उनमें से पहला अद्यतन मनोवैज्ञानिक स्वीकर करते हैं और दूसरा प्राचीन भारतीय आचार्य। मनोवैज्ञानिक दृष्टि से 'भाव' का बिश्लेषण करते हुए उन्होंने स्वीकार किया है कि प्रत्ययबोध, अनुभूति और वेगयुक्तप्रवृत्ति—इन तीनों के गूढ़ संश्लेषण का नाम भाव है। शुक्ल जी ने व्यावहारिक दृष्टि से स्थायी भाव या भाव को दो कोटियों में वर्गीकृत किया है—सुखात्मक कोटि तथा दुःखात्मक कोटि। इन दोनों कोटियों में आने वाले आठ स्थायी भावों की चर्चा उन्होंने की है। निर्वेद को वे अभावात्मक मानते हैं। तुलसीदास के विवेचन के प्रसंग में शान्त का भी उल्लेख किया है। भक्ति के स्वरूप की उनकी अपनी लोकादर्शमूलक व्याख्या है। वे मानते हैं कि ब्रह्म के सत्स्वरूप की व्यक्त प्रवृत्ति धर्म है और धर्म की रसात्मक अनुभूति भक्ति है। उन्होंने जगत् के बीच हृदय के सम्यक् प्रसार में ही भक्ति का प्रकृत लक्षण माना है। इस प्रकार भक्ति द्वारा भी अन्ततः उपासक का लक्ष्य अपने व्यक्तित्व को सियाराममय चराचर जगत् में विलीन कर देना ही है। निष्कर्ष यह कि वे काव्य-साधना और धार्मिक-साधना का—जैसा कि ऊपर कहा गया है—एक ही लक्ष्य मानते हैं। भेद केवल प्रस्थान का है। अस्तु, स्थायीभाव के अतिरिक्त उन्होंने संचारियों की भी मनोवैज्ञानिक दृष्टि से व्याख्या प्रस्तुत की है। चकपकाहट जैसे नवीन संचारी की ओर भी इंगित किया है। संचारियों को सुखात्मक, दुखात्मक तथा उदासीन—तीन कोटियों में विभक्त कर रखा है।

भावों के निरूपण की भाँति रस के व्याख्यान में भी शास्त्रीय निरूपण से इनकी कतिपय उल्लेखनीय विशेषताएँ हैं। रस के अवयवों में संचारी का उल्लेख तो ऊपर किया जा चुका है—शेष रहे—विभाव और अनुभाव। इन दोनों में विभाव-चित्रण पर शुक्ल जी ने जमकर विचार किया है। विभाव का निरूपण करते हुए उन्होंने कई नई मौलिक बातें कही हैं। काव्य की विधायिका कल्पना जो जीवन और जगत् की अनुभूति की पृष्ठभूमि पर सक्रिय हो—का सर्वाधिक उपयोग वे विभाव चित्रण में ही मानते हैं। विभाव का चित्रण तभी सफल है—जब वह सहृदय मात्र के हृदय में समान अनुभूति जगा सके। विभाव का निरूपण करते हुए ही (क) प्रकृति की आलम्बनात्मकता (ख) प्रबन्ध काव्य का सर्वाधिक महत्व (ग) विभाव की लोक व्यवहार तक व्याप्ति (घ) तथा संकेतित अर्थों के सन्दर्भ में 'बिम्बार्थ' की स्थापना की बात की है। शुक्ल जी के अनुसार विभाव की स्थिति काव्य और नाट्य की परिधि में ही नहीं है वरन् लोक व्यवहार में भी सम्भव है—शर्त यह है कि उसमें लोक सामान्य धर्मों की स्थिति हो। विभाव की अनेकरूपता के ही सन्दर्भ में उन्होंने कहा है कि जिन रूपों के विधान से सहृदय मात्र समान भाव में निमग्न हो जाते हैं—वे हैं (1) प्रत्यक्ष रूप विधान (2) कल्पित रूप विधान (3) स्मृत रूप विधान (4) स्मृत्याभास रूप (5) प्रत्यभिज्ञात

रूप (6) प्रत्यभिज्ञाताभास रूप (7) अनुमानाश्रित प्रत्यभिज्ञात रूप। ये सभी रूप शुक्ल जी के अनुसार भाव व्यंजक, रसोद्‌बोधक एवं रसमग्नकर्ता हो सकते हैं—आवश्यक इतना ही है कि एक ओर जहाँ ग्राहक की दृष्टि राग द्वेष से शून्य हो और हृदय मुक्त हो वहीं दूसरी ओर उन रूपों में समान भाव जगाने की अनुरूप लोकसामान्य धर्मों की संस्थिाते हो। इस प्रकार शुक्ल जी विभावपक्ष के अन्तर्गत उन सब प्रस्तुत वस्तुओं और व्यापारों को लेते हैं जो हमारे मन में सौन्दर्य, माधुर्य, दीप्ति, कान्ति, प्रताप, ऐश्वर्य और विभूति इत्यादि की भावनाएँ उत्पन्न करती है। प्राचीन शास्त्रीय परम्परा में विभाव की इतनी अधिक व्याप्ति स्वीकार नहीं की गई है। व्यावहारिक क्षेत्र में प्रायः उदारचेता मानव करुण-परिस्थितियों में पड़े हुए व्यक्ति को देखकर व्यक्तिबद्ध दुःख की संकीर्ण भूमिका से ऊपर उठ जाता है और उस व्यक्ति के दुख से भर जाता है—उस लोक में अपने व्यक्ति को लीन कर देता है—और फलतः सद्यः परोपकार रत हो जाता है। आचार्य शुक्ल इस सत्कर्म प्रवर्तक उन्मुक्त मनोवेग को, जो दुःखात्मक कोटि का होते हुए भी व्यक्तिबद्ध भूमिका की भाँति क्षोभकारक नहीं है—रसात्मक अनुभव ही कहेंगे—लेकिन प्राचीन आलंकारिक ऐसा कभी भी स्वीकार नहीं करेंगे। शुक्ल जी ने रसात्मक अनुभव को भी मानवीय प्रवृत्ति और निवृत्ति का मूल हेतु माना है। कदाचित् इस प्रकार की कल्पना में मनोवैज्ञानिक दृष्टि ही कारण है। शास्त्रीय आचार्य रसात्मक अनुभव का पर्यवसान 'चर्वणोन्मुख्य' या 'चर्वणा' में मानेंगे--'कर्तव्योन्मुख्य' में नहीं। शुक्ल जी ने स्पष्ट कहा है–'क्रोध, भय, जुगुप्सा और करुणा के सम्बन्ध में साहित्य प्रेमियों को शायद अड़चन दिखाई पड़े; इनकी वास्तविक अनुभूति दुःखात्मक होती है। रसात्मक प्रतीति आनन्दस्वरूप कही गई है—अतः दुःखरूप अनुभूति इसके अन्तर्गत ली जा सकती है—यह प्रश्न कुछ अड़चन डालता दिखाई देगा। पर 'आनन्द' शब्द को व्यक्तिगत सुखभोग के स्थूल अर्थ में ग्रहण करना मुझे ठीक नहीं जँचता। उसका अर्थ मैं हृदय का व्यक्तिबद्ध दशा से मुक्त और हलका होकर अपनी क्रिया में तत्पर होना ही उपयुक्त समझता हूँ।' पर साथ ही वे यह भी मानते हैं कि हृदय के मुक्त होने से वह दुखात्मक अनुभूति भी रस कही जाती है।

शास्त्रीय मान्यता से भिन्न शुक्ल जी की अतिरिक्त धारणा यह भी है कि जहाँ शास्त्रकार रस उपकरण के साकल्य (उक्त होने से या आक्षिप्त होने से) पर ही रस निप्पत्ति मानते हैं—वहाँ शुक्ल जी वैकल्प में भी पूर्ण निष्पत्ति स्वीकार करते हैं। काव्यप्रकाशकार ने इस प्रश्न पर विचार करते हुए कहा है कि यद्यपि कतिपय रचनाओं में केवल विभाव या केवल अनुभाव या केवल संचारी की ही स्थिति हो सकती है—पर इसका अर्थ यह नहीं समझना चाहिए कि वहाँ अन्य अवयवों से निरपेक्ष रह कर ही रस निष्पत्ति हो जाती है, वरन् अवशिष्ट अवयवों का आक्षेप कर लिया जाता है—इस प्रकार रस निष्पत्ति के लिए सभी अवयव आवश्यक हैं। इसके

विपक्ष में शुक्ल जी की मान्यता कहीं-कहीं यह भी प्रकट हुई है कि वैसे सामान्यतः रसनिष्पत्ति में भले ही विभावादि रसावयवों का सम्यक् योग प्रपानक रस की भाँति अखण्ड रसानुभव पैदा कर दे–पर यह बात नियमपूर्वक नहीं कही जा सकती। 'रस मीमांसा' में उन्होंने लज्जा के सभी अवयवों की उपस्थिति में भी रस निष्पत्ति का अभाव और प्रकृति के संश्लिष्ट चित्रण में अन्य अवयवों के न रहने पर भी रस की निष्पत्ति होना माना है। इस प्रकार यदि शास्त्रीय पदावली में कहा जाय तो कहा जा सकता है कि रसानुभव एवं रस के कार्यकारण भाव सम्बन्ध के खण्डनार्थ व्यतिरेक व्यभिचार और अन्यत्र अन्वय व्यभिचार–दोनों ही प्रदर्शित किया है। शास्त्रीय मान्यता इसमें बिलकुल भिन्न है।

वैसे शुक्ल जी दध्यादि न्याय, प्रपानक रस न्याय का यत्र-तत्र उल्लेख करते हुए यह स्वीकार करते हैं कि सभी अवयवों से संयोग होने पर रस का ज्ञान उस समूहालम्बनात्मक ज्ञान से भिन्न है जिसमें भिन्न-भिन्न विषय अपना पृथक्-पृथक् स्वरूपबोध कराते हैं–फलतः उसके अनुसार प्रपानक रस का ही दृष्टांत स्वीकार किया जाना चाहिए–जिसके अनुसार सभी की अपृथक् रूप से एक रस अनुभूति स्वीकार्य हो सके। शुक्ल जी रसप्रतीति को ध्वन्यालोककार की भाँति घट प्रदीप न्याय से नहीं, प्रत्युत साहित्यदर्पणकार की भाँति दध्यादि न्याय से मानते हैं।

रस की निष्पत्ति प्रक्रिया या साधारणीकरण की प्रक्रिया में भी शुक्ल जी शास्त्रीय परम्परा से अपना वैलक्षण्य रखते हैं, रस निष्पत्ति के सम्बन्ध में सबसे पहली बात तो यह है कि ये किसी दार्शनिक विचारधारा का सहारा लेकर उसे आत्मानुभव रूप अलौकिक कोटि की प्रतीति सिद्ध नहीं करते। रसानुभूति को इन्होंने मनोमय कोश तक की ही वस्तु स्वीकार की है। निष्पत्ति प्रक्रिया सीधी-सी यह है कि काव्य-सामग्री जिस 'साधारण' रूप में गृहीत होती है–उससे ग्राहक 'स्व पर भाव' का विस्मरण कर जाता है–राग-द्वेष के संकीर्ण बन्धन से उसका मन मुक्त हो जाता है। इस मुक्त मन द्वारा साधारण रूप में गृहीत काव्य सामग्री से उबरकर जब अपनी ही (सुप्त) वासना का पुनः आस्वाद होता है–तो वह आनन्ददायक होता है–या कम से कम क्षोभकारक नहीं होता। साधारणीकरण के विषय में उन्होंने माना है कि **विभावादि** का इस रूप में लाया जाना साधारणीकरण है कि जिससे वे (विभावादि) सबके हृदय में समान भाव जगा सकें–रसात्मक बोध उत्पन्न कर सकें। विभावादि में सबसे अधिक बल शुक्ल जी ने **आलम्बन** के साधारणीकरण पर दिया है। उन्होंने बताया है कि साधारणीकरण आलम्बन **व्यक्ति का नहीं–आलम्बनत्व धर्म** का होता है। ग्राहक की प्रतिभा में आलम्बन के रूप में जो चित्र आता है–वह तो व्यक्ति-विशेष का ही होता है। उनकी दृष्टि में इस प्रकार साधारणीकरण 'प्रभाव' का होता है। साहित्यदर्पणकार के प्रभाव में आकर शुक्ल जी ने यह भी माना है कि प्रमाता का आश्रय से तादात्म्य ही साधारणीकरण है।

शुक्ल जी ने रस की दो कोटियाँ या श्रेणियाँ निर्धारित की हैं—उत्तम रस दशा और मध्यम रस दशा। उत्तम रस दशा वह है जहाँ ग्राहक आश्रय से तादात्यापन्न हो सके और मध्यम वह जहाँ आश्रय से तादात्म्य लाभ न कर सके। दूसरी दशा का विश्लेषण करते हुए शुक्ल जी ने कहा है कि इस दशा का हमारे यहाँ के साहित्यशास्त्रों में निर्वचन या विवेचन नहीं हुआ है। उनके अनुसार न तो यहाँ आश्रय के साथ ग्राहक का तादात्म्य होता है और न उसके आलम्बन का साधारणीकरण। पर सच पूछा जाय तो एक दृष्टि से यहाँ कवि रूपी मूल आश्रय के साथ ग्राहक का तादात्म्य होता है और साधारणीकरण भी कथञ्चित् सम्भव है। उन्होंने स्वयं कहा है—तादात्म्य कवि के उस अव्यक्त भाव के साथ होता है जिसके अनुरूप वह पात्र का स्वरूप संघटित करता है। शास्त्रीय दृष्टि से कहना चाहें—तो इन स्थलों की दशा भाव, भावाभास एवं रसाभास के अन्तर्गत आ सकती है।

शुक्ल जी रसात्मक अनुभूति को प्रत्यक्षानुभूति या वास्तविक अनुभूति से सर्वथा भिन्न कोटि की अनुभूति नहीं मानते। वे मानते हैं कि यह भी लौकिक अनुभूति है—अन्तर यदि कुछ बताया जा सकता है तो केवल इतना ही कि वह एक उदात्त या अवदात्त कोटि का सात्विक अनुभव है। यदि उसे अलौकिक कहा जा सकता है तो केवल इसी अर्थ में।

शुक्ल जी रसानुभूति और सौन्दर्यानुभूति—दोनों में प्रमाता की पार्थक्य प्रतीति का विसर्जन स्वीकार करते हैं। शुक्ल जी अन्तःकरण या अन्तःसत्ता की तदाकार परिणति को सौन्दर्यानुभूति मानते हैं। जो वस्तु ग्राहक के हृदय पर जितना शीघ्र छा जाय वह उतना ही सुन्दर है। सुन्दर वस्तु से भिन्न सौन्दर्य नाम की कोई चीज नहीं है—अतः शुक्ल जी के अनुसार सौन्दर्य वस्तु-गत ही हो सकता है। इस प्रकार शुक्ल जी सौन्दर्य संवेदन और रस संवेदन को—लगभग एक ही कोटि की वस्तु स्वीकार करते हैं। इस विवेचन में शुक्ल जी विशुद्ध वस्तुवादी दृष्टिगोचर हो रहे हैं। वस्तुवादी दृष्टि के ही कारण वे मानते हैं कि कवि के मानस में जो रूप-तरंगें उच्छलित होती हैं—वे सब इसी चक्षुगोचर संसार सागर की ही हैं। काव्य-गत वस्तुवादिता का ही कदाचित् यह परिणाम है कि विषयप्रधान रचनाओं ने विषयीप्रधान रचनाओं की अपेक्षा उन्हें अधिक आकृष्ट किया। उन्होंने काव्य में subjectivity का विरोध करते हुए वैयक्तिक अनुभूति गोचर 'अध्यात्म' को काव्य से बाहर तक कर देने का उद्घोष किया। उन्होंने काव्य जगत् को अभिव्यक्ति कहा। उन्होंने कहा है कि यदि जगत् अव्यक्त की अभिव्यक्ति है तो काव्य जगत् रूप अभिव्यक्ति की अभिव्यक्ति। इसी दृष्टि से उन्होंने अपने को 'अभिव्यक्तिवादी' कहा है। रहस्यवाद को काव्य में वहीं तक ग्राह्य माना, जहाँ तक वह जिज्ञासा के स्तर पर स्वाभाविक सर्वसामान्य के द्वारा ग्राह्य हो सकता है।

प्राचीन आचार्यों की भाँति शुक्ल जी के समक्ष रसादर्शों से निर्मित होने वाली

रचनाएँ ही नहीं थीं, ऐसी रचनाएँ और प्रवृत्तियाँ भी थीं—जो रस को विकेन्द्रित करती जा रही थीं। पात्र रसरूढ़ियों से हटते जा रहे थे और ऐसे अनादर्श पात्रों से संकुल साहित्यिक कही जाने वाली कृतियाँ भी आ रही थीं। रसवाद का सम्बन्ध 'सामान्य' या 'समष्टि' से ही है—'व्यष्टि' और 'विशेष' से नहीं—व्यष्टि और विशेष का तो विगलन स्वीकार किया जाता है। अतः शुक्ल जी के समक्ष भी प्रश्न था कि या तो वे रसवादी प्रतिमान को अव्याप्त मानें या 'व्यष्टि' और विशेष' का आग्रह मानकर चलने वाली कृतियों को असाहित्यिक घोषित करें। उन कल्पनानिर्मित कलाकृतियों को अकाव्य घोषित करें, उन कल्पनानिर्मित 'रूपों' से भरी हुई कलाकृतियों को खिलवाड़ बतायें (थोड़ी दूर तक तो बताया भी है)—जिसे काव्योचित अनुभूति का योग न मिला हो। शुक्ल जी का स्पष्ट उत्तर है कि अनुभूति हीन कल्पना का रूपविधान मन का रंजन चाहे करें—पर काव्योचित रमण करने में सर्वथा अशक्त है। इसी प्रकार उन्होंने 'विशेष' या 'व्यक्ति वैचित्र्य' का आग्रह रखकर चलने वाली रचना को काव्य की दृष्टि से व्यर्थ ही कहा है। रस की जगह शीलवैचित्र्य या अन्तःप्रकृति वैचित्र्य को केन्द्रगामी रखने वाली कृतियों से—जो समष्टि प्रभाव उत्पन्न होता है शुक्ल जी ने इस Total effect या समष्टि प्रभाव को त्रिधा विभक्त किया है। (1) आश्चर्यपूर्ण प्रसादन (2) आश्चर्यपूर्ण अवसादन तथा (3) कुतूहल मात्र। सात्विक वर्ग का यदि चरित्रोपस्थापन रहा—तो प्रथम स्थिति, तामस वर्ग का यदि चरित्र चित्रित किया गया—तो दूसरी स्थिति और किसी वर्ग में न आने वाला हुआ तो तृतीय स्थिति। तीसरी स्थिति के चरित्र को पश्चिमी समीक्षकों ने 'अद्वितीय' माना है और माना है कि यही नूतन सृष्टिकारिणी कल्पना का सबसे उज्ज्वल उदाहरण है।

संक्षेप में शुक्ल जी के काव्य सिद्धान्त प्रायः ये ही प्रमुख हैं। उपर्युक्त विवेचन से यह स्पष्ट है कि उनके अनुसार प्रवृत्ति तथा निवृत्ति ही प्राणी की सप्राणता का लक्षण है और उस प्रवृत्ति तथा निवृत्ति का लोकमंगलोन्मुख होना मानवता का। प्रवृत्ति और निवृत्ति मनोवेगों पर निर्भर है—इसीलिए मनोवेगों का स्थान जीवन में महत्वपूर्ण है। बुद्धि प्रवर्तिका नहीं होती—मनोवेगों को निर्णय की सहायता देकर सक्रिय करने में सहायक होती है। काव्य का लक्ष्य इसी मनोवेग को सदाचारों में प्रवृत्ति की ओर और कदाचारों से निवृत्ति की ओर उन्मुख करना है। इस प्रकार आदर्श और नैतिकता की दृष्टि से काव्य सर्वथा मानवोचित सद्वृत्तियों के परिष्कार का साधन है, हृदय को मुक्त दशा में ले जाने का साधन है। हृदय की मुक्त दशा एक अवदात स्थिति ही है—जो लोकमंगलोचित कर्तव्य में पर्यवसित होती है। यह अवदात मनोवृत्ति ही रसात्मक मनोवृत्ति है—यह सुखात्मक भी हो सकती है और दुःखात्मक भी। दुःखात्मक होकर भी इसकी एक विशेषता यह होती है कि वह क्षोभकारक नहीं होती—क्योंकि उसका सम्बन्ध वैयक्तिक हानि-लाभ से नहीं है।

इस प्रकार नव्य शास्त्रीय समीक्षा के शिखर आचार्य रामचन्द्र शुक्ल की ये ही काव्य सम्बन्धी प्रमुख विचारणाएँ हैं।

आचार्य नन्ददुलारे वाजपेयी का सांघातिक प्रहार और लौह-पुरुष आचार्य शुक्ल

वाजपेयी जी ने शुक्ल-सम्मत 'लोकधर्म' परक जीवन-दर्शन और उसकी पृष्ठभूमि रूप में निहित 'नवीन दर्शन'—दोनों के विरुद्ध अपनी वैचारिक प्रतिक्रिया व्यक्त करते हुए कहा है कि ये दोनों ही तर्क संगत नहीं हैं। जिस 'मानस' के साक्ष्य पर उनका 'लोकधर्म' और तत्त्वसम्बन्धी अवधारणा स्थित है—उसका परम्परा-सम्मत तर्क-प्रतिष्ठ रूप शुक्ल जी द्वारा उपेक्षित है। शुक्ल जी की युग की सीमा में एक अपनी धारणा है और वह है—'मानवता ही सर्वोच्च तत्त्व है और लोकसेवा धर्म।' इस धर्म का उस तत्त्व की चरितार्थता में योग ही व्यवहार का सौन्दर्य है और यही इस धरती पर काम्य है। यही धर्म 'कर्तव्य' है जिसके साथ समाज प्रदत्त 'अधिकार' जुड़ा हुआ है। उनका झुकाव प्रवृत्ति मार्गी नारायणी धर्म की ओर है—जिसमें ज्ञान, उपासना और कर्म का मंजुल समन्वय है। इस धारा को वे प्रवृत्तिमार्गी धारा कहते हैं और जैन, बौद्ध तथा शांकर धारा को निष्क्रिय वैराग्य-प्रवण निवृत्ति धारा। उनकी दृष्टि में पहली धारा लोकमंगल के अनुरूप है और दूसरी लोकमंगल में रुचि न लेने वाली, व्यवस्था-निरपेक्ष, आत्ममंगलकारी व्यक्तिगत साधना। इसीलिए उनकी दृष्टि में कभी-कभी दोनों परस्पर पृथक् और विरुद्ध दिशाओं की भी हो जाती है। उनकी दृष्टि में गुण-वैषम्य वश स्फुरित जगत् में वृत्ति-विरोध शाश्वत है और उससे शक्तिवश सम्पाद्य सामंजस्यावगाही सौन्दर्य ही सर्वस्व है—और यह 'लोकधर्म' से सम्भव है। शुक्ल जी 'विश्रान्ति' पर नहीं 'क्रिया' पर बल देते हैं—'प्रवृत्ति' को रेखांकित करते हैं। इस क्रिया का बीज है—शक्ति और वह है अव्यक्त-चैतन्य-समवेत—जो अपनी आकर्षण-अपकर्षणमयी-विरोधिता में एकात्मक है। प्रवृत्ति इसी शाश्वत गति का रूपान्तरण है। इसलिए यह रेखांकनीय है। शुक्ल जी की युग-सीमा से निर्धारित उक्त अवधारणा के पीछे ग्रियर्सन का **मानवादर्शवाद** भी कहीं न कहीं सक्रिय है और हस्तावलम्ब दे रहे हैं—वैज्ञानिक युग के बुद्धिवादी दर्शन और विज्ञानसम्मत विकासवादी पद्धति।[1] युग की इस वैचारिक चक्रवात से उनकी चेतना संपृक्ति की इस सीमा तक आगे बढ़ गई है कि उनके प्रतिमानोपयोगी 'मानस' की मूलभूत परम्परागत भारतीय दृष्टि सर्वथा छूट गई

है। शुक्ल-सम्मत पक्ष के इस सारगर्भ स्थापन के बाद मैं उन प्रश्नों पर आता हूँ जो वाजपेयी जी ने इस सन्दर्भ में उठाए हैं—पहला प्रश्न यह कि उन्होंने जिस 'मानस' के साक्ष्य पर 'लोकधर्म' की अवधारणा निर्धारित की है, वह 'मानसकार' की रचनात्मक चेतना में निहित 'दृष्टि' से संपृक्त है अथवा अपनी रुचि से निर्मित नव-जीवन दर्शन से? विकासवादी दृष्टि से जन-समाज के सन्दर्भ में व्यवहारगत सौन्दर्य के सम्पादन में पर्यवसित होने वाला 'लोकधर्म' मानसकार की परम्परासम्मत आत्मवादी दृष्टि से तो संपृक्त नहीं है—क्योंकि मानस के पात्रों का भरतगत कर्तव्यात्मक धर्म अधिकार-बोध निरपेक्ष विशुद्ध त्यागमय अनासक्त कर्मयोग है—सृष्ट के प्रति समर्पणमय है—जिसका पूर्ण सौन्दर्य व्यवहारगत सौन्दर्य को आत्मसात् करता हुआ व्यवहारातीत धरातल पर अपनी पूर्ण आभा बिखेरता है—जबकि शुक्ल जी को लोकधर्म व्यक्त जगत् के सौन्दर्य में ही चरितार्थ है। व्यक्त जगत् का यह सौन्दर्य वृत्तियों के विरोध का सामंजस्य है। अत्याचारी के अत्याचार और दयनीय की करुण स्थितियों से उभरने वाली स्थिति—रक्षण-विरोधी अलोकमांगलिकता के ध्वंस और लोकमंगल के विधान के लिए उठती हुई क्षेत्र-शक्ति का समन्वयकारी सौन्दर्य शुक्ल-सम्मत व्यक्त जगत् का सौन्दर्य है। स्पष्ट ही 'मानस' की मूलभूमि से शुक्ल जी की मनोभूमि भिन्न है—परम्परासम्मत नहीं है। प्रतिमान निर्धारण की यह प्रक्रिया कहाँ तक तटस्थता का निर्वाह करती है?

वाजपेयी जी का दूसरा प्रश्न यह है कि संसार की स्थिति—रक्षण-विधायिनी क्षात्र-शक्ति के रूप में राम-रावण के जिस अत्याचार पर क्रुद्ध और ऋषि-मुनियों की स्थिति पर द्रवित है—उस अत्याचार का तर्कसंगत मर्म क्या है? मार्क्सवाद सम्मत उत्पादन स्रोत पर एकाधिकार रखने वाले (रावण) शोषकवर्गीय शक्ति वाला शोषण अथवा लोकमंगल विधायक दैवीशक्तियों को जीवन्त बनाए रखने वाले ऋषि-मुनियों की तपस्या का हनन? 'साम्यवाद' और 'आत्मवाद' से हटकर उन्होंने किस समाजशास्त्रीय पद्धति से 'अत्याचार' की प्रकृति निरूपित की? मूलवर्ती जीवन दर्शन क्या है? है भी कुछ या नहीं?

तीसरा प्रश्न यह है कि 'मानस' समाधृत 'लोकधर्म' में ही कर्म, ज्ञान और उपासना की स्थिति बताना और अन्य धाराओं में उनकी सम्मिलित स्थिति का अभाव बताना कहाँ तक संगत है? कहाँ तक संगत है, प्रवृत्ति और निवृत्ति को, सगुण और निर्गुण को, लोकधर्म और व्यक्ति साधना को सर्वथा भिन्न-भिन्न भूमि पर प्रतिष्ठित करना?

चौथा प्रश्न यह है कि यदि उनकी 'प्रवृत्ति' जागतिक क्रिया-बीज अव्यक्त-समवेत नित्य गत्यात्मक शक्ति ही है—तो 'निवृत्ति' का सद्भाव कैसे? और प्रवृत्ति तथा निवृत्ति के बीच रागात्मक रति का स्रोत कौन?

पाँचवाँ प्रश्न यह है कि शुक्ल-सम्मत प्रवृत्ति और निवृत्ति का स्वरूप शाश्वत

और एक रस है या देश-काल और व्यक्ति के अनुसार परिवर्तनशील?. पहला पक्ष इसलिए चिन्त्य है कि युग-विशेष का आदर्श शाश्वत कैसे होगा और होगा तो विकास समर्थक वैज्ञानिक बुद्धिवादियों का समर्थन कैसे मिलेगा? दूसरा पक्ष इसलिए प्रश्नाकुल हो जाता है कि फिर प्रवृत्ति-निवृत्ति का परिगमन या परिवर्तन का नियामक कौन? रागात्मक वृत्ति का उनसे किन अवस्थाओं में कैसा सम्बन्ध? फिर इन सब प्रश्नों के साथ यह भी समस्या खड़ी होती है कि इन स्थापनाओं के प्रति सक्रिय मनोवृत्ति भी किसी वजनदार आधार पर स्थित है या नहीं?

छठा प्रश्न यह कि युग-विशेष की सीमा में निरूपित 'रामराज्य' और 'कलियुग वर्णन' के सीमित धर्माधर्म को व्यापक और शाश्वत 'सत्' तथा 'असत्' की संज्ञा क्यों दे दी? क्या आधुनिक समाजशास्त्री और इतिहासवेत्ता इतनी आसानी से इनको स्थायी विरोधी शिखर के रूप में मान लेगा?

सातवाँ प्रश्न यह भी है कि युग-विशेष की कृति से निर्धारित प्रतिमान को सर्वत्र संचारित करना कहाँ तक ठीक है?

आठवाँ प्रश्न यह है कि 'इस लोकधर्मी' से जुड़ा हुआ यह सिद्धान्त कि जीवन की विस्तृत व्यवहार दशाओं में कला का पूर्ण प्रस्फुटन होता है—बहिर्मुखी और अन्तर्मुखी—उभयात्मक काव्यविधाओं के क्षेत्र में कहाँ तक न्याय करेगा? जीवन दर्शन का यह 'लोकधर्म' कला के क्षेत्र में और भी प्रश्न खड़े करता है।

नवाँ प्रश्न यह कि उनके 'लोकधर्म' में निहित ग्रियर्सन-सम्मत 'मानवादर्शवाद' व्यवहार जगत् के चारित्रिक औदात्य तक की ही 'मानस' की सीमा देखकर मूल्यांकन करता है—क्या इस चारित्रिक औदात्य को तुलसी-सम्मत आध्यात्मिक अलौकिकता से काट कर 'मानस' के प्रतिपाद्य की सीमा को छोटा करना नहीं है?[2]

इस प्रकार वाजपेयी जी ने ये और इसी तरह के अनेक प्रश्न शुक्ल जी के 'दर्शन' और 'जीवन दर्शन' के सन्दर्भ में खड़े किए हैं और निष्कर्ष निकाला है कि शुक्ल जी का विवेचन न तो प्राचीन दार्शनिक पद्धति का अनुसरण करता है और न वे उस प्रकार के सांस्कृतिक और समाजशास्त्रीय अध्ययन में प्रवृत्त हुए हैं—जो आज की आलोचना के आवश्यक अंग हैं। इतना ही नहीं उनके काव्य सम्बन्धी प्रतिमानों के विरुद्ध भी अनेक आक्षेप हैं।

इन तमाम उठाए गए प्रश्नों का उत्तर देने से पूर्व शुक्ल जी द्वारा निर्धारित उनकी अपनी सीमा देख लेनी चाहिए। उनका पक्ष है कि विज्ञान ने जितनी दूर तक जगत् की बोधगम्य व्याख्या कर दी है—उसी सीमा में व्यक्त जगत् के सौन्दर्य या विरुद्धों में सामंजस्य की व्याख्या की जा सकती है। ज्ञान की सीमा में ही भाव और तन्मूलक व्यापार सम्पन्न होते हैं। इसी सीमा में शुक्ल जी ने 'मानस' गत 'लोकधर्म' की अवधारणा व्यक्त की है। एक क्षण के लिए मान भी लिया जाय कि 'मानस' का धर्म (कर्तव्य) अधिकार भावना शून्य त्यागमय है और उसकी पूरी आभा

आध्यात्मिक सन्दर्भ में ही प्रस्फुटित होती है–तथापि 'लोक-व्यवहार' को सुचारु रूप से चालित करने के लिए समाज में अधिकार भेद दे कर ही कर्तव्य-विधान होना चाहिए और फिर भारतीय अध्यात्म का अधिकार भेदवाद तो प्रसिद्ध है।

'उत्तर रामचरित' के राम ने अधिकार का अतिक्रमण कर कर्तव्य करने वाले शम्बूक का शिरच्छेद किया, यद्यपि तुलसी ने ऐसा कोई प्रसंग नहीं उठाया। कर्तव्य के लिए व्यक्तिगत साधना में चाहे अधिकार भावना को तिलांजलि दे दी जाय–पर श्रेणीबद्ध, उच्चावचभावसम्पन्न 'लोक' की व्यवस्था का सुचारु रूप से संचालन के निमित्त यदि अधिकार भेद निर्धारित न किया जाय–तो अराजकता हो जाएगी। शुक्ल जी परलोक धर्म की बात ही नहीं करते–वे तो 'लोक' को ध्यान में रखकर अधिकार सापेक्ष कर्तव्य-व्यवस्था की चर्चा करते हैं और ऐसा अपनी सीमा में किया–तो अड़चन क्या है? माना कि तुलसी की अध्यात्म चेतना से सिक्त दृष्टि से शुक्ल जी तटस्थ हैं–पर यह उनकी सीमाएँ हैं और देश-काल बद्ध सीमा किसकी नहीं है? हाँ यह अवश्य है कि उस सीमा में जो कुछ कहा है–वह कहाँ तक मूल्यवान् और संगत है? युग-सन्दर्भ के अनुसार–आचार्य शुक्ल की मृत्यु के बाद पं. नेहरू 'डिस्कवरी ऑफ इण्डिया' में कहते हैं–

The modern mind, that is to say the better type of the modern mind is practical and pragmatic, ethical and social betterment. The ideals which move it represent the spirit of the age, zeitgist, the Yugdharma. It has diseardeded to a large extent the philosophical approach of the ancients, their search for ultimate reaching, as well as the devotionalism and mysticism of the medieval period. Humanity is its God and social service its religion. This coception may be the incomplete, as the mind of every age has been limited by its environment and every age has considered some partial truth as the key to all truth.[3]

अर्थात् आज का उत्तम मस्तिष्क व्यावहारिक और बुद्धिवादी है, आचारनिष्ठ और समाज शुभचिन्तक है। वह जीवन के प्रति मध्यकालीन भक्तिवादी और रहस्यवादी दार्शनिक दृष्टि से नफरत रखता है। मानवता ही इसका ईश्वर है और लोकमर्ध ही धर्म। हो सकता है कि यह धारणा अधूरी हो, क्योंकि हर युग का मस्तिष्क अपने समय के वातावरण से सीमित रहता है–फलतः उसका सत्य युगसत्य कहा जाता है, लेकिन किसी न किसी तरह वह युगसत्य शाश्वत सत्य से जुड़ा होता है और उस तक पहुँचने या उससे जुड़ने की क्षमता रखता है। वैसे इसी रौ में विचार करते हुए नेहरूजी औपनिषद ऋषियों के चैन्तनिक धरातल तक पहुँच गए हैं और यह प्रश्न खड़ा किया है कि अन्ततः विज्ञान उसे कैसे जानेगा जो सबको जानता है? और आइंस्टाइन का वाक्य उद्धृत करते हैं–

The serious Scientific workers are the only profoundly religious people.

यह बात दूसरी है। निष्कर्ष यह कि जिस बात को नेहरूजी 1943 में कह रहे हैं—आचार्य शुक्ल 20 से 40 के बीच उसको मूर्त्त कर चुके हैं।

दूसरा प्रश्न यह है कि शुक्ल जी के यहाँ जिस अत्याचार के ध्वंस और सदाचार के रक्षण में क्षात्र-शक्ति अपना कर्म सौन्दर्य दिखाती है—उस अत्याचार का अर्थ क्या है? उस अत्याचार को मार्क्स-सम्मत अर्थ दिया नहीं, आत्मवादसम्मत अर्थ युग की सीमाएँ देने नहीं देतीं—तो वह निराधार और आपातूरमणीय पक्ष है अथवा उनका अपना कोई संगत जीवन-दर्शन है? हाँ, है उनका जीवन-दर्शन। शुक्ल जी 'विश्वप्रपंच' की भूमिका में कहते हैं कि जगत् के विषय में जिज्ञासा दो प्रकार की होती है—पहली यह कि उसकी मूलवर्तिनी सत्ता का स्वरूप क्या है और दूसरी यह कि उसके व्यापार किस तरह सम्पन्न होते हैं? पहले प्रश्न का अन्तिम उत्तर अभी विज्ञान नहीं दे पाया है अतः दर्शन का ही सहारा लिया जा सकता है और दूसरे का उत्तर विज्ञान-सम्मत विकासवाद स्पष्टः दे सकता है। दोनों ही दृष्टियों से उन्होंने अपने दर्शन या जीवन का उत्तर दिया है। यह भी कहा गया है कि उनके चिन्तन में जन्मजात संस्कार भी कभी-कभी मुखर हो उठते हैं और चेतन स्तर का बोध तो सक्रिय रहता ही है। वाजपेयी जी का आक्षेप है कि वह न पूरब का है न पश्चिम का—कच्ची जमीन का है। निश्चय ही उन्होंने पूरब-पश्चिम को आत्मसात् कर अपना युगानुरूप नवीन दर्शन रचा है।

उनके दर्शन में मूल सत्ता वही है जो तमाम भेदों में अनुस्यूत अभेदमय है—उनके अवचेतन का झुकाव उसके चिन्मय रूप की ओर है—अर्थात् मूलसत्ता चिन्मय अद्वैत है। इस अव्यक्त परमसत्ता की ही अभिव्यक्ति 'व्यक्त' या जगत् है। अभिव्यक्तिवादी सत्कार्यवादी होता है और सत्कार्यवादी होने का अर्थ है 'शक्ति' के रूप में 'व्यक्त' की 'अव्यक्त' में पूर्व स्थिति। अव्यक्त या अनामरूप तत्त्व में अपने को जब व्यक्त करता है—तब वही 'सत्' तथा 'असत्' रूप में द्विधा विभक्त हो जाता है। पहले न वह 'सत्' है न 'असत्'—'सत्' रूप में अभिव्यक्त 'असत्' सापेक्ष ही होगा—इसीलिए वे जगत् को अच्छे-बुरे का मिश्रण मानते हैं। राम और रावण—इसी के युग-भेद से व्यक्त प्रतीक हैं। जीव और जगत्—इसी शक्ति के रूपान्तरण हैं—जिन्हें शुक्ल जी 'पुरुष' और 'प्रकृति' के रूप में अपने निबन्धों में स्मरण करते हैं। प्रकृति को वे त्रिगुणात्मक मानते हैं और मानते हैं कि इसका वैषम्य ही जगत् है। यही पुरुष-प्रकृति 'व्यक्त' के घटक हैं। त्रिगुण की विषमता से संसरण और सत्व तथा तमस् के बीच रजस् की सत्ता से संघर्ष होता है। इस संघर्ष में असत् का सत् पर हावी होना अर्थात् स्थिति-रक्षण-रंजन-विघातक अधर्म का धर्म पर हावी होना है—तमस् के शासन में सत्व का तड़फड़ाना है। विपरीत इसके असत् पर सत् का हावी होना, सत्व के शासन में रजस् तथा तमस् का क्रियाशील रहना, स्थिति-रक्षण-रंजन विधायिनी शक्ति का अपने समस्त शक्तिशील और सौन्दर्य में प्रस्फुटित हो उठना

धर्म की विजय है। शुक्ल जी इसी संघर्ष में असत् के हावी होने को अत्याचार और सत् के हावी होने को सदाचार कहते हैं। विकासवादी दृष्टि से 'धर्म' कैसे सदाचार के रूप में क्रमशः विकसित होता रहा है—यह दिखाने के लिए उन्होंने इतिहास से ऐसे तमाम उदाहरण दिए हैं जो पहले सदाचार या धर्म की सीमा में नहीं थे और बाद में आ गए। उपनिषद् और महाभारत से ऐसे तमाम आख्यान शुक्ल जी ने प्रस्तुत किए हैं। वे धर्म के स्वरूप को स्पष्ट करते हुए कहते हैं—ब्रह्म के सदंश की व्यक्त प्रवृत्ति का नाम धर्म है। यहीं मैं जोड़ सकता हूँ कि उसमें आश्रयाविरोधी रूप से स्थित असदंश की व्यक्त प्रवृत्ति का नाम अधर्म है। ब्रह्म की व्यापक भूमि सत् और प्रवृत्ति की ऊर्ध्वतम भूमि 'सत्व'—दोनों की संधात्मक 'संघिनी' शक्ति है—यही जगत् कल्याणकारिणी भूमि है।

जो पहले सदाचार या धर्म की सीमा में नहीं थे और बाद में आ गए। उपनिषद् और महाभारत से ऐसे तमाम आख्यान शुक्लजी ने प्रस्तुत किए हैं। वे धर्म के स्वरूप को स्पष्ट करते हुए कहते हैं—ब्रह्म के सदंश की व्यक्त प्रवृत्ति का नाम धर्म है। यहीं मैं जोड़ सकता हूँ कि उसमें आश्रयाविरोधी रूप से स्थित असदंश की व्यक्त प्रवृत्ति का नाम अधर्म है। ब्रह्म की व्यापक भूमि सत् और प्रवृत्ति की ऊर्ध्वतम भूमि 'सत्व'—दोनों की संधात्मक 'संघिनी' शक्ति है—यहीं जगत् कल्याणकारिणी भूमि है।

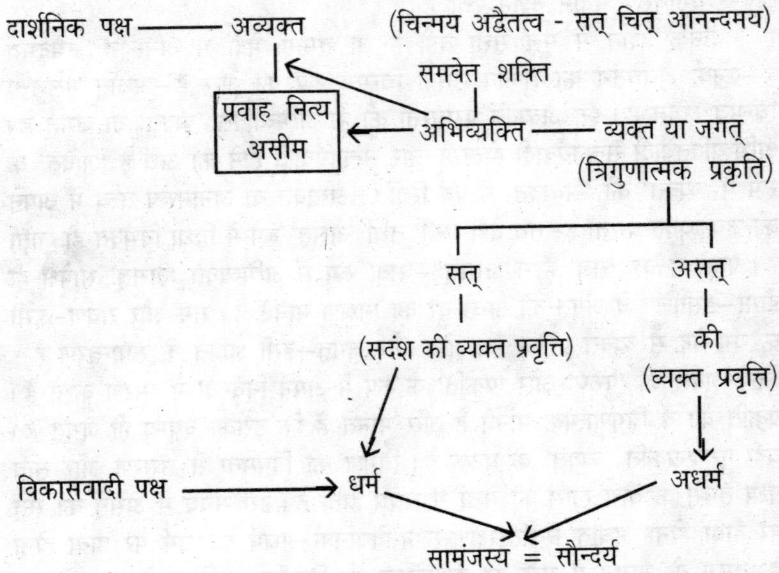

इस नव-दर्शन के साक्ष्य पर अत्याचार या अधर्म को परिभाषित कर वे एक विशेष अर्थ देते हैं और धर्म की जनसमाज के सन्दर्भ में विकासवादी व्याख्या करते हैं।

इसी सन्दर्भ में वाजपेयी जी ने एक और प्रश्न उठाया है कि शुक्ल जी ने जिस अर्थ में 'प्रवृत्ति' शब्द का ग्रहण किया है—वह है विश्वात्मवादी स्पिनोज़ा की निरन्तर गतिशील प्रवृत्ति। वाजपेयी जी का कहना है कि इस शक्ति की गतिशीलता का नियामक कौन? साथ ही निवृत्ति को प्रवृत्ति से सर्वथा पृथक मानने वाले शुक्ल जी इसकी स्थति कैसे बनाएँगे?

कोई संगत रास्ता न देखते हुए उन्होंने 'गति' के ही दो भाग कर लिए—प्रवृत्ति और निवृत्ति—और दोनों के बीच में एक वृत्ति कायम की—रागात्मक वृत्ति। यह सब कच्ची जमीन है। वाजपेयी जी का यह सब कुतर्क है—इन तर्कों में स्वयम् कोई संगति नहीं है। माना कि भारतीय दर्शन में चिन्मय अद्वैत का पक्षधर केवल शांकर वेदान्त है—पर उसमें 'शक्ति' नामक कोई अतिरिक्त तत्त्व नहीं—पर शुक्ल जी सत्कार्यवादियों की भाँति जगत् की व्यक्त सत्ता को ब्रह्म की अभिव्यक्ति अर्थात् सत्य मानते हैं—आगमिक अद्वयवाद की ओर शुक्ल जी की रुझान नहीं है—फलतः सम्भव है उनके मन में कहीं स्पिनोज़ा का पैन्थेइज्म या विश्वात्मवाद हो। स्पिनोज़ा मानता है कि मूल तत्त्व वह द्रव्य (Substance) है जिसमें **चेतना और प्रसार** या गति नामक दो गुण हैं—इन्हीं के नाम पर एक अनेक होता है। स्पिनोज़ा के यहाँ सृष्टि या चिदचिन्मयी सृष्टि परमसत्ता की अभिव्यक्ति कही गई है। तुलसी की तरह स्पिनोज़ा भी विश्वैश्वरैक्यवादी है—पर ईश्वर को राम की तरह सगुण नहीं मानता। विश्व उनके गुण पर्यायों का समूह है। शुक्ल जी उसकी तरह विश्व को अपरिच्छिन्न भी मानते हैं। परमसत्ता रूपी द्रव्य के अनन्त गुणों में से दो चर्चित हैं—चैतन्य और विस्तार।[4] इस विस्तार के पर्याय हैं—गति और स्थिति। इस मूल विस्तारात्मक गति से व्यवहार जगत् में होने वाली प्रवृत्ति निवृत्ति और वृत्ति को एक करके दोषोद्घाटन कुछ विचित्र ही है। अतः चौथा प्रश्न या तो मेरी समझ में नहीं आता या असंगत ही है।

तीसरा प्रश्न यह है कि कर्म, ज्ञान और उपासना को भक्ति की अन्य धाराओं या अध्यात्म की भिन्न धाराओं में समग्र रूप से न मानना—इतना ही नहीं—सगुण-निर्गुण, प्रवृत्ति-निवृत्ति, कर्म और ज्ञान, लोकधर्म और भक्ति साधना को आत्यान्तिक विरुद्ध रूप से रखना—कहाँ तक संगत है? ये सारे आक्षेप लोकोत्तर अध्यात्म की दृष्टि से लगाए जाते हैं—जबकि शुक्ल जी व्यवहार भूमि पर इनमें भेद देखते हैं—जनसमाज में सक्रिय विरोध देखते हैं। जिस भूमि पर वाजपेयी जी इनमें अभेद देखते हैं—उस भूमि की बात ही शुक्ल जी नहीं करते। लोक के स्तर पर जो साधना तीनों की सामंजस्य साधना पर बल नहीं देती—वह विकृत हो सकती है—इसमें क्या अड़चन है? शुक्ल जी बराबर लोक की क्षमता पर दृष्टि रखते हैं—वाजपेयी जी क्षमता सम्पन्न की दृष्टि से बात करते हैं। वास्तव में यह दृष्टि भेद है—वक्तव्यभेद नहीं। तीनों के समंजस रूप पर जोर दिया जाय तो विरोध या विकृति नहीं आयगी। उनमें से किसी एक पर ही बल दिया जाय तो क्षमता सम्पन्न व्यक्ति का कुछ नहीं बिगड़ेगा, पर अक्षम

सामान्य अनुयायियों में उभरने वाली विकृति को कोई नहीं रोक सकता।

पाँचवाँ प्रश्न यह है कि प्रवृत्ति और निवृत्ति का वे जो स्वरूप निर्दिष्ट करते हैं—वह शाश्वत है या परिवर्तनशील? जब शुक्ल जी अपनी सीमा निर्दिष्ट करते हैं—तब उस सीमित वैचारिक परिधि के प्रवृत्ति-निवृत्ति वाले आदर्श शाश्वत कैसे और परिवर्तनशील तो नियामक शक्ति कौन? बात यह है कि जिस केन्द्रीय प्रयोजन को दृष्टिगत कर शुक्ल जी प्रवृत्ति-निवृत्ति की बात करते हैं—वह है इसी धरा और शरीर में मानवता की चरितार्थता की विश्व की स्थिति और रक्षा की। 'मानस' की परिधि की प्रवृत्ति-निवृत्ति प्रतीक है। प्रतीक के रूप में वह युगानुरूप परिवर्तनशील हो सकती है और परिवर्तन की दिशा निर्धारित करेगी—तत्कालीन विश्वस्थिति—रक्षा के मूल में सक्रिय मानवीय वृत्ति। उनकी युगचेतना की सीमा अवश्य है, पर केन्द्र नियामक केन्द्र या प्रयोजन तो चिरन्तन-मानवता और विश्व की स्थिति रक्षा है। इसी नियामक के अनुरूप प्रवृत्ति-निवृत्ति और बीच की रागात्मक प्रवृति का स्वरूप बदलता रहेगा।

छठा प्रश्न यह है कि युगविशेष के सन्दर्भ में निरूपित 'रामराज्य' और 'कलियुग' के व्यापार को शाश्वत 'सत्' और 'असत्' की संज्ञा क्यों दी? यहाँ भी मैं यही कहूँगा कि एक सीमाओं का 'रामराज्य' और 'कलियुग' प्रतीक है, अपनी अच्छाई और बुराई का। इसे यथाशब्द कौन स्वीकार करेगा कि 'रामराज्य' शीर्षक देकर उसमें जो अच्छाइयाँ वर्णित की गई हैं या कलियुग के नाम पर युग का बद्रूप चित्र खींचा गया है—वही ज्यों का त्यों निरन्तर 'सद्' और 'असद्' के रूप में होता रहेगा।

युगविशेष या कृतिविशेष से निर्धारित प्रतिमान को सर्वत्र लागू करने का जो सातवाँ आक्षेप है—वह भी महज आक्रमण के नाम पर—आक्रमण इसलिए है कि स्वयं वाजपेयी जी·रोमैण्टिक साहित्य से प्राप्त प्रतिमान का सर्वत्र संचार करना चाहते हैं और जहाँ वह नहीं बैठता—उसका तटस्थ प्राप्य उसे नहीं मिलता। मैं केवल प्रतिद्वन्दी उत्तर देकर मौन नहीं होना चाहता—मैं यह भी कहता हूँ कि प्रत्येक व्यक्ति की अपनी रुचि होती ही है और तदनुरूप ही मानदण्ड बनाता है—और अपनी आँख से सब कुछ देखना चाहता है—निर्णय भी लेता है। संसार में सबके आदर्श न एक रहे हैं न ही सब समय के लिए हो सकते हैं—पर इस सीमा से अवगत होकर भी चिन्तन और आचरण का पथ यही है। चिन्तक देखना अपने ही आदर्श को सदा चाहता है। यह कहना कि क्या यह ठीक है? कौन कह सकता है यही 'ठीक' है? समस्त काल के लिए यह लागू हो सकता है? यह 'ठीक' भी तो परिवर्तनशील है—अपनी दृष्टि में उसके ठीक होने की एक सीमा सहज सम्भव है। बदलते हुए जगत् में बदलता हुआ प्रतिमान ही लागू होगा, पर सद्-असद् तथा मानवता और विश्व की स्थिति रक्षा को केन्द्र में रखकर चलने वाला चिन्तन तदनुरूप मानदण्ड की संस्तुति कर सकता

है और एक युग की क्रिया-राशि को नहीं—उसके मूल में निहित चिरन्तन प्रेरक वृत्ति से परिचालित मानदण्ड को तो चिरन्तन कह सकता है? क्रिया-कलाप बदल जाय—पर विश्व की स्थिति रक्षा और उस सन्दर्भ में मानवता की चरितार्थता का मानदण्ड सुदूर भविष्य में भी बदलेगा—ऐसा तो लक्षित नहीं होता।

कलाकृति या काव्य जगत् के सन्दर्भ में 'मानस' साक्षिक जो मानदण्ड हैं—वे अवश्य शुक्ल-सम्मत काव्यादर्श के अनुरूप पड़ने वाले काव्य पर ही लागू होंगे—कला या काव्य के क्षेत्र में उभरने वाली निःसीम सौन्दर्य प्रस्फुटन की सम्भावना के साथ न्याय नहीं कर सकती—यह सही है—पर क्या स्वयं वाजपेयी जी के काव्यादर्श समस्त कलाकृतियों के साथ न्याय कर सके हैं? जिस प्रकार शुक्ल जी 'छायावाद' को शैली मात्र कह रहे थे—वाजपेयी जी भी उसी प्रकार प्रयोगवादी काव्यान्दोलन को एक शैलीगत प्रयोग कह रहे थे। शुक्ल जी व्यक्तिवादी या भाववादी सरणियों में नहीं—लोकमंगलोपयोगी क्रियाकलापों के प्रति प्रतिबद्ध लेखक और चिन्तक थे—यद्यपि यह सही है कि कला जगत् का स्वातंत्र्य अद्‌भुत सम्भावनाओं की सृष्टि करता है अतः पूर्व निर्धारित नैतिकतावादी मानदण्ड काव्योचित मूल्यांकन नहीं कर सकते। वाजपेयी जी के इस तर्क में वजन है। शुक्ल जी के सामने लोकानुभूति और काव्यानुभूति में कोई अन्तर नहीं है—वाजपेयी जी काव्यगत सौन्दर्य को मुख्य मानते हैं—समुन्नतमनस्कता उसके उत्पादक उपकरणों में है। दृष्टिभेद से दोनों के मतभेद अपनी-अपनी जगह हैं, जीवन के क्षेत्र का लोकधर्म कला के क्षेत्र में एक सीमा तक ही नियामक हो सकता है।

वाजपेयी जी प्रत्येक राष्ट्र के साहित्य के मूल्यांकन के लिए जिस दृष्टि को महत्व देते हैं—उसमें राष्ट्रीयता को अनिवार्य रूप से घटक मानते हैं और कहते हैं कि कोई साहित्य राष्ट्रीय होकर ही अन्तर्राष्ट्रीय हो सकता है—अतः निर्माण ग्रहण या आलोचन—सर्वत्र अनुरूप दृष्टि की घटक राष्ट्रीयता होनी ही चाहिए। भारत की राष्ट्रीयता के तमाम घटक अध्यात्म की गन्ध से आपूरित हैं और वाजपेयी जी का उस पर सदाग्रह है। वाजपेयी जी मानते हैं कि व्यक्तिसाधना, निवृत्तिमार्ग अध्यात्म—लोकहित के लिए अनधिकारियों के हाथ का सहारा पाकर कम अवांछित दिशाओं और अनभीष्ट अधोगामिताओं की ओर नहीं गए हैं—पर क्या इसीलिए उनका दरवाजा सदा-सदा के लिए बन्द कर दिया जाय? उनमें अच्छी सम्भावनाएँ भी तो हैं। वाजपेयी जी का कहना है कि नव-जागरण का सारा चिन्तन अध्यात्म-गर्भ है। भारतीय साहित्य का प्रशस्त मूल्यांकन आध्यात्मिक भूमि को छोड़कर नहीं हो सकता—शुक्ल जी ग्रियर्सन सम्मत मानवादर्शवाद को राम की समाज या लोक के सन्दर्भ में ही निर्धारित चारित्रिक महत्ता पर लागू करते हैं—क्या तुलसी राम का लीलागान लौकिक चारित्र्य तक ही सीमित रखते हैं? वाजपेयी जी के लगभग सभी आक्षेप इस आध्यात्मिक संस्पर्श को कुक्षिगत किए हुए हैं—इसीलिए शुक्ल-सम्मत

लोकधर्म अव्याप्ति दोष से ग्रस्त हो तो जाता है।

निष्कर्ष रूप में मैं यह कहना चाहता हूँ कि ऐसा नहीं कि वाजपेयी जी के तर्कों में बिलकुल कोई वजन नहीं है—है, और अवश्य है—पर शुक्ल जी की युगचेतना से नितान्त संपृक्ति राष्ट्रीय की अपेक्षा कालांकित रूप में उन्हें अधिक प्रस्तुत करती है। तत्त्वदृष्ट्या अभेद के पक्षधर होते हुए भी लोक की ओर अधिक झुकने से वे सर्वत्र भेद पर बल देकर चलते हैं। उनका समग्र था जब 'विश्रान्ति' नहीं—'कर्तव्य' की अपेक्षा थी—अपेक्षा तो अब भी है और सदा रहेगी—पर प्रेमचन्द और शुक्ल जी न काव्य को और न ही व्यवहार को विश्रान्तिकर देखना चाहते थे—इसीलिए शुक्ल जी काव्यास्वाद को साध्य नहीं—कर्तव्य में प्रवर्तित करने का माध्यम मानते थे—इसीलिए अनुरूप अवदात मनःस्थिति में काव्य को पहुँचा देने में माध्यम मानते थे। उनका 'लोकधर्म' नामक जीवन-दर्शन नितान्त व्यावहारिक और लोकजीवन से सम्बद्ध था। निःसन्देह उसकी सीमाएँ हैं पर अपने युग के लिए वह कितना समर्थक है—महत्व की बात यह है कि वह चिरन्तन मानदण्ड है या नहीं? यह भी सही है कि उनका 'लोकधर्म' 'मानस' पर आधारित है—पर व्याख्या 'परम्परा' से हटकर कालांकित चेतना से की गई है। अध्यात्म शून्य चिन्तन या व्यवस्था को 'परम्परा' से भारत वर्ष में जोड़ा जा सकता है—मैं यह नहीं मानता।

सन्दर्भ

(1)(क) विश्व प्रपंच की भूमिका। (ख) चिन्तामणि भाग—1, 2, 3। (ग) गोस्वमी तुलसीदास। (घ) सूरदास। (च) रसमीमांसा—आदि का साक्ष्य। (2) हिन्दी साहित्य बीसवीं शताब्दी—रामचन्द्र शुक्ल—(3)। (3) Discovery of India–Jawahar Lal Neharu। (4) पाश्चात्य दर्शन—डॉ. चन्द्रधर शर्मा—'स्पिनोज़ा का दर्शन'।

रस-परम्परा और आचार्य शुक्ल का रस विवेचन

खण्ड–क

सामान्यतः रस-परम्परा आत्मवादी दृष्टि से आत्मवादी भूमि पर रस की व्याख्या करती है जबकि आचार्य शुक्ल काव्य की रचना और आलोचना को प्राकृत भूमि पर रखते हैं–इसीलिए उनकी दृष्टि में काव्य रचना का सम्बन्ध मनोमय कोश से और आलोचना का सम्बन्ध विज्ञानमय कोश से है। वे बुद्धि व्यवसाय को स्वाभाविक मानते हैं और बहुत से वैज्ञानिकों तथा दार्शनिकों से मण्डित अतिप्राकृतानुभूति को अस्वाभाविक-अप्राकृत मानते हैं। प्रतिनिधि भारतीय रस-परम्परा बुद्धि को अपूर्ण मानती है और 'रसो वै सः' के साक्ष्य पर रसानुभूति के लिए जिस 'व्यक्ति' या व्यंजना का सहारा लेती है वह स्वयम् 'भग्नावरण चित्' ही है–स्वानुभूति ही है।

सामान्यतः रस सम्बन्धी चिन्तन के परिणामस्वरूप निर्गत परम्परागत मान्यताएँ निम्निलिखित हैं–

1. अलंकारशास्त्र का विवेच्य सामाजिकगत काव्यस्वाद या रस है। वैसे कविगत और किन्हीं विशिष्ट व्यक्तियों में लोकगत भी हो सकता है–पर अव्यक्तिगत सदा रहेगा। इसलिए रसविवेचना का विषय रसिक या सामाजिक द्वारा अस्वाद रस का स्वरूप और प्रक्रिया है–न कि व्यक्तिगत मनोविकार। इसीलिए रस को लौकिक स्थायी से विलक्षण कहा गया है।

2. रस प्रतीति की अन्ततः और सामान्यतः आनन्दात्मक परिणति में कोई मतभेद नहीं है–कतिपय रस आरम्भ में भले ही दुःखमय हो, अभिनव के मत में सभी रस आनन्दात्मक ही होते हैं, क्योंकि दुःख का मूल है संविद् की अविश्रान्ति और सुख का संविद् विश्रान्ति और संविद् विश्रान्ति रसभाव में विद्यमान है। 'ब्रह्मानन्द' में आस्वादन नहीं है, चर्वणा नहीं, अन्यभाव नहीं, त्रिपुटी नहीं परन्तु रस में सभी कुछ है, पर अलौकिक है। पूर्णहंता का चमत्कार ही रस बोध है–इसमें अभेद में भी अलौकिक भेद है, अन्यथा आस्वादन हो नहीं सकता। पर यह भेद लौकिक भेद के समान नहीं है।

3. रस प्रतीति आत्मा के स्वरूपभूत आनन्द के अनावरण से निष्पन्न होती है।

4. रस प्रतीति समस्त अन्यविध व्यावहारिक प्रतीतियों से भिन्न होती है।

5. रस प्रतीति 'प्रवृत्ति विश्रांत' नहीं, 'चर्वणाविश्रांत' होती है।

6. रस प्रतीति प्रतिभानमयी प्रतीति है।

7. रस प्रतीति निरातिशय और अखंड होती है—उसमें वेद्यान्तरता नहीं होती।

8. रस प्रतीति में साधारणीकरण की प्रक्रिया अनिवार्य है और साधारणीकरण विभाव, अनुभाव, संचारी तथा स्थायी भाव सबका होता है और प्रभाता की परिमित प्रभातृता विगलित हो जाती है। साधारणीकरण का अर्थ है—उक्त तत्त्वों का असाधारण रूप में प्रत्यय करने वाले सम्बन्धियों से सम्बन्ध विशेष के स्वीकार या परिहार के नियम का अनध्यवसाय-व्यावहारिक सम्बन्ध का विगलन और लोकोत्तर सम्बन्ध का उदय।

9. व्यंजक विभावादि की प्रकृति लोकगत कारणादि की प्रकृति से भिन्न होती है।

रस की लगभग परम्परागत ये ही मान्यताएँ हैं। आधुनिक विवेचक दार्शनिक भूमि पर पलने वाले इन प्राचीन शास्त्रीय मान्यताओं को आज के विज्ञान युग में सन्तोषकर नहीं मानते। वे मानते हैं कि समस्त मानस अनुभूतियों का विश्वसनीय विश्लेषण तो मनःशास्त्र मनोविज्ञान कर सकता है—अतः उसी का अनुसरण होना चाहिए। यद्यपि अन्य अद्यतन समीक्षक इसके विपक्ष में भी हैं। स्वयम् शुक्ल जी बहुत दूर तक रस-विवेचन मनोविज्ञानियों की विचारधारा के आलोक में करते हैं—पर उनके अंधानुसारी भी नहीं हैं। रसात्मकबोध के विविध रूप में—उन्होंने स्वयम् अनेक मनोविज्ञान विपक्षी तर्क में दिए हैं। वे नहीं मानते कि स्वप्नसिद्धान्त काव्य के विषय में भी लागू किया जा सकता है। क्या कभी यह सम्भव है कि काव्य में वर्णित शोकभावना तद्विषयक अतृप्ति का उद्गार है? शुक्ल जी नहीं मानते कि कामवासना की तृप्ति ही काव्य का लक्ष्य है—आदि आदि। इसी प्रकार हजारीप्रसाद द्विवेदी भी कहते हैं कि जो मनोविज्ञान अभी प्रयोगकाल में है, जिसकी अनेक निष्पत्तियाँ विज्ञान की अन्य शाखाओं में उपलब्ध निष्पत्तियों से विरोध खाती हैं—ऐसी अपूर्ण और अनन्तिम वैज्ञानिक शाखा को आधार बनाकर रसनिष्पत्ति का विवेचन ठीक नहीं है। आचार्य नन्ददुलारे वाजपेयी जी भी इसीलिए परम्परागत दार्शनिक उपपत्तियों तथा सौन्दर्यशास्त्रीय आधारों को कहीं अधिक अपनाते हैं। उन्होंने कवि की दृष्टि से काव्य पक्ष पर विचार करते हुए कहा कि अपने व्यापक रूप में 'भावाश्रित रूप' एक मनोवैज्ञानिक पदार्थ है, पर रस विवेचन में मनोविज्ञान का कोई सहारा नहीं लिया। इन सब के बावजूद रसमीमांसा सम्बन्धी नवीन प्रयासों में मनोवैज्ञानिक पृष्ठभूमि पर किए गए प्रयत्न उल्लेख्य हैं—इनमें सर्वप्रथम शुक्ल जी का रस प्रस्थान परम्परागत प्रस्थान से सर्वथा भिन्न प्रस्थान है—जिसे क्रमवार इस प्रकार रखा जा सकता है।

शुक्ल जी का रस दर्शन आंशिक रूप से मनोविज्ञान पर और आंशिक रूप से उनके लोकमंगलकारी दर्शन पर आधारित है। मनोविज्ञान पर आधारित होने के कारण जहाँ वे एक ओर व्यक्तिगत मनोविकारों या मनोवेगों के रूप में स्थायीभाव के विश्लेषण से रसविमर्श का आरम्भ करते हैं—वहीं दूसरी ओर अपने लोक दर्शन के अनुरूप उसकी चरम परिणति व्यक्ति सत्ता का लोक सत्ता में विलयन तथा मूलतः सत्कर्म की प्रवृत्ति मानते हैं। भरत ने 'भाव' शब्द की व्युत्पत्ति बताते हुए जो दो विकल्प—भवन्तीति भावाः उत भावयन्ति इति भावाः—प्रस्तुत किये थे उनमें से पहला मनोवैज्ञानिकों का प्रस्थानबिन्दु है और दूसरा शास्त्रीय आचार्यों का। मनोवैज्ञानिक 'भवन' पक्ष का और परम्परानिष्ठ शास्त्रीय आचार्य 'भावन' पक्ष का समाश्रयण करते हैं। शुक्ल जी को इस बात का ध्यान भी है कि साहित्यिकों का सारा भाव निरूपण रस की दृष्टि से है अन्यथा 'दयावीर' को वीर में अन्तर्भुक्त किया जाता। दयावीर में प्रवर्तक प्रधान मनोवेग है दया, उत्साह में यह बात नहीं होती। फिर भी 'उत्साह' के आश्रयगत व्यंजना द्वारा दर्शक को ऐसा विविक्त रसानुभव होता है जो और रसों के समकक्ष है। शुक्ल जी उस दृष्टि से हटकर जब मनोविज्ञान की दृष्टि से विचार करते हैं तब कई बिन्दुओं पर वे परम्परा से हट जाते हैं। परम्परा कहती है 'कवेरन्तर्गतं' भावं भावयन् भाव उच्यते'—कवि या आश्रयगत भाव का सहृदय ग्राहक में 'भावन' करने के कारण भाव भाव कहा जाता है जबकि शुक्ल जी ने 'भाव' की परिभाषा देते हुए कहा—प्रत्यय बोध, अनुभूति और वेगयुक्त प्रवृत्ति इन तीनों के गूढ़ संश्लेषण का नाम भाव है। यह शरीर वेग से भिन्न मनोवेग है। यह इंद्रियजअनुभव और वासना से भी भिन्न है—क्योंकि संवेदन सुखदुःखात्मक वेदना प्रधान होता है, वासना प्रवृत्ति प्रधान होती है और भाव आलम्बन प्रधान (वेद्य प्रधान) होता है। उनका पक्ष है कि साहित्यिकों ने प्रत्ययबोध को लक्ष्य कर के ही 'भाव' शब्द का प्रयोग किया है जिसका अर्थ है चित्त की चेतन दशा विशेष। शुक्ल जी वासना को 'भाव' का अंग मानते हुए भी उससे भिन्न मानते हैं कारण वह संस्कार रूप में रहकर चेतनदशा की अपेक्षा नहीं करती—'भाव' चेतनादशा की अपेक्षा करती है। वस्तुतः 'भाव' का एक अंग संस्कार (वासना) में है, दूसरा (आलम्बन) चेतन में है और तीसरा (अनुभाव) आचरण में। ये तीनों जब तक नहीं हैं—'भाव' का पूरा विधान नहीं है। दशरूपक टीकाकार धनिक ने 'भावना' 'वासना' और 'भाव' को पर्यायवत् प्रयुक्त किया है।

भाव का स्वरूप निरूपण करने के बाद शुक्ल जी ने मनोवैज्ञानिकों और साहित्यिकों द्वारा किए गए वर्गीकरण पर भी परम्परा से हटकर विचार किया है। परम्परा में तो 'एकोनचत्वारिंशद्भावाः' की बात भी दी गई—जिसमें स्थायी तथा संचारी के साथ अन्य भावों की भी गणना थी—पर शुक्ल जी ने 'भाव' का उक्त रूप में ही विचार किया। मूल भाव, पराश्रित, तद्भव जैसा विभाजन तो है 'भाव' और 'भावकोश' जैसा विभाजन भी है। 'भाव' उक्त चित्त दशा है, भावकोश उसकी ऐसी

स्थिर प्रणाली है जिसकी शासन व्यवस्था में और भाव भी आ जाते हैं। प्रीति और वैर-भाव नहीं, भावकोश भावसमष्टि नहीं, अन्तःकरण में संघटित एक प्रणाली मात्र है जिसमें कई-कई भिन्न भावों का संचार हुआ करता है। चित्त की यह स्थिति स्थायी होती है। इसमें संकल्प धीर और संयत होते हैं। यह भिन्न भाव भी नहीं है।

शुक्ल जी ने स्थायी भाव या भाव को दो कोटियों में विभक्त किया है–सुखात्मक तथा दुःखात्मक। इन दोनों कोटियों में आने वाले आठ स्थायी भावों की चर्चा उन्होंने की है–निर्वेद को अभावात्मक माना है। उत्साह, भय तथा आश्चर्य के अतिरिक्त शेष मूल भाव हैं। परम्परा में 'निर्वेद या शम' को 'समस्त तृष्णाक्षय सुखात्मा' कहकर भावात्मक रूप भी दिया गया है–शुक्त जी को इसका पता नहीं है। शेष आठ के विषय में मनोमीमांसकों से साहित्यिक मीमांसकों का दृष्टि भेद स्पष्ट करते हुए उन्होंने कहा साहित्यशास्त्र के अनुसार वह भाव स्थायी है जिसके आधिपत्य में एक ही अवसर पर अन्य मनोवेग का भाव प्रकट हो–और वह ज्यों का त्यों बना रहे और मनोवैज्ञानिकों के अनुसार वह भाव स्थायी भाव है जिसमें कोई मानसिक स्थिति इतने दिनों तक बनी रहती है कि उसके कारण भिन्न-भिन्न अवसरों पर भिन्न-भिन्न भाव प्रकट हों। मनोवैज्ञानिकों की दृष्टि से केवल 'रति' ही स्थायी भाव है। सम्भव है भोज इसी अभिप्रायः से शृंगार को ही एक मात्र रस कहते हों। परम्परा मानती है कि स्थायी भाव मात्र विरोधी तथा अविरोधी भावों से तिरोहित नहीं होते–शुक्ल जी का कहना है कि यह लक्षण केवल 'रति' (राग की स्थायी दशा) में ही घटित होता है–क्रोधादि में नहीं। परम्परा सभी स्थायी भावों को समान मानती है–शुक्ल जी का कहना है कि रति, वैर (क्रोध) तथा विरति (निर्वेद) नाम की स्थायी दशाएँ अधिक परिष्कृत नहीं हैं। विचार करते हुए उन्होंने भय और शोक से हास और आश्चर्य में तथा इन सबसे उत्साह नामक स्थायी भाव में अन्तर निरूपित किया है। इन सबके साथ उन्होंने 'भाव' की तीन दशाएँ बताई हैं–भाव दशा, स्थायीदशा तथा शीलदशा। परम्परा में ऐसा कोई वर्गीकरण नहीं है। स्थायी और संचारी प्रधान और गौण भाव का भेद करते हुए शुक्ल जी कहते हैं कि जो भाव स्थायी होता है वही रस दशा तक पहुँचता है–दूसरे नहीं और स्थायी या प्रधान भाव वह होता है जिसका 'आलम्बन' सामान्य होता है–जिस भाव का आलम्बन सर्वसामान्य का आलम्बन बन सके और आश्रय के साथ दर्शक अनुभव कर सके–वही स्थायी भाव है–शेष संचारी। शुक्ल जी की दृष्टि से रसावस्था का यही अर्थ है–मुनि भरत की दृष्टि से परिभाषित भाव ही स्थायी है–क्योंकि वे ही रसावस्था तक पहुँच सकते हैं। भरत की रसावस्था क्या है? उस स्थायी की पुष्ट दशा जो विरोधी तथा अविरोधी भावों से विच्छिन्न न तो–अपितु उन्हें आत्मसात् करता हुआ स्वरूपपुष्ट हो। शुक्ल जी ने दर्पण का साक्ष्य दिया, पर व्याख्या रूप नहीं दिया।

'रसावस्थः परं भावः स्थायितां प्रतिपद्यते'

इसी प्रकार संचारी पर विचार करते हुए उन्होंने उनके पाँच वर्ग स्थिर किए हैं—स्वतंत्र विषय मुक्त भाव, मन के वेग, अन्य अन्तःकरणवृत्ति मानसिक अवस्था तथा शारीरिक अवस्था। इन सबों में संचारियों की व्याख्या वे परम्परा से हटकर करते हैं उदाहरण के लिए 'श्रम' को लें, शुक्ल जी उसे शरीर का व्यापारिक अंग मानते हैं जबकि दर्पणकार उससे उत्पन्न थकावट। शुक्ल जी स्थायीभाव का लक्षण प्रबन्ध व्यवस्था के आधार पर नहीं मानते—यह उसका गौण लक्ष्य है।

'भक्ति' के स्वरूप पर उनकी अपनी लोकादर्शमूलक धारणा है। वे मानते हैं कि ब्रह्म के सत्स्वरूप की व्यक्ति प्रवृत्ति का नाम धर्म है और धर्म की रसात्मक अनुभूति 'भक्ति' है। उन्होंने जगत् के बीच हृदय के सम्यक् प्रसार को ही भक्ति का प्रवृत्त लक्षण माना है। इस प्रकार भक्ति द्वारा भी अन्ततः उपासक का लक्ष्य अपने व्यक्तित्व की सियाराम्मय चराचर जगत् में विलय न कर देना ही है। निष्कर्ष यह है कि वे काव्य साधना और धार्मिक साधना का लक्ष्य एक ही मानते हैं—भेद केवल प्रस्थान का है। वे मानते हैं कि काव्य की दृष्टि से जो सुन्दर है धर्म या भक्ति की दृष्टि से वह मंगल है। इस प्रकार—भावनिरूपण में उनकी लोकादर्श सम्बन्धी धारणा भी सक्रिय है—यह स्पष्ट है।

खण्ड—ख

1. शुक्ल जी भाव या मनोविकार ही कहते हैं—मनोवेग नहीं, यद्यपि भाव की परिभाषा में वेग युक्त प्रवृत्ति को भाव कहते हैं। परम्परागत साहित्यिक आचार्यों की दृष्टि भाव के वेग वाले अंश पर नहीं था उसकी विशेष रूप में परिणति ही रही। परम्परागत रस के प्रत्येक घटक की धारणा से भिन्न शुक्ल जी की धारणा है। परम्परा इन घटकों को अलौकिक कहती है, शुक्ल जी ने मनोविज्ञान काव्यानुशीलता तथा लोक निरीक्षण पर आधारित अधिकतर प्रत्यक्षानुभूति का ही विचार किया है। मनोविश्लेषण भी यही करता है। लौकिक मनोविकार और काव्य के स्थायी भाव—एक ही नहीं है। प्रत्यक्षानुभूति में मनोविकार लौकिक निबद्ध हैं, काव्यानुभूति में आचार्यों ने विभावादि का विचार लौकिक विषय से जोड़कर नहीं किया, प्रत्युत सहृदय के वासना वासित हृदय से जोड़कर किया है। लौकिक विषय एवं मनोविकार— में त्रैगुण्य का प्राकट्य रहता है, काव्य में केवल सत्व का।

2. रस निष्पत्ति का काव्य की सौन्दर्य दृष्टि से हटकर लोकमंगल की दृष्टि से भी वे विचार करते हैं अतः उन्होंने 'भाव' क्षेत्र को अत्यन्त पवित्र क्षेत्र कहा है—भाव में परार्थता के साथ परमार्थता की भी सम्भावना निहित है। कविता शेष समष्टि के साथ मनुष्य के सुखात्मक सम्बन्ध की रक्षा एवं निर्वाह करती है। व्यक्ति भाव में समष्टिगतिता की सम्भावन है। ज्ञान, कर्म तथा उपासना की जीवन पद्धतियों में सर्वोच्च स्थिति उन्हें उपासन या भक्ति-धर्म की रसात्मक अनुभूति में दिखाई देती है।

3. भावों का विचार शुक्ल जी ने कभी-कभी प्रत्यय के रूप में किया है और कभी-कभी अकेले भी। उत्साह, करुणा, घृणा, भय या क्रोध का विचार अकेले ही है। श्रद्धा भक्ति, लज्जा अवनति लोक और प्रीति का प्रत्ययरूप में विचार है। जो भाव बहुत दूर तक मिलते हैं–उन्हें एक साथ रखा गया है। और विरोधियों का विचार एक साथ नहीं है। घृणा या ईर्ष्या में ऐसा ही है। परम्परा के नौ स्थायी भावों में से शुक्ल जी ने केवल छह–उत्साह, करुणा, घृणा, भय, क्रोध, प्रीति की चर्चा की है। निर्वेद को पृथक् कर दिया तब तो हास्य शृंगार का तथा अद्‌भुत वीर का सहायक है। इस प्रकार प्रमुख भावों तथा संचारियों में ईर्ष्या-लज्जा और ग्लानि का चिन्तामणि में विस्तार से विचार किया है। रसमीमांसा में अवश्य विस्तार है।

4. भाव या स्थायीकरण की परम्परागत तीनों परिभाषाएँ तथा शुक्ल-सम्मत परिभाषा 'जुगुप्सा' में व्याप्त है या नहीं, राष्ट्र प्रेम में अतिव्याप्त है या नहीं। –विचारणीय है। इन पर प्रबन्ध काव्य नहीं मिलता–क्या यह इसकी अक्षमता है? रसात्मक आधिपत्य इनका सम्भव है या नहीं? उनकी दृष्टि में स्थायी भाव का लक्षण है–स्थायी के दो अर्थ–

1. किसी एक भाव का एक ही अवसर पर–इस आधिपत्य के साथ बना रहना कि उसकी उपस्थिति में अन्य भाव अथवा मनोवेग उसके शासन के भीतर ही प्रकट हो–और वह ज्यों का त्यों बना रहे।
2. किसी मानसिक स्थिति का इतने दिनों तक बना रहना कि उसके कारण भिन्न-भिन्न अवसरों पर भिन्न-भिन्न भाव प्रकट होते रहें। परवर्ती प्रकार का स्थायित्व केवल 'रति' में है।

5. मनोविज्ञान 'उत्साह' को मूल भाव ही नहीं मानता, जबकि परम्परा उसे स्थायीभाव मानती है। हास, उत्साह तथा निर्वेद को छोड़कर शेष सब मूल भाव है, दया की भाँति तद्‌भव नहीं। शुक्ल जी इमोशन को भाव और सेण्टीमेण्ट को स्थायी भाव कहते हैं। एक व्यक्ति या वस्तु के प्रति एक अवसर पर व्यक्त मनोवेग 'भाव' अनेक अवसर पर व्यक्त स्थायी भाव–चिरजीव है। जब 'विशेष' सामने से हटे और वह मनोवेग किसी के भी प्रति प्रकट होने लगे तब स्वभाव।

कवि आश्रय तथा ग्राहक के तादात्म्य को 'स्थायी भाव' निरूपण के सन्दर्भ में रखना भी 'नायकस्य कवेः श्रोतुः समानोऽनुभवस्ततः की परम्परा से भिन्न है।

रस की प्राचीन व्याख्या आत्मवाद की पीठिका पर भारतीय आचार्यों ने की है–यह आचार्य रामचन्द्र शुक्ल हैं जिन्होंने आत्मवाद से हटकर मनोविज्ञान तथा निजी धारणाओं पर आधारित उसकी सर्वप्रथम बोधगम्य व्याख्या की। नवजागरण के इस आधुनिक प्रवाह में जिस प्रकार पुरानी मान्यताओं की बोधगम्य फलतः विश्वसनीय व्याख्या हुआ करती है–उसी प्रकार शुक्ल जी ने क्रमागत 'रस' सिद्धान्त की नई व्याख्या की। यदि रस प्रतीति एक अनुभूति है–मानस-अनुभूति है–तो

उसका विश्वसनीय विश्लेषण मनोविज्ञान ही कर सकता है। पर मनोविज्ञान भी शुक्ल जी को वहीं तक ग्राह्य है जहाँ तक उनके संस्कार स्वीकार करते हैं। वे फ्रायड की इस निष्पत्ति से असहमत हैं कि काव्यात्मक अभिव्यक्ति सर्वदा दमित भावनाओं की ही होती है। अनभिनेय वृत्तियों का कल्पना में कहीं कोई भोग करता है? स्वप्नसिद्धान्त काव्य के विषय में भी लागू किया जाय—फ्रायड की इस मान्यता से वे सहमत नहीं हैं। वे यह भी नहीं मानते हैं कि कामवासना की तृप्ति ही काव्य का लक्ष्य है। डॉ. नगेन्द्र अवश्य मानते हैं कि काव्य व्यक्तित्व की अभिव्यक्ति है और यह व्यक्तित्व ही सर्जक की आत्मा है। व्यक्तित्व उन रागद्वेषों का जिनमें से अधिकांश कामचेतना के प्रोद्भास हैं—संश्लिष्ट समूह हैं। इस व्यक्तित्व के भी उसी अंश की साहित्य में अभिव्यंजना होती है जो अभाव या अतृप्ति से ग्रस्त होता है। अभिव्यक्ति के इस सिद्धान्त में उन्होंने तीनों प्रमुख मनोवैज्ञानिकों की विचारणा का उपयोग किया है। फलतः उनके अनुसार व्यक्तित्व के निर्माण में वे कामवृत्ति और उसकी अतृप्ति का योग स्वीकार करते हैं। डॉ. राकेश भी व्यक्तिनिष्ठ सामाजिक भाव का नहीं, मनोविज्ञान सम्मत 'मनोविकार' का विश्लेषण काव्यास्वाद के सम्बन्ध में स्वीकार करते हैं। पर डॉ. हजारीप्रसाद का विचार भिन्न है। वे मानते हैं कि जो मनोविज्ञान अभी प्रयोगकाल है, जिसकी अनेक निष्पत्ति या विज्ञान की अन्य शाखाओं से प्राप्त निष्पत्तियों से विरोध खाती है—ऐसी अपूर्ण और अमान्य वैज्ञानिक शाखा को आधार बनाकर रस निष्पत्ति का विवेचन ठीक नहीं है। आचार्य नन्ददुलारे जी इसीलिए परम्परागत दार्शनिकों की अनुभवसंगत उपपत्तियों तथा सौन्दर्यशास्त्रीय आधारों को कहीं अधिक अपनाते हैं। कवि की दृष्टि पर विचार करते हुए उन्होंने यह स्वीकार किया है कि अपने व्यापक रूप में 'भावाश्रित रूप'—एक मनोवैज्ञानिक पदार्थ हैं, फिर भी रस विवेचन में मनोविज्ञान का कोई उपयोग उन्होंने नहीं किया है। शुक्ल जी की रस सम्बन्धी निष्पत्तियाँ इस प्रकार हैं :

(क) परम्परागत रस विवेचन आत्मवादी भूमि पर समाश्रित है और शुक्ल-सम्मत प्राकृत भूमि पर। शुक्ल जी काव्य को मनोमय कोश तक की ही वस्तु मानते हैं और विवेचन में बुद्धि को ही सर्वोपरि प्रमाण—ऐसी बुद्धि को—जो विज्ञानसम्मत और विवेकसम्मत मान्यताओं से परिचालित हो—जबकि परम्परा 'रस' के ग्रहण में 'भग्नावरणा चित् रूप व्यक्ति' की बात करती है। परम्परा Intuition का सहारा लेती है, शुक्ल जी उसे अतिप्राकृतिक कहकर बहुत से आधुनिक वैज्ञानिकों और दार्शनिकों की भाँति खण्डित करते हैं।

(ख) रस का मूल है 'भाव'। परम्परा रस निष्पत्ति की दृष्टि से साहित्यिक भूमि पर 'भाव' का स्वरूप निर्वचन करती है और कहती है 'भावयन्ति इति भावाः'—जो कविगत भाव का ग्राहक में भावन करे—वह भाव कहा जाता है। शुक्ल जी मनोविज्ञान की काव्यसम्बन्धी (फ्रायड सम्मत) समस्त स्थापनाओं से असहमत होते

हुए भी बहुत-सी मान्यताओं से परिचालित हैं अतः उसी आलोक में इंद्रिय संवेदना, वासना और भाव का पारस्परिक अन्तर निरूपित करते हुए **भाव** को प्रत्ययबोध, अनुभूति तथा वेगयुक्त प्रवृत्ति का गूढ़ संश्लेष कहते हैं और उसे गौण तथा प्रधान में विभाजित करते हुए संचारी और स्थायी से समीकृत करते हैं। परम्परा भावन और वासन को पर्याय मानती है, शुक्ल जी वासना को भाव का अंग कहते हैं।

(i) शुक्ल जी भाव या मनोविकार ही कहते हैं—मनोवेग नहीं, यद्यपि भाव की परिभाषा में वेग युक्त प्रवृत्ति की बात कहते हैं। परम्परागत साहित्याचार्यों की दृष्टि भाव के वेग वाले अंश पर नहीं थी, उसकी विशेष रूप में परिणति पर ही रही। परम्परागत रस के प्रत्येक घटक की धारणा से भिन्न शुक्ल जी की धारणा है। परम्परा इन घटकों को अलौकिक कहती है, शुक्ल जी ने मनोविज्ञान, काव्यानुशीलन तथा लोक-निरीक्षण पर आधारित अधिकतर प्रत्यक्षानुभूति का ही विचार किया है। मनोविश्लेषण भी यही करता है। लौकिक मनोविकार और काव्य के स्थायी भाव एक ही नहीं हैं। प्रत्यक्षानुभूतियों में मनोविकार लौकिक विषय बद्ध हैं, काव्यानुभूति में आचार्यों ने विभावादि का विचार लौकिक विषय से जोड़कर नहीं किया, प्रत्युत सहृदय के वासना वासित हृदय से जोड़कर किया है। लौकिक विषय एवं मनोविकार—उभयत्र त्रैगुण्य का प्राकट्य रहता है, काव्य में केवल सत्त्व का।

(ii) रसनिष्पत्ति को काव्य की सौन्दर्य दृष्टि से हटकर लोकमंगल की दृष्टि से भी वे विचार करते हैं। अतः 'भाव' क्षेत्र को अत्यन्त पवित्र क्षेत्र कहा है—भाव में परार्थता के साथ परमार्थता की भी सम्भावना निहित है। व्यष्टि भाव में समष्टिगामिता की सम्भावना है। ज्ञान, कर्म तथा उपासना की जीवन पद्धतियों में सर्वोच्च स्थिति उन्हें उपासना या भक्ति—धर्म की रसात्मक अवस्था में दिखी।

(iii) भावों का विकार शुक्ल जी ने कभी-कभी युग्मक के रूप में किया है और कभी-कभी अकेले भी। उत्साह, करुणा, घृणा, भय तथा क्रोध का विकार अकेले ही है। श्रद्धा-भक्ति, लज्जा व ग्लनि, लोभ और प्रीति का युग्मक रूप में विकार है। जो भाव बहुत दूर तक मिलते हैं—उन्हें एक साथ रखा गया है और विरोधियों का विकार एक साथ नहीं है, घृणा या ईर्ष्या में ऐसा ही है। परम्परा के नौ स्थायी भावों में से शुक्ल जी ने केवल छह—उत्साह, करुणा, घृणा, भय, क्रोध, प्रीति। निर्वेद को पृथक् कर दिया जाय, तो हास्य शृंगार का तथा अद्‌भुत वीर का सहायक है। इस प्रकार प्रमुख भावों तथा संचारियों में ईर्ष्या, लज्जा और ग्लानि को चिन्तामणि में विस्तार से विचार किया है। इस मीमांसा में अवश्य विस्तार है।

(iv) भाव या स्थायीभाव की परम्परागत तीनों परिभाषाएँ तथा शुक्ल-सम्मत परिभाषा 'जुगुत्सा' में व्याप्त है या नहीं, राष्ट्र-प्रेम में अतिव्याप्त है या नहीं—विचारणीय है। इन पर प्रबंध काव्य नहीं मिलता—क्या यह इसकी अक्षमता है? रसात्मक आधियत्व इनका संभव है या नहीं? उनकी दृष्टि में स्थायी भाव का लक्षण है—

(i) किसी एक भाव का एक ही अवसर पर इस आधिपत्य के साथ बना रहना कि उसके उपस्थिति काल में अक्षम भाव अथवा मनोवेग उसके शासन के भीतर ही प्रकट हों—और वह ज्यों का त्यों बना रहे।

(ii) किसी मानसिक स्थिति का इतने दिनों तक बना रहना कि उसके कारण भिन्न-भिन्न अवसरों पर भिन्न-भिन्न भाव प्रकट होते रहें।

परवर्ती प्रकार का स्थायित्व केवल 'रति' में है।

मनोविज्ञान 'उत्साह' को मूल भाव ही नहीं मानता, जबकि परम्परा उसे स्थायीभाव मानती है। हास, उत्साह तथा निर्वेद को छोड़कर शेष सब मूल भाव है, दया की भाँति तद्भव नहीं। शुक्ल जी इमोशन को भाव और सेण्टीमेण्ट को स्थायीभाव कहते हैं। एक व्यक्ति का वस्तु के प्रति एक अवसर पर व्यक्त मनोवेग भाव अनेक अवसर पर व्यक्त स्थायीभाव चिरभाव है। जब 'विशेष' सामने से हट जाय और वह मनोवेग किसी के भी प्रति प्रकट होने लगे तब 'स्वभाव'। भाव, चिरभाव, स्वभाव, बीजभाव, उनके प्रयोग हैं।

(v) कवि, आश्रय तथा ग्राहक के तादात्म्य को 'स्थायीभाव' निरूपण के सन्दर्भ में रखना भी 'नग्नाकस्वक्ष्वेः श्रोतुः समानोऽनुभावस्ततः'...से भिन्न है।

परम्परा स्थायी उन्हें मानती है जो भरतमुनि सम्मत हैं जिनमें रसावस्था तक विकसित या पुष्ट होने की क्षमता है, जो सजातीय और विजातीय भावों से न केवल विच्छिन्न नहीं होते, प्रत्युत उन्हें आत्मसात् करते हुए अपना ही परिपोष करते हैं। शुक्ल जी मनोविज्ञानसम्मत भाव-वर्गीकरण के आलोक में परम्परा सम्मत स्थायी भावों का समीकरण करना चाहते हैं—पर कोई ऐसा समान आधार नहीं मिलता, जिन पर उन्हें एक ही वर्ग में रखा जा सके। इसलिए उन्हें स्वीकार करना पड़ता है साहित्यिकों का परम्परासम्मत विवेचन—भाव निरूपण रस की दृष्टि से है और प्रमाण में वे 'दयावीर' का उल्लेख करते हैं। मनोविज्ञान की दृष्टि से वे यहाँ दो भाव करुणा तथा उत्साह—मानते हैं और दोनों में प्रवर्तक होने से 'करुणा' की प्रधानता समझते हैं—जबकि साहित्यिक परम्परा यहाँ 'उत्साह' को प्राधान्य दे रही है। मनोविज्ञान सम्मत 'भाव' के लक्षण का निर्वाह भी 'उत्साह' में नहीं हो पाता। भाव में आलम्बन और लक्ष्य शुक्ल दृष्टि में परिस्फुट होते हैं, पर 'उत्साह' में यह बात नहीं। 'उत्साह' कर्म के प्रति होता है—आलम्बन उतना स्पष्ट नहीं है—फिर भी परम्परा 'उत्साह' को ही स्थायी या प्रधान भाव मानकर 'दयावीर' को वीररस में अन्तर्भुक्त करती है। इसका कारण स्पष्ट करते हुए शुक्ल जी परम्परा की अपनी व्याख्या देते हैं। वे कहते हैं कि करुणा और उत्साह में मनोविज्ञान भले करुणा को प्रधान भाव कहता रहे, रस परम्परा नहीं मानती। रस की दृष्टि से 'उत्साह' के आश्रयगत व्यंजना द्वारा दर्शक को ऐसा परिस्फुट और विविक्त अनुभव होता है—जो और रसों के समकक्ष है। इसलिए तमाम ऊहापोह के बावजूद परम्परासम्मत (8) स्थायी भावों का आधारभूत समान सूत्र

रसावस्था को मानते हैं और रसावस्था वे उन्हीं भावों में मानते हैं जिनके आलम्बन सामान्य होते हैं।* मतलब यह कि जिस भाव का आलम्बन सर्वसामान्य का आलम्बन बन सके—फलतः जिस भाव को कवि तथा आश्रय के साथ दर्शक भी अनुभव कर सके—वही रसावस्था तक पहुँच सकता है। शुक्ल जी की रसावस्था का यह मानदण्ड है। परम्परा की रसावस्था का मानदण्ड स्पष्ट नहीं है—वह भरत मुनि पर छोड़ दिया गया है। अन्यथा सजातीय-विजातीय भावों से विच्छिन्न न होने वाले रति के और रूप भी हैं। उदाहरण के लिए राष्ट्रप्रेम—राष्ट्र रति। क्या परम्परा उसे भी स्थायी मानकर भरतमुनि के वचन का भंजन करेगी? पंडितराज जैसे प्रतिभाशील विद्वान् ने भरतमुनि के समक्ष अस्त्र-शस्त्र रख दिया है। शुक्ल जी का पक्ष है कि किसी भाव को क्यों स्थायी भाव माना जाए—इसका कारण देना पड़ेगा—अब 'वचन' की महिमा से काम नहीं चलेगा। इसलिए उनका वस्तुमुखी मानदण्ड वही हुआ जिसका ऊपर उल्लेख किया जा चुका है। लेकिन शुक्ल जी का यह मानदण्ड भी लचर है। कारण ऐसे बहुत से अस्थायी भाव पात्रगत हो सकते हैं—जिसका दर्शक भी अनुभव करे। इस अतिव्याप्ति से बचने के लिए शुक्ल जी ने एक और शर्त का अन्यत्र उल्लेख किया है—वह यह कि स्थायी या प्रधान भाव के लिए यह आवश्यक है कि उसके आधिपत्य में एक ही अवसर पर अन्य मनोवेग या भाव प्रकट हों। इन दो शर्तों से रसावस्था स्थायी या प्रधान भाव का शुक्ल-सम्मत रूप भले ठहर जाय—परम्परासम्मत स्थायी का लक्षण फिर भी लागू नहीं होगा। परम्परा कहती है कि विरोधी तथा अविरोधी भावों से जिसका प्रवाह भिन्न न हो—

वह स्थायी। शुक्ल जी इसके विपक्ष में तर्क यह देते हैं कि एक अवसर पर व्यक्त होने वाले प्रधान भाव में यह स्थिति आ ही नहीं सकती। सुख कोटि के स्थायी भावों में सुखात्मक सजातीय भाव ही आएँगे और दुःख कोटि के स्थायी भाव के आधिपत्य में दुःखात्मक भाव ही आएँगे। सजातीय तथा विजातीय—उभयविध भाव उस 'भावकोश' के अन्तर्गत आ सकते हैं—जो काल की दीर्घ परम्परा में स्थायी बना रहे। मनोविज्ञान इसे स्थायी कहेगा—Sentiment कहेगा—यह भाव नहीं, मिश्र भाव नहीं, भावकोश है—एक भावप्रणाली है जिसमें 'प्रीति' (राग) और 'बैर' आ सकते हैं। यह अन्तःकरण में संघठित एक प्रणाली मात्र है जिसमें भिन्न-भिन्न भावों का संचार होता रहता है। 'क्रोध' के आधिपत्य में विजातीय भाव नहीं आएँगे, 'बैर' में आ सकते हैं—पहले में धैर्य और संयम नहीं होगा—इसमें हो सकता है—होता है। अभिप्राय यह कि परम्परासम्मत स्थायी भाव का तालमेल मनोविज्ञानसम्मत अद्यावधिक या तदवधिक विश्लेषण के आलोक में ठीक बैठता नहीं। सम्भव है अभिनव ने ऐसे ही कुछ ऊहापोह में कह दिया हो—'स्थायीविलक्षणो हि रसः।'

---

* (क) रसावस्थः परं भावः स्थायितां प्रतिपद्यते—दर्पण

(ख) अन्तःकरणवृत्तिरूपस्यरत्यादेराशुविनाशित्वेऽपि संस्कारात्मना चिरकाल- स्थायित्वाद्रस प्रतीतिकालमनुसन्धानाच्च स्थायित्वम् प्रभा—प्रदीप

(ग) वासनारूपाणाममीषां मुहुर्मुहुरभिव्यक्तिरेव स्थिरपदार्थत्वात्—रसगंगाधर, पृ. 37

भाव, स्थायी भाव—के सन्दर्भ में शुक्ल जी निर्वेद को अभावात्मक कहते हैं अर्थात् रागाभाव कहते हैं। परम्परा में जब शम या निर्वेद को 'समस्त तृष्णाक्षय सुखात्मा' कहा जाता है—तब कश्मीरी अलंकारिकों की परम्परा सामने आती है—शुक्ल जी उसे नजरअन्दाज कर देते हैं या उल्लेख नहीं करते। स्थायी भावों में वे रति में ही स्थायित्व देखते हैं और भोजसम्मत अहंकार का शृंगार की मान्यता में इसी सरणि की सम्भावना करते हैं। परन्तु शारदातनय, अग्निपुराण और भोजराज की शृंगारधारणा में अन्य दार्शनिक धारणा है—रसिक की शृंगारिक भी लोकसम्मत अभिधा तो है ही। परम्परा जहाँ सभी स्थायी भावों को समकक्ष मानती है—शुक्ल जी वहाँ मनोविज्ञान के आलोक में विषमकक्ष रखते हैं। उनकी दृष्टि में रति, बैर तथा विरति नाम की स्थायी दशाएँ अधिक परिस्फुट हैं, हास, आश्चर्य, शोक और भय में उतनी परिस्फुट नहीं है। और भी ऊहापोह करते हुए उन्होंने भय और शोक से हास और आश्चर्य में तथा इन सबसे उत्साह नामक स्थायी भाव में अन्तर बताया है। परम्परा में भावदशा, स्थायी दशा तथा शीलदशा जैसा भी वर्गीकरण नहीं है।

परम्परा में भावमात्र को चित्तवृत्ति समझा गया है—पर गौण या संचारी भावों के शुक्ल जी ने पाँच वर्ग स्थिर किये हैं—स्वतंत्र विषय युक्त भाव, मन के वेग, अन्य अन्तःकरण की वृत्ति, मानसिक अवस्था तथा शारीरिक अवस्था। श्रम ही है—शुक्ल जी उसे व्यापाराधिक्य (शरीर का) कहेंगे, दर्पणकार उसे थकावट बतायेंगे।

शुक्ल जी 'भाव' का विवेचन मनोविज्ञान के आलोक में तो करते ही हैं—स्वकीय लोकमंगलवादी धारणा के आलोक में भी करते हैं। 'भक्ति' को ही लें, साहित्यिक आलंकारिक भक्ति (गौण) को 'भाव' ही कहते हैं। इसका स्वरूप परम्परा में 'देवादि विषयिणी रति' है—पर शुक्ल जी इसे धर्म की रसात्मक अनुभूति समझते हैं और ब्रह्म के सदंश की व्यक्त प्रवृत्ति का नाम धर्म कहते हैं। भक्ति के उस रूप को शुक्ल जी मानते ही नहीं, जो मध्यकाल में ह्लादिनी की वृत्ति विशेष रूप मानी गई। उन्होंने जगत् के बीच हृदय के सम्यक् प्रसार में ही भक्ति का प्रकृत लक्षण माना है। उनकी दृष्टि में काव्य का लक्ष्य और भक्ति का लक्ष्य एक ही है और वह है—व्यक्ति सत्ता का समष्टि सत्ता में लय।

'स्थायी' के स्वरूप और प्रभेद पर शास्त्रीय विचार की सीमा साहित्यशास्त्र तक ही समाप्त नहीं होती। उसका उपबृंहण भक्तिशास्त्र में भी है। भक्ति के आचार्यों की धारणा है कि साधना राज्य में भाव के विकास के साथ हृदय में प्रवेश होता है—यह अन्तरंग हृदयकमल अष्टदलों से विभूषित है इसीलिए स्थायी भाव भी मूल अष्टभाव में विवर्तित होकर प्रकाशित होता है।

वस्तुतः भारतीय चिन्तन के शास्त्र को ठीक-ठीक समझने के लिए उसकी परम्परा को समझना चाहिए। भारतीय परम्परा उस विद्या में विश्वास करती है जिसे आत्मविद्या कहते हैं—जिसका ज्ञान रहस्यज्ञान है। उस दृष्टि से देखने पर 'काव्य'

और 'साहित्य' पोएट्री अथवा रेटॉरिक मात्र नहीं है। यह भी ब्रह्म विद्या है। प्राचीन काल में 'कवि' से ब्रह्मविद् ही समझा जाता है–कवयः क्रांतदर्शिनः प्राचीन दृष्टि है। वाक् और अर्थ यथाक्रम शिव और शक्ति के बोधक हैं और उन्हीं का सामरस्य साहित्य है–इसकी आत्मा रस है–"रसो वै सः" का रहस्य यही है। स्थायी के आठ होने में कुछ और भी रहस्य है।

(1) भावों के निरूपण की भाँति रस के अवयवों के व्याख्यान में भी शास्त्रीय निरूपण से इनकी कतिपय उल्लेखनीय विशेषताएँ हैं। अन्य अवयवों में संचारी का उल्लेख तो ऊपर किया जा चुका है–अवशिष्ट रहे–विभाव एवं अनुभाव। इनमें भी अनुभाव का तो नहीं, विभाव के विश्लेषण पर अधिक बल दिया है। विभाव का निरूपण करते हुए उन्होंने कई नई मौलिक बातें कही हैं–जो उन्हें शास्त्रीय प्रस्थान से भिन्न करती हैं। काव्य कल्पना की सफलता वे इसी के चित्रण में मानते हैं। काव्य में वे विभाव का इतना अधिक महत्व स्वीकार करते हैं कि उसी के आधार पर रस की पूर्ण निष्पत्ति मान लेते हैं। विभाव का निरूपण करते हुए ही (क) प्रकृति का आलम्बन होना, (ख) प्रबन्ध काव्य का आपेक्षिक महत्व, (ग) विभाव की लोक तक व्याप्ति (घ) बिम्बग्रहण या संश्लिष्ट चित्रण का सिद्धान्त–जैसी स्थापनाएँ उन्होंने मौलिक रूप से प्रस्तुत की हैं। विभाव के स्वरूप की व्याप्ति शुक्ल जी ने शास्त्रीय व्याप्ति से बढ़ा दी है। वे काव्य एवं नाट्यगत हो 'विभाव' की चर्चा नहीं करते, लोकस्तर पर भी या लौकिक क्षेत्र में भी विभाव की स्थिति मानते हैं–शर्त इतनी ही है कि उसमें लोकसामान्य धर्मों की स्थिति हो । विभाव के स्वरूप का ही विस्तार करते हुए शुक्ल जी ने विभिन्न रूप विधानों की बात कही है। उन्होंने कहा है। (1) प्रत्यक्ष रूप विधान (2) कल्पित रूप विधान (3) स्मृतरूप विधान (4) स्मृत्याभास रूप (5) प्रत्यभिज्ञात रूप (6) प्रत्यभिज्ञाताभास रूप (7) अनुमानाश्रित प्रत्यभिज्ञात रूप। ये सभी रूप भावव्यंजक या रसोद्बोधक रसमग्नकर्ता हो सकते हैं–आवश्यक इतना ही है कि एक ओर जहाँ द्रष्टा की दृष्टि रागद्वेष से रहित और हृदय उन्मुक्त हो–दूसरी ओर उन रूपों में समान भाव जगाने के अनुरूप लोकसामान्य धर्मों की संस्थिति हो। इस प्रकार शुक्ल जी विभावपक्ष के अन्तर्गत उन सब प्रस्तुत वस्तुओं और व्यापारों को लेते हैं जो हमारे मन में सौन्दर्य, माधुर्य, दीप्ति, क्रान्ति, प्रताप ऐश्वर्य, विभूति इत्यादि की भावनाएँ उत्पन्न करती है। प्राचीन शास्त्रीय परम्परा विभाव की इतनी अधिक व्याप्ति स्वीकर नहीं करती। व्यावहारिक क्षेत्र में प्रायः उदारचेता मानव करुण परिस्थितियों में पड़े हुए व्यक्ति को देखकर व्यक्तिबद्ध भूमिका से ऊपर उठ जाता है और उस व्यक्ति के दुख से भर जाता है–उस लोक में अपने व्यक्ति को लीन कर देता है–और सद्यःपरोपकार रत हो जाता है। आचार्य शुक्ल इस सत्कर्मप्रवर्तक उन्मुक्त मनावेग की जो दुःखात्मक कोटि का होते हुए भी–

(2) व्यक्तिबद्ध भूमिका की भाँति क्षोभ कारण नहीं है—रसात्मक अनुभव कहीं कहेंगे, पर प्राचीन आलंकारिक इस अनुभूति को रसात्मक नहीं मानेंगे। शुक्ल जी ने रसात्मक अनुभव को भी मानवीय प्रवृत्ति और निवृत्ति का मूल हेतु माना है—यह उनकी मनोवैज्ञानिक दृष्टि है—शास्त्रीय आचार्य रसात्मक अनुभव का पर्यवसान 'चर्वणौन्मुख्य' में मानेंगे—कर्तव्यौन्मुख्य—में नहीं। शुक्ल जी स्पष्ट कहते हैं—'क्रोध, भय, जुगुप्सा और करुणा के सम्बन्ध में साहित्य प्रेमियों को शायद अड़चन दिखाई पड़े, क्योंकि इनकी वास्तविक अनुभूति दुःखात्मक होती है। रसात्मक प्रतीति आनन्दस्वरूप कही गयी है—अतः दुःखरूप अनुभूति इसके अन्तर्गत कैसे ली जा सकती है—यह प्रश्न कुछ अड़चन डालता दिखाई देगा। पर आनन्द शब्द को व्यक्तिगत सुखभोग के स्थूल अर्थ से ग्रहण करना मुझे ठीक नहीं जँचता। उसका अर्थ मैं हृदय का व्यक्तिबद्धदशा से मुक्त और हलका होकर अपनी क्रिया में तत्पर होना ही उपयुक्त समझता हूँ। पर साथ ही वे यह भी मानते हैं कि हृदय मुक्त होने से वह दुःखात्मक अनुभूति भी रस कही जाती है। रसानुभूति प्रत्यक्ष वास्तविक अनुभूति से सर्वथा पृथक् कोई अन्तर्वृत्ति नहीं है, बल्कि इसी का उदात्त और अवदात स्वरूप है।

(3) शुक्ल जी की शास्त्रीय मान्यता से चौथी विलक्षणता रसोपकरणों के वैकल्य या असामग्र्य में भी रस की पूर्ण निष्पत्ति मानने में है। काव्यप्रकाशकार ने इस प्रश्न पर विचार करते हुए कहा है कि यद्यपि कतिपय रचनाओं में केवल विभाव या केवल अनुभाव या केवल संचारी की स्थिति हो सकती है—पर इसका अर्थ यह नहीं समझना चाहिए कि वहाँ अन्य अवयवों से निरपेक्ष रहकर ही रस निष्पत्ति हो जाती है, वरन् अवशिष्ट अवयवों का आक्षेप कर लिया जाता है—इस प्रकार रस निष्पत्ति के लिए सभी अवयव आवश्यक हैं। इसके विपक्ष में शुक्ल जी की मान्यता कहीं-कहीं यह भी प्रकट हुई है कि वैसे सामान्यतः रस निष्पत्ति में भले ही विभावादी रसावयवों का सम्यक् योग प्रपानक रस की भाँति अखण्ड रसानुभव पैदा कर दे—पर यह बात नियमपूर्वक नहीं कही जा सकती। रस-मीमांसा में उन्होंने 'लज्जा' के सभी अवयवों की उपस्थिति में भी रस निष्पत्ति का अभाव और प्रकृति के संश्लिष्ट चित्रण में अन्य अवयवों के न रहने पर भी उसकी निष्पत्ति होना माना है—इस प्रकार यदि शास्त्रीय पदावली में कहा जाय तो कहा जा सकता है कि रसानुभव एवं रस के कार्य कारण भाव सम्बन्ध के खण्डनार्थ व्यतिरेक व्यभिचार और अन्वय-व्यभिचार दोनों ही प्रदर्शित किया है। शास्त्रीय मान्यता इसके बिलकुल भिन्न है।

वैसे शुक्ल जी दध्यादिन्याय, प्रपानक रस न्याय का उल्लेख करते हुए यह स्वीकार करते हैं कि सभी अवयवों से संयोग होने पर रस का ज्ञान उस समूहालम्बनात्मक ज्ञान से भिन्न है—जिसमें भिन्न-भिन्न विषय अपना पृथक्-पृथक् रूपबोध कराते हैं, फलतः उसके अनुरूप प्रपानक रस का ही दृष्टांत स्वीकार किया जाना चाहिए। इसके

अनुसार सभी की अपृथक् रूप से एक रस अनुभूति स्वीकार की जानी चाहिए। शुक्ल जी रस प्रतीति को ध्वन्यालोककार की भाँति घट प्रदीपन्याय से नहीं, प्रत्युत दर्पणकार की भाँति दध्यादिन्याय से मानते हैं।

(4) आचार्य शुक्ल ने 'चिन्तामणि' एवं 'रसमीमांसा' में अपने साधारणीकरण सम्बन्धी विचार उपस्थापित किये हैं। साधारणीकरण पर विचार करते हुए उन्होंने उसकी पाँच रूप में चर्चा की है।

(1) विभावादि सामान्य रूप में प्रतीत होते हैं—इसका तात्पर्य यही है कि रसमग्न पाठक के मन में यह भेद-भाव नहीं रहता कि ये आलम्बन मेरे हैं या दूसरे के।

(2) जब तक किसी भाव का कोई विषय इस रूप में नहीं लाया जाता कि वह सामान्यतः सबके उसी भाव का आलम्बन हो सके—तब तक उसमें रसोद्बोधन की पूर्ण शक्ति नहीं आ जाती। इसी रूप में लाया गया हमारे यहाँ साधारणीकरण है।

(3) कल्पना में मूर्ति तो विशेष की ही होगी—पर वह मूर्ति ऐसी होगी जो प्रस्तुत भाव का आलम्बन हो सके। इससे सिद्ध हुआ कि साधारणीकरण आलम्बनत्वधर्म का होता है। व्यक्ति तो विशेष ही रहता है पर उसमें प्रतिष्ठा ऐसे सामान्य धर्म की रहती है जिसके साक्षात्कार से सब श्रोताओं या पाठकों के मन में एक ही भाव का उदय थोड़ा या बहुत होता है। 'साधारणीकरण स्वरूप का होता है—वस्तु या व्यक्ति का नहीं।'

(4) 'साधारणीकरण प्रभाव का होता है, सत्ता या व्यक्ति का नहीं।'

(5) 'जब कि आश्रय के साथ अभिन्नता हो गई, तब उसके आलम्बन भी अपने आलम्बन हो ही जाएँगे।'

उन उद्धरणों में पहले यह कहा गया कि साधारणीकरण विभाव का नहीं विभाव आदि का होता है। फिर विभाव आदि में केवल से आलम्बन विभाव रूप व्यक्ति या वस्तु के ही साधारणीकरण की चर्चा की गई। बाद में व्यक्ति या वस्तु को भी हटाकर उसके धर्म का साधारणीकरण माना गया। आगे बढ़कर केवल प्रभाव के साधारणीकरण की बात सामने लाई गई और इसी प्रसंग में आश्रय के साथ तादात्म्य की भी बात भी कही गई।

जहाँ तक केवल विभाव के साधारणीकरण की बात है—उसके विपक्ष में यह कहा जा सकता है कि यदि रस-प्रतीति विगलित वेद्यांतर (रसोपयोगी वस्तुओं से अतिरिक्त और किसी भी वस्तु का ज्ञान नहीं रहना) है—तो जैसे विभाव को रसोपयोगी बनाने के लिए उसके सम्बन्धी से सम्बन्ध त्याग कराकर व्यक्ति मात्र की प्रतीति इष्ट मानी जाती है—उसी प्रकार अनुभाव, संचारी, स्थायी एवं प्रमाता का भी होना चाहिए। प्रमाता का यदि साधारणत्व नहीं हुआ तो उसे अपने-पराये का बोध बना ही रहा और यदि ऐसा रहा तो स्वपरभाव निर्मुक्त न हो सकने पर रसानुभूति कभी सम्भव नहीं।

हाँ, यह कहा जा सकता है कि शुक्ल जी विभावादि में विभाव में साधारण्य पर अपेक्षाकृत अधिक बल देते हैं और इसी का परिणाम है कि वे बाद में उसी की चर्चा करने लगते हैं। पर उसकी चर्चा करते हुए भी उनका ध्यान इस बात पर जाता है कि काव्य में अर्थ ग्रहण मात्र से काम नहीं चलता, बिम्ब ग्रहण अपेक्षित है और बिम्ब के रूप में किसी व्यक्ति की ही मूर्ति आलम्बन रूप में रहेगी। इस बिम्ब रूप में जो व्यक्ति उपस्थित रहता है—उसकी विवेचना करते हुए उन्होंने यह बताया है कि—जिस व्यक्ति-विशेष के प्रति किसी भाव की व्यंजना कवि या पात्र करता है—पाठक या श्रोता की कल्पना में वह व्यक्ति विशेष ही उपस्थित रहता है। हाँ, कभी-कभी ऐसा भी होता है कि पाठक या श्रोता की मनोवृत्ति या संस्कार के कारण वर्णित व्यक्ति विशेष के स्थान पर कल्पना में उसी के समान धर्म वाली कोई मूर्ति विशेष आ जाती है। जैसे यदि किसी पाठक या श्रोता का किसी सुन्दरी से प्रेम है तो शृंगार रस की फुटकल उक्तियाँ सुनते समय रह-रह कर आलम्बन के रूप में उसकी प्रेयसी की मूर्ति ही उसकी कल्पना में आएगी। यदि किसी से प्रेम न हुआ तो सुन्दरी की कोई कल्पित मूर्ति उसके मन में आएगी। कहने की आवश्यकता नहीं कि वह मूर्ति भी विशेष ही होगी—व्यक्ति की ही होगी। इस प्रकार आलम्बन के रूप में उपस्थित व्यक्ति के साधारणीकरण का वे लाक्षणिक अर्थ करते हैं और बताते हैं कि व्यक्ति के साधारणीकरण का अर्थ व्यक्ति के स्वरूप के आलम्बनत्व धर्म—सामान्य रसोपयोगी धर्म है। इस प्रकार शास्त्रसम्मत साधारणीकरण से अविरोध स्थिर किया है। आलम्बन से हटकर आलम्बनत्व धर्म की ओर जाने की विवशता क्रोचे के कलात्मक ज्ञान विषयक व्यक्ति बोध से हुई। सामान्य नहीं, बिम्ब बोध ही है जो भावक की भावना को स्पंदित करता है।

समस्या यहाँ यह खड़ी होती है कि इन्हें 'व्यक्ति' से क्या अभिप्रेत है? यदि वर्णित आलम्बन दृष्ट है—तब तो वही और अदृष्ट है तो शृंगार में कोई प्रेमिका और प्रेमिका नहीं है तो कल्पित मूर्ति और रसान्तर में भी वही कल्पित मूर्ति। मान लिया कि शाकुन्तल का शकुन्तला-दुष्यन्त वाला शृंगार-वर्णन है—यहाँ शृंगार की निष्पत्ति हो रही है—यहाँ जो शकुन्तला आलम्बन है—उसकी प्रतीति किस रूप में है? दृष्ट न होने के कारण उसकी वास्तविक मूर्ति तो आएगी नहीं और वास्तविक मूर्ति आती तो एक दुःसमाधेय समस्या यह होती कि सभ्य पुरुष वही समझकर (परकीय शकुन्तला—अपने लिए अगम्य शकुन्तला जानकर) अपने वासना का आलम्बन न बनायेगा। एक नहीं लाख सामान्य रत्युद्दीपक धर्मों का विन्यास उसमें होता रहे। यहाँ यदि व्यक्ति (शकुन्तला) का साधारणीकरण नहीं हुआ—अर्थात् उसमें अगम्यता का अज्ञान और सामान्यतः रस विरोधी रूप की प्रतीति नहीं हुई तो रस निष्पत्ति नहीं हो सकती। इसलिए आलम्बन के साधारणीकरण का वाच्यार्थ ही क्यों न लिया ज़ाए कि लाक्षणिक अर्थ तक दौड़ लगाई जाय?

अच्छा, अदृष्ट स्थल में अपनी प्रेयसी की स्मृति का विरोध करते हुए लोचनकार ने स्पष्ट कहा है–'न च मध्ये स्वकान्तास्मरणं संवेद्यते।' कारण देते हुए यह कहा है कि यदि बात शृंगार रस तक की ही होती–तो कथंचित् समाहित भी हो सकती थी–पर अलोक सामान्य राम आदि के जो समुद्रसेतुबन्ध आदि विभाव हैं–उनके साधारणीकरण का क्या होगा? वहाँ दूसरे अपने परिचित ने वैसा किया नहीं कि उसकी स्मृति हो–स्वयं उत्साह सम्पन्न राम की स्मृति हो नहीं सकती–क्योंकि स्मृति के लिए पूर्वानुभव आवश्यक हैं और उत्साह सम्पन्न राम का पूर्वानुभव हम ग्राहक को है नहीं–इस हालत में प्रेयसीस्मरण से काम नहीं बन सकता।

रही तीसरी बात यह कि कोई कल्पित मूर्ति आवे–तो उस विषय में भी कई प्रश्न खड़े होते हैं–सीता, शकुन्तला आदि शब्द व्यक्तिवाचक हैं–अतः उनसे व्यक्ति विशेष की–राम की पत्नी, दुष्यंत की पत्नी इसी रूप में प्रतीति सम्भव है–कारण यह है कि इन्हीं अर्थों में उन शब्दों का संकेत है और शब्द जिस अर्थ में संकेतित होता है–उसी अर्थ की उसी रूप में उपस्थिति होती है। समस्या यह है कि क्या शास्त्र या विज्ञान में यदि प्रसंगात् वही व्यक्तिवाचक शब्द प्रयुक्त हो जाय–तो वहाँ के स्मृतिगत अर्थ से और काव्य प्रयुक्त सभी शब्द से उपस्थित अर्थ से कोई अन्तर होगा या नहीं। आचार्य शुक्ल अन्तर मानते हैं। और कहते हैं कि शास्त्र या विज्ञान में अर्थ ग्रहण से ही काम चल जाएगा पर काव्यस्थल में बिम्बग्रहण अपेक्षित है। वस्तुतः समस्या ग्राहक की ओर से ग्रहण की नहीं है। बल्कि प्रश्न यह है कि व्यक्तिवाचक शब्द का श्रवण होने से पूर्व जितने अर्थ में संकेत हैं–उतने ही की स्मृति होगी या संकेत से अधिक अर्थात् असंकेतित की भी। शास्त्रीय या काव्यशास्त्रीय शब्द श्रवण से पूर्व जिस समय संकेत-ग्रह की बात थी–उस समय व्युत्पित्सु ने शास्त्र एवं काव्य की दृष्टि से अलग-अलग उनके योग्य संकेत ग्रहण तो किया नहीं होगा। इसलिए उचित यही है–तर्कसंगत यही है कि जितने अर्थ में वह संकेतित है–उतने ही की उपस्थिति ग्राहक के स्मृतिपटल के समक्ष होनी चाहिए। काव्य में यदि अधिक की होती है–और इसमें सहृदयों का हृदय साक्षी है तो मानना पड़ेगा कि उतना अधिक अर्थ असंकेतित ही है और असंकेतित अर्थ ग्राहक के संस्कार विशेष से आ सकता है–शब्द की सामर्थ्य से नहीं। इसीलिए शुक्ल जी का यह विचार भी कि शब्द के जहाँ चार ही अभिधेय अर्थ–जाति, गुण, क्रिया एवं यदृच्छा–कहे गये हैं–वहाँ 'बिम्बार्थ' की भी चर्चा होनी चाहिए–तर्क के निकष पर खरा नहीं उतरता।

इतना निश्चित हो जाने पर कि वह बिम्बार्थ–जो व्यक्ति या वस्तु के रूप में आलम्बन बना है–वह केवल शब्द का अभिधेयार्थ तो नहीं है–उसमें कुछ ग्राहक का संस्कार भी है–आगे यह सोचना है–कि वह शब्द एवं सहृदय भावना के योग से जो व्यक्ति या वस्तु आलम्बन के रूप में सामने आती है–उसके 'व्यक्ति' रूप 'विशेष' रूप से क्या अभिप्रेत है कोई खास आकृति वाला व्यक्ति या रसोपयोगी धर्म

का आश्रय मानव जातीय चेहरा मात्र? पहला पक्ष यदि मान लिया जाय—तब तो परोक्ष एवं अपरोक्ष ज्ञान का—शब्द द्वारा एवं इन्द्रिय द्वारा प्रसूत ज्ञान का—कोई अन्तर ही नहीं रह जाएगा। अतः अन्तर रखने के लिए दूसरा प्रकार ही मानना पड़ेगा। हाँ, यह अवश्य कहा जा सकता है कि यदि दूसरा प्रकार सीता पद से एक खास व्यक्ति की आकृति नहीं—बल्कि एक सामान्य वनिता की आकृति आती है—तो शास्त्रीय एवं काव्यीय शब्दों में अन्तर क्या हुआ? उत्तर यह है कि शास्त्रीय शब्दों से उपस्थित सामान्य आकृति में रसोपयोगी सामान्य धर्मों का विन्यास नहीं होगा और काव्यीय शब्द से उपस्थित सामान्य आकृति में तथाकथित सामान्य धर्मों का विन्यास रहेगा। यदि यह प्रक्रिया मानी जाय तो शास्त्रीय सिद्धान्त की भी रक्षा हो जाती है और सारी असंगति दूर हो जाती है। और यदि यह बात मान ली गई तो व्यक्ति के साधारणीकरण मानने में कोई आपत्ति नहीं है। व्यक्ति या वस्तु का सामान्य आकार आएगा—सामान्य आकार का अर्थ यह है कि उसे संकुचित रूप देने वाले देश-काल-व्यक्ति सम्बन्ध हट जाएँगे यदि काव्य में व्यक्ति का साधारणीकरण नहीं हुआ—तो 'सीता' पद से 'राम की पत्नी' के रूप में ही 'व्यक्ति' की स्थिति माननी होगी और इस रूप में जो ज्ञान होगा वह शृंगार स्थल में तद्गत अगम्यता का ज्ञान कराकर उसके आलम्बन बनने में प्रतिघात पैदा करेगा। अतः व्यक्ति का भी साधारणीकरण मानना चाहिए उस साधारणीकरण का अर्थ यही है कि 'विशेष' की 'निर्विशेष' रूप में प्रतीति हो—संकोचक सम्बन्ध रहित रसोपयोगी प्रतीति हो। हाँ, यदि रसोत्तेजक धर्मों से संवलित 'धर्मों' की प्रतीति को ही 'व्यक्ति' की प्रतीति मानते हैं—तो कोई विवाद नहीं है।

चौथी बात है शुक्ल जी की—'प्रभाव का साधारणीकरण होता है'—इस विषय में यदि शुक्ल जी का यह अभिप्राय है कि जो प्रभाव उस विशेष व्यक्ति का एक असाधारण 'व्यक्ति विशेष' पर पड़ता था—वह अब सर्वसाधारण पर पड़ने लगा—तब तो कोई विशेष हर्ज नहीं है—पर यह काम तो विभावादि के साधारणीकरण का फल है—वहाँ तो वह बात न भी कही जाए—तो वह चीज अपने आप होने वाली है। दूसरे यह कहना भी संगत नहीं जान पड़ता कि साधारणीकरण व्यक्ति या सत्ता का नहीं, बल्कि प्रभाव का (ही) होता है। तर्क पहले दिया जा चुका है।

अन्तिम बात आश्रय एवं ग्राहक के तादात्म्य की है। इसके विरुद्ध परम्परा भी है और तर्क भी। असल में इस कथन का मूल साहित्य दर्पण की अधोनिर्दिष्ट पंक्ति है।

व्यापारोऽस्ति विभावादेर्नाम्ना साधारणीकृतिः।
तत्प्रभावेण यस्यासन् पाथोधिप्लावनादयः।
प्रमात तदभेदेन स्वात्मानं प्रतिपद्यते।। (3/10)

इस पंक्ति में तादात्म्य को साधारणीकरण के प्रसंग में कहा गया है—यही साधारणीकरण है—ऐसा नहीं। असल में वीर रस के प्रसंग में ग्राहक को सेतुबन्ध या रावण विजय से सम्बन्द्ध जो उत्साह अनुभूत होता है—वह कैसे—इसके समाधान में यह कहा गया है कि वहाँ ग्राहक आश्रय के साथ तादात्म्य अनुभूतिपूर्वक उस उत्साह का आस्वादन करता है। इस कथन और तदाधारित शुक्ल जी के कथन—दोनों के विरोध में पहले तो पंडितराज का ही भट्ट नायक—मत विवेचन के अवसर पर उपस्थित किया गया वाक्य लें, फिर अपनी ओर से विचार किया जाएगा। पंडितराज ने यह कहा है "स्वात्मनि दुष्यन्ताद्यभेदबुद्धिरेव तथेति चेत् न। नायके धराधौरेयत्व धीरत्वादेरात्मनिचाधुनिकत्व कापुरुषत्वादेर्वैधर्मस्य स्फुटं प्रतिपत्तेरभेदस्यैव दुर्लभत्वात्"—अर्थात् यह अभेद बुद्धि विभावादिसाधारणीकरण से पूर्ववर्ती है या परवर्ती? अथवा यही साधारणीकरण है—यही तीन पक्ष हो सकते हैं—जहाँ तक पहला पक्ष है—वह तभी हो सकता है—जब कोई दोष हो—क्योंकि जो निर्दोष अर्थात अप्रमत्त या सावधान होगा—वह दोनों का भेद अपना और आश्रय का भेद अवश्य जानेगा—और ऐसा जानते हुए अपने को अभिन्न मान ले—तो यह केवल शब्द की सामर्थ्य कही जाएगी। दूसरी बात यह है कि यदि पहले ही ग्राहक ने आश्रय से अपने-आप को अभिन्न मान लिया—तो साधारणीकरण की आवश्यकता ही क्या? रहा दूसरा पक्ष कि साधारणीकरण के बाद तादात्म्य होता है—बिल्कुल अस्वीकरणीय है—अभेद का तादात्म्य के लिए दो का भेद-ज्ञान आवश्यक है और भेद-ज्ञान व्यक्तिगत देश-काल-व्यक्ति के सम्बन्ध पर आधारित है—और वह साधारणीकरण द्वारा पहले ही हट चुका है—अतः भेद ज्ञान सापेक्ष अभेदज्ञान साधारणीकरण के बाद कभी सम्भव नहीं है। वैसे इस दृष्टि से कि जब सभी निर्विशेष हैं—सामान्य हैं—तो भेद नहीं है और भेद नहीं है—तो अभेद ही कहा जाएगा। ठीक है—पर इसे अभेद की अपेक्षा भेद का अभाव कहना चाहिए और अभेद हो भी तो अचेतन-गत हो—चेतन-स्तर पर मानने की कोई आवश्यकता नहीं और जब चेतन-स्तर पर नहीं—तो उसका कोई प्रभाव ही नहीं होगा और निष्प्रभाव की चर्चा से क्या लाभ?

तीसरा पक्ष यह कि तादात्म्य ही साधारणीकरण मान लिया जाय—इसलिए ठीक नहीं है कि ऐसा मानने से विभाव के साधारणीकरण का प्रश्न ही खत्म हो जाएगा—क्योंकि ग्राहक ने जब अपने को दुष्यन्त ही समझ लिया तब रहे शकुन्तला—देश, विशेष, काल विशेष एवं व्यक्ति विशेष से सम्बन्द्ध शकुन्तला—क्या हानि है? यह पक्ष किसी भी सहृदय समीक्षक को सम्मत नहीं होगा।

हाँ, पंडितराज जगन्नाथ ने अपनी रस गंगाधर नामक कृति में जहाँ अनेक मतों की चर्चा की है—वहाँ 'नव्यास्तु' प्रतीक द्वारा एक और मत उपस्थित किया है—वहाँ यह कहा गया है कि साधारणीकृत रूप में वस्तु या व्यक्ति का ज्ञान है तो अवास्तविक ही और अभेद ज्ञान भी वैसा ही है—फिर किसी न किसी दोष को उभयत्र कारण

मानना होगा—क्योंकि किसी दोष ही से ऐसा होता है—यह दोष 'भावना' हो या कुछ हो—फिर जब साधारणीकरण वाला पक्ष या तादात्म्य वाला पक्ष—उभयत्र दोष मानना ही है—तो तादात्म्य वाला ही पक्ष क्यों न मान लिया जाय—इससे प्रक्रिया लाघव भी है—कारण यह कि साधारणीकरण मानने में अनेक का साधारणीकरण मानना होगा और तादात्म्य मानने से केवल ग्राहक का आश्रय से ही मानना पड़ेगा—शेष ज्यों का त्यों रह जाए,—पर इसके विपक्ष में कई बातें कही जा सकती हैं—पहली तो यह कि इस पक्ष में परम्परा नहीं है—कोई भी सहृदय समीक्षक रस के प्रसंग में साधारणीकरण की अवहेलना नहीं करता। दूसरी आपत्ति यह है कि दोष का काम अयथार्थ ज्ञान पैदा करना है—उस दोष ने अपना काम केवल भिन्न-भिन्न आश्रय एवं ग्राहक को अभिन्न रूप से ज्ञान कराने तक ही अपना प्रभाव क्यों रखा—आगे अन्यान्य सामग्रियों की भी प्रतीति में उसने उलटफेर क्यों नहीं पैदा की? तीसरे यह कि साधारणीकरण में कोई नई बात पैदा नहीं होती—बल्कि जो अनावश्यक तत्त्व है—रस विरोधी तत्त्व है—वे विस्मृत से होने लगते हैं—वेद्यांतर का विगलन होने लगता है—जो रसोद्रेक के अनुरूप है—सत्वोद्रेक में उत्तरोत्तर निष्क्रियता बढ़ती है—फलतः किसी नई उत्पत्ति के अनुरूप रजोगुण सक्रिय नहीं रहता। तादात्म्य में एक नई स्थिति पैदा करनी पड़ती है—जो प्रवर्तक रस के उद्रेक का कार्य है। इस तरह यह पक्ष कथमपि संगत नहीं है।

इस प्रकार पश्चिमी या पौरस्त्य चाहे जो भी हो—जिन्होंने इस प्रसंग में तादात्म्य की बातें की हैं—खंडनीय ही हैं। आनन्दप्रकाश दीक्षित ने ऐसे अनेक अंग्रेजी एवं मराठी साहित्य-विवेचकों का मत सालोचन उपस्थित किया है, उनकी चर्चा यहाँ अनावश्यक है।

(5) मनोविज्ञान का ही प्रभाव होने के कारण शुक्ल जी ने रसानुभव की शास्त्रीय मान्यता के विपक्ष में उसे 'मनोमय' कोश का ही स्वीकार किया, आत्मरूप नहीं। रसानुभूति की अत्यधिक व्याप्ति मान लेने के कारण शुक्ल जी शास्त्रकारों की भाँति सर्वथा आत्मानन्द के निरावृत प्रकाशानन्दमय रूप को नहीं मानते। वे उसे लोकगत सात्विक अनुभूति से पृथक् मानने को कथमपि प्रस्तुत नहीं हैं। यद्यपि वाल्मीकि एवं राम जैसे सात्विकतम पात्रों में रस की संस्थिति शास्त्रकारों ने भी कही है—पर शास्त्रकारों ने उन्हें स्वयं अलोकसामान्य भूमिका का व्यक्ति भी माना है—क्या उसी भूमिका का स्पर्श सामान्य उदारचेता मानव भी कर सकता है? यदि विज्ञान का युग इन सब बातों को अनास्थेय मानता है—तो उनकी चर्चा भी दृष्टान्त के रूप में विरोध करने के लिए लाना समुचित नहीं है।

(6) शुक्ल जी ने रसानुभूति का कोई सीमित क्षेत्र नहीं माना है—शर्त उनकी यही है कि (1) सामग्री सामान्यरूपेण गृहीत हो। (2) व्यक्तित्व का विलयन हो।

शास्त्रीय आचार्य भी इन शर्तों का विरोध नहीं करते—परन्तु शुक्ल जी रसानुभूति से सम्बद्ध पात्र या उन्मुक्त हृदय वाले उदारचेता सहृदय मानव को लाभ या हानि कराने में प्रवृत्त करा सकते हैं—शास्त्रीय आचार्य नहीं। शास्त्रीय पद्धति तो यह मानती है कि रसोचित सामग्री या रसोचित व्यक्ति के लाभ हानि में नहीं—बल्कि उससे रसमग्न होकर अनायास गृहीत व्युत्पत्ति जीवनोपयोगी तथ्यों का ग्रहण कर लोक भूमिका पर बाद में अन्य व्यक्तियों या वस्तुओं के प्रति उसका प्रयोग किया जाना चाहिए। रसानुभूति काल में प्रवृति-निवृत्ति का प्रश्न शास्त्रीय आचार्य सर्वथा अनुत्थाप्य मानते हैं—शुक्ल जी नहीं।

(7) शुक्ल जी ने रस की दो कोटियाँ या श्रेणियाँ निर्धारित की हैं—उत्तम रस दशा और मध्यम रस दशा। उत्तम रस दशा वह है जहाँ ग्राहक आश्रय से तादात्म्यापन्न हो जाय और मध्यम वह जहाँ वह तटस्थ रहे। दूसरी दशा का विश्लेषण करते हुए शुक्ल जी ने कहा है कि इस दशा का हमारे यहाँ के साहित्य शास्त्रों में निर्वचन या विवेचन नहीं हुआ है। उनके अनुसार न तो यहाँ आश्रय के साथ ग्राहक का तादात्म्य होता है और न उसके आलम्बन का साधारणीकरण। पर एक दृष्टि से तादात्म्य और साधारणीकरण सम्भव भी है। उन्होंने कहा है—तादात्म्य कवि के उस अव्यक्त भाव के साथ होता है जिसके अनुरूप वह पात्र का स्वरूप संघटित करता है। शास्त्रीय दृष्टि से कहना चाहें तो यह रस की दशा भाव, भावाभास एवं रसाभास के अन्तर्गत आ सकती है।

(8) शुक्ल जी रसात्मक अनुभूति को प्रत्यक्षानुभूति या वास्तविक अनुभूति से भिन्न नहीं मानते। वे मानते हैं कि यह भी एक प्रकार की लौकिक अनुभूति है—अन्तर यदि कुछ बताया जा सकता है तो केवल इतना ही कि वह एक उदात्त या अवदात्त कोटि का सात्विक अनुभव है। यदि उसे अलौकिक कहा जा सकता है तो केवल इतने ही अर्थ में।

(9) शुक्ल जी रसानुभूति और सौन्दर्यानुभूति—दोनों में अपनी पृथक् सत्ता की प्रतीति का विसर्जन मानते हैं। शुक्ल जी अन्तःकरण या अन्तःसत्ता की तदाकार (विषयाकार) परिणति को सौन्दर्यानुभूति मानते हैं। जो वस्तु ग्राहक के हृदय पर जितना शीघ्र छा जाय—वह उतना ही सुन्दर है। सुन्दर वस्तु से भिन्न 'सौन्दर्य' नाम की कोई चीज नहीं है—अतः शुक्ल जी के अनुसार सौन्दर्य वस्तुगत ही हो सकती है। इस प्रकार शुक्ल जी सौन्दर्य संवेदन और रससंवेदन को एक ही कोटि की चीज मानना चाहते हैं।

(10) प्राचीन आचार्यों की भाँति शुक्ल जी के समक्ष रसादर्शों से निर्मित होने वाली रचनाएँ ही नहीं थीं—ऐसी रचनाएँ और प्रवृत्तियाँ भी थीं—जो रस को कलाकृति में विकेन्द्रित करती जा रही थीं। पात्र रसरूढ़ियों से हटते जा रहे थे और ऐसे अनादर्शपात्रों से संकुल साहित्यिक कृतियाँ भी आने लगी थीं। 'रस' वाद का सम्बन्ध

'समष्टि' 'सामान्य'—से ही है—'व्यष्टि' और 'विशेष' से नहीं—अतः शुक्ल जी के समक्ष यह भी प्रश्न था कि या तो वे अपने रसवादी प्रतिमान को अव्याप्त मानें या 'व्यष्टि' और 'विशेष' का आग्रह मानकर चलने वाली कृतियों को अकाव्य घोषित करें, उन 'कल्पना' निर्मित रूपों से भरी हुई कलाकृतियों को खिलवाड़ बताएँ—जिन्हें अनुभूति का योग न मिला हो। शुक्ल.जी का स्पष्ट उत्तर है कि अनुभूति हीन कल्पना का रूपविधान मन का रंजन चाहे करे—पर काव्योचित मनोरमण करने में सर्वथा अशक्त है। इसी प्रकार उन्होंने 'विशेष' या 'व्यक्तिवैचित्र्य' का आग्रह रखकर चलने वाली रचना को काव्य की दृष्टि से व्यर्थ ही कहा है। रस की जगह शील वैचित्र्य या अन्तःप्रकृति वैचित्र्य को केन्द्रगामी रखनेवाली कृतियों से जो समष्टि-प्रभाव उत्पन्न होता है—शुक्ल जी के अनुसार उसे त्रिधा विभक्त किया गया है—1. आश्चर्यपूर्ण प्रसादन 2. आश्चर्यपूर्ण अवसादन तथा 3. कुतूहल मात्र। सात्विक वर्ग का चरित्र रहा तो प्रथम स्थिति, तामस रहा तो दूसरी स्थिति और किसी वर्ग में न आनेवाला रहा—तो तृतीय स्थिति। तीसरी स्थिति के चरित्र को पश्चिमी समीक्षकों ने 'अद्वितीय' माना है और माना है कि यही नूतन सृष्टिकारिणी कल्पना का सबसे उज्ज्वल उदाहरण है।

संक्षेप में शुक्ल जी की रससम्बन्धी यही धारणा है। उपर्युक्त विवेचन से यह स्पष्ट है कि उनके अनुसार प्रवृत्ति और निवृत्ति ही प्राणी की सप्राणता का लक्षण है और उस प्रवृत्ति तथा निवृत्ति का लोकमंगलोन्मुख होना—मानवता का प्रवृत्ति और निवृत्ति परक मनोवेगों पर निर्भर है—इसीलिए मनोवेगों का स्थान जीवन में सर्वोपरि है। बुद्धि प्रवर्तिका नहीं होती—मनोवेगों की सहायिका मात्र होती है। काव्य का लक्ष्य इसी मनोवेग की सदाचारों में प्रवृत्ति की ओर कदाचारों से निवृत्ति की ओर उन्मुख करना है। इस प्रकार आदर्श और नैतिक दृष्टि से काव्य सर्वथा मानवोचित सद्वृत्तियों के परिष्कार का साधन है—हृदय को मुक्त दशा में ले जाने का साधन है। हृदय की मुक्तावस्था एक अवदात स्थिति ही है—जो लोकमंगलोचित कर्तव्य में पर्यवसित होती है। यह अवदात मनोवृत्ति ही रसात्मक मनोकृति है—यह सुखात्मक भी हो सकती है और दुःखात्मक भी। दुःखात्मक होकर भी क्षोभ कारण इसलिए नहीं होती—कि उसका सम्बन्ध वैयक्तिक (लाभ या) हानि से नहीं होता।

शुक्ल जी की रस-विवेचना का महत्व यह है कि उसमें किसी अबुद्धिगम्य तर्क का उपयोग नहीं है—कोई ऐसी साम्प्रदायिक या 'दार्शनिक' दृष्टि नहीं है—जो 'आत्मा' 'अनात्मा'—के रहस्यमय स्तरों से सम्बद्ध व्याख्या करती हो। फलतः उसकी युगानुरूपता में कोई सन्देह नहीं है। पर इतना अवश्य है कि लोक मांगलिक और मनोवैज्ञानिक दृष्टि उन्हें काव्योचित लीक से हटा नहीं सकी है—यह कहना कठिन है। शुक्ल जी क्षोभ का कारण हृदय का रागद्वेष से बद्ध होना मानते हैं—और अक्षोभात्मक या आनन्दात्मक स्थिति प्राप्त करने के लिए रागद्वेष से उसकी मुक्ति।

ऐसी स्थिति–अवदातस्थिति–लोकानुभूति, प्रत्यक्षानुभूति भी हो सकती है। और काव्यानुभूति भी। शुक्ल जी के मत से काव्यानुभूति का उक्त प्रकार की लोकानुभूति या प्रत्यक्षानुभूति से कोई व्यतिरेक नहीं है–जो एक खटकने की चीज है। मेरा अपना मत अभिनवगुप्त के उस निर्णय के अनुरूप है–जो प्रत्याक्षानुभूति तथा काव्यानुभूति की सात्विक और अवदात स्थितियों में भी यह व्यतिरेक स्थापित करता है और कहता है कि काव्यानुभूति तत्काल चर्वणापर्यवसायी होती है–तत्काल प्रवृत्ति पर्यवसायी नहीं। फलतः शुक्ल जी के उस विश्लेषण के भी मैं पक्ष में नहीं हूँ–जो काव्य के आनन्दपक्ष की प्रमुखता का अनुरोध नहीं मानता। शुक्ल जी का यह मत भी मुझे चिंत्य जान पड़ता है कि रस प्रतीति दुखात्मक होती है। जब वे दुख या क्षोभ का मूल रागद्वेष के बन्धन को मानते हैं–और सात्विक दशा में वह बन्धन विगलित हो जाता है–तो दुख निदान के निरोध पर भी दुखात्मक स्थिति रस की क्यों मानी जाय। हाँ, तथापि यह अवश्य कहा जा सकता है कि फिर उसे अदुःखात्मक माना जाय, आनन्दात्मक नहीं–फलतः रस और आनन्द पर्याय है–यह मान्यता ठीक नहीं। वस्तुतः यह निर्णय शुक्ल जी को इसीलिए मानना पड़ा है कि वे काव्यानुभूति और लोकानुभूति का व्यतिरेक नहीं मानते अन्यथा रस की आनन्दात्मक प्रकृति में कोई त्रुटि दिखाई न पड़ती।

यह प्रश्न भी प्रस्तुत होता है कि यदि शुक्ल जी लोकानुभूति और काव्यानुभूति का व्यतिरेक अस्वीकार करते हैं–तो विभाव, अनुभाव एवं संचारी जैसी लोकोत्तर संज्ञाओं का भी विरोध करना चाहिए था–उन्हें इसकी जगह यह भी संशोधन करना चाहिए था कि उन्हें कारण, कार्य और सहकारी ही कहना चाहिए। इस संज्ञा का आविष्कार रससामग्री की लोक-व्यतिरेकी प्रवृत्ति को ही ध्यान में रखकर प्राचीन आचार्यों ने किया था।

विभाव विश्लेषण से प्रसूत जो अनेक शुक्ल सिद्धान्त हैं–उनमें से जहाँ तक प्रकृति को आलम्बन मानने का सवाल है–उसके आह्लादकारी सौन्दर्य का प्रश्न है–मैं समझता हूँ इसमें किसे अड़चन है। हाँ, नव रसों की कोटि में उसे भी एक समस्तरीय रसानुभूति मानने में अवश्य विचार करना होगा। प्रकृति का भी काव्य द्वारा प्रत्यक्ष प्रमाण संश्लिष्ट चित्र यदि स्वतंत्र भी आह्लादकारी हो–तो इसमें किसे विरोध है? रहा यह कि प्राचीन आचार्यों की यह कमी है–कि उन लोगों ने प्रकृति के 'आलम्बन रूप' की भी चर्चा क्यों नहीं की–तो उस विषय में स्पष्ट कहा जा सकता है कि वे लोग प्रकृति सौन्दर्य से समुद्भूत रागमूलक उत्फुल्लता की रस कोटिक या रस स्तरीय निष्पत्ति नहीं मानते–भावात्मक रस दशा भले ही मानते रहे हों।

प्राचीन आचार्यों पर यह आक्षेप भी ठीक नहीं है कि उन लोगों ने 'बिम्बग्रहण' की चर्चा कहीं नहीं की। शब्द शक्ति या अभिधा निरूपण के प्रसंग में इस कोटि का अर्थ ग्रहण अविवेच्य है–कारण वहाँ तो 'सामान्य' वाचक शब्दों के सामान्य या

'जाति' रूप अर्थ का विवेचन अवसरोचित है। 'कमल' शब्द के उदाहरण से जिस मूर्तअर्थ के ग्रहण की चर्चा की गई है–वह शब्द की सामर्थ्य का नहीं, ग्राहक की ग्रहण शक्ति का वैशिष्ट्य है। वाक्य द्वारा जो संश्लिष्ट चित्र मिलते हैं–उनकी भी चर्चा पद या शब्द-शक्ति के सामर्थ्य के सन्दर्भ में उचित नहीं है। पर महिमभट्ट ने स्वभावोक्ति की स्थापना करते हुए कहा है कि शब्द से दो प्रकार के अर्थ मिल सकते हैं–परोक्षात्मक और प्रत्यक्षायमाण। स्वभावोक्ति में निरूपित वाच्य द्वारा उपस्थापित यह प्रत्यक्षायमाण अर्थ संश्लिष्ट चित्र ही है–बिम्बग्रहण ही है। अतः प्राचीन आचार्यों ने सर्वथा इसकी चर्चा ही नहीं की–यह कहना तो ठीक नहीं है–परन्तु हाँ, इतना विस्तार उन लोगों ने नहीं दिया है।

शुक्ल जी का यह मत है कि भावव्यंजना में समर्थ विभाव पक्ष का जो धारावाही चित्र प्रबन्ध में सम्भव है वह प्रगीत और मुक्तक में नहीं–अतः प्रबन्ध की स्थिति मुक्तक तथा प्रगीत से सुतरां श्रेष्ठतर है–आँख मूँदकर स्वीकार नहीं किया जा सकता। प्राचीन आचार्यों ने कहा कि एक-एक मुक्तक भी इस तरह के बन जाते हैं कि उनसे सैकड़ों प्रबन्ध की रस धारा प्रवाहित हो सकती है। हाँ, प्रतीत में 'विशेष' का आग्रह चाहे जो करे–पर यदि अदम्य अनुभूति का स्रोत उसकी रचना प्रक्रिया में निहित है–तो उसकी रसात्मकता में भी क्या सन्देह है–हाँ, यह अवश्य है कि वह प्रबन्ध की भाँति उतनी देर तक ग्राहक को रसमग्न नहीं रख सकता। पर काव्य में मात्रा की तुलना में क्या 'गुण'–को हीनतर घोषित करना–यह उचित है? यहाँ मुक्तक एवं प्रबन्धगत रस चर्वणा के तारतम्य पर विचार करना आवश्यक है।

भावव्यंजक विभावात्मक वस्तु या व्यक्ति की कल्पनागत मूर्ति को शुक्ल जी 'व्यक्ति' रूप ही मानते हैं–तन्निहित आलम्बनत्वधर्म को अवश्य लोक सामान्य स्तरीय स्वीकार करते हैं। 'व्यक्ति' की कथमपि स्थिति तो प्राचीन आचार्य भी मानते हैं–पर उसकी वैयक्तिकता निर्धारक सीमाओं की नियमतः प्रतीति को बाधक भी मानते हैं।

इतिहास, साहित्येतिहास तथा हिन्दी साहित्य का इतिहास : स्वरूप और प्रयोजन

इतिहास

अद्यावधिक भारतीय वाङ्मय में 'इतिहास' शब्द दो रूपों में मिलता है—मौलिक और रूपांतरित। मौलिक रूप में एक विशिष्ट अवधारणा के साथ इसका प्रयोग वैदिक साहित्य से ही मिलने लगता है—जहाँ इसका विषय भी निर्दिष्ट किया गया है और साथ ही उसे परिभाषित भी। रूपान्तरित रूप में यह शब्द History का प्रतिनिधान करता है, जिसके पीछे एक विशेष प्रकार के जातीयबोध के अनुरूप विशिष्ट अवधारणा निहित है। असल में प्रजाति विज्ञानवेत्ताओं का अभिमत है कि किसी जाति की आत्मा विशिष्ट संस्कारों का अयुतसिद्ध संघात है। प्रत्येक देश में जल, वायु, भूमि तथा सूक्ष्म वातावरण—आदि कारणों से एक विशिष्ट प्रकृति का विकास होता है। उस देश में दीर्घकाल तक अवस्थान करने के प्रभाव से उस पर देश-प्रकृति की छाप लग जाती है। इस छाप का प्रतिफलन उस देश के जातीय आचार तथा विचार में स्पष्ट लक्षित होता है। चिन्तन के इस आलोक में यदि परिश्रम से प्राच्यविद्याविशारदों को परम्परागत भारतीयों के 'इतिहास' में History जैसा प्रयत्न और विवेक न लक्षित हो—तो यह स्वाभाविक है।

इसके पूर्व कि 'इतिहास' और History की उभयदेशीय अवधारणागत भेद को उनके जातीय बोध अथवा इतिहासदर्शन के आलोक में देखें, 'इतिहास' (History) का उभय देश सम्मत सामान्य स्वरूप और उसके घटकों को स्पष्ट कर लें। इतिहास **अतीत की घटनाओं** का पौर्वापर्यक्रम में सातत्य संवलित अभिलेख है। इस परिभाषा में इतिहास के स्वरूपगत चार घटकों का उल्लेख है—घटनाएँ हों—वे अतीत में घटित हुई हों—उनमें पौर्वापर्यक्रम हो और सबसे बड़ी बात यह कि उनमें सातत्य का सूक्ष्म सूत्र हो—एकान्विति की झलक हो। गवेषणा की विशिष्ट प्रक्रिया से इसी एकान्विति या सातत्य Continuty का ज्ञान तो होता है। गवेषणा की यह प्रक्रिया यदि विज्ञानसम्मत है तो इतिहास विज्ञान के पास जाएगा और यदि व्यक्तिपरक

दृष्टिकोण तथा अनुभूति से रंजित होगा–तो कला या साहित्य के पास जाएगा। इन दो सम्भावनाओं के मध्य सामान्यतः माना तो यही जाता है कि इतिहास की उपस्थापन पद्धति वस्तुमुखी ही होनी चाहिए। गवेषकों की मान्यता है कि इतिहास अपने लेखन की वैज्ञानिक पद्धति में भौमिकी Geology के पास जाता है। जैसे भूगर्भवेत्ता पृथ्वी के वर्तमान स्वरूप का निरीक्षण इसलिए करते हैं कि वे पता लगा सकें कि वह जैसी है वैसी कैसे हुई? इसी प्रकार इतिहासकार अतीत के विद्यमान अवशेषों का इस उद्देश्य से अध्ययन करता है कि वर्तमान का यही रूप क्यों है–उसकी व्याख्या की जा सके–उसमें निहित सातत्य का उद्घाटन किया जा सके, रहस्य का अनावरण हो सके। हम अपने अतीत को इसलिए जानना चाहते हैं–कि वर्तमान को ठीक समझ सकें ताकि उसके गर्भ में निहित भविष्य को सँवारा जा सके–वर्तमान की समस्या का समाधान किया जा सके, उसमें अपेक्षित परिवर्तन लाकर भविष्य को स्वरूप गति दी जा सके–अनपेक्षित यथास्थितिवाद का अवरोध तोड़ा जा सके। निर्माण के लिए–वर्तमान में निहित ऊर्ध्वगामी सम्भावनाओं की चरितार्थता के लिए अवरोधक तत्त्वों का भी ज्ञान आवश्यक है। सर्जना के लिए बनाना और बिगाड़ना दोनों आवश्यक हैं–पर बनाने और बिगाड़ने के पहले यह जानना आवश्यक है कि क्या बनाएँ और क्या बिगाड़ें? अतीत हमारी जड़ है–वर्तमान वह स्वरूप है जिसे भविष्य में पुष्पित और फलित होना है। सो, इस प्रक्रिया में इतिहास हमारी सहायता करता है–हमें व्युत्पन्न करता है, हमारी जातीय अस्मिता का बोध कराता है–हमारी निजता की पहचान कराता है।

इतिहास की भारतीय अवधारणा और प्रयोजन

भारत मानता है कि मानव में निहित ऊर्ध्वगामी सम्भावनाएँ ही पुरुष के द्वारा अर्थनीय है–पुरुषार्थ हैं–जो धर्म, अर्थ, काम और मोक्ष के नाम से जाना जाता है। इसी उद्देश्य को केन्द्र बनाकर उसके समस्त विचार और आचार निर्धारित होते हैं। इतिहास भी इसी लक्ष्य का अंग है। इसलिए यह धारा मानती है–

धर्मार्थकाममोक्षाणामुपदेशसमन्वितम्।
पूर्ववृत्तकथायुक्ताभितिहास प्रचक्षते।।

इतिहास पूर्ववृत्त कथा ही है–अतीत की क्रमयुक्त घटना ही है–पर उसका नियोजन पुरुषार्थ की दृष्टि से उपदेशपरक है–ऐसा उपदेश जो सदा प्रेरणा देता रहे। इतिहास का स्वरूप ही नहीं, उसका विषय भी निर्धारित किया गया है–

आर्ष्यादिदहुव्याख्यानं देवर्षिचरिताश्रयम्।
इतिहासमितिप्रोक्तं भविष्याद्भुतधर्मयुक्।।

धर्मपरक ऋषि, देवर्षि का चरित ही इतिहास का विषय होना चाहिए। इतिहास की भारतीय धारणा में वह मनुष्य के समग्र जीवन की कथा कहता है—यद्यपि सिद्धान्त रूप में कारलाइल ने भी कहा था कि इतिहास वैसा दर्शन है जो दृष्टान्तों के माध्यम से शिक्षा देता है। इतिहास विषयक भारतीय अवधारणा की दूसरी विशेषता यह है कि उसमें व्यक्ति या विशिष्ट की अपेक्षा **परम्परा** का महत्व है और परम्परा का अर्थ है—परात् परम्—श्रेष्ठ से भी श्रेष्ठतर, जो कभी न भूत हो न भविष्यत्—सतत वर्तमान हो—जो कभी सिद्ध न हो साध्य हो—इसीलिए वह साधना का पर्याय है। परम्परा बन्धन नहीं, समष्टि मुक्ति की तलाश है। परम्परा के प्रति विशिष्ट का समर्पण ही ऊर्ध्वगामी या रचनात्मक सम्भावनाओं का द्वार खोलता है—इसीलिए इतिहास में देश-काल बद्ध व्यक्ति और विशिष्ट घटनाओं का उपदेशपरक विधान होने पर भी बल न देने की प्रवृत्ति बन गई। इसीलिए हमारे यहाँ सीमा असीम में विसर्जित होती हुई अपनी पूर्णता की सम्भावना को उजागर कर देती है—इतिहास परम्परा में विसर्जित होता चलता है—इसीलिए पं. विद्यानिवास मिश्र की धारणा है—'इतिहस का अर्थ है—ऐसा रहा है—पूर्ण वर्तमान के अर्थ में, न कि ऐसा हुआ था। इतिहास में 'इति + ह +आस' का अर्थ—'ऐसा हुआ था' नहीं, 'ऐसा होता रहा है' है। दृष्टांत के रूप में भारतीय इतिहास 'महाभारत' को लिया जा सकता है। उसके व्याज से वह मानव धर्म की शाश्वत अभिव्यंजना है। इसीलिए वह 'रहा है'—केवल 'था' नहीं। 'आस' में जो अस् है वह 'सत्ता' परक है और सत्ता हमेशा वर्तमान मानी जाती है—भाव या प्रक्रिया भूत, भविष्यत् या वर्तमान—तीनों में देखी जाती है—सत्य कभी भूत नहीं बनता—वह पल-पल में निरन्तर नया होता हुआ व्यक्त होता है—परम्परा उसी की वाहिका है—उपचार वश उससे कभी-कभी अभिन्न भी मानी जाती है। इतिहास के सम्बन्ध में भारतीय अवधारणा की तीसरी विशेषता है—काल सम्बन्धी विशिष्ट अवधारणा की! प्रत्येक संस्कृति का इतिहास बोध उसके कालबोध से जुड़ा हुआ है। भारतीय चिन्तन में कालबोध एक प्रातिभासिक प्रतीति मात्र है—यहाँ तक कि वर्तमान भी वास्तविक रूप में सत् नहीं है। वस्तुतः खण्डकाल की प्रतीति एक ओर सूक्ष्मतर खण्ड में जाकर सत् रूप में होती है, दूसरी ओर अखण्ड या अनन्त में जाकर—इस प्रकार वह शून्योन्मुख और अनन्तोन्मुख के रूप में ही सत् है। इसलिए हमारी मान्यता है कि सत् न तो केवल कोई कालविशेष प्रतीति है, न दिक्काल से नियंत्रित प्रतीति है—बल्कि यह दिक्काल से अलग रह सकने की अपनी क्षमता की प्रतीति है—पर इसके साथ ही ऐसी क्षमता की प्रतीति भी जो दिक्काल में संसक्त हो सकती है। अभिप्राय यह कि खण्डकाल की बड़ी से बड़ी इकाई को महाकाल या कालातीत के अवयव के रूप में देखना अधिक वास्तविक कालबोध है। इसलिए हमारे यहाँ जिस महाभारत को इतिहास कहा गया है—वह आज की आरोपित दृष्टि में इतिहास नहीं है—क्योंकि एक क्रमिक वंश के विस्तार की बात होते हुए भी किसी

न किसी रूप में सृष्टि के आवर्तन क्रम का बार-बार विवरण सन्निविष्ट करके मानवीय इतिहास को उसकी सीमा से निरंतर ऊपर उठाने की कोशिश की गई है। इस प्रकार भारतीय चिन्तन में इतिहासबोध एक सीमित मानवीय सन्दर्भ से मुक्त होकर अधिक व्यापक चेतन सन्दर्भ से जुड़कर पुराण बोध (पुराने के रूप में नवजायमान होने के बोध) में परिणत हो जाता है। यह पुराणबोध खण्डकाल का तो अतिक्रमण करता ही है, खण्डदेश का भी अतिक्रमण करता है। इसीलिए भारतीय चिन्तन के सन्दर्भ में किसी जातिविशेष या भौगोलिक खण्डविशेष की चेतना की बात अप्रासंगिक हो जाती है। इसीलिए 'इतिहास' को केवल 'था' में नहीं–'होता रहा है'–के द्वारा ध्वनित नैरूतर्य से जोड़ा जाता है।

उक्त अर्थ में इतिहास की दृष्टि वर्तमान में केन्द्रित है–ऐसा वर्तमान जो अतीत के सातत्य में है–एक प्रकार से वह अतीत की घटनाओं के वर्तमान के सन्दर्भ में प्रत्यवलोकन की दृष्टि है। इसका प्रारम्भ उन नाराशंसी गाथाओं से हुआ, जो दिवंगत पुरुषों के स्मरण में पितरों से सम्बद्ध अनुष्ठानों के समय पढ़ी जाती थीं, पहले वे कुटुम्ब के कुल से सम्बद्ध होती थीं–बाद में कुटुम्ब के विस्तार के साथ-साथ जातीय गौरवबोध के रूप में न केवल उस कुटुम्ब के द्वारा, बल्कि समस्त राष्ट्र द्वारा पूर्व पुरुषों के स्मरण के अवसर पर गाई जाने लगीं। इन पूर्व पुरुषों को अपने वर्तमान से संपृक्त करना और पितृपरक अनुष्ठान को संतान की वृद्धि से जोड़ना प्राचीन भारतीय परम्परा की मूलभूत विशेषता है। इस प्रकार भारत में इतिहास का जन्म इस वंशविस्तार के स्मरण से होता है और इस अर्थ में वह पुराण से भिन्न है कि पुराण में वंशविस्तार एक अंग है। उसका मुख्य प्रतिपाद्य सृष्टिविस्तार और मनुष्य और देवता के बीच सम्बन्ध का लोक रोचक शैली में निरूपण है। दूसरे शब्दों में वहाँ एक कालातीत वास्तविकता का प्रतिरूप मिथक शृंखला के रूप में रचा जाता है।

वर्तमान बोध के लिए जिस प्रकार इतिहासबोध आवश्यक है–उसी प्रकार इतिहासबोध के लिए जातीय बोध आवश्यक है। भारतीय जातीयबोध की झलक जिस आचार-विचार की सांस्कृतिक प्रक्रिया से मिलती है–वह उसमें कालबोध की वह धारणा जिससे इतिहास का स्वरूप निर्धारित होता है–भिन्न है। इसीलिए पश्चिमी चिन्तन के आलोक में भारत का इतिहास लेखन अनैतिहासिक है।

जिस प्रकार भारतीय चिन्तन में देश, काल का विचार किया गया है, उसी प्रकार देश-काल में घटित घटनाओं पर भी पर्याप्त विचार किया गया है और किसी न किसी रूप में यह दृष्टि भी भारतीय इतिहासबोध के लिए उपयोगी है। या तो इन घटनाओं को अज्ञान की उपज कहा गया है या सत् की अभिव्यक्ति या सर्वथा नई निर्मिति। जो अज्ञान की उपज मानते भी हैं, वे भी व्यवहार की दृष्टि से इसकी सत्ता स्वीकार करते हैं। बहरहाल, व्यावहारिक सत्ता निर्विवाद है–घटनाओं की। पर जैसे अन्ततः काल को कालातीत से जोड़ने की प्रवृत्ति है–वैसे ही घटना को भी घटनातीत

या रूप को नीरूप से—ऐसे नीरूप से, जिसमें सारे रूप निहित हैं—जोड़ने की भी प्रवृत्ति है। यह माना गया है कि अन्तःस्थित का ही बहिःप्रकाश घटनात्मक सृष्टि है—जिसमें एक साथ क्रम और अक्रम का उसी तरह सद्भाव है जैसे बिम्ब का दर्पणगत प्रतिबिम्ब में है। अस्तु।

इस प्रकार देशकाल घटित घटनाओं की आनुक्रमिक निरूतरता का सोद्देश्य या उपदेशपरक विवरण इतिहास बनता है।

इतिहास की पाश्चात्य अवधारणा

इतिहास के प्रथम यूनानी व्याख्याता हिरोडोरस इतिहास को अनुसन्धान के अर्थ में ग्रहण करता है और मानता है कि इतिहास का लक्ष्य प्राकृतिक परिवर्तन की प्रक्रिया की व्याख्या है। प्राचीन युग की प्रायः यही मान्यता रही है। आधुनिक युग के दार्शनिकों में विको, कांट तथा हीगेल आदि प्रमुख हैं। कांट की मान्यता है कि सृष्टि का बाह्यविकास प्रकृति की आन्तरिक विकास प्रक्रिया का प्रतिबिम्ब है। अर्थात् इतिहास के माध्यम से ऐतिहासिक घटनाओं के पीछे प्राकृतिक नियमों की प्रवृत्ति को समझने का प्रयास करना चाहिए। हीगेल ने कांट की विचारधारा को ही आगे बढ़ाते हुए कहा कि इतिहास केवल घटनाओं का अन्वेषण या संकलन मात्र नहीं है, अपितु उसके भीतर कार्य-कारण की शृंखला विद्यमान है। उनके अनुसार विश्व इतिहास की प्रक्रिया का लक्ष्य मानवचेतना का विकास है जो द्वन्द्वात्मक पद्धति पर आधारित है। इस द्वन्द्वात्मक पद्धति के अनुसार वाद एवम् प्रतिवाद के द्वन्द्व से संवाद का विकास होता है। इतिहास की व्याख्या इसी पद्धति पर होनी चाहिए।

उन्नीसवीं शती में डारविन ने विकासवादी सिद्धान्त के द्वारा यह बताया कि सृष्टि एकाएक घटित न होकर क्रमशः विकसित है। अतः वैज्ञानिक दृष्टि से इतिहास का अर्थ घटना समूह का संकलन न होकर विकास क्रम का विवेचन है। मार्क्स के अनुसार इतिहास आर्थिक शक्तियों एवम् उनके सम्बन्धों के विवरण का नाम है। यद्यपि इतिहास में आजकल विकासवादी पद्धति को ही सर्वाधिक मान्यता प्राप्त है, तथापि विभिन्न क्षेत्रों के विकासवादी सिद्धान्तों में ही एक तो परस्पर विरोध है दूसरे उन्हें विधेयवादी कहकर ठुकराया भी जा रहा है और अस्तित्ववादियों द्वारा तो नियतिवाद का ही विरोध किया जा रहा है—पर नियम के विरोध से व्यवस्था किस प्रकार आएगी।

विभिन्न प्रकार की धारणाओं के बावजूद ऐतिहासिक कार्यकारण परम्परा से अलग जाकर किसी घटना को समझने की कोशिश पश्चिमी चिन्तन में उपहास्यास्पद मानी जाती है। वह यह मानकर चलता है कि कोई भी व्यक्ति न तो अपने काल का अतिक्रमण कर सकता है और न ही अपने युग से असंपृक्त। इसीलिए आज जब वह ऐतिहासिक कार्यकारण की परम्परा में असंगति देखता है अपरिहार्य रूप

में—तब वह उसे मनुष्य की नियति मानकर उस पर आक्रोश व्यक्त करता है। पश्चिमी विचारक की दृष्टि में इतिहास में बँधे प्राणी की छटपटाहट की मुक्ति का यही रहस्य है।

साहित्य का इतिहास

इतिहास की विषयवस्तु जब साहित्य बनता है—तब इतिहास साहित्य का इतिहास कहा जाता है। कुछ लोग इसके स्वरूप के अनुरूप इसकी जगह 'साहित्यिक इतिहास'-शब्द का प्रयोग करते हैं। निश्चय ही इस संज्ञा में सम्बन्धार्थ का तो बोध होता ही है—उपस्थापन पद्धति की अनुरूपता का भी बोध होता है। अस्तु साहित्य जिस 'सर्जनात्मक चेतना' का मूर्त रूप है—साहित्य का इतिहास उसी का इतिहास है—उसे समझकर एक अनुक्रम में प्रस्तुत करना उसके उत्स की समझ के साथ ही सम्भव है। तेन ने उसके उत्स का त्रिधा विभाजन किया है—जाति, वातावरण और सर्जन का क्षण। स्पष्ट ही इस उत्स विवेचन में बहिरंग उपकरणों का तो समावेश है—पर अन्तरंग उत्स-सर्जक का प्रातिभ व्यक्तित्व—उपेक्षित है। वास्तव में साहित्यिक रचना के लिए यह स्पष्ट है कि सर्जक की व्यक्तिचेतना जितनी बृहत् चेतना का अंग बनेगी—उतनी ही देशकालजयी तथा प्रभावी होगी। चाहे उसका विलय समाज की चेतना में हो या व्यापकतम अन्तःचेतना में हो या पराचेतना में हो—किसी न किसी चेतना के बृहत्तम रूप में जब तक व्यक्ति चेतना विसर्जित नहीं होती—तब तक सर्जक की चेतना का रूप रचनात्मक हो ही नहीं सकता। सीमित अहं यदि रचना का सबसे बड़ा घातक तत्त्व है तो महत् चेतना में उसका विसर्जन उसका सबसे बड़ा साधक है—

अहङ्काराद् ऋते नान्यद्सृष्टिभंगस्यकारणम्।
विसर्गोपनिबन्धस्तु सृस्टेरुपनिषत् परा।।

दर्शन तथा विज्ञान के क्षेत्र की उपलब्धियाँ समन्वित और समंजस रूप में विलयकारी बृहत् चेतना के घटकों पर गहरा प्रकाश डालती है या डाल सकती है। जिस बृहच्चेतना में सर्जक की चेतना का विलयन होता है उसमें जातीय, राष्ट्रीय, युगीन तथा वंशानुगत संस्कार हो सकते हैं—इन सबके साथ सर्जक के अपने प्रातिभ व्यक्तित्व के घटकों का भी योग होता ही है। साहित्येतिहास का लेखक जहाँ एक ओर साहित्यिक रचना को एक अनुक्रम में रखेगा—वहीं उसकी मूलवर्ती सर्जनात्मक अनुभूति के घटकों का विश्लेषण कर उनमें भी एक आनुक्रमिक अन्विति ढूँढ़ेगा। यद्यपि कृति के मूल में निहित सर्जनात्मक अनुभूति के अपरोक्षीकरण का प्रयास और फिर उसके घटकों का वैज्ञानिक और दार्शनिक मान्यताओं के आलोक में अनुसन्धान, इतिहास लेखक को आलोचना के क्षेत्र में ले जाता है—तथापि यह सब रचना के

सर्वतोगामी विकासक्रम को स्पष्ट करने के लिए आवश्यक है। लक्ष्य दोनों के पृथक्-पृथक् हैं—पर लक्ष्य तक पहुँचने में एक को दूसरे की उपलब्धि सहायता दे सकती हैं। मैं मानता हूँ कि आलोचना आलोच्य कृति के मूल में निहित सर्जनात्मक अनुभूति का साक्षात्कारपूर्वक किया गया विश्लेषणात्मक पुनराख्यान है। इस प्रकार गम्भीर आलोचना वह सारी सामग्री दे सकती है इतिहासकार जिनका उपयोग अतीत सृष्टि की व्याख्या और उसके विकास क्रम को स्पष्ट करने में करता है। आलोचना इतिहासकार की समझ को जितना साफ करेगी—इतिहास उतना ही गहरा और स्पष्ट होगा—दोनों अपने-अपने उद्देश्य में भिन्न होने के कारण अलग-अलग हैं—पर एक-दूसरे के सहायक हैं। इतिहास पदार्थवादी, अन्तश्चेतनावादी और पराचेतनावादी—सभी अपनी-अपनी दृष्टि से लिख सकते हैं और लिखते हैं—साहित्येतिहासकार अपनी अन्वर्थकता में समन्वयी क्षमता का उपयोग कर सके तो उत्तम है। साहित्य की समझ को आलोचना और इतिहास दोनों ही गहराते हैं और वर्तमान की सम्भावना को भविष्य में उभारने की दृष्टि से देखा गया अतीत का विकासक्रम इतिहासलेखन की सार्थकता है। लगता है कि वर्तमान अतीत की जो विरासत गर्भ में रखता है—उसमें विनश्वर और गत्वर—दोनों प्रकार के तत्त्व हैं। रचनाकार को क्रान्तदर्शी कहा जाता है—इसी अर्थ में कि वह इस समष्टिचेतना में अपने को विसर्जित करके अनायास रचनात्मक तत्त्वों का साक्षात्कार कर लेता है। साहित्य का इतिहासकार इस प्रकार रचनाव्यष्टियों में अदृश्य अन्विति की खोज निकालता है।

कुछ लोग मानते हैं कि साहित्य का कोई इतिहास होता ही नहीं—क्योंकि उसमें अनुभूति ही परमार्थ होती है और शेष सामग्री अपारमार्थिक होती है—और अनुभूति एक सार्वभौम तथा सार्वकालिक चिरन्तन तत्त्व है—जो न दुहराई जाती है न अतिक्रान्त होती है और न ही विकसित। निःसंदेह अन्यविध इतिहास और साहित्य के इतिहास में अन्तर तो है—पर इसके साथ-साथ वह भी सत्य है कि साहित्यकार की रचना के दो स्तर हैं—एक साक्षात्कार का और दूसरा रचना का। प्रथम स्तर पर सर्जनात्मक अनुभूति का साक्षात्कार है और द्वितीय स्तर पर साक्षात्कृत की रचना अन्तरंग शाश्वत हो पर उससे अविच्छेद्य बहिरंग सामग्री विकासशील और जब दोनों अविच्छेद्य हैं—तब साहित्य का इतिहास भी हो सकता है। कांट, इलियट और शापेनहावर भी कुछ इसी तरह सोचते हैं।

हिन्दी साहित्य का इतिहास

जहाँ तक हिन्दी साहित्य के इतिहास का सम्बन्ध है—यदि कविवृत्तसंग्रह का भी समावेश किया जाए तो इसकी परम्परा लगभग डेढ़ सौ वर्ष पीछे जाती है। इसका भी शुभारम्भ एक विदेशी फ्रेंच विद्वान गासाँ द तासी से होता है और परिणति 'विनोद'

में। मिश्र बन्धुओं ने बड़ी ईमानदारी से लिखा—पहले हम इस ग्रन्थ का नाम हिन्दी साहित्य का इतिहास रखनेवाले थे, परन्तु इतिहास की गम्भीरता पर विचार करने से ज्ञात हुआ कि हम में साहित्य का इतिहास लिखने की पात्रता नहीं है। ...फिर भी इतिहास का क्रम रखने को हमने कवियों का काल समयानुसार लिखा है और ग्रन्थ के आदि में एक संक्षिप्त इतिहास भी दे दिया है। इन कारणों से हमने इतिहास नाम न रखकर 'मिश्र बन्धु विनोद' नाम ही रखा है। हिन्दी साहित्य के प्रारम्भिक दोनों इतिहास लेखन विदेशी हैं और ये ही हिन्दी साहित्य के इतिहास लेखन में प्रेरणास्रोत हैं। 'सरोज' तो ठीक से कविवृत्तसंग्रह भी नहीं है। तासी तथा शिवसिंह सेंगर के बाद आने वाले ग्रियर्सन ने इतेहास लेखन की उस विधेयवादी पद्धति का भी प्रयोग कर लिया था, जिसका श्रेय आचार्य रामचन्द्र शुक्ल को दिया जाता है। विधेयवाद कारणकार्य शृंखला का स्थूल सिद्धान्त है और बहिरंग परिस्थितियों से रचनागत वृत्तियों का कार्यकारण भाव दिखाया जाता है। शुक्ल जी ने ऐसा किया भी है। उनके अनुसार "जबकि प्रत्येक देश का साहित्य वहाँ की जनता की चित्तवृत्ति का स्थायी प्रतिबिम्ब होता हैं, तब यह निश्चित है कि जनता की चित्तवृत्ति के परिवर्तन के साथ-साथ साहित्य स्वरूप में परिवर्तन होता चला जाता है। आदि से अन्त तक इन्हीं चित्तवृत्तियों की परम्परा को परखते हुए साहित्य परम्परा के साथ उसका सामंजस्य दिखाना ही साहित्य का इतिहास कहलाता है। जनता की चित्तवृति बहुत कुछ राजनीतिक, सामाजिक, साम्प्रदायिक तथा धार्मिक परिस्थिति के अनुसार होती है। अतः कारण स्वरूप इन परिस्थितियों का किंचित् दिग्दर्शन भी साथ ही साथ आवश्यक होता है। इस दृष्टि से हिन्दी साहित्य का विवेचन करने में यह बात ध्यान में रखनी होगी कि किसी विशेष समय में लोगों में रुचिविशेष का संचार और पोषण किधर से और किस प्रकार हुआ। शुक्ल जी के इस सिद्धान्त में टेन के विधेयवादी त्रिक सिद्धान्त (जाति, वातावरण और क्षण) से कुछ ज्यादा कहा गया है—जो बहुत कुछ, से ध्वनित है। परन्तु दूसरी ओर शुक्ल जी 'जनता की चित्तवृत्ति' की जगह 'शिक्षित जनता की चित्तवृत्ति' की बात कहकर प्रतिज्ञात से भिन्न दिशा में चले जाते हैं। वे अन्यत्र कहते हैं—शिक्षित जनता की जिन-जिन प्रवृत्तियों के अनुसार हमारे साहित्य के स्वरूप में जो-जो परिवर्तन होते आये हैं, जिन-जिन प्रभावों की प्रेरणा से काव्यधारा की भिन्न-भिन्न शाखाएँ फूटती रही हैं—उन सबके सम्यक् निरूपण तथा उनकी दृष्टि से किये हुए सुसंगत कालविभाग के बिना साहित्य के इतिहास का सच्चा अध्ययन कठिन दिखाई पड़ता था। शुक्ल जी की दूसरी कठिनाई यह थी कि उनकी कुछ विशिष्ट रुचियाँ थीं—जिनके कारण इतिहास की वस्तुमुखी विशेषता भी थोड़ी क्षतविक्षत हुई। इस प्रकार शुक्ल जी के इतिहास लेखन की सीमाओं पर काफी कुछ कहा सुना जा रहा है। लोगों ने उनमें पर्याप्त अन्तर्विरोध भी देखे हैं और दृष्टिविशेष से इस अन्तर्विरोध को देखना संगत भी मानते हैं। यह भी कहा गया है

कि उन पर उपनिवेशवाद का प्रभाव है। पुनर्जागरण को विदेशी आक्रमणों से जोड़ना इसी का प्रतिफल है—चाहे वह मध्यकालीन हो या आधुनिककालीन। तुलसी को इतिहास के चिन्तन का केन्द्र बनाना ग्रियर्सन की तरह है। जनता से शिक्षित जनता की ओर मुड़ना शिष्ट साहित्य की तुलना में लोकसाहित्य की उपेक्षा है। शुक्ल जी ने साम्प्रदायिक साहित्य की भी शुद्धतावादी वृत्ति के कारण उपेक्षा की। एक तरफ प्रसिद्धि भी लोकचेतना का प्रकाश है—यह मानते हैं और प्रसिद्धि पर आधारित तथा प्रमाणान्तर से असिद्ध या संदिग्ध सामग्री को विवेच्य की परिधि में लेते हैं—दूसरी ओर प्रामाणिक को भी व्यक्तिगत रुचियों के कारण छोड़ देते हैं।

पं. हजारीप्रसाद द्विवेदी ने अपने 'हिन्दी साहित्य की भूमिका' और 'आदिकाल'—दोनों में शुक्ल जी की सीमाओं की ओर इंगित किया है—उपनिवेशवादी मनोवृत्ति से हिन्दी साहित्य के इतिहास को प्रस्तुत करनेवालों से अपना स्पष्ट मतभेद व्यक्त किया है। इसमें हेवेल और ग्रियर्सन भी सम्मिलित हैं। द्विवेदी जी ने लिखा है कि जिन लोगों के इतिहास लेखन से हिन्दी साहित्य के विषय में यह धारणा पैदा हो कि यह एक हतदर्प जाति की सम्पत्ति है, इसलिए उसका महत्व राजनीतिक उत्थान पतन के साथ अंगागीभाव से सम्बद्ध है याकि ऐसा न भी हो तो भी वह एक निरन्तर पतनशील जाति की चिंताओं का मूर्त प्रतीक है—जो अपने आप में कोई विशेष महत्व नहीं रखता—उनका इतिहासलेखन चिन्तनीय है। द्विवेदी जी ने इससे बचने के लिए एक तो यह आवश्यक समझा कि हिन्दी साहित्य का इतिहास लेखन से पूर्व उसकी जातीय-सांस्कृतिक चेतना से लेखक परिचित हो और दूसरे समझ को समग्र बनाने के लिए शुद्धता-अशुद्धता तथा शिक्षित-अशिक्षित की सीमारेखा न खींचे। जातीय और राष्ट्रीय चेतना के व्यापक परिप्रेक्ष्य से कटकर तात्कालिक घटनाओं के सन्दर्भ में न किसी जाति को समझा जा सकता है और न ही उसके साहित्य की धारा को। साहित्यकार यदि लोकचेतना से सम्पृक्त है तो उसको या उस धारा को समझने के लिए लोकचेतना को व्यापक देश और काल में समझना होगा और उस राष्ट्र की प्रकृति से परिचित होना होगा। इसीलिए द्विवेदी जी भारतीय विचारधारा को समझने पर जोर देते हैं। उपनिवेशवादी प्रभाव का चिन्तन हिन्दी साहित्य का इतिहास ठीक नहीं समझने देगा—राष्ट्रीय प्रभाव का चिन्तन ही हिन्दी साहित्य के इतिहास की समझ ठीक करेगा। इस चिन्तन की प्रकृति को नव्यतम वैज्ञानिक चिन्तन की उपलब्धियों के आलोक में और स्वच्छ किया जा सकता है—बोधगम्य और विश्वसनीय किया जा सकता है।

डॉ. गणपतिचन्द्र गुप्त का कहना है कि इतिहास का सम्बन्ध अतीत की व्याख्या से है तथा प्रत्येक व्याख्या के मूल में व्याख्याता का दृष्टिकोण अनुरूप रहता है। उनके इतिहास में प्रयुक्त दृष्टिकोण को 'वैज्ञानिक दृष्टिकोण' की संज्ञा दी गई है। उनका पक्ष है कि अब लोग इस बात में विश्वास नहीं करते कि सृष्टि का

एकाएक बहिःप्रकाश हो गया, बल्कि यह कि उसका क्रमिक विकास हुआ है—अतः इतिहास की वैज्ञानिक व्याख्या में भी विकासवादी सिद्धान्तों को अपनाया जाना चाहिए। यह ठीक है कि विकासवाद भी क्षेत्र-भेद से भिन्न प्रकार के हैं और उनमें परस्पर विसंगतियाँ भी हैं—फलतः साहित्य के क्षेत्र में सृष्टि की पुनः सृष्टि के कोष में भी—विकासवाद का कोई सिद्धान्त प्रतिष्ठित नहीं हो पाया है—फिर भी उन्होंने अपने नवप्रतिष्ठित सिद्धान्तों में पाँच सूत्रों की स्थापना की है—1. प्राकृतिक सर्जनशक्ति (2) परम्परा (3) वातावरण (4) द्वन्द्व (5) सन्तुलन। अर्थात् विकास की प्रत्येक क्रिया में कोई न कोई प्राकृतिक सर्जन शक्ति काम करती रहती है जो परम्परागत तत्त्वों एवं सामयिक वातावरण के पारस्परिक द्वन्द्व से प्रेरित एवं उद्दीप्त होकर तब तक सक्रिय रहती है जब तक कि द्वन्द्व के उभयपक्षों में सन्तुलन स्थापित नहीं हो जाता। विकास प्रक्रिया का यही चरम लक्ष्य है। एक मंजिल पार करने पर पुनः विकास की प्रक्रिया आगे बढ़ती है। साहित्य में विकास की तीन दिशाएँ हैं—रूप, प्रवृत्ति और गुण-गत। डॉ. गुप्त ने इस दृष्टि से हिन्दी साहित्य का विकास कुल ग्यारह परम्पराओं नें निरूपित किया है।

इस प्रकार हिन्दी साहित्य का इतिहास विधेयवादी नवविधेयवादी सांस्कृतिक और जातीय बोध तथा वैज्ञानिक दृष्टि से प्रस्तुत किये गये हैं। इतिहास की सार्थकता अपनी अस्मिता के लोक को ठीक-ठीक पकड़ने में और उसे सही गति देने के लिए है। हम अपने लक्ष्य को अपनी जातीय प्रकृतिगत सम्भावनाओं के विकास से ही पा सकते हैं विज्ञान चाहे जितनी दीवारें तोड़ता हो—व्यक्तिगत व्यक्तित्व भेद को नहीं मिटा सकता—उसी प्रकार राष्ट्र के देह में उभरने वाली राष्ट्रीय अस्मिता की रेखाओं को भी नहीं मिटा सकता—हाँ, यह हो सकता है कि अपने-अपने ढंग से विश्वसाम्य-विश्वबन्धुत्व-सार्वभौम एकता की ओर बढ़ सकते हैं—जो हमारी सर्वोच्च मानवीय उपलब्धि होगी।

मध्ययुगीन बोध

मध्ययुग शब्द Middle age का रूपान्तर है—अतः भारतीय इतिहास के सम्बन्ध में जब हम इस शब्द का प्रयोग करते हैं—तब शब्द के पीछे निहित अवधारणा किसी न किसी अंश में अवश्य सक्रिय लक्षित होती है। Middle का अर्थ निश्चय ही यहाँ केवल प्राचीन और आधुनिक की आन्तरालिक अवधि मात्र नहीं है—अन्यथा उस अर्थ में यह शब्द आपेक्षिक रूप में कहीं भी प्रयुक्त हो सकता है। दूसरे लोगों की धारणा यह है कि विश्व के इतिहास में जिस कालावधि को Middle age के नाम से पुकारा जाता है—वह एक Trasition Period संक्रान्ति काल है—जिसमें एक तरफ प्राचीन मूल्य और मान्यताएँ विवादास्पद हो रही हैं और दूसरी ओर नई की मानसिकता उभर रही है। पश्चिमी जगत् का मध्यकाल वह समय है जब ग्रीक चिन्तन को आत्मसात् कर क्रिश्चियानिटी अपने ढंग से साध्य और साधन के ढाँचे विशेष में युगजीवन को ढाल कर चलने को कृतसंकल्प थी। वह रोमराज्य के पतन के पश्चात् ग्रीस का सैद्धान्तिक चिन्तन, रोम की दण्डगर्भ जागतिक व्यवस्था के सन्तों की मानव सुलभ अन्तःप्रेरणा और अनुरूप संवेदना तथा जर्मन की स्वातंत्र्य-अनुरक्ति, नैतिक दृढ़ता, व्यक्तिवाद तथा चरित्र की सादगी—इन सब तत्त्वों को आत्मसात् कर गतिशील हो रही थी। जर्मन आक्रमण ने रोम की अन्य संस्थाओं को तो ढहा दिया, परन्तु अराजकता को रोकने के लिए चर्चवाद के सामने नतशिर बना रहा। राजनीतिक सत्ता का समर्थन उसे प्राप्त था। चर्चवाद यह जानते हुए भी कि चिन्तन की मानव सुलभ प्रवृत्ति उसके लिए कभी खतरा बन सकती है—इसलिए उसको नियंत्रित ढंग से बना रहने दिया कि जिज्ञासा और चिन्तन मनुष्य के स्वभाव में है। नियन्त्रण यह कि इलहाम के तरीकों से प्राप्त और दोष की अवश्यम्भाविता से ग्रस्त मानव बुद्धि से अप्राप्य 'सत्य' और तदनुरोधी सत्यों की बात जब 'बाइबिल' में सुरक्षित है—तब उससे बेमेल सत्यों की उद्भावना में चिन्तन को लगाने की बात व्यर्थ है। इस निश्चय के साथ चर्चवाद ने जिज्ञासा और चिन्तन के श्वास-प्रश्वास के प्रवाह को अवरोधों से भर दिया, यद्यपि यह आग वैज्ञानिक आधुनिक युग की भूमिका में धीरे-धीरे आत्म-बलिदान की पवित्र वेदी पर सुलग रही थी। इस सुलगाने के गर्भ में आधुनिक युग की वैज्ञानिकता, व्यक्तिवादिता (संस्थाविरोधी) तथा अन्तर्राष्ट्रीयता—आकार

ले रही थीं। इस प्रकार दूसरा दल इस युग को संक्रमण काल कहना चाहता है। तीसरी ओर इटैलियन ह्यूमनिस्ट ज्यानेंद्री एंद्रिया जीते हुए युग और अपने समय के अन्तर को लक्षित करता—वैचारिक श्वास-प्रश्वास के निरवरोध माहौल में राहत-सा अनुभव करता हुआ एक प्रतिक्रिया में कतिपय आपातू प्रतीयमान त्रुटियों को लक्षित कर उस कालावधि को मध्यकाल नाम देता है। यद्यपि परवर्ती चिन्तकों द्वारा उसकी निस्सारता लक्षित की जाती है और निर्णय दिया जाता है कि यह संज्ञा गतानुगतिक ज्यादा है, तर्कसंगत कम—फिर भी समय के प्रवाह में यह संज्ञा प्रतिष्ठा पा जाती है और भारतीय सन्दर्भ में भी यह संज्ञा स्वीकार कर ली जाती है। आरम्भ में इतिहासकारों ने प्रायः 'मुस्लिम पीरियड' के पर्याय रूप में इसका प्रयोग किया था, किन्तु धीरे-धीरे इस शब्द ने अपनी स्वतंत्र सत्ता बना ली और 8वीं से 19वीं शती तक की कालावधि के लिए प्रयुक्त होने लगा। जो इतिहासकार भारतीय सन्दर्भ में मुस्लिम पीरियड के पर्याय रूप में इस संज्ञा का प्रयोग कर रहे थे, उनके मन में निम्नलिखित आधार काम कर रहे थे—

(क) भारतीय राजनीति पर मुस्लिम नियन्त्रण।

(ख) भारतीय महाद्वीप में सर्वथा दो बड़ी और सर्वथा पृथक् वैशिष्ट्य सम्पन्न जातियों या संस्कृतियों की उपस्थिति।

(ग) दो विभिन्न संस्कृतियों के सामाजिक, धार्मिक तथा सांस्कृतिक क्षेत्रों में आदान-प्रदान।

(घ) उन दो युगों के बौद्धिक और संस्थागत स्पष्ट अन्तर—जिनमें इतिहासविद् रह रहे थे और जिनके विषय में लिख रहे थे।

लेकिन जैसा कि ऊपर कहा गया है यह संज्ञा किन्हीं और व्यापक आधारों पर अपने को प्रतिष्ठापित कर रही थी और कहीं न कहीं उन मूलभूत प्रवृत्तियों को भी आत्मसात् कर रही थी—जो अपनी प्रकृति में सार्वभौम हो सकती हैं—योरुपीय इतिहास में भी और भारतीय इतिहास में भी।

'मध्ययुग' शब्द कालावधि विशेष से अधिक महत्व का है—कालावधि विशेष की अस्मिता की पहचान कराने वाली मनोवृत्ति या बोध के अर्थ में प्रयुक्त। इस प्रसंग में इस 'मध्ययुगीनबोध' को ही विवेचित करना हमारा प्रमुख ध्येय है। वे जातियाँ जिनमें आसमानी किताबें उतरी हैं—एक विशिष्ट संस्कृति सम्पन्न मानी जाती हैं—चाहें वे भारतीय हों या गैरभारतीय। इनमें भारतीय, मुस्लिम और क्रिश्चियन संस्कृति बहुचर्चित है—इन सबकी दृढ़ धारणा है कि सत्य निरपेक्ष होता है और वह दोषग्रस्त मानवीय बुद्धि से नहीं पाया जा सकता—उसके लिए मानव को किसी और फैकल्टी-शक्ति को विकसित करना चाहिए—वह फैकल्टी अतिप्राकृतिक या अतिभौतिक है। उसी निरपेक्ष सत्य की उपलब्धि मानव जीवन की चरितार्थता है—अतः समस्त जीवन का सर्वांगीण ढाँचा उसी के अनुरूप होना चाहिए और इस

कार्य में ऋषि, महर्षि उल्मा और पादरी ही सहायक हो सकते हैं। सामाजिक तथा राजनीतिक सभी संस्थाएँ इस दिव्य विधान के अनुष्ठान में योग दें। खेद यह है कि समस्त जागतिक प्रवाह अन्तर्विरोध-ग्रस्त है—ऊर्ध्वगामी और अधोगामी तत्त्वों से संवलित है। संसार का हर विधान समय के प्रवाह में विकृतिग्रस्त होता ही है—इस नियति के कारण जहाँ एक ओर इस ढाँचे की कमजोरियाँ उभरने लगीं—वहीं दूसरी ओर इससे भौतिक स्तर पर लाभान्वित होने वाले तथाकथित सुविधापरस्त लोग कृत्रिम बाँध भी बाँधने लगे—क्योंकि उनमें स्वयम् सत्य का बल नहीं रह गया था। जब तक इस ढाँचे में अन्तरात्मा जीवित थी तब तक मौलिकता और ताजगी बनी रही—उस ज्योति का ढाँचा जब विकृति ग्रस्त हो गया—तब प्रकाश का मन्द पड़ जाना सहज सम्भव है और यह सर्वत्र हुआ। चेतना का धार्मिक पक्ष ही विकृतिग्रस्त नहीं हुआ, भारत की राजनीतिक चेतना भी विघटित होने लगी। सामान्य जनता में कभी भक्ति भाव रहा होगा—राज्यसत्ता के प्रति, पर अब कभी घृणा, कभी भय और कभी उदासीनता उभरने लगी—'कोउ नृप होय हमें का हानी।' समाज की वर्णाश्रमी व्यवस्था छिन्न-भिन्न होने लगी। एक तरफ मुस्लिम संस्कृति का आक्रामक और रक्तरंजित रुख और दूसरी ओर शुद्धतावादी वर्णाश्रमी ढाँचे के समर्थकों का सिकुड़ाव सामान्य जनता की घोर उपेक्षा कर रहा था। तीसरी ओर सामन्तवादी मनोवृत्ति का विषैला गुंजलक भी जनता को कसता जा रहा था। अन्तःप्रेरणा के स्रोत से विच्छिन्न समाज का बुद्धिवाद स्वतंत्र सत्यों की ताजगी भरी उद्भावना की जगह क्रमागत मान्यताओं की टीका-टिप्पणी में और रचनाधर्मिता आवृत्ति और अलंकरण में धँसती जा रही थी। जिज्ञासा का अपरिमेय क्षेत्र आप्त वचनों की व्याख्या के चौखटे में अवरुद्ध था। भारतीय सन्दर्भ में इस काल की एक और विशेषता है और वह यह कि मूर्त चिन्तन-गर्भ सत्यों को बोधगम्य बनाने के लिए जिस पौराणिक पद्धति का सहारा लिया जाता था—उस पद्धति में प्रयुक्त प्रतीक अपनी बहिरंग आकृति में रूढ़ होते गये। प्रतीक और रूढ़ का भेद ही मिटता गया। विष्णु यदि क्षीरसागरशायी हैं—तो यही सत्य मान लिया गया। शिव कैलास पर रहते हैं—तो वही विश्वसनीय होता गया। इन कल्पनाओं की तह में इन प्रतीकात्मक कथाओं और मिथकों के पीछे जो चिन्तन परत-दर-परत समाया हुआ था—वह विस्मृत होता गया। जिस प्रकार संस्कृत साहित्य का परवर्ती रूप आवृत्ति प्रधान और पाण्डित्य प्रधान—अलंकरण परक होता गया—वही नियति उत्तर मध्यकालीन हिन्दी साहित्य में भी लक्षित होती है।

भारतीय सन्दर्भ में मध्यकालीन बोध का यह एक पक्ष है—उसका एक दूसरा भी पक्ष है—जो अद्भुत ऊर्जा सम्पन्न और ताजगी से दीप्ति है। सातवीं-आठवीं शती तंत्रवाद के उदय का युग कहा जाता है। उत्तर भारतीय मानस-जनमानस—चतुर्मुखी उत्पीड़न से ग्रस्त था। अन्तःप्रेरणा, शून्य विधि-निषेधमय शास्त्रों का दुर्वह दबाव,

सामन्ती व्यवस्था की दुरवस्था, राजनीतिक चेतना का विघटन, इस्लामी संस्कृति की भयावहता, मुक्त प्रतीक और रूढ़ि का भेद स्थापन—इन सबके दुर्वह दबाव ने भारतीय मानस को अन्तर्मुखी बना दिया। इस कालावधि में दक्षिण भारत उत्तर-भारत के श्मशान पर साधना कर रहा था। भारतीय मानस की गुप्त-प्रकट सरस्वती अपनी अनाकलेय सम्भावनाओं के साथ व्यक्त होने के लिए कसमसा रही थी। दक्षिण भारत में एक साथ वैदिक परम्परा का वैराग्य मार्ग शंकराचार्य में और आगमों में व्यक्त राग मार्ग वैष्णवाचार्यों मे आकारवान हो रहा था। दक्षिण भारत में असवर्ण आलवार और सवर्ण आचार्य—समाज ऊर्जा से बौद्धिक और आगमसम्मत धारा को अन्तःप्रेरणा और ताजगी से भर रहे थे। पूर्व मध्यकाल में उत्तर भारत के गर्भ ने भी इस बीज को सहस्त्रगुण कर विस्फुरित किया। इस अदम्य ऊर्जा ने तमाम अनाचार रत भौतिक शक्तियों के विरुद्ध सिर उठाया और अपनी सम्भावना का शिखरगामी रूप दिखा दिया। मध्यकाल का समूचा भक्तिआन्दोलन इसी अदम्य ऊर्जा का प्रतिफलन है। तंत्रवाद अपनी समस्त ऊर्ध्वगामिनी तथा अधोगामिनी सम्भावनाओं के साथ भारतव्यापी फलक पर मूर्त हो रहा था। अन्तःप्रेरणा का आत्मविश्वास आरोपित मान्यताओं को उखाड़ फेंक रहा था। बताई हुई बातों से अनुभूत सत्य का पलड़ा भारी पड़ रहा था। इस जागरण की बाढ़ में सवर्ण-असवर्ण का भेद ढह गया था, भौतिक रूप से सशक्त-अशक्त का अन्तर बह गया था। इस युग में पण्डितों के 'ज्ञान' मार्ग से जनता का 'भाव' मार्ग एक सोपान और ऊपर चढ़ गया था—धर्मार्थ काम-मोक्ष के ऊपर 'प्रेमापुमर्थों महान्' की उद्‌बाहु घोषणा हो रही थी। इसकी मार में इस्लाम भी सूफी बाने में उतर आया था। यह हत दर्प जाति का मानस विस्फोट नहीं था—यह नैराश्य की प्रतिक्रिया नहीं थी—इसकी जड़ें सुदूर अतीत में थीं। समय पाकर यह पलुहा उठी थीं। भारतीव मध्ययुग का यह उज्ज्वल पक्ष था। साहित्य में यह स्वर्णयुग बनकर उतरा। कला के अन्य क्षेत्र विशेषकर संगीत गगनस्पर्शी ध्वनियों से भर गया।

परार्थ या परमार्थ के नेतृत्व में अन्तःप्रेरणा से परिचालित तंत्रवाद का जहाँ उज्ज्वल पक्ष मध्ययुगीन बोध के एक घटक को रेखांकित करता है, वहीं स्वार्थ या भौतिक महत्वाकांक्षाओं के अन्धनेतृत्व के दम्भचालित रूप में उसका ह्रासोन्मुखी रूप भी मध्यकालीन वृत्ति में एक घटक का काम करता रहा।

कुल मिलाकर एक बात और कहनी है और वह यह कि मध्यकाल का यह जन जागरण परलोकवादी था—अन्तर्मुखी था। बद्‌रूपता से मुक्ति की आकांक्षा अवश्य थी—पर इहलोक में नहीं, परलोक में, शरीर के स्तर पर नहीं—अध्यात्म के—सबको नहीं—

मनुष्याणां सहस्रेषु काश्चिद् यतति सिद्धये।
यततामपि सिद्धानां काश्चिन्मांवेत्ति तत्त्वतः।।

'कश्चित्' करोड़ों आँखों में कोई एक एतदर्थ वह बाह्यसंसार की यथास्थिति को छोड़कर मनःशुद्धि पर बल देता था—बाहर की अपेक्षा चित्त में परिवर्तन लाने पर जोर ज्यादा देता था—कभी-कभी तो बाहर से उदासीन भी हो जाता था। आधुनिक बोध के परिप्रेक्ष्य में देखने पर यह मध्यकालीन बोध और गहरा होकर उभर आता है। बहुरूपता से मुक्ति आधुनिक भी चाहता है और तदर्थ अधिक सचेत होकर रचना में प्रवृत्त होता है। वह अन्तर की भाँति यथास्थितिवाद को भी तोड़ना चाहता है। वह मुक्ति को इसी लोक और शरीर के स्तर पर भोगने का संकल्प करता है। इसीलिए मध्यकालीन बोध अन्तःप्रबोध माना जाता है, बहिःप्रबोध नहीं—फलतः न तो गहरी सुषुप्ति और न ही पूर्ण जागरण। सदा की भाँति जैसे अन्तःप्रेरणा और ताजगी के बाद आवृत्ति और पाण्डित्य का दौर आता है, वैसे ही हिन्दी साहित्य के साक्ष्य पर कहा जा सकता है कि इसके पूर्व मध्यकाल के बाद उत्तर मध्यकाल में भी वही परिणति हुई। ये कुछ रेखाएँ हैं जो मध्ययुगीन बोध की अस्मिता को स्पष्ट करती हैं।

आचार्य रामचन्द्र शुक्ल : परम्परा और उनका भक्ति साहित्य-चिन्तन

दर्शन, लोकधर्म, श्ब्दशक्ति, रसपद्धति—आदि की भाँति 'भक्ति' के सम्बन्ध में भी शुक्ल जी की अवधारणा परम्परा से हटकर है। उनकी दृष्टि में ब्रह्म के सदंश की व्यक्त प्रवृत्ति का नाम धर्म है और उसी की रसात्मक अनुभूति 'भक्ति'। भक्ति धर्म का हृदय है। अपनी प्रतिज्ञा के अनुसार शुक्ल जी 'भक्ति' की विकासवादी दृष्टि से क्रमिक निष्पत्ति निरूपित करते हैं और भारतीय वाङ्मय का साक्ष्य देते हैं। उनकी दृढ़ धारणा है कि 'धर्म' की प्रतिष्ठा 'लोक' में उसकी स्थिति और रक्षा के निमित्त होती है। यह 'धर्म' जब-जब तिरोहित होता है—विश्वधारिणी शक्ति तब-तब क्षात्रशक्ति के रूप में अवतीर्ण होकर उसे पुनः प्रतिष्ठित करती है।

धर्म की अद्यावधिक धारणा की उपस्थापना विकासवादी दृष्टि से 'विश्व-प्रपंच' की 'भूमिका' में और 'भक्ति' की 'सूरदास' नामक पुस्तक में शुक्ल जी ने विस्तार से की है। जातीय, ऐतिहासिक और सांस्कृतिक पृष्ठभूमि पर आचार्य हजारीप्रसाद द्विवेदी ने भी अपनी 'हिन्दी साहित्य की भूमिका' में 'भक्ति' की स्वरूप परिणति पर विचार किया है—पर दोनों की 'दृष्टि' ही भिन्न है। आचार्य शुक्ल ने 'भक्ति' का मध्यदेशीय मध्यकालीन परिवेश में सहसा समुच्छलन पश्चिमी चिन्तकों की तरह नहीं माना। उन्होंने कहा है—कालदर्शी भक्त कवि जनता के हृदय को सम्हालने और लीन रखने के लिए दबी हुई भक्ति को जगाने लगे। भक्ति का जो सोता दक्षिण की ओर से धीरे-धीरे उत्तर भारत की ओर पहले से ही आ रहा था—उसे राजनीतिक परिवर्तन के कारण शून्य पड़ते हुए जनता के हृदय-क्षेत्र में फैलने के लिए पूरा स्थान मिला। इसके विकास स्तरों का शुक्ल जी को पता है। सभ्य आर्य जाति के बीच आरम्भ में भय, लोभ तथा कृतज्ञता की भूमियों पर चढ़ती हुई लोक-चेतना 'वृत्त' से 'कर्ता' (लोक की स्थिति, रक्षा तथा रंजनकर्ता) की ओर उन्मुख होती गई और द्रव्ययज्ञात्मक 'पूजा' से 'ज्ञानयज्ञात्मक' उपासना की ओर बढ़ती गई। धीरे-धीरे आंगिरस से दीक्षित देवकी पुत्र कृष्ण के हाथ में वह नेतृत्व आया और फिर महाभारत के कृष्ण द्वारा निष्काम कर्म-गर्भ ज्ञान और भक्ति की गीता में प्रतिष्ठा की गई। उन्हें ज्ञात है कि

किस प्रकार नारद और शांडिल्य के निर्देशन से भक्ति द्विशाख हो गई—एक ज्ञान कर्म सम्मिलित भक्ति की गीता-गत स्थिति और दूसरी वृष्णिवंशियों के बीच पल्लवित भागवत-भक्ति—जो धीरे-धीरे ऐकांतिक माधुर्य-भाव की ओर मुड़ती गई। एक की स्थिति मर्यादामार्गी रामधारा में हुई और दूसरे की कृष्णधारा में। उनकी दृष्टि में भक्तिमार्ग अपने विशुद्ध रूप में धर्मभावना का भावात्मक या रसात्मक विकास है। शुक्ल जी ने कहाँ लिखा है कि मुसलमानों के आने पर ही 'भक्ति' की भावना प्रतिक्रिया के रूप में मध्य प्रदेश के आकाश में सहसा विस्फुरित हुई। उन्होंने यही तो कहा है कि उत्तर भारतीय राजनीतिक परिस्थितियों में दबी हुई भक्ति भावना को इसने और धार दे दी। बल्लभाचार्य का उद्घोष 'कृष्ण एवं गतिर्मम' मध्यदेश की किस मानसिक स्थिति का पता देता है? गोस्वामी जी का 'कलियुग' वर्णन तात्कालिक राजनीतिक परिवेश के विषय में क्या कहता है? मध्यकाल के इतिहासविद् किस हिन्दू समाज की अत्याचारग्रस्त स्थिति का संकेत देते हैं? यह सब मिलकर क्या तत्कालीन जनता की सोत्साह और उन्नतदर्प मानसिकता का पता देते हैं? आखिर इतना तो विचारणीय है कि इसी युग में भक्ति का उद्‌भव नहीं, यह तो पूर्व प्रतिष्ठ है—का इतना चतुरस्र प्रकाश क्यों हुआ—अकारण था? शुक्ल जी ने दबी हुई भक्ति भावना को तात्कालिक परिस्थितियों से दीप्त माना है—निश्चय यह भावना भारतीय मानसिकता का स्वाभाविक विकास थी—पर तात्कालिक परिस्थितियों को उद्दीपक मानने के पीछे किन पाश्चात्य साम्राज्यवादी चिन्तकों का समर्थन निहित है? यह मान लिया गया कि शुक्ल जी ने मुसलमानों के आक्रमण से ही भक्ति का अंकुरण माना है और फिर उनसे पूछा गया कि यदि ऐसा ही था—तो आक्रमण उत्तर भारत में हुआ और भक्ति सुदूर दक्षिण तमिल प्रदेश में आलवारों के बीच कैसे उदित हुई?

एक प्रश्न और उठाया जाता है कि हिन्दी साहित्य के विकास की केन्द्रीय शक्ति 'प्रभाव' है या 'स्वभाव'? मुसलमानी प्रभाव या शास्त्रीय जड़ता के विरुद्ध उठी हुई लोकचेतना का 'स्वभाव'? शुक्ल जी और द्विवेदी जी दोनों ही 'प्रभाव' और 'स्वभाव' को आत्यंतिक विरोधी विकल्प नहीं मानते—प्रश्न प्राधान्य का है। बीज तो 'स्वभाव' ही है—जिसका इतिहास शुक्ल जी ने भी प्रस्तुत किया है—प्रभाव-प्रभाव ही है। विधेयवादी पद्धति—जो ग्रियर्सन द्वारा उत्थापित की गई थी—शुक्ल जी द्वारा अवश्य स्वीकृत हुई—पर भक्ति साहित्य के पल्लवनपुष्पण में निहित ग्रियर्सनी चेतना का समग्र अनुधावन नहीं है। शुक्ल जी जागरूक हैं—और भारतीय भक्तिमार्ग के इतिहास से अवगत हैं। परिस्थितियों और साहित्य में प्रतिफलित चित्तवृत्तियों का कार्यकारण भाव दिखाने के सन्दर्भ में इस्लाम भिन्न सभी धर्म के अनुयायियों को काफिर घोषित करने वाली आक्रामक जाति का 'प्रभाव' कैसे अनदेखा कर दिया जाय? इतिहास इस बात का साक्षी अवश्य है कि शास्त्रीय जड़ता लोकचेतना में

निहित सहज ऊर्ध्वगामी वृत्ति के झंझावात में टूट रही थी और वैदिक मार्ग की अपेक्षा रागमार्गी आगम मार्ग से जुड़ रही थी—शुष्क ज्ञानमार्ग से हटकर रागमार्ग की ऊर्ध्वगामिनी सम्भावनाओं से जुड़ रही थी—स्मरणीय है कि यह प्रक्रिया भी सुदूर अतीत से चली आ रही थी। इसमें कोई सन्देह नहीं कि आध्यात्मिक धारा भारत के स्वभाव में है जब अर्जित बोध और 'स्वभाव' में संघर्ष होता है तो 'स्वभाव' अपने विकास के लिए रास्ता बना लेता है। शुक्ल जी साम्राज्यवादी पाश्चात्य चिन्तकों की भाँति यह नहीं मानते कि मध्यकाल में 'भक्ति' किसी अज्ञात स्रोत से सहसा फूट पड़ी—अपितु भारतीय वाङ्मय के साक्ष्य पर वे 'सूरदास' की भूमिका में यह अच्छी तरह बता चुके हैं कि 'भक्ति' किसी तरह उद्भूत और विकसित होती हुई मध्यकाल में दीप्त-दीप्ततर हो उठी। इस प्रकार 'प्रभाव' प्रभाव ही है—'स्वभाव' नहीं। स्वभाव में निहित सम्भावना पर ही प्रभाव असरकारी होता है। उसका द्वन्द्व खड़ा कर पक्षधरता की खाई क्यों खोदी जाय? हाँ, यह अवश्य है कि शुक्ल जी का लोकधर्म आर्यशास्त्रानुमोदित है—वर्णाश्रमी है—वे शास्त्र पक्ष के पक्षधर हैं और द्विवेदी जी का लोकधर्म शास्त्रीय जड़ता के विरुद्ध क्रान्ति की ओर अग्रसर जड़ता-प्रताड़ित-लोकसामान्य का धर्म—अनुभववादो विवेकसम्मत धर्म। शुक्ल जी इसे इसीलिए आत्म-प्रेरणा परिचालित होने के कारण व्यक्ति साधना कहना पसन्द करते हैं—क्योंकि इन्होंने अज्ञ समाज को कोई स्थायी व्यवस्था नहीं दी—जिससे वे संतुलित लोकयात्रा का निर्वाह करते। निष्कर्ष यह कि प्रकान्त 'भक्ति चेतना' भारतीय स्वभाव में निहित सम्भावना का परिस्थितिजन्य 'प्रभाव' से दीप्तरूप है। क्रमागत 'भक्ति' धारा का विकास दिखाते हुए उसे 'उद्दिष्ट' कर 'प्रभाव' का दीप्ति में 'विधान' कहते हैं—विधेय बनाते हैं। द्विवेदी जी शुक्ल जी द्वारा प्रस्तावित विधेयात्मक 'प्रभाव' को 'उद्देश्य' बनाकर 'स्वभाव' का विधान करते हैं। एक के यहाँ विधेय 'प्रभाव' है जबकि दूसरे के यहाँ 'स्वभाव'। जब भारतीय चिन्तनधारा यह कहती है—

कृते श्रुत्युक्त आचारस्त्रेतायां स्मृतिसम्भवः।
द्वापरे च पुराणोक्तः कलावागमसम्भवः।।

तब अपनी गिरती हुई क्षमता के अनुरूप मार्ग भेद की ही बात करती है—'श्रुति' से 'आगम' की ओर त्रैवर्णिक से सार्ववर्णिक मार्ग की ओर बढ़ने का ही अनुमोदन करती है—इससे भारत की स्वाभाविक चिन्ताधारा के विकास का स्पष्ट संकेत मिलता है। क्या उस इस्लामी परिवेश में श्रुतिसम्मत बाह्य आचारों का निर्विघ्न निर्वाह हो सकता था? क्या अन्तर्मुखी साधना की ओर मुड़ने की विवशता में उसका कोई प्रभावात्मक योगदान नहीं था? खैर, 'प्रभाव' की बात को इनकार तो कोई नहीं करता—विवाद 'प्रभाव' और 'स्वभाव' के बलाबल पर है। निश्चय ही दोनों का अपनी जगह महत्व है—परिवेश का भी आनुवंशिक रिक्थ का भी। हिन्दी साहित्य

की मूल प्राणधारा भक्ति है–वीरगाथा नहीं–इसीलिए द्विवेदी जी भक्ति साहित्य को ही हिन्दी का सच्चा साहित्य कहते हैं–विद्यापति को उसी धारा से जोड़ते हैं। वस्तुतः दोनों आचार्यों की मूल मानसिक बनावट ही भिन्न है–अतः एक 'लोकधर्म' को लेकर चलता है और दूसरा व्यक्ति साधना को महत्व देता है। एक अध्यात्म को बोधगम्य व्याख्या से दूर रखता है और दूसरा उसे लेकर ही चलता है–एक की समाजमुखी वृत्ति उसे सर्वथा अधिकृत रहने के लिए, 'कर्म-ज्ञान-उपासना' परक सामंजस्यवादी मार्ग की वकालत कराती है दूसरे की जर्जर होती हुई आर्यशास्त्रानुमोदित धारा के विरुद्ध लोकचेतना की सहज विच्छुरित सप्राण धारा का पक्ष ग्रहण करती है। शुक्ल जी व्यवहारमुखी चिन्तक हैं अतः भेद सर्वदा उनके ध्यान में है। दूसरा व्यवहार से व्यवहारातीत की ओर भी दृष्टि रखता है–अतः व्यक्ति साधना को अन्ततः महत्व देता ही है। इस मूल दृष्टि भेद के कारण अनिवार्यतः फूटने वाले विपरीत अंकुरों को आगन्तुक विरोध समझना चाहिए–स्वाभाविक नहीं। अध्यात्म की दृष्टि से लोकधर्म और व्यक्ति साधना विरोधी नहीं है–पर जिस स्थिति में व्यवहार की भूमि पर शुक्ल जी ने विरोध देखा है–वह संगत है। विरोध अन्तःप्रेरणा से परिचालित व्यक्ति साधना का नहीं हैं–विरोध ऐसे सिद्ध के कारण अन्धानुयायी जनसामान्य में होने वाली अराजकता से है। यही बात कर्म, ज्ञान, उपासना के सम्बन्ध में भी समझना चाहिए। अध्यात्म की अन्तःप्रेरणा से परिचालित केवल 'ज्ञान' मार्ग भी संगत हैं और केवल 'राग' मार्ग भी–पर व्यवहार के धरातल सामान्य पर जनता में यदि तीनों का सामंजस्य रूप भावमार्गी साधना न हो–तो कर्ता की निम्नवृत्तिवश ऐकान्तिक मार्ग विकृत होकर ही रहेगा–अतः वाजपेयी जी जब शुक्ल जी के परस्पर विरोधी शिविरों–ज्ञानमार्गी, भक्तिमार्गी–आदि का उल्लेख करते हैं और कहते हैं कि हर साधना में तीनों की स्थिति है–किसी एक का प्राधान्य है–तब कोई अन्तर्विरोध नहीं खड़ा होता–महज अध्यात्म की सच्ची अन्तःप्रेरणा के स्पर्श और असंस्पर्श का सवाल रहता है। अध्यात्म जो व्यक्ति साधना की भूमि पर पहुँच जाता है–कभी-कभी ज्ञान और कर्म का समुच्चय अस्वीकार कर देता है–राग का दमन और कर्म से संन्यास ले लेता है। कभी-कभी दोनों क्या तीनों का समुच्चय भी करता है–कभी-कभी 'राग' को ही 'ज्ञानात्मक' मान लेता है और 'प्रेम' के आगे 'नेम' को गौण कर देता है। शुक्ल जी लोकधर्म के रूप में ज्ञान-कर्म-उपासनामयी जिस भक्ति का 'तुलसी-मानस' के साक्ष्य पर पक्ष लेते हैं–वह शुद्ध व्यवहारमय 'लोक' को दृष्टिगत कर। विकासवाद उनकी सीमा है जो उन्हें 'भक्ति' की परिकल्पना को व्यवहारातीत धरातल पर नहीं ले जाने देती फलतः वह भक्ति 'लोक-धर्म के हृदय' रूप में प्रतिष्ठा पाती है।

इस सीमा के कारण उनकी भक्ति सम्बन्धी धारणा निश्चय ही परम्परा से हटकर है। मध्यकालीन जिस 'भक्ति' और 'भक्तिरस' की वे व्याख्या करते हैं–निश्चय ही वह न मनोविज्ञान सम्मत है और न परम्परागत अध्यात्मसम्मत–पर

इसमें कोई सन्देह नहीं कि वह उनके लोकधर्म सम्बन्धी अवधारणा की ही परिणति है—इसीलिए उनका 'धर्म' लोक को धारण करने वाला शास्त्र (आप्त शब्द) या विवेकसम्मत तो है ही—उससे सर्वथा समुन्नत हृदयानुमोदित भी। यह हृदयानुमोदित लोकधर्म ही तो उनकी भक्ति है—जो कर्म-ज्ञान-उपासना के सन्तुलन से विकृत नहीं होती। इसी 'प्रकृति' और प्राकृत' स्तर पर ही उसका विवेचन होने के कारण वह प्राकृत-व्यापार है—अन्तःकरण का बोधानुमोदित 'राग' है—जो कर्म या सत्कर्म या लोकमंगल में पर्यवसित होती है—संवाद पाकर उस उपास्य की ओर मुड़ती है जो लोकमंगलकारी है। उसकी ओर झुककर केवल बाह्य द्रव्यों से उसकी पूजा द्रव्ययज्ञ ही नहीं करती, द्रव्ययज्ञ से आगे बढ़कर ज्ञानयज्ञ भी करती है। उसके प्रति बाह्य द्रव्य की अपेक्षा अपने जीवन का कुछ अंश ही समर्पित करती है या करवा देती है—इसीलिए 'भाग' के अर्थ में 'भक्ति' का प्रयोग होता है। विकास के सन्दर्भ में, जिजीविषा को चरितार्थ करने के सन्दर्भ में प्रकृति के बीच जीवन-यापन करने वाले जनसमाज के अन्तस् में क्रमशः भय→लोभ→कृतज्ञता→श्रद्धा से भक्ति का उदय हुआ होगा।

शुक्ल जी मानते हैं कि भारतीय धर्म साधना में सच्चिदानन्दमय परमसत्ता अव्यक्त भी है और व्यक्त भी—निर्गुण भी और सगुण भी—दोनों ही नित्य और सत्य हैं—असीम और अनन्त हैं—दोनों में पारमार्थिक अभेद ही है—पर व्यवहार या प्राकृत जगत् की सीमा में 'भक्ति' का स्वरूप निर्धारित करने वाला आचार्य मानता है कि लोकधर्म की रसात्मक दशा है—अवदात रागमयी मनोवृत्ति है—जो पर-उपकार-निरत रहने में ही तृप्त होती है—फलतः उसका पूरा लगाव लोकमंगलकारी उपास्य की ओर हो जाता है—जो अपने सदंश की अभिव्यक्ति रक्षण में और आनन्दांश की अभिव्यक्ति रंजन में करता रहता है।

शुक्ल जी अपनी सीमा या लक्ष्मण रेखा का ध्यान रखते हुए, कहते हैं कि प्राकृत अन्तःकरण की यह रागात्मिका वृत्ति ज्ञान की परिधि में ही संचरित होती है—वे ऐसी किसी अतिप्राकृत शक्ति की बात में विश्वास नहीं रखते—जिससे अनायास-प्राकृत बोध के व्यवस्थित प्रयास से निरपेक्ष-ज्ञान झरता हो। वे 'ज्ञान' को एकमात्र प्राकृत बोध-वृत्ति की उपलब्धि मानते हैं और विशेषकर भारत में। भारत में शुक्ल जी के मत में अद्वैत का बोध प्राकृत बोध वृत्ति की परिणति है किसी इलहामी या अज्ञान प्रक्रिया से प्राप्त नहीं। निष्कर्ष यह कि भारत में उनकी दृष्टि से परम सत्ता का 'व्यक्त' पक्ष भक्ति का और 'अव्यक्त' पक्ष योग का क्षेत्र है। योग अवश्य उनकी दृष्टि में अतिप्राकृत जटिल मार्ग है और वह रहस्यमय है—परन्तु भक्ति और ज्ञान-विशुद्ध प्राकृत अन्तःकरण की रागात्मक और बोधात्मक वृत्तियाँ हैं। आचार्यगण बुद्धि से अद्वैत तक पहुँचते हैं और 'योग' से अव्यक्त का साक्षात्कार कर सकते हैं—पर मनन या बुद्धि से उस अव्यक्त के अनेकविध लक्षण-स्वरूप तथा

तटस्थ—निर्धारित करते हैं। आचार्यों द्वारा व्यक्त जिन लक्षणों से वह लक्षित कर दिया जाता है—भक्त उसी सीमा में उसे अपने राग का आलम्बन बनाते हैं और उपासना करते हैं—उपासना से जो 'संत-रहनि' मिलती है—वह परउपकार-निरत रहने की है। श्रौतधर्म का स्तर यही है—'परउपकार सार श्रुति को'। शुक्ल जी इसी श्रौतधर्म को लोकधर्म कहते हैं। (शुक्ल जी की दृष्टि में न तो यहाँ का ज्ञान मार्ग किसी रहस्य के चक्र में है और न ही भक्ति मार्ग। हाँ, योगमार्ग की साधना अवश्य रहस्यमय है।)

भारतीय धर्म में अध्यात्म के विषयों में अक्ल की दखल वर्जित नहीं है; सामी धर्मों में वर्जित है—फलतः भारत में अव्यक्त सत्ता को जिन लक्षणों से लक्षित कर या अद्वैत रूप तय कर राग का आलम्बन बनाया जाता है—वे बुद्धि की स्वाभाविक प्रक्रिया से उपलब्ध नहीं होते, अपितु रहस्यमयी इलहामी प्रक्रिया से उपलब्ध होते हैं— उसके लिए किसी अतिप्राकृत माध्यम की कल्पना ऐसे लोगों के लिए आवश्यक हो जाती है और सामान्य प्राकृत जन के लिए रहस्यमय हो जाती है। भारत चिन्तन के माध्यम से चलकर 'अद्वैत' तक पहुँचा था—चिन्तन को वर्जित मानने वाले 'भाव' के माध्यम से उसे 'जानना' चाहेंगे तो अस्वाभाविक है पर 'भाव' से 'जानना' वैसे नहीं होता जैसे नाक से खाना। वैराग्यमार्गी क्रिश्चियानिटी में रहस्यवाद रागमार्गी साधकों से ही आया। गृहस्थधर्मी नियंत्रित रागी इस्लाम में थे। उन्मुक्त रागमार्गी सूफी ही रहस्यवादी हुए—जहाँ रागात्मक सम्बन्ध दाम्पत्य भावात्मक माधुर्य-उपासना की ओर झुका। निष्कर्ष यह कि शुक्ल जी की दृष्टि में भारत में बोध और राग के क्षेत्र में प्रक्रिया और आलम्बन के सुस्पष्ट होने से कोई 'रहस्यमयता' थी ही नहीं—रहस्यमयता थी भी तो केवल योगमार्ग में। यद्यपि सूफी भी राग की साधना का आरम्भ प्रथम स्तर पर 'व्यक्त' से करते हैं और भारतीय का तो 'व्यक्त' है ही—तथापि दोनों में एक सूक्ष्म अन्तर है। सूफी परम सुन्दर की छाया जगत् में देखते हैं और उधर उन्मुख होते हैं जबकि भारतीय साधक 'अव्यक्त' की अभिव्यक्ति जगत् को मानते हैं दोनों में भेद ही नहीं मानते—इसीलिए भक्त की दृष्टि में वह मिथ्या या असत्य नहीं है। 'भक्ति' क्षेत्र में भारत में रहस्यवादिता नहीं थी—पर माधुर्य-भाव के कारण जो प्राइवेसी आई—उसके कारण कुछ रहस्यमयता इसी अर्थ में आ सकती है। जहाँ भक्ति माधुर्य भावात्मिका नहीं है—मर्यादामार्गी है—वहाँ तो 'रहस्य' की बात ही नहीं है। भारतीय प्रकृति की 'भक्ति' और 'काव्य' उभयत्र रहस्यवादिता नहीं है और यदि है तो सामी मतों के सम्पर्क से। मध्यकालीन भक्तिधारा में सूफियों के सम्पर्क से और आधुनिक साहित्य में क्रिश्चियन मिस्टिसिज्म के अनुकरण पर—जहाँ पारमार्थिक या मध्यकालिक अनुभूतियों का छायाभास दाम्पत्य सम्बन्ध के रूपकों में प्रस्तुत किया जाता है।

यद्यपि गीता में कहा गया है कि—

'भक्त्या मामभिजानाति यावान् यश्चास्मि तत्त्वतः।'

अर्थात् भक्तिभाव से अव्यक्त को तत्त्वतः जाना जा सकता है—पर शुक्ल जी इसका आशय भिन्न ही लगाते हैं। उनका कहना है कि भक्ति से जानने का आशय है भक्ति द्वारा 'जानने' में सौकर्य का आ जाना। 'जानना' तो बोध से ही होता है, पर 'भक्ति' से यह जानना अपेक्षाकृत 'सुकर' हो जाता है।

इस प्रकार ज्ञान और भक्ति क्षेत्रों में अतिक्रमण का विचार पश्चिम में ही उठा। इन रहस्यवादी भक्तों और कवियों की दृष्टि में भक्ति ज्ञानात्मक ही है। शुद्धभाव प्रेरित भावना के उमंग में भक्त या साधक को ईश्वर के स्वरूप का बोध होता है अतः भक्त, भावुक तथा कवि को वे एक प्रकार का पैगम्बर या रहस्य द्रष्टा मानते हैं।

एक बात इस सम्बन्ध में शुक्ल जी और कहते हैं और वह यह कि भक्तिरस और काव्यरस के आस्वाद की एक ही प्रक्रिया है। जिस प्रकार काव्य में अभिधा से ज्ञात अर्थ का कल्पनासहकृत बिम्ब रूप में ग्रहण होता है और फिर अंकुरित भाव का आस्वाद होता है—वैसे ही आचार्यों के द्वारा चिन्तित और निर्धारित लक्षणों से लक्षित और 'ज्ञात' (व्यक्त) ब्रह्म भक्त की भावना शक्ति से बिम्ब का विषय बनता है तदनन्तर आस्वाद। वे स्पष्ट कहते हैं—'विज्ञात और साक्षात्कृत' में अन्तर होता है। साक्षात्कार होने पर ही, कल्पना में पूर्ण बिम्बन होने पर ही रसानुभूति हो सकती है। भक्त की अनुभूति यही है जिसे काव्य की लीनता या रसप्रतीति कहते हैं। प्रक्रिया भी वही स्वाभाविक और सीधी-सादी है। कल्पना या भावना जिससे विज्ञात का भीतर ही साक्षत्कार होता है और भाव या रागात्मिकावृत्ति, जिससे आनन्दानुभूति होती है—दोनों मनुष्य की स्वाभाविक वृत्तियाँ हैं। बस इन्हीं दो स्वाभाविक वृत्तियों के सहारे भक्ति रस की निष्पत्ति हो जाती है।

शुक्ल जी के अनुसार भारतीय भक्ति और काव्य में जो रहस्यवादिता संक्रान्त हुई है—वह आगन्तुक है—कम से कम भाव और ज्ञान के क्षेत्र में। उनके अनुसार आचार्य के बोधक्षेत्र की व्यवस्थित प्रक्रिया से अव्यक्त के लक्षणों का निर्धारण होता है और भक्त उस लक्षण निर्धारित व्यक्त सीमा में भाव का संचार करता है। उसके माध्यम से उपासक का उपास्य में इस तरह लीन हो जाना कि वह अनुभूति मात्र रह जाय यही रसास्वाद है। यह भी अभेद की ही भूमि है—ज्ञान से हम जहाँ पहुँचते हैं भक्ति से भी पहुँच सकते हैं—पर एक 'बोध' है और दूसरा 'अनुभव'। 'भक्ति' के साथ-साथ संक्रान्त 'रहस्यवादिता' की बात करते-करते उन्होंने उसका स्रोत तो विदेशी बताया ही है—उसे त्रिविध भी निरूपित किया है—(1) भावोपलब्धि के साधन के रूप में (2) ज्ञानोपलब्धि के साधन के रूप में (3) और अर्थोपलब्धि के साधन के रूप में। 'रहस्य' का धावा 'भाव' के क्षेत्र पर कभी-कभी अत्यन्त रमणीय होता

है, पर ज्ञान और कर्म के क्षेत्र में रहस्य की वृत्ति अराजकता पैदा करती है। अन्तिम को तो पाश्चात्य भी गर्हित बताते हैं—पर शुक्ल जी दूसरे को भी मिथ्या रहस्यवाद मानते हैं। वह पहले को स्वाभाविक और रमणीय मानते हैं—'व्यक्त' की ओर लगा हुआ भक्त उसमें लीन और 'अव्यक्त' पक्ष के प्रति माहात्म्य बोध से विह्वल हो जाता है।

संक्षेप में 'भक्ति' के प्रति शुक्ल जी की यही धारणा है और उसमें संक्रान्त होने वाली 'रहस्यवादिता' की वृत्ति क्या है? उसका स्रोत कहाँ है? कहाँ तक और किस रूप में इसे वह ग्राह्य और त्याज्य है—आदि-आदि बातों का निरूपण किया जा चुका है।

सम्प्रति आचार्य शुक्ल की 'भक्ति' सम्बन्धी यह अवधारणा परम्परा से कितनी विच्छिन्न है और इसीलिए पारम्परिक भक्ति चेतना से प्रेरित हिन्दी का भक्ति साहित्य अपनी उपधाराओं में कहाँ तक और किस रूप में उनसे मूल्यांकित हुआ है—यह विचारणीय है। परम्परा से वे अपने विवेचन में कितनी दूर हैं साथ ही यह भी कि उनकी बौद्धिक विरासत को परवर्ती पीढ़ी ने कैसा सहेजा है—दोनों पक्ष देखने हैं।

इसके पूर्व कि भक्तिकालीन आवान्तर धाराओं के उन्नायक पुरस्कर्ताओं और उनसे रचित साहित्य के प्रति उनकी प्रतिक्रिया क्या है—सामान्य रूप से पहले यह देख लिया जाय कि 'भक्ति सामान्य' की उनकी और पारम्परिक अवधारणा में कितना अन्तर है?

हिन्दी के जिस मध्यकालीन भक्ति साहित्य की समीक्षा शुक्ल जी ने जिस 'लोकधर्म' के मानदण्ड पर की है—उससे न तो उस साहित्य की अध्यात्म की भूमि पर प्रतिष्ठित ऊँचाई ही नापी जा सकती है और न ही तदनुरूप साहित्य में वर्णित व्यापार। वाजपेयी जी ने इसी त्रुटि को पकड़ लिया है और शुक्ल जी को हिला दिया है। इसमें कोई सन्देह नहीं कि शुक्ल जी ने शब्द सभी प्रायः भारतीय परम्परा से लिए हैं—ऐसे शब्द जिन्हें उनकी समीक्षा का 'की-वर्ड्स' कहा जा सकता है—पर अर्थ सबको अपना दिया है—इससे उनकी 'मौलिकता' तो स्थापित होती है—पर 'परम्परानुगति' भंग हो जाती है। 'परम्परानुगतिकता' से मेरा आशय क्रमागत मान्यताओं के यथास्थितिवादी व्याख्यान से नहीं है—और अध्यात्म चेतना से विच्छिन्न विज्ञानसम्मत नितान्त बुद्धिवादी व्याख्यान से भी नहीं है। जब मैं 'परम्परा' से हटकर भारतीय भक्ति साहित्य के व्याख्यान की बात शुक्ल जी के सन्दर्भ में उठाता हूँ—तब एकमात्र मेरा ध्यान उस 'अध्यात्म' की ओर जाता है—जिसे शुक्ल जी साहित्य के क्षेत्र से बर्खास्त करने की बात करते हैं।

कहने को वे सरस्वती और दृषद्वती के बीच प्रतिष्ठित आर्यशास्त्रानुमोदित धर्म को ही 'लोकधर्म' या 'धर्म' कहते हैं—पर वह विज्ञानसम्मत विकासवादी व्याख्या से

निर्धारित है और उनकी रुचि 'मानवता' (मानव स्तर तक विकसित चेतना में उचित लोकमंगलोपयोगी वृत्ति) केन्द्रित है। इस 'मानवता' की चरितार्थता ही उनके चैन्तनिक प्रस्थान का मूल बिन्दु है। इसी को केन्द्र में रखकर वे शास्त्र, काव्य और व्यवहार–सब तरफ सोचते हैं–उनका चिन्तन इससे ऊपर किसी लोकातीत लक्ष्य की ओर नहीं जाता। हाँ, वे किसी ऐसी शक्ति की कल्पना परमसत्-विश्वधारकसत्व के रूप में अवश्य करते हैं जिससे मानवता में सम्भावित विशेषता परिपूर्णता को पहुँचती है। यही परिपूर्णता ईश्वरत्व है और वह परिपूर्णता जगत् के रक्षण और रंजन में है–उसका सदंश रक्षण में और आनंदांश रंजन में व्यक्त होता है। यह सम्भावना मानव-स्तर पर विकसित चेतना में है–उसी की चरितार्थता ईश्वरत्व की उपलब्धि है। उसका रास्ता है व्यक्ति-सत्ता का विस्तार–बोध शक्ति का भी और राग शक्ति का भी। यदि व्यक्ति-सत्ता रक्षण और रंजन के आर्यशास्त्रानुमोदित माध्यम से लोकसत्ता से एक रस हो जाती है तो वह चरितार्थ हो गई–ईश्वरत्व या पूर्णता को पहुँच गई। शुक्ल जी व्यक्त जगत् को इसीलिए अव्यक्त की अभिव्यक्ति मानते हैं। चिन्तन या बोधवृत्ति से हम उस लोकरक्षक और लोकरंजक रूप (यह रूप उपासना के लिए आरोपित नहीं है–वास्तविक है) को 'जान' लेते हैं–पर वह सरस तब होता है जब हमारा व्यक्ति हृदय सर्वात्मना उसके इस रूप पर रीझकर समर्पित हो जाता है। समर्पित होने का मतलब है उसके गुणों को अपने में उभारना और इस प्रकार हृदयानुमोदित पद्धति पर उस उपास्य से एकात्म हो जाना। विवेक गृहीत 'लोकधर्म' का हृदय-गृहीत रूप ही 'भक्ति' है। शुक्ल जी इसे ही अपना पूर्ण समर्थन देते हैं।

स्पष्ट है कि शुक्ल जी का चैन्तनिक प्रस्थान बिन्दु 'मानवता' की चरितार्थता है–इसी व्यक्त जगत् के बीच। आराध्य है सगुण रूप 'अव्यक्त' का अभिव्यक्त रूप 'व्यक्त' लोक। यही लोक शुक्ल जी की सीमा है इसलिए उनका 'धर्म' इसी से जुड़ा हुआ है। मानवता की इसी चरितार्थता में काव्य स्तर पर 'रसदशा' है, व्यवहार के स्तर पर लोकमंगलोपयोगीआचरण 'उपासना' है और आचार्य-लक्षण-लक्षित 'व्यक्त' का भावना द्वारा बिम्बन करते हुए भावमग्न होना 'भक्तिरस' का आस्वाद है और यह सब प्राकृत वृत्तियों–बोध तथा राग–से ही सम्भव है।

परम्परा भी 'मानवता' की चरितार्थता मानती है और उसे महाभारतकार 'गुह्य-ब्रह्म' कहता है।

'गुह्यं ब्रह्म तदिदं ब्रवीमि न मानुषाच्छ्रेष्ठतरं हि किंचित्।

मनुष्य पूर्णता की सम्भावना है और 'पूर्णता' निरपेक्षता अबुद्धिबोध्य है। गोस्वामी जी उसका बोध उसी के अधीन है–ऐसा मानते हैं–

सो जाने जेहि देहु जनाई। जानत तुमहिं तुमहिं होई जाई।।

उपनिषदों की ही प्रतिध्वनि है–यह कालक्रम से कोई विकसित मत नहीं है

उपनिषद् है—*यमेवैष वृणुते तेनैव लभ्यः*

निष्कर्ष यह कि 'मानवता' विषयक शुक्ल-सम्मत-धारणा से 'परम्परा' सम्मत धारणा भिन्न है। शुक्ल जी उसे 'स्पष्ट' कहते हैं और परम्परा उसे 'गुह्य' (रहस्य) कहती है। तुलसी कहते हैं—

बड़े भाग्य मानुस तन पावा। सुर दुर्लभ सद्ग्रंथन गावा।।

यदि तुलसी सम्मत सद्ग्रंथ में 'महाभारत' का भी शुमार है—तो 'मनुष्य' का पारमार्थिक रूप गुह्य है, अर्थात् अबुद्धिबोध्य है—रहस्यमय है। यहाँ 'रहस्य' शब्द 'पर्सनल' या 'प्राइवेसी' के अर्थ में नहीं है—क्योंकि वह वस्तु सत्य है। वह किसी का व्यक्तिगत सत्य नहीं है। व्यक्तिगत सत्य सापेक्ष होता है जबकि वह पूर्ण तथा निरपेक्ष सत्य है। अपने इस रूप में सत्य 'अव्यक्त' है—उसका 'व्यक्त' रूप वह है जो 'ज्ञानेन्द्रिय' मन तथा बुद्धि की पकड़ में आ सके। इसीलिए शुक्ल जी उसे 'ज्ञात' कहकर भाव की सीमा वहाँ तक निर्धारित करते हैं। भक्त भक्ति द्वारा उसके व्यक्त रूप से एक रस होकर अनुभव करता जाता है और 'अव्यक्त' रूप से अभिन्न सत्ता की ओर बढ़ता जाता है। शुक्ल जी 'ज्ञान' को प्राकृत अन्तःकरण की वृत्ति ही मानते हैं—वे ज्ञान को अतिप्राकृत स्तर पर नहीं लेते। 'सूरदास' में स्पष्ट ऐसी किसी शक्ति का निषेध किया है। इसलिए उनका 'ज्ञान' चिन्तन-प्रसूत 'अद्वैतवाद' की उपलब्धि कर उस लक्षण से परमसत् को लक्षित कर सकता है—पर शुक्ल-सम्मत 'ज्ञान' इससे आगे नहीं जा सकता। यह केवल योग है जो अतिप्राकृत और जटिल व्यापारों के माध्यम से 'अव्यक्त' का साक्षात्कार करा सकता है। शुक्ल जी उसे लोक सामान्य के लिए सुलभ नहीं मानते। इसीलिए उस क्षेत्र को योगियों के लिए व्यक्तिगत साधना वालों के लिए छोड़ देते हैं। वह तो केवल उस 'लोकधर्म' या 'सोशल डिसिप्लीन' के प्रति प्रतिबद्ध हैं जिससे 'व्यक्त' जगत् में ध्वंसक तत्त्व रचनात्मक तत्त्वों पर हावी न हो सके। आर्यशास्त्रानुमोदित समाज व्यवस्था ही उनका 'लोकधर्म' है, यह वर्णाश्रम धर्म है। अविकल परम्परासम्मत अर्थ में यह धर्म शब्द भी नहीं है। शुक्लजी के 'धर्म' में जिस कर्म, ज्ञान और भक्ति—तीनों का सामंजस्य है—उनकी सीमा 'व्यक्त' ही है वे सब प्राकृत भूमि के ही हैं—उनमें अन्तःकरण की वृत्ति और उत्प्रेरित कर्म से आगे कोई नहीं जानता। अपने 'लोकधर्म' को स्पष्ट करते हुए कर्म, ज्ञान और भक्ति की त्रयी से उन्होंने 'योग' को बाहर रखा और 'अव्यक्त' से उसे सम्बद्ध किया। उसे व्यक्तिगत स्तर पर साधन करने वाले योगियों के लिए छोड़ दिया।

'मानस' के साक्ष्य पर ही देखना चाहिए कि 'धर्म' 'भक्ति' 'मुक्ति' 'ईश्वर' 'ज्ञान' को जो अर्थ शुक्ल जी ने दिए हैं—वे 'परम्परा' के उपासक तुलसी को कहाँ तक स्वीकार्य हैं? शुक्ल जी का गन्तव्य है—व्यवहार। भक्ति, काव्य तथा कर्म—सभी

क्षेत्रों में 'व्यक्त' लोक की सत्ता में व्यक्ति सत्ता का लय–कर्म सम्पाद्य है तो इसी भूमिका पर। हृदय की इसी अवदात दशा से प्रेरित कर्म द्वारा मानवता जगत् की स्थिति–रक्षा द्वारा चरितार्थ होती है–यही शुक्ल जी का प्राप्य है–यही मुक्ति है, इसी के लिए भक्ति है जो ज्ञात के प्रति होती है।

'मानस' और 'विनय'–के साक्ष्य पर क्या तुलसी का भी यही चरम गन्तव्य सिद्ध होता है–क्या परम्परागत शास्त्र शुक्ल जी का पक्ष समर्थित करते हैं? तुलसी के मानस का परम्परासम्मत दृष्टि से चरम लक्ष्य है–भक्ति। यह साध्य भक्ति है। शुक्ल जी ने इस 'साध्य' का नाम अवश्य लिया, पर उसका विवेचन नहीं किया। यह साध्य भक्ति भगवद्रूप ही है–इससे भिन्न नहीं। इसीलिए 'भक्ति' सुतंत्र अवलम्ब न आना'–ज्ञान और कर्म स्वतंत्र नहीं हैं–भक्ति स्वतंत्र है–ज्ञान-विज्ञान, सब उसके अधीन है। आर्यशास्त्रानुमोदित 'कर्म' (या धर्म) में अधिकार, द्रव्य-विधान, सामर्थ्य, देश, काल आदि की अपेक्षा है। 'ज्ञान' में भी स्वातंत्र्य नहीं है वह वस्तुतंत्र है–ज्ञानदीप के प्रज्वलन में कितनी कठिनाई और किन-किन साधनों की अपेक्षा है–यह उत्तरकांड में विस्तार से निरूपित है। इस अन्य सापेक्ष 'कर्म' और 'ज्ञान' का सम्पादन हो भी गया तो भी भक्ति हीन कर्म 'रक्तबीज इव बाढत जाई' और निरूपाधि ज्ञान–भक्तिशून्य ज्ञान–उपद्रवग्रस्त हो जाता है–ज्ञानी साधक का भक्ति शून्य होने पर पतन सम्भव है।

जे ज्ञान मान विमत्त तब भव हरनि भगति न आदरी।
से पाइ सुर दुर्लभ पदादपि परत हम देखन हरी।।

तुलसी की साध्य भक्ति कर्म और ज्ञान की मुखापेक्षी नहीं है। तुलसी कहते हैं–

'कौन सोभयाजी आजामिल रह्यौ कौन गजराज रह्यौ वाजपेयी?'

तुलसी कह रहे हैं कि किरातों को कौन-सा 'ज्ञान' था–जिनके लिए कहा गया है–

वेद वचन, मुनि मन, अगम ते प्रभु करुना ऐन।
वचन किरातन्ह के सुनत जिमि पितु बालक बैन।।

तुलसी के मत से 'ज्ञान-दीप' में स्वात्मानुभव प्रकाश आगन्तुक है, पर भक्ति-मार्ग में स्वाभाविक–'राम भगति चिन्तामनि सुन्दर' शुक्ल जी भी तुलसी की भाँति 'भक्ति' को सर्वोपरि महत्व देते हैं–पर उसे कर्म और ज्ञान-समन्वित ही मानते हैं–क्योंकि उनकी दृष्टि से 'भक्ति' अन्तःकरण की वृत्ति विशेष है–और–वह अन्तःकरण उस त्रिगुणात्मिका प्रवृत्ति की परिणति है जो जड़ है–जीव का 'मूल स्वभाव' उससे सर्वथा परे है–जड़ वृत्ति चिदानन्दमय 'स्वभाव' का प्रकाश किस प्रकार

कर सकती है? तुलसी की साध्य भक्ति आराध्य की शक्ति है–

'लखत मंजु मुनि मण्डली मध्य सीय, रघुचन्दु।
ज्ञान सभा, जनु तनु धरे भगति सच्चिदानन्द।। 2।239 रा.च.मा.

का ही नामान्तर है। वह शक्ति जो चाँद से चाँदनी की तरह अविच्छेद्य है, प्रभा से भानु की तरह एक है–

प्रभा जाइ किमि भानु विहाई?

सीता ही आदि शक्ति है–'राम से कहियत भिन्न न भिन्न'। उसी ने 'सब जग उपजाया'। तत्त्वतः साध्य भक्ति नित्य, विभु आत्मशक्ति ही है–अन्तःकरण की वृत्ति तो प्रकाशक बल्ब की भाँति है–प्रकाशक होने से उपचारतः उसे भक्ति कहते हैं–तत्त्वतः नहीं। वह साध्यभक्ति–साधक के पौरुष से नहीं–राम की कृपा से मिलती है–

सो मणि जदपि प्रगट जग अहई।
राम कृपा बिनु कोउ न लहई।।

राम की कृपा से वह मिलती है और उससे राम मिलते हैं–और अन्ततः नाभादास के शब्दों में–

'भक्ति-भक्त भगवंत गुरु चतुरनाम वपु एक'

सबका कल्पित भेद निरस्त हो जाता है–अद्वैततत्त्व अनुभूति मात्र रहता है। मानस–साक्षिक 'भक्ति' का यही रूप शुक्ल जी बताते हैं? तुलसी के यहाँ 'अविरल प्रेम भगति' प्राप्त सुतीक्ष्ण बीच रास्ते हृदय के भीतर जिस द्विभुज राम का साक्षात्कार करता हुआ 'भक्ति रस मग्न' है–वह काव्य की ही मानववादी शुक्ल-सम्मत प्रक्रिया है? क्या गुरु-प्रसादवश 'सूर' के हृदय में जो 'लीला' स्फुरित हुई–वह काव्योपयोगी बिम्बनात्मक प्रक्रिया से सम्भव है? क्या हृदय के मध्य 'साक्षात्कार' व्यक्त मात्र सम्बद्ध होने से 'रहस्य' नहीं है–रहसि भवः–रहस्यम् नहीं है? क्या वह साक्षात्कार अन्तःकरण की जड़ वृत्ति से सम्भव है? क्या जड़ वृत्तिमयी शुक्ल-सम्मत 'भक्ति' ही तुलसी का साध्य है? क्या मानस के साक्ष्य पर 'भक्ति' का यही स्वरूप बनता है? नहीं, साध्यभक्ति के अधीन ज्ञान अर्थात् वाक्यज्ञान तर्कलब्ध ज्ञान और विज्ञान अर्थात् अपरोक्षानुभूति–दोनों हैं। यद्यपि उन्होंने एक जगह 'भगति का साधन कहऊँ बखानी'–कहा है–जिससे 'भक्ति' की पराधीनता, साधन की मुखापेक्षिता प्रतीत होती है–इससे स्वतंत्र और 'साधनाधीन'–कहने से एक अन्तर्विरोध भी आता है–तथापि उसकी संगति यह है कि साध्यभक्ति सच्चिदानन्द की स्वातंत्र्यशक्ति है–और साधन या साधारण भक्ति–परमात्मा या उसके व्यक्त रूप के प्रति

अन्तःकरण की वृत्ति। उसके झुकाव के लिए साधन आवश्यक है। अन्तःकरण की वृत्ति रूपी प्रकाशक बल्ब को निर्मल करना आवश्यक है और तदर्थ साधन भी आवश्यक है। प्रकाशक जितना ही निर्मल होगा—विद्युतप्रवाह की भाँति चिन्मयी शक्ति रूप भक्ति का उतना ही प्रकाश होगा। निष्कर्ष यह कि साध्य भक्ति स्वतंत्र हैं और साधन भक्ति साधनाधीन। इसी 'साध्य' भक्ति के लिए 'विनय' में तुलसी ने कहा है—'रघुपति भगति करत कठिनाई।' वह करने से नहीं, 'स्वभाव' से हो जाती है। मत्त गजराज की भाँति अत्यन्त पुरुषार्थी भी निम्नगामी जल के तीव्र प्रवाह में ऊर्ध्वयात्रा—उल्टी यात्रा नहीं कर सकता—पर 'मछली' स्वभाव के कारण अनायास कर लेती है। साध्यभक्ति की यात्रा पुरुषार्थ और साधन से नहीं—'स्वभाव' से होती है। जब तक साधक 'विभाव' में स्थित है तब तक वह 'साध्यभक्ति' नहीं होगी—वह करने से हो गई तब तो क्रियाधीन हो गई—'स्वतंत्र' काहे की? तुलसी कहते हैं कि वह तो—'जेहि पै वनि आई'—स्वयं वह जिसके अनुकूल हो गई—हो गई। 'विभाव' स्थित व्यक्ति उसे नहीं पा सकता—'स्वभाव' स्थित ही पा सकता है। वह 'स्वभाव' भी स्वतंत्र है—'भक्ति' उसी की शक्ति है—उसी का प्रकाश है—दोनों में चाँद और चाँदनी का सम्बन्ध है। इस 'स्वभाव' की अपरोक्षानुभूति कैसे हो? वस्तुतः 'शक्ति या भक्ति' इसी 'स्वभाव' का स्वातंत्र्य प्रकाश है—इसी 'शक्ति' से वह 'आत्मानुभव' करता है। शक्ति प्रकाशमय स्वभाव का विमर्श या परामर्श है—फलतः दोनों स्वतंत्र हैं और कहने के लिए तत्त्वतः चाँद और चाँदनी की तरह एक हैं। वास्तव में 'मानस' के साक्ष्य पर 'भक्ति' के तीन स्तर हैं—(1) साधनभक्ति[1] (2) भावभक्ति[2] (3) प्रेमभक्ति[3]। पहली 'की जाती' है और परवर्ती 'हो जाती' है। पहली को बैधीभक्ति भी कहते हैं—इस स्तर पर निष्काम भाव से आर्यशास्त्रानुमोदित 'धर्म' का आचरण होता है—शुक्ल-सम्मत भक्ति इसी स्तर की कदाचित् हो सकती है—उनका भक्ति प्रभावान्वित लोकधर्म—यहीं तक है—क्योंकि इसका कार्यान्वियन व्यक्त जगत् में होता है और राग-द्वेष के धागे के टूटने से उसका व्यक्तिबद्ध रूप लोकमय हो जाता है। शुक्ल जी की दृष्टि लोकबद्ध है—अतः लोकातीत व्यक्ति के स्तरों की ओर वे वर्जित क्षेत्र मानते हैं—उधर व्यक्तिगत साधक या योगी लोग जा सकते हैं—वह जनसामान्य के लिए 'प्राहिविटेड एरिया' है। तुलसी स्वयम् कहते हैं—

प्रीति राम सों, नीति पथ चलिय राग रिस जीति।
तुलसी सन्तन के मते इहै भगति के रीति।। (दोहावली)

शुक्ल जी का 'लोकधर्म' या 'भक्ति'—'राग रिस जीति नीति पथ चलिय' तक ही है—'व्यक्ति हृदय' में राम विषयक 'भाव' भगति या 'प्रेम भगति'—तक नहीं। शुक्ल जी की दृष्टि में—

सगुण उपासक परमहित, निरत नीति दृढ़ नेम।
ते नर प्रान समान मम जिन्हके द्विज पद प्रेम।। (मानस)

सगुण हैं—व्यक्त लोक समष्टि अथवा स्थिति—रक्षाविधायी अवतार। तुलसी सगुण-निर्गुण—दोनों समेटते हैं—

हिय निर्गुण नयनन्हि सगुन रसना राम सुनाम।
मनहुँ पुरट संपुट लसत तुलसी ललित ललाम।।

अस्तु, मुझे यहाँ अप्रासंगिक विस्तार नहीं करना है—केवल यह दिखाना है कि शुक्ल जी ने 'मानस—साक्षिक भक्ति' का उतना ही रूप अपनी युग चेतना-निर्दिष्ट रुचि से लिया है जितना 'व्यक्तलोक' के बीच जनसामान्य के लिए स्थिर व्यवस्था का कार्य कर सकती है।

शुक्ल जी की एक यह भी मान्यता है कि अन्तःकरण की वृत्ति ही राग है और वह दो ही कारणों से सम्भव—साहचर्य तथा रूपदर्शन। तुलसी—जो आध्यात्मिक उपलब्धि से सबको जोड़कर चलते हैं—का यह भी पक्ष है—

सुमिरिय नाम रूप बिनु देखे।
आवत हृदय सनेह विसेखे।।

बिना रूप दर्शन और भौतिक साहचर्य के भी नाम स्मरण मात्र से स्नेह उत्पन्न होता है।

यदि घट के भीतर तत्त्वदर्शन ही रहस्यवाद का आधार है तो वह सुतीक्ष्ण मुनि और हृदय में स्फुरित लीला का साक्षात्कार करने वाले सूर पर भी लागू होता है और भारतीय परम्परासम्मत है।

प्राकृत अन्तःकरण के परे जिस विमर्शमयी स्वरूपशक्ति से प्रकाश-स्वभाव निज रूप की पहचान सम्भव है—वह ज्ञानात्मिका भक्ति है। वहाँ प्राकृत जगत् की व्यवस्था लागू नहीं होगी। वहाँ एक ही शक्ति से सब तरह का ज्ञान होता है—वहाँ देखने के लिए आँख या सुनने के लिए कान—जैसी इन्द्रिय-नियत व्यवस्था नहीं है कि भाव-भक्ति से 'जानने' का काम लेना नाक से खाने की तरह अस्वाभाविक काम लेना है। वहाँ 'स्वभाव' शक्ति से 'स्वभाव' का प्रकाश होता है। शुक्ल जी 'सूरदास' में लिखते हैं—'भक्त्या भाममिजानाति...' को लेकर 'शाण्डिल्यसूत्र' में यह कहा है कि भक्ति ही के द्वारा भगवान तत्त्वतः जैसे हैं—वैसे जाने जा सकते हैं। अतः भक्ति साधन नहीं साध्य है। पर यह बात यहाँ तक नहीं पहुँचाई गई कि जानने का काम प्रेम या भक्ति से लिया जा सकता है—और आगे अपनी धारणा के अनुसार इस श्लोक की अन्यथा व्याख्या की ओर कहा—'हमारे यहाँ भक्ति-पारखियों की ओर से ज्ञान क्षेत्र की ऐसी अवहेलना नहीं हुई—भक्ति ने ज्ञान का काम अपने ऊपर नहीं लिया।' उसके अनुसार 'गीता का उपदेश तो यही रहा कि जानते चलो, भक्ति करते चलो और कर्म करते चलो।' वे पाश्चात्य आधुनिक चिन्तकों की भाँति किसी अतिप्राकृत 'स्वानुभूति' को (Intuition) नहीं मानते। इस ओर शुक्ल जी की रुचि

है, 'परम्परा' या 'दार्शनिक' युक्ति नहीं। जब शुक्ल जी यह स्वीकार करते हैं कि 'व्यक्त', 'अव्यक्त' की अभिव्यक्ति है—तो 'शक्ति'—अतिप्राकृत शक्ति का स्वीकार अनायास हो जाता है—और ऐसा संकेत भी उनमें है—यह बात अलग है कि वे 'शक्ति' और 'भक्ति' को एक नहीं मानते—साध्य रूपा भक्ति को भी नहीं।

एक बात और। 'साध्यभक्ति'—भाव और प्रेम भगति—भारतीय परम्परानुसार ज्ञानोत्तरा भक्ति हैं—'स्वरूप बोध' के अनन्तर प्रकाशित होती है। दर्शन-भेद से 'स्वरूप' भिन्न-भिन्न रूप है—जीव का। निर्धारित प्रक्रिया से 'तात्विक ज्ञान' 'अज्ञान' का निवर्तक होता है—जिस अज्ञान या अविद्या से 'अहंकारविमूढ़ात्मा' जीव अपने को 'कर्ता' होने का अभिमान करता है। अनादिकाल से चली आती हुई अविद्या, अविद्या से स्वरूप-विस्मृति, स्वरूप-विस्मृति से स्वरूप का अन्यथा बोध और अन्यथा बोध से दुःखानुभव की शृंखला चलती रहती हैं—अविद्यामूलक कर्तत्वबोधपूर्वक सम्पादित कर्म और तज्जनित वासना आत्मा के बन्धन बन जाते हैं। इस बन्धन से जो मुक्ति काम्य है—वह 'ज्ञान' से ही सम्भव है। तुलसी 'ज्ञान' से 'मल' का सर्वथा संहार नहीं मानते—तदर्थ 'भक्ति' की अपेक्षा मानते हैं—

धर्म ते विरति जोग ते ज्ञाना।
ज्ञान मोच्छप्रद बेद बखना।।
जाते वेगि द्रवहुँ में भाई।
सो मम भगति सदा सुखदाई।। (मानस—3-16-1)

अहंकार रूप मृषाग्रंथि ही बन्धन है और उसका निराकरण तुलसी ज्ञानदीप के प्रकाश में मानते हैं। यह 'ज्ञान' (—स्वरूपबोध—स्वरूप स्मृति—आत्मप्रत्यभिज्ञा—निजरूप की पहचान—आपन पहिचान—) स्वरूप विस्मृति रूप अज्ञान विरोधी है। श्रवण, मनन, निदिध्यासन रूप वेदान्तसम्मत प्रक्रिया से अधिकारी साधक की 'सोहमस्मि'—इत्याकारक अखण्डकार वृत्ति विरोधी वृत्ति का नाश करती हुई 'कतकरजो न्यायेन'—स्वयम् भी शान्त हो जाती है। तदनन्तर आवरण के नष्ट होने से तात्विक स्वरूपबोधात्मक ज्ञान अनावृत हो जाता है। यह 'ज्ञान' अन्तःकरण की वृत्ति नहीं है। शुक्ल जी 'ज्ञान' या 'बोध' को भी अन्तःकरण की वृत्ति तक ही मानते हैं और कहते हैं कि इसी वृत्ति से 'अद्वैतवाद' की उपलब्धि हुई है—निश्चय ही यह सही है, पर 'अद्वैतवाद' और 'अद्वैततत्त्व' में अन्तर है। शुक्ल जी 'अद्वैतवाद' की वृत्यात्मक ज्ञान से उपलब्धि की बात तो करते हैं पर 'अद्वैततत्त्व' अतिप्राकृत स्वरूपात्म चिन्मय ज्ञान रूप में अनावृत होने की बात ही नहीं करते। इस प्रकार शुक्ल जी ने न केवल 'भक्ति' का प्रत्युत 'ज्ञान' का भी परम्परासम्मत आख्यान नहीं दिया—कदाचित् अपने दुर्ग के भीतर उन्हें इन रूपों में 'भक्ति' और 'ज्ञान' की चर्चा अनावश्यक प्रतीत हुई जैसे भारतीय दर्शन अपनी सीमा का ध्यान रखकर ही किसी की चर्चा करते हैं

और किसी को छोड़ देते हैं। इस वृत्ति से शुक्ल जी को जोड़ दें–तो वह उनका पक्ष कहा जा सकता है। जिस प्रकार 'साध्य' भक्ति का नाम लेकर भी उसे अचर्चित ही छोड़ दिया, उसी प्रकार 'जोग ते ज्ञाना' के अनुसार 'अव्यक्त' पक्ष को योग-लभ्य 'ज्ञान' प्राप्य कहकर भी अचर्चित ही छोड़ दिया। इससे निष्कर्ष यही निकलता है कि उनका एक वैचारिक दुर्ग है–वे उसी दर्शन के संस्थापक हैं–एक युगानुरूप दार्शनिक प्रस्थान के प्रस्थापक आचार्य हैं।

शुक्ल जी 'मानस' को साक्ष्य बनाकर वैसे ही अपना प्रस्थान बनाते हैं–जैसे वैदिक वाङ्मय का साक्ष्य देकर आचार्यों ने अपने-अपने प्रस्थान निकाले। शुक्ल जी ने तुलसी का साक्ष्य देकर 'मुक्ति' के तीन साधनों–भक्ति, ज्ञान और कर्म की बात कही है और तीनों के समंजस रूप से लोकप्रस्थान का सन्तुलन बनाया है–तुलसी का वक्तव्य है–

राम भगति जहाँ सुरसरि धारा। सरसइ ब्रह्म विचार प्रचारा।।
विधि निषेधमय कलिमल हरनी। करमकथा रविनंदिन वरनी।।

संतसमान रूपी तीर्थराज में भक्ति (गंगा) ज्ञान (सरस्वती) तथा कर्म (यमुना) का संकेत स्पष्ट है। व्यवहार में व्यक्त सौन्दर्य की निष्पत्ति के लिए तीनों का सामंजस्य अनिवार्य है।

परम्परा अभक्ति और अज्ञान को बन्ध का कारण मानती है–अतः भक्ति और ज्ञान को मुक्ति (स्वरूप की पहचान) का मार्ग बताती है। परम्परा 'मुक्ति' को 'विश्रान्ति' मानती है–शुक्ल जी उससे हटकर सोचते हैं।

शुक्ल जी का लक्ष्य व्यवहार का व्यक्त सौन्दर्य है–जगत् की स्थिति और रक्षा है और तदर्थ 'कर्म' आवश्यक है, 'ज्ञान' (विधिनिषेधमय आर्यशास्त्रानुमोदित लोकधर्म का ज्ञान) उसमें सहायक है और लोकसत्ता में लीन व्यक्ति सत्ता की सामान्य इंसानियत वाली भावभूमि प्रेरक। शुक्ल जी इसी 'भावयोग' को महत्व देते हैं–'ज्ञानयोग' और 'कर्मयोग' को चरितार्थ करने में केन्द्रीय तत्त्व मानते हैं।

'भक्ति' 'ज्ञान' के साथ 'मुक्ति' विषयक धारणा भी परम्परासम्मत मानस साक्षिक धारणा से भिन्न है। परम्परा मुक्ति या मोक्ष के विभिन्न रूप प्रस्थान भेद से मानती है। उसका अभावात्मक रूप त्रिविधताप की आत्यंतिक निवृत्ति और भावात्मक रूप निरतिशय, शाश्वत आनन्द 'स्वभाव' की पहचान है और यह स्थिति 'विश्रान्ति' धाम है। शुक्ल जी की 'मुक्ति' व्यवहार सौन्दर्य में राग-द्वेष-सूत्र-मुक्त हृदय द्वारा ज्ञानपूर्वक कर्तव्यपरायणता है–इसीलिए वे विश्रान्तिमय काव्यास्वाद को साध्य नहीं–साधन मानते हैं।

उनका 'ईश्वर' जगत् स्थिति-रक्षा-रंजन-कारी परमसत् सच्चिदानन्दमय है–जिसकी अवधारणा मनुष्य ने अपनी ऊर्ध्वगामी लोकमंगलोपयोगी सम्भावनाओं की परिपूर्णता

में की है। उसका मंगलकारी सुन्दर रूप धारक शक्तियों की सहायता और विध्वंसक के मर्दन में करुणा और क्रोध के समन्वय में दिखाई पड़ता है। तुलसी की तरह शुक्ल जी का 'मनुष्य' उसी में लीन होना चाहता है—अन्तर्यामी से यह बहिर्यामी बड़ा है। परम्परानुसार तुलसी 'अव्यक्त' (निर्गुण) और 'व्यक्त' (सगुण) में सर्वथा अभेद मानते हैं और इसी की सिद्धि में उनका समस्त 'मानस' संलग्न है—

एहि महं आदि मध्य अवसाना। प्रभु प्रतिपाद्य राम भगवाना।।

शुक्ल जी का झुकाव 'अव्यक्त' की अपेक्षा 'व्यक्त' लोक की ओर ही है। इसीलिए परम्परासम्मत न तो द्वैतवादियों के अतिप्राकृत लोकान्तरों की बात करते हैं और न ही सालोक्य, सायुज्य, सारूप्य, सामीप्य और सार्ष्टिरूप मुक्ति की बात करते हैं और न ही अद्वैतियों की भाँति ब्रह्मजीवैक्यरूप स्वरूप साक्षात्कारात्मक विश्रान्ति की ही बात। ज्ञान और ज्ञानोत्तरा भक्ति की सिद्धावस्था या विश्रान्ति से हटकर लोकमंगलोपयोगी लोकसत्ता में व्यक्तिसत्ता के विसर्जित होने में ही मुक्ति मानते हैं। 'व्यक्त समष्टि' ही उनका आराध्य है—जगत् स्थिति—रक्षा-परायण परात्पर शक्ति की साकार प्रतिमूर्ति राम की ही उपासना उनका काम्य है। उपासनावश उपासक की भावना में घटित मूर्ति जो लोकमंगलोपयोगी अनुरूप-विरूप-व्यापारों की प्रभा से मण्डित है—प्रेरणादायक है। व्यवहार सौन्दर्य के निमित्त उनकी उपासना और उनकी लीनता की ये ही सीमाएँ हैं—परम्परागत अन्य प्रस्थानों से हटकर।

सम्प्रति, 'मानस-साक्षिक' धर्म या 'लोकधर्म' की परम्परा से हटकर शुक्ल जी की अपनी धारणा क्या है—यह देखकर इस प्रसंग को सम्पन्न करूँगा।

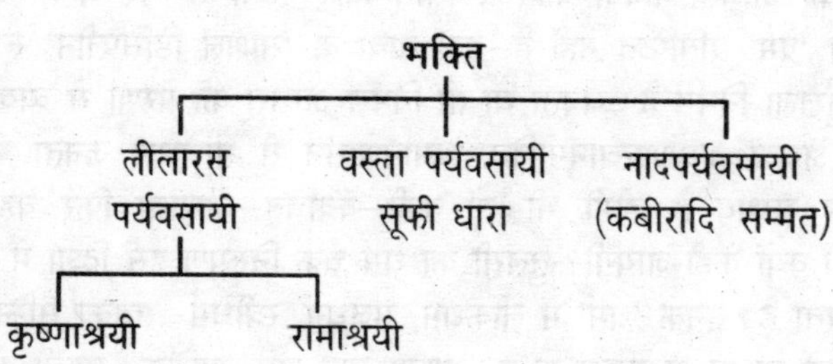

विद्वानों की धारणा है कि भक्तिकाल की उपधाराओं में रामधारा के प्रतिनिधि संत कवियों में जहाँ तक तुलसी का सम्बन्ध है उनका दर्शन धर्म-निष्ठ दर्शन है—विशेषतः 'मानस-साक्षिक दर्शन।' हमारे यहाँ परम्परा में 'धर्म' का स्रोत 'शास्त्र' को माना गया है—वह 'शास्त्रैकसमधिगम्य' है। गोस्वामी जी की दृढ़ धारणा है कि वह 'शास्त्र' जो श्रुतिसम्मत हो—'धर्म' का स्रोत है। उससे अभ्युदय और निःश्रेयस्—दोनों की सिद्धि होती है—लोक और परलोक दोनों की सिद्धि होती है। शुक्ल जी के

चैन्तनिक दुर्ग के अनुरूप जो नहीं पड़ता, उसका नाम लेकर भी छोड़ देते हैं। भक्ति के 'साध्य' रूप को छोड़ दिया, ज्ञान की चर्चा करके भी उसके सिद्धान्तों को ढूँढ़ने में रुचि नहीं ली और उसी प्रकार 'धर्म' के सन्दर्भ में परलोक की बात उठाकर भी उसकी अवहेलना कर दी। 'धर्म' का स्वरूप स्पष्ट करते हुए कह दिया 'व्यक्तिगत' सफलता के लिए जिसे 'नीति' कहते हैं, सामाजिक आदर्श की सफलता का साधक होकर वही 'धर्म' हो जाता है। शुक्ल जी मानते हैं कि शेष तीन भक्तिकालीन धाराएँ 'लोकधर्म' से विमुख थीं—ये तुलसीदास ही थे—जो साधारण जनता (गृहस्थ जनता) के आरूढ़ होने की सम्भावना वाले लोकधर्म की चर्चा करते थे।

याज्ञवल्क्य स्मृति पर विज्ञानेश्वर की मिताक्षरा टीका है—उसमें श्रुतिसम्मत सनातन धर्म की छह विधाएँ बताई हैं—जिसे हम स्मार्त धर्म कहते हैं। गोस्वामी जी की धर्मभावना यही सनातन धर्म भावना है। यह हैं—साधारण धर्म, वर्ण धर्म, आश्रम धर्म, वर्णाश्रम धर्म, गुण धर्म, और निमित्त धर्म। शुक्ल जी ने भी यही सन्दर्भ देकर 'गोस्वामी तुलसीदास' में लोक धर्म का निरूपण करते हुए कहा कि संसार के सभी देशों में जो मत प्रचलित हुए, उनमें 'साधारण धर्म' का ही पूर्ण समावेश हो सका—विशेष धर्मों की बहुत कम व्यवस्था हुई, पर सरस्वती और दृषद्वती के तटों पर पल्लवित आर्य सभ्यता के अन्तर्गत जिस धर्म का प्रकाश हुआ विशेष धर्मों की विस्तृत व्यवस्था उसका लक्षण हुआ और वह वर्णाश्रम धर्म कहलाया। उसमें कर्म, वचन और भाव की सम्यक् व्यवस्था हुई। शुक्ल जी ने वर्ण-व्यवस्था का 'कर्मणा' वाला रूप ही माना है, 'जन्मना' वाला नहीं। गोस्वामी जी में भक्ति और अध्यात्म के प्रेम वाले क्षेत्र में इसका प्रतिबन्ध उपेक्षित कर दिया है—क्योंकि वहाँ तो 'प्रेम' ही 'नेम' की दायित्व-भावना का आत्मसात् किए रहता है—पर जहाँ स्वभावगत 'भक्ति' या 'प्रेम' प्रतिष्ठित नहीं है—वहाँ बाबा के 'सोशल डिसिप्लीन' रूप 'धर्म' की लौह शृंखला निर्मम है। जनता या तो निर्मल अन्तस् की प्रेरणा से व्यवहार कर सकती है अथवा आर्यशास्त्रानुमोदित 'धर्मानुशासन से साधारण जनता में पहली स्थिति कम सम्भव है—होगी भी—तो कहीं—क्वचित्—अन्यथा फिर वह जनता साधारण ही क्यों कही जायगी? तुलसी का धर्म चक्र निरूपण इस दिशा में आलोक विकीर्ण करता है। उनके 'धर्म' में लोकधर्म, राजधर्म, स्त्रीधर्म—सबका सन्निवेश है।

धर्म के साधन दो प्रकार के हैं—आध्यात्मिक और आर्थिक। पहली के भी दो पक्ष—शारीरिक और मानसिक। बाबा के अनुसार सुर दुर्लभ मानव शरीर साधन-धाम है। मानसिक के भी दो रूप हैं—विधि एवम् निषेध। विधि रूप साधन श्रद्धा है—बाबा कहते हैं—

श्रद्धा बिना धर्म नहीं होई।

निश्चय ही धर्म के साधारण और विशेष रूपों में साधारण मानव धर्म पर उनका अधिक झुकाव है।

'पर उपकार सार स्रुति को।' (विनय पत्रिका)

धर्म के इस रूप के मन में प्रतिष्ठित हो जाने पर समाजहित के और रूप स्वयम् आचरित होने लगते हैं। 'पर उपकार' रूप धर्म की मात्रा व्यक्तिसत्ता के लोकसत्ता में विलयन की मात्रा पर ही निर्भर है। इस प्रकार परम्परा जहाँ 'धर्म' को 'परलोक' तथा व्यक्तिगत आध्यात्मिक उपलब्धि से चित्त शुद्धि द्वारा जोड़ती है—वहाँ शुक्ल जी उसका समाजोपयोगी रूप ही ग्रहण करते हैं और विकासवादी पद्धति पर उसका उत्तरोत्तर विकास भी बताते हैं।

निष्कर्ष यह कि भक्तिकालीन चारों शाखाओं में मर्यादामार्गी तुलसी का साहित्य उनकी रुचि के अनुरूप जितना प्रशस्त प्रतीत होता है—उतना दूसरा नहीं। इसलिए रामचन्द्र के प्रति जैसे तुलसी समर्पित हुए वैसे ही तुलसी के प्रति रामचन्द्र। 'मानस' के साक्ष्य पर 'रुचि सम्मत' लोक-काव्योपयोगी जो मानदण्ड शुक्ल जी ने निर्धारित किए—उसका प्रशस्त तथा चतुष्पाद संचार भी उन्होंने वहाँ किया। यह बात सही है कि 'तुलसी साहित्य' की समीक्षा मानदण्ड निर्धारण के सन्दर्भ में उतनी नहीं उभर पाई जितनी उभर सकती थी। पद्मावत की आलोचना के स्तर पर गोस्वामी जी का स्तर साहित्यिक आलोचन की दृष्टि से नहीं पहुँच सका।

रामधारा की ही 'रसिक धारा' वाला साहित्य उनकी न केवल सहानुभूति नहीं पा सका—प्रत्युत भर्त्सना का भी विषय बना। इसका कारण था 'गुह्य' भावना का अलोकोपयोगी संक्रमण। यद्यपि 'गुह्यता' भारतीय परम्परा में समादृत है—पर शुक्ल जी उसमें विकृति की सम्भावना देखकर भारतीय मानने से ही मना कर देते हैं—उसे विदेशी वृत्ति मानते हैं और अत्यन्त अभिनिवेश के साथ 'काव्य में रहस्यवाद' शीर्षक निबन्ध में यही प्रतिपादित करते हैं।

शुक्ल जी न तो भारतीय काव्य परम्परा में 'गुह्य' भावना स्वीकार करते हैं और न ही 'ज्ञान' तथा 'भक्ति' के क्षेत्र में। कर्म के क्षेत्र में गुह्यता का बहिष्कार तो सभी करते हैं। 'अव्यक्त' विषयक योगमार्ग में ही उनकी दृष्टि में 'रहस्य' भावना सम्भव है। विपरीत इसके परम्परागत प्रस्थान 'ज्ञान' और 'भक्ति' दोनों की साध्यावस्था में गुह्यता स्वीकार करते हैं। स्वयम् गोस्वामी जी कहते हैं—जिन्ह जाना तिन्ह जाना नाहीं—अर्थात् 'जानतामविज्ञातम्, विज्ञातम् विजानताम्'—जिन्होंने प्राकृत अन्तःकरण की वृत्ति रूप ज्ञान से 'स्वरूप' या 'चरमतत्त्व' को जानने की बात की—उसने गलती की। वह बुद्धिबोध्य नहीं है। वृत्यात्मक ज्ञान से परे शुक्ल जी की दृष्टि में 'रहस्य' है—होना भी चाहिए। 'अद्वैतवाद' और वस्तु है, 'अद्वैततत्त्व' और वस्तु है। 'अद्वैतवाद' तक वृत्यात्मक ज्ञान के माध्यम से स्पष्ट पहुँचा जा सकता है—पहुँच गया है, पर 'अद्वैततत्त्व' तक अतिप्राकृत शक्ति—स्वानुभूति के ही माध्यम से ही जाया जा सकता है। यही स्थिति 'भक्ति' की भी परम्परा में है। साध्य भक्ति भी प्राकृत अन्तःकरण की वृत्ति नहीं है।

अतिप्राकृत 'स्वरूप शक्ति' है–अतः उसके बल से लीला का आस्वाद व्यक्तिगत होने से रहस्यमय है। वह घट के भीतर ही स्फुरित होता है।

इस प्रकार परम्परागत प्रस्थानों की धारणा से हटकर शुक्ल जी ने कालोचित चेतना के सन्दर्भ में अपना एक स्वतंत्र प्रस्थान निर्धारित किया है। और तदनुरूप चैन्तनिक व्यूह रचा है। फलतः वाजपेयी नन्ददुलारे जी ने जो उनके 'लोकधर्म' की दार्शनिक भूमि को प्रतिष्ठित प्रस्थानों के सन्दर्भ में चुनौती दी है–वह सम्यक् विचारित पक्ष नहीं है–यद्यपि यह सही है कि शुक्ल-सम्मत मानदण्ड साहित्य की हर दिशा के साथ आलोचनोचित तटस्थता का सम्यक् और प्रत्याशित निर्वाह नहीं कर सका है।

कृष्णाश्रयी धारा और आचार्य शुक्ल (लीलारसपर्यवसायी नाम साधन धारा)

आचार्य शुक्ल के चैन्तनिक व्यूह के अनुसार 'सगुणभक्ति' का ही पक्ष भारतीय पद्धति से बैठता है। पाश्चात्य चिन्तन ने उन्हें कहीं दिग्भ्रान्त अवश्य किया है–इसका स्पष्ट प्रमाण 'सूरदास' की पादटिप्पणियाँ हैं–जिनसे इस धारणा का प्रकाश होता है कि भारतीय आचार्य प्राकृत बोधवृत्ति के उपासना के लिए अपेक्षित लक्षणों का निर्द्धारण किया करते थे और भक्त उसी परिधि में लक्षण-लाक्षित अर्थात् व्यक्त के प्रति भक्ति की भावना करते थे। पश्चिम में तर्क पद्धति का समावेश न होने से उन्हीं तर्क प्राप्त लक्षणों का रहस्यात्मक ढंग से प्राप्त किया जाता था और भक्ति में उसका उपयोग किया जाता था–इसीलिए विदेशी भक्ति से स्वदेशी भक्ति का व्यावर्तक लक्षण ही उन्होंने 'रहस्यवाद' मान लिया और भारतीय परम्परा से हटकर उसे सिद्ध किया। उन्होंने 'भक्ति' में 'रहस्य' का प्रवेश माना भी तो महज उसके 'महत्व' और 'असीम' की भावना करने के लिए–न कि उपासना या मानसिक लगाव के लिए। भक्त इस 'अव्यक्त' या 'निर्गुण' पक्ष से जो जुड़ते हैं–वह 'अचिन्त्य ऐश्वर्य' की भावना के लिए–ताकि 'महत्व' बुद्धि दृढ़ हो। भक्ति से 'रहस्य' का सम्बध होता भी है तो महज इतने के लिए–न कि इलहामी या रहस्यवादी ढंग से प्राप्त ज्ञात लक्षण-लक्षित की उपासना के लिए। ज्ञान के क्षेत्र में चिन्तनमात्र होता है और यह काम समुन्नत मनस्क आचार्य करते हैं–भक्तों को सुचिन्तित मार्ग से यह लक्षण प्राप्त होता है। यहाँ आलम्बन भी स्पष्ट और वृत्ति भी 'प्राकृत'। अतिप्राकृत कुछ नहीं। वास्तव में शुक्ल जी के हिसाब से भक्तिमार्ग अपने विशुद्ध रूप में धर्म भावना का भावात्मक या रसात्मक विकास है और उपास्य ईश्वर के स्वरूप की प्रतिष्ठा के उपरान्त ही होता है। स्वरूप की प्रतिष्ठा तत्त्व चिन्तन की प्राकृत पद्धति से ही हो सकती है और यह काम समुन्नत मनस्क आचार्य ही करता है। भक्ति के अधिकारी सभी हैं और ज्ञान के इने-गने। भक्त को भी ज्ञानी माना जाने

लगे–तो अव्यवस्था ही उत्पन्न होगी। शुक्ल जी अपनी विकासवादी पद्धति को प्रामाणिक बताते हुए कहते हैं–कर्म, ज्ञान तथा उपासना–का क्रम ही प्रमाण है कि उपासना या भक्ति 'ज्ञानयज्ञ' के बाद भी होता है और ज्ञानयज्ञ पूजा समनियत द्रव्ययज्ञ के बाद। उनकी दृष्टि में तुलसी और सूर, कबीरदास आदि की अपेक्षा ज्यादा पढ़े-लिखे तो थे ही–फिर भी 'भक्ति' की सहज सरल पद्धति पकड़ने के कारण 'ज्ञान' की बातें कम करते थे–उलटवाँसी की वक्र वृत्ति उनमें नहीं थी–हो कैसे सकती है?

तर्कसंगत कार्यकारण भाव की परिणति से हटकर होने वाली परिणति 'रहस्यवादी' ही होगी। शुक्ल जी की दृष्टि से भारतीय ज्ञान, भक्ति और कर्म–सर्वत्र असंगत फलतः रहस्यमयता अस्वीकार्य है। 'भक्ति' में अगर है भी तो वह केवल 'माहात्म्य' या 'असीम' बोध के लिए। भक्त लोग 'सगुण' के साथ 'निर्गुण' को भी मानते हैं। शुक्ल जी स्पष्ट मानते हैं कि पहले बुद्धि से तात्विक ज्ञान और फिर ज्ञात का भावना से योग अर्थात् मनुष्य की बुद्धि और मनुष्य का हृदय–इन्हीं दोनों अन्तर्वृत्तियों का ठीक और स्वाभाविक ढंग से संचालन उपनिषदों के ज्ञानकाण्ड और उपासनाकाण्ड–दोनों का विधान है। उपनिषदों में पति-पत्नी–समागमजन्य आनन्द से जो समाधिसुख की वर्णना की गई है–वह 'विज्ञान' का 'साक्षात्कार' है–वह कोई इलहामी अनुभूति नहीं है। यह सूफियों और कैथोलिक ईसाइयों का 'माधुर्यभाव' नहीं है। पश्चिमी जगत् में धर्म का भक्तिपक्ष रहस्यवाद है और उसका आधारभूत तत्त्व-बोध भी रहस्यवाद है। पश्चिमी दृष्टि से रंजित लोग ही यहाँ के ज्ञान और भक्ति में रहस्यवाद देखते हैं। उनकी दृष्टि में रहस्यवाद का मूलमंत्र है–अज्ञात की उपासना और उपनिषदों में है–ज्ञात की उपासना। शुक्ल जी की दृष्टि में 'पूजा' जिस द्रव्ययज्ञ रूप में कर्मकाण्ड के रूप में होती थी–वह पूज्य के स्वरूपबोध के बिना होती थी–फलतः वह 'अविद्या' की उपासना थी–इसीलिए ईशावास्योपनिषद् में कहा गया–

'अन्धन्तमः प्रविशन्ति येऽविद्यामुपास्ते।'

पर शुक्ल जी अगली पंक्ति को अपने अनुरूप न पाकर छोड़ गए। (ततोऽपि भूयः येविद्यामुपास्ते)। इसका अर्थ है–ज़ो केवल विद्या की उपासना करते हैं–केवल अविद्या की उपासना करने वाले से भी गहरे अन्धन्तमस् में जाते हैं–इसलिए दोनों की उपासना की जानी चाहिए। अविद्या से मृत्यु का संतरण होता है और विद्या से अमृत की प्राप्ति। शुक्ल जी अपंने चैन्तनिक व्यूह के निर्माण में औपनिषद वाङ्मय की अन्यथा योजना करते हैं–या कभी-कभी छोड़ देना बेंहतर समझते हैं। अस्तु, पहले हम 'भक्ति' के विषय में उनके चैन्तनिक व्यूह को समझ लें। उनकी दृष्टि में 'अज्ञात' की उपासना ही रहस्यवाद है और उसका उक्त पंक्ति के आलोक में आरम्भ से ही निषेध है। भक्तं 'अज्ञात' को मानता अवश्य है–पर हृदय का आलम्बन नहीं बनाता–वह तो 'ज्ञात' ही होता है।

शुक्ल जी भक्ति का विकास बताते हुए कहते हैं—पहले भय या लोभवश अज्ञात शक्ति की पूजा→द्रव्ययज्ञ, तदनन्तर चिन्तन→ज्ञानयज्ञ, तदनन्तर ज्ञान के प्रति हृदय का योग-उपासना। इसी उपासना से प्रेम-प्रधान भक्ति का विकास। गीता में वह कर्म-ज्ञान समन्वित और शांडिल्य आदि भागवत परम्परा में प्रस्थान भेद है, जहाँ—लोकधर्म से वह सम्पृक्ति नहीं रहती। शुक्ल जी के अनुसार रहस्यवादी भक्ति में उपास्य का स्वरूप आरोपित होता है और भारतीय पद्धति में चिन्तन-प्रतिष्ठित। उपास्य का रक्षक और रंजक का रूप तर्कसिद्ध है—आरोपित नहीं। शतपथ ब्राह्मण में ब्रह्म की नारायण रूप में कल्पना नर प्रकृति के अनुरंजनकारी रूप की कल्पना है—इसके पीछे (चतुर्भुज रूप की कल्पना के पीछे) जातीय रुचि है। उनका स्वरूप और लोक भी माना गया। उन्हीं की निकटस्थ प्रतीति के लिए नारायण की नर रूप में—कृष्ण-राम—रूप में भी प्रतिष्ठा की गई। यह वह पद्धति है जिससे श्रीकृष्ण भक्ति के निर्दिष्ट आलम्बन हुए। शुक्ल जी को इसका समाधान देना है कि वासुदेवोपासना को जो महाभारत आदि में 'रहस्य' या 'राजगुह्य' कहा गया—वह किस दृष्टि से? आप भारतीय भक्ति में 'रहस्यवादिता' तो मानते नहीं—अतः इसका आशय या व्याख्या यह कहकर की कि यहाँ 'रहस्य' का अर्थ है—किसी का निजी या प्राइवेट। नारायण या वासुदेव के स्वरूप की कल्पना चूँकि जाति-विशेष या व्यक्ति के भीतर जातीय रुचि वश स्फुरित है—बस इतने ही अर्थ में वह, 'रहस्य' है—न कि 'अज्ञात की उपासना' के पश्चिमी अर्थ में। शुक्ल जी कहते हैं कि कुरुक्षेत्र के युद्ध के बाद वह 'रहस्य' भी नहीं रह गया। पहले उनमें कुछ लोगों ने 'ईश्वरत्व' देखा पर बाद में वह 'लोक' मात्र ग्राह्य हो गया—सो, इस तरह वह रहा-सहा 'रहस्य' भी गया। 'अज्ञात' के प्रति प्रेम 'कंटक' है और ज्ञात के प्रति सीधा। सूर कहते हैं—

काहे को रोकत मारग सूधो।
सुनि ऊधो, निर्गुन कंटक से राजपंथ क्यों रूँधो।।

कहीं कोई दुराव-छिपाव उपास्य या उपासक की ओर से है ही नहीं। अपनी स्थापना को और अधिक स्पष्ट करते हुए गीता के कृष्ण ने कहा है कि—ब्रह्म से अभिन्न लोक में जो भी 'श्रीमत्' और 'ऊर्जित' है—उसमें वे ही प्रतिष्ठित हैं। जिससे पालन, रक्षण हो—उसमें उन्हीं की व्यक्त कला है। इन्द्र को छोड़कर गोवर्द्धन की पूजा का अनुरोध स्पष्ट इसी तथ्य का द्योतक है कि उक्त 'अंजसपूजा' (प्रत्यक्ष रक्षक-पालक की पूजा) हमारी भक्ति भावना का प्रधान लक्षण है। बिना इसके हृदय का परिष्कार हो नहीं सकता। जड़-चेतन किसी भी उपकारी के प्रति भक्ति भगवान के प्रति ही भक्ति है। हमारी 'भक्ति' का सामी मतों की भक्ति से यही अन्तर है कि हम किसी भी प्रत्यक्ष उपकारक में भगवद् बुद्धि रखकर उसकी उपासना का विधान करते हैं—सामी मतों में यह प्रत्यक्ष या 'अंजसपूजा' वर्जित है। अवतार पूजा इसी वृत्ति का

बढ़ाव है—पूजा परोक्ष का अविद्या मार्ग है और उपासना प्रत्यक्ष का विद्यामार्ग—इस प्रकार अज्ञात से ज्ञात की ओर हमारी भक्ति बढ़ी। प्रत्यक्षों के प्रति पूज्य बुद्धि हमारे धर्म की हृदय वृत्ति है।

शुक्ल जी की स्थापना में—भक्ति में रहस्य नहीं। एक अड़चन और है और वह यह कि प्राकृत कार्यकारण परम्परा से विच्छिन्न यदि कुछ घटित हो जाय तो वह 'रहस्य' है। राम और कृष्ण की लीला में यशोदा और कौसल्या को ऐसा 'रहस्य' दिखता है। यशोदा को कृष्ण के मुँह में ब्रह्माण्ड और कौसल्या को शिशु राम का चतुर्भुज रूप—अब उसका क्या हो? शुक्ल जी कहते हैं—यह हो भी, तो भी यह हमारी भक्ति की स्थायी वृत्ति नहीं है। उनकी प्राकृत हृदय वृत्ति स्थायी रूप से नर-लीला में ही रमती है—कभी-कभी वे लोग रहस्योन्मुख हो उठते हैं और तब या तो उस माधुर्य लीला (नर-लीला) से हटकर 'ऐश्वर्यलीला' की बात कहते हैं अथवा प्रतिपाद्य राम अचिन्त्यैश्वर्य अव्यक्त ब्रह्म ही है—अतः वहाँ सब सम्भव है—संगत है—मान लो।

शुक्ल जी ने गोलोक, साकेत आदि लीलाओं की कल्पना के पीछे उपासक की उपास्य से नित्य जुड़े रहने को नित्य अभिलाष माना है। स्वरूप की नित्य लीला के अवस्थान के लिए ऐसे नित्य लोकों की वह भावना करता है। विश्व में विद्यमान वही ब्रज और ब्रजविभूतियाँ वहाँ नित्य विद्यमान हैं। शुक्ल जी की दृष्टि में नित्यता की वह रहस्यभावना भी भावप्रेरित ही है। भक्त का चाहे ऐहिक जीवन हो या पारलौकिक—सर्वत्र वह उपास्य के स्वंयं में अपनी हृदय वृत्ति को लीन रखना चाहता है—इस प्रकार नित्या लीला सृष्टि में प्रवेश ही उसका चरम लक्ष्य है—जीवन मात्र के साथ ऐहिक तथा पारलौकिक-सम्बन्ध भक्त का चरम काम्य है—किसी अज्ञात निर्विशेष दशा की नहीं।

एक बात और भी। यह जो थोड़ी-बहुत रहस्य भावना है भी—वह भी भारतीय भक्ति की निजी है—उससे पश्चिमी भक्ति की रहस्य भावना सर्वथा भिन्न है—दोनों में कोई साम्य नहीं। 'पश्चिमी' 'रहस्यवाद' की सबसे बड़ी विशेषता है—अज्ञात निर्विशेष परमसत्ता के साथ समागम और संलाप, सीधे जिसके द्वारा भक्त या साधक को लोकोत्तर या पारमार्थिक ज्ञान की प्राप्ति होती है। पर शुक्ल जी के साथ पाश्चात्य चिन्तक भी मानते है कि उन रहस्यदर्शियों की अटपटी उक्तियों में छानबीन करने पर ऐसा कोई नया तथ्य नहीं मिलता जो ज्ञान के स्वाभाविक विकास क्रम में उपलब्ध न हो चुका हो। पश्चिमी रहस्यवादिता की दूसरी विशेषता है उक्तिगत वैलक्षण्य या अनूठा रूपक जाल। इसका साम्प्रदायिक कारण है। 7वीं शती के सन्त ग्रेगरी की धारणा है कि ईश्वर का साक्षात्कार हमारे कल्मष के कारण धुँधला होता है और 12वीं शती के सन्त बर्नार्ड की धारणा है कि जब साधक के हृदय देश में क्षणभर के लिए ईश्वर प्रेषित ज्योति आती है तब उस चकाचौंध को कम करने के लिए अथवा उपलब्ध ज्ञान को दूसरों तक सम्प्रेषित करने के लिए पार्थिव जगत् का कुछ अनूठा

रूप विधान सामने आ जाता है। छलावा की तरह आए हुए इस रूपक को 'छायादृश्य' या फेंटाज्माटा कहते हैं। शुक्ल जी सूफियों और कबीर की बानियों में इसी रूढ़ि का निर्वाह समझते हैं। उनके अनुसार इस ईसाई भक्तिमार्ग के फेंटाज्माटा का प्रभाव यूरोपीय काव्य पर भी पड़ा और माना गया कि कल्पना ईश्वर का दिव्य साक्षात्कार है (ब्लेक)। 19वीं शताब्दी के प्रतीकवादियों पर इसी का प्रभाव था—जो बंगाल के ब्राह्मसमाजी भजनों में भी लक्षित होता है। उन रचनाओं में जो साध्यवसान रूपकों की प्रचुरता है—वह इसी छायादृश्य की झलक देने के लिए। शुक्ल जी की दृष्टि में यही रूढ़ि हिन्दी की छायावादी कविता में भी खिसक आई।

विलियम जेम्स ने रहस्यानुभूति के जो चार लक्षण बताए हैं—वे भी भारतीय भक्ति पद्धति में नहीं हैं—(1) अनिर्वचनीयता, (2) ज्ञानोदय, (3) क्षणिकता और (4) निश्चेष्टता। भारतीय भक्ति-मार्ग में भक्ति के आनन्द को भक्ति-रस कहते हैं—यह बिल्कुल काव्य में रस दशा की सी प्राकृत अन्तः की प्रक्रिया है—इसमें व्यक्ति का हृदय भजनीय में लीन रहता है—यह भूत-प्रेत की सी आविष्ट दशा नहीं है—न यहाँ राम-कृष्ण किसी के सिर आते हैं। फलतः उक्त चारों विशेषताएँ या तो होती नहीं या अपने ढंग की होती हैं। कुरु जांगल प्रदेश में घूमते हुए शुकदेव की दशा का व्यतिरेक लक्षित करते हुए शुक्ल जी कहते हैं कि यह उनकी उन्माद दशा नहीं थी—प्रत्युत रसलीनता थी।

> *कथमालक्षितः पौरैः सम्प्राप्तः कुरु जांगलान्।*
> *उन्मत्तमूकजड़वत् विचरन् गजसाह्वये।।* (भाग—1/4/6)

पण्डित विश्वनाथप्रसाद मिश्र ने भी इस अंश को लक्षित कर एक आलोचक का हवाला दिया। आलोचक का यह कहना है कि शुकदेव जी की भक्ति के आवेश को रसदशा कहना केवल अपने पक्ष के समर्थन करने का आग्रह ही है, वस्तुतः रहस्यदर्शी के 'दर्शन' और भक्ति की तल्लीनता में कोई अन्तर नहीं है। पं. मिश्र जी के अनुसार 'रहस्यदशा' और 'रसदशा' में अन्तर यह कि पहली व्यक्ति-भूमि की अनुभूति है और दूसरी लोकभूमि की, पहली परोक्ष सत्ता को परोक्ष रखकर होती है और दूसरी उसे प्रत्यक्ष करके। 'चैतन्य सम्प्रदाय' में जो मूर्च्छा की बात आती है—वह दो कारणों से—एक तो बंगाल का भावावेश और दूसरे पठानों के शासन में सूफियों के प्रचार (हाल दशा) से निर्मित वातावरण।

भारतीय भक्ति-मार्ग की सामान्य धारणा के स्पष्टीकरण के अनन्तर कृष्ण भक्ति धारा की जहाँ तक बात है—उसमें भागवत दशम स्कंध के पूर्वार्द्ध के बालकृष्ण और गोपियों के प्रियतम प्रेममूर्ति कृष्ण गृहीत हुए हैं। इनमें जो प्रेममय भक्ति गृहीत हुई—वह 'लोक' और 'वेद' के ऊपर प्रेम लक्षणा भक्ति है। उसमें लोक और वेद की मर्यादाओं का कोई अवरोध नहीं है। उनके मधुर स्वरूप का आकर्षण और सान्निध्य

ही काम्य है। यह प्रेम दाम्पत्य रूप है। यही भावना 'माधुर्यभाव' है और इसकी अनुभूति 'मधुर रस' है। चूंकि दाम्पत्य राग व्यापक और अन्तर्व्यापक होता है—इसीलिए भारतीय भक्ति धारा में मीरां का माधुर्यभाव तो है ही—उससे भी आगे बढ़कर 'वृन्दावन' की भक्ति 'गोपीभाव' से आगे 'सखीभाव' तक पहुँच गई। सूफियों और ईसाइयों के कैथोलिक सम्प्रदाय में भी यह 'माधुर्यभाव' प्रचलित है।

शुक्ल जी के मत में इस दाम्पत्य वासना रूप भक्ति भाव की साधना में शृंगारिक व्यापार कहाँ तक होते हैं—प्रश्न उठाकर दो पक्ष विचारार्थ प्रस्तुत किए—लीला पक्ष और ध्यान पक्ष। लीला पक्ष में गोपियाँ दाम्पत्य-भाव की वासना की तृप्ति चाहती हैं—सो, वह स्वाभाविक है। ध्यान पक्ष में जो शृंगार है—उसकी स्थिति काव्यानुभूति जैसी ही होगी—मानसिक स्तर पर रसानुभूति। हाँ, यदि पुरुष दाम्पत्य-भाव की उपासना करता है तो वह केवल आलंकारिक आरोप भर होगा। कठिनाई सामी मत के साधकों के समक्ष है—जहाँ उपास्य निरिन्द्रिय है। एक तो यहाँ लीला का प्रश्न नहीं, दूसरे ध्यान भी निराकार का क्या होगा? मात्र दूल्हे का आरोप ही होगा। यहाँ भी सामी मतों और कृष्ण भक्तों के माधुर्यभावपरक उपासना में दो अन्तर स्पष्ट हैं—पहला यह कि कृष्ण वास्तव में प्रियतम हैं—खुदा या गॉड—में दूल्हात्व आरोपित है। दूसरे यहाँ माधुर्यभाव के अतिरिक्त वात्सल्य, सख्य, दास्य और शांत भी हैं—अन्ततः दाम्पत्य में इन सबका समावेश माना जाता है।

इस प्रकार शुक्ल जी की स्थापना है कि भारतीय भक्ति मार्ग रहस्यवाद(अज्ञात के प्रति प्रेम) नहीं है—जो रहस्यवादिता या माधुर्य की प्राइवेसी है भी—वह अपना अलग रंग लिए हुए। फिर जो रहस्य है भी वह उसका कोई स्थायी और प्रमुख वृत्ति नहीं है। भारतीय रहस्यवाद योगमार्ग है—भक्तिमार्ग या ज्ञानमार्ग नहीं। भक्तों में ध्यान जप-प्राणायाम की जो यत्र-तत्र स्थिति मिलती है—वह यहाँ-वहाँ से ली हुई ऊपरी है—उसकी मुख्य वृत्ति तो नवधा भक्ति ही है। श्रवण और कीर्तन—भक्ति की प्राप्ति दृढ़ीकरण और प्रचार के साधन हैं। भारतीय भक्ति, शक्ति शील और सौन्दर्य के अधिष्ठाता आराध्य को इसी जगत् के व्यवहार के बीच रखकर चलता है। फलतः भक्ति के लिए आराध्य रूप में राम और कृष्ण ही लिए गए हैं। राम तो अपने शक्ति-शील-सौन्दर्य संवलित समग्र रूप में किन्तु कृष्ण केवल वात्सल्य और शृंगार के सौन्दर्य पक्षीय आलम्बन रूप में ही लिए गए। कृष्ण का लोकपक्ष इस धारा में उपेक्षित है—रामधारा में अपेक्षित। राम के रक्षक, पालक तथा रंजक—तीनों रूप लिए गए जबकि कृष्ण का केवल रंजक रूप ही है।

इस सबके साथ शुक्ल जी की मूल स्थापना यह है कि अन्य देशों के पैगम्बरों या उपास्यों की अपेक्षा भारतीय परम्परा के आराध्य और आराधक—विशेषकर राम-कृष्ण और उनके अनुयायी जीवन व्यवहार से दूर रहकर उपदेशक मात्र नहीं हैं—वे व्यवहार में जीवन के हर पक्ष को समुन्नत करने वाले आचार से सम्पृक्त

हैं—यह आचार हृदय की करुणा तथा प्रेम—नामक भावना से प्रेरित होता है और दूसरों में भी वही 'हृदय' जगाता है। यही 'हृदय' शील का मूल है—इसी से 'साधारण धर्म' की स्थापना होती है। 'भक्ति' इसीलिए 'धर्म' का 'हृदय' है। शुक्ल जी 'आगम' की ओर गए होते तो 'हृदय' का भी 'हृदय' पा गए होते। हम उपासकों का साधन भी 'हृदय' है और साध्य भी 'हृदय' है—इसी के बल से व्यक्ति को लोकमंगलोन्मुखी व्यवहार पद्धति जब प्रकृतिस्थ हो जाती है—तब वह 'शील' कही जाती है। सगुण साधना का मार्ग इसी व्यवहार के बीच से जाता है। 'भक्ति' के द्वारा जिस 'शील' या 'धर्म' की सम्प्राप्ति होती है—वह 'साधारण धर्म' है।

संप्रति, यह देखना चाहिए कि 'भक्ति' में विशेष धर्म का क्या स्थान है? विशेष धर्म है—लोकधर्म, कुलधर्म, गृहधर्म, आश्रमधर्म। 'भक्ति' ऐसी हृदय की पवित्र उत्कृष्ट भूमि है कि एक तो उसके लिए किसी प्रकार का अधिकार भेद नहीं है—कुल, जाति, लिंग, वय का भेदवाद और तन्निमित्तक अधिकारवाद समाप्त हो जाता है—विधि-निषेध पानी भरने लगते हैं—पर इसके बाहर के विधान में इन भक्तों का क्या योगदान लोकसंग्रह बुद्धया हो? 'विशेष धर्म' के प्रति 'लोकधर्म' के प्रति उनका क्या रूप हो? उनके व्यापकतम सौन्दर्य भूमि में व्यवहार जगत् का विरुद्धों के बीच व्यवस्थापक 'सामंजस्य या सौन्दर्यबोध' का समावेश हो या नहीं? शुक्ल जी की दृष्टि में भक्त की सम्यक् दृष्टि वहीं कहीं जा सकती है जिसमें अन्तर्मुख शीलसाधना और बहिर्मुख लोकधर्मपालन के बीच तथा 'धर्म' और 'विशेष धर्म' के बीच सामंजस्य स्पष्ट हो। भिन्न गुणात्मक जगत् के बीच उभरने वाले चिरन्तन संघर्ष को जीवन के विभिन्न क्षेत्रों में समाहित करने वाले लोगों से भक्त को तटस्थ रहना चाहिए या उनमें भी परमात्मा का अंश देखकर उनके प्रति श्रद्धा रखनी चाहिए? शुक्ल जी का पक्ष है कि भारतीय भक्ति शुद्ध सत्वस्थ वृत्ति है। जिसके शासन में रज तथा तम रहकर व्यवहारगत व्यवस्था या सौन्दर्य बनाए रखते हैं—अतः उनकी परमात्मा की व्यवस्थापक कला को चरितार्थ करने वाले व्यवहारनिष्ठ सभी के प्रति विनत और श्रद्धा संचालित होना चाहिए। भारतीय प्रकृति की भक्ति की यह प्रत्याभिज्ञापक रेखा है। निर्गुनियों में यह नहीं मिलती, फलतः शुक्ल जी की दृष्टि में वह विदेशीभक्ति है। भारतीय भक्ति पद्धति न ज्ञान मार्ग में अड़ंगेबाजी करती है और न ही कर्म मार्ग में।

लोकधर्म संवलित भक्ति को भारतीय भक्ति की मूल वृत्ति मानने वाले शुक्ल जी को 'कृष्णभक्ति' में बहुत त्रुटियाँ भी दिखाई पड़ी हैं। शुक्ल जी ने आचार्य वल्लभ के विचार पक्ष को तो साभिनिवेश और हृदय का योग देते हुए प्रस्तुत किया, पर आचारमार्ग जो 'पुष्टिमार्ग' के नाम से प्रतिष्ठित है—का परिचय देते हुए अन्ततः अरुचिकर वृत्तियों की बात भी कही है। पुष्टिमार्ग में आलम्बन कृष्ण के स्वरूप से रक्षक-पालक-ऐश्वर्यमय रूप को हटा देना, भक्ति (श्रद्धा-प्रेम) में से माहात्म्यबोध

पर्यवसायी श्रद्धा वृत्ति को घटाकर विशुद्ध प्रेम लक्षण बना देना, मन्दिरों में राग, भोग और श्रृंगार पर ही केन्द्रण होना, मर्यादा पुष्टि को तीसरे दर्जे पर रखना—आदि वृत्तियों ने कृष्ण भक्ति मार्ग में हृदय के उस पक्ष के विकास का दरवाजा बन्द कर दिया—जिससे लोक-रक्षण, लोक-पालन, कर्म-परायण विभूतियों के प्रति जनसामान्य में श्रद्धा नामक सामाजिक भाव पैदा होता है और भक्ति सांगोपांग प्रभामण्डल से दीप्त होती है। परमात्मा के रक्षक पालक प्रवण सदंश की अभिव्यक्ति से अलग होना और मात्र रंजनविधायक सिद्ध पक्ष में तत्पर होना—क्या पूर्ण रूप को खण्डित करना नहीं है? इसीलिए विरहानलावतार आचार्य वल्लभ की सूरसाहित्य में व्यक्त मेरुदण्ड स्थानीय विरह-भावना की आचार्य शुक्ल ने खिल्ली उड़ाई है—क्योंकि उसके पीछे सीता-राम-विरह की भाँति लोकरक्षण की वृत्ति सक्रिय नहीं है। आचार्य वल्लभ निर्दिष्ट पुष्टिमार्गी भक्ति—प्रेमलक्षणा—के उपासक होने के कारण सूर की वृत्ति शुक्ल जी की दृष्टि में दशम स्कंध के उत्तरार्द्ध वाले कृष्ण को तो छोड़ ही दें—पूर्वार्द्ध वाले ब्रजगोपाल और वृन्दावनी कृष्ण में भी जहाँ कहीं उनका लोकसंग्रही रूप है—नहीं रमी है।

लोकमंगलवाद की उनकी चेतना अत्यन्त प्रबल है। इसीलिए कुछ भी सोचते-विचारते हुए उससे वे जुड़े रहते हैं—अन्यथा मूल्यांकन में भी कमी आ सकती है। इसी लोकमंगलवाद के सन्दर्भ में भावजगत् पर विचार करना प्रसंगतः आरम्भ किया और कहा कि करुणा और प्रेम ये दो बीजभाव हैं—करुणा से रक्षा होती है और प्रेम से रंजन। इनकी तह में घुसें तो मानव में जिजीविषा के कारण राग और द्वेष की वासना जन्मजात होती है—जिनके आलम्बन निर्दिष्ट नहीं होते—आलम्बन निर्दिष्ट हो जाने पर 'राग' ही 'लोभ' और 'लोभ' ही व्यक्ति विषयक अव्यभिचारित रूप से स्थिर हो जाने पर 'प्रेम' कहा जाता है। पूर्व राग का श्रुतालम्बनक रूप 'लोभ' तक ही जा सकता है 'प्रेम' तक नहीं—सम्भव है उससे अधिक गुण श्रवण पर वृत्ति बदल जाय—व्यभिचरित हो जाय। इस 'करुणा' और 'प्रेम'—जो रक्षण और रंजन के मूल हैं—के मूल में विघटनकारी 'द्वेष' नहीं—अव्यक्त वासना के रूप में 'राग' ही रहता है। अव्यक्त रूप में 'राग' जहाँ रहेगा—'करुणा' अथवा 'प्रेम' उसी तरफ संचरित होगा—आलम्बन के निर्दिष्ट होने पर स्पष्ट 'भाव' रूप में संचरित होने लगेगा। रक्षण से ही विकास होता है—अतः 'करुणा' को ही मूल रस कुछ लोग मानते हैं और 'रंजन' पर जिन राजाओं (भोजराज) का झुकाव है—वे श्रृंगार को रसराज कहेंगे—पर वासना दोनों जगह अव्यक्त है—विकासोपयोगी 'राग' ही है। कविता का सम्बन्ध चूँकि 'व्यक्त' से है—अतः निर्दिष्टालम्बनक 'करुणा' और 'प्रेम' ही होगा। पहला 'प्रयत्न' पक्षीय होगा और दूसरा 'सिद्धि' पक्षीय। सूर दूसरे पक्ष के कवि हैं। दूसरी बात यह है कि 'कविता' व्यक्त से ही सम्बन्ध रखती है—क्योंकि वह 'अभिव्यंजना' है और

अभिव्यंजना 'विकास' ही है—इसलिए 'अव्यक्त' 'राग' के व्यक्त पक्ष 'करुणा' तथा 'प्रेम' की अभिव्यक्ति ही काव्य हो सकता है।

यद्यपि 'अव्यक्त' से 'काव्य' और 'भक्ति' को शुक्ल जी दूर रखकर रहस्यवादिता से मुक्त रखना चाहते हैं—फिर भी वह इधर-उधर से सेंध फोड़कर घुसने लगता है—इनके चैन्तनिक-व्यूह में। बात यह है कि 'ज्ञान' दो प्रकार का है—वृत्यात्मक और स्वरूप-बोधात्मक। स्वरूपबोधात्मक ज्ञान 'स्वानुभूति' ही है—जो (Intutive) अप्राकृत है—प्राकृतबोध से परे है। शुक्ल जी 'वाक्यज्ञान' से 'साक्षात्कारात्मक' ज्ञान को जब पृथक् करते हैं तब बीच में 'बिम्बन' की प्रक्रिया की सहायता लेते हैं। उससे भी आगे जाकर कहा है कि पूर्ण तत्त्वाभास केवल कोरी बुद्धि की क्रिया से नहीं हो सकता—यह बात शंकराचार्य ऐसे बुद्धि के दार्शनिक को भी माननी पड़ी थी। पारमार्थिक सत्ता के बोध की सम्भावना उन्होंने बहुत कुछ स्वानुभूति द्वारा कही है—केवल शब्द बोध या तर्क द्वारा नहीं। 'बर्गसां और कारपेन्टर' भी समर्थन में हैं। तुलसी और सूर का भी यही पक्ष है। दूसरी जगह शुक्ल जी ने काव्य प्रेरणा पक्ष की बात करते हुए कहा है—'कवि सौन्दर्य से प्रभावित रहता है और दूसरों को भी प्रभावित करना चाहता है। किसी रहस्यमयी प्रेरणा से उसकी कल्पना में कई प्रकार के सौन्दर्य का जो मेल आपसे आप हो जाया करता है—उसे पाठक के सामने भी वह प्रायः रख देता है।' अस्तु व्यक्तिवादी या अभिव्यक्तिवादी शुक्ल जी यह मानते हैं कि काव्य की रमणीयता (पूरी) इन दोनों (साधन और सिद्धि) पक्षों के समन्वय के बीच मंगल या सौन्दर्य के विकास में दिखाई देती है। पर आचार्य के प्रेममार्गी पक्ष में काव्य की सिद्धावस्था ही आती है—जो प्रवर्तक प्रेमभाव वश आनन्दमय ही होती है। इसका केन्द्र प्रेम ही है—फलतः वही साध्य है—यह उनका पक्ष है। प्रेम से पालना(वात्सल्य) और रंजन (दाम्पत्य) होता है—इसीलिए इन दो का यहाँ प्रसार है। प्रेमोपयोगी माधुर्य से शुक्ल जी का 'माधुर्य' व्यापक है—वह जीवन की हर लोकमंगलोन्मुखी स्थिति में है—'सर्वावस्थाविशेषेषु माधुर्य रमणीयता।' (साहित्य दर्पण—3/97)

वात्सल्य और दाम्पत्य भाव के गायक सूर को सख्यभाव का उपासक बताने वालों के प्रति शुक्ल जी असंतुष्ट हैं। सूर की वृत्ति जब वात्सल्य और दाम्पत्य में इतनी रमी है—तब भी केवल इसलिए उन्हें सख्यभाव का उपासक कहना कि उनमें संकोच का अभाव है—तो यह तर्क शिव-पार्वती का निःसंकोच वर्णन करने वाले कालिदास पर भी लागू हो सकता है और वे भी सख्यभाव के उपासक कहे जा सकते हैं। सख्यभाव और सेव्य-सेवक भाव का उपासना भेद मानकर चलने वालों ने जो और भी अन्तर सूर और तुलसी की काव्य वृत्तियों में दिखाया है—वे भी चिन्त्य ही हैं। यह कहना कि संकोचाभाववश सूर खरी खोटी सुनाते हैं और तुलसी चापलूसी करते हैं—गलत है। प्रेम की गहरी भूमि में उतरकर दोनों ही एक ही प्रकार की अभिव्यक्ति करते हैं—तुलसी कहते हैं—'तारेहु का रही सगाई?' और सूर कहते

हैं—'कारो कृतहिं न माने।' दूसरा अन्तर सूर की अपेक्षा तुलसी में बार-बार ब्रह्म भावना की स्मृति दिलाती है—उसका प्रत्याख्यान करते हुए शुक्ल जी कहते हैं कि वह प्रतिज्ञा निर्वाह का 'अभ्यास' (प्राचुर्य) है। प्रतिज्ञा है—शिव, याज्ञवल्क्य और कागभुशुण्डि द्वारा दशरथसुत राम का ब्रह्मत्व प्रतिपादन। यह वृत्ति मुक्तकगेय पदकार सूर में भी 'सूर के प्रभु' में निहित है।

सूर से तुलसी की एक विशेषता अवश्य है कि वे जितना व्यापक सूक्ष्म लोक गति के पर्यवेक्षक थे—सूर नहीं। वैसे 'निर्गुनवानी' की ओर कान सूर के भी लगे थे, पर वे उस अंदेशे से पतले नहीं थे। शुक्ल जी की दृष्टि में तुलसी की अपेक्षा सूर में साम्प्रदायिकता भी कहीं अधिक है—वे कृष्णेतर देवताओं की बात नहीं करते—तुलसी सबकी वन्दना करते हैं। यह सब उनका लोकसंग्रही भाव है। सूर और तुलसी दोनों में 'निर्गुनवानी' की प्रतिक्रिया है और दोनों प्रसंग निकालकर निर्गुण के साथ सगुण की और ज्ञान की अपेक्षा भक्ति की प्रतिष्ठा करते हैं।

यह रही लोकधर्म के चौखटे में सूर काव्य की समीक्षा। शुक्ल जी की समीक्षा के दो पक्ष हैं—एक निर्धारित मानदण्ड के अनुरूप मूल्यांकन पर्यवसायी अर्थात्—निर्णयात्मक और दूसरे तत्त्वार्थदर्शिनी भावयित्री प्रतिभा द्वारा कृति के मूल में निहित सर्जनात्मक अनुभूति का साक्षात्कारपूर्वक किया गया क्रमागत औजारों (रस पद्धति और शब्द शक्ति) के (रस पद्धति और शब्द शक्ति) आधार पर व्याख्यात्मक समीक्षा। पहले पक्ष के सम्बन्ध में परवर्ती आलोचकों ने पर्याप्त मतामत प्रदर्शित किए हैं—पर दूसरे पक्ष की सर्वत्र शिरसा स्वीकृति है। बात यह कि पहले क्षेत्र. में पढ़-पढ़ाकर सभी कुछ-न-कुछ कह सकते हैं—पर दूसरी है तत्त्वार्थ ग्राहिणी प्रकृति प्रदत्त सूक्ष्म अन्तःप्रज्ञा—जो जन्मजात आलोचकों में ही होती है।

वस्तुतः 'स्वभावबोध' रूप स्वानुभूति (Intuition) को हृदय से स्वीकार न करना, अध्यात्म के दरवाजे बन्द कर देना, लोकधर्म को केन्द्र में रखना, व्यवहारगत व्यक्त प्राकृत सौन्दर्य ही तक सौन्दर्य दर्शन करना अन्तः पक्ष की उपेक्षा करना—ये सब सम्मिलित रूप से ऐसी वृत्तियाँ हैं—जो भक्तिकाल के मूल्यांकन में अत्यन्त अवरोधकारिणी हैं। आलोचक आलोचना से पूर्व आलोच्य कृति में निहित सर्जनात्मक अनुभूति का साक्षात्कार करता है और तदनन्तर उसकी अभिव्यंजक उपकरणों से सार्थक अभिव्यक्ति की परीक्षा करता है। सर्जनात्मक अनुभूति के घटक हैं—विचार पक्ष, दृष्टिपक्ष और भावपक्ष। रचनाकार जीवन का कलात्मक उद्रेखण करता है और 'दृष्टि' गंध की तरह अन्तर्व्याप्त रहती है। शुक्ल ज़ी ने जिस मूलवर्ती संवेदना का साक्षात्कार किया—आलोच्य काव्य में उसके घटक साम्प्रदायिक 'दृष्टिपक्ष' को घटाकर स्वसम्मत दृष्टि को स्थानापन्न कर दिया और इस तरह 'विनायक'—'वानर' बन गया और मूल्यांकन पर्यवसायी आलोचना में सूर अपनी ऊँचाई आकलित नहीं करा पाए। शुक्ल जी मान बैठे हैं अपने चैन्तनिक व्यूह के अनुसार कि 'भक्ति' तो वैधी ही होती

है–जबकि सारी मध्यकालीन 'भक्ति' का साध्य रूप इससे परे है–वह चाहे कोई भी धारा हो–सूर और तुलसी की तो बात ही भिन्न है। ऊपर तुलसी वाले प्रसंग में कहा जा चुका है कि शुक्ल जी ने अपनी रुचि के अनुसार भारतीय 'भक्ति' की मूल वृत्ति स्पष्ट की है–वह शास्त्रनिरूपित मध्यकालीन 'भक्ति' की मूल वृत्ति है, सर्वथा भिन्न है।

शुक्ल जी ने भक्ति के विकास का जो क्रम बताया है–परम्परा उससे सहमत नहीं है। परम्परा का पक्ष यह है कि वैदिक देव भक्ति और मध्यकालीन वैष्णवाचार्यों की भागवत भक्ति सर्वथा भिन्न है। परम्परा में आगम का स्वतन्त्र प्रामाण्य न मानने वाले करपात्रीजी मध्यकालीन भक्ति का बीज भी यथा कथंचित् वेद से ही सिद्ध करते हैं–म.म. गोपीनाथजी उसका अस्तित्व आगम में ही देखते हैं। बात यह है कि वेद में मुख्यतः दो ही काण्ड हैं–कर्मकाण्ड तथा ज्ञानकाण्ड। पहले का सम्बन्ध पूर्व-मीमांसा से है और दूसरे का उत्तरमीमांसा से। उपासना कर्मकाण्ड का अंग है–फलतः वह साधना रूपा ही है जिसका साध्य स्वर्ग है। उसका द्वार भी सबके लिए अनावृत नहीं है। वह पुरोहित प्रतिपाद्य भी हो सकती है। यह साधन और साध्य दोनों हैं–वह स्वयं साध्य है। इसके सभी अधिकारी हैं। यह स्वसम्पाद्य है। ज्ञानकाण्ड में जो मन्द अधिकारी है उनके लिए सगुणोपासना के माध्यम से भी परम्परा या ब्रह्म साक्षात्कार कहा गया है। मतलब यह कि कर्मकाण्ड या ज्ञानकाण्ड–उभयत्र भक्ति या उपासना का प्रसंग आता भी है तो अंग रूप में–जबकि आगम परम्परा में वह 'साध्य' है–स्वयं अंगी है। निष्कर्ष यह कि मध्यकालीन भक्ति की धारा ही स्वतंत्र है। यहाँ चित्तशोधन के लिए वैधी भक्ति अपेक्षित है। शुद्ध चित्त वाला ही प्रेम लक्षणा भक्ति का अधिकारी है–इसीलिए वह लोक और वेद के विधि-निषेध के ऊपर माना जाता है। कृष्णभक्ति धारा जो उत्तरोत्तर 'ब्रजरस' 'वृन्दावनरस' तथा 'नित्यविहाररस' की ओर उत्तरोत्तर विकसित होती है–वह शुक्ल जी के व्यवहार सौन्दर्य के वायुमण्डल से ऊपर चली जाती है–फिर उसकी उपलब्धियों का आकलन सम्भव ही कैसे है? इसीलिए उस धरातल के 'पलकान्तर विरह' का महत्व आकलित न हो सका। इस धारा में माना जाता है कि प्रत्येक जीव 'दास भाव' का स्वरूप बोध करने पर 'अक्षर ब्रह्म' में प्रतिष्ठित होता है। जहाँ उसमें शुद्ध पुष्टि की पात्रता आती है। यहाँ पौरुष काम नहीं करता। शुद्ध अनुग्रह से वृणीत साधक में 'स्त्री भाव' का उन्मेष होता है जिससे रस स्वरूप कृष्ण का सौन्दर्य या रस आस्वादित होता है–वह भी उत्तरोत्तर 'स्वसुखीभाव' से 'तत्सुखीभाव' की ओर बढ़ता है। व्यक्त जगत् तक ही भाव का प्रसार मानने वाले शुक्ल जी को यह परेशानी मनोविज्ञान की दृष्टि से खड़ी होगी ही कि दाम्पत्य वासना नारी (गोपी) साधिका में ऐन्द्रिय स्तर पर तो स्वाभाविक होगी–पर पुरुषस्तरीय साधना में आरोपित होगा? मनोविज्ञान के नियमों का संचार मूल्यांकन में सर्वथा अन्यथा भाव ही पैदा करेगा।

हाँ, यह प्रश्न खड़ा हो सकता है कि लोक संग्रह की दृष्टि से इस धारा का मूल्य क्या है? निस्सन्देह राग-भोग और श्रृंगार रूप सेवाभाव के इस वायुमण्डल में अनधिकारियों का प्रवेश अव्यवस्था पैदा करेगा। धर्म, लोकधर्म और अनुरूप ज्ञान से अनियंत्रित 'राग' विकृतिग्रस्त हो सकता है—विशेषकर उसका जिसका चित्त मर्यादा पुष्टि से शोधित नहीं है। इसी अराजकता के भय से 'पुष्टि' की श्रेणियाँ बनाई गई हैं। अतिक्रमण सर्वत्र अराजकता का आधायक होता है। इन भक्तों की भी यह मान्यता है कि अशुद्ध चित्त वाला व्यक्ति 'लोकधर्म' के माध्यम से पहले चित्त शुद्धि करे। यह अवश्य है कि कुछ लोग साधारण धर्म को महत्व देते हैं और कुछ लोग 'लोकधर्म' को। लोकधर्म समाज की एक व्यवस्था है—मेरुदण्ड है—'साधारण धर्म' उसका भी मेरुदण्ड है। जो मानवता-रक्षण-रंजनपरक वृत्ति—से प्रेरित होकर आचरण करेगा—उससे समाज का अहित क्यों होगा? हर व्यवस्था के आलोच्य और अनालोच्य पक्ष हैं—यदि उस व्यवस्था का पालक ही विकृत हो—तो व्यवस्था का विकृत होना अनिवार्य है।

'निर्गुणधारा—ज्ञानाश्रयी शाखा'—नादपर्यवसायी नाम साधन धारा

अध्यात्म की धाराएँ परमार्थतः कोई 'भेद' नहीं जानतीं—'भेद' निचली भूमि की सृष्टि है। स्वयं शुक्ल जी मानते हैं कि भेदों के भीतर अभेद की ओर जाने वाली दिशा ही सही है जो जितना ही उधर बढ़ता है (अभेद की ओर) वह उतना ही मूल सत्ता के पास पहुँचता है। इस मान्यता के अनुसार निर्गुण-सगुण का भेद पारमार्थिक नहीं है। गीताकार कहता है—'प्रकृतिं स्वामधिष्ठाय सम्भवाम्यात्ममायया' अर्थात् पारमार्थिक सत्ता सदैव प्रकृतिस्थ एक रस रहती है—केवल योगमाया—आत्मशक्ति के प्रभाव वश—लोग उन्हें 'त्रिगुन तन करि मानत' हैं। सती, भरद्वाज, गरुड़ तथा उद्धव को तो सन्देह है ही विशेषतः अन्धानुयायी अवतार विरोधी—'ब्रह्म मानत और।' दोनों में भेद करते हैं। इसमें कोई सन्देह नहीं कि लोक व्यवस्था की ओर जितना सचेत तुलसी हैं—उतना भक्ति की अन्य धाराओं में कोई नहीं है—सभी प्रेम लक्षणा भक्ति की ओर ही उन्मुख हैं—यह अवश्य है कि चित्त शुद्धि के सभी पक्षधर हैं—कुछ 'साधारण धर्म' के और कुछ 'लोकधर्म' के आर्यशास्त्रानुमोदित 'वर्णाश्रम धर्म' के द्वारा भक्ति के क्षेत्र में तुलसी भी वर्णाश्रम धर्म का अतिक्रमण करते हैं। लेकिन जहाँ अन्य धाराओं का औन्मुख्य केवल 'भक्ति' की ओर ही है—वहाँ गोस्वामी जी की दृष्टि हिन्दू समाज की ओर (उससे भी) अधिक है। वे 'भक्ति' की जहाँ प्रतिष्ठा मानते हैं—जिस हृदय में स्थिति मानते हैं—उस हृदय से उन्हें लोकमंगल का भय नहीं है—पर ऐसे 'धर्म के हृदय' से कितनों का हृदय आपूरित है? चिन्त्य ये नहीं हैं 'चिन्त्य' वे लोग हैं—सामान्य निरीह जनता है जिसे व्यवस्था की बैसाखी पकड़ाना आवश्यक है—उसमें हृदय की वह निर्मल और सात्विक अन्तःप्रेरणा कहाँ—जिसके आलोक में वे अपनी लोकमंगलोपयोगी जीवन यात्रा सम्पन्न करें।

सात्वत युग और आलवार युग को पार करती हुई जो भक्ति की धारा दाक्षिणांचल के आचार्यों का हस्तावलम्ब लेकर मध्य प्रदेश के मानस में लहरा उठी–उसके विषय में इतिहासविद् यह कह कैसे सकता है कि वह महज मुसलमानी आक्रमण की प्रतिक्रिया थी। यह भक्ति का स्वर क्या इस्लामी तलवार की झनझनाहट की प्रतिध्वनि है? –यह आक्रमण महज दबी हुई वृत्ति को दीप्त करने वाला ही था–भक्ति की सत्ता उत्तरांचल के मानस में पहले से विद्यमान है।

इस बिन्दु को लेकर परवर्ती हिन्दी आलोचना में पर्याप्त मन्थन हुआ है। कहा गया है कि ग्रियर्सन द्वारा प्रस्तावित और कार्यान्वित उस विधेयवादी पद्धति पर शुक्ल जी ने जातीय मनोवृत्ति को निरूपित किया है जो निर्जीव विज्ञान के क्षेत्र में प्रयुक्त होती है। दूसरे यह कि उन्होंने जनता की चित्तवृत्ति का इतिहास लिखने की जगह शिष्ट जनता की चित्तवृत्ति का इतिहास लिखा है। इस इतिहास लेखन में जनता की चित्तवृत्ति की समग्र झंकृति को आकलित करने के लिए आवश्यक था कि वे धार्मिक साहित्य और लोक साहित्य दोनों को ग्रहण करते। लोक साहित्य की उपेक्षा कर दी और धार्मिक साहित्य को साम्प्रदायिक कहकर अस्पृश्य करार दिया–जबकि प्रायः मध्यकालीन भक्ति साहित्य साम्प्रदायिक है। इतना ही नहीं, वहीं हिन्दी साहित्य की प्राणधारा आध्यात्मिक वृत्ति को–भक्तिवृत्ति को दर-किनार कर वीरगाथाओं को केन्द्र में रखा। हिन्दी का सच्चासाहित्य जिस 'भक्तिवृत्ति' को लेकर स्वर्णयुग देख चुका–उसे न केवल शुक्ल जी ने हतदर्प जाति का साहित्य बताया–प्रत्युत उसे मुसलमानी आक्रमण की मात्र प्रतिक्रिया तक घोषित कर दी। ग्रियर्सन और हेवेल जैसे साम्राज्यवादी अंग्रेज आलोचकों के प्रभाव में अपना इतिहास प्रस्तुत करना साम्राज्यवादी हित का समर्थन करता है।

महत्वाकांक्षियों के दो मार्ग होते हैं–स्वयं अपने सात्विक कार्यकलाप से इतना ऊँचा उठ जाना कि लोग छोटे पड़ जाएँ–यह सात्विक मार्ग है। दूसरा मार्ग होता है प्रतिपक्ष बनाकर उसको घिसने का। शुक्ल जी को इस बिन्दु पर इस प्रकार घिसा गया है कि घिसने वाले की विकृत अहन्ता परितुष्ट हो गई है। कहा जाता है कि शुक्ल जी भक्ति की धारा को इस्लामी आक्रमण की 'प्रतिक्रिया' मानते हैं। इसका अभिप्राय है कि आक्रमण क्रिया है और तब भक्ति साहित्य प्रतिक्रिया–अर्थात् क्रिया से पूर्व प्रतिक्रिया किसी भी अंश में होती नहीं। शुक्ल जी जब कह रहे हैं–'कालदर्शी भक्त कवि जनता के हृदय को सम्हालने और लीन रखने के लिए दबी हुई भक्ति जगाने लगे तब प्रतिक्रिया की सम्भावना ही कहाँ? क्रमशः भक्ति का प्रवाह ऐसा विस्तृत और प्रबल होता गया कि उसकी लपेट में केवल हिन्दू जनता ही नहीं, देश में बसने वाले सहृदय मुसलमानों में से भी न जाने कितने आ गए।' दूसरी ओर भक्तिकालीन चित्तवृत्ति और प्रेरक परिस्थितियों का विधेयवादी पद्धति पर कार्यकारण भाव प्रदर्शित करते हुए (1400 से 1700) कहते हैं कि राजनीतिक परिस्थिति यह

थी कि देश में मुसलमानों का राज्य प्रतिष्ठित हो चुका था और हिन्दू जनता के हृदय में गौरव, गर्व और उत्साह के लिए वह अवकाश न रह गया फलतः अपने पौरुष से हताश जाति के लिए भगवान की शक्ति और करुणा की ओर ध्यान ले जाने के अतिरिक्त दूसरा मार्ग ही क्या था? सर्वस्व गँवाकर भी हिन्दू जाति अपनी स्वतंत्र सत्ता बनाए रखने की वासना नहीं छोड़ सकी थी। इससे उसने अपनी सभ्यता, अपने चिरसंचित संस्कार आदि की रक्षा के लिए राम और कृष्ण का आश्रय लिया और उनकी भक्ति का स्रोत एक कोने से दूसरे कोने तक फैल गया। जहाँ तक धार्मिक परिस्थिति का सम्बन्ध है शुक्ल जी ने निगमानुरोधी और निगमविरोधी आध्यात्मिक चेतना का इतिहास विस्तार निरूपित किया है। वह पाश्चात्य साम्राज्यवादियों की तरह यह नहीं मानते कि मध्यदेश के मध्यकालीन भारतीय मानस के आकाश पर भक्ति की यह बिजली अकस्मात् कौंधी थी। वे निराला के राम की भाँति भारत के मन के दोनों स्तरों से परिचित थे–एक वह मन था जो इस्लाम अन्याय की परायण शक्ति के समक्ष शस्त्र धर चुका था और खिन्न था–जिसकी पुष्टि मध्यकालीन मुस्लिम धर्मराज्य के आतंककारी रूप के जानकार इतिहासविद्, वल्लभाचार्य का कृष्णाष्टक, निराला का तुलसीदास और तुलसी का प्रतीक कलिवर्णन करता है–और दूसरा मन था जो कभी पराजय नहीं जानता था। फलतः अपनी स्वतंत्र सत्ता दूसरे क्षेत्र में बनाए रखने की वासना नहीं छोड़ सका था–अतः अपने दबे हुए संस्कारों को लेकर उठा। शुक्ल जी इस आध्यात्मिक इतिहास को स्पष्ट करते हुए कहते हैं कि–काल के प्रवाह में दबी हुई भक्ति की वृत्ति समय का सहारा पाकर भभक उठी न कि प्रतिक्रिया के रूप में उसी क्षण कौंध उठी। 'प्रतिक्रिया' रूप में लेने का ही दुष्परिणाम है इस दुस्तर्क का सूझना कि आक्रमण या उपद्रव हो रहा है उत्तरांचल में और भक्ति उभर रही है–सुदूर निरूपद्रुत दक्षिणांचल तमिल प्रदेशों में–आलवारों के हृदय में। जो आक्रमण की प्रतिक्रिया मानेगा भक्ति को–उसे यह तर्क देना ही चाहिए। शुक्ल जी स्पष्ट कहते हैं पूर्वांचल के बौद्ध और पश्चिमांचल के नाथ आन्दोलन आर्यशास्त्रानुमोदित 'लोकधर्म'–जो धारक जनता की कमजोरी से विकृत हो रहा था–को उबारने की जगह गड्ढे में ढकेल रहे थे। मुसलमानों ने भी इस 'लोकधर्म' पर कहर ढा दिया। शुक्ल जी का कहना है कि इस 'लोकधर्म' के तीन घटक हैं–कर्म, ज्ञान और भक्ति। कर्म या आर्यशास्त्रानुमोदित धर्म की हालत खराब थी–फिर निगमविरोधी बौद्ध और नाथ वर्णाश्रमी व्यवस्था से पीड़ित जनता को बरगलाकर उधर से हृदय का लगाव भी तोड़ रहे थे। 'लोकधर्म' के जागरूक द्रष्टा तुलसी यह सब देख रहे थे–फलतः कह रहे थे–'गोरख जगायो जोग, भगति भगायो लोग।' ज्ञान सम्पन्न लोगों की संख्या ही कितनी होती है? इस तरह शुक्ल-सम्मत लोकधर्म की स्थिति चिन्त्य थी। फिर भी धर्म की भावात्मक अनुभूति या भक्ति–जिसका सूत्रपात महाभारत काल में और विस्तृत प्रवर्तन पुराण काल में हुआ था, कभी कहीं

दबती, कहीं उभरती—किसी प्रकार चली भर आ रही थी। सारांश यह कि जिस समय मुसलमान भारत में आए—उस समय सच्चे 'धर्मभाव' का बहुत कुछ ह्रास हो गया था—परिवर्तन के लिए कड़े धक्कों की आवश्यकता थी। अर्थात् जो इस जाति का भाव था—स्वतंत्र सत्ता बनाए रखने का चिरसंचित सात्विक संस्कार—वह इस कड़े धक्के से दीप्त हो उठा। शुक्ल जी कहते हैं कि भाव, स्थायी भाव और स्वभाव में 'स्वभाव' सबके प्रति सब समय में स्थिर भाव का नाम है। इसलिए जो चिरसंचित संस्कार मुसलमानी धक्के से उभर पड़ा—दीप्त हो उठा—वह उसका स्वभाव ही था—प्रतिक्रिया नहीं थी। इस जाति का तात्कालिक और ऊपरी मन अवश्य निराला के राम के ऊपरी मन की भाँति पौरुष से हताश था—शुक्ल जी स्पष्ट कहते हैं—हृदय में गर्व, गौरव और उत्साह के लिए वह अवकाश न रह गया—यह हताश आपेक्षिक है और ऊपरी मन पर है। इस कड़े धक्के से जब यह जाति अन्तर्मुख हुई और 'स्वभाव' का साक्षात्कार किया तब एक अभीष्ट ऊँचाई पर पहुँच कर गाने लगी। पूर्वापर सन्दर्भ से यह कोई भी नहीं कह सकता कि शुक्ल जी भक्तिकालीन वृत्ति का मुसलमानी आक्रमण की प्रतिक्रिया कह रहे थे।

अब रही दूसरी बात—इस स्वाभाविक—स्वभावगत वृत्ति को दीप्त करने में क्रमागत वर्ग-संघर्ष था या हिन्दू-मुस्लिम संघर्ष? साथ ही यह कि यह वर्ण संघर्ष, वर्ण संघर्ष था कि मार्क्सवादी शब्दावली में—वर्ग संघर्ष?

नव्य चिन्तकों का मत है हिन्दी साहित्य के उद्भव की कथा हिन्दू-मुस्लिम संघर्ष में न ढूँढ़कर द्विवेदी जी के शब्दों में—'शास्त्रधर्म' और 'लोकधर्म' के संघर्ष में ढूँढ़ना चाहिए। द्विवेदी जी ने 'शास्त्रधर्म' और 'लोकधर्म' का क्रमागत इतिहास बताते हुए मध्यकालीन भक्ति साहित्य को ही हिन्दी का सच्चा साहित्य कहा है और मुस्लिम-हिन्दू संघर्ष-जन्य 'वीरगाथात्मक वृत्ति' को नहीं। साथ ही इस मान्यता का भी विरोध किया कि हिन्दी का सच्चा साहित्य जिस भक्ति वृत्ति को लेकर चला है—वह हिन्दू-मुस्लिम संघर्ष की परिणति है। निष्कर्ष यह कि हिन्दी साहित्य के उद्भव और विकास के केन्द्र में 'शास्त्रधर्म' और 'लोकधर्म' का जो क्रमागत संघर्ष है—उसी को रखना चाहिए। मुस्लिम आक्रमण आगन्तुक कारण है, स्वाभाविक कारण नहीं है।

द्विवेदी जी ने आदिकाल में अत्यन्त अभिनिवेश के साथ उस सामग्री को रीढ़हीन सिद्ध किया है—जिसके साक्ष्य पर हिन्दी साहित्य की आदिकालीन मनोवृत्ति को 'वीरगाथात्मक' कहा गया है और उसके विपरीत लोक चेतना की आध्यात्मिकवृत्ति (शास्त्र-विरोधी) को ही हिन्दी साहित्य की मूल प्राणधारा कहा है और उसी स्वाभाविक चिन्ताधारा से हिन्दी साहित्य का उद्भव मानने का प्रस्ताव भी किया है। इसमें कई बातें दृष्टिभेद से भी उभरी हैं। उदाहरणार्थ, पहली बात यह कि शुक्ल जी, राहुल जी और गुलेरी जी की भाँति प्राकृत की अन्तिम अपभ्रंशावस्था से ही हिन्दी साहित्य का

आविर्भाव मानते हैं जबकि द्विवेदी जी अपभ्रंश और हिन्दी को पृथक्-पृथक् भाषा मानते हैं। इसलिए शुक्ल जी को पीछे जाना पड़ता है और पीछे जाने पर जन श्रुति के साक्ष्य पर देशभाषाबद्ध काव्य में प्रतिफलित सामूहिक चित्तवृत्ति को जो मुस्लिम आक्रमण के सन्दर्भ में सम्भावित हो सकती थी—मुख्य वृत्ति माना। द्विवेदी जी की दृष्टि में वह काल ही अपभ्रंशकाल है—मानक और प्रगत अपभ्रंश का काल है—अतः वे चौदहवीं से ही विचार करेंगे—यह एक अन्य बात है और यह बिन्दु यहाँ इतना प्रासंगिक है भी नहीं।

यहाँ दूसरा बिन्दु विशेषतः प्रासंगिक है। इस विषय में इतना निर्भ्रान्त है कि शुक्ल जी की 'भक्ति भावना' को जातीय संस्कार के रूप में स्वभावगत ही कहते हैं—मुस्लिम आक्रमण को बड़ा धक्का मानते हैं। धक्का आगन्तुक ही होता है, स्वाभाविक नहीं।

यह मानने में किसी को कोई संकोच नहीं है कि आर्यशास्त्रानुमोदित वर्णाश्रम धर्म या शुक्ल-सम्मत लोकधर्म—कर्म, ज्ञान, उपासना—समन्वित लोकधर्म विकृत होने के कारण उपेक्षित हो रहा था। इस गिरती हुई व्यवस्था के दम्भी ठेकेदार असवर्णों के साथ दुर्व्यवहार कर रहे थे—फलतः सार्ववर्णिक 'आगम सम्मत' साधना के सभी दरवाजों पर अपनी सम्भावनाओं को चरितार्थ करने के लिए वह आगे बढ़ा। इनमें से कुछ ऐसे लोग भी हो सकते हैं—जो तंत्र की निम्नगामी साधनाओं से जुड़ रहे हों और कुछ ऊर्ध्वगामी। हिन्दू समाज में यह संघर्ष 'निगम' और 'आगम' के अनुयायियों का संघर्ष था। इस काल की भक्ति की चारों धाराएँ आगमानुमोदित हैं—इस काल की 'प्रेमा पुमर्थो महान्' वाली धारा जो निगमानुमोदित—चार पुरुषार्थों से ऊपर थी—पंचम पुरुषार्थ के रूप में मानी गई। शुक्ल जी की 'लोकधर्म' सम्बन्धी धारणा नैगमिक है और द्विवेदी जी की आगमिक। निस्सन्देह इस भक्तिकालीन समूचे प्रवाह में निगमागम समन्वयी वृत्ति केवल गोस्वामी जी की थी—कृष्णाश्रयी देवयानी धारा पर शास्त्रानुयायी आचार्यों का अंकुश अवश्य था—यद्यपि निगमसम्मत आचार का म्लेच्छाक्रान्त धरा पर निर्वाह आचार्यों ने असम्भव बताकर असवर्णो के प्रति भी उदार बुद्धि प्रदर्शित की।

एक सवाल और खड़ा किया जा सकता है कि यह आगमसम्मत प्रवाह हमारी गिरती हुई बौद्धिक क्षमता और असम्भव होती हुई निगमानुमोदित धर्म साधना के कारण थमा असवर्ण-असवर्ण की अधिकार-कर्तव्य भावना की के कारण ही वर्णभेद, वर्गभेद था जब रीढ़ ही टूट गई—तब निम्न वर्ण का उच्च वर्ण के प्रति सम्मान क्यों? यह क्या कारण था कि मध्यकाल में सभी धर्मो ने 'आगम' की साधना अपना ली। जैन, बौद्ध, शैव, वैष्णव तथा शाक्त सर्वत्र शक्तिवाद का स्वीकार क्यों हुआ? क्या यह महज वर्ण संघर्ष था या कि वर्ग संघर्ष?

मार्क्सवादी चिन्तक इस संघर्ष को वर्ग संघर्ष का रूप देते हैं और अनेक प्रमाणों

से अपनी पुष्टि करते हैं। जिज्ञासुजन–'दूसरी परम्परा की खोज'–का यह अध्याय देख सकते हैं–भारतीय साहित्य की प्राणधारा और लोकधर्म। 'डॉ. सिंह' ने इसमें प्रो. इरविन, डॉ. इरफान तथा डॉ. हबीब और डॉ. रामविलास शर्मा के मतों को उद्धृत करते हुए इस तथ्य का प्रतिपादन किया है कि यह संघर्ष मुस्लिम-हिन्दू संघर्ष नहीं, सवर्ण-असवर्ण संघर्ष नहीं, प्रत्युत वर्ग संघर्ष था। इस चेतना को स्पष्ट करते हुए इसी के आलोक में व्याख्या की और द्विवेदी जी द्वारा संकेतित 'चार आने' वाले इस्लामी प्रभाव की बात स्पष्ट की है। स्वयं डॉ. सिंह मानते हैं कि शुक्ल जी और द्विवेदी जी–दोनों ही गैरमार्क्सिस्ट चिन्तक हैं–प्रगतिवाद विरोधी हैं–पर यह मानते हुए भी द्विवेदी जी द्वारा संकेतित 'प्रभाव' की व्याख्या वर्ग चेतना के आलोक में की है। समर्थन की यह आरोपवादी साधना द्रष्टव्य और चिन्त्य है।

विद्वानों के अर्जित बोध की आचारणहीन स्थिति से उत्पन्न जड़ता ने लोक-स्वभाव गत 'राग' की ऊर्ध्वगामी सम्भावनाओं को मुखर किया और इस महाप्राणता ने इसे विकास के लिए तोड़ना उचित समझा। इसे शास्त्र संघर्ष और लोकसंघर्ष कहने की जगह आचरण शून्य शास्त्र संघर्ष और लोकसंघर्ष कहना उचित है। सूरदास के कृष्ण उद्धव के विषय में यही चिन्ता करते हैं।

'विरह रस के मंत्र कहिए क्यों चलै संसार'

ज्ञान आचरण से रसमय होता है। वाक्य ज्ञान को सभी निरर्थक समझते हैं। क्रमागत राग-दमन की जैन, हीनयानी बौद्ध और संन्यासियों की वृत्ति आगम सम्मत राग साधना की ऊर्ध्वगामी वृत्ति से परास्त हो गई। रागमार्गी लोकचेतना आचरणहीन शास्त्रीय ज्ञान की अवरोधक जड़ता को तोड़कर रचनात्मक बन गई। भक्ति के मध्यकालीन प्रवाह में उक्त जड़ शास्त्र और जीवन्त रागमार्गी लोकचेतना दोनों का आगमिक आलोक में छिड़ा संघर्ष है। यह वह गुप्त-प्रकट क्रमागत धारा है जो कालक्रम से भिन्न देशों में प्रवाहित होती हुई मध्यदेश में लहरा उठी थी। इस्लामी धक्का एक बड़ा और आगन्तुक कारण इस स्वभाव का उद्दीपक है–मूल कारण नहीं। मैं उन लोगों के विरुद्ध हूँ जो इस लोकचेतना में तात्विकता की जगह केवल ऐतिहासिकता देखना चाहते हैं। अनुभवसम्मत विवेकवाद को लोकचेतना या लोकधर्म का प्राण कहने वाला चिन्तक उसे तात्विकता से शून्य समझे–ठीक नहीं। विवेक के पीछे अनुभव या अनुभव-समुद्भूत विवेक ही तो तात्विक होता है। तात्विकता क्या अनुभव शून्यता से आती है–आखिर, लोकचेतना कब भेंडीधंसनि होती है और कब शास्त्रीय जड़ता को तोड़ने की महाप्राणता हासिल करती है–यह भी सोचने की बात है। यह सब अकारण नहीं होता। मेरा विचार यह कि रागमार्गी चेतनापरक लोकचेतना आगमसम्मत मार्ग पर आरूढ़ होने से महाप्राण बनी, न कि निगमसम्मत शास्त्रीयता से विमुख होने के कारण श्रद्धास्पद और अनुगमनीय हो

उठी। निष्कर्ष यह है कि इसके पीछे–

1. हिन्दू-मुस्लिम संघर्ष
2. सवर्ण-असवर्ण संघर्ष
3. वर्ग (सामन्ती लोक) संघर्ष

ये संघर्ष नहीं–पर शास्त्रीय जड़ता और ऊर्ध्वगामिनी सम्भावनाओं को मुखर करने वाली आगमनिर्दिष्ट धारा का संघर्ष है–जो लम्बे समय से पुष्ट-क्षीण होती हुई मध्यदेश और मध्यकाल में लहरा उठी थी। इस स्रोत में जो पड़ गया–वही स्रोतापन्न हो गया।

जब 'शरीअत और कर्मकाण्ड' को ही 'धर्म' मानकर आमने-सामने तलवारें झनझना रही हों–और तह में निहित मूलवर्ती चेतना से वैसे समाज-असम्पृक्त हो रहा हो–तब जन्म से हिन्दू और परिवेश से मुसलमान जुलाहा कबीर तात्विक आगमसम्मत रागमयी चेतना से जुड़कर दोनों को फटकार सकने का आत्मविश्वास रख सकता था। यद्यपि यह परिस्थिति और पहले ही आ गई थी–फलतः 'विशेषधर्म' की गिरती हुई दशा से असन्तुष्ट आगमसम्मत परम्परा के बौद्ध-सिद्ध, नाथसिद्ध, आलवार, वारकरी आदि हिन्दू साधक वर्णाश्रम धर्मसम्मत खोखले पड़ते हुए कर्मकाण्ड से हटकर अन्तर्याग की साधना में रत थे और 'विशेष धर्म' की जगह 'सामान्य धर्म' पर बल देते थे। आचार्य शुक्ल ने इस वृत्ति को लक्षित किया है और सामान्य अन्तःसाधना, हठयोग तथा सहजयोग–की बात की है। निर्गुण मत के घटक तत्त्वों की ऐतिहासिक क्रम में जैसे–जहाँ रूपरेखा बन रही थी–उससे शुक्ल जी भली-भाँति परिचित हैं। तत्कालीन बड़े धक्के ने इसे स्फुट-स्फुटतर भूमि पर ला दिया। यह वृत्ति भी भारत के स्वभाव में थी सर्वात्मना आगन्तुक नहीं थी–पर स्फुट-स्फुटतर होती रही–इस परिवेश में।

आचार्य पं. विश्वनाथप्रसाद मिश्र शुक्ल जी को स्पष्ट करते हुए जब कहीं अन्तर्विरोध लक्षित करते हैं–तब वे इसके मूल में सक्रिय दृष्टि भेद की बात करते है–वह बहुत सही है। शुक्ल जी बुद्धिवादी चिन्तक हैं–अतः समझने-समझाने के ख्याल से वे विवेक अथवा भेद पर केन्द्रित होकर चलते हैं जबकि स्वच्छन्दतावादी वाजपेयी जी अभेदकारी तत्त्वों की ओर ज्यादा झुकते हैं। आचार्य हजारीप्रसाद द्विवेदी में भी जहाँ तात्विक पक्ष परक दृष्टि ज्यादा काम करती है वहाँ आचार्य शुक्ल समाज पर पड़ने वाले व्यावहारिक प्रभाव को ध्यान में रखले हैं और उस दृष्टि से अपनी वैचारिक प्रतिक्रिया कहीं अधिक व्यक्त करते हैं। शुक्ल जी इन सब में व्यवहारपरक दृष्टि वाले हैं। तत्त्वतः कबीर में कोई अ-लोकमांगलिक नीयत नहीं है, तत्त्वतः कबीर किसी ऐसे कर्म को प्रोत्साहित नहीं करते जो लोक का अ-धारक हो–अधर्म हो, तत्त्वतः 'नाम लिया कर–काम किया कर' (मामनुस्मर युद्धय च) (युद्धस्व विगत ज्वरः)–इस धारा के गृहस्थ साधक कबीर में ज्ञान ही ज्ञान की बात थी तदनुरूप

उपासना या कर्म नहीं था–यह कैसे सम्भव है–अतः तत्त्वतः वाजपेयी जी जब उनमें तीनों के होने की सम्भावना करते हैं–तब गलत नहीं करते। पर जब शुक्ल जी वाजपेयी और द्विवेदी जी से हटकर अन्यथा कहते हैं–तब उनकी दृष्टि औसत सामान्य जनता पर कबीर की वानी द्वारा पड़ने वाले 'प्रभाव' पर जाती है–तब 'हम तुमसे कछु घाटि' 'आँख दिखा वहिं डाँट' वाली तुलसी की उक्ति पर जाती है–फलतः वे बरस पड़ते हैं। अभिप्राय यह कि जहाँ वाजपेयी जी और द्विवेदी जी की दृष्टि तात्विक और अभेद पक्ष की ओर जाती है, वहाँ शुक्ल जी की दृष्टि व्यवहार गत 'प्रभाव' की ओर जाती है–अनपढ़ तथा शिश्नोदर परायण सामान्य जनता की ओर जाती है–शुक्ल जी देखते हैं कि इस औसत लोक को अनुशासित रखने वाले 'लोकधर्म' से उनकी व्यक्तिगत साधना वाली उपदेशपरक 'बानी' कहाँ तक अपने लक्ष्य में सफल है। इस दृष्टिभेद से ही आचार्यों के विवेचन में उभरता हुआ पारस्परिक अन्तर्विरोध है। दृष्टिभेदपूर्वक अन्तर्विरोधों का समाधान राजपथ है और इसे नजरअन्दाज कर लड़ाना–एक-दूसरे की तुलना में लानत-मलामत करना पिच्छिल मार्ग है। जब राजपथ अवरुद्ध हो, तभी पिच्छिल मार्ग का सहारा लेना संगत लगता है–अन्यथा नहीं।

वाजपेयी जी का यह कहना सही है कि भारतीय उपलब्धियों के साथ अध्यात्म का सम्बन्ध काटकर मूल्यांकन करना हमेशा अच्छा नहीं होगा। भारत का स्वभाव अध्यात्म है–वह समय के प्रवाह में, कालचक्र के आवर्तन में धूमिल पड़ सकता है और भेद तथा अन्धविश्वास के झंझावात और चक्रवात चल सकते हैं, इस भय से वह दरवाजा ही बन्द कर देना ठीक नहीं है–हाँ उसकी पात्रता अर्जित करने के लिए व्यवहार के धरातल पर इन्सानियत की स्वच्छता पर बल देना ठीक है। शुक्ल जी आत्मवाद पर आस्था रखते हैं, पर समय-विशेष में। व्यवहार को स्वच्छ रखने के लिए 'मानवता' के विकासवादी रूप के पक्षधर हैं। जिस कालावधि में वे धरती से जुड़ते हैं–वह उन्हें ऐसा ही करने को विवश करती है। दर्शन के आत्मवाद की पौराणिक व्याख्याओं से वे तटस्थ हैं क्योंकि उसके पीछे निहित चिन्तन लुप्तप्राय है और हम हैं कि पौराणिक व्याख्याओं और प्रतीकों का मर्म नहीं जानते–फलतः तात्विक भूमि ओझल हो जाती है और सतह के परस्पर विरोधी कार्य-कलापों को ही अन्तिम मानकर तलवारें रक्त में डुबोने लगते हैं। जहाँ द्विवेदी जी जैसे लोग कबीर (जायसी और सूर) को तत्त्वदर्शी मानकर उसकी तात्विक चेतना पर आधारित बानियों का मूल्यांकन करते हैं–वहाँ शुक्ल जी इधर-उधर से सुन-सुनाकर प्रतिभावान् कबीर की लठमार बानियों का अवमूल्यन करते हैं–विशेषकर सामान्य जनता पर पड़ने वाले गुमराहकारी दुष्प्रभाव को दृष्टिगत कर। द्विवेदी जी के सामने कबीर का तात्विक पक्ष है और शुक्ल जी के सामने व्यवहार जगत् पर पड़ने वाला 'दुष्प्रभाव'। आधेय अनुरूप आधार में ही गुणकारी होता है। आधेय उत्तम हो और आधार विकृत तो ग्रहीता संस्कारानुरूप

ही ग्रहण करेगा। अपरिपक्व मस्तिष्क की जनता अपनी विकृतियों का छद्म आवरण बनाती है–ऊँचे सिद्धान्तों को–वह भी शुक्ल जी की दृष्टि में जब 'वाक्य ज्ञान' मात्र हो तब क्या कहना।

शुक्ल जी इस मान्यता से कि कबीर (सिद्ध और नाथ) की बानी के मूल में आध्यात्मिक अनुभूति नहीं, प्रत्युत सुनी-सुनाई वाक्य ज्ञान के स्तर की बातें हैं–मैं भी असहमत हूँ। मुझे नहीं लगता कि केवल वाक्य ज्ञान के स्तर की बानियाँ और उनके सहारे सत्तावान कबीर भारतीय समाज के इतने बड़े वर्ग को इतने दीर्घकाल तक प्रभावित करते। इस वर्ग में अक्षर अनन्य और सुन्दरदास, विचारदास, हनुमच्छास्त्री–जैसे पढ़े-लिखे सुबुद्ध लोग भी हैं–शुकदेव से दीक्षित चरणदास भी हैं। हमारे सामने उनकी बानियों और उनके माध्यम से उभरने वाले व्यक्तित्व तथा तदनुयायी लम्बी परम्परा को छोड़कर और कुछ नहीं है। बुद्धिवादी शुक्ल जी के लिए श्रद्धा और विश्वास के क्षेत्र के रहस्यों को बुद्धि के क्षेत्र में कैसे लाया जाय? कहा जा सकता है कि शुक्ल जी को ही नहीं तुलसीदास को भी–जो श्रद्धा और विश्वास को महत्व देते हैं–साखी, सबदी, दोहरा के माध्यम से वेद-पुरान की निन्दा करने वाले और विभिन्न पन्थों की कल्पना करने वाले–निर्गुनियों–के प्रति भी वही आक्रोश है–इसका क्या जवाब है? 'निर्गुन मत मोहि समुझि न आवा।' 'जो तुम कहा राम कोउ आना'–से क्या ध्वनित है? क्या ये सब प्रतिक्रियात्मक उक्तियाँ 'निर्गुनियों' को लक्ष्य में रखकर नहीं कही गई हैं? क्या उन्होंने सामान्य जनता के हृदय में पनपने की सम्भावना रखने वाले 'भक्ति' को निर्मूल कर देने का आरोप गोरखनाथ पर नहीं लगाया है? क्या अलखियों को 'नीच और अधम'–कहकर उन्होंने नहीं पुकारा है? तब फिर शुक्ल जी को ही पूर्वग्रही क्यों कहा जाय?

शुक्ल जी तुलसी के भक्त हैं–पर उन्हें ग्रहण अपनी रुचि से चौखटे में करते हैं–उनकी अध्यात्म-भावना-भावित केन्द्रीय शब्दावली को अपनी व्याख्या देते हैं–इसलिए दोनों की समझ एकरूप नहीं मानी जा सकती। शुक्ल जी के धर्म का परलोक और अध्यात्म से कोई सम्बन्ध नहीं है–तुलसी के धर्म का है। शुक्ल जी काव्य को और तदाधार मूल जीवन को मनोमय कोश से आगे नहीं ले जाते–तुलसी ले जाते हैं। शुक्ल जी अपने गन्तव्य 'व्यवहारगत सौन्दर्य' को उपपन्न करने के लिए कृति, ज्ञान और उपासना का समुच्चय मानते हैं अथवा ऐसी भक्ति पर्यवसायी उपासना का समर्थन करते हैं–जो विवेक और लोकसंग्रही आचरण से मण्डित हो ही। तुलसी अपने गन्तव्य के सोपान मानते हैं–लोकमंगल द्वारा ही आत्ममंगल–वे 'प्रेम' को 'नेम' से बड़ा मानते हैं–पर व्यवहार में 'नेम' की अवहेलना बर्दाश्त नहीं कर सकते। व्यवहारातीत भूमि पर आरूढ़ प्रेमी 'नेम' से ऊपर है भी तो इसलिए कि उसके व्यक्तिगत किसी कर्म से अ-लोकमंगल हो ही नहीं सकता–उन्हें यह दृढ़ विश्वास है–पर विकृतमनस्क सामान्य जन यदि अनुकरण करता है–तो उसकी अशुद्ध नीयत

के कारण अलोकमंगल हो सकता है—कारण, ये दम्भी लोग हैं। उन्हें दम्भियों पर आक्रोश है—निष्ठावानों पर नहीं।

'दम्भिन्ह निज मत कलप करि प्रकट कीन्ह बहु पन्थ'—और इन पन्थों के कूड़े-कचरों की ढेर में सद्ग्रन्थ लुप्त हो जाते हैं। शुक्ल जी 'नेम' से 'प्रेम' को बड़ा मानते हैं—पर सर्वांगीण प्रेम को—एकांगी 'प्रेम' को नहीं—व्यवहारातीत 'प्रेम' या 'भक्ति' उनके यहाँ है ही नहीं। इसलिए सूर, कबीर, जायसी उन्हें पसन्द हो ही नहीं सकते। उनके यहाँ दम्भी-अदम्भी का प्रश्न ही नहीं है। तुलसी की भक्ति व्यवहाराविरोधी ढंग से निष्पन्न होकर व्यवहारातीत भूमियों पर भी चलती है—शुक्ल जी भक्ति की ऐसी कोई भूमि नहीं मानते—जो व्यक्त जगत् से ऊपर हो। जो सर्व सामान्य को अगोचर हो—जिसकी चरिथार्तता व्यक्त जगत् को सुन्दर बनाने में न हो। निष्कर्ष यह कि दोनों के 'कबीर' और 'गोरख' एक ही नहीं हैं। तुलसी की दृष्टि में जनसामान्य की नजरों में प्रतिष्ठित 'गलत कबीर' या 'गलत गोरख' हैं और उनके समर्थित 'गलत मार्ग'—दाम्भिक आचरण। तुलसी जानते और मानते हैं कि चरम गन्तव्य तक पहुँचने के कई मार्ग हैं—केवल वही नहीं जिसके तुलसी पक्षधर हैं। रुचि और अधिकार भेद से मार्गभेद हो सकते हैं—जो 'तरीका' के अधिकारी हैं—वे 'शरीअत' छोड़ सकते हैं—परलोक की दृष्टि से न छोड़ना छोड़ने से उत्तम है—गीताकार के अनुसार तुलसी यह मानते हैं—इसलिए कृतार्थ महात्मा के भी अलोकसंग्रही आचरण या प्रवचन का वे लोक की दृष्टि से (न कि तत्त्व की दृष्टि से) विरोध करते हैं—शुक्ल जी का तत्त्व—'व्यक्त' ही है—'लोक' ही है इसलिए उनका विरोध सर्वात्मना है—इसीलिए ऊपरी विरोध में तुलसी से एक होते हुए भी तात्विक दृष्टि से उनका प्रस्थान भिन्न है। तुलसी की भाँति शुक्ल जी के यहाँ तात्विक और व्यावहारिक दो स्तर हैं ही नहीं—यहाँ एक ही स्तर है अतः एक की दृष्टि से विरोध और दूसरी दृष्टि से अविरोध का सवाल ही नहीं उठता। तुलसी लोकसंग्रही वृत्ति न देखकर विरोध या मौन धारण कर सकते हैं—शुक्ल जी विरोध ही करेंगे। उनके यहाँ तात्विक और दाम्भिक—दो 'कबीर' या 'गोरख' नहीं हैं—एक ही हैं—अतः तुलसी तात्विक—भिन्न मार्ग से तत्त्व तक पहुँचने वाले कबीर या गोरख की आलोचना नहीं करते प्रत्युत दाम्भिक (औसत अनपढ़ जनता की नजर में प्रतिष्ठित) कबीर या गोरख—आदि की निन्दा करते हैं। शुक्ल जी की एक ही दृष्टि है—व्यवहार सौन्दर्यपरक। जो भी व्यवहारोपयोगी 'नेम' अर्थात् आर्यशास्त्रानुमोदित 'लोकधर्म' की अवहेलना करेगा या ऐसा आचरण तथा उपदेश रखेगा जो औसत लोक को गुमराह करे—शुक्ल जी उसे बख्श नहीं सकते—उसकी कुत्सा करेंगे ही। इस प्रकार तुलसी और उनके अन्यथा भक्तों को शुक्ल जी में निहित इस अन्तर को दृष्टिगत करके ही प्रस्तुत प्रश्न को समाहित करना पड़ेगा। द्विवेदी जी तात्विक कबीर के प्रति आस्थावान् हैं और शुक्ल जी दाम्भिक कबीर के प्रति अनास्थावान्। शुक्ल जी कहते

हैं—सामान्य या अशिक्षित जनता पर इनकी बानियों का प्रभाव इसके अतिरिक्त और क्या हो सकता था कि वह सच्चे शुभकर्मों के मार्ग में तथा भगवद्भक्ति की स्वाभाविक हृदय पद्धति से हटकर अनेक प्रकार के मंत्र-तंत्र और उपचारों में जा उलझे और उसका विश्वास सिद्धियों पर जा जमे। स्पष्ट ही शुक्ल जी की दृष्टि सामान्य जनता पर होने वाले 'प्रभाव' पर है। यों तो वे भी मानते हैं—मर्यादा के अतिक्रमण का अर्थ इतना ही है कि भक्त का आचरण हृदय प्रेरित होने के कारण स्वच्छन्द होता है। जो कुछ वह करता है शास्त्र की आज्ञा के दबाव में नहीं अपनी इच्छा से करता है।—पर भक्ति के प्रभाव से उसकी इच्छा मंगलेच्छा हो जाती है—मतलब जहाँ प्रेम होगा वहाँ धर्ममार्गानुमोदित 'नेम' होगा ही। नीयत में 'नेम' का रहना एक बात है बाहर भी वह वैसी प्रभावकारी हो—दूसरी बात। अन्धानुकरण करने वाली जनता की मांगलिक व्यवस्था में आस्था दृढ़ कराने वाली नीयत का बाह्य रूप भी वैसा ही हो—शुक्ल जी बाहर-भीतर का समन्वय चाहते हैं। वे कहते हैं—भक्त की सम्यक् दृष्टि यही कही जा सकती है जिसके सामने अन्तर्मुख शील साधना और बहिर्मुख धर्मपालन के बीच 'साधारण धर्म' और 'विशेष धर्म' के बीच सामंजस्य स्पष्ट हो। हमारे भक्ति मार्ग की सौन्दर्य भावना में 'लोकधर्म' का सौन्दर्य भी सम्मिलित है। इसी से इसके भीतर पंडितों और विद्वानों की निन्दा, कर्मवीरों और लोक रक्षकों की अवज्ञा अपनी सिद्धि और महत्ता के प्रकार की चेष्टा उस चेष्टा में बाधक सामाजिक व्यवस्था से विद्वेष की प्रवृत्ति नहीं पाई जाती। लोकधर्म के साथ यही सामंजस्य भारतीय पद्धति के भक्तों की एक ऐसी पहचान है जो उन्हें विदेशी पद्धति के निर्गुन भक्तों से अलग करती है। यह भेद दोनों के मिलान से स्पष्ट हो जाता है। उनकी दृष्टि में कबीर का ब्रह्म ज्ञानमय और प्रेममय तो है—पर धर्ममय नहीं। उनकी दृष्टि में कबीर पढ़े-लिखे तो नहीं, पर प्रतिभावान् हैं। वे मानते हैं—'कबीर अपने श्रोताओं पर यह अच्छी तरह भासित करना चाहते थे कि उन्होंने अपने ब्रह्म का साक्षात्कार कर लिया है—इसी से वे प्रभाव डालने के लिए बड़ी लम्बी-चौड़ी गर्वोक्तियाँ भी कभी-कभी कहते थे।' फलतः शुक्ल जी की दृष्टि से कबीर में जो कुछ है—वह सत्संग श्रवण और प्रखर प्रतिभा। निर्गुण पन्थ का प्रवर्तन वेदान्त के अद्वैतवाद, नाथपन्थ के हठयोग, सूफियों के प्रेमतत्त्व और वैष्णवों के अहिंसा और प्रवृत्ति—इन सबके ग्रहण से सम्भव हुआ। यद्यपि हिन्दू और मुस्लिम समन्वय की अध्यात्म के स्तर पर प्रयास नाथपंथियों और बारकरी नामदेव ने किया फिर भी व्यवस्थित रूप देने का श्रेय शुक्ल जी की दृष्टि से कबीर को ही है।

कबीर द्वारा प्रवर्तित निर्गुण पन्थ का उद्भव और प्रचार किन परिस्थितियों में हुआ—इस पर विचार करते हुए शुक्ल जी ने कहा है—'भक्ति आन्दोलन की जो लहर दक्षिण से आई—उसी ने उत्तर भारत की परिस्थिति के अनुरूप हिन्दू-मुसलमान दोनों के लिए एक सामान्य भक्तिमार्ग की भावना कुछ लोगों में जगाई। हृदय पक्ष शून्य

सामान्य अन्तःसाधना का मार्ग निकालने का प्रयत्न नाथपन्थी कर चुके थे—यह हम कह चुके हैं—पर रागात्मक तत्त्व से रहित साधनों से ही मनुष्य की आत्मा तृप्त नहीं हो सकती। महाराष्ट्र के प्रसिद्ध भक्त नामदेव ने हिन्दू-मुसलमान दोनों के लिए सामान्य भक्तिमार्ग का आभास दिया। उसके पीछे कबीरदास ने विशेष तत्परता के साथ एक व्यवस्थित रूप में यह मार्ग 'निर्गुण पन्थ' के नाम से चलाया। फकीरों की सिद्धि आदि के विश्वास के सहारे पठानों के समय में सूफी संस्कारों के प्रचार का बड़ा भारी आयोजन उत्तरी भारत में रहा। अजमेर, जौनपुर, झूसी, ऊँजी, सहसराम इत्यादि में सूफी पीरों के प्रसिद्ध स्थान थे। बंगाल में 'हुसैनशाह' ने 'सत्यपीर' की कथा चलाई थी। निर्गुण भक्ति पन्थों का प्रचार इसी परिस्थिति में हुआ।

निर्गुण पन्थ और कबीर आदि के विषय में चिन्तन-प्रसूत मानदण्डों के आधार पर शुक्ल जी के कुछ विशिष्ट निष्कर्ष हैं—इन निष्कर्षों में पहला यह है कि—

(क) निर्गुण मत विभिन्न-विभिन्न स्रोतों से एकत्र तत्त्वों—अद्वैततत्त्व, रागतत्त्व, अहिंसा और प्रवृत्ति तथा हठयोग—यत्रतत्र एकेश्वरवाद—द्वारा गठित है।

(ख) यह धारा विदेशी प्रवृत्ति की भक्ति की धारा है—जिससे स्वदेशी भक्ति की अनेक व्यावर्तक विशेषताएँ हैं—रहस्यवाद उनमें से मुख्य है। जिसके कारण अनेक अस्वाभाविक और अतिप्राकृत बातों का समावेश हो गया है। इस विदेशी भक्ति में स्वदेशी भक्ति के प्राकृत रूप को आच्छादित करने वाली तुच्छ अलोकधार्मिक वृत्तियाँ भी हैं—जिनसे सामान्य जनता में अशिष्टता, औद्धत्य समाज व्यवस्था का अतिक्रमण होता है और दाम्भिकता फैलती है या फैलने की सम्भावना है। विदेशी भक्ति के अनुयायियों में जो दम्भ या गर्व कभी-कभी लक्षित होता है—स्वदेशी पद्धति में उसका अभाव है। विदेशी भक्ति बाहर या—लोक से तटस्थ अन्तर्मुख साधना का पक्षधर है। इनके अतिरिक्त इस धारा के निर्गुण-पन्थी साहित्य में किसी सुप्रतिष्ठित वैचारिक मेरुदण्ड या दर्शन को खोजना व्यर्थ है। कबीर कभी मुसलमानी जोश में हिन्दुओं के बहुदेवोपासना और मूर्तिपूजा का खण्डन करते हैं और कभी ब्रह्मज्ञानी बनकर मुसलमानों की शरीअत का। इन सन्तों के ईश्वर ज्ञानस्वरूप और प्रेमस्वरूप ही रहे—धर्मस्वरूप न हो पाए। इस शाखा की रचनाएँ साहित्यिक नहीं हैं। भाषा शैली अधिकतर अव्यवस्थित और ऊटपटाँग है। भक्तिरस में मग्न करने वाली सरसता भी कम पाई जाती है। इसीलिए इनका प्रभाव शिष्ट और शिक्षित जनता पर नहीं पड़ा। साथ ही यहाँ का ज्ञान पक्ष रहस्य और गुह्य की भावना से विकृत हो गया।

इसके बावजूद वह यह मानते हैं—'इसमें कोई सन्देह नहीं कि कबीर ने ठीक मौके पर जनता के उस बड़े भाग को सम्हाला जो नाथपन्थियों के प्रभाव से प्रेमभाव और भक्तिरस से शून्य और शुष्क पड़ता जा रहा था—उनके द्वारा यह बहुत ही आवश्यक कार्य हुआ। इसके साथ ही मनुष्यत्व की सामान्य भावना को आगे करके निम्नश्रेणी की जनता में उन्होंने आत्म-गौरव का भाव जगाया और भक्ति के ऊँचे

से ऊँचे सोपान की ओर बढ़ने के लिए बढ़ावा दिया। साथ ही यहाँ का कर्म शून्य ज्ञानपक्ष अवश्य रहस्य और गुह्य की भावना से विकृत हुआ पर भक्ति पक्ष जहाँ प्रेम के साथ श्रद्धा भी थी–सूफियों की भाँति विलासिता से ग्रस्त नहीं हुआ। निश्चय ही शिक्षित तो नहीं, पर अशिक्षित और निम्न श्रेणी की जनता पर इन सन्त-महात्माओं का बड़ा भारी उपकार है। उच्च विषयों को कुछ आभास देकर आत्म-गौरव का भाव उत्पन्न करके इन्होंने इसे ऊपर उठाने का स्तुत्य प्रयत्न किया।'

परवर्ती हिन्दी आलोचना में शुक्ल जी की मूल स्थापना पर आपत्तियाँ उठाई गई–फलतः उसके आलोक में प्रसूत निष्कर्ष भी आलोच्य हुए। उनकी भक्ति विषयक स्वदेशी धारणा परम्परा से हटकर है–वह जिस लोकधर्म का हृदय है–उसका अध्यात्म और परलोक से कोई सम्बन्ध नहीं, यद्यपि वे यह भी मानते हैं कि ब्रह्म के सदंश की व्यक्त प्रवृत्ति धर्म है–पर आनन्द की लोकमंगल। फिर भी ये रूप चाहे परमसत्ता के किसी पक्ष के हों–चरितार्थता उनकी व्यक्त जगत् के सौन्दर्य या मंगल में ही है। समष्टि रूप में वह लोक की परम सत्ता का व्यक्त रूप मानकर तुलसी की भाँति आराध्य समझते हैं–पर विभक्त या व्यष्टि रूप में शिक्षित-अशिक्षित का अन्तर करके चलते हैं और दोनों में शिक्षित या शिष्ट को लोकमंगल की दृष्टि से महत्व देते हैं। निश्चय ही उनके 'शिक्षित' या 'शिष्ट' की सीमा में विवेकी का ही समावेश है–अविवेकी का नहीं। केवल साक्षर होना शिक्षित या शिष्ट होना नहीं है–यदि उसमें अलोकमांगलिक वृत्ति उदग्र है। उनके चिन्तन का केन्द्र 'लोकमंगल' है–इसी धुरी पर उनका चिन्तन चलता है–इसके लिए वे मानते हैं कि जिस व्यक्ति में अन्तर्मुख शील-साधना और बहिर्मुख लोक-साधना–दोनों का सामंजस्य है–वही शिष्ट और शिक्षित है। जिसमें केवल पहला पक्ष है–उसमें व्यक्ति साधना है–जिसमें दूसरा भी है–वह लोक-साधक है। यद्यपि शील-साधना और लोक-साधना परस्पर विरोधी नहीं हैं–पर शील-साधना के अतिवाद से समाज का अहित हो रहा हो तो ऐसे एकांगी धर्म का शुक्ल जी समर्थन नहीं करते। इन व्यक्ति साधना वालों के धर्म को वे 'सामान्यधर्म' कहते हैं और समष्टि साधना वालों के धर्म को समंजस कर्तव्य को–लोक-धर्म। स्पष्ट है कि ऐसे ही समग्रांग धर्म के पक्षधर होने के कारण–स्वभावगत समग्रांग धर्म को ही स्वदेशी भक्ति की प्रकृति मानने के कारण ऐसी 'भक्ति' के समर्थक नहीं थे जिसमें लोकधर्मरत समाज के विभिन्न क्षेत्रों में सक्रिय महापुरुष श्रद्धा और प्रेम के आलम्बन नहीं थे। वे उस 'भक्ति' को अभारतीय मानते थे–जिससे लोकधर्म का समावेश न हो। यद्यपि कृष्णाश्रयी शाखा में भी लोकधर्म की उपेक्षा या अतिक्रम था–वह भी अपेक्षाकृत शुक्ल जी की दृष्टि में एकांगी ही थी या है–तथापि उन्होंने प्रयत्न-पूर्वक निर्गुण भक्ति से सगुण भक्ति का अथवा स्वदेशी भक्ति से विदेशी भक्ति का अन्तर स्पष्ट किया है–यद्यपि इसमें उन्हें काफी मेहनत करनी पड़ी है। सूरदास की भूमिका (भक्ति का विकास) इस सन्दर्भ में द्रष्टव्य है।

तत्त्वदर्शी विद्वानों और पण्डितों से भक्तों का दर्जा ऊँचा बताना उन्हें खटकता था—इसीलिए वे 'भक्तमाल' को भी हेयस्तर का ग्रन्थ घोषित करते हैं। इस प्रकार की पुस्तकों को वे 'भण्डारा' करने वाले और भू-मण्डल पर सुख-स्वच्छन्दता के साथ विचरने वाले साधुओं का प्रोपेगेंडा समझते हैं। क्रान्तदर्शी आलोचक शुक्ल जी को ज्ञात था कि आगे आने वाले समीक्षक 'भक्तमाल' का साक्ष्य देकर उनका विरोध करेंगे। विदेशी भक्ति की रहस्यवादिता प्राइवेसी के अर्थ में 'माधुर्य' से ही जुड़ती है—इसीलिए कृष्णभक्ति में वहाँ इसकी छाया दिखाई पड़ती है—पर कृष्णभक्ति में भक्ति के अन्य पक्ष—शान्त, दास्य, सख्य एवम् वात्सल्य भी हैं—जहाँ कोई प्राइवेसी या रहस्यवाद नहीं है।

भारतीय परम्परा के अनुसार नया प्रस्थान देने वाला आचार्य सर्वथा मौलिक नहीं होता वह परम्पराप्रतिष्ठ ग्रन्थों का साक्ष्य देता है—व्याख्या नई देता है और इसका कारण युग-चेतना होती है। इसी पद्धति से शुक्ल जी भारतीय परम्परा के अगस्त्य-कल्प गोस्वामा जी के मानस का साक्ष्य लेते हैं और यदा-कदा अन्य वैदिक परम्परा के वाङ्मय का भी। उनकी स्थापना से असहमत होना सम्भव है। जब शंकर और रामानुज की स्थापनाओं से हम असहमत होते हैं तो शुक्ल जी से असहमत होना कोई नई बात नहीं है—पर असहमत होने से पूर्व हम उन्हें ठीक समझ लें। जो कबीर को लोकविरोधी कहता है—व्यवस्था की अवहेलना करने वाला कहता हो—उसके मत्थे यह मढ़ना कि वह कबीर को 'समाजसुधारक' कहता है—ठीक नहीं।

मैं 'कबीर' और 'तुलसी' को—दोनों को श्रद्धास्पद मानता हूँ—पर लोकसंग्रह की दृष्टि से कबीर की अपेक्षा तुलसी को ज्यादा महत्व देता हूँ। 'कबीर' का मार्ग पकड़कर ठीक-ठीक चलने वाला आत्ममंगल के चरम शिखर तक जा सकता है—पर एक अशिक्षित और अशिष्ट व्यक्ति उनकी व्यवस्था विरोधी उक्तियों के सहारे लोक में परम दाम्भिक और घातक सिद्ध हो सकता है। सब एक ही जगह से आए हैं—फलतः सब बराबर हैं—कौन छोटा कौन बड़ा—ऐसा मानने से समाज चलेगा? समाज छोटे-बड़े के भेद के बिना चल नहीं सकता। इस भेद का आधार क्या माना जाय? गुण-कर्म ही तो? बुद्धि, बल, अर्थ और सेवा ही तो? वर्णाश्रम धर्म और क्या कहता है? शुक्ल जी कर्तव्य से बड़ा होना मानते हैं—जन्म से नहीं। जो लोक शुक्ल जी के लोकधर्म को वर्णाश्रम धर्म कहकर—अयुक्तिसंगति ध्वनित करना चाहते हैं—उन्हें शुक्ल जी का ठीक आशय समझना चाहिए। तुलसी शीलसाधना और लोकधर्म पालन—दोनों को प्रवृत्तिमार्गी भारतीय संस्कृति के सन्दर्भ में लेकर चलना चाहते हैं—कबीर लोकधर्म पालन—या बाह्यकर्मकाण्ड को निरर्थक घोषित करते हैं। शुक्ल जी के आदर्श भरत हैं—जिनका बाहर-भीतर समरस है। शीलसाधना परायण अलोकधर्मपालक हो सकता है—दुष्ट को भी क्षमा कर सकता है—पर वह 'अशिक्षित' तथा 'अशिष्ट' नहीं कहा जा सकता। कबीर की शीलसाधन-परायणता और तद् द्वारा

आत्ममंगल की उपतब्धि में मेरा विश्वास है—शुक्ल जी को हो या न हो, यह उनकी रुचि-अरुचि हो सकती है। इसलिए जब कबीर पण्डित की अवमानना करते हैं या तुलसी अलखिया को नीच कहते हैं तब दोनों का आशय समझना चाहिए। निश्चय ही यह पण्डित और अलखिया या निर्गुनिया तथाकथित ही हैं—मैं ऐसा मानता हूँ। मतलब यह कि कबीर या तुलसी कोई आत्यंतिक विरोधी व्यक्तितृव नहीं है—अन्तर इतना ही है कि जो जिस वर्ग की यातना से त्रस्त है—वह उसके त्रासदायक रूप के प्रति अपनी प्रतिक्रिया व्यक्त करता है। तत्त्वतः राम से बड़ा नाम को मानने वाला तुलसी नाम—साधक, राम-नाम साधक कबीर को अपशब्द कह सकता है क्या? भिन्न-भिन्न मार्गों से एक ही गन्तव्य तक पहुँचने वालों को तुलसी अपशब्द कैसे कह सकते हैं? पिण्डपद सामरस्य का सिद्ध गोरखनाथ, सुरतशब्द योगी कबीर फना-वका की अवस्था में रहने वाला जायसी नहीं—लोकधर्म की ओर से उदासीन तथाकथित गोरख, कबीर और जायसी इनकी आलोचना के विषय हैं—शुक्ल जी की आलोचना का विषय तथाकथित हो सकता है—क्योंकि तुलसी व्यक्त के परे भी भक्ति की चरितार्थता को ले जाते हैं, पर शुक्ल जी की भक्ति व्यक्त जगत् की सीमा में ही चरितार्थ होती है। यह शुक्ल जी की सीमा है—वे व्यक्त जगत् के परे धर्म और भक्ति की चरितार्थता नहीं मानते—इसीलिए ऐसी भक्ति या भक्त के वे पक्ष में नहीं हैं जो बहिर्मुखी लोकधर्मपालन के प्रति उदासीन हैं। मध्यकालीन वैष्णवी भक्ति और नव जागरण के सन्दर्भ की वैष्णवी भक्ति में यही मूलभूत अन्तर उभर आया कि मध्यकालीन भक्ति शीलसाधनापरक और अन्तर्मुखी होती गई और उसका कारण तत्कालीन परिवेश था। भक्ति की इस अन्तर्मुखीनता ने एक तरफ रहस्य और गुह्यता का आवरण भी फैलाया और दूसरी ओर समाज से उदासीनता भी। भारत का अन्तस् और शरीर विच्छिन्न हो गया। नव-जागरण में दोनों की ओर, प्रवृत्ति की ओर—लोक या समाज मंगल की ओर वैष्णवी भक्ति धारा में—लोक से होता हुआ लोकातीत तक जानेवाले प्रेम का प्रतिपादन होने लगा। शुक्ल जी इस धारा के चिन्तक हैं। इसीलिए उनके संकल्पानुरूप निर्मित मानदण्ड से निर्गुनियाँ भक्त अग्राह्य होंगे ही—यह उनके द्वारा स्थापित प्रतिमान की नियति है। हजारीप्रसाद द्विवेदी जी चूँकि लोक और लोकातीत उभयविध उपलब्धि को स्वीकार करते हैं—अतः उनमें दोनों के प्रति श्रद्धा का होना स्वाभाविक है। सामान्य लोक की प्रवृत्ति के समीप है रागमार्गी आगम-सम्मत साधना, सार्ववर्णिक साधना और विशिष्ट लोक के समीप है—नैगमिक साधना त्रैवर्णिक साधना। कबीर पहली धारा के साधक हैं—जहाँ शास्त्रीय जड़ता के प्रति सहज ऊर्ध्वमुखी चेतना क्रान्ति करती है। गोस्वामी जी में दोनों धाराओं का सामंजस्य है। आगम और निगम—दोनों ही भारतीय संस्कृति के स्रोत हैं। फलतः व्यक्तिगत रूप से मैं नहीं मानता कि कबीर की भक्ति विदेशी है। वे स्वयम् कहते हैं—

"भगति नारदी मगन सरीरा"

कबीर वैदिककाल के समागत वाग्योग के साधक हैं–सुरत शब्द योग के सिद्ध हैं। 'शब्द' ही चरमतत्त्व है–उसी की भक्ति अधोगामी होकर सुरत के रूप में नीचे उतरती है–नियुक्त होती है–साधना से अशरीरी 'सबद' के शरीरी रूप 'गुरु' के द्वारा 'सुरत' को उलटकर पुनः 'सबद' से एक कर दिया जाता है। इसी पात्रता के निमित्त हृदयगत नैर्मल्य अपेक्षित है–जो शीलसाधना परक 'सामान्य धर्म' (मानवता) से सम्भव है–जो व्यक्तिगत साधना है। इस साधना से सब समय समाज नहीं चलेगा। शुक्ल जी का इसी पर बल है। तुलसी और कबीर भले हैं–अतः उनके पक्षधर शुक्ल जी और द्विवेदी जी भले हैं–पर जब कोई किसी को गहराई से बिना समझे-बूझे आलोचित करने लगे तो उसे बुरा कहना ही पड़ेगा। 'सुनि गुनि भेद समुझिहहिं साधू'–विशेषविवरण क्या देना? शुक्ल जी के मानदण्ड को हृदयंगम करके देखें कि वे उसके अनुरूप या विरूप क्या कह रहे हैं? यदि विरूप कहते हैं–तो आलोच्य हैं। शुक्ल जी अन्तश्चेतना की निर्मलता और प्रखरता के साथ बाह्य व्यवस्था के भी उतने ही पक्षधर हैं–बल्कि व्यवस्था से लोक चलता है–अतः उसे कभी-कभी ज्यादा महत्व देते हैं, लेकिन जब व्यवस्था की जड़ता 'सत्य' से टकराती है तो कबीर जैसे लोगों में वह टूट जाती है। क्या सारी अशिक्षित और सामान्य जनता कबीर हो सकती है–क्या सबमें 'सत्य' के साक्षात्कार की वह तड़प हो सकती है? और न हो तब भी शास्त्रसम्मत व्यवस्था के तोड़ने पर व्यक्ति का न लोक बनेगा और न ही परलोक–शुक्ल जी यह सोचते हैं वह निरा औद्धत्य होगा। नियम विकास का रोधक हो तो समझदार द्वारा उसका तोड़ा जाना प्रशस्त है–अन्यथा अप्रशस्त। प्रेम में नेम कभी-कभी बाधक भी होता है–यही कारण है कि प्रेम राज्य में लोक-वेद मर्यादा का अतिक्रमण होता है–पर इस अतिक्रमण से अलोकमंगल नहीं होता–शुक्ल जी इस क्षेत्र के अतिक्रमण का अर्थ समझते हैं। कबीर दरेरा देकर बड़े सत्य की अभिव्यक्ति भाषा से कर सकते हैं–पर सभी लोग इनका अनुकरण करें तो 'भाषा' की क्या दशा होगी? इसलिए सामान्य की दृष्टि से शुक्ल जी भाषा में व्यवस्था के पक्षधर है। द्विवेदी जी कबीर की तरह इण्टरनेशनल हैं, शुक्ल जी विशेष धर्म के द्वारा 'सामान्य धर्म' की ओर जाते हुए नेशनल होकर इण्टरनेशनल हैं। इसीलिए उन्हें 'हमारे यहाँ' का ध्यान बराबर रहता है–यह किसी प्रकार का अहंकार नहीं है। समष्टि रूप में द्विवेदी जी की शुक्ल जी के प्रति आस्था है–यद्यपि व्यष्टि रूप में जहाँ-तहाँ जमकर विरोध और अनास्था भी। मैं उनमें से कई विरोधों से असहमत हूँ। यदि शुक्ल-सम्मत स्थापना और मानदण्ड को हृदयंगम करके देखा जाय–तो कबीर के प्रति जो रुख होना चाहिए–वही शुक्ल जी में होगा। यह मानदण्ड की परिणति है। यों उन्होंने कई माने में प्रशंसा भी की है–पर कुल मिलाकर वे उनकी रुचि के अनुरूप नहीं पड़ते। द्विवेदी जी का ध्यान 'कबीर' पर है, शुक्ल जी का ध्यान सामान्य या अशिक्षित जनता पर पड़ने वाले अलोकधर्मी प्रभाव पर है। एक के सामने परमार्थ का सौन्दर्य है जबकि दूसरे के समक्ष

व्यवहारगत सौन्दर्य—केवल व्यवहारगत सौन्दर्य। दूसरा सौन्दर्य शुक्ल जी के चिन्तन की धुरी ही नहीं है

मध्यकालीन 'भक्ति' जिसकी चार उपधाराएँ हैं—समग्रांग और असमग्रांग—कही जा सकती हैं, पर विदेशी और स्वदेशी नहीं। 'राग' या 'प्रेम' ही चरम पुरुषार्थ है—इससे चारों सहमत हैं--अवान्तर विशेष उन्हें अलगाते हैं। अवान्तर विशेष देशी-विदेशी हो सकते हैं—पर राग का विषय निर्गुण और सगुण में गुणहीन और गुणयुक्त है—इस आधार पर अलगाव ठीक नहीं। निर्गुण पीरयानी हैं तो सगुण देवयानी। पीर भी सगुण हैं और देव (रामकृष्ण) भी। साधन वेला में आराध्य उभयत्र सगुण है। पर यहाँ भी एक अड़चन है कि परम्परागत भक्ति से शुक्ल-सम्मत भक्ति भिन्न है। परम्परा उसे चिन्मयी शक्ति मानती है। शुक्ल जी धर्म की रसात्मक अनुभूति जिसका परलोक या अध्यात्म से कोई सम्बन्ध नहीं—का रसात्मक रूप जब स्वभाव ही लोकमंगलोपयोगी बन जाय—तो हृदय से फूटने वाली सत्कर्म प्रवर्तक धारा अपने-आप करुणा या प्रेममय होती रहेगी। यही वृत्ति हृदय की स्वाभाविक भावधारा ही भक्ति है—इसमें श्रद्धा और प्रेम का मिश्रण है। भीतर यह मनोजगत् तक और बाहर व्यक्त जगत् के सौन्दर्य तक प्रसृत है।

वस्त्लपर्यवसायी नाम साधन धारा

प्रेमाश्रयी धारा को भी शुक्ल जी विदेशी मानते हैं—मैं इससे असहमत हूँ। ज्ञानमार्ग, राजमार्ग और योगमार्ग—तीन में से दो को शुक्ल जी स्वदेशी पद्धति में अन्तस् की प्राकृतिक वृत्ति मानते हैं और योग को अतिप्राकृत। उनकी दृष्टि में स्वदेशी भक्ति या आराध्य विषयक राग सावलम्ब है और विदेशी निरवलम्ब, स्वदेशी भक्ति आचार्य-चिन्तन—लक्षित-लक्षण रंजित सुगुण या व्यक्तपरक होती है—विदेशी में उपासनोपयोगी लक्षण इलहाम की अतिप्राकृत पद्धति से आते हैं। बात यह है कि उनके यहाँ अध्यात्म में तर्क को गुनाह माना गया है हमारे यहाँ तर्क विहित है—फलतः चिन्तन या तर्क प्रसूत लक्षणों की उपलब्धि का एकमात्र मार्ग शुक्ल जी की दृष्टि में इलहाम ही है विदेशी भक्ति में—यहाँ स्वदेशी में नहीं। स्वदेशी भक्ति में दैन्य अनिवार्य सोपान है—उसके वैधी रूप तक ही शुक्ल जी का चिन्तन जाता है—फलतः वे लोकधर्म मंडित रूप ही मानते हैं, स्वदेशी भक्ति का। सूफियों का प्रेम ऐकांतिक होता है—उसका रास्ता लोक से उदासीन है। स्वदेशी भक्ति में ज्ञानी होने की गर्वोक्ति नहीं है और न ही समाज के धारक कर्तव्यों के प्रति निष्ठावान् लोगों की अवज्ञा। स्वदेशी में उनके अनुसार रहस्यमयता है भी तो अपने ढंग की—वह भी केवल माधुर्य भक्ति में। इस प्रकार शुक्ल जी भक्ति के स्वदेशी और विदेशी भक्ति जैसे भेद करते हैं और दोनों के भेदक लक्षणों का विस्तार से उल्लेख करते हैं किन्तु मैं यह मानता हूँ कि विज्ञान की तरह अध्यात्म भी देशकाल कृत 'भक्ति' का भेद

नहीं जानता। परम्परा चूँकि मध्यकाल में 'भक्ति' को गन्तव्य मानती है—फलतः उसे जड़ प्रकृति का विकार 'राग' नहीं—अपितु अपनी ही—आत्मा की चिन्मयी शक्ति मानती है—जो देश भेद से भिन्न नहीं होती। इसे 'अलजात' की 'अलसिफत' ही कहा जा सकता है। हाँ साधना-पद्धति और अभिव्यक्ति की भंगिमा और उपादानों में स्वदेशी या विदेशीपन आ सकता है। यह भेद तो व्यक्तिगत होने से अनन्त हो सकता है।

अनुसन्धाताओं ने अब यह स्पष्ट कर दिया है कि सूफियों की मूल चेतना जितनी भारतीय प्रकृति के नजदीक है उतनी दूसरों से नहीं—यूनानी और मिस्त्र के प्लाटिनस से नहीं—यद्यपि ऐसा करने में विदेशी चिन्तकों ने कुछ उठा नहीं रखा। दाराशिकोह का कहना है कि कुरान में उपनिषदों का निर्देश है। वहाँ जो अद्वैत का स्वर सुनाई पड़ता है—वह असामी है। शक्तियों में अल्लाह का उदय एक शासक के रूप में है—विश्वात्मा और व्यापक रूप में नहीं। अस्तु, इस बिन्दु पर चन्द्रबली पांडे तथा म. म. कविराज गोपीनाथ प्रभृति चिन्तकों और साधकों ने अन्यत्र बहुत कुछ कहा है—इसकी आवृत्ति अनावश्यक है। जिज्ञासु जन मूल पुस्तकों—तसब्बुक अथवा सूफीमत का परिशिष्ट-2 तथा भारतीय संस्कृति और साधना खण्ड-2 को ही देखें। मैं इनके साथ एकमत होकर कहना चाहता हूँ कि शुक्ल जी ने अत्यन्त श्रम करके 'काव्य में रहस्यवाद' द्वारा जिसे क्रिश्चियन और सूफी रहस्यवाद से जोड़ा है—उसका मूल भारत में ही है। इतना अवश्य कहा जा सकता है जो जिस देश-काल में रहता है उसकी कुछ न कुछ अतिरिक्त छाप उस पर अवश्य आ जाती है। इसीलिए मैंने ऊपर कहा है कि अभिव्यक्ति की वाग्भंगिमा और व्यंजक विदेशी उपकरण, प्रतीक और रूढ़ पद्धतियाँ विदेशीपन लिये हो सकती हैं—पर मूलतः रहस्यवादी प्रवृत्ति ही विदेशी है—यह पक्ष सर्वथा अस्वीकार्य है। 'रहस्यवाद' प्रेम को ही चरमतत्त्व और चरमतत्त्व को प्रेममय मानता है और प्रेम भेद में प्रतिष्ठित रहकर भी—चरम परिणति अभेद में करता है। प्रेम का पर्यवसान या स्वरूप प्रतिष्ठा भेद में नहीं—अभेद में है—तत्त्वतः। व्यवहार के लिए भेद रहता है।

प्रेम को कबीर और जायसी—दोनों ही गन्तव्य मानते हैं—दोनों अद्वयवाद—आगम-सम्मत अद्वयवाद की ओर जाते हैं—न कि शंकरसम्मत वासना विरोधी वैराग्यमूलक अद्वैतवाद की ओर। कभी-कभी विदेशी विद्वानों ने सूफियों पर स्थापित शंकर अद्वैत के विरुद्ध यही तर्क दिया है। वैराग्य मार्गी शंकर प्रस्थान का रागमार्गी सूफियों से क्या सम्बन्ध? इसीलिए मेरा पक्ष है कि इनका समर्थन रागमार्गी आगम-सम्मत अद्वयवाद से ही सम्भव है। श्री चन्द्रबली पांडेजी का विचार है—तसब्बुक को शामी विचार परम्परा में बिल्कुल खपा देना असम्भव है—उसके अध्यात्म को आर्यों का प्रसाद स्वीकार करना ही होगा। डॉ. रामविलास शर्मा तक मानते हैं—यदि तुलसी और जायसी एक से विश्वव्यापी विरह का वर्णन करतें हैं तो मानना होगा कि भक्तों

और जायसी जैसे सूफियों की एक भूमि भी है। डॉ. शर्मा भी रहस्यवाद को एकान्ततः विदेशी मानने के पक्ष में नहीं हैं—उन्होंने प्रसादजी का साक्ष्य भी लिया है। रहस्यवादिता के विदेशी होने में जो शुक्ल जी के तर्क हैं—वे अकाट्य नहीं हैं।

शुक्ल जी साधना के क्षेत्र में तो भारतीय योगमार्गी रहस्यवाद स्वीकार करते हैं—जो घट के भीतर अतिप्राकृत ढंग से परमसत्ता के अव्यक्त पक्ष की ओर ले जाता है—पर ज्ञान और भक्ति के क्षेत्र में वे (भारतीय) रहस्यवाद कहीं नहीं मानते। उसका कारण यह है कि वे बुद्धिवादी चिन्तक हैं—जिन विश्वासों पर इन क्षेत्रों में विशेषकर भाव के क्षेत्र में रहस्यवादिता आती है उस पर शुक्ल जी का विश्वास नहीं है। वे ज्ञान और भक्ति को प्राकृत अन्तःकरण की स्वाभाविक वृत्ति ही मानते हैं—अतिप्राकृत तत्त्व नहीं—यहीं से सारी गड़बड़ी आरम्भ होती है। परम्परा दोनों को अतिप्राकृत मानती है। वास्तव में ज्ञान दो प्रकार के हैं—वृत्ति स्वरूप और आत्म स्वरूप—पहला प्राकृत और दूसरा अतिप्राकृत। यही स्थिति भक्ति या राग की भी है—वह भी प्राकृत तथा अतिप्राकृत(आत्न स्वरूप)—दो रूपों में परम्परा में स्वीकृत है। अतः बुद्धि से परे 'ज्ञान' और 'भक्ति' का राज्य होने से उभयत्र रहस्यवादिता आ जाती है। जब उपनिषद् का ऋषि कहता है—'जानतामविज्ञातम्' 'विज्ञातविजानताम्' और जब तुलसी ठीक उसी का अनुवाद करते हैं—

'जिन जाना तिन जाना नाहीं'

तब स्पष्ट है कि जिस ज्ञान का निषेध है—उस तत्त्व की अपरोक्षानुभूति में—वह प्राकृत ज्ञान वृत्यात्मक और जिसका विधान है—वह (Intuition) सहजज्ञान—अतिप्राकृत आत्मस्वरूप ज्ञान है। ब्रह्म सूत्रकार भी बुद्धि मूलक तर्क की प्रतिष्ठा अस्वीकार करते हैं। शुक्ल जी इससे परिचित हैं—इसीलिए वे 'सूरदास' में कहते हैं—सूर ने यहाँ (निर्गुननिर्मूलगाठरी) जिस बात को इस धार्मिक ढंग से कहा है उसी को गोस्वामी तुलसीदासजी ने दार्शनिक निरूपण के ढंग पर 'स्वानुभूति' और 'वाक्यज्ञान' का भेद बता कर कहा है—

'वाक्यज्ञान अत्यन्त निपुन भव पार न पावै कोई'
जिमि गृह मध्य दीप की बातनि तम निवृत्त नहीं होई।

वहाँ वह नहीं समझना चाहिए कि 'वाक्यज्ञान' और 'स्वानुभूति' में महज इतना ही फर्क है कि एकत्र हृदय का लगाव नहीं है और अपरत्र हृदय का भी लगाव है—हैं दोनों प्राकृत अन्तःकरण की ही क्रिया। देखिए शुक्ल जी आगे स्पष्ट कहते हैं—पूर्ण तत्त्वावभास केवल कोरी बुद्धि (प्राकृत वृत्ति) की क्रिया में नहीं हो सकता—यह बात शंकराचार्य ऐसे बुद्धि के दार्शनिक को भी माननी पड़ी थी। पारमार्थिक सत्ता के बोध की सम्भावना उन्होंने बहुत कुछ स्वानुभूति द्वारा कही है—केवल शब्दबोध या तर्क द्वारा नहीं। वर्तमान समय का सबसे बड़ा हुआ दार्शनिक वर्गसन भी कोरी बुद्धिक्रिया

को एकांगी भ्रान्तिजनक और असमर्थ बताकर स्वानुभूति (इंट्यूशन) की ओर संकेत कर रहा है। वुडवर्ड कारपेण्टर ने भी अपनी प्रसिद्ध अंग्रेजी पुस्तक (सिविलाइजेशन : इट्स कासेज एण्ड क्योर) में वर्तमान समय की उस वैज्ञानिक प्रवृत्ति का विरोध किया है जिसमें बुद्धिक्रिया ही सब कुछ मानी गई है—मनुष्य के हृदय पक्ष तथा स्वानुभूति पक्ष का एकदम तिरस्कार कर दिया गया है। उसने शब्दबोध की प्रणाली को अज्ञान की प्रणाली कहा है। वर्तमान काल के प्रसिद्ध उर्दू शायर अकबर ने भी 'बुद्धिरोग' से छुटकारा पाने पर खुशी जाहिर की है—मैं मरीजे होश था—मस्ती ने अच्छा कर दिया। यही पक्ष तुलसी, सूर आदि भक्तों का भी रहा है। उन्हें यूरोप के रहस्यवादियों के उस ज्ञान का जो बुद्धि व्यवसाय से एक स्वतंत्र 'स्वानुभूति' (इंट्यूशन) नाम से जाना जाता है—पक्ष तथा विपक्ष का सारा मन्थन ज्ञात है। भारत की आर्य परम्परा भी अबुद्धिबोध्य 'गुह्यब्रह्म' को स्वयंप्रकाश ही माना है—वह स्वेतर अनात्मभूत बुद्धि का प्रकाश्य हो नहीं सकता। स्वयं 'विश्वप्रपंच' की भूमिका में शुक्ल जी भी उसे बौद्धिक विकासवाद की सीमा से परे पराविद्या का विषय मानते हैं।

इस चिन्तन के आलोक में देखा जाय—साथ ही बल्लभदर्शन तथा साधना का उनके द्वारा तटस्थ उपस्थापना को दृष्टिगत किया जाय—तो निर्भ्रान्त सत्य है कि वे परम्परा से परिचित हैं—फिर भी अपने युग-चेतना-संपृक्त प्रस्थान को अलग कर देते हैं। वे भी यह मानते हैं कि सूफियों के अद्वैतवाद ने एक बार मुसलमानी देशों में बड़ी हलचल मचाई थी। ईरान-तूरान आदि में आर्य संस्कार बहुत दिनों तक दबा न रह सका। शामी कट्टरपन के प्रवाह के बीच भी उसने अपना सर उठाया। अर्थात् इस्लाम अल्लाह और मानव में स्वामी और दास का सम्बन्ध मानता है—भेदवाद का कट्टर समर्थक है—फलतः शासक और शासित का-सा भय दोनों के बीच है—इस माहौल में खुदा और बन्दा का एकीकरण दोनों के बीच रागात्मक सम्बन्ध तत्त्वतः दोनों का अभेद आदि में आर्य संस्कार का पुनरुत्थान ही शुक्ल जी को भी दिखाई पड़ा है। इसलिए शुक्ल जी यहाँ तक कह गए—सूफी मत की भक्ति का स्वरूप प्रायः वही है जो हमारे यहाँ की भक्ति का। यद्यपि मुसलमान होने के कारण उसकी उपासना निराकारोपासना ही कही जायगी—पर आर्य संस्कार संस्कृत सूफी मत की ओर पूरी तरह झुकी होने के कारण उसकी उपासना में साकारोपासना की-सी ही सहृदयता थी। सूफी जिस रागमार्गी अद्वयवाद से जुड़े हुए थे—वह एकेश्वरवाद, शांकर अद्वैतवाद और भौतिकवादियों के पदार्थाद्वयवाद से भिन्न है। एकेश्वरवादी बहुतों के बीच एक को बड़ा मानता है। शांकरद्वयवादी सबको एक ही सत्ता का औपाधिक रूप मानता है और पदार्थाद्वयवादी संसार को नित्य, परिवर्तनशील और विकासमान मानता है और साथ ही यह कि सत्य उसकी तह में न होकर संसार की भौतिक एकता में ही होती है। डॉ. रामविलास शर्मा जी की यह आशंका शांकर अद्वैत को लेकर खड़ी होती है कि उसका आधार लेने वाले सूफी 'सरस' हो उठे और स्वयम्

भारत में अद्वैतवादी विरागमार्गी शुष्क ज्ञानवादी। वस्तुतः सूफियों का अद्वैत शांकर अद्वैत है ही नहीं, यह तो रागमार्गी आगमसम्मत अद्वय है—जहाँ एक में अनेक हैं और सभी सत्य हैं। यह अनेक सम्भावना के रूप में 'शक्ति' बनकर एक—शक्तिमान्—में प्रसुप्त रहता है—आत्मवैभव या आत्मसौन्दर्य दर्शन की स्वाभाविक इच्छा से एक अनेकधा रूपान्तरित हो जाता है—यहाँ 'मैं' और 'तुम'—पृथक् नहीं हैं—इसीलिए आगमिक कहते हैं—'मह्यं तुभ्यं नमो नमः'—दोनों एक ही हैं। सूफियों में एक हदीश है—'कुन्तो कन कनमतफीयन फाटववतो अल ओरिफो फकलफतुल खल्क'—अर्थात् दाऊद ने जब परमात्मा से पूछा कि उसने सृष्टि क्यों की? तब उसने कहा—'मैं एक छिपा हुआ खजाना था फिर मैंने इच्छा की कि लोग मुझे जानें, इसलिए मैंने सृष्टि की।' यह छिपा हुआ वैभव सृष्टि ही है—सुन्दर सृष्टि है—जो सम्भावना के रूप में उसमें प्रसुप्त थी—यह शक्ति 'मैं' ही था—जो 'तुम' बन गया। सूफी जायसी भी कहता है—

आपुहिं आपु जो देखन चहा।
आपन प्रभूत आपु सौं कहा।

स्वयम् ही सुन्दर स्वभाव होने के कारण उसने अपने प्रसुप्त सौन्दर्य को देखना चाहा—तब एक से अनेक हो उठा। तत्त्वतः सब वही है। 'मैं' ही 'तुम' बन गया है। शक्ति जब शक्तिमान् से समरस है तब साम्यभाव है—इसी साम्यभाव में जो प्रतिष्ठित हो जाता है, उसके लिए मैं और तुम का भेद मिट जाता है। कविराज जी इस 'साम्यभाव' की व्याख्या करते हुए कहते हैं कि—साम्यभाव जीवभाव नहीं है, भेद अथवा नानात्व नहीं है—अभेद या एकत्व नहीं है। यह समानकाल में भेद और अभेद समानरूप से दोनों ही है—फिर भी दोनों के ही अतीत है। उस अवस्था में उसे 'मैं' कहो चाहे 'तुम'—उसमें कोई क्षति नहीं। 'मैं' और 'तुम'—दोनों ही शब्द उस अवस्था में एक ही वस्तु के वाचक हैं। औपनिषद्गण उसको आत्माराम अवस्था कहते हैं, भक्तगण उसे ही पराभक्ति कहते हैं—स्वरूपतः—दोनों में कोई भेद नहीं है। प्रह्लाद ने कहा है—

'नमस्तुभ्यं नमो मह्यं तुभ्यं मह्यं नमो नमः'

पहले प्रह्लाद ने 'त्वम्' कहकर नमस्कार किया, फिर प्रत्यागात्म भाव के स्फुरण की ओर लक्ष्य कर 'अहम्' कहकर नमस्कार किया। उसके बाद जब उन्होंने देखा जो 'त्वम्' है—वही 'अहम्' है—इसलिए दोनों को एकत्र जुटाकर कह दिया। जहाँ 'त्वम्' और 'अहम्' का साम्यभाव उपलब्ध हुआ है वहाँ 'त्वम्' कहने से 'अहम्' की प्रतीति हुई है और 'अहन्' कहने पर भी 'त्वम्' प्रतीत होता है। एक ही पदार्थ के दो नाम हैं—'त्वम्' और 'अहम्'।

सूफी मत के सिद्ध कवि हल्लाज ने भी कहा है–

"I am he whom I love, He whom I love is I
We are two spirits dwelling in one body".

एक वृक्ष पर दो पक्षी बैठने वाली उक्ति की प्रतिध्वनि है–

द्वा सुपर्णा सयुजा सरवाया समानं वृक्षं परिषष्व जाते।

पक्षान्तर में जिली कहता है–

"We are the spirits of one, though we dwell by turns in two bodies".

जलालुद्दीन रूमी कहता है–

"Happy the moment when we are seated Thou and I with two forms and with two figures, but with one soul Thou and I".

जीव और ईश्वर या बन्दा और खुदा के भेदाभेद के सम्बन्ध में इसकी अपेक्षा और हो क्या सकता है?

वास्तव में जो मैं हूँ, वही तुम हो, फिर जो तुम हो वही जगत् है–इसलिए जिसे आत्मप्रेम कहते हैं–इसी का दूसरा पहलू भगवत् प्रेम है वैसे ही भगवत्प्रेम की दूसरी दशा जीव और जगत् के प्रति प्रेम है। मूलवस्तु एक और अद्वितीय है। काम, सौन्दर्य और प्रेम तत्त्वतः एक ही हैं–भेद की भूमि पर अलग प्रतीत होते हैं। खण्ड सौन्दर्य को देखकर मनुष्य अखण्ड सौन्दर्य की स्मृति में रो पड़ता है। तत्त्वतः एक ही सौन्दर्य नाना सौन्दर्य है–फलतः जगत् सौन्दर्यसार है। भक्तिधारा का प्रवाह सार्वभौम स्तर पर एक ही है। भक्ति रस और सौन्दर्य की साधना के परिनिष्ठित होने की पहचान यही है कि हम जिस ओर देखें–उसी ओर सौन्दर्य दिखाई पड़े–जिसे देखें उसी को प्यार करने लगें। प्रेम अहेतुक होता है। मानव जीवन में सौन्दर्य साधना का यही यथार्थ परिणाम है। चित्तगत मल (विषयवासना) और उसके कारण होने वाले चांचल्यवश तत्त्व का साक्षात्कार नहीं होता। इस चैन्तनिक आलोक में शुक्ल जी का यह पक्ष–'जिसे वह जगत् प्रिय नहीं–जो इस जगत् के छोटे-बड़े सबसे सद्भाव नहीं रखता–जो लोक की भलाई के लिए सब कुछ सहने को तैयार नहीं रहता–वह कैसे कह सकता है कि वह ईश्वर का भक्त है'–संगत हो जाता है–पर यह कि भक्ति मूलतः विदेशी और स्वदेशी दो प्रकार की है–पारम्परिक प्रस्थान से हटकर है। मध्यकालीन सारा वैष्णव दर्शन जगत् को किसी न किसी प्रकार आराध्य का स्वरूप और वन्द्य कहता है। इसीलिए सत्य भी मानता है। शुक्ल जी भी अपनी तरह से यह भी मानते हैं कि विश्व में सामान्य-असामान्य, कठोर-मृदु सभी सुन्दर हैं–यदि उनमें सौन्दर्य नहीं दिखाई पड़ता तो यह हमारे रागात्मक सत्व की कमी है–पर वे जिस भूमि पर यह स्थापना करते हैं–वह व्यावहारिक है–उसका सम्बन्ध किसी आध्यात्मिक दर्शन से नहीं है।

फिर प्रश्न यह खड़ा होता है कि आखिर शुक्ल जी ने इतना सब जानते सुनते हुए भी भक्ति के दो रूप क्यों खड़े किए—क्यों कबीर की भक्ति में विदेशीपन देखा? मैंने कहा है कि शुक्ल जी के चिन्तन का प्रस्थान बिन्दु है—लोकमंगल, व्यक्त जगत् का सौन्दर्य, सत्व के शासन में रजस् तथा तमस् की सक्रियता। उन्होंने जो अपना दर्शन परम्परा के प्रति आस्थावान् रहकर भी एक नई परम्परा का नया प्रस्थान देना चाहा—उसका कारण उक्त लक्ष्य है। उनका 'धर्म' समाज के विकास के साथ विकसित हुआ है और अध्यात्म तथा परलोक से उसका कोई रिश्ता नहीं है। उनकी दृष्टि में भक्तिमार्ग अपने विशुद्ध रूप में धर्म भावना का भावात्मक या रसात्मक विकास है। यह विकास ईश्वर के स्वरूप की प्रतिष्ठा के बाद ही होता है। स्वरूप की यह प्रतिष्ठा तत्त्व चिन्तन या ज्ञान की प्रकृत पद्धति के द्वारा ही हो सकती है और सर्वत्र हुई है। पैगम्बरी मतों की उनकी दृष्टि में स्थिति भिन्न है। पैगम्बरी मतों में बुद्धि वर्जित है और बुद्धि के वर्जित होने से ज्ञान या चिन्तन का काम भी भाव या भक्ति के माध्यम से ही रहस्यात्मक ढंग से माना गया है। यह स्थिति भारतीय भक्ति में नहीं है। स्पष्ट ही शुक्ल जी की यह 'भक्ति' न तो परम्परा की 'पराभक्ति' है आत्मस्वरूप और न ही ह्लादिनी शक्ति है—यह तो समाज के विकास क्रम में धर्म की रसात्मक परिणति है अन्तस् की वृत्ति है जो लोकमंगल के लिए करुणा और प्रेम बनकर स्वच्छन्द रूप से बहती रहती है—किसी स्वभावेतर कर्तव्यबोध के दबाव में नहीं। इस भक्ति के लिए परम सत्ता का व्यक्त रूप ही आलम्बन हो सकता है और तदर्थ चिन्तन आवश्यक है। पैगम्बरी मतों में न 'व्यक्त' है और न तदर्थ 'चिन्तन'। उनका यह भी कहना है कि पैगम्बरी मतों में धर्म का भक्ति पक्ष ही रहस्यवाद है—जो मजहबी आदेश के कारण 'साकार' निराकार की ओर जाता है। निराकार अद्वैत है। प्रश्न यह है कि वह 'अद्वैत' कैसे? चिन्तन तो वहाँ है ही नहीं—जैसे भारत में शंकर ने चिन्तन से या औपनिषद ऋषियों ने चिन्तन से तय किया। फिर या तो यह भावोल्लास में इलहाम से आएगा या विश्वास से माना जाएगा। बुद्धिवादी शुक्ल जी को दोनों रास्ते रुचिकर नहीं। वे इसी दृढ़ धारणा से परिचालित हैं कि भारत में अद्वैतवाद शुद्ध चिन्तन के क्षेत्र में रहा—फलतः कोई रहस्यमयता नहीं। तर्क से वह सिद्ध है और ज्ञानियों के ज्ञानमार्ग का गन्तव्य है—शुक्ल जी की दृष्टि से यह सब प्राकृत बुद्धिसाध्य है—अतः रहस्यमयता नहीं। भक्ति मार्ग स्पष्ट ही 'व्यक्त' विषयक है जो अन्तःकरण के प्राकृत राग का देवोन्मुख—लोकमंगलोन्मुख स्वभाव बना हुआ है—अतः वहाँ भी रहस्यमयता नहीं। मतलब पैगम्बरी मतों में 'राग' से ही 'ज्ञान' का काम लेना रहस्यमय अप्राकृत पद्धति है और यही वह मानदण्ड है जिस पर स्वदेशी-विदेशी का विभाजन होता है। उनकी दृष्टि में भारतीय मुक्ति चाहे रामाश्रयी हो या कृष्णाश्रयी—स्पष्ट है कि—प्राकृतवृत्ति है जहाँ रहस्यमयता माधुर्य के कारण है भी—वहाँ भी उन्होंने श्रमपूर्वक भारतीय प्रकृति का रेखांकन किया है। 'सूरदास' की

भूमिका में यह सब द्रष्टव्य है। विपरीत इसके शुक्ल जी यह मानकर चलते हैं कि सूफी व्यक्त के माध्यम से अव्यक्त निराकार की उपासना करते हैं और अद्वैतभाव का साक्षात्कार इलहाम से होता है कबीर में भी यही स्थिति है, अतः उनकी दृष्टि में यह स्वदेशी भक्ति नहीं है–वह भारतीयता से अंकित पद्धति से भिन्न पद्धति पर चलती है। स्वदेशी भक्ति में भी सगुण और निर्गुण दोनों का समावेश शुक्ल जी मानते हैं–पर पहले को राग से और दूसरे को जिज्ञासा से। निर्गुण या अव्यक्त की ओर उनका ध्यान अचिन्त्यैश्वर्यबुद्धि को दृढ़ करने के लिए होता है–भक्ति ज्ञान का स्थानापन्न तो है ही नहीं। जो लोग भक्ति को ज्ञानात्मक भी मानते हैं–शुक्ल जी उनसे असहमति व्यक्त करते हैं और बताते हैं कि भक्ति से ज्ञान में सौकर्य आता है–इसलिए कभी-कभी कह दिया गया है–

'भक्त्या मामभिजानाति'

भक्ति और ज्ञान अपना-अपना उद्देश्य असंलक्ष्य क्रम से पूरा करते हैं इसलिए दोनों को कभी-कभी अभिन्न कह दिया गया है–वास्तव में दोनों भिन्न प्राकृत वृत्तियाँ हैं। राग का प्रसार ज्ञान की परिधि में ही होता है–अज्ञात के प्रति राग की पद्धति रहस्यवाद ही हो सकती है–जिसकी विवशता विदेशी पद्धति में है। इस प्रकार मध्यकालीन भक्ति धारा को स्वदेशी-विदेशी जैसे विभाजन शुक्ल जी का नितान्त निजी विभाजन है, परम्परा ऐसे विभाजन से सर्वथा असहमत है। उनकी दृष्टि में विदेशी भक्ति की अनेक भेदक रेखाएँ उभर आई हैं–

(क) 'अज्ञात' को 'भाव' का आलम्बन बनाना।
(ख) उपासनोपयोगी लक्षणों की चिन्तन की जगह इलहाम जैसी रहस्यवादी पद्धति से पाना।
(ग) क्रिश्चियन रहस्यदर्शियों की भाँति छायादृश्यों का विवरण।
(घ) भक्तों में अलौकिक सिद्धियों और ज्ञान के आगार होने का प्रचार–फलतः गर्वोक्तियों का विधान।
(ङ) अपरोक्ष जगत् में परोक्ष सत्ता का आभास।
(च) परतत्त्व को चित्-अचित् से परे कहने की रूढ़ि–फलतः आध्यात्मिक चढ़ावों की संख्या के विस्तार की प्रतिस्पर्धा। परम्परागत दृष्टि से विचार करने पर ये सारी भेदक दीवालें ढह जाती हैं।

डॉ. रामविलास शर्मा का यह पक्ष भी सही है कि निर्गुण सन्तों की साधना पद्धति हठयोगियों की हठसाधना नहीं है–संगत है। कबीर और जायसी–दोनों की धाराएँ सहजमार्गी हैं–हठमार्गी नहीं हैं। कारण, इस धारा में रागदमन नहीं–शोधन होता है और सहज ही उसको ऊर्ध्वगामी बनाकर अधोगामिता निरस्त कर दी जाती है। कबीर तो कहते ही हैं–

'जिन्ह सहजै विषया तजी सहज कही जै सोई'

जायसी भी कहते हैं–

पाइय नाहिं जूझ हठ कीन्हें। जेइ पावा तेहि आपुहि चीन्हें।।

हठयोग दोनों की साधना नहीं है। कबीर द्वारा अपनाई गई 'सुरत शब्द योग' की साधना का कहीं उल्लेख ही नहीं किया, शुक्ल जी ने और सब कुछ कहा। सूफियों की साधना 'रूप से ही अरूप' की ओर जाती है–न कि साक्षात्। वैसे मैं इस माने में सिद्धों, नाथों और सन्तों को एक परम्परा में रखना चाहता हूँ कि तीनों में ही आगम सम्मत 'साध्य' की संस्थिति है–साधना धारा अवश्य तीनों की अलग-अलग है–सिद्धों की शुक्र केन्द्रित, नाथों की प्राणकेन्द्रित और सन्तों की मनोरागकेन्द्रित उपासना है।

परवर्ती आलोचकों में जायसी पर सूफीमत के प्रभाव को लेकर भी काफी ऊहापोह की गई है। यों तो 'सो बड़ पंथ मुहम्मद बेरा' की ऊर्ध्वबाहु घोषणा करने वाले जायसी मुस्लिम साधक हैं ही, पर ईरान की मसनवीगत रूढ़ियों से पर्याप्त मुक्त हैं–न तो वे प्रतीक यहाँ रखे गए हैं और न ही रामपूजन तिवारी के अनुसार मसनवी की रूढ़ियाँ ही निर्व्यूढ़ हुई हैं। डॉ. रामविलास जी तो इस विदेशी प्रवाह की अपेक्षा अवधी की जनसंस्कृति के प्रभाव को ढूँढ़ने का कहीं अधिक आग्रह करते हैं।

एक और बड़े विवाद का बिन्दु है–पद्मावत में वर्णित प्रेम। वह लौकिक है या अलौकिक। पद्मावत की कथा अन्योक्ति है या समासोक्ति? शुक्ल जी का जो ढाँचा और दर्शन है–उसके अनुसार उनके द्वारा प्रेम का लौकिक मानना और कथा को समासोक्ति कहना संगत ही है और यह भी कहना ठीक ही है कि पद्मावत का पूर्वराग असंगत है–कारण–न वह रूपदर्शनजन्य है और न ही साहचर्यजन्य। वे भक्ति को हृदय की प्राकृत वृत्ति ही मानते हैं और रहस्यमय ढंग सें उपसानोपयोगी निरूपित करते हैं। उनकी दृष्टि· में लौकिक कथा ही प्रमुख है और लौकिक राग ही वर्ण्य। परोक्षसत्ता का यत्र-तत्र आभास तो अपनी रहस्यवादी वृत्ति की झलकवश है–जिससे काव्य का प्रभाव कमजोर हुआ है। पर जो परम्परा भक्ति को अप्राकृत वृत्ति मानती है और उसी को मूल स्रोत मानती है वह उसे अप्रासंगिक कैसे कहेगी?

वैसे इस समस्या से उलझा हुआ एक प्रश्न और भी है और वह यह कि क्या सूफी साम्प्रदायिकता से जायसी और उनके पद्मावत को मण्डित करके देखना न्यायोचित होगा–क्या इस पद्धति से पद्मावत के काव्य का मूल्यांकन ठीक-ठीक हो सकेगा?

जायसी के 'सूफी' और 'पद्मावत' को सूफीमत का ग्रन्थ मान लेने से एक अत्यन्त दुःसमाधेय समस्या पूर्वार्द्ध तथा उत्तरार्द्ध की सम्यक् अन्विति से सम्बद्ध उठ खड़ी होती है इसीलिए आचार्य शुक्ल तक पूर्वार्द्ध की कथा को महत्वपूर्ण और मुख्य

मानते हैं तथा उत्तरार्द्ध की कथा को 'मेरावा' के नाम पर खत्म कर सन्तोष कर लेते हैं। साहीजी को यह सब खटकता है–अतः उन्होंने जायसी को निराधार ज़नश्रुति पर आधारित सूफी प्रभामण्डल से पृथक् कर दिया है और अन्तःसाक्ष्य के आधार पर केवल कवि माना है। माना है कि अपने युग का कंठ जायसी युगसत्य ही–हिन्दू-तुर्क संघर्ष को मुखर करता है। इसमें उनके विषाद का विजन मूर्त हुआ है। पद्मावत एक ट्रेजेडी है–जिसमें मानव देह को क्षार और पृथिवी को झूठी बताया है। फलतः जहाँ प्रेम के साथ शुद्ध काव्य भी हो–उसे केवल सूफी प्रेमाख्यान कहना सर्वथा असंगत है।

साहीजी की स्वायत्तता और उधेड़बुन में वजन है, पर एक बात मन में आती है और वह यह कि जायसी कहता है–

परगट लोकचार कहु बाता
गुपुत लाउ मन जासो राता।

स्पष्ट रूप से लोकाचार की बात कहो, पर आन्तरिक संकेत गोपनीय ढंग से उसी का हो, जिस पर मन लगा हो। साहीजी के इस कथन से मैं सहमत हूँ कि जायसी का मार्ग हठयोग का नहीं है, वस्तुतः यह रागमार्गी हैं। साहीजी का यह भी कहना सही है कि वे किसी वैकुण्ठी प्रेम के उपासक नहीं हैं, अपितु उस प्रेम के उपासक हैं जिससे मनुष्य ही वैकुण्ठ बन जाय। रचनाकार जायसी का निष्कर्ष साहीजी के अनुसार फिर यह कैसे हो सकता है?

छार उठाह लीन्ह एक मूठी।
दीन्हि उड़ाई पिरथिमी झूठी।।

रचनाकार अपने 'कहे' से 'अनकहे' में ज्यादा उभरता है। यदि भौतिक पिंड और पृथिवी झूठी है तो 'सत्य' की अवधारणा की अपेक्षा में ही। यह सत्य क्या है? वह अनकहा है और समूचे प्रबन्ध से व्यंग्य है। व्यंग्य है कि इस भौतिक पिण्ड तथा पृथिवी के चक्कर से ऊपर उठने वाला ही 'राग' के माध्यम से 'सत्य' को पा सकता है। इस निष्कर्ष तक पहुँचने में जायसी का कवित्व और तसब्बुफ दोनों ही सहायक हैं। फिर साहीजी के शब्दों में जायसी भौतिकों में आध्यात्मिक भी हैं। यह भिन्न बात भी है कि वे आध्यात्मिकों में भौतिक भी हैं। एक बात और भी है। जिस प्रकार किसी कृति की कथावस्तु की अखण्डता अथवा एकान्विति अनिवार्य है और इसके प्रतिकूल पड़ने वाली दृष्टि निवार्य उसी प्रकार कृतिकार की समस्त कृतियों के साक्ष्य पर उभरने वाला उसका आभिजात्य रूप भी अनिवार्य है और विरोधी कल्पना निवार्य। इस अखण्डता और सखण्डता की अनिवार्यता और निवार्यता के सन्दर्भ में 'अखरावट' और 'आखिरी कलाम' के आलोक में जायसी का व्यक्तित्व सूफी माना जाय और 'सो बड़ पंथ मुहम्मद केरा' की ऊर्ध्वबाहु घोषणा करनेवाले पद्मावत के सन्दर्भ में

गैर-सूफी—यह युक्तिसंगत प्रतीत नहीं होता। तीसरे साम्प्रदायिकता सदा कवित्व के प्रतिकूल ही नहीं जाती। सच्चा कवि साम्प्रदायिकता को पचा लेता है—अर्थात् व्यक्तिगत साधना के लिए वह उसे अनिवार्य मानकर गोप्य रखता है और प्रकट में लोकमंगल या समाजमंगल से जुड़ता है। सर्वोच्च उपलब्धि के मार्ग के प्रति, जो साधक की रुचि और संस्कार के अनुकूल पड़ता हो—आग्रह होना ही चाहिए, दुराग्रह नहीं। बुरा दुराग्रह होता है, आग्रह नहीं। आग्रह में सत् की भी सम्भावना रहती है, बशर्ते कि वह उच्चतम जीवनमूल्य तक ले जाने वाला हो। मध्यकाल के विशिष्ट व्यक्तित्व को आज की दृष्टि से नहीं देखना चाहिए। चौथे यह कि क्या जायसी को सूफी मानकर पद्मावत की कथा की संगति लगाई ही नहीं जा सकती। यदि 'परकट' रूप में पद्मावत को ट्रेजेडी ही माना जाय तो 'गुपुत' की सम्भावना ही निःशेष हो जाती है क्या? मेरी तो धारणा यह है कि जिस प्रकार कौसुम्भी राग चढ़ाने के लिए पहले द्रव्य विशेष का प्रयोग करना पड़ता है वैसे ही पारमार्थिक राग को तेज करने के लिए संसार की ओर से उसे हटाना ही पड़ता है और वैसा करने के लिए यही आवश्यक है कि संसार को विरसावसायी दिखाया जाय। मैं तो ट्रेजेडी शब्द की अपेक्षा आनन्दवर्द्धन की यही शब्दावली ज्यादा उपयुक्त समझता हूँ। महाभारत के सन्दर्भ में आनन्दवर्द्धन ने यही शब्दावली प्रयुक्त की है। साथ ही यह भी कहा है कि 'भगवान वासुदेवोऽत्र कीर्त्यते हि सनातनः।' उन्होंने ऋषि तुल्य कवियों की पद्धति यही बताई है कि 'रहस्य' को सदा संकेतित ही रहने देना चाहिए—क्योंकि रचनाकार 'अनकहे' से ज्यादा कहता है और वही उसका प्रतिपाद्य होता है। यह अवश्य है कि सामग्री से उसका अभिप्रेत रूप सहज संकेतित हो, यह नहीं कि वह थोपा हुआ लगे। ऐसी स्थिति में यदि जायसी सूफी भी हो, तो कोई दुःसंगति नहीं है।

आचार्य शुक्ल जायसी को सूफी मानते हैं इसीलिए सूफी मत की मसनवी शैली में लिखे गए प्रेमाख्यानक काव्य की परम्परा में ही 'पद्मावत' को स्वीकार करते हैं। साहीजी की यह आपत्ति जँचती है। हमारे यहाँ 'दृष्टिसृष्टिवाद' भी एक पक्ष है, जिसका मतलब यह है कि जैसी दृष्टि होती है—वैसी सृष्टि होती जाती है। जायसी की सूफी दृष्टि अपने अनुरूप सृष्टि करती जाती है और साही को उधेड़बुन में डाल देती है। मेरा कहना यह है कि 'सत्य' 'झूठ' की पीठिका पर ज्यादा उजागर होता है। पूर्वार्द्ध की कथा 'सत्य' को उजागर करती है प्रेमाख्यान के माध्यम से, जबकि उत्तरार्द्ध की इतिहास कथा 'भौतिकता' को विनश्वर सिद्ध करती है। इस दृष्टि से देखने पर दोनों की अन्विति हो जाती है और पूर्वार्द्ध कथा के प्रतिपाद्य का रंग ज्यादा चटक हो जाता है। मध्यकाल की प्रतिनिधि दृष्टि भी यही रही है—संसार को विरसावसायी और विनश्वर सिद्ध करने की। यद्यपि सूफी दर्शन की प्रतिनिधि वुजूदी विचारधारा सृष्टि को मूल सत्ता का रूपान्तरण मानती है और शुदूदिया वाले भावाभावमय मानते हैं भाव का अभावगत प्रतिबिम्ब मानते हैं। इस प्रकार चाहे वे

प्रतिबिम्ब मानें या मूल का रूपान्तरण—उभयत्र जगत् अनिन्द्य ही माना जाता है—जायसी की दृष्टि सूफीमत से कहाँ मेल खायगी—यदि जगत् को विनश्वर या विरसावसायी माना जाय—हाँ, 'इन्सानुल कामिल' जैसी सम्पूर्ण अभिव्यक्ति की तुलना में वह अवश्य अधूरी है। अस्तु, जो भी उत्तरार्द्ध में संसार की निःसारता दिखाई गई है इस आपत्ति के निसबत भी मेरा कहना यह है कि संसार ग्राह्य भी है और अग्राह्य भी। भेदवादी दृष्टि से 'विषय' रूप में देखने पर आसक्ति का हेतु होने से अग्राह्य और अविनश्वर अभेदवादी दृष्टि से देखने पर ग्राह्य और अमृत भी। दृष्टिभेद से रचनाकारों में जगत् के प्रति ऐसे विरोधाभासी उद्गार मिलते ही रहते हैं। 'जग' सम्बन्धी तुलसी की उक्तियों में भी यह विरोधाभास मिलता है।

इस प्रकार जायसी को सूफी और पद्मावत को सूफी काव्य कहने में कोई अड़चन या असंगति मुझे नहीं दिखाई देती। 'नामूला प्रसिद्धिः' के अनुसार जनश्रुति भी सर्वथा निराधार नहीं होती।

सन्दर्भ

1. भगति को साधन कहउँ बखानी—मानस। 2. सुनि मुनि वचन राम मुसकाने। 'भाव भगति' आनन्द अघाने।।—मानस। 3. अविरल 'प्रेम भगति' मुनि पाई। प्रभु देख सिंह तरु ओट लुकाई।।—मानस।

पद्मावत : अध्यापन की समस्या (आस्वाद की दृष्टि और प्रक्रिया)

साहीजी का पक्ष है—उधेड़बुन ही सही—कि 'पद्मावत' और पद्मावतकार को सूफी प्रभामण्डल से मुक्त करके देखा जाना चाहिए।[1] क्योंकि पद्मावतकार एक कवि हैं और पद्मावत उसकी मनुष्य केन्द्रित विशुद्ध काव्यकृति।[2] उनका विचार है कि जायसी का कर्तृत्व—पद्मावत के विशेष सन्दर्भ में—कबीर, तुलसी, सूर, मंझन और कुतुबन से सर्वथा पृथक् है क्योंकि इनका प्रस्थान बिन्दु अध्यात्म नहीं हैं।[3] ऐसा नहीं कि पद्मावत में दर्शन नहीं है या कि सूफी-तत्त्व नहीं है—है तो और भी बहुत कुछ—पर राग के ताने-बाने से निर्मित प्रेममूर्ति जायसी जब अपने युग के यथार्थ से सम्पृक्त होता है तब जो 'ट्रैजिक-विजन' उभरता है—संवेदना सर्जनात्मक रूप ग्रहण करती है—भावना की भट्ठी जलती है—उसमें कहाँ-कहाँ से क्या-क्या आकर गलने लगते हैं और अभिव्यक्ति के मुहावरे बन जाते हैं[4] वह लक्षित करने योग्य है। साही के इस प्रयत्न की दाद देते हुए डॉ. जगदीश गुप्त कहते हैं कि आचार्य शुक्ल, डॉ. माता प्रसाद गुप्त और डॉ. वासुदेवशरण अग्रवाल से पद्मावत में अन्तर्निहित बहुत कुछ अलक्षित रह गया है जिसे डॉ. साही ने पकड़ने की कोशिश की है।[5] डॉ. साही का पक्ष है कि यदि जायसी का प्रस्थान बिन्दु तसव्वुफ के अनुसार प्रेम का अध्यात्मोन्मुख माहात्म्य गान मान लिया जाए और उसे प्रतिपाद्य कहा जाए तो प्रबन्ध के पूर्वार्द्ध और उत्तरार्द्ध की अन्विति खण्डित हो जाएगी।[6] दूसरे रत्नसेन का कमजोर चरित्र और पद्मावती तथा नागमती का चरम सीमा का सापत्न्य-संघर्ष न तो रतनसेन की साधना की सिद्धि के अनुरूप है और न ही पद्मावती की दिव्यसत्ता के अनुरूप। एक सिद्ध कवि की कला चेतना यदि अन्यथा व्याख्यान से अखण्डित और प्रशस्त रूप उभरती है—तब ऐसी व्याहननकारी पंथीय व्याख्या क्यों स्वीकार की जाय? उनके अनुसार साहित्य में किसी विचारधारा या दार्शनिक सिद्धान्त का वहन करना एक बात है और अपने युग की सम्पूर्ण चिन्तनशीलता में उलझी हुई अनुभूति को आत्मसात् करना दूसरी बात।[7]

जायसी की मनःस्थिति को ठीक ढंग से परिभाषित करने के लिए बौद्धिक

सघनता और मात्र दार्शनिक स्थापना का अन्तर एक उदाहरण के साक्ष्य पर स्पष्ट कर लें। जायसी मंझन की भाँति पंथ के अनुसार प्रेम की कथा नहीं कहते, अपितु पद्मावती की कथा कहते हैं जिसमें सिंहल लोक भी है, चित्तौड़ और दिल्ली का लोक भी है, प्रेम भी है, युद्ध भी है, गहरे अनुभूत होने वाला भावात्मक स्वप्न भी है और अपनी अविराम गति से चलने वाला उद्दण्ड इतिहास भी है। इस मिलीजुली भूमि पर सारे चरित्र उठकर खड़े होते हैं और अन्त में विलीन हो जाते हैं—अन्त में कोई मतवाद नहीं, केवल एक सुगन्ध रह जाती है—विषाद की जागरूकता और सूक्ष्म नैतिक विवेक से आपूरित गन्ध।[8] हाँ, तो बौद्धिक सघनता और मात्र विचारधारा की प्रतिबद्धता के अन्तर को स्पष्ट करने वाली जायसी की सामान्य शैली का उदाहरण है—वह प्रसंग जहाँ पिंजरे से हीरामन शुक के उड़ जाने पर सखियाँ दुःखी पद्मावती को समझाती हैं—

सुआ जो उतर देत हौं पूछा। उड़िगा पिंजर न बोलै छूंछा।।

x x x

तेहि बन होई सुयावसा को रे मिलावै आनि।[9]

यहाँ दो समानान्तर अर्थ हैं—एक शुक का पिंजर से उड़ जाना और दूसरा शरीर से जीव का निकलकर द्वन्द्वातीत भूमि पर पहुँच जाना। डॉ. साही का पक्ष है कि प्रबन्ध-व्यापी भावधारा के प्रवाह को व्यंजित अर्थ प्रगाढ़ बनाकर उसी में विलीन हो जाता है। उस समय अभिव्यक्ति का यही मुहावरा था—ऐसा नहीं कि अध्यात्मपरक अर्थ ही प्रमुख है और वाच्यार्थ अप्रमुख। यहाँ अन्योक्ति नहीं है और समासोक्ति इसीलिए नहीं कि वहाँ वाच्यार्थ और व्यंग्यार्थ दोनों स्वतंत्र होते हैं।[10] उनके अनुसार जब शुक्ल जी इसे समासोक्ति कहते हैं तब उनकी अवधारणा[11] यही है। साहीजी की यह समझ ठीक नहीं है। समासोक्ति में दो अर्थ होते हैं—जहाँ प्रस्तुत वाच्य द्वारा अप्रस्तुत की व्यंजना होती है—पर वे दोनों अर्थ असम्बद्ध नहीं होते।[12] हाँ, जब शुक्ल जी यह कहते हैं कि जायसी की प्रतिमा अप्रस्तुत अध्यात्मपरक अर्थ की व्यंजना से बहककर मूल भावधारा को कमजोर बना देती है—तब साहीजी की पकड़ ठीक बन जाती है। वास्तव में देखना यह है कि अप्रस्तुत व्यंग्य अर्थ प्रस्तुत वाच्यार्थ से व्यक्त भावधारा को प्रगाढ़ बनाकर उसी में विलीन हो जाती है या स्वतंत्र और असम्बद्ध रहकर मूल भावधारा से बहकी हुई वर्णनारत प्रतिमा उसे कमजोर बना देती है। असल में शुक्ल जी की आलोचन प्रतिमा पूरे पद्मावत की कथा को समासोक्ति मानती हुई भी परम्परागत प्रबन्धान्त में दी गई अन्योक्ति की धारणा से ग्रस्त है—साही उसे क्षेपक मानते हैं—अतः उनकी प्रतिभा इस ग्रहण से मुक्त है—फलतः एक समासोक्ति कहकर भी दोनों को सम्बद्ध नहीं कर पाता और दूसरा समासोक्ति का अर्थ ही गलत समझता है। डॉ. साही अन्योक्ति और समासोक्ति का अन्तर ही ठीक से न समझ

पाने के कारण तीसरी स्थिति की कल्पना करते हैं और इस प्रकार अन्योक्ति पद्धति वाली विचारधारा की प्रतिबद्धता से भिन्न बौद्धिक सघनता वाली स्थिति को भिन्न करते हैं। शुक्ल जी और साही की आलोचनपरक प्रातिभ भूमि में एक असमानता और भी है और वह यह कि शुक्ल जी जायसी को कबीर, सूर, तुलसी तथा मंझन की भाँति मध्यकालीन हिन्दी साहित्य की भक्तिधारा का एक प्रतिनिधि कवि के रूप में लेकर आलोचित करते हैं जबकि डॉ. साही इन सबसे उनके कर्तृत्व को सर्वथा पृथक् पंक्ति में रखकर विचार करते हैं। पार्थक्य पर विचार करते हुए कहा है कि उन लोगों की मानसिकता जैसी पौराणिकता से बद्ध है वैसी जायसी की नहीं। इस प्रकार जैसे शुक्ल जी ने घनानन्द को रीतिकाल की प्रतिनिधिधारा से हटाकर फुटकल खाते में डाल दिया है, उसी प्रकार डॉ. साही के अनुसार जायसी के सम्बन्ध में यही करना चाहिए। वैसे डॉ. साही अभी उधेड़बुन में ही हैं—अपनी स्थापना में कहीं कुछ अनाश्वस्त भी हैं—विचारार्थ अपना एक पक्ष उन्होंने सबके सामने रखा है। हाँ, आचार्य शुक्ल भक्ति प्रवाह का जब एक प्रतिनिधि कवि जायसी को कहते हैं तब पद्मावत की कथा और उसकी तह में निहित प्रेरणा स्रोत और ऊर्जस्वल अनुभूति को आध्यात्मिक कहना ही पड़ेगा और इस स्थिति में पद्मावत की कथा को समासोक्ति कहना एक विसंगति या अन्तर्विरोध ही मानना होगा।

डॉ. साही का पक्ष है कि पद्मावत काव्य रूप की दृष्टि से एक ट्रैजिडी है जो समाप्ति पर एक गहरा विषाद छोड़ता है न कि रोमांचक प्रेमाख्यान। उनकी दृष्टि में इसका कारण यह रहा है कि अब तक लोगों ने, आलोचकों ने पद्मावती की खोज की है—पद्मावत की नहीं।[13] खोज 'पद्मावत' की होनी चाहिए। पद्मावतकार की समस्या यह है कि जहाँ दो तरह की पौराणिकताएँ[14] एक-दूसरे का निषेध करके केवल विध्वंस और कट्टरपन को जन्म देती हों—जहाँ इतिहास आन्तरिकता के अभाव में वीरान में सुलतानों को खड़ा करता हो—जहाँ बिना पौराणिकता* का आश्रय लिए काल और कालातीत, इतिहास इतिहासातीत को कैसे जोड़ा गया? यही समस्या कबीर के सामने थी जिसने उन्हें अक्खड़ प्रतिरोधी और वैकल्पिक स्वर दिया।[15] यही समस्या जायसी को वह ट्रैजिक-विजन प्रदान करती है जिसे साही जी 'विषाद दृष्टि' कहते हैं। जायसी की इस सर्जनात्मक संवेदना की सही समझ के लिए उनकी शिल्पगत संरचना का एक उत्कृष्ट उदाहरण है—

---

* डॉ. साही की दृष्टि में पौराणिकता मानवीय कल्पना की वह अवस्था है जहाँ आन्तरिक स्वप्न की देशकालविहीन यथार्थता देशकालनिबद्ध जगत् में घटित इतिहास को पूरी तरह भेदकर युगबद्ध हो जाती है। दोनों का अन्तर मिट जाता है। परन्तु जायसी का सिंहल लोक ऐसा नहीं है—वह इतिहास को भेदकर उससे एकात्म नहीं हो पाता। तुलसी और सूर की तरह जायसी का भी देशकालातीत एक आन्तरिक स्वप्न है और वह आलोक है—यूटोपिया है—सिंहलगढ़—पर जहाँ तुलसी और सूर का स्वप्न इतिहासातीत होकर हीगेल और द्रावर के युग में बँध जाता है—उस तरह जायसी और कबीर की स्थिति नहीं है।

नौ पौरी पर दसौ दुआरु। तेहि पर वाज राज परिआरु

x x x

घरी सो आई ज्यों मरी हरी जनम या वीति ।। 42 ।।[16]

यहाँ आरम्भ वस्तुपरक गढ़ पर बजने वाले घण्टे से होता है और धीरे-धीरे सारा वस्तुपरक दृश्य कपूर की तरह उड़ जाता है सिर्फ एक हलके विषाद की सुगन्ध शेष रह जाती है जिसकी प्रतीति हमारे बाहर नहीं अन्तःकरण में देर तक होती रहती है।[17] यह विषाद की सुगन्ध काल की उस गति की सुगन्ध है जहाँ हमारे भीतर समय और समयहीनता, सान्तता और अनन्तता की रेखाएँ एक-दूसरे को भेदती रहती हैं। क्या यह सब तसव्वुफ है? यह स्वर, यह तड़प एक ऐसे कवि की है जिसे मजाज और हकीकत दोनों चाहिए।[18] जो मजाज को हकीकत के सामने पड़े हुए पर्दे की तरह नहीं देखना चाहता—जो मजाज और हकीकत को युगबद्ध की तरह देखना चाहता है जिसे वैकुण्ठी प्रेम की तलाश नहीं है जो ऐसा प्रेम चाहता है जो प्रेम करने वाले मनुष्य को ही वैकुंठी बना दे।[19]

इस प्रकार 'पद्मावत' के काव्यास्वाद के लिए सही समझ की तलाश करते हुए साहीजी की स्थापना है कि एक तो इस पर मलवे की तरह पड़ा हुआ तसव्वुफ का प्रभामण्डल हटा देना चाहिए और दूसरे यह कि पन्थीय अध्यात्म की जगह मनुष्य को केन्द्र में रखना चाहिए। तीसरे यह कि इसे काव्य रूप की दृष्टि से रोमांचक प्रेमाख्यान की जगह ट्रेजेडी माना जाए—जो गहरी युग सम्पृक्तिवश मानवीय हृदय की विषादात्मक परिणति है और जिसमें एक नैतिक सुगन्ध और दार्शनिक विचारधारा की प्रतिबद्धता की जगह बौद्धिक सघनता है। इसी भूमि पर कृति में निहित अखण्ड कला चेतना का निर्वाह सम्भव है।

शुक्ल जी जिन मान्यताओं से परिचालित हैं—उनमें से कई एक की साहीजी ने आलोचना की है। उदाहरणार्थ, जहाँ शुक्ल जी जायसी को सूफी सन्त मानकर चलते हैं, निजंधरी कथाओं से उन्हें प्रभामंडित करते हैं, चिश्तिया या महदिया सिलसिले से उन्हें सम्बद्ध मानते हैं, टाड के राजस्थान के इतिहास को प्रामाणिक मानकर पद्मावत के उत्तरार्द्ध को इतिहाससम्मत कहते हैं—तसव्वुफ से रचना को मण्डित मानते हैं—अप्रस्तुत की व्यंजना की मूल कथाधारा से असम्बद्ध मानकर विक्षेपकारी घोषित करते हैं—वहाँ साहीजी भरसक छानबीन के साथ प्रायः इन सब मान्यताओं से अपने को मुक्त कर लेते हैं। इतना तो शुक्ल जी भी मानते हैं कि पद्मावत में भारतीय महाकाव्यों की तरह घटनाओं को आदर्श परिणाम पर पहुँचाने का लक्ष्य कवि का नहीं है। संसार की गति जैसी दिखाई पड़ती है—वैसी ही उन्होंने रखी है। अन्तिम दृश्य से अत्यन्त शान्तिपूर्ण उदासीनता बरसती है—यह शुक्ल जी भी मानते हैं[20] और मानते हैं कि कवि ने सारी कथा का पर्यवसान शान्त रस में किया है—

छार उठाई लीन्ह एक मूठी। दीन्ह उड़ाई पिरथिमी झूठी।[21]

शुक्ल जी भी लोकपरक सम्पूर्ण कथा को संश्लिष्ट ही मानते हैं और जहाँ-तहाँ व्यंजित होने वाले आध्यात्मपरक अर्थ को प्रबन्ध के भाव प्रवाह में अवरोधक कहते हैं। दोनों ही युग की चेतना को ही कथा का उपस्थाप्य मानते हैं—पर एक अन्तर के साथ। वह अन्तर यह है कि शुक्ल जी पूर्वार्द्ध पर कवि की प्रतिभा का संरम्भ अधिक मानकर उसका प्रामुख्य प्रतिपादित करना चाहते हैं—फलतः स्वीकार करते हैं—जायसी ने यद्यपि इश्क के दास्तान वाली मसनवियों के प्रेम के स्वरूप को प्रधान रखा है—पर बीच-बीच में लोक व्यवहार संलग्न स्वरूप का भी मेल किया है। साथ ही वे क्रमागत इश्क की मसनवियों से इसका वैशिष्ट्य भी यह कहकर स्वीकार करते हैं कि यह लोकपक्ष-शून्य नहीं है—फलतः इनकी प्रेमकथा पारिवारिक और सामाजिक जीवन से विच्छिन्न होने से बच गई है—पर है यह प्रेमगाथा ही—पूर्ण जीवनगाथा नहीं।[22] उनकी दृष्टि से ग्रन्थ के पूर्वार्द्ध का आधे से अधिक भाग तो प्रेम मार्ग के विवरण से ही भरा है। उत्तरार्द्ध में जीवन के और-और अंगों का सन्निवेश मिलता है—पर वे पूर्णतया परिस्फुट नहीं हैं। फलतः उनकी दृष्टि में पद्मावत श्रृंगार-रस प्रधान काव्य ही है। पर्यवसान अवश्य शान्त में है। जिसका स्थायी निर्वेद है—संसार की असारता-में। निःसन्देह जायसी का प्रातिभ उत्कर्ष विप्रलम्भ श्रृंगार[23] पर है। साथ ही शुक्ल जी यह भी मानते हैं कि एक प्रबन्ध के भीतर शुद्ध भाव के स्वरूप का ऐसा उत्कर्ष जो पार्थिव प्रतिबन्धों से परे होकर आध्यात्मिक क्षेत्र में जाता दिखाई पड़े—जायसी का मुख्य लक्ष्य[24] है। क्या संयोग, क्या वियोग—दोनों में कवि प्रेम के उस आध्यात्मिक स्वरूप का आभास देने लगता है—जगत् के समस्त व्यापार जिसकी छाया से प्रतीत होते है। वियोग पक्ष में जब वह लीन होता है तो सारा विश्व उसी परम विरह में जलते और चक्कर लगाते दिखाई देते हैं। ऐसे ही सौन्दर्य का वर्णन करते-करते कवि की दृष्टि उस चरम सौन्दर्य की ओर चली जाती है। 'पद्मावत' के उपसंहार वाली अन्योक्ति से शुक्ल जी की आलोचन-प्रवण-प्रतिभा पूर्णतः आक्रान्त है। इसीलिए वह मानते हैं कि रत्नसेन का पद्मावती तक पहुँचाने वाला प्रेम पंथ जीवात्मा को परमात्मा में ले जाकर मिलाने वाले प्रेम पंथ का स्थूल आभास है।[25] लेकिन ऐसा वह उपसंहार के अनुरोध से कहते हैं। स्वयं वह इस आध्यात्मिक संकेत को कथा का अंग अर्थात् अप्रस्तुत पक्ष ही मानते हैं। वाच्यार्थ ही उनकी दृष्टि से प्रस्तुत है—फलतः समानान्तर अर्थ समासोक्ति में ही संयोजित किया जाना चाहिए। दूसरे ये संकेत नैरन्तर्य में नहीं है—अतः अन्योक्ति पूरी कथा की बनती भी नहीं।

इस प्रकार आचार्य शुक्ल और डॉ. साही—यद्यपि दोनों लौकिक पक्ष पर बल देते हैं—दोनों प्रेम तत्त्व को महत्वपूर्ण मानते हैं—पर दोनों में मूलभूत अन्तर यह है कि जहाँ एक की आलोचक प्रतिभा तसव्वुफ से आक्रान्त है वहाँ दूसरे की सर्वथा

मुक्त। डॉ. साही विचारधारा (तसव्वुफ) की प्रतिबद्धता से एक कवि के लिए बौद्धिक सघनता का होना ज्यादा बेहतर समझते हैं और उदाहरणों से अपनी पक्ष-पुष्टि भी करते हैं। इस द्वैध की स्थिति में प्रश्न खड़ा होता है कि 'पद्मावत' का सहृदय सम्मत आस्वाद किस पक्ष में अच्छा है और सम्पूर्ण पद्मावत की भावदीप्ति तसव्वुफ-सापेक्ष होने में है या तसव्वुफ-निरपेक्ष। साथ ही यह भी कि तसव्वुफ-सापेक्ष आस्वाद पक्ष में भी आध्यात्मिक अर्थ की स्थिति क्या हो? वह अंग बनकर लौकिक पक्ष को दीप्त करे—समय का भाषिक मुहावरा बनकर उपादेय बने या असम्बद्ध रहकर अवरोधक? अथवा यह माना जाए कि लोक और अलोक, सिंहल को यूटोपिया और इतिहास का यथार्थ? एक ही सत्ता के स्तर भेद हैं—दो हैं ही नहीं। एक ही गहरा हो तो दूसरा हो जाए और फिर दूसरा पहले को आत्मवत् बना लें। डॉ. साही वैकुण्ठी प्रेम का निषेध करते हैं—शुक्ल जी समर्थन करते हैं फिर भी असम्बद्ध मानते हैं। साहीजी सम्बद्ध तो मानते हैं पर तारतम्य उलट देते हैं—वैकुण्ठी प्रेम अंग बनकर लोकपक्ष को सुन्दर बनाता है। अपार्थिवता के उपकरण काव्योचित भावना की भट्ठी में गलकर कलात्मक अभिव्यक्ति के उपकरण बन जाते हैं।

इस खींचातानी में मेरा पक्ष यह है कि पार्थिव ही परिष्कृत होकर अपार्थिव बनता है या अपार्थिव की अभिव्यक्ति पार्थिव है—वे दो हैं ही नहीं। पार्थक्य मानने पर भी तीन विकल्प खड़े होते हैं। भारत में एक दृष्टि यह भी है कि मूल सत्ता चिर सुन्दर है और जीवन और जगत् के माध्यम से वही व्यक्त हो रहा है—'हक' ही 'मजाज' में व्यक्त होकर पुनः हक की ओर लौटता है। हक में मजाज के रूप में अभिव्यक्त होने की क्षमता है—'अल-हक' में 'अल-सिफत' मौजूद है। तसव्वुफ दोनों को एक ही सत्ता के दो पक्ष मानता है और मूल सत्ता को सारसत्ता को प्रेम—इश्क नाम देता है। लोक में अनुभव गोचर राग उसी का एक रूप है—जगत् का सारा सौन्दर्य उसी की अभिव्यक्ति है—सौन्दर्य और प्रेम का सनातन सम्बन्ध है—सौन्दर्य देखते हैं तो प्रेम का स्मरण हो जाता है। कालिदास का 'रम्याणि वीक्ष्य'... पर्युत्सुकीभवति—यही कहता है। रूप उसका माध्यम है—अतः दिव्य सत्ता की अभिव्यक्ति है। तसव्वुफ इस दृष्टि से उसके देखने की दृष्टि देता है—इसीलिए देखने-देखने में जब गहरा उठता है—तो आपाततः प्रतीयमान आविद्यिक भेद तिरोहित होने लगता है। विस्मृति का आवरण घना होने पर भेद है—उस परदे के क्षीण होने पर अभेद है। सात्विकता की मात्रा के बढ़ने से पार्थिव ही अपार्थिव हो जाता है—किंवा पार्थिव-अपार्थिव का भेद ही तिरोहित हो जाता है—प्रेम को वैकुण्ठी या अवैकुण्ठी जैसे खानों में सर्वथा बाँटकर नहीं देखना पड़ता अथवा अवरोधक नहीं मानना पड़ता। इस दृष्टि को प्रतिपाद्य माने या इस दृष्टि से किए गए जीवन का कलात्मक चित्र माने पद्मावत को? कवि जायसी के पक्ष में दूसरा विकल्प ही जमता है। पार्थिव पद्मावती का ध्यान जितना ही अपार्थिव होता जाएगा—उतना ही दिव्य

या ईश्वरीय होता जाएगा—पहले का ही परिष्कृत और प्रगाढ़ रूप दूसरा है। इसीलिए जब जायसी का भाव गहराता है तब लगता है वह एक से दूसरा हो रहा है। वास्तव में दोनों एक ही हैं। यहाँ जो विष है वह किसी दृष्टि से विष है—पर किसी दृष्टि से अमृत भी है। बस नारद बीच में नहीं आना चाहिए। जैसे कहीं तल में अगाध जल भरा हो—बस एक धक्के से छलछला उठता है—उसी का वर्णन जायसी ने करते हुए कहा है—

जायस नगर मोर अस्थानू। नगर बनाव आदि उदयानू।
तहाँ दिवस दस पहुने आएउं। भा वैराग बहुत सुख पाएउं।
सुख भा सोचि एक दिन मानौ। ओहि बिन जीवन मरन का जानौ।
नैन रूप सो गएउ समाई। और न आव दिष्टितर कोई।
आपुनि देखि देखि मन राखौ। दूसर नाहिं सो कासौं भाखौं।
सबै जगत् दरपन कै लेखा। आपन दरसन आपुहिं देखा।
अपने कौतुक कारन भीर पसारिन हाट।
मलिक मुहम्मद बिहनै होइ निकसिन तेहि वाट।

तसव्वुफ के निषेध का ही दुष्परिणाम है कि साहीजी इसकी अन्यथा व्याख्या करते हैं। अपने आनन्द के लिए मीर ने बाजार लगाई, यह अपव्याख्या है।—पृष्ठ 20, जायसी। ये पंक्तियाँ वैसे 'पद्मावत' की नहीं 'आखिरी कलाम' की हैं—पर इसी स्वर की पंक्तियाँ पद्मावत में भी मिलती हैं। जैसे दोनों कथा खण्डों की अन्विति पर ध्यान न देने से साहीजी की दृष्टि में जायसी की अखण्ड कला चेतना खण्डित होती है, उसी प्रकार उनकी अन्य कृतियों से पद्मावत को काटकर देखने से उनके समग्र व्यक्तित्व के भी अनन्वित होने की आपत्ति की जा सकती है। जो दृष्टि इन पंक्तियों की तह में निहित है वह एक गम्भीर परम्परा की क्रमागत दृष्टि है। इन पंक्तियों में कहा गया है कि मीर अर्थात् परमेश्वर ने स्वयं आत्मनिहित वैभव को देखने की अदम्य इच्छा से संसार का बाजार लगा रखा है—उस रूप में अपने को रूपान्तरित कर रखा है। इसी आशय का एक हदीस भी है—कुन्तो कनजन मख फीयन अन ओरिफो फाहववतों फखलकतुलखल्क—अर्थात् मैं एक छिपा हुआ खजाना था—फिर मैंने इच्छा की कि लोग मुझे जानें। जायसी भी कहते हैं—

हुता आपु महं आपु समाना (अखरावट)[26]

पहले वह आत्मतीन था—पर जब 'आपुहि आप जो देखै चहा'[27] अर्थात् अपनी ही शक्ति की लीला का विस्तार जब देखना चाहा, तब 'आपुहि दरपन आपुहिं देख'[28]-तब द्विधा विभक्त होकर स्वयं द्रष्टा और दृश्य बन गया।

दरपन बालक हाथ, मुख देखै दूसर गनै।
तस भा दुई एक साथ, मुहम्मद एकै जानिए।'[29]

इस दृष्टि को स्वीकार करने पर ही यह बात बनेगी कि सारा रूपाश्रित सौन्दर्य उसी की अभिव्यक्ति है। जायसी की आँखों में वह इस तरह समा गया कि अब और रूप दृष्टि को जँच ही नहीं रहे हैं। उस समय बाहर-भीतर सर्वत्र एक ही अनुभव गोचर हो रहा था कि उस उल्लास की अभिव्यक्ति किससे की जाए? जब वही वह सब तरफ है—दूसरा है ही नहीं—तो कहा किससे जाए? तसव्वुफ की पहचान करके इन पंक्तियों की व्याख्या किसी प्रकार की जाए? उपनिषदें तो कहती ही हैं—'तस्य भासा सर्वमिदं विभाति'—उसी की ज्योति से सब ज्योतिष्मान् हैं।[30] आगम—विशेषकर कश्मीरी शैवागम चिर सुन्दर सत्ता की ही अभिव्यक्ति मानता है। नटनानन्द ने चिद्‌वली में यही तो कहा है—जायसी का स्वर भी तो यही है—

'बहुतै जोति जोति बहि भई'[31]
"रवि ससि नखत दिपहिं ओहि जोती।
रतन पदारथ मानक मोती।"[32] (पद्‌मावत)

इस दृष्टि के खुल जाने पर मानव अभेद की भूमि पर अपने को प्रतिष्ठित अनुभव करता है—फलतः उसकी हर चेष्टा ईश्वराराधन बन जाती है। 'सौन्दर्य लहरी' का रहस्यदर्शी अभेद भूमि पर प्रतिष्ठित कवि यही तो कह रहा है—

सपर्यापर्यास्तव भवतु यन्‌ मे विलसितम्[33]

मेरी हर क्रिया पूजा का पर्याय बन गई है। शांकरी मानस पूजा में भी इसी भूमि पर प्रतिष्ठित कवि कह रहा है—

यद्‌यत्कर्म करोमि तत्तदखिलं शंभो तवाराधनम्[34]

वह जो करता है—सब शम्भु की आराधना होती है। वह जुलाहा कबीर, जिससे सब हार चुके हैं—भी इसी स्वर में कहता है—

"जहँ जहँ जाऊँ सोइ परिकरमा जो कुछ करूँ सो सेवा।"
जब सोऊँ तब करूँ दण्डवत्‌ पूजूँ और न देवा।"[35]

यही शक्तिवादी आगमसम्मत दृष्टि छायावादी कवियों में भी सक्रिय है। श्री मुकुटधर पाण्डेय[36] कहते हैं—'भारत का मुख्य लक्ष्य नश्वर शरीर सौन्दर्य नहीं, प्रत्युत अविनश्वर आत्मा का सौन्दर्य है। शरीर सौन्दर्य अर्थात्‌ रूप की उपेक्षा कवि लोग इसीलिए नहीं कर सकते कि उसमें एक अविनश्वर ईश्वरीय सत्ता होती है जो उनके चित्त को अपनी ओर आकर्षित कर लेती है वे रूप का उपभोग करते हुए अपने हृदय में उसी ईश्वरीय सत्ता का अनुभव करते हैं जिसमें उनके चर्मचक्षुओं ही की नहीं किन्तु आत्मा की भी तृप्ति होती है।

निराला जी की भी यही धारणा है–

खींचा उसी ने था हृदय यह
जड़ों में चेतन गति कर्षण कह।[37]

शुक्ल जी ने इसकी व्याख्या में स्वीकार किया है–'रेखा' नाम की कविता में कवि ने प्रथम प्रेम के उदय का जो (चित्र खींचा है) वर्णन किया है, वह सर्वत्र एक ही चेतन सत्ता की अनुभूति के रूप में आया है।[38] कहने का आशय यह कि पद्मावत का मर्म इस तसव्वुफी दृष्टि से अनवगत सहृदय नहीं समझ सकता। साथ ही यह भी कि यह दृष्टि आध्यात्म विज्ञान का सार्वभौम सत्य है–इसका अपलाप नहीं किया जा सकता। जायसी की दृष्टि शंकर की मायावादी दृष्टि नहीं है–जो विश्व में दृश्य सौन्दर्य को अग्राह्य फलतः त्याज्य घोषित करता है। हिन्दी साहित्य में चिन्तकों ने सीधे आगमसम्मत इस विश्व दृष्टि को नजरअन्दाज करते हुए जिन अन्य दर्शनों की चर्चा की है–उनका सर्वत्र संचार नहीं किया जा सकता। इसीलिए कुछ लोग राग-विरोधी शंकर की अद्वैत दृष्टि से रागाद्वैतवादी जायसी का तालमेल प्लाटिनस[39] से बैठाने का प्रस्ताव किया है। तसव्वुफ का मूल अद्वैती स्वर पारम्परिक इस्लाम से नहीं बैठता।[40] वह तो 'अनलहक' के स्वर में कुफ्र देखता है–फलतः मंसूर हल्लाज, सरमद–आदि को बरदाश्त नहीं कर पाता। पारम्परिक इस्लाम जहाँ संगीत का जनाजा निकालता है–वहाँ तसव्वुफ उसे आराधना का माध्यम मानता है। पारम्परिक इस्लाम जहाँ अल्लाह और बन्दा में शासक-शासित भाव का द्वैत अनिवार्यतः मानता है वहाँ तसव्वुफ प्रिय-प्रिया भाव का अद्वैत मानता है। जायसी कबीर नहीं हैं–वह शरीअत का खण्डन नहीं करते, कुरान का सम्मान करते हैं, अनन्त मार्गों में से मोहम्मदी पंथ का ही वरण[41] कर अखरावट और आखिरी कलाम द्वारा कुरान की मान्यताओं में आस्था व्यक्त करते हैं–वह

परगट लोकचार कहु बाता
गुपुत लाउ मन जासो राता।[42]

में विश्वास करते हैं। शिव ने रतनसेन जैसे प्रेममार्गी को यही उपदेश दिया था। निष्कर्ष यह कि पद्मावत का आस्वाद इस दृष्टि से उपेक्षा करके नहीं लिया जा सकता।

एक दृष्टि यह है जिससे पद्मावती के सौन्दर्य में ईश्वरीय सौन्दर्य का आभास मिलता है और जीवन चरितार्थ होता है और एक तृष्णा की उलटी दृष्टि है–अलाउद्दीन की–जिसकी आग में सब कुछ भस्म हो जाता है और अन्त में धारासार उदासी ही बरसती रह जाती है। जायसी का युग मुसलमांनी सामन्तवाद की कसमसाहट का युग है जिसका अन्त एक गहरी ट्रेजेडी है। कवि का इस उलटी दृष्टि वालों से संसार को देखने वालों के विषय में निष्कर्ष है–

जौ लहि ऊपर छार न परै। तौ लहि यह तृस्ना नहीं मरै।

X X X

छार उठाइ लीन्ह एक मूठी। दीन्ह उठाइ, पिरथिमी झूठी।[13]

तात्विक और अतात्विक दृष्टि से देखी गई सृष्टि की कथा कही गई है। अतात्विक दृष्टि–तृष्ना की दृष्टि है–जिसका पर्यवसान निर्वेद या ट्रेजेडी में है। जैसे महाभारत के वैभव का पर्यवसान मृत्यु में हुआ–अतः वहाँ शान्त रस माना गया–वैसे ही एक दृष्टि से शान्त रस मानिए और दूसरी दृष्टि से प्रेम रस का काव्य मानिए। दृष्टिभेद से दोनों का निर्वाह सम्भव है–अन्यथा एक कृति में दो रस कैसे सम्भव हैं। पहले तात्विक दृष्टि का संसार और फिर अतात्विक दृष्टि का निम्न स्तरीय संसार। पहली दृष्टि से विष का अमृतमय रूप और दूसरी दृष्टि से अमृत की विषम परिणति इसी निष्कर्ष को प्रस्तुत करने के लिए दोनों कथाखण्डों का जोड़ना आवश्यक था–तभी जिए गए युग सत्य की विषाद पर्यवसायिता रेखांकित करना चाहते हैं–वह रेखांकित हो पाती है–साथ ही इस इतिहास या युग सत्य का समाधान उस सिंहली प्रेम में है जिससे सारा विश्व एक छन्द में बँधता है। इन्हीं दोनों को जोड़कर दिखाना जायसी का लक्ष्य है–तभी वह उपक्रम और उपसंहार में समूचीकथा को जोड़कर देखने का–दिखाने का आग्रह करते हैं। इसी दृष्टि से पद्मावत का आस्वाद लिया जा सकता है। तसव्वुफ सुगंध की तरह व्याप्त है। उस दृष्टि से जिए गए जीवन का यह काव्योचित कलात्मक चित्र है। जायसी को सूफी माना जाए और उनकी दृष्टि तसव्वुफपरक स्वीकार की जाए–तो उक्त निष्कर्ष में बाधा क्या है? एक से वैराग्य और दूसरे से राग–दोनों ही तसव्वुफ के अनुरूप पड़ते हैं। शुक्ल जी ने 'पिउ हिरदय मंह भेंट न होई। कोरे मिलाव, कहों केहिं रोई?'–इसकी अत्यन्त उत्तम व्याख्या उसी विचारधारा से की है।

विपरीत उसके वह शतशः अपने को कवि कहते हैं। ग्रियर्सन से पूर्व उन्हें किसी ने सूफी सूची में सम्मिलित नहीं किया। कबीर की भाषा सायास है, दाउद की अनगढ़ और आरम्भिक है। जायसी कवि हैं–अतः उनकी भाषा निरायास है। विश्व या मानवीय राग से रंजित अन्तःकरण का कवि अपने युग की कसमसाहट को विषादपूर्ण स्वर देता है। वह इस समस्या का समाधान मानवीय प्रेम में ही पाता है। कबीर ने परोक्ष सत्ता की एकता प्रतिपादित की और जायसी ने मानवीय हृदय का अजनबीपन मिटाया। इस प्रकार साही जी उनकी एक जीवन दृष्टि मानते हैं और स्वीकार करते हैं कि उन्होंने सामाजिक-सांस्कृतिक समन्वय का प्रयास किया है–पर यही कहना है कि वह जीवन दृष्टि क्या है–वह अपेक्षित स्तर पर विश्वसनीय ढंग से स्पष्ट नहीं हुआ। विचारधारा से ही जब उन्हें खतरा है और बौद्धिक सघनता हो बेहतर–तब क्या कहा जाए? यों वह तसव्वुफ को अंशी नहीं, अंश (पृष्ठ 20) मानने

का प्रस्ताव करते हैं। सवाल यह है कि यदि वह ठीक है तो अनास्थेय क्यों? जो मोहम्मदी पंथ को सर्वश्रेष्ठ मानता है—यदि यह परगट लोकचार की ही बात है तो वह 'गुपुत' जो रहे, रहै सो सांचा। परगट होई जीव ताहि वांचा।'

कौन है जिससे उनका मन 'राता' है। यह कहना कि तसव्वुफ को प्रतिपाद्य या अंशी मानने का ही परिणाम है कि शुक्ल जी एक तरफ पद्मावत को कथा-रूपक भी कहते हैं और दूसरी ओर असफल कृति भी। फलतः पद्मावत को सफल कृति कहने का एक ही रास्ता है और वह यह कि उसे तसव्वुफ के प्रभा-मण्डल से मुक्त कर दिया जाए।

उपसंहार

इस विचार-मंथन से पद्मावत के आस्वाद के सम्बन्ध में दो पक्ष सामने आते हैं-एक है लोकपक्ष और अध्यात्मपक्ष का पार्थक्य-स्वीकार और दूसरा-दोनों का अपार्थक्य स्वीकार। पार्थक्य भी तात्विकता और अतात्विकता के आधार पर पुनः द्विधा विभाजित है। तात्विक भूमि सात्विक है और अतात्विक विषय सम्बन्धी तृष्णा पर आधारित है। तात्विक भूमि पर पार्थक्य का विचार तीन विकल्पों में रखा जा सकता है—

पार्थक्य-पक्ष (सात्विक)

(अ)	समानोक्ति—लोकपक्ष ही प्रतिपाद्य	(क)	लोकपक्ष—प्रमुख—त्रासदी
	डॉ. साही (अतात्विक पक्ष भी समाहित)	(ख)	अध्यात्मपक्ष—अप्रमुख—प्रेमपरक (सम्बद्ध)
(ब)	समासोक्ति—अध्यात्मपक्ष पर बल	(क)	लोकपक्ष—प्रमुख—शृंगार
	आचार्य शुक्ल	(ख)	असम्बद्ध—समापन—शांत—शृंगार अतिरिक्त झुकाव—फलतः अवरोध
(स)	अन्योक्ति—अध्यात्मपक्ष ही प्रधान	(क)	लोकपक्ष—अप्रस्तुत
	पं. परशुराम चतुर्वेदी	(ख)	अध्यात्मपक्ष—प्रस्तुत, फलतः उत्तरार्द्ध निष्फल और कृति असफल
(द)	अन्योक्ति—तात्विक (विधेयपक्ष)।		

एक ही सत्ता का अभिव्यक्त पंक्ष लोक और अनभिव्यक्त अथवा पार्यन्तिक पक्ष अध्यात्म। वह सारसत्ता प्रेम ही है। पूर्वार्द्ध इस तात्विक या आध्यात्मिक पक्ष को प्रस्तुत करता है। लोक के नाध्यम से, मजाज के सोपान से हकीकत ही मिलता है।

पार्थिव दर्पण में उसी का सौन्दर्य और आकर्षण प्रेम है परन्तु–

जौ लहि ऊपर छार न परै।
तौ लहि यह तृस्ना नहिं मरै।। (पृष्ठ 300)

विषयांध मानव जब तक विरसावसायी पर्यवसान देखता नहीं–तब तक अनन्यता वाले तात्विक पक्ष पर आरूढ़ नहीं होता। अतात्विक तृष्णा ध्वंस की ओर और तात्विकता रचना की ओर ले जाती है। उत्तरार्द्ध वह पीठिका होता है जिससे पूर्वार्द्ध प्रतिष्ठित होता है। तत्त्वतः अन्यता है नहीं, यदि लगती है तो अन्यथावबोधजन्य तृष्णावश। दोनों पक्षों से ही कथा को जोड़कर रखने का संकल्प लिया गया है। जायसी इसीलिए कहते हैं–

मुहम्मद यह कवि जोरि सुनावा। सुना सो प्रेम पीर गा पावा।

जायसी मध्यकाल के वह भारतीय व्यास हैं जो एक साथ विरसावसायी महाभारत (युद्ध) और भागवत (प्रेम) का 'पद्‌मावत' के रूप में सर्जन करते हैं। तत्त्वतः वह प्रेम और सौन्दर्य के गायक हैं–

मुहम्मद जो कवि प्रेम का ना तन रकत न मांसु।
जेइ मुँह देखा ते हँसा, सुना तो आए आँसु।।

जायसी रस का भरपूर कटोरा है–फलतः उनकी दृष्टि से कवि की पद्धति भावना के सम्प्रेषण की है। मतवाद या दार्शनिक सिद्धान्त जिन्दगी की तह में है। कलाकृति में रचनाप्रक्रिया से छनकर रसपर्यवसायी जिन्दगी का ही कलात्मक उद्रेखण होता है। जीवन वही जीवन है जो दृष्टिपूर्वक जिया गया है और दृष्टि वही दृष्टि है जो दीप्त हो। इसीलिए जायसी कहते हैं–

लेसा हिये प्रेमकर दीया। उठी जोति भा निरमल हीया।
मारग उत अंधियार जो सूझा। भा अंजोर सब जाना बूझा।

यदि जायसी केवल कवि होते और संसारी होते–तो इतना तटस्थ होकर युग की जिन्दगी को न देख पाते–न इस कदर विषादमग्न होते। उनके समग्र कर्तृत्व से सूफियाने को कैसे अलग कर दें। रही बात इतिहास में चुप्पी की–वह क्या केवल उनके सूफी रूप पर ही है या समग्र रूप पर? यह सही है कि वह मात्र सन्त नहीं हैं–सिद्ध कवि भी हैं। उनकी समग्र रचनाओं से उभरते हुए समग्र व्यक्तित्व के सन्दर्भ में पद्‌मावतकार को रखना है। कविता में विचारधारा कहाँ प्रतिपाद्य होती है–पर विचारधारा शून्य जीवन का भी उद्रेखण नहीं होता। स्वस्थ द्रष्टा ही अस्वस्थ युग-जीवन को देखकर उफन पड़ता है। सूफी होकर भी जीवन के दोनों पक्षों का चित्रण कर सकते हैं–तभी विरोधी रंग की पीठिका पर सही रूप उभरता है। जायसी

उस अनुभूति के साक्षी हैं जो सारे वैभव के बाद पृथिवी को दो मुट्ठी छार में बदल देती है और साथ ही यह याद भी दिलाती है कि फूल मर जाता है और बास रह जाती है। अन्ततः साही की चेतना से भी यह स्वर अनायास निकलता है कि जायसी मजाज और हकीकत को युगबद्ध रखना चाहता है। इसीलिए वह वैकुण्ठी प्रेम की तलाश नहीं करता, अपितु ऐसा प्रेम चाहता है जो प्रेमी को ही वैकुण्ठ बना दे। क्या इस वक्तव्य के पीछे कोई विचारधारा नहीं है? है, तो वह यही अनन्यता वाली विचारधारा ही।

टिप्पणी

जायसी को सूफी सिद्ध करने के लिए प्रायः चार तर्क दिए जाते हैं–

(1) सूफी सम्प्रदाय के दीक्षागुरु–सैयद अशरफ पीर

(2) चार मित्र–युसुफ मलिक, सलार, सियासलोने और बड़े शेख

(3) तसव्वुफ की शब्दावली

(4) मसनवी शैली

साहीजी ने चारों की छानबीन की है और इन्हें साधक नहीं माना है। पहला (पीर स्मरण) विनयवश है। दूसरे मित्र उनके सन्त व्यक्तित्व से नहीं, कवि व्यक्तित्व से मेल खाते हैं। शब्दावली उस समय की भाषा के अंग बन गए हैं–उनसे अपनी अभिव्यक्ति को और बल मिलता है। जहाँ तक मसनवी शैली का सम्बन्ध है–वह एक छन्द है और चारों रूढ़ियाँ–खुदा का स्मरण, पैगम्बर की वन्दना, शाहेवक्त की प्रशंसा और विषयवार शीर्षक केवल ग्रन्थ के अपनी भावना के अनुसार श्री गणेशाय लिखने का तरीका है।

सन्दर्भ

1. जायसी, पृष्ठ 75–डॉ. विजयदेव नारायण साही, 1983, (पद्मावत का लेखक कवि है, भक्त अथवा साधक नहीं)। 2. वही, पृष्ठ 62। 3. वही, पृष्ठ 62। 4. वही, पृष्ठ 63। 5. डॉ. माताप्रसाद गुप्त 215 सं. की व्याख्या करते हुए अभिमत मार्ग के विषय में कहते हैं–"यह इस्लाम नहीं है और डॉ. वासुदेवशरण अग्रवाल पद्मावती को सर्वातीत चरम लक्ष्य सिद्ध करते हैं। डॉ. साही के अनुसार पहला निष्कर्ष 'आखिरी कलाम' और 'अखरावट' पर और दूसरा निष्कर्ष सापत्न्य कलहरत पद्मावती पर अव्याप्त है। जायसी का निजी स्वप्न छायावादियों की भाँति पद्मावती नहीं है– वह एक संस्कृति का स्वप्न है। वह किसी मतवाद की परिधि में नहीं अटकी–उस पर केवल जिन्दगी की ही व्याप्ति अँट पाती है। इसीलिए वह जिन्दगी का दर्शन नहीं, जिन्दगी है। जाया ही का तसव्वुफ नहीं–कविता है। (जायसी, पृष्ठ 102)" उनकी दृष्टि से यह बीसवीं शताब्दी का काव्य है और इसीलिए एक गहरे अर्थ में आधुनिक है। जहाँ परमार्थ सम्प्रदाय में, नैतिकता पक्षपात में, संस्कृति सामूहिक अलगावों में, वास्तविकता हिन्दू-तुरुक संघर्ष में और राजनीति निरंकुशता में स्तरीकृत होती रहती है–वहाँ पर एक ऐसी विराट् सुगंध की कल्पना करना जिसमें ये सारे स्तर विलीन हो जाते हों–विषाद से भर जाना तो था ही। पद्मावती के जलने के साथ वैभव सम्पन्न एक पूरी आन्तरिक दुनिया जल जाती है–अलाउद्दीन जिसे नहीं देखता–जायसी देख रहे थे।" (पृष्ठ 106)।

6. वही, पृष्ठ 82। 7. वही, पृष्ठ 67। 8. वही, पृष्ठ 68। 9. जायसी ग्रन्थावली, सं. 2008, पृष्ठ 26, 27। 10. जायसी, पृष्ठ 70। 11. रसगंगाधर–समासोक्ति प्रकरण। 12. जायसी ग्रन्थावली–पृष्ठ 33। 13. जायसी, पृष्ठ 79। 14. –वही–पृष्ठ 75। 15. –वही– पृष्ठ 75। 16. जायसी ग्रन्थावली, पृष्ठ 16। 17. जायसी, पृष्ठ 102। 18. वही, पृष्ठ 103। 19. वही, पृष्ठ 103। 20. वही, पृष्ठ 68। 21. जायसी ग्रन्थावली, पृष्ठ 300। 22. वही, भूमिका, पृष्ठ 42, 46। 23. वही, पृष्ठ 55। 24. वही, पृष्ठ भूमिका। 25. जायसी ग्रन्थावली, पृष्ठ 342। 26. वही पृष्ठ 304। 27. (अखरावट), जायसी ग्रन्थावली, पृष्ठ 316। 28. –वही–पृष्ठ 333। 29. वही। 30. भारतीय साधना और संस्कृति, भाग-1। 31. जायसी ग्रन्थावली, पृष्ठ 44। 32. वही, पृष्ठ 44। 33. सौन्दर्य लहरी। 34. शांकरी मानस पूजा। 35. कबीर–डा. हजारीप्रसाद द्विवेदी। 36. –छायावाद एवं श्रेष्ठ निबन्ध, पृष्ठ 27, 28। 37. हिन्दी साहित्य का इतिहास–रामचन्द्र शुक्ल। 38. वही। 39. वही। 40. वही। 41. 'सो बड़ पंथ मुहम्मद केरा'–जायसी ग्रन्थावली, पृष्ठ 321। 42. जायसी ग्रन्थावली, पृष्ठ 93। 43. जायसी ग्रन्थावली, पृष्ठ 300।

नवविधेयवादी इतिहास-दृष्टि और आचार्य रामचन्द्र शुक्ल

मेरी धारणा है और वह भी साधार कि शुक्ल जी सार्वभौम चिन्तन की विरासत को सम्हालते हुए भी उससे अभिभूत नहीं होते अपितु उसे खाद बनाते हुए नवीन उद्‌भावन को अंकुरित करते हैं। वह इस क्रम में अपनी राह और पहचान अथवा कुल मिलाकर प्रस्थान पृथक् बनाते हैं। वह विधेयवादी पद्धति की मान्यताओं को आत्मसात् करके बहुत कुछ विभिन्न बाह्य परिस्थितियों के साथ तद्‌युगीन और तद्‌देशीय जनता की चित्तवृत्तियों के परिवर्तन की परम्परा के साथ साहित्य में प्रतिफलित वृत्तियों की परम्परा का सुसंगत उपस्थापन करते हैं। साथ-साथ इतना विशेष कि उसका मूल्यांकन भी जोड़ते चलते हैं और इस मूल्यांकन के निमित्त आत्म-निर्धारित मानदण्डों का प्रयोग करते हैं फलतः उन्हें केवल विधेयवाद की सीमाओं में कैसे बाँधा जा सकता है। भौतिक विज्ञान की इस पद्धति की वह तटस्थता कहाँ है? बाह्य निर्धारक शक्तियों को वह 'सबकुछ' नहीं कहते—बहुत[1] कुछ कहते हैं। इसीलिए नलिन विलोचन शर्मा उनकी इतिहास-दृष्टि में 'विधेयवादिता' को 'नव्यवादिता' के साथ प्रतिबिम्बित देखते हैं। इस 'नव्यवादिता'[2] को हम आगे चलकर उनकी 'विकास' सम्बन्धी अवधारणा में देखेंगे।

नलिन जी ने यह भी कहा है—शुक्ल जी के इतिहास की यह भी एक विशेषता है कि उन्हें जैसी मान्यता मार्क्सवादियों या प्रगतिवादियों से मिली है वैसी शायद ही किसी दूसरे हिन्दी के आचार्य को मिली होगी—यद्यपि इसका रहस्य स्पष्ट ही है और वह यह कि विधेयवाद अपने ढंग से मार्क्सवादियों को उतना ही ग्राह्य है जितना शुक्ल जी के समान विद्वानों को। दोनों ही साहित्य तथा पारिपार्श्विक परिस्थितियों में कार्यकारण सम्बन्ध मानते हैं। अन्तर है तो दृष्टिकोण मात्र[3] का। डॉ. विजेन्द्र नारायण सिंह ने तो शुक्ल जी के इतिहास की—विकास की—व्याख्या मार्क्सवादी चिन्तन की पारिभाषिक शब्दावली में कर ही डाली है—कतिपय त्रुटि निर्देश के साथ।[4] उन्होंने नलिन जी के इस वक्तव्य को कि शुक्ल जी विधेयवादी पद्धति का नव्यवादिता के साथ अपने लेखन में प्रयुक्त किया है—इतिहास लेखन में प्रयोग

किया है—अपने ढंग से व्याख्या की है। उनकी दृष्टि में विधेयवादी पद्धति में जिस यांत्रिक ढंग से वस्तुनिष्ठ विवेचन होना चाहिए—उससे आगे बढ़कर शुक्ल जी में 'आलोचनात्मक पद्धति' प्रबलतर हो उठी है। यह आलोचनात्मक प्रवृत्ति भी व्याख्यात्मक नहीं, स्वरुचि निर्णीत फलतः आत्मनिष्ठ मूल्यांकनात्मक बन गई है। डॉ. सिंह ने थोड़ी दूर तक शुक्ल जी की लेखन पद्धति में द्वन्द्वात्मक भौतिकवादी दृष्टि का संचार किया है—पर वह अन्ततः अव्याप्त ही रह गया है—कारण, शुक्ल जी का ध्यान उनकी दृष्टि में विकास या इतिहास लेखन में जितना कार्यकारण भाव सम्बन्ध के निर्वाह में है—उतना द्वन्द्वात्मक सम्बन्ध के निर्वाह में नहीं—विशेषकर भक्तिकाल के इतिहास लेखन में। विकास में सक्रिय द्वन्द्वात्मक पद्धति जिन अन्तर्विरोधों के बीच से गुजरती है—वे केवल बाह्य या परिस्थितिगत ही नहीं होते—आन्तर या सामाजिक चेतना में भी होते हैं। शुक्ल जी ने भक्ति चेतना के उद्भव में इस्लामी आक्रमण को तो देखा और उसके साथ कार्यकारण भाव भी निरूपित किया—परन्तु उसी सामन्ती सामाजिक ढाँचे की तह में क्रमागत निर्जीव वर्णाश्रमी ढाँचे की ध्रुवान्त विरोधी चेतना को रेखांकित नहीं किया। डॉ. सिंह की दृष्टि में यह काम डॉ. हजारीप्रसाद द्विवेदी[5] ने किया। इसे डॉ. सिंह ने फूहड़ विधेयवादी पद्धति की नियति और आचार्य शुक्ल जी की कमी बताई।[6] उन्होंने बताया कि शुक्ल जी ने आत्मवादी इलहामी सृष्टि की अपेक्षा विज्ञानसम्मत सृष्टि को मान्यता दी—कारण, एक सृष्टि का एकबारगी होना लिखा है और अन्यत्र क्रमिक विकास। शुक्ल जी ने इसी क्रम में भौतिक और मानसिक तथा सामाजिक विकास की बात की है। उन्होंने अपनी इसी धारणा से 'हिन्दी साहित्य के विकास'[7] का रूप भी हिन्दी शब्द सागर की भूमिका में निर्दिष्ट किया है। डॉ. सिंह ने इस द्वन्द्वात्मक भौतिकवादी विकास की शुक्ल-सम्मत इतिहास या विकास में छाया आविष्कृत करने का श्रेय भी रामकृपालु पाण्डेय को ही दिया है और तदनन्तर स्वयं उसका उपवृंहण किया है। उपवृंहित विवेचन से उन्होंने नलिन विलोचन जी के वक्तव्य में आए हुए दो महत्वपूर्ण शब्दों का आशय निकाला है और अपनी उद्भावना रखी है। नलिन जी के वे दो महत्वपूर्ण शब्द हैं—आश्चर्यजनक **नव्यवादिता** के साथ विधेयवादी पद्धति और मार्क्सवादियों से शुक्ल जी का 'दृष्टिकोण' सम्बन्धी अन्तर। डॉ. सिंह की दृष्टि में यह आश्चर्यजनक नव्यवादिता विधेयवादी पद्धति से आगे बढ़कर द्वन्द्वात्मक पद्धति की ओर उन्मुखता है और उसमें निहित दृष्टिकोण का अन्तर विधेयवाद और द्वन्द्वात्मक भौतिकवाद का गुणात्मक अन्तर है। मार्क्सवादी का दृष्टिकोण विकास में निहित द्वन्द्वात्मक सम्बन्ध से निःसृत है जबकि शुक्ल जी का दृष्टिकोण तेन के जाति, क्षण और परिवेश के त्रिसूत्र में निहित विधेयवाद विकासवादी दर्शन में है। निश्चय ही हिन्दी साहित्य के इतिहास दर्शन में ग्रियर्सन, रामचन्द्र शुक्ल, रामकृपालु पाण्डेय तथा नलिन विलोचन शर्मा की चिन्तन शृंखला में यह एक उल्लेखनीय कड़ी है।

डॉ. विजेन्द्रनारायण को उनके इस ठोस प्रयास पर मैं बधाइयाँ देना चाहता हूँ और वह इसलिए कि मार्क्सवादी चिन्तकों के बीच हिन्दी साहित्य के इतिहास की जहाँ हवाई बातचीत मात्र होती रही—वहाँ इन्होंने एक ठोस रूप प्रस्तुत किया—यद्यपि उस दृष्टि से हिन्दी साहित्य का समस्त इतिहास प्रस्तुत करना अभी शेष है। डॉ. सिंह ने नलिन जी को 'नव्यवादिता' की जो व्याख्या की है—वह उनकी दृष्टि में शुक्ल जी की द्वन्द्वोन्मुखता है। मैं इससे असहमत हूँ। निस्सन्देह 'विश्वप्रपंच' की भूमिका में 'विश्वदृष्टि' पर विचार करते हुए यह कहा है कि इस सन्दर्भ में दो प्रश्न विवेचन के लिए सामने प्रस्तुत हैं—एक मूल सत्ता[8] का—जो समस्त दृश्यमान भेदों में अनुस्यूत है और दूसरा जगत् के भौतिक और मानसिक 'विकास' का। पहला पराविधा के क्षेत्र की वस्तु है, अतः विचार के लिए दूसरा ही प्रश्न शेष रह जाता है। शुक्ल जी के संस्कार में आत्मवाद है—पर 'विवेक' से उस मूल आत्मसत्ता से विकासमान भौतिक और मानसिक अनेकरूपता और जटिलता की संगति नहीं बिठा पाते। बिठाने का प्रयत्न करते हुए उन्हें अपने संस्कार के अनुरूप आत्मवाद की चिन्ता है—तभी तो वह कहते हैं कि यह मत समझना कि आत्मवाद 'विकास' विरोधी है—वह युगपद् सृष्टि का होना मानता है—क्रमिक विकास नहीं—ऐसी बात नहीं।[9] वह यथासम्भव इधर-उधर टटोलते हैं और विवेकानन्द के साथ उनकी दृष्टि पातंजल सूत्रों की ओर जाती है—"जात्यन्तर परिणामः प्रकृत्यापूरात"[10] —जात्यन्तर परिणाम प्रकृति के अनुप्रवेश से होता है। अमेरिका में विदेशी बुद्धिजीवियों के बीच सृष्टि सम्बन्धी भारतीय मत का विवरण देते हुए विवेकानन्द को भी यही कहना पड़ा था। इसका यह मतलब नहीं कि भारतीय चिन्तन में सृष्टि के क्रमिक विकास के सम्बन्ध में यही एक पंक्ति है जिसकी भारतीय चिन्तक समय पड़ने पर दुहाई देते रहते हैं। वास्तव में यहाँ के दर्शनों में सृष्टि के सम्बन्ध में प्रमुख रूप से चार प्रकार की धारणाएँ प्रचलित[11] हैं—एक कहता है—असत् से सत् हुआ अर्थात् न कुछ से ही सब कुछ हुआ। शून्यता ही परमार्थता है। देखा जाता है कि एक के अभाव से हो, निषेध से हो दूसरे की उत्पत्ति होती है—बीज के प्रध्वंस से ही अंकुर पैदा होता है। दूसरा कहता है कि तत्त्वतः एक ही भावात्मक सत्तत्त्व है—शेष समस्त दृश्यमान कार्य-कलाप भ्रम है। तीसरा कहता है कि सत् से असत् अर्थात् पूर्वतः सर्वथा अविद्यमान की उत्पत्ति होती है। चौथा दार्शनिक कहता है कि कार्य मात्र सही है और वह पहले से ही कारण में सम्भावना या सूक्ष्मशक्ति के रूप में कारण में विद्यमान रहता है—अर्थात् सत् से सत् की अभिव्यक्ति होती है—समस्त कार्यजात कारण की ही—प्रकृति की ही परिणति विशेष हैं। इन सब वादों में अन्तिम वाद ही विज्ञान समर्थित है—फलतः ग्राह्य है। इस धारणा में विज्ञान की यह मान्यता है कि सृष्टि में न कुछ घटता है और न बढ़ता है—पूर्व स्वीकृत है। शक्ति का परिणाम पदार्थ और पदार्थ का अन्यथा भाव शक्ति। शुक्ल जी सृष्टि को प्रवाहनित्य मानते हैं—अनित्य या अयथार्थ नहीं।

अब, सवाल उठता है कि इस शक्ति का स्वरूप क्या है–शुक्ल जी उसे आकर्षण-अपकर्षणमय मानते हैं और मानते हैं चिन्मय अव्यक्त में समवेत है। उन्हें अपनी इस मान्यता का आधार–

तदेजति-तन्नैजति।[12] [ईशावास्योपनिषद्]

जैसी औपनिषद पंक्ति प्रतीत होती है। इसमें कहा गया है कि मूल सत्ता **गति-स्थितिमयी** है। शक्ति आकर्षण-अपकर्षणमयी गति है और गति की धारणा के लिए 'स्थिति' की धारणा आवश्यक है। दोनों परस्पर सापेक्ष हैं–निरपेक्ष दृष्टि से वह उभयातीत और साथ ही उभयात्मक है–इसीलिए उसमें सारी सम्भावनाएँ हैं। मार्क्स ने विकास की द्वन्द्वात्मक पद्धति प्रत्ययवादी हीगल से हो तो ली हैं और भारतीय चिन्तन में आगमसम्मत अद्वयवाद में–जो द्वयात्मक अद्वय ज्ञ्व पद वदम[13]–के अर्थ में प्रचलित है–भी यही बात है। फर्क केवल इतना ही है पदार्थवादी मूल सत्ता को जड़ मानता है और आत्मवादी चिन्मय। शुक्ल जी कहते हैं कि विज्ञान यहीं आकर रुक गया है और यदि यह सिद्ध हो गया कि मूल सत्ता चिन्मय है तो सब झगड़ा समाप्त समझिए।

द्वयात्मक अद्वयवादी इस भारतीय अवधारणा के अनुसार सृष्टि के सम्बन्ध में दो वाद सुनाई पड़ते हैं–आभासवाद[14] और अभिव्यक्ति या परिणामवाद। सारा कार्यकलाप कारणभूत मूल सत्ता की गतिमय शक्ति का रूपान्तरण है। ये दार्शनिक जब एक तरफ कार्यकलाप को 'दर्पण-नागरी' के दृष्टान्त से 'आभास' कहते हैं तब सृष्टि में क्रम का अभाव या युगपद् उद्भव की बात करते हैं और वहीं जब दूसरी तरफ 'अभिव्यक्ति' में क्रम की बात करते हैं–तब लगता है अपना ही विरोध कर रहे हैं। वस्तुतः पराविद्या या पर-अनुभव के क्षेत्र की बात बुद्धि-सुलभ कार्यकरण भावात्मिका संगति से बहुत ऊपर की बात है–फलतः कहने की असमर्थता या भाषा की अशक्ति का इजहार करते हैं–वे लोग परस्पर विरोधी उक्ति से। अभिव्यक्ति में अनुभव की सूक्ष्मता का प्रकाशन भाषा की इसी विरोधाभासी शैली में होता है। अनुभव की भूमि पर सर्जना होती है और बुद्धि की भूमि पर चिन्तना–इसीलिए चिन्तना से सर्जना बड़ी है। यह अनुभवी कवि या सर्जक ही कह सकता है–शीतल ज्वाला जलती है।

'ईंधन होता दृग जल का'[15]

अथवा–जानतामविज्ञातं, विज्ञानमविजानताम्[16] अर्थात् जो कहता है–मैं नहीं जानता–वही अनुभव करता है और जो कहता है मैं जानता हूँ वह तत्त्व का अनुभव नहीं करता। भाव तो बुद्धिवादी वैज्ञानिक भी मानने लगे हैं कि बुद्धि की निरपेक्ष सत्ता मानना स्वयं में अबुद्धिवाद है। विश्वास ही तो अबुद्धिवाद है। हाइजेनबर्ग ने कहा था कि बुद्धि प्रस्तुत सब ज्ञान 'एक अमाप गहराई के ऊपर पुल की तरह झूल रहा

है।' भौतिकी को ही लें—क्वांटम सिद्धान्त—जिस तथ्य पर समाधृत है—वह स्पष्टतः तर्क बुद्धि से परे है। इस स्थिति में यदि कोई पदार्थवादी दार्शनिक कहे कि बुद्धि के लिए सृष्टि में कुछ 'रहस्य' है ही नहीं—कैसे माना जाए? अस्तु, कहने का मतलब यह कि भारतीय चिन्तन 'अनुभव' को यथासम्भव बुद्धि को संगत भूमि पर उतारता हुआ यह मानता है कि दृश्य जगत् 'गति' का ही रूपान्तर है—तभी तो (गच्छति-इति) जगत् है—अन्वर्थ संज्ञा है। 'गति' ही 'शक्ति' ही क्रम से अपनी सम्भावनाओं को व्यक्त करती है। यह धारा मानती है कि अन्तःस्थिति का बहिःप्रकाश ही सृष्टि है।[17] यह ऐसी 'कुमारी' कड़ाही है जो सबकी जननी है। यही चिन्मयी शक्ति विकास क्रम में 'प्रकृति' नाम धारण करती है—जो शुक्ल जी के शब्दों में सत्व, रजस्, तमोमयी है—जगत् जिसका विरूप परिणाम है। सत्व और तमस् परस्पर विरोधी धर्म है—यह रजस ही है जो दोनों को क्रियाशील करता है। सत्व 'होता' है और 'तमस्' उसका अवरोध है। पहला प्रकृति का धर्म है दूसरा अवरोधक अधर्म। एक अवस्था से दूसरी अवस्था के होने में प्रकृति का अनुप्रवेश ही कारण है। दूध से दही होता है—अवरोधक का हटना निमित्त है—उपादान तो उसकी प्रकृति दूध ही है—अवरोधक के हटते ही उसमें निहित दधि—प्रकट हो जाता है। यह दुग्धात्मक प्रकृति का धर्म अर्थात् स्वभाव है। निष्कर्ष यह कि पुराने जमाने में चाहे विवरण न मिले—पर सम्प्रति प्राप्त विवरणों के या तथ्यों के साक्ष्य पर जो मान्यता या प्रकृति में काम करने वाले नियम ढूँढ़ निकाले जाते हैं—उनका अन्तःप्रज्ञा के आलोक में ऋषियों को भी साक्षात्कार था। वे भी सृष्टि में 'विकास' के पक्षधर हैं। जिन पंक्तियों के साक्ष्य पर शुक्ल जी ने 'युगपद्भाव' से सृष्टि की बात लिखी है—उसका समग्र सन्दर्भ से तालमेल बिठाकर आशय लेना चाहिए न कि यथावत्श्रुत अर्थ। भारतीय चिन्तन के महावाङ्मय को समझने की एक पद्धति है[18] और वह पद्धति यह है कि पहले उसे मथकर महातात्पर्य निर्धारित कर लिया जाए—फिर उसी के अनुरूप समस्त वाङ्मय को एकान्वित किया जाए। ऐसा नहीं कि सन्दर्भ भेद से कहे गए परस्पर विरोधी अंशों को एकत्र कर पुस्तक को ही अग्राह्य बना दिया जाए। वैसे जिनकी दृष्टि खण्डन में ही रमती हो—उनके लिए यह पद्धति कल्पद्रुम है—मनोरथपूरक है।

रहा यह कि भारतीय चिन्तन जब 'सतयुग' से 'कलियुग' की ओर आता है—तब वह 'ह्रास' की ही बात करता है न कि 'विकास' की—अर्थात् पूर्व—पूर्व की अपेक्षा उत्तरोत्तर विकास नहीं ह्रास होता है—यह उसकी मान्यता है। यह बिन्दु अवश्य विचारणीय है। इसका उत्तर यह है भारतीय चिन्तन 'विकास' को सीधी रेखा में ऊर्ध्वगामी नहीं मानता—वह विकास को या तो **चक्राकार** मानता है अथवा 'शंखवलयाकार'।[19] वह 'विकास' का गति को 'चक्रनेमिक्रमेण' स्वीकार करता है—जो क्रमशः ऊपर से नीचे और नीचे से ऊपर की ओर आता-जाता रहता है—अर्थात् यदि विकास सतयुग से कलियुग की ओर होता है तो कलियुग से सतयुग

की ओर भी होता है—पर रूपाधार निरन्तर बदलता रहता है। बीज से वृक्ष और वृक्ष से बीज की चक्राकार गति है—पर इसमें रूपाधार बदलता रहता है। विकास में पुरातन रूप का विसर्जन और नवीन रूपग्रहण अथवा आप निषेध कहें—शब्दों में क्या विवाद है? 'वाद' से 'अतिवाद' और फिर 'संवाद' में किसे मतभेद है? अवस्थान्तरण कहाँ विवादास्पद है?

यांत्रिक भौतिकवादी या कि विधेयवादी विकास में पूर्वापर के बीच कार्यकारण सम्बन्ध मानते हैं और मार्क्सवादी द्वन्द्वात्मक सम्बन्ध मानते हैं। डॉ. सिंह का कहना है कि शुक्ल जी विकास की जो प्रक्रिया अपने इतिहास में मानते हैं—उसको सूक्ष्मता से देखने पर लगता है कि वह विधेयवादी पद्धति से आगे बढ़कर द्वन्द्वात्मक पद्धति की ओर उन्मुख है—यद्यपि वह उसका समग्रता से निर्वाह नहीं कर सके और अन्ततः उनकी सीमा प्रकट हो गई। फूहड़ विधेयवाद से उनकी पूर्ण मुक्ति नहीं हो सकी। बात यह है कि द्वन्द्वात्मक सम्बन्ध से होने वाले पूर्वापर विकासवाद में बाह्य और आभ्यंतर-पारिस्थितिक और समाज चेतनात्मक-उभयविध अन्तर्विरोधों पर दृष्टि केन्द्रित होनी चाहिए। शुक्ल जी का इतिहास भक्तिकाल के इतिहास के सन्दर्भ में इस पद्धति का अनुगमन न करने के कारण आन्तरिक विरोध को नजरअन्दाज कर देने के कारण दिग्भ्रान्त हो गया—आचार्य हजारीप्रसाद जी ने यह काम कर दिया। डॉ. सिंह ने यह नहीं बताया कि ऐसा करते हुए क्या हजारीप्रसाद द्विवेदी मार्क्सवाद सम्मत विकासवाद की द्वन्द्वात्मक पद्धति से इतिहास लेखक रहे थे या अन्य पद्धति से? डॉ. द्विवेदी के समस्त साहित्य के साक्ष्य पर विचार किया जाए और मैंने अन्यत्र विचार किया भी है—उनका झुकाव द्वयात्मक अद्वयवादी भारतीय आत्मवादी दृष्टि ही है। दूसरे शुक्ल जी बाह्य विरोध हिन्दू-मुस्लिम संघर्ष—के ही सन्दर्भ में मध्यकालीन भक्ति चेतना को रेखांकित कर रहे थे—यह कहाँ से सिद्ध होता है? 'सूरदास'[20] पुस्तक में जो व्यक्ति 'भक्ति' का सारा विकास निरूपित करता है और इतिहास में इसी दबी[21] हुई वृत्ति का मुस्लिम आतंक में उद्रेक मात्र कहता है—वह आन्तर पक्ष की उपेक्षा कहाँ करता है? वह इसके स्वाभाविक विकास का विस्मरण कहाँ करता है? इसीलिए यह तर्क बेहूदा लगता है कि आक्रमण उत्तर में होता है और भक्ति दक्षिण में पनपती[22] है—यह कैसे? फिर आक्रमण और भक्ति में कैसा कार्यकरण सम्बन्ध? शुक्ल जी मुस्लिम आक्रमण को उत्पादक नहीं उत्तेजक मानते हैं और यह बात शुक्ल जी ने ही नहीं, वल्लभाचार्य ने भी कही है—

म्लेच्छाक्रान्तेषु देशेषु पापैकनिलयेषुच।
सत्पीडालोकव्यग्रेषु कृष्ण एव गतिर्मम।।[23]

तथा

कालकलिजनित मलमलिन मन सर्व नर मोहनिसि।
निबिड़ जवनांधकारम्—विनयपत्रिका-पद 52।।[24]

शुक्ल जी के वक्तव्य को इस सन्दर्भ में देखना चाहिए। हाँ, यह अवश्य विचारणीय है कि हतदर्प और भग्नाशजाति का यह साहित्य यदि होता तो इतनी अभेद्य रचनात्मक ऊर्जा कैसे होती उसमें। वास्तव में वह दर्प और आशा जो हत हुई—वह गलत दिशा की थी—वह हत न होती—तो सही दिशा न मिलती और न ही इस अजेय ऊर्जा का स्रोत फूटता। वह दर्प था टुकड़ों में बँटे हुए सिंहासनों का—वह आशा थी—इन्हीं सिंहासनों की रक्षा की। पर इस दर्प और आशा का सम्बन्ध तो राजाओं से है—सामान्य जनता का कौन-से दर्प और कौन-सी आशा पर पानी फिरा था? भक्ति का स्रोत तो वहाँ था—लोक में था। लोक की चेतना अन्तर्मुख क्यों हुई—क्षीणकाय भक्ति की धारा से इतनी व्यग्रता के साथ क्यों जुड़ी? क्या यह मात्र हिन्दू-मुस्लिम संघर्ष का या सवर्ण-असवर्ण का संघर्ष था अथवा लोक और शास्त्र का संघर्ष था या कि शोषक और शोषित का संघर्ष था? किस सन्दर्भ में भक्ति के इस मध्यकालीन विस्फोट को देखना ठीक होगा? अपनी आस्था और श्रद्धा के प्रतीकों पर होते हुए जुर्म का सामना जब इन ईश्वर के प्रतिनिधियों-सामन्तों से करते हुए जनता ने नहीं पाया—तब इनके प्रति दर्प और आशा का भग्न होना स्वाभाविक था और जिसके प्रतिनिधि हैं—साक्षात् उनसे ही सम्बन्ध भावना को और प्रबल बनाना जनता को आवश्यक प्रतीत हुआ। मुकुट के टुकड़ों के प्रति दर्प और आशा टूटी—जिसकी छाया में जनता अपने को सुरक्षित समझती थी। अब वह उस आशा का आलम्बन दिल्लीश्वर नहीं जगदीश्वर था। हिन्दी का भक्ति साहित्य फतहपुर सीकरी का मुँह नहीं जोहता था—जनता को उससे वितृष्णा थी। जब **विजेता** से ही वितृष्णा थी—तब **विजित** को कौन पूछे?

कुछ लोगों का विचार है कि भक्ति चेतना सवर्ण व्यवस्था से पीड़ित असवर्ण मानस से सम्बद्ध है—इसीलिए इस धारा में असवर्णों का बाहुल्य[25] है। इसीलिए यह सामान्य 'लोक' से संयुक्त है। ऐसा 'लोक' जो 'शास्त्र' के विरुद्ध उठ खड़ा हुआ है। सवर्ण तो यथास्थितिवादी हैं—परिवर्तन असवर्ण लाना चाहते थे। इस बिन्दु पर अन्यत्र मैंने विचार विस्तार से किया है—अतः यहाँ वह अनपेक्षित है। यहाँ इतना ही कहना है कि शुक्ल जी इस आन्तर धारा से परिचित थे—पर वे इसे महज सामन्ती समाज की चेतना में उभरते हुए एक विरोधी ध्रुवान्त के रूप में रेखांकित नहीं कर रहे थे। यह धारा सात्वतों से ही गुप्त-प्रकट[26] भाव से प्रवाहित होती आ रही थी। हाँ, लोक और शास्त्र के सम्बन्ध में देखना कहीं ज्यादा उचित होगा। भक्ति के क्षेत्र में एकमत से शास्त्र का दबाव उपेक्षित रहा और 'स्वभाव' की अपेक्षा रही। 'नियम' की अपेक्षा 'राग' को महत्व दिया गया—'नेम' से 'प्रेम' बड़ा माना गया। इस सन्दर्भ में यह स्मरणीय और ध्यातव्य है कि 'शास्त्र' संविधान है—नियम है—जो जड़ीभूत होकर 'लोक' के स्वाभाविक ऊर्ध्वगामी विकास को रोक सकता है—पर संशोधित होकर सहायक भी बन सकता है। निष्कर्ष यह कि शास्त्र हर स्थिति में लोक विरोधी

नहीं होता—बल्कि 'समल' लोक के लिए सहायक और 'अ-मंल' लोक के लिए अनावश्यक हो सकता है। पहले ही संख्या ज्यादा है—जिसकी चिन्ता तुलसी और शुक्ल जी को है—जबकि दूसरे की संख्या नितान्त नगण्य—इक्के-दुक्के की है। इसलिए औसत लोक के लिए व्यवस्था को ध्वस्त करने की जगह व्यवस्था में आवश्यक परिवर्तन लाना जरूरी है। उन्हें यदि व्यवस्थापादक नियमों से मुक्त कर दिया जाएगा—तो अराजकता हो जाएगी। कबीर को किसी विशेष व्यवस्था की परवाह नहीं है—तुलसी को है। शुक्ल जी की भक्ति विषयक अवधारणा भी 'सूर' और 'कबीर' की 'भक्ति' से भिन्न है। शुक्ल जी 'ज्ञान' और 'कर्म' या 'धर्म' को रसात्मक अनुभूति की 'भक्ति'[27] कहते हैं—जहाँ 'कर्म', 'ज्ञान' तथा 'सात्विक राग' तीनों का समन्वय है—'सूर' में 'ज्ञान' की तो कबीर में 'कर्म' की उपेक्षा है। इस स्थिति में जिस भक्ति चेतना का सन्दर्भ निर्धारित करना है—उसका स्वरूप भी स्पष्ट होना चाहिए। शुक्ल-सम्मत 'भक्ति'—शास्त्र विरोधी है ही नहीं। कैसे उसे हम लोक और शास्त्र के विरोध के सन्दर्भ में देखें? कबीर-सम्मत 'भक्ति' को वह सन्दर्भ दे सकते हैं। इस तमाम विवाद का निष्कर्ष यह कि शुक्ल-सम्मत भक्ति का सन्दर्भ केवल हिन्दू-मुस्लिम संघर्ष का सन्दर्भ नहीं है—बल्कि वह तो महज सामयिक उत्तेजक है—उसका सन्दर्भ काफी बृहत्तर है। इस प्रकार डॉ. सिंह की दोनों बातें विचारणीय हैं—एक तो यह मानना कि उनकी विकासवादी दृष्टि पदार्थवादी द्वन्द्वात्मकता की ओर उन्मुख है और दूसरे यह कि वह केवल बाह्य विरोध ही देखते हैं। चेतनागत गति के लिए अपेक्षित विरुद्धों के संघर्ष को विधेयवादी प्रभाव के कारण नहीं देख पाते, विशेषकर भक्तिकालीन चेतना के विवेचन के सन्दर्भ में। रीतिकालीन विकसित चेतना का साहित्यिक परम्परा से सामंजस्य दिखाने में उन्होंने बाह्य और आन्तर उभयविध विरोधों को दृष्टिगत किया[28] है द्वन्द्वात्मक सम्बन्ध से भक्तिकालीन चेतना का विकास दिखाने में। वास्तव में जिसकी जो दृष्टि नहीं है—उसका संचार उस पर आद्यन्त निर्व्यूढ़ हो ही नहीं सकता। एक बार दृष्टि का बलात् आरोपण और फिर उसके अनिर्वाह में सीमा का उद्‌घोष—ये दोनों बातें ठीक नहीं हैं। डॉ. सिंह ने जिन विवेचनों पर मार्क्सवादी दृष्टि कहकर प्रकाश डाला है—उनकी व्याख्या द्वयात्मक अद्वयवादी दृष्टि से भी की जा सकती है। द्वयात्मक अद्वयवाद भी आकर्षण अपकर्षणमयी शक्ति का सत्व मानता है। वह भी विकास के लिए संघर्ष और संघर्ष के लिए विरोध की बात करता है—फलतः विरुद्धों के सामंजस्य में सौन्दर्य का उभरना उसे भी अभीष्ट है। वहाँ भी अतियाँ और विकृतियों या परस्पर विरोधी ध्रुवान्त सम्भव है। आत्मवादी भारतीय सांस्कृतिक चेतना की तो यह पहचान ही है। ध्रुवान्त विरोधों में सामंजस्य ढूँढ़ना और पाना। "नेहरू जी कहते ही हैं—(Some inner urge towards synthesis is the dominent feature of our Indian Cultural Development.)[29]

निष्कर्ष यह कि उनके 'विकास' निरूपण में प्राप्त ऐसी कोई प्रक्रिया नहीं है—जिसकी व्याख्या द्वयात्मक अद्वयवादी दृष्टि से न हो जाए। हाँ, न तो समग्रांग व्याख्या द्वन्द्वात्मक भौतिकवादी पद्धति से सम्भव है और न ही द्वयात्मक अद्वयवादी पद्धति से। कार्यकारण भाव सम्बन्ध या जनता की चित्तवृत्ति और साहित्यिक परम्परा का परस्पर सामंजस्य दिखाना उनकी मूल चेतना है। वह यह मानते हैं कि विकास एक ही का होता है—वह जटिल और अनेकरूपात्मक होता है। वह ऊर्ध्व होता है या वर्तुल—इन विकल्पों की ओर बढ़ने में मौन है। वह Leap वाले पक्ष में भी नहीं है। यह सही है कि प्रकृति का विकास अपने क्रम में नियमानुसार शनैः-शनैः होता है—पर सामाजिक चेतना में क्रान्ति की प्रक्रिया से सर्पिल और छलाँग मारता हुआ तेजी से Leap का अर्थ दिया गया है—A Radical change in a thing or Phenomenon[30]

यहाँ परिवर्तन मात्रात्मक नहीं, गुणात्मक लाया जाता है और वह लाया जाता है—क्रान्ति से—एक विशेष चैन्तनिक प्रक्रिया के तहत। आचार्य शुक्ल विरुद्धों में सामंजस्य या एकरूपात्मक, समन्वयात्मक परिवर्तन के लिए लोकमंगल विधायिनी किसी अवतारात्मिका शक्ति या क्षात्र शक्ति की अपेक्षा करते हैं। यह पद्धति पदार्थवादी नहीं है—अतः किसी की विकास प्रक्रिया पर बलात् आरोपण ठीक नहीं। डॉ. सिंह भी शुक्ल जी की बुनियादी विचारधारा द्वन्द्वात्मक भौतिकवादी विचारधारा से भिन्न मानते हैं और इसीलिए शुक्ल जी को अपनी दृष्टि या आरोपित दृष्टि से देखी गई भूलों को बुनियादी मानते हैं। जहाँ कहीं द्वन्द्वाभिमुखरूता शुक्ल जी में आ गई है—डॉ. सिंह की दृष्टि में वह सजग चिन्तन या विवेक की परिणति नहीं, अपितु Intution संबुद्धि या प्रातिभकौंध की परिणति है। वस्तुतः डॉ. सिंह भी शुक्ल जी की दृष्टि द्वन्द्वात्मक भौतिकवादी मानते नहीं—वह तो नलिन जी को 'आश्चर्यजनक नव्यवादिता' का आशय स्पष्ट करते हुए द्वन्द्वाभिमुखता की बात करते जाते हैं। उनकी दृष्टि में शुक्ल जी के विधेयवाद में नलिन जी को जो आश्चर्यजनक विधेयवादिता दिखाई पड़ी—उसका कारण यह हो सकता है। उन्होंने शुक्ल जी के इतिहास में द्वन्द्वात्मक पद्धति के संचार के लिए निम्नलिखित घटकों का सोदाहरण सहारा लिया है—

(क) विकासोपयोगी शक्ति की द्वन्द्वात्मक प्रकृति का स्वीकार।
(ख) सर्पिल विकास
(ग) निषेध का निषेध (द्वन्द्वात्मक निषेध)
(घ) संवाद या समन्वय (निषेध का निषेध ही है)
(ङ) प्रतिवर्तन के रूप में विकास
(च) अन्तर्विरोधों की द्विविधता और विकास
(छ) परिमाणात्मक से गुणात्मक परिवर्तन में संतरण

(ज) वर्ग दृष्टि

(झ) सामन्तवाद और ह्रास

(ञ) पूँजीवाद और साहित्य में उसकी प्रतिक्रिया।

(ट) सामन्तवाद और पूँजीवाद का विरोध।[31] ये कतिपय प्रमुख सूत्र हैं—जिनके साक्ष्य पर डॉ. सिंह को शुक्ल जी में अज्ञात भाव से व्यक्त द्वन्द्ववादोन्मुखता दृष्टिगोचर हुई है। यही नलिन जी की 'आश्चर्यजनक नव्यवादिता' का रहस्य है।

मेरा विचार यह है कि इस 'आश्चर्यजनक नव्यवादिता' का रहस्य उनमें अज्ञातभाव से 'द्वयात्मक अद्वयवादी आत्मवाद का उन्मेष' है। विधेयवादी पद्धति का कार्यकारण भाव सम्बन्ध ज्ञातभाव से इनमें सक्रिय है। यही कारण है कि विदेशी जातियों और भारतीय जनता का संघर्ष उनके इतिहास में एक महत्वपूर्ण स्थान ग्रहण किए हुए हैं। वीरगाथाकाल, भक्तिकाल, रीतिकाल का परिवेश हिन्दू-मुस्लिम सम्पर्क का परिवेश है और आधुनिक काल अंग्रेज या पश्चिमी योरोपीय जातियों और भारतीयों का सम्पर्क है। इस बाह्य परिवेश के साथ चेतना के स्वाभाविक विकास को भी मद्देनजर रखना था। मध्यकालीन रहस्यवादिता तो उनकी दृष्टि में आयातित है—आधुनिक रहस्यवादिता भी आयातित ही है—वह योरोप से बंगाल होती हुई आई है। यदि भक्तिकालीन चेतना को हजारीप्रसाद जी ने भारतीय चिन्ता का स्वाभाविक विकास बताया तो प्रसाद जी ने आधुनिक रहस्यवाद को। ऐसा तो नहीं है कि आचार्य शुक्ल को ऐतिहासिक अनुक्रम में भारतीय सामाजिक चेतना के सक्रम विकास का ध्यान न हो—पर प्राधान्याप्राधान्य की दृष्टि से परिस्थितियों से कार्यकारण भाव सम्बन्ध निरूपण में जो उदग्रता लक्षित होती है—जो प्रातिभ संरम्भ दृष्टिगोचर होता है—वह दूसरे पक्ष पर कम है। इसका कारण उनका अर्जित विवेक है।

आचार्य शुक्ल का तत्त्व-दर्शन—जिसका उल्लेख 'विश्व प्रपंच'[32] को भूमिका तथा अन्यत्र नियोजित है—द्वन्द्वात्मक भौतिकवादी नहीं, अज्ञातभाव से अन्तर्दृष्टि से आलोकित द्वयात्मक अद्वयवादी है। भौतिक, मानसिक और सामाजिक विकास की शुक्ल-सम्मत प्रक्रिया की जिस द्वन्द्वात्मक प्रक्रिया के पारिभाषिक शब्दों से व्याख्यात किया गया है—वे पदार्थवादियों की भाँति प्रत्ययवादियों के भी हैं। उन्होंने अपने लोकमंगलवाद के प्रतिकूल पड़ने वाले तत्त्वों का विरोध अपनी दृष्टि से किया है—फलतः उनके द्वारा प्रयुक्त पूँजीवाद, सामन्तवाद, वैभवविलास, वर्गचेतना—का उनका सर्वथा भिन्न सन्दर्भ है। वह अपनी दृष्टि से इन्हें अलोक-मांगलिक फलतः हेय मानते हैं न कि द्वन्द्वात्मक भौतिकवादी दृष्टि से देखने के कारण।

शुक्ल जी की विकासवादी धारणा डार्विन और स्पेन्सर[33] से भिन्न है। मानव समाज के विकास में वह 'योग्यतमावशेष' का सिद्धान्त नहीं मानते। स्पेन्सर की परस्पर साहाय्यवृत्ति मानते हैं—परन्तु मानव हृदय को जगद्धात्री शक्ति का ही एक अंश मानते हैं—जिससे हम रक्षित, पालित और रंजित होते हुए विकसित होते हैं।

समाज की अपेक्षा वह उस हृदय में इन्सानियत और हैवानियत का संघर्ष और फिर इन विरुद्धों के सामंजस्य[34] में सौन्दर्य देखते हैं। उनके सामंजस्य का धर्म महज इतना ही है कि सत् या इन्सानियत के प्रभाव में हैवानियत समष्टि रूप से सक्रिय रहे। काव्य विकास के सन्दर्भ में भी वह मानते हैं कि विकास 'एक' का ही होता है—वही एक से अनेक और सरल से जटिल दिशा में होता है। 'काव्यत्व'[35] एक सर्वत्र बना रहे—और फिर उसकी अनेकता और जटिलता विकसित होती रहे। जब विश्व को मूलभूत उपादान शक्ति में ही 'आकर्षण-अपकर्षण' की विरुद्ध धर्मिता है तब उसके रूपान्तरण में विरुद्ध धर्मिता का सर्वत्र अवस्थान क्यों नहीं होगा? स्मरणीय है कि इनके यहाँ अच्छे के प्रभाव में समष्टि रूप में बुरे का सक्रिय रहना ही सामंजस्य है। साहित्य के क्षेत्र में 'विकास' की अपनी अवधारणा को स्पष्ट करते हुए उन्होंने साफ-साफ कहा है—"जबकि प्रत्येक देश का साहित्य वहाँ की जनता की चित्तवृत्ति का संचित प्रतिबिम्ब है तब वह निश्चित है कि जनता की चित्तवृत्ति के परिवर्तन के साथ-साथ साहित्य के स्वरूप में भी परिवर्तन होता चलता है। आदि से अन्त तक उन्हीं चित्तवृत्तियों की परम्परा को परखते हुए साहित्य परम्परा के साथ उसका सामंजस्य दिखाना साहित्य का इतिहास कहलाता है।[36] सामाजिक चित्तवृत्ति या चेतना में परिवर्तन का अर्थ है—पूर्वावस्था का परित्याग और अवस्थान्तर का ग्रहण—पर इस त्याग और ग्रहण की तह में नैरन्तर्य बनाए रखने वाली किसी एकता की अविच्छिन्न स्थिति होनी चाहिए—अन्यथा वह 'विकास' नहीं होगा वरन् सर्वथा विच्छिन्नाविच्छिन्न रूपों का संग्रह हो जाएगा। पूर्वावस्था का परित्याग और अवस्थान्तर के ग्रहण में परिवर्त्यमान वस्तु का स्वभाव भी है—और बाह्य परिस्थितियों का प्रभाव भी—कार्यकारण सम्बन्ध भी। विधेयवादी पद्धति के स्वीकार से कार्यकारण भाव सम्बन्ध का विकास दिखाने में ज्ञात स्तर पर उनका प्रयास है—आलोचन और मूल्यांकन की अतिरिक्त प्रबलतर वृत्ति के साथ। अन्तर्दृष्टि के कारण अज्ञातभाव से कहीं-कहीं वे चेतना—सामाजिक चेतना के स्वाभाविक परिवर्तन का उल्लेख कर जाते हैं—इसीलिए उनका 'विधेयवाद' 'आश्चर्यजनक नव्यवादिता' के साथ है।

सन्दर्भ

1. हिन्दी साहित्य का इतिहास, रामचन्द्र शुक्ल, पृष्ठ 1 (काल विभाग)। 2. साहित्य का इतिहास दर्शन—नलिनविलोचन शर्मा, पृष्ठ 88। 3. वही, पृष्ठ 89। 4. दस्तावेज—सम्पादक विश्वनाथ तिवारी, पृष्ठ 118। 5. वही, पृष्ठ 120। 6. वही, पृष्ठ 118। 7. हिन्दी साहित्य का इतिहास—रामचन्द्र शुक्ल। 8. चिन्तामणि, भाग 3, पृष्ठ 160, प्रथम संस्करण 1983, राजकमल। 9. वही, पृष्ठ 125। 10. वही, पृष्ठ 125। 11. सांख्य तत्त्व कौमुदी। 12. चिन्तामणि भाग 1, पृष्ठ 172, ईशावास्योपनिषद् से। 13. 'भारतीय संस्कृति और साधना' कविराज गोपीनाथ। 14. प्रत्यभिज्ञाहृदयम्—व्याख्याकार ठाकुर जयदेव सिंह, पृष्ठ 17 उपोद्घात। 15. आँसू, पृष्ठ 10, प्रसाद—उपोद्घात—पृष्ठ 17। 16. उपनिषद, केतोपनिषद, द्वितीय खंड, श्लोक 3, पृष्ठ 3। 17.प्रत्यभिज्ञाहृदयम्—पृष्ठ 19, उपोद्घांत। भारतीय संस्कृति और साधना, भाग 1। 18. वेदान्त परिभाषा—सं. 1985, पृ. 349।

19. परम्परा बन्धन नहीं, पं. विद्यानिवास मिश्र, पृष्ठ 12। 20. सूरदास–रामचन्द्र शुक्ल, पृ. 1 से 46 तक ना. प्र. सभा, सं. 2030। 21. हिन्दी साहित्य का इतिहास, पृ. 44, सत्रहवां संस्करण। 22. हिन्दी साहित्य की भूमिका। 23. श्रीकृष्णाश्रय स्तोत्र, श्लोक 2। 24. सगुण काव्य की सांस्कृतिक पृष्ठभूमि, रामनरेश वर्मा, पृष्ठ 43। 25. सिद्ध साहित्य, डॉ. धर्मवीर भारती। 26. सूरदास, रामचन्द्र शुक्ल, पृष्ठ 1 से 46 देखिए 'भक्ति का विकास'। 27. चिन्तामणि, भाग 1, पृष्ठ 3। 28. दस्तावेज, पृष्ठ 21-22वाँ अंक। 29. Discovery of India. 30. Dictionary of Philosophy, page 218। 31. दस्तावेज, पृष्ठ 112-141। 32. विश्वप्रपंच–भूमिका–चिन्तामणि, तृतीय भाग 1, पृष्ठ 160। 33. वही, पृष्ठ 157-158। 34. चिन्तामणि, भाग 1, पृष्ठ 148। 35. दस्तावेज से उद्धृत, पृष्ठ 114। 36. हिन्दी साहित्य का इतिहास, पृष्ठ 1।

भारतीय समीक्षा भवन निर्माण की शुक्ल जी द्वारा प्रस्तावित योजना—शब्द-शक्ति और रसपद्धति

शुक्ल जी एक भारतीय ब्राह्म विभूति थे, यद्यपि उनके जन्मजात रूप की अपेक्षा अर्जित रूप अपेक्षाकृत आधुनिक था। 'आधुनिक' से मेरा अभिप्राय आत्मवाद की तुलना में बुद्धिवाद की ओर उनके झुकाव से है। निस्सन्देह अपने युग के जितने जागरूक चिन्तक शुक्ल जी थे, हिन्दी जगत् में उतना सर्वतोमुखी और गम्भीर चिन्तक दूसरा न था और न है। वे अपनी अस्मिता में निहित सम्भावनाओं के विकास के पक्षधर थे—अनुरूप खुराक चाहे जहाँ से मिले—इसमें स्पृश्यास्पृश्य की भावना बाधक नहीं थी। इसीलिए अपने युग के नव्यतम ज्ञान-विज्ञान के क्षेत्र की जानकारी से वे निरन्तर अपने को लैस रखते थे और अपनी भारतीय प्रकृति के प्रति सचेत थे। इसीलिए हिन्दी रचना के सन्दर्भ में समीक्षा के मानदण्डों पर विचार करते हुए वे कहते हैं—"शब्दशक्ति[1] और रसपद्धति का निरूपण तो अत्यन्त गम्भीर है। उसकी तह में एक ऐसे स्वतन्त्र और विशाल भारतीय समीक्षा भवन के निर्माण की सम्भावना छिपी है, जिसके भीतर लाकर हम सारे संसार के सारे साहित्य की समीक्षा कर सकते हैं।"

उनकी चिन्ता यह है—"वर्तमान हिन्दी साहित्य के क्षेत्र में कुछ लोग तो ऐसे[2] हैं, जो लक्षणों की पुरानी लकीर से जरा भी इधर-उधर होने की कल्पना ही नहीं कर सकते। बेचारे नवीनतावादी अभी कलाबाजी कर रहे हैं, उन्हें विलायती समीक्षा क्षेत्र के उड़ते हुए लटकों की उद्धरणी और योरप के ग्रन्थकारों की नाम-माला जपने से फुरसत नहीं। अब रहे उच्च आधुनिक शिक्षा प्राप्त 'संस्कृत स्कालर' नामक प्राणी। वे तो भारतीय वाङ्मय में जो कुछ हो चुका है, उसी को संसार के समाने—संसार का अर्थ आजकल योरप और अमेरिका लिया जाता है—रखने में लगे हैं। यही उनका पुरुषार्थ है। उन्हें अपने साहित्य को और बढ़ाकर उन्नत करने से क्या प्रयोजन?" कबीरदास और पण्डितराज की भाँति यदि यह गर्वोक्ति भी है—तो खोखली नहीं है—सचमुच उनके चिन्तनपरक साहित्य के साक्ष्य पर यह स्पष्ट है कि उन्होंने अपने साहित्य को और बढ़ाकर उन्नत करने का श्लाघ्य प्रयास किया है।

सहमति-असहमति से ऐसा है कौन अपूर्ण मानव—जो असंस्पृष्ट रहा है।

उन्होंने शब्द-शक्ति और रस सिद्धान्त के क्रमागत भारतीय प्रतिमानों में भारतीय समीक्षा भवन के निर्माण की जो सम्भावना देखी है—उस दिशा में जो कुछ किया है—उसका आकलन और मूल्यांकन ही इस निबन्ध का लक्ष्य है—उनके द्वारा समर्पित रस सिद्धान्त की सम्भावना का विकास करने में तो मति-अनुरूप परवर्ती समीक्षकों ने भी कुछ जोड़ा-घटाया है—पर 'शब्दशक्ति' की सम्भावना की दिशा अनुद्घाटित ही रह गई है—शुक्ल जी ने जो कुछ किया—उसके आगे किसी ने भी कलम नहीं चलाई है, जिसने चलाई भी, उसने केवल उद्धरणी ही की—कुछ जोड़ा नहीं।

शुक्ल जी की 'शब्द-शक्ति' के विषय में धारणा है—"शब्द-शक्ति के प्रसंग में मैं कह आया हूँ कि इस पद्धति पर चलकर हम सारे संसार के नए-पुराने काव्य की बहुत-सी स्पष्ट और स्वच्छन्द समीक्षा कर सकते हैं।" स्पष्ट कि जब वे नए-पुराने साहित्य की बात करते हैं तब हिन्दी में आगे चलकर लिखी जाने वाली छायावादोत्तर कविता के उत्सभूत योरुपीय काव्य क्षेत्र की प्रवृत्तियों की भी बात करते हैं और 'संवेदनावाद' (इम्प्रेशनिज़्म) तथा 'मूर्तविधानवाद' (इमैजिज़्म) आदि को मिलाकर विलक्षण तमाशा खड़ा करने वालों का जिक्र करते हैं। कहने का अभिप्राय यह है कि उनकी दृष्टि में 'शब्द-शक्ति' की समीक्षोपयोगी सम्भावना की चरितार्थता का क्षेत्र छायावादी साहित्य तक ही नहीं, छायावादोत्तर साहित्य तक भी है। शब्द-शक्ति की व्यवस्थित पद्धति और उसकी सम्भावनाओं से सर्वथा अपरिचित अपने युग के प्रतिष्ठित समीक्षक यह फतवा देते हुए अनेक बार सुने गए हैं कि अब कविता 'शब्द-शक्ति' से बहुत आगे बढ़ गई है और यह अब उनके काम की नहीं है। अभी हाल ही में (9, 10, तथा 11 मार्च, 1984) में उज्जयिनी में कालिदास अकादमी की ओर से आयोजित 'शब्दार्थ-सम्बन्ध-विचार' परिचर्चा में आमन्त्रित हिन्दी के आधुनिक मान्य समीक्षकों ने जो गहरी असम्पृक्तता दिखाई है—वह उल्लेख्य है। उनकी दृष्टि में वर्तमान यथार्थ के सम्प्रेषण में भाषा सम्प्रेषक के दाँतों में फँसी हुई है—अशक्त होकर छटपटा रही है। शक्ति सर्जक की ओर से भाषा में भरी जाती है—उसका कोई अज्ञात स्रोत नहीं है। अनुभूति की चुनौती भाषा सदा से स्वीकारती आई है—और अपनी 'व्यंजन-क्षमता' से जवाब भी देती आई है। अस्तु, यदि हमारी संवेदन और सम्प्रेषण क्षमता में कहीं कोई खोट है—तो वह हमारी भाषा में अवश्य दिखाई देगी।

आचार्य शुक्ल ने 'शब्द-शक्ति' के सन्दर्भ में सैद्धान्तिक और व्यावहारिक—दोनों स्तरों पर बहुत कुछ सोचा-विचार और कहा-सुना है।

(क) सैद्धान्तिक चिन्तन अभिधा शक्ति : 'बिम्ब ग्रहण' कराने के लिए चित्रण काव्य का प्रथम विधान है—जो 'विभाव' में दिखाई पड़ता है—और ग्राहक की ओर से इसका ग्रहण 'अभिधा' द्वारा ही होता है, पर अभिधा द्वारा ग्रहण एक ही प्रकार

का नहीं होता। हमारे यहाँ आचार्यों ने संकेतग्रह के जाति, गुण, क्रिया और यदृच्छा–ये चार विषय बताए हैं, पर स्वयं संकेतग्रह के दो रूपों का विचार नहीं किया। 'अभिधा' द्वारा ग्रहण दो प्रकार का होता है–बिम्ब-ग्रहण और अर्थ-ग्रहण। संस्कृत साहित्य शास्त्र और शब्द-शक्ति के मर्मज्ञ एक मेरे मित्र (पं. रेवाप्रसाद द्विवेदी) ने 'बिम्बार्थ' को 'वाक्यार्थ' और 'प्रतीकार्थ' को 'पदार्थ' कहकर भी बिम्ब तथा प्रतीक का अन्तर समझाने की चेष्टा की है–पर शुक्ल जी ने बिम्बार्थ को पद की अभिधा शक्ति का विषय बताकर 'पदार्थ' भी (वाच्यार्थ भी) कहा है।

निस्सन्देह 'संकेतग्रह' के सन्दर्भ में शुक्ल जी ने काव्यार्थ की दृष्टि से कुछ जोड़ा है। शास्त्रकारों को आवश्यकता नहीं थी–फलतः उन लोगों ने नहीं कहा, पर साहित्य शास्त्रियों को तो कहना था–शुक्ल जी ने इस अभाव की पूर्ति की। यद्यपि आनन्दवर्द्धन और महिम भट्ट और कुंतक ने इसकी चर्चा की है–पर वह सन्दर्भ अभिधा के संकेतग्रह वाले सन्दर्भ से हटकर है। महिम भट्ट ने निर्माण की ओर से विचार करते हुए कहा है–"स एव सत्कविगिरां गोचरः प्रतिभाभुवाम्"–अर्थात् कवि भाषा का प्रतित्रोद्भूत कवि भाषा का–विषय 'सामान्य' नहीं 'विशेष' अर्थ माना है। कवि की तीसरी आँख से जिस पदार्थ का साक्षात्कार होता है और अभिधा द्वारा जो सम्प्रेषित होता है–वह 'विशेष' रूप पदार्थ ही है। परोक्षप्रतीति का विषय 'सामान्य' है, पर प्रत्यक्ष का 'विशेष'। काव्योपयोगी अर्थ इन दोनों के बीच का अर्थात् 'प्रत्यक्षायमाण' होता है–न 'सामान्य' न ही 'प्रातिस्विक विशेष'। महिम ने कहा है–

उच्यते वस्तुनस्तावद्द्वैरुप्यमिह विद्यते।
तत्रैकमत्र सामान्यं यद्विकल्पैकगोचरः।।
स एव सर्वशब्दानां विषयः परिकीर्तितः।
अतएवाभिधेयं ते सामान्यं बोधयन्त्यलम्।।
विशिष्टमस्य यद्रूपं तत्प्रत्यक्षस्य गोचरः।
स एव सत्कविगिरां गोचरः प्रतिभाभुवाम्।।

अर्थात् वस्तु-मात्र के दो रूप होते हैं–एक है 'सामान्य'–यही शब्द-मात्र से बोध्य होता है–इसीलिए शब्द-मात्र वाच्यात्मक 'सामान्य' का ही बोध कराते हैं। दूसरा रूप है–प्रत्यक्ष का विषय–इसमें व्यक्तिगत अशेष-विशेष का बोध भी होता है। जहाँ तक प्रतिभा-प्रसूत कवि-वाक् का सम्बन्ध है–वे इसी **विशेष** का बोध कराते हैं। प्रतिभा कवि की तीनरी आँख है।

'सैव[1] चक्षुर्भुगवत्स्तृतीयमिति गीयते'–महिम भट्ट ने शब्द की एक ही शक्ति मानी है और वह है–अभिधा, अतः शब्द चाहे लोक या शास्त्र का हो या काव्य का–शक्ति तो उसकी एक ही होगी।

अभिधा वही है, जो संकेतित अर्थ का बोध कराए। यदि काव्य शब्द का संकेतग्रह 'विशेष' में नहीं होगा–तो अभिधा उसका बोध किस प्रकार करा सकेगी?

कहा जा सकता है कि अभिधा तो 'सामान्य' का भी बोध करा सकती है। जो रास्ता निर्माण के कोण से विहित है—वही ग्रहण के कोण से भी सम्भव है—ग्रहण काल में शब्द द्वारा ही प्रतिभा सहकृत **'प्रत्यक्षैकगोचर विशेष'** या 'बिम्बार्थ' का ग्रहण होगा। अतः क्या इसे संकेतग्रह के दो प्रकार के अन्तर्गत माना जाए अथवा यह कहा जाए कि संकेतग्रह तो जाति या सामान्य में ही होता है—'विशेष' के रूप में बोध के लिए उसे प्रतिभा-सहकृत होना पड़ता है। ऐसा मानने में अभिधा द्वारा बिम्बार्थ का ग्रहण होता है—इस पक्ष में कोई बाधा नहीं पड़ती। हाँ, एक मात्र अभिधावादी महिम के द्वारा 'विशेष' रूप अभिधेय बोध की बात शुक्ल जी के उद्भावन से अपना तालमेल बिठा लेती है। अज्ञात या ज्ञात—जो भी हो, शुक्ल जी यह मानते हैं कि महिम का यह कहना ठीक है कि व्यंजना या वस्तु-व्यंजना अनुमान ही है—खैर, इस पर तो आगे विचार किया जाएगा—यहाँ अभिधा सम्बन्धी उनकी काव्योपयोगी विचारणा ही प्रसक्त है और उनका पक्ष है कि काव्य में अभिधा का विषय अर्थमात्र—जाति, गुण, क्रिया या यदृच्छा नहीं, प्रत्युत बिम्बार्थ है।

काव्य के 'वाच्यार्थ' का व्यवहार और शास्त्र के 'वाच्यार्थ' से व्यतिरेक आनन्दवर्द्धन ने भी लक्षित किया है। उन्होंने कहा है—

''वाच्यानां[5] च काव्ये प्रतिभासमानानां यद् रूपं तत्तु ग्राह्य विशेषाभेदेनैव प्रतीयते''—काव्य में जो वाच्यार्थ प्रतीत होता है—वह प्रत्यक्ष प्रमाण ग्राह्य 'विशेष' से एक रूप होकर। ध्वनि प्रस्थान के आचार्य का संकेत यह है और अनुयायियों का मत कुछ और ही है। पण्डितराज[6] कहते हैं—''न हि कश्चिदपि एवंबिधोऽर्थः योऽनामृष्ट प्रतीयमानः मनागपि स्वतश्चमत्कारमाधातुं शक्नोति''—ऐसा अर्थ जो प्रतीयमान निरपेक्ष हो—स्वतः रमणीय हो नहीं सकता। यद्यपि उसी आनन्दवर्द्धन ने एकत्र यह कहा है—सहृदयश्लाघ्य अर्थ—वाच्य और प्रतीयमान—दोनों होते हैं, पर अभिनवगुप्त[7] ने उसका आशय अन्यथा बताया है। उन्होंने कहा है कि जहाँ वाच्यार्थ में सहृदय-श्लाघ्यता अपेक्षित सौन्दर्य के कारण प्रतीत होती है—वहाँ वस्तुतः प्रतीयमान अर्थगत ही वह होता है—प्रतीयमान और वाच्यार्थ के **विवेकाग्रह** होने के कारण वाच्य में जान पड़ता है। सहृदयगण विचार करें कि उक्त उद्धरण से आनन्दवर्द्धन काव्यगत वाचक का व्यतिरेक बताते हैं अथवा नहीं।

मेरा विचार तो यही है कि महिम की भाँति आनन्द भी काव्यगत वाच्यार्थ का व्यतिरेक मानते हैं। इस प्रकार यह मान भी लिया जाए कि अगाध संस्कृत वाङ्मय में बिम्बार्थ का अभिधेयार्थ के रूप में कहीं संकेत था भी—तो हिन्दी जगत् में अपनी जिम्मेदारी पर लाने वाला दूसरा आचार्य कौन था? डॉ. जगदीश गुप्त का कहना है कि हिन्दी जगत् में बिम्बार्थ की चर्चा करने का श्रेय उनको है—पर क्या इसी रूप में, जिस रूप में शुक्ल जी कहते हैं—'शब्द-शक्ति' की सम्भावनाओं को उजागर करते हुए उसके माध्यम से हिन्दी समीक्षा का स्वस्थ और व्यवस्थित मार्ग निकालते हुए?

वैसे संस्कृत साहित्य बड़ा विशाल है—बिना देखे यह कह देना—हमारे यहाँ आचार्यों ने...संकेतग्रह के दो रूपों का विचार नहीं किया—ठीक नहीं[8] है। वैयाकरणों के अनुयायी साहित्यिक 'बिम्बार्थ' या 'विशेष' में संकेतग्रह नहीं मानते, यद्यपि काव्य में ग्रहण और निर्माण—दोनों क्षेत्रों में 'प्रतिभासहकृत शब्द'—केवल शब्द नहीं—बिम्बार्थ का ग्रहण कराता है।

(ख) इसी वाच्यार्थ के सन्दर्भ में शुक्ल जी की एक दूसरी स्थापना भी है। उनका प्रश्न है कि काव्य की 'रमणीयता' किसमें रहती है? और बेधड़क उत्तर है[9]—वाच्यार्थ में, चाहे वह योग्य और उपपन्न हो या अयोग्य अथवा अनुपपन्न। योग्य और उपपन्न वाच्यार्थ की रमणीयता की बात अपनी बिम्बात्मकता में हो चुकी—अब अयोग्य और अनुपपन्न वाच्यार्थ को लीजिए—जहाँ योग्य और उपपन्न अर्थ को पाने के लिए लक्षणा और व्यंजना का सहारा लेना पड़ता है। उनका दृढ़ मत है कि काव्यत्व या रमणीयता वाच्यार्थ में ही रहती है। लक्ष्यार्थ या व्यंग्यार्थ में नहीं। उन्होंने रसात्मक तथा चमत्काराद्यापक—उभयविध काव्योक्ति के साक्ष्य पर अपना मत रखा है। पहले तो उन्होंने हृदय की मुक्तदशा—रसदशा—तक पहुँचाने वाली वाग्धारा को ही काव्य या साहित्य कहा था, पर काव्य में अभिव्यंजनावाद शीर्षक निबन्ध में उन्होंने रसात्मक के साथ चमत्काराद्यापक (कुतूहल पर्यवसायी वाग्वैचित्र्य-परक) उक्ति को भी काव्य के अन्तर्गत समाविष्ट कर लिया है। लक्षणापरक उक्ति है—

चमत्कारी (अ) जीकर हाय पतंग मरे क्या?

रसात्मक (ब) आप अवधि बन सकूँ कहीं तो क्या कुछ देर लगाऊँ।
मैं अपने को आप मिटाकार, जाकर उनको लाऊँ।।

एक जगह **लक्ष्यार्थ** है—'जीकर पतंग क्यों कष्ट भोगे' और अन्यत्र बुद्धिग्राह्य **व्यंग्यार्थ** है—'ऊर्मिला को अत्यन्त औत्सुक्य है'—स्पष्ट ही इन दोनों अर्थों की अपेक्षा वाच्यार्थ रमणीय है। इसका यह अभिप्राय नहीं कि लक्षणा और व्यंजना का काव्य में (या अन्यत्र) कोई उपयोगिता ही नहीं है। नहीं, उपयोगिता है और वह यह है कि उस अयोग्य तथा अनुपपन्न वाच्यार्थ का धारक सत्य लक्षणा और व्यंजना के द्वारा ही ज्ञात होता है।

'सूरदास'—में भी यही बात उठाई है—

(1) 'सूरदास प्रभुवै अति खोटे'

(2) 'कारो कृतहि न मानै'

इन दोनों वाक्यों में वाच्यार्थ के अतिरिक्त संलक्ष्य-असंलक्ष्य—किसी प्रकार का व्यंग्यार्थ है भी या नहीं? यदि किसी प्रकार का व्यंग्य नहीं है—तो उक्त कथन ठीक हो सकता है। पर किसी प्रकार का व्यंग्यार्थ न होने पर ये दोनों वाक्य रसात्मक न होंगे—इनमें कुछ भी काव्यत्व न होगा। पर हमारे देखने में ये दोनों वाक्य असंलक्ष्य क्रम व्यंग्य के कारण रसात्मक हैं। एकत्र रति का संचारी हर्ष और अन्यत्र 'अमर्ष'।

लगभग सभी परवर्ती हिन्दी आलोचकों—जिन्होंने इसकी चर्चा की है या शब्द-शक्ति के सन्दर्भ में शुक्ल जी के इस मत को लिया है—के गले के नीचे यह बात उतरी नहीं—चाहे वे डॉ. नगेन्द्र हों या अन्य कोई। 'चिन्तामणि' पर 'मंजूषा' प्रस्तुत करने वाले आचार्य विश्वनाथ[11] प्रसाद मिश्र को भी यह पक्ष नहीं रुचा—यद्यपि इस स्थापना के कुछ मर्म हैं—ऐसा उनका विश्वास था। हाँ, अपने पक्ष का समर्थन करते हुए देव की निम्नलिखित उक्ति का जो शुक्ल जी ने उद्धरण दिया है, उसका उन्होंने खण्डन अवश्य किया—उक्ति है—

अभिधा उत्तम काव्य है, मध्य लक्षणा लीन।
अधम व्यंजना रस विरस, उलटी कहत नवीन।।

शुक्ल जी कहते हैं—वाच्यार्थ ही काव्य होता है, लक्ष्यार्थ या व्यंग्यार्थ नहीं। हिन्दी के पुराने कवि देव ने शायद यही समझ कर काव्य में केवल वाच्यार्थ को उत्तम माना था। मिश्रजी का कहना है कि यह उक्ति नायिका भेद के प्रसंग की है। वहाँ अभिधा स्वीया, लक्षणा परकीया तथा व्यंजना सामान्या के रूप में चर्चित हुई है—अतः नायिका भेद की दृष्टि से उन्हें उत्तम, मध्यम तथा अधम कहा गया है। अभिधा की भाँति स्वीया समाज स्वीकृत सम्बन्ध का एक (वाचक वाच्य भाव) से ही निर्वाह करती है, परकीया के सम्बन्ध मुख्य और गौण से होते हैं—लक्षणा भी गौण से जुड़ जाती है—अमुख्य से सम्बन्ध कर लेती है। व्यंजना की भाँति सामान्या का सम्बन्ध अनिर्धारित है। यह साम्य है और इसी साम्य के बल पर यह उक्ति है। इसीलिए शुक्ल जी 'शायद' कहकर अपनी अनाश्वस्तता भी संकेतित करते हैं।

शुक्ल जी ने अपना पक्ष रखते हुए एक तर्क तो वही दिया है, जिसका उल्लेख ऊपर किया जा चुका है—अर्थात् वाच्यार्थ ही लक्षणा या व्यंजना द्वारा धार्यमाण सत्य को काव्यात्मक रूप में वहन करता है, स्वयं निरपेक्ष रूप से तो (बिम्बात्मक होकर) वहन करता ही है। दूसरा तर्क वे यह देते हैं कि जिस 'रस' की 'सुन्दरता' या 'रमणीयता'[12] अकाट्य है और जिसे लोग व्यंग्य समझते हैं—वहीं गड़बड़ी है। उनकी दृष्टि में व्यंजना शक्ति से वस्तु, अलंकार और रस की व्यंजना की बात जो कही जाती है—वह सुविचारित नहीं है। वे कहते हैं कि वस्तु तथा अलंकार की व्यंजना से 'बोध' होता है, रस या भाव का 'बोध' नहीं होता—अभिज्ञानशाकुन्तलम् देखने के बाद प्रेक्षक को यह बोध नहीं होता कि दुष्यन्त या शकुन्तला परस्पर रागयुक्त हैं या शृंगार रस मग्न हैं—वरन् प्रेक्षक स्वयं शृंगार का अनुभव करता है—निष्कर्ष यह कि 'वस्तु' और 'रस'—दोनों को एक स्तर से व्यंजना-गम्य कह देना संगत नहीं है—हृदयंगम नहीं होता। केवल एक को संलक्ष्यक्रम और दूसरे को असंलक्ष्यक्रम कह देने से भी वह बात सामने नहीं आती। शुक्ल जी की यह दृष्टि 'अनुन्मीलित पूर्व' है। बोध कराना वस्तुव्यंजना है और भाव जागना भाव-व्यंजना। क्या बोध कराना और भाव जगाना एक ही बात है? स्वयं राग का अनुभव कराना और दूसरे के राग का बोध होना—क्या

एक ही बात है? निश्चय ही ये दोनों भिन्न क्रियाएँ हैं, भिन्न वृत्तियाँ हैं। निष्कर्ष यह कि शुक्ल जी वस्तु-व्यंजना और भाव-व्यंजना को दो भिन्न वृत्ति या व्यापार का कार्य मानना चाहते हैं और मानने का प्रस्ताव करते हैं—व्यंजना के क्षेत्र में यह उनकी नई सूझ है।

शुक्ल जी कहते हैं कि रस व्यंजना की इसी विशिष्टता को स्थापित करने वाले व्यक्ति-विवेककार का विरोध किया गया था। महिम व्यंजना को अनुमान से भिन्न नहीं मानता। (मानता तो वह लक्षणा को भी अनुमान से भिन्न नहीं है)। शुक्ल जी वस्तु-व्यंजना के सम्बन्ध में महिम के पक्ष को ठीक मानते हैं और मानते हैं कि व्यंग्य वस्तु या तथ्य तक हम वास्तव में अनुमान द्वारा ही पहुँचते हैं, पर रस-व्यंजना को अनुमान से एक रूप करने वाले प्रयास से वे असहमत हैं—क्योंकि यहाँ 'बोध' (अमुक के मन में क्रोध है या प्रेम है) तो अनुमान से नापा जा सकता है, पर आगे 'आस्वाद' तक कैसे जाया जाए—यह प्रश्न ज्यों का त्यों रह गया है। शुक्ल जी कहते हैं—[13]"इस विषय को स्पष्ट कर लेना चाहिए—या तो हम भाव या रस के सम्बन्ध में व्यंजना शब्द का प्रयोग न करें अथवा वस्तु या तथ्य के सम्बन्ध में।"

शुक्ल जी की इन सारी धारणाओं पर विचार करने से पूर्व उनका यह मंतव्य समझ लें कि जिस रस को व्यंग्य मानकर 'रमणीय' कहने का पक्ष चलता है—वह विवादास्पद है—वह अभी विचारणीय है और जितना निर्विवाद है—उतने को सामने रखकर वाच्यार्थ ही रमणीय फलतः काव्य होता है—यह पक्ष प्रस्तावित है।

वाच्यार्थ ही रमणीय होता है, फलतः वही काव्य है—यह शुक्ल जी की स्थापना[14] है। इस स्थापना में अलंकार, रीति तथा वक्रोक्तिवादी को उतनी ठेस नहीं पहुँचती, जितनी ध्वनि और रसवादी को। कारण यह है कि ये दोनों जिस रस या ध्वनित रस को काव्य की आत्मा मानते हैं—उसे व्यंग्य, अनुमेय अथवा तात्पर्यार्थ भी कहने के पक्ष में हैं। व्यंजनावादी संविद् विश्राम तथा प्रतीति-परमार्थ-परक काव्यार्थ को व्यावहारिक सत्यत्वासत्यत्व से असंस्पृष्ट होने से व्यवहार-प्रवर्त्तक-निवर्तक अनुमान-प्रमाण को काव्य के क्षेत्र में अनुपयोगी मानते हैं। तात्पर्यार्थ—उसे वे केवल शब्द-भेद मानते हैं— व्यंग्य से तत्त्वतः भिन्न नहीं।

ध्वनिवादियों को शुक्ल-सम्मत वैशिष्ट्य (वस्तुबोध और भावानुभूतिगत) की रक्षा में महिम का सामना करना पड़ा—ऐसा तो कुछ नहीं है। ध्वनिवादियों ने व्यंग्यार्थ तक पहुँचने की प्रक्रिया में अनुमान की अक्षमता अनेक कारणों से निरूपित की है। महिम का तर्क यह है कि शब्द की शक्ति शब्द और अर्थ के बीच सम्बन्ध है और लक्षणा हो या व्यंजना—ये अर्थ से अर्थ के बीच के सम्बन्ध हैं—शब्द से अर्थ के साक्षात् सम्बन्ध नहीं। अर्थ से अर्थ का सम्बन्ध महिम के अनुसार व्याप्ति है और व्याप्ति से जो प्रभा या बोध होता है—वह अनुमान माना जाता है। ध्वनिवादियों का पक्ष है कि अर्थ से अर्थ का सम्बन्ध मात्र व्याप्ति नहीं है—कारण नियत सम्बन्ध

व्याप्ति है और व्यजना में नैयत्य का नैयत्य नहीं है–अतः वह सम्बन्ध व्याप्ति अर्थात् नियत सम्बन्ध ही हो–यह आवश्यक नहीं है। शब्द से व्याप्ति-निरपेक्ष प्रतीत होने वाले अर्थ का साधन शब्द ही मानना पड़ेगा और शब्द मानना पड़ेगा तो उसकी शक्ति भी माननी पड़ेगी और यह शक्ति (अभिधा तथा लक्षणा न होने से) अतिरिक्तार्थ-प्रकाशिका होने से व्यंजना ही माननी पड़ेगी। फिर बोध तक अनुमान व्यापार भी जाए तो आस्वाद तक वह कैसे जाएगा–यह प्रश्न तब भी महिम के यहाँ अनुत्तरित रह जाएगा।

यह कहना कि वस्तु-बोध और भावानुभव–दोनों के लिए वृत्तिभेद माना जाना चाहिए[15]–ठीक है। 'प्रतीति'-वाध-सापेक्ष लक्षणा में 'प्रतीत'-वाध-सापेक्ष व्यंजना का अन्तर्भाव सम्भव नहीं। साक्षात् सम्बन्ध न होने से अभिधा का मानना ठीक नहीं। अतः वस्तु-व्यंजना के लिए व्यंजना का मानना आवश्यक है। रहा यह कि 'बोध' और 'अनुभव'–जैसे कार्यभेद में व्यापार-भेद माना जाए–दोनों के लिए एक ही शक्ति का प्रयोग माना जाए–क्या यह ठीक होगा? असल में व्यंजना प्रकाशन व्यापार है और प्रकाशन अव्यक्त का होता है। वस्तु व्यंजना में वस्तु गोपित रखी जाती है और भाव-व्यंजना में वासना अव्यक्त रहती है–व्यक्त दोनों होते हैं–अभिप्रेत, अव्यक्त वस्तु भी और वासना आधृत भाव भी। यह बात दूसरी है कि एक व्यक्त होने पर बोध का विषय बनता है और दूसरा व्यक्त होने पर अनुभव का। प्रतीति दोनों हैं–प्रतीयमान दोनों हैं–प्रतीति पथ पर दोनों संचरित होते हैं–एक बोध्य होकर दूसरा अनुभूयमान होकर। वस्तु का स्वभाव ही है बोध में आने का और भाव का अनुभव में आने का। अगर भाव का बोध हो रहा है तो वह वस्तुबोध ही है–भाव व्यंजना नहीं। अमुक का अमुक के प्रति राग है–यह बोध वस्तुबोध से क्यों भिन्न[16] है? अनुभूयमान भाव को वस्तु से पृथक् किया गया है न कि ज्ञायमान भाव को। व्यज्यमान वस्तु और भाव दोनों हैं–यह दोनों का स्वभाव है कि एक बोध ही विषय हो सकता है और दूसरा अनुभव का। यह कहना कि भाव के बोध और भाव के अनुभव–दोनों के लिए एक ही व्यापार कहना कहाँ तक ठीक है? तो उस विषय में यह कहा जा सकता है कि बुध्यमान भाव अन्यगत होता है और अनुभूयमान आत्मगणत–अतः व्यापार भेद होना चाहिए। आत्मगत भाव का अनुभव ही होता है यदि सामग्री व्यंजक हो–आत्मगत भाव का प्रकाशक हो परन्तु परगत भाव की प्रकाशक सामग्री हो भी तो भी वह बोध का ही विषय होगा–अनुभव का नहीं। हाँ, यदि सामग्री का साधारण्य हो तो आत्मगत भाव का अनुभव ही होगा और अनुभव होगा ही। कला से अन्यत्र यानी परगत भाव का बोध यथार्थ की भ्रान्ति ही कही जाएगी और कही जाती है। कला अन्यगत भ्रान्ति रूप बोध और आत्मगत भाव का जागरण करती है। यों 'भ्रान्ति' और 'भावानुभूति' में प्रधान 'भावानुभूति'

ही है—पाठक या प्रेक्षक इसी उद्देश्य से कला के पास जाता है—परगत अभिव्यक्ति बोध है और आत्मगत अभिव्यक्ति अनुभव। अभिव्यक्ति या व्यंजना उभयत्र है।

एक बात और। परम्परा काव्य का लक्ष्य संविद्-विश्रान्ति या परनिर्वृत्ति मानती है और शुक्ल जी प्रवृत्ति या निवृत्ति और काव्यात्मक प्रभाव को माध्यम—फलतः उनकी दृष्टि में काव्यानुभूति और लोकानुभूति में अन्तर नहीं, परम्परा अन्तर मानती है। प्रवर्तक और निवर्तक में प्रामाण्याप्रामाण्य का निर्धारण आवश्यक है, पर विश्रान्ति में अनावश्यक है। मान लिया किसी कृति से रति नामक मनोवेग उद्बुद्ध हो गया—आप उस अनुभव में निमग्न होंगे या उस अनुभव से प्रवृत्त या निवृत्त होंगे? क्या प्रामाण्याप्रामाण्य का निर्धारण हुए बिना ही हम प्रवृत्त या निवृत्त होंगे? यदि ऐसा हुआ तो शुक्ल जी का सारा लोकमंगल ढह जाएगा और यदि प्रामाण्याप्रामाण्य का निर्धारण करते हैं, तो सचमुच शुक्ल जी के लिए व्यंजना की अपेक्षा अनुमान प्रमाण ही ग्राह्य होगा। शब्द की व्यंजनावृत्ति को आचार्यगण प्रामाण्याप्रामाण्य में नियमतः उपयोगी नहीं मानते—इसीलिए महिम को भी अनुमान या अनुमिति में काव्य विशेषण जोड़ना पड़ा—मतलब यह कि वे अनुमिति या अनुमान की अपेक्षा काव्यानुमिति या काव्यानुमान शब्द का प्रयोग उचित समझते हैं। इसलिए अब उन्हें प्रामाण्याप्रामाण्य की चिन्ता नहीं है। महिम काव्य को प्रतीति-परमार्थ ही मानते हैं। परम्परा में निहित सम्भावना के विकास के लिए परम्परा का सम्यक् बोध भी आवश्यक है—जिसका यत्र-तत्र शुक्ल जी में अभाव ही लक्षित होता है। अस्तु।

इस स्थिति में यह प्रस्ताव कि वाच्यार्थ ही रमणीय होता है—कहाँ तक संगत है? ध्वनिवादियों का पक्ष है कि वाच्यार्थ रमणीय भी होता है, तो महज इसलिए कि उसे प्रतीयमान का संस्पर्श प्राप्त है—यदि धारक तत्त्व के रूप में वह उपस्थित न हो—तो वाच्यार्थ प्रतिष्ठित ही न होगा। रमणीय होना तो दूर की बात है। शुक्ल जी का यह पक्ष कि धारक सत्य के रूप में लक्ष्य या व्यंग्य असुन्दर होता है—सही भी हो—तो भी धारक सत्य के रूप में यदि 'रस' रूप व्यंग्य अर्थ हो—तो क्या वह भी अमरणीय होगा—फलतः अकाव्य होगा? वहाँ वाच्यगत रमणीयता आरोपित है—वस्तुतः मन भाव में रमता है—वाच्य का उपादान तो उपाय रूप में रहता है। ऐसी स्थिति में एकान्ततः यह निर्णय ले लेना कि वाच्यार्थ ही रमणीय होता है—विचारणीय है। भाव-बोध और भावानुभाव—दोनों में एक ही व्यंजना कार्य क्यों करती है? इसका उत्तर दिया जा चुका है। एक बात और। काव्य प्रतिभा का क्षेत्र है और प्रतिभा किसी नियम में नहीं बँधी है—अतः प्रतिभाप्रसूत रमणीयता के विषय में कोई पूर्व निर्धारित नियम बन ही नहीं सकता। प्रतिभा 'नियति-कृत-नियम रहित' है।

इस मतभेद के बावजूद शुक्ल जी[17] का यह पक्ष कि स्वस्थ समीक्षा के लिए शब्द-शक्ति-विचार आवश्यक है–सर्वथा समर्थनीय है।

वे मानते हैं कि[18]–"शब्द-शक्ति का विषय बड़े महत्व का है। वर्तमान साहित्य-सेवियों को इस सम्बन्ध में विचार परम्परा जारी रखनी चाहिए। उन्होंने कहा है कि योरुपीय साहित्य में समीक्षा के नाम पर फैलाए जाने वाले तमाम अर्थशून्य वाग्जाल को छिन्न-भिन्न करते हुए आगे आने वाले रिचार्ड्स भारतीय शब्द-शक्ति के ढर्रे पर ही अर्थ-मीमांसा को लेकर चल रहे हैं। एतदर्थ स्वीकृत चतुर्विध अर्थों–सेन्स, टोन, फीलिंग और इन्टेंशन–में से मुख्य दो ही हैं–पहला और तीसरा, दूसरे का समावेश व्यंजना के कारण में और चौथे का अभिधामूलक ध्वन्यर्थ में हो जाता है। शुक्ल जी की धारणा है कि यहाँ शब्द-शक्तियों के निरूपण का जैसा स्वच्छ मार्ग है, वैसा यदि रिचार्ड्स को मिलता, तो उन्हें उक्त दूसरे और चौथे प्रकार के अलग अर्थ न रखने पड़ते।" इस प्रकार शुक्ल जी की धारणा है कि काव्य-मीमांसा की वह यही पद्धति है, जो हमारे यहाँ स्वीकृत है।

आज की समीक्षा से सभी असन्तुष्ट हैं और उसका कारण है उस समीक्षा से समीक्ष्य कृति का–अर्थ साक्षात्कार के अभाव में सम्यक् आकलन और मूल्यांकन का अभाव। अर्थ-साक्षात्कार के अभाव का कारण है, कृति की तह में निहित सर्जनात्मक अनुभूति के साक्षात्कार की व्यवस्थित पद्धति का अभाव। व्यवस्थित पद्धति के अभाव से सर्जना के लिए अपेक्षित भाषा में भी अव्यवस्था–वैयक्तिक प्रयोगों की निर्नियन्त्रित भरमार। आचार्य शुक्ल ने भाषा के माध्यम से कृति का विश्लेषण करते हुए वर्ण्य के साथ-साथ भाषा की भी नकल का उद्घाटन किया है। अंग्रेजी भाषा का लाक्षणिक चापल्य वहाँ की भाषा में भी संक्रान्त हुआ और अराजकता से भाषा आक्रान्त हो उठी है। आज व्याख्या के नाम पर सर्जक और समीक्षक–दोनों ही मौन हैं। कहा जाता है रचना व्याख्या-गम्य नहीं, अनुभूति-गम्य है। *आचार्य शुक्ल ने लिखा है–साहित्य[19] के नाना अंगों का विशद रूप में निर्माण देख जितना आनन्द होता है, उतना ही भाषा की ओर असावधानी देख खेद होता है। व्याकरण की अशुद्धियाँ तो दूर हो सकती हैं, पर हमारी भाषा का स्वरूप विकृत करने वाली एक प्रवृत्ति बहुत भयंकर रूप में बढ़ रही है–वह है अंग्रेज़ी के चलते वाक्यों और मुहावरों को शब्द-प्रतिशब्द अनुवाद करके रखना। 'काव्य में अभिव्यंजनावाद' शीर्षक लेख में शुक्ल जी ने भाषा के निर्नियन्त्रित रूप का भी उल्लेख किया है और सुसंगत व्याख्या का भी आदर्श प्रस्तुत किया है। पन्तजी की एक रचना है–

बाल्य सरिता के कूलों से
खेलती थी तरंग सी नित
इसी में था असीम अवसित

*शुक्ल जी की इस व्याख्या को देखकर भारतीय क्रमागत अनुत्सूत्र व्याख्या का हठात् स्मरण हो आता है। काव्य-प्रकाश की टीका 'उद्योत' में नागेश भट्ट द्वारा 'मुखं विकसित स्मितं...' की कालिदास ग्रन्थावली में 'चलापांगं' की गोस्वामी दामोदर लालजी की व्याख्या की परम्परा में इसे रखा जा सकता है।

इसकी अत्यन्त उत्तम व्याख्या शुक्ल जी[20] ने प्रस्तुत की है (देखिए काव्य में अभिव्यंजनावाद, पृष्ठ 152)। व्याख्या की व्यवस्थित पद्धति का विकास रुक जाने का ही परिणाम है कि अज्ञेय की 'सोनमछली' वाली रचना हिन्दी के प्रतिष्ठित समीक्षकों के बीच विवादग्रस्त व्याख्या का विषय बन गई। यही स्थिति मुक्तिबोध के 'अन्धेरे में' की है। प्रपद्यवादी रचना की व्याख्या श्री रमाकान्त पाठक ने की है। डॉ. रामस्वरूप चतुर्वेदी भी इस ओर गतिशील हैं।

'ब्रह्मराक्षस' की व्याख्या भी कुबेरनाथ राय ने की है और नन्दकिशोर नवल तथा अशोक चक्रधर ने भी मुक्तिबोध की रचनाओं को स्पष्ट करने का प्रयत्न किया है। पं. विद्यानिवास मिश्र ने 'रीति विज्ञान' में अनेक रचनाओं की व्याख्या शैली-विज्ञान के उपकरणों के माध्यम से की है। मिश्रजी जैसे लोगों को इस दिशा में नेतृत्व करना चाहिए—ताकि शुक्ल जी का वह संकल्प चरितार्थ हो सके।

यह प्रश्न भी समीक्षा के साथ जुड़ा हुआ है कि उसका क्षेत्र केवल विभिन्न औजारों के माध्यम से गम्भीर व्याख्या द्वारा अन्तस्तत्त्व का उद्‌घाटन ही हो और उसमें सर्जक की क्षमता देखी जाए अथवा किसी पूर्वागत आलोचक को रुचि के अनुरूप पड़ने वाले मानदण्ड से मूल्यांकन भी किया जाए। मूल्यांकन में रुचि के अनुरूप पूर्व निश्चित मानदण्ड का प्रयोग होता है—जो आलोचना की तटस्थता पर आँच लाता है। समीक्षा के क्षेत्र में रुचि के संक्रमण से आलोचना की वैज्ञानिक प्रकृति बाधित होती है। क्रमागत मानदण्ड का अनुरूप संचार होता है। होता यह है कि सैद्धान्तिक समीक्षा के क्षेत्र में प्रत्येक समीक्षक साहित्य विषयक अपनी अवधारणा रखता है और उसकी एक विशेष दिशा निर्धारित करता है—प्रश्न यह है कि व्याख्यात्मक समीक्षा करते-करते साहित्य विषयक अपनी अवधारणा के मानदण्ड का प्रयोग समीक्षक करे या न करे? शुक्ल जी कहते हैं कि समीक्षा की सीमा में कृतियों की रमणीयता और मूल्य हृदयंगम कराने वाली व्याख्या का समावेश होना चाहिए। क्रोचे की धारणा का खण्डन करते हुए वे एक ओर वैज्ञानिक समीक्षा को ही कला-निरूपिणी संमीक्षा कहते हैं और दूसरी ओर यह भी मानते हैं—प्रत्येक सहृदय को यह अधिकार है कि वह उसके सम्बन्ध में अपनी अनुभूतियाँ प्रकट करें। "वे मानते हैं कि वास्तव में समालोचना के लिए विद्वत्ता और प्रशान्त रुचि—दोनों अपेक्षित हैं।" प्रशान्त रुचि प्रभाव पक्ष है और विद्वत्ता उपकरण तथा प्रभाव के सामंजस्य परीक्षण में उपयोगी है। तत्त्वस्पर्शिनी है अन्तःप्रज्ञा।

इसी सन्दर्भ में एक दूसरा प्रश्न खड़ा होता है—यह प्रभाव क्या है? जिससे रुचि या प्रशान्त रुचि का सन्दर्भ आता है; शुक्ल जी प्रभाव को रेखांकनीय समझते हैं और 'प्रबोध' की जगह 'प्रभाव' शब्द का महत्व बताते हैं। 'प्रभाव' में 'भाव' का प्रकर्ष निहित है—भाव में स्थायीभाव विभावादि के सम्पर्क से जब प्रकर्ष पा लेता है तब वह 'रस' रूप में परिणत हो जाता है। आचार्य शुक्ल अपने समस्त चिन्तन में जैसा

'परम्परा' से हटकर सोचते हैं—वैसे ही रस के विषय में भी। सम्प्रति रस-पद्धति क्या है—उसका सैद्धान्तिक रूप शुक्ल जी किस तरह प्रस्तुत करते हैं—यह द्रष्टव्य है। इसका विवेचन अन्यत्र होगा।

सन्दर्भ

1. चिन्तामणि भाग-2, पृष्ठ 180। 2. वही, पृष्ठ 174। 3. व्यक्ति विवेक, द्वितीय विमर्श, पृष्ठ 290। 4. वही। 5. ध्वन्यालोक, चतुर्थ उद्योत, पृष्ठ 543। 6. रस-गंगाधर, प्रथम आनन। 7. ध्वन्यालोक-लोचन। 8. चिन्तामणि भाग-2, पृष्ठ 1। 9. वही, पृष्ठ 132। 10. वही। 11. हिन्दी साहित्य का अतीत, भाग-2 से उद्धृत 12. चिन्तामणि भाग-2, पृष्ठ 131। 'रस-मीमांसा' की टिप्पणियों में (शब्द-शक्ति के अन्तर्गत) कुछ और ही मत व्यक्त करते हैं। 13. वही, पृष्ठ 131। 14. वही। 15. वही। 16. वही, पृष्ठ 190। 17. चिन्तामणि भाग-2, पृष्ठ 152। 18. वही, पृष्ठ 153। 19. वही; पृष्ठ 74। 20. वही, पृष्ठ 75।

छायावादी भावबोध और रामचन्द्र शुक्ल : पुनर्मूल्यांकन

'छायावाद' एक ऐसी काव्यधारा है जिसके स्वरूप के विषय में 'अंधों के हाथी' की तरह अनेक प्रकार की धारणाएँ हैं। छायावादी काव्यधारा के प्रवर्तक और प्रथम स्वस्थ विवेचक पं. मुकुटधर पाण्डेय की धारणा है—यह शब्द 'मिस्टीसिज्म' के लिए आया है। छायावाद एक ऐसी मायामय सूक्ष्म वस्तु है कि शब्दों द्वारा उसका ठीक-ठीक वर्णन करना सम्भव नहीं, क्योंकि ऐसी रचनाओं में शब्द अपने स्वाभाविक अर्थ को खोकर सांकेतिक चिह्न-मात्र हुआ करते हैं। वास्तव में छायावाद के कवि वस्तुओं को असाधारण दृष्टि से देखते हैं, उनकी रचना की सम्पूर्ण विशेषताएँ उनकी इस 'दृष्टि' पर ही अवलम्बित रहती हैं। वह क्षण-भर में बिजली की तरह वस्तु को स्पर्श करती हुई निकल जाती है। अस्थिरता और क्षीणता के साथ उसमें एक तरह की विचित्र उत्पादकता और अन्तरंगता होती है जिसके कारण वस्तु उसके प्रकृत रूप में नहीं किन्तु एक अन्य रूप में दीख पड़ती है। उसके इस 'अन्य रूप' का सम्बन्ध कवि के अन्तर्जगत् से रहता है। यह अन्तरंग दृष्टि ही छायावाद की विचित्र प्रकाशन रीति का मूल है।[1] उनके अनुसार चित्र दृश्य वस्तु की आत्मा का ही उतारा जाता है।[2] इस प्रकार छायावाद में दृश्य विषयक भाव सृष्टि में यही अन्तर्दृष्टि-विशेष निमित्त है। इस सिद्धान्त को एक उदाहरण की पीठिका पर और स्पष्ट कर लें। पाण्डेयजी की ही कविता है—

हुआ प्रकाश तमोमय मग में
मिला मुझे तू तत्क्षण जग में
दम्पति के मधुमय विहार में
शिशु के स्वप्नोत्पन्न हास में
वन्य कुसुम के शुचि सुवास में
था तब क्रीडा स्थान।[3]

इस रचना से जिस मूल वृत्ति का प्रकाशन होता है उसकी तह में नव-जागरण की सांस्कृतिक चेतना और वैश्विक दृष्टि निहित है। इस अन्तर्दृष्टि के अनुसार विश्व चिर सुन्दर सत्ता के प्रतिफलन अथवा अभिव्यंजन का माध्यम है। इसमें उपास्य की एकदेशीय अथवा धर्म-विशेष में प्रतिष्ठित भावना के संकुचित रूप की मुक्ति है।

आचार्य शुक्ल इस सन्दर्भ में कहते हैं– ये कवि (मैथिलीशरण गुप्त, मुकुटधर पाण्डेय, बदरीनाथ भट्ट तथा श्री पदुमलाल पुन्नालाल बख्शी) जगत् और जीवन के विस्तृत क्षेत्र के बीच नई कविता का संचार करना चाहते थे। ये प्रकृति के साधारण-असाधारण सब रूपों पर प्रेम-दृष्टि डालकर उसके रहस्य-भरे सच्चे संकेतों को परखकर भाषा को अधिक चित्रमय, सजीव और मार्मिक रूप देकर कविता का एक अकृत्रिम, स्वच्छन्द मार्ग निकाल रहे थे। भक्ति क्षेत्र में उपास्य की एकदेशीय या धर्म-विशेष में **प्रतिष्ठित भावना के स्थान पर सार्वभौम भावना की ओर बढ़ रहे थे** जिसमें सुन्दर रहस्यात्मक संकेत रहते थे।[4] शुक्ल जी का कहना है कि छायावाद के पहले नए-नए मार्मिक विषयों की ओर हिन्दी कविता प्रवृत्त होती आ रही थी–कसर थी तो आवश्यक और व्यंजक शैली की कल्पना और संवेदना के अधिक योग की। तात्पर्य यह है कि छायावाद जिस आकांक्षा का परिणाम था उसका लक्ष्य **केवल अभिव्यंजना की रोचक प्रणाली का विकास था** जो धीरे-धीरे अपने स्वतंत्र ढर्रे पर भी मैथिलीशरण गुप्त, श्री मुकुटधर पाण्डेय आदि के द्वारा हो रहा था।[5] शुक्ल जी के अनुसार इस धारा का नाम 'छायावाद' तब पड़ा जब वह बंगाल में 'छायावाद' संज्ञा से विभूषित होने वाली रचनाओं की अनुगामिनी हुई। बंगाल में रवीन्द्रनाथ की इन रचनाओं में पाश्चात्य ढाँचे का आध्यात्मिक रहस्यवाद था जिस पर पुराने ईसाई सन्तों के छायाभास (फैंटासमाटा) तथा यूरोपीय काव्य क्षेत्र में प्रवर्तित आध्यात्मिक प्रतीकवाद का प्रभाव था।[6] यहाँ रहस्यात्मकता, अभिव्यंजना का लाक्षणिक वैचित्र्य, वस्तु-विन्यास की विशृंखलता, चित्रमयी भाषा और मधुमयी कल्पना ही साध्य थे। परिणाम यह हुआ कि विभाव पक्ष वस्तु पक्ष शून्य अथवा अनिर्दिष्ट रह गया। दूसरा प्रभाव यह पड़ा काव्य में भावानुभूति के स्थान पर कल्पना का विधान ही प्रधान समझा जाने लगा।[7] पन्त ने कल्पना का स्वरूप निर्दिष्ट करते हुए कहा है–

छायावादी मुक्त कल्पना
गद्यबद्ध वन गल्पजल्पना
शाब्दिक रँगोली सँवार कर
फूल बेलबूटे उतारकर
अनगिन बिम्बों को उभार कर
रचती नव अल्पना
शारदा के आँगन में।[8] (ग्रन्थावली, पृष्ठ 52, खण्ड-4)

आगे चलकर इस छायावादी मुक्त कल्पना को प्रगल्भ कल्पना नाम दिया है और 'सौवर्ण' में कहा भी है–"सब कुछ सम्भव है प्रगल्भ कल्पना के लिए, जो विद्युत गति से अणुजव से वेगवती है।"[9] (ग्रन्थावली, खण्ड-3, पृष्ठ 257)

शुक्ल जी ने अनुगमन कर विकसित काव्य शैली की प्रशंसा की परन्तु यह भी कहा है–"आध्यात्मिक रहस्यवाद का यह नूतन रूप हिन्दी में न आता तो भी शैली और अभिव्यंजना पद्धति की उक्त विशेषताएँ क्रमशः स्फुरित होतीं और उनका स्वतंत्र विकास होता। हमारी काव्य-भाषा में लाक्षणिकता का कैसा अनूठा आभास घनानन्द की रचनाओं में मिलता है–यह हम दिखा चुके हैं।"[10]

इस प्रकार उनका निष्कर्ष है–'छायावाद' जहाँ तक आध्यात्मिक प्रेम लेकर चला है वहाँ तक तो रहस्यवाद के ही अन्तर्गत रहा है। उसके आगे प्रतीकवाद या चित्रभाषावाद नाम की **काव्यशैली** के रूप में गृहीत होकर भी वह अधिकतर प्रेमगान ही करता रहा है।[11] इस प्रकार 'छायावाद' जहाँ तक वस्तु (आध्यात्मिक रहस्य) से सम्बद्ध है वहाँ तक **'रहस्यवाद'** और जहाँ इससे भिन्न विषयों में प्रतीकवादी या वस्तु के स्थान पर उसकी व्यंजना करने वाली छाया के रूप में अन्योक्ति शैली से जुड़ा वहाँ मात्र शैली के अर्थ में **छायावाद**। शुक्ल जी ने अनुकृत शैली में प्रेम के संकुचित शृंगार का तो स्वागत ही नहीं किया है पर इसी शैली में जहाँ अर्थ-विस्तार की ओर सामाजिक भूमि पर संचरण करते हुए ये छायावादी दिखाई पड़े हैं–उसकी प्रशंसा की है। उन्हें उस छायावाद से चिढ़ है जहाँ चित्र भाषा शैली का प्रदर्शन ही प्रिय है और तदर्थ लौकिक या अलौकिक प्रेम का क्षेत्र ही पर्याप्त है। इस बँधे हुए क्षेत्र के भीतर चलने वाला छायावाद उनकी कुत्सा का भाजन है। शुक्ल जी एक ओर इसके वर्ण्यपक्ष को रीतिकालीन मनोवृत्ति[12] की ही पुनरावृत्ति मानते हैं और दूसरी ओर अन्योक्ति शैली या चित्रभाषावाद की द्विवेदीयुगीन इतिवृत्तात्मकता की प्रतिक्रिया मानते हैं।[13] पर सादृश्य विधान में उद्रिक्त सहृदयता की दाद भी दी है। इस प्रकार अनुगामी छायावाद में भाव पक्ष से प्रेम के बँधे हुए क्षेत्र की कुत्सा की है और शैलीपक्ष से अनूदित दूरारूढ़ कल्पनाओं और दोहरी लाक्षणिकताओं की निन्दा, पर जहाँ वर्ण्यगत सामाजिक भूमि पर विस्तार और शैलीगत स्वाभाविकता, सहृदयता और 'अपनी भूमि' पर संचरण दिखाई पड़ा है उसकी खुलकर प्रशंसा भी की है।

अब आइए, शुक्ल जी और रहस्यवाद पर। उनका पक्ष यह है कि काव्य की प्रकृत पद्धति में वस्तु चाहे लोकोत्तर हो, पर भावानुभूति स्वाभाविक अर्थात् वासनाजन्य हो। जहाँ शैली ही लक्ष्य हो और काव्य सृष्टि कल्पना-प्रसूत, वहाँ और तो और स्वानुभूति तक कल्पित होने लगती है।[14] शुक्ल जी को 'नूतन आध्यात्मिक रहस्यवाद' से चिढ़ है, इससे स्पष्ट है कि कोई पुरातन रहस्यवाद (भारतीय ढंग का) भी है–पर शुक्ल जी के अनुसार वाल्मीकि के आदिकाव्य से लेकर पण्डितराज की रचनाओं तक भारतीय काव्य का विषय वह कभी नहीं बना। जहाँ तक मध्यकालीन

कबीर आदि में प्राप्त पुरातन रहस्यवाद[15] का सम्बन्ध है, वह हमारे यहाँ के ज्ञानवाद और सूफियों के भावात्मक रहस्यवाद का अवदान है। यह नूतन रहस्यवाद भी उसी भावात्मक रहस्य परम्परा का नूतन भावभंगी और लाक्षणिकता के साथ आविर्भाव होगा कुछ लोगों को यह रमणीय और रुचिकर[16] पर शुक्ल जी को पसन्द नहीं है। कारण, उसमें निजीपन और काव्य की प्रकृत भूमि नहीं है। दूसरे, उनकी दृष्टि में यह प्रणय वासना की आध्यात्मिक पर्दे में छद्म अभिव्यक्ति है। यह छद्म रहस्यवाद है। निजीपन न होने का आशय यह है कि उनके अनुसार अज्ञेय और अव्यक्त को अज्ञेय और अव्यक्त ही रखकर काम-वासना के शब्दों में प्रेमव्यंजना भारतीय काव्यधारा में कभी नहीं चली। काव्येतर भारतीय वाङ्मय में होगी, यह बात अलग है। वह भी रहस्य तक पहुँचने के साधनात्मक मार्ग हैं—प्रकृत काव्य भूमि के भीतर चले हुए मार्ग नहीं। उनके अनुसार उपनिषदों में यद्यपि ब्रह्म जगत् आत्मा-परमात्मा के सम्बन्ध में विभिन्न मत हैं—माधुर्य भावपरक अप्रस्तुत उक्तियाँ हैं, पर वहाँ इधर-उधर काव्य को जो स्वरूप मिलता है, वह ऐत्तिह्य, कर्मकाण्ड, दार्शनिक चिन्तन, साम्प्रदायिक गुह्य साधना, मंत्र-तंत्र, जादू-टोना[17] इत्यादि बहुत-सी बातों में छिपा हुआ है, विशुद्ध काव्य का निखरा हुआ स्वरूप पीछे अलग हुआ, अन्यथा रामायण आदि काव्य न कहलाता।

इस प्रकार शुक्ल जी के अनुसार अभिव्यंजन पद्धति को लक्ष्य कर लौकिक या अलौकिक प्रणय के बँधे हुए क्षेत्र में चलने वाली काव्यधारा ने 'छायावाद' नाम धारण किया। कारण बंगाल में ऐसी कविताओं को 'छायावाद' कहा जाता था। अजीब स्थिति है। हजारीप्रसाद द्विवेदी ने इस आधार का खण्डन किया और बताया कि बंगाल में यह संज्ञा चली ही नहीं। स्वयं शुक्ल जी जिन्हें स्वच्छन्द धारा में रखते हैं वह मुकुटधर पाण्डेय छायावादी रचनाकार तथा समीक्षक—'छायावाद' के इतने संकीर्ण स्वरूप से सहमत नहीं है।[18] शुक्ल जी की दृष्टि में छायावादी भाव का आलम्बन या तो है ही नहीं या अनिर्दिष्ट है। भावगत-नवता भी नहीं है, केवल अभिव्यंजन पद्धति के क्षेत्र में नवीनता है। उनके अनुसार जब ये कवि बँधे हुए क्षेत्र से बाहर निकले हैं और जीवन तथा समाज के अन्य क्षेत्रों में संचार किया है तब स्वस्थ वृत्ति लक्षित हुई है। छायावाद का यह अत्यन्त संकुचित रूप है और निराधार। शुक्ल जी ने 'भाव' को अनुकृत या कल्पित कहा। आलम्बन अनिर्दिष्ट और शून्य बताया, पर अभिव्यंजन पद्धति को नूतन कहा और लाक्षणिक भंगिमा की प्रशंसा की। कुछ विद्वानों[19] का विचार है कि शुक्ल जी ने अभिव्यंजना पद्धति की प्रशंसा गलत की। छायावादी भाषा का यह रूप कृत्रिम है। वह भाव से विकसित नहीं है। ठीक ही है—जब मूल ही अनुकृत है तब भाषा कैसे प्रशंसास्पद होगी? शुक्ल जी अब ठीक हुए। ऐसा कहने वालों की दृष्टि से शुक्ल जी की भाषा सम्बन्धी समझ उनसे कमजोर है। 'जब कड़ी मारें पड़ीं, दिल हिल गया'—यह है भाव से फूटी हुई स्वाभाविक भाषा—'जूही की

कली' की भाषा भी कोई भाषा है? वह तो इन समझदारों के हिसाब से कृत्रिम है। अरे समझदारो, उक्तिवैचित्र्य, अर्थवैचित्र्य से और अर्थवैचित्र्य भावगतनवता से ही आता है। यह नवता भावित अनुभूतिवश आती है। एक ही शृंगार अनुभविता की अनुभूति से नया-सा होता जाता है। काव्य में 'नवता' का अर्थ 'नया-सा' ही है। आनन्दवर्द्धन ने कहा है–

सर्वे नवा इवाभान्ति काव्ये रसपरिग्रहात् ।[20]

जब अनुभूति में ही नवता न होगी तब अभिव्यक्ति में नवता कहाँ से आएगी? छायावादी काव्य इतनी खण्डित कला-चेतना का काव्य है? छायावाद सम्बन्धी इस संकुचित धारणा से अन्य कई तथ्य तिरोहित हुए हैं।

मुझे केवल कुछ तिरोहित होते हुए तथ्यों पर यहाँ कुछ कहना है। तथ्यों को तिरोहित करने वाली पहली स्थापना यह है कि मध्यकालीन पुरातन भावपरक रहस्यवाद अ-भारतीय है। दूसरी, यह कि उसकी कोई भारतीय काव्य में परम्परा ही नहीं है। तीसरी, यह कि नव-जागरण के पीछे निहित नव्य वेदान्ती दृष्टि को अपेक्षित महत्व नहीं दिया गया। यद्यपि शुक्ल जी की पैनी दृष्टि यह मानती है कि नव-स्वच्छन्द काव्यधारा में उपास्य की एकदेशीय या धर्म-विशेष में प्रतिष्ठित भावना[21] का सार्वभौमिकीकरण मिलता है, पर ऐसा क्यों? शुक्ल जी इसके पीछे निहित 'दृष्टि' की चर्चा क्यों नहीं करते?

जहाँ तक पहले तथ्य का सम्बन्ध है, शुक्ल जी के प्रस्थान में प्रतिमान या चिन्तन का जो चौखटा निर्धारित है, रहस्यवाद उसके बाहर पड़ता है। वह संस्कारतः 'अव्यक्त' सत्ता के पक्षधर हैं, पर चिन्तन और काव्य क्षेत्र प्राकृत बोध और राग स्तर से आगे की भूमि को पराविद्या का क्षेत्र मानते हैं।[22] भारत में वे साधनात्मक रहस्य मार्ग की स्थिति चरम सत्ता तक जाने में मानते हैं, पर भावनात्मक रहस्यवाद जैसी कोई, वस्तु नहीं मानते।[23] बात यह है कि अज्ञेय और अव्यक्त सत्ता अज्ञेय और अव्यक्त ही रहकर भाव का आलम्बन बन ही नहीं सकती। भारत में उनकी दृष्टि से 'अव्यक्त' सत्ता 'ज्ञान' से और 'व्यक्त' भाव से सम्बद्ध[24] रही है। बुद्धिवादी होने के कारण वह किसी ऐसी अतिप्राकृत[25] शक्ति में विश्वास नहीं रखते जो भावात्मक मार्ग से 'अव्यक्त' तक पहुँचा दे। 'भाव' की स्थिति अतिप्राकृत भी हो सकती है–उन्हें मान्य नहीं है। साथ ही यह भी कि वह 'भावात्मक' भक्ति के साध्य रूप पर मौन हैं। सूर के सन्दर्भ में इसका प्रसंग आता है, पर वह मौन[26] रह जाते हैं। बात यह है कि उनका साध्य है 'लोकमंगल' और जो 'भक्ति' उसका सर्वोच्च साधन है, वह अपने तारतम्य में उद्‌भावित है। उनके अनुसार ब्रह्म के सदंश की व्यक्त प्रवृत्ति का नाम[27] धर्म है, जिसका परलोक और अध्यात्म से कोई सम्बन्ध नहीं, उसी की रसात्मक अनुभूति भक्ति[28] है। यह एक प्राकृत वृत्ति है जिसके अन्तर्गत कर्म और ज्ञान है। इस चौखटे में उस 'भक्ति' का जो अतिप्राकृत है, स्वयं मध्यकालीन

उपासना में 'साध्य' है—समावेश या प्रसंग कहाँ आएगा? यह परिवर्तित होती हुई वह 'दृष्टि' है, जिसके अनुसार मानवेतर समस्त सम्प्रभुताओं का नकार है। पश्चिम से वह स्तर आ रहा था, शुक्ल जी उसे युग-सत्य के रूप में स्वीकार करते हैं और उसकी चरितार्थ के लिए 'भक्ति' को साधन मानते हैं। युग सत्य से गहरी सम्पृक्ति ही 'ब्रह्म-समवेत शक्ति' की स्वीकृति पर भी हावी है, फलतः वह 'ब्रह्म-समवेत शक्ति'[29] रूपी भावात्मिका या रागात्मिका भक्ति की बात ही नहीं करते। इसीलिए उन्हें भारतीय धारा में भावात्मक रहस्यवाद की गन्ध नहीं मिलती। भावात्मक रहस्यवाद अतिप्राकृत भेद भूमि की वस्तु है। भेद द्वैतवादी सगुण भक्तों की भूमि तो है ही—अभेदवादियों की भी तदर्थ कल्पित भूमि है—

जाते समरसानन्दे द्वैतमप्यमृतोपमम्।[30]
मित्रयोरिव दम्पत्योः जीवात्मपरमात्मनोः।
द्वैतंमोहाय, वोधात् प्राक् जाते बोधे मनीषया।
भक्त्यर्थम् कल्पितं द्वैतमद्वैतादपि सुन्दरम्।

शुक्ल जी का यह कहना सही है कि अव्यक्त और अज्ञेय को वैसा ही रखकर कामवासना का आलम्बन नहीं बनाया जा सकता। छद्म रहस्यवादियों की हरकत हम भी नहीं पसन्द करते, पर इस घृणा को उस भावात्मक रहस्यमयीवस्तु के ही उच्छेद तक नहीं पहुँचाना चाहते। शुक्ल जी की बिदकी हुई मनोवृत्ति ने वास्तविक भूमि पर प्रतिष्ठित भावनात्मक रहस्यवाद की भारतीय सम्भावना ही निरस्त कर दी—यह बात खटकती है। भारतीय धारणा है कि भेद या अभेदवादी—सभी प्रकार के रससाधक—अतिप्राकृत स्तर पर भावनात्मक सम्बन्ध का भोग करते हैं और करते हैं अपनी स्वारसिकी वासना की चरितार्थकता के लिए। निष्कर्ष यह कि भारतीय धारा में भावनात्मक रहस्यवाद है ही नहीं—एक स्थापित सत्य का अपलाप है। हाँ, छद्म रहस्यवाद के प्रति उनका बौखलाना संगत और समर्थनीय है। छद्म भावात्मक रहस्यवाद का विरोध करते हुए उसकी सत्ता का ही आत्यंतिक समुच्छेद भारतीय सन्दर्भ में सर्वथा चिन्तनीय है। पुष्कल प्रमाण है कि सगुण भारतीय साधक भी घट के भीतर लीला रस का स्फुरण मानते हैं। जहाँ कामवासना की गंध नहीं है वहाँ भी 'काम' है पर अपार्थिव, पार्थिव वासना से सर्वथा अतिक्रान्त। उस 'काम' या 'प्रेम' का 'चिदानन्द' से कोई भेद ही नहीं है।

शुक्ल जी जिस भावात्मक रहस्यवाद का श्रेय सामी सूफियों को देते हैं, उन्हें उनकी अद्वैत भावना के कारण स्वयं इस्लाम ही गैर इस्लाम[31] कह देता है। मैंने अन्यत्र चैतन्य, त्रिपुरा और प्रत्यभिज्ञा से सूफी मत के सादृश्य का सविस्तर विवेचन किया है। निष्कर्ष यह कि 'छायावाद' में यदि छद्म रहस्यवाद भावात्मक स्तर पर हो तो अवश्य आलोच्य है, पर उसके कारण भारतीय परम्परा में भावमय रहस्यानुभूति को ही अस्वीकार घोषित कर दिया जाय—सर्वथा अस्वीकार्य है।

दूसरा तथ्य जिसे शुक्ल जी का अभिशाप प्राप्त है, वह है भारतीय **काव्य-परम्परा** में रहस्यवाद या भावात्मक रहस्यवाद। मैं उन लोगों के साथ हूँ **जो मानते हैं** कि 'छायावाद' **नवजागरण की सांस्कृतिक चेतना की साहित्यिक अभिव्यक्ति है।** इस सन्दर्भ में वेदान्त की जो युगोचित भूमि पर चतुरस्रव्याख्या की गई—वह महत्व की है। इस नई व्याख्या में 'ब्रह्म' की अपेक्षा '**ब्रह्माश्रित शक्ति**' पर अधिक बल है। यद्यपि ब्रह्माश्रित शक्ति को साध्य भक्ति के रूप में मध्यकालीन भक्त और आचार्यों के बीच भी महत्व मिला था, पर तात्कालिक विरोधी परिवेशवश उसका सम्भावित सामाजिकीकरण या बहिर्मुखीकार न हो सका। ये भक्ति के पक्षधर आचार्य शंकर की भाँति जगत् को मिथ्या नहीं मानते थे। इसीलिए उनका सेवाभाव एकदेशीय और धर्म-विशेष में प्रतिष्ठित भावना के अनुसार सीमित ही रहा। तुलसी ही एकमात्र ऐसे भक्त हैं जिन्होंने सेवा के सार्वभौम रूप को भरत के माध्यम से सबके सामने रखा। पर मध्यकालीन माहौल पर 'साक्षान्मन्मथमन्मथः' कृष्ण का ही प्रभाव छाया रहा। आधुनिक नव-जागरण के अग्रदूत विवेकानन्द ने रामकृष्ण की छाया में 'शक्ति' सिद्धान्त में सम्भावित समाजोपयोगी बिन्दुओं पर प्रकाश डाला। इसके अनुसार व्यष्टिव्युक्तिकामिता की जगह समष्टि-मुक्तिकामिता का स्थापन, नारी को पुरुष की शक्ति निरूपित करना, समाज शरीर के अंगभूत युग-युग दलित शूद्र वर्ग को समता देना, उपास्य की एकदेशीय भावना को सार्वभौम रूप देना, वृत्तियों के अन्तर्मुख और बहिर्मुख रूप में अपेक्षित सामंजस्य लाना, लोकसेवा के माध्यम से लोकमुक्ति में आत्ममुक्ति को अन्तर्भुक्त करना—महत्वपूर्ण और उल्लेखनीय बिन्दु हैं। यह याग प्रधान वैदिक धारा की अपेक्षा रागप्रधान आगमिक धारा से जुड़ा हुआ प्रस्थान था। आगम मार्ग सार्ववर्णिक है। इसके अनुसार सम्पूर्ण गोचर जगत् अगोचर की ही अभिव्यक्ति है—अतः उसमें 'शक्ति' का ही रूप देखा जाता है। इस दृष्टि से 'राग' ही शक्ति है—उससे जुड़ा हुआ व्यक्ति जगत् के सारे सौन्दर्य और प्रेम में उसी को देखता है। इसी दृष्टि से जुड़कर तुलसी ने सारे संसार को 'सीय राममय'[32] कहा था। घनानन्द ने जागतिक प्रेम में भी 'ताकी कोऊ तरल तरंग कन छूट्यो एक'[33] की बात दुहराई थी। इसीलिए शुक्ल जी की अन्तर्दृष्टि स्वच्छन्द काव्य-धारा के सन्दर्भ में घनानन्द को याद करती है। आचार्य शंकर की यही अन्तर्दृष्टि 'सौन्दर्यलहरी' में व्यक्त है। इसीलिए इसे संयोग नहीं समझा जाना चाहिए कि 'सौन्दर्यलहरी' की अभिव्यक्तियाँ कबीर की अभिव्यक्तियों से एकरूप लगती हैं। 'सौन्दर्यलहरी' का एक श्लोक है—

जपोजल्पः शिल्पं सकलमपि मुद्राविरचना
गतिः प्रादक्षिण्यक्रमणमशनाथाहुतिविधिः
प्रणामः संवेशः सुखमखिलमात्मार्पणदशा
सपर्यापर्यायस्तव भवतु यन्मे विलसितम्।।27।। (सौन्दर्यलहरी)

मध्य का विकास हो जाने के बाद बातचीत ही जप अर्थात् सारा वाङ्व्यवहार ही मातृका (शक्ति) स्वरूप हो जाता है। हाथ से होने वाले जितने व्यवहार हैं सभी मुद्रास्वरूप हैं। मेरा चलना ही तुम्हारी प्रदक्षिणा है, मेरा खाना-पीना ही आहुति है—सोना ही प्रणाम है, परदेवता से अभेदबोध होने के कारण निखिल सुख आदि जो कुछ हैं—है पराशक्ति, वह सब मेरा विलास तुम्हारी पूजा का ही पर्याय है। यहाँ व्युत्थान से निरुत्थान दशा में पहुँचकर आत्मरंजित दृष्टि 'विकल्प को अमृतमय' तथा 'त्याज्य' को भी 'ग्राह्य' बना देती है—फिर तो दोनों स्थितियों में कोई अन्तर नहीं है। निखिल विश्व अपना ही शरीर प्रतीत होने लगता है। अथवा 'शांकरी मानस पूजा' का एक श्लोक है—

आत्मात्वं गिरिजा मतिः सहचराः प्राणाः शरीरं गृहं
पूजा ते विषयोपभोगरचना निद्रा समाधिस्थितिः
संचारः पदयोः प्रदक्षिणविधिः स्तोत्राणि सर्वा गिरः
यद्यत्कर्म करोमि तत्तदखिलं शंभो! तवाराधनम्।।[34]

उपासक कहता है—तुम्हीं आत्मा हो, शिवा मति है, प्राण सहचर है, और शरीर ही घर है। विषयोपभोग की रचना ही तुम्हारी पूजा है, पदविन्यास ही प्रदक्षिणा है, जो कुछ बोलता हूँ—वही स्तोत्र है—कहाँ तक कहूँ—जो-जो कर्म मैं करता हूँ—सभी तुम्हारी आराधना है। सन्तों की यही सहज समाधि है। स्विच ठीक जगह से ऑन हो जाय तब संगीत का माधुर्य अनायास झरझर बहने लगता है। वह सब कुछ प्रणय का नाद हो जाता है। ठीक इसी की प्रतिध्वनि कबीर के निम्नलिखित पद में विद्यमान है—

सन्तो सहज समाधि भली।
साईं ते मिलन भयो जा दिन तें सुरत न अन्त चली।
आँख न मूँदूँ कानन रूँधूँ काया कष्ट न धारूँ।
खुले नैन मैं हँस-हँस देखूँ, सुन्दर रूप निहारूँ।
कहूँ सो नाम सुनूँ सो सुमिरन जो कुछ करूँ सो पूजा।
गिरह उद्यान एक सम देखूँ, भाव मिटाऊँ दूजा।
जहँ-जहँ जाऊँ सोइ परिकरमा जो कुछ करूँ सो सेवा।
जब सोऊँ तब करूँ दण्डवत पूजूँ और न देवा।
शब्द निरन्तर मनुआ राता, मलिन वचन का त्यागी।
ऊठत-बैठत कबहूँ न बिसरै ऐसी तारी लागी।
कहै कबीर यह उनमुनि रहनी सो परगट करि गाई।
सुख-दुःख के इक परे परमसुख, तेहि में रहा समाई।।[35]

(1971 पद संख्या 41—'कबीरा'—परिशिष्ट, कबीरवाणी-2, पृष्ठ 266)

कबीर की इस रचना में स्पष्ट ही शांकरी-चेतना अनुनिनादित है। वह कहते हैं—जो भी उनके मुँह से निकलता है, वही नामसंकीर्तन बन जाता है—जो सुनते हैं—वही सुमिरन, जो कुछ करते हैं, वही पूजा—जहाँ-जहाँ जाएँ, वही प्रदक्षिणा—जो कुछ भी करें, वही सेवा...आदि। आगमसम्मत रागमार्ग की जो परम्परा बौद्ध-सिद्धों और तांत्रिक स्रोतों में है—वही सन्तों और भक्तों के भी साहित्य में है। शक्ति या साध्य भक्ति की यह मध्यकालीन वैष्णवी चेतना रवीन्द्र और छायावाद की रहस्यमयी अभिव्यक्तियों में भी है। इस नूतन रहस्यवाद में साम्प्रदायिक साधना नहीं, अपितु सहज प्रतिभा-शक्ति का समुच्छलन है। प्रतिभा के स्तर पर जब कवि रहता है तब ऐसे स्वरों का निनादित होना असम्भव नहीं है। इसी शक्ति-सौन्दर्यवाद का प्रकाशन सूफियों की कल्पना और संवेदनशीलता की उर्वर मनोभूमि पर हुआ है। नई स्वच्छन्द धारा में इसी परम्परा का सहज समुच्छलन हो रहा है। जब मुकुटधर पाण्डेय कहते हैं कि कविता उमंग-विशेष[36] है, तब वे अनजाने में—

आनन्दोच्छलिता शक्तिः सृजत्यात्मानमात्मना।[37]

को ही प्रतिध्वनित करते हैं। काव्य-कारण पर विचार करते हुए 'प्रतिभा'[38] पर जो शिवा या शक्ति ही है तथा प्रयोजन[39] पर विचार करते हुए लोकोत्तर आनन्द पर जब वे बल देते हैं—तब सहज ही वह इस धारा से जुड़ जाते हैं। शुक्ल जी भी पाण्डेय जी को सहज स्वच्छन्द मनोभूमि पर चलता हुआ मानते हैं—अननुकूल 'छायावादी' भूमि पर नहीं। संक्षेप में कहने का अभिप्राय यह कि आदिकाव्य से पण्डितराज तक चलती आती हुई एक नैगमिक धारा है—पर 'सौन्दर्यलहरी' और मध्यकालीन भक्तों से प्रवाहित होती हुई एक आगमसम्मत काव्यधारा भी है—स्वच्छन्दधारा इसी से जुड़ती है। जुड़ने का कारण भौतिकता और वैज्ञानिकता का दबाव भी हो सकता है।[40] उपेक्षित प्रकृति के प्रति सहज आकर्षण भी हो सकता है, आत्म-विस्तार की युगोचित माँग भी हो सकती है।

तीसरा अभिशप्त तथ्य है—शुक्ल जी द्वारा पाण्डेय जी के उदाहृत काव्य की सार्वभौम भावना और इसकी तह में निहित दृष्टि पर मौन। "हुआ प्रकाश तमोमय जग में[41]...में जो उपास्य विषयक रागात्मक भावना को एकदेशीयता से मुक्ति मिली है और उसे सार्वभौम रूप मिला है, उसके पीछे एक 'अन्तर्दृष्टि' है या 'दृष्टि' है इस पर शुक्ल जी को प्रकाश डालना था। लेकिन एक साहित्यिक निबन्धकार का चिन्तक मन असम्बद्ध सूत्र पर कैसे जाय? वह तो 'लोकमंगल' से सम्बद्ध नैतिक-अनैतिक के द्वन्द्व से गुजरता हुआ अपने ही मार्ग पर जाएगा। वास्तव में पाण्डेय जी की वह 'दृष्टि' आगमसम्मत नव्य वेदान्ती दृष्टि है। कबीर की यही दृष्टि रवीन्द्रनाथ में वैष्णवी चेतना होकर बोलती है।[42] वही दृष्टि है जो विश्व-भर के प्रेम और सौन्दर्य में मूलभूत अभावबोध से व्यथित होकर उपास्य की सत्ता का साक्षात्कार

करती है। इस दृष्टि में जगत् के सारे अभावबोध मूल स्वरूप-विस्मृति की व्यष्टियाँ हैं। इस दृष्टि से जो जितना ही जुड़ता जाएगा, उसका आत्मविस्तार और समष्टि बुद्धि उतनी ही बढ़ती जाएगी। मूलरूप से जुड़ने की अतृप्त इच्छा उतनी ही तीव्र और घनी होती जाएगी। वेदना का साम्राज्य विस्तृत होता जाएगा। रवीन्द्रनाथ की 'बलाका' शीर्षक रचना की व्याख्या म.म.पं. गोपीनाथ कविराज ने ऐसी ही की है।[43] बात यह है कि जैसे विज्ञान के नियम सार्वभौम होते हैं उसी प्रकार अध्यात्म के भी। अतः विश्व के रागमार्गियों-रहस्यदर्शियों की अभिव्यक्तियों में साम्य मिले तो आकस्मिक और अस्वाभाविक नहीं—सहज सम्भव है। बाह्य अभिव्यक्तियों पर देश-काल और अभिव्यंजक व्यक्ति-स्वभाव का प्रभाव तो होगा ही। अतः भिन्नता का होना भी सम्भव है।

इस सन्दर्भ में दो बातें और। एक तो यह कि जो लोग संहिताओं या उपनिषदों में कवित्व देखते हैं वह कौन-सी गलती करते हैं। शुक्ल जी का पक्ष है कि संहिताओं और उपनिषदों को किसी ने काव्य नहीं कहा—और कहा होता तो वाल्मीकि रामायण को आदिकाव्य क्यों कहा जाता? श्री अरविन्द आदि ने संहिताओं में संकलित मंत्र को ही कविता का उत्कृष्टतम रूप कहा और रामायण से भी पूर्व प्रयुक्त 'कवि' शब्द किस 'काव्य' की अपेक्षा में कहा जाता था? कवि 'निरतिशय' सर्जनात्मक क्षमता का ही नाम है—आगे चलकर 'सातिशय' सर्जनात्मक क्षमता के लिए भी वह चलने लगा। वे ऋषि कवि नहीं थे? उनकी उक्ति में कवित्व नहीं था?—जिन्होंने चरम सत्य अथवा तदनुरोधी सत्यों का 'दर्शन' किया और फिर रचनात्मक धरातल पर 'वर्णना' में उतारा? रामायण को आदिकाव्य कहने का तात्पर्य यह नहीं है कि उससे पहले 'कवि' शब्द निरर्थक था या कि वाल्मीकि ने ही इस शब्द को सार्थकता प्रदान की, अन्यथा शब्द बंध्या ही रह गया होता। फिर रामायण मानुषपरक काव्यों में आदि है। राम ने कहा ही है—

आत्मानं मानुषं मन्ये रामं दशरथात्मजम्।[44]

फिर जब स्वयं शुक्ल जी कहते हैं—विशुद्ध काव्य निखरा हुआ स्वरूप पीछे अलग हुआ।[45] तब वह भी किसी न किसी रूप में रामायण के पूर्व भी कवित्व और काव्य का अस्तित्व मानते हैं। काव्य गंगा की गंगोत्री यदि संहिताओं, उपनिषदों और अन्यत्र आगम या आगमानुयायी स्तोत्र ग्रन्थों में मिलती है तो उन्हें स्वीकृति देने में क्या परेशानी है। इसमें इतनी झुंझलाहट क्यों? कवित्व या काव्य की वह भी एक धारा है—जिसमें आध्यात्मिक, आधिदैविक तथा आधिभौतिक स्तरों के अर्थों की अपरिमेय परतें दबी पड़ी हैं। आनन्दलहरी, सौन्दर्य-लहरी, चिद्गमन चन्द्रिका तथा कर्पूरस्तव—आदि न जाने अतीत की समृद्ध परम्परा में कितनी रहस्यपरक अभिव्यक्तियों वाली रचनाएँ भरी पड़ी हैं। भागवत स्वयं समाधि ग्रन्थ कहा जाता है। उससे

परिचालित काव्यों की एक परम्परा है। इन स्तोत्र काव्यों में यौन शब्दावली का भी प्रयोग है। वास्तव में हम अपनी गिरी हुई स्थिति से, अधोगामी वासना के उपनेत्र से उसे समझ नहीं सकते। इसीलिए उसे गोप्यतम भी कहा है। शुक्ल जी ने भी इसे 'प्राइवेसी'[46] रहसि भवम्-रहस्य माना है। यह व्यक्तिगत ज्यादा है इसका सामाजिकीकरण आम आदमी के लिए दुष्प्रभावकारी हो सकता है। आगमिक धारा काव्योचित सौन्दर्य के या स्वस्थ सौन्दर्य मात्र के दर्शन की शर्त 'सहृदयता' को मानती है और 'सहृदयता' अभिनवगुप्तपाद के अनुसार 'वीर्यविक्षोभात्मा'[47] है। ब्रह्म-समवेत-चिदानन्दमयी 'शक्ति' ही व्यष्टि शरीर में शुक्र है—पर उसकी तीन स्थितियाँ सम्भावित हैं। निष्क्रिय, क्षुब्ध तथा उत्तेजित। रम्य वस्तुओं को देखकर भी स्पंदित होना पड़ता ही है और उत्तेजित होना अधःपात का आरम्भ। वास्तव में रमणीय सृष्टि को देखकर शुक्रस्पंद होना 'सहृदय' का लक्षण है—पर यदि संयत अवस्था न रही तो 'अहृदय' का भी लक्षण है। एक ही सामग्री सहृदय को स्वस्थ सौन्दयार्नुभूति और अहृदय को व्यसनिता पैदा करती है। इस विवेचन के मूल में भी 'दृष्टि' यही है कि रचनामयी ब्रह्मसमवेत शक्ति ही दृश्य पदार्थों के माध्यम से अपना सौन्दर्य व्यक्त कर रही है, फलतः 'सौन्दर्य-भोग' का अर्थ उस शक्ति से भोग्य का एकीकार है—

भोक्त्र्याः तस्याः स्वतंत्राया भोग्यैकीकार एव सः।
स एव भोगः सा भुक्तिः[48] तदेव परमंपदम्।।

न कि माध्यम जैसी नूखी हड्डी की श्वानवत् चर्वणा। इस पर सौन्दर्य या परानन्द—जो लोक के माध्यम से व्यक्त हो रहा है—का आस्वाद शक्ति सम्पन्न ही कर सकता है—अशक्त नहीं। शुक्र हमारी शक्ति है, पर जब संयत हो, अन्यथा वह हमारी कमजोरी—फलतः शक्ति अ-शक्ति भी हो जाती है। इस संयत भूमि पर रहने वाले 'सहृदय' और 'सामाजिक' हैं—काव्य उन्हीं के लिए है। शुक्ल जी ने 'लोक'-आम-खास—तक काव्योक्ति प्रभाव की व्याप्ति कर दी है— अतः उनकी चिन्ता स्वाभाविक है। परम्परा देश-काल-व्यक्ति-सम्बन्धों से निर्मुक्त 'भाव' में ही रहस्यमानता की सम्भावना करती है— शुक्ल जी के लिए देश-काल के आयाम में घटित होने वाली घटनाएँ भी मानुष भाव का रसात्मक बोध करा देती हैं। उन्होंने रसात्मक बोध के विविध रूपों का उल्लेख किया है। शुक्ल जी के लोक में साधारण-असाधारण, सहृदय-अहृदय सभी हैं, अतः नैतिकता-अनैतिकता का द्वन्द्व बराबर रहता है—रहना भी चाहिए। परम्परा में केवल उन्हीं को 'भोक्ता' कहा गया है जो सहृदय और सामाजिक हों।[49] परम्परा-समुन्नत मानस से जो सामग्री निर्गत हुई है, वह ग्राहक के साहित्यिक मानस (यदि है) पर अन्यथा प्रभाव कैसे पैदा करेगी? नैतिकता-अनैतिकता की समस्या साहित्य की रचनात्मक भूमि पर उठती ही नहीं।

रहा शुक्ल जी का यह वक्तव्य 'भारतीय परम्परा का कोई कवि मणिपूर, अनाहत आदि चक्रों को लेकर तरह-तरह के रंगमहल बनाने में प्रवृत्त नहीं हुआ है।'[50] तो उस सन्दर्भ में भी—'सौन्दर्यलहरी' और 'चिद्गगनचन्द्रिका' आदि आगमसम्मत स्तोत्र ग्रन्थों को देखना चाहिए—सौन्दर्यलहरी का ही एक पद्य है—

महीं मूलाधारे कमपि मणिपूरे हुतवहं
स्थितं स्वाधिष्ठाने हृदि मरुतमाकाशमुपरि
मनोऽपि भ्रूमध्ये सकलमपि भित्वा कुलपथं
सहस्रारे पद्मे सह रहसि पत्या विहरसे ।[51]

अर्थात् हे देवि! मूलाधार में मही, मणिपूर में जल, स्वाधिष्ठान में अग्नि, अनाहत में वायु, विशुद्ध में आकाश, आज्ञा में मन—के कुलपथ की पार करती हुई सहस्रार में पति के साथ रमण करती हो। सन्तों के वाङ्मय में यही सुप्त कुंडलिनी अधोमुखी शक्ति धारा ही, जीवात्मा ही, जब विपरीत यात्रा करती है—तब वह राधा बनकर स्वामी के साथ विहरण परायण होती है।

रहा यह कि शुक्ल जी छद्म रहस्यवाद के विरुद्ध झुंझलाते हैं तो छद्म रहस्यवाद और तात्विक रहस्यवाद की सीमा कैसे निर्धारित की जाय? दूसरा यह भी कि अन्य धाराओं में भी इसकी छानबीन की जाय और 'कॉफी हाउस' तथा 'पाँच सितारा' में जीने वालों की प्रामाणिक अनुभूति पर ऐसे ही सोचा जाय? गुलाबों के बीच जीने वाले जब मिट्टी में सने हाथों को चूमने की लालसा व्यक्त करते हैं तो छद्म रहस्यवादियों की भाँति वे भी छद्म प्रगतिवादी हैं—वातानुकूलित भवन में रंगरेलियाँ करने वाले जन-संत्रास, घुटन, ऊब, आत्मनिर्वासन और विसंगतियों की बात करते हैं तो वे भी छद्म नई कविता ही करते हैं। हाँ, यह अलग बात है कि जो छूट इन्हें है, वह उन्हें नहीं। खैर, यह तो प्रतिबन्दी उत्तर है। सही-झूठ से तो संसार ही बना है। हर धारा में दोनों मिलेंगे।

पहला प्रश्न है कि तात्विक और छद्म रहस्यवाद की सीमा या स्वरूप कैसे निर्धारित किया जाय? कहा जा सकता है उनका साहित्य और उनकी रहन-सहन तथा तदाधृत लोकमत, सहृदय मत का सहारा लिया जाय। जिन्हें 'चेतनावाद' ही में विश्वास नहीं है उनके लिए मूड़ मारना व्यर्थ है। जो अति प्राकृत प्रतिभा में विश्वास ही नहीं रखते, Intuition नाम की वस्तु ही नहीं मानते— उनसे इस सन्दर्भ में बात करनी इसलिए निरर्थक है कि उनके लिए रहस्यवाद की ही सत्ता नहीं है—वहाँ छद्म और असात्विकता के विकल्प ही निराधार खड़े होंगे। अतः मैं उन लोगों से बात करना चाहता हूँ जो चेतनावाद में विश्वास करते हैं—जो छायावादी या स्वछन्द काव्य धारा में निहित दृष्टि में आस्था रखते हैं। जो मानते हैं कि सौन्दर्यमयी चेतना ही चराचर जगत् के रूप में अपने को प्रकाशित कर रही है अतः जहाँ भी सुन्दर

और सरस लगता है वहीं है सृष्टि शक्ति का ही महाविस्फार। वह अवतरण या अभिव्यंजन क्रम में अपने को चक्रों में बाँधती हुई अन्ततः जड़वत् पृथ्वीतत्त्व तक प्रस्सृत हो जाती है। ये सब चेतना के विभिन्न स्तर हैं।

आचार्यों की धारणा है कि व्यक्ति सत्ता का महासत्ता में विसर्जन ही विशिष्ट सर्जन है और सर्जना की यही परा उपनिषद् है। तात्विक सर्जक जब इस भूमि पर प्रतिष्ठित रहता है तब समस्त विश्व को केन्द्रीकृत रखने वाली 'शक्ति' सक्रिय होती है—रचयिता व्यक्ति माध्यम भर रह जाता है। इसीलिए कहा जाता है कि रचना जब सहज सत्तासादन करने लगे तब (ज्ञात मन) लेखक को दखलन्दाजी नहीं करनी चाहिए। इससे स्पष्ट है कि दखलन्दाज चेतना और सर्जनप्रवण चेतना में अन्तर है—यद्यपि दोनों चेतना एक ही व्यक्ति की हैं। इस सर्ववादिसम्मत भूमि पर मैं यह मानता हूँ कि 'प्रतिभा' प्राकृत मन की मात्र एक ऐसी शक्ति नहीं है जो अर्जित संस्कारों को गलाकर समष्टि प्रभाव के अनुरूप अन्विति और आकार देती है। प्रत्युत रचना शक्ति का एक विशिष्ट रूप है जो लेखक के ज्ञात मन की परिधि से ऊपर की वस्तु है। मुकुटधर पाण्डेय जी का भी विचार है कि—किसी अज्ञात शक्ति से उत्तेजित होकर ही वे कविता लिखते हैं।[52] आनन्दवर्द्धन की धारणा है कि 'भगवती सरस्वती स्वयमेव असिमत ममर्थमा विर्भावयति'[53]। महिम भट्ट उसे कवि की तीसरी आँख कहते हैं—जो वस्तु के स्वभाव का साक्षात्कार कर लेती है।[54] कुन्तक के अनुसार वह 'स्वभाव' स्पन्दात्मा[55] है। पाण्डेय जी अनायास जो यह कह जाते हैं कि कवि की भाषा चित्रमय होती है और यह चित्र वर्ण्यवस्तु की आत्मा का उतारा जाता है[56] तो उनमें कुन्तक की शास्त्रीय अवधारणा ही बोलती है।

'यत् किंचनापिवैचित्र्यं तत्सर्वं प्रतिमोद्भवम्।'[57]

अभिनवगुप्त के अनुसार प्रतिभा शिवा का ही दूसरा नाम है।[58] पण्डितराज काव्यानुकूलशब्दार्थोपस्थिति[59] को ही प्रतिभा कहा है और उसके पीछे 'कवित्व बीजभूत संस्कार,[60] विशेषमयी शक्ति को स्थिति मानते हैं। अभिनवगुप्त इस संस्कार और शक्ति की इयत्तया व्याख्या असम्भव मानते हैं।[61] साधारणीकरण के सन्दर्भ में भट्ट नायक द्वारा उठाई गई आपत्तियों का निराकारण करते हुए उन्होंने यही कहा है कि मानवीय संस्कारों की कोई इयत्ता नहीं है—उसमें अपरिमित और अनन्त सम्भावनाएँ हैं। इसीलिए उसमें सभी प्रकार के भावों के आ स्वाद की सम्भावना हैं। शक्ति या प्रतिभा की इस मान्यता के आधार पर सम्भावना तो है कि वह आवेश दशा में स्वभावगत रहस्यमयता का यदा-कदा साक्षात्कारपूर्वक वर्णन करता है। अतः जो साम्प्रदायिक साधक नहीं भी हैं उन्हें कभी-कभी आश्चर्यजनक अनुभूतियाँ हो सकती हैं। अव्यक्त और अज्ञेय की झलक लोकोत्तर दृश्यों और अनुभूतियों में मिलना सम्भव है। दृश्य जगत् में जो भी आकर्षक है—वह किसी न किसी अंश में दिव्यता से आक्रान्त है—यह कवि की प्रतिभाक्षमता है जो उसे पकड़ लेती है। अब रहा यह

कि साम्प्रदायिक ढंग की अभिव्यक्तियों का क्या उत्तर है तो इसमें संशय अवश्य होता है। जब महादेवी कहती हैं—टूट गया यह निर्मम दर्पण[62] तब क्या सचमुच मान लिया जाय कि आविद्यिक आवरण भंग हो गया? या भावना कल्पना और संवेदन के भावित स्तर की ही अभिव्यक्ति कहा जाय? जब वे तर्क देती हैं—

जो न प्रिय पहचान पाती।[63]
दौड़ती क्यों प्रति शिरा में प्यास विद्युत-सी तरल बन।

तब किसे उत्तर दे रही हैं? अपनी आध्यात्मिक विरहानुभूति के प्रति अनाश्वस्त जिज्ञासुओं के? आवश्यकता क्या है? इसीलिए शुक्ल जी का निष्कर्ष है कि महादेवी जी के हृदय का भावकेन्द्र वह वेदना है जो अज्ञात प्रिय के प्रति है। इस भावाब्धि की जो उच्छल तरंगें उनमें व्यक्त हैं—उसके पीछे सक्रिय अनुभूति कहाँ तक वास्तविक है और कहाँ तक रमणीय कल्पनातीत—कहना कठिन है। जिज्ञासा के स्तर के स्वाभाविक रहस्यवाद का तो वह स्वागत करते हैं परन्तु साम्प्रदायिक पर सन्देह। साम्प्रदायिक रहस्यवाद का रंग प्रसाद, निराला में अंशतः और महादेवी में पूर्णतः मिलता है। इसे छद्म रहस्यवाद कहा जाय या नहीं? पं. केशव प्रसाद मिश्र और रामचन्द्र शुक्ल जैसे सहृदयों को जब इसमें रमणीयता अनुभूत होती है तब इसका काव्यमूल्य तो है। उन्होंने कहा है—मानवीय सम्बन्धों में जब तक अनुराग-जनित आत्मविसर्जन का भाव नहीं घुल जाता तब तक वे सरस नहीं हो पाते और जब तक यह मधुरता सीमातीत नहीं हो जाती तब तक हृदय का अभाव दूर नहीं हो पाता। इसमें पराविद्या की अपार्थिवता वेदान्त के अद्वैत को छाया लौकिक प्रेम की तीव्रता तथा कबीर के दाम्पत्य भाव के मिलेजुले निराले स्नेह की संश्लिष्टता विद्यमान है।

महादेवी का तर्क है कि हृदय के अभावबोध को दूर सभी करना चाहते हैं। वह भी चाहती हैं। भौतिक अभाव न तो उन्हें कभी रहा और न है—फलतः हृदयगत अभावबोध को दूर करने का एक ही मार्ग है—किसी ऐसे असीम आलम्बन को ढूँढ़ना—जिससे माधुर्य भावात्मक सम्बन्ध हो, क्योंकि वही एक ऐसा सम्बन्ध है—जहाँ घुलना सम्भव होता है। फलतः खण्ड-खण्ड प्रकृति पर अखण्ड चिन्मय व्यक्तित्व का आरोप करना और उसके प्रति आत्मनिवेदन करना—यही एक रास्ता शेष रहता है। स्पष्ट ही यह भूमि एक विश्वास समर्थित और भावित है। दर्शन तो समर्थन देता है कि व्यष्टि-अभाव या जागतिक अभावबोध, भौतिक अभाव-बोध मात्र चिर वियुक्त जीवात्मा के मूल अभावबोध के ही प्रतिरूप हैं। फलतः इन समस्त जागतिक अभावों के साथ संघर्ष और नित्य, निरतिशय आनन्दस्वरूप 'स्वभाव' को पाने की अदम्य इच्छा निरन्तर चलती रहती है। दर्शन के स्तर पर जिसकी यह समझ निरन्तर प्रौढ़ होती रहती है वह जानता है कि अभावबोधजनित दुःख की आत्यन्तिक विश्रान्ति स्वभाव-बोध या 'अपने' को तात्विक भूमि पर पाने से ही सम्भव है। 'स्वभाव' ही परमप्रेमास्पद है—वही प्रियतम है—उसे पाने की तड़प समझ पैदा कर

सकती है। उसी ने अपने सुखात्मक रूप तक पहुँचने के लिए दुःखामक पक्ष की सृष्टि की है। अतः इसके सहारे उसे पाया जा सकता है। चेतना के ये दो पक्ष हैं—एक दूसरे तक पहुँचाने का माध्यम है। इस वेदना, व्यष्टि वेदना का उदात्त रूप समष्टि वेदना है—बुद्ध की करुण्ा है। महादेवी का गद्य साहित्य उनकी समष्टि राग भावना तथा तज्जन्य दुःखभावना का प्रमाण है। इस प्रकार वह स्वयं कहती हैं कि मानव अपनी बुद्धि का परिष्कार करे और साथ ही साथ हृदय का भी। दार्शनिक चिन्तन और लोकसेवा का मार्ग—इस प्रकार दोनों का परिष्कार उनमें है। इस शोधन मार्ग से उनमें आगे बढ़ने की सम्भावनाएँ तो हैं। अतः उनमें वेदना का ही प्राधान्य है। प्रलीनावस्था की स्वभावानुभूति स्मृति भी संचित है—तभी तो वैसी नित्य निरतिशय आनन्दानुभूति की अदम्य इच्छा सबको होती है—अन्यथा अज्ञात की इच्छा कैसे सम्भव है। इच्छा ज्ञात की ही होती है—पर यह सामान्यतः ज्ञात है—इसी के आविद्यिक आवरणभंग से व्यक्त 'विशेष' ज्ञात हो जाय—तो स्वभाव की उपलब्धि या मिलन हो जाय। इस प्रकार इसका वैचारिक पक्ष प्रस्तुत किया जा सकता है। हाँ, अव्यक्त को अव्यक्त ही रखकर कामुकता-व्यंजक शब्दों में प्रणय-वासना का मांसल उद्‌गार किसका समर्थनीय पक्ष होगा?

दूसरी बात यह है कि जीवनानुभूति से काव्योचित अनुभूति कल्पना के सहारे रस ग्रहण करती है। जीवनानुभूति भावित होकर ही काव्योचित रखना प्रक्रिया के माध्यम से काव्य की आकृति ग्रहण करती है। काव्य की ऐसी कौन-सी धारणा है जहाँ छद्‌म अनुभूति नहीं है—फिर इसी पर सारा आक्रोश केन्द्रण क्यों?

भारतीय परम्परा तो प्रतिभा में अपरिमेय क्षमता मानने की पक्षधर है। रचना और ग्रहण दोनों स्तरों पर भाव की सृष्टि और उसका ग्रहण सम्भव है और उसकी कोई सीमा नहीं। प्रतिभा अदृष्ट को भी दृष्ट करती है। अस्तु, इस प्रसंग का आवश्यक विस्तार रोकता हूँ। रहा, ऐसी अनुभूतियों के मूल्य का सवाल—वह 'दृष्टि' पर निर्भर करता है। निरा भौतिकवादी के लिए इसका कोई मूल्य नहीं है। चेतनावादी को इससे बड़ा कोई मूल्य नहीं है। व्यष्टि वेदना प्राप्त सहानुभूति की आँखों से समष्टि वेदना का अनुभव मानवता के शिर की रोली है।[64] यह मार्ग लोकमुक्ति के माध्यम से आत्ममुक्ति का मार्ग है। छायावाद जिस नवजागरण के पीछे निहित सांस्कृतिक चेतना का जो स्वर है—वह अन्तर्मुख व्यष्टिमुक्तिकामिता का मार्ग नहीं है। वहाँ लोकसेवा का भाव है—मूल्यों का कार्यान्वयन है—संघर्ष है और फिर मुक्ति है।

कहा जा सकता है कि 'कामायनी' के साक्ष्य पर इसकी पुष्टि होती है। उत्तर है कामायनी मूल समस्या को लेती है—स्थूल विवरणों को नहीं। उसके अनुसार मानव की मूल समस्या है—बुद्धिवाद और तज्जन्य समस्याओं से निपटने की। बुद्धिवाद विज्ञान की ओर और विज्ञान प्रौद्योगिकी की ओर मानव को ले जाएगा। जिसका पर्यवसान 'स्वभाव' की अपेक्षा 'परभाव' में होगा। परभाव भयावह होता

है–मानवता के लिए ध्वंसकारी 'मनु' का 'श्रद्धा' के सहारे आनन्द की ओर यात्रा 'स्वभाव' की ओर यात्रा है। शेष विवरण अन्तर्निहित है। 'परभाव' से 'स्वभाव' की यात्रा संघर्षों से भरी हुई है। पर इस संघर्ष में रस श्रद्धा ही भर सकती है। संक्षेप में इतना ही बहुत है।

दूसरा प्रबन्ध है–'तुलसीदास[65]' और 'राम की शक्तिपूजा'[66]। तुलसीदास में रचनाकार का त्रिमुखी संघर्ष है–आन्तरिक–देवासुर भाव का, प्रकृति को चैतन्य करने का तथा सुप्त लोकसंस्कृति के उद्धार का। यह सब शक्ति साध्य है। शक्ति की आराधना ही व्यष्टि समष्टि और प्रकृति (पर्यावरण प्रदूषण) की मुक्ति का मार्ग है।

छायावाद केवल लौकिक-अलौकिक प्रणय का चित्रभाषा, प्रतीक भाषा या वक्र भंगिमा से प्रकाशन मात्र नहीं है। अभिव्यंजना पद्धति को लक्ष्य कर लौकिक या अलौकिक प्रेम के क्षेत्र में बँधकर चलने वाला काव्य ही छायावाद है–शुक्ल जी का यह वक्तव्य भी चिन्त्य है। इसीलिए वाजपेयी जी की यह धारणा कि मानव और प्रकृति में व्यक्त किन्तु सूक्ष्म सौन्दर्य में आध्यात्मिक छाया का भान ही इसका सम्पूर्ण लक्षण है। इन सबकी अपेक्षा डॉ. नामवर सिंह की धारणा है कि छायावाद उस राष्ट्रीय जागरण की काव्यात्मक अभिव्यक्ति है जो एक ओर पुरानी रूढ़ियों से मुक्ति चाहता था और दूसरी ओर विदेशी पराधीनता से, कहीं ज्यादा संगत है।

वह मात्र स्थूल के प्रति सूक्ष्म का विद्रोह नहीं है, न ही वह केवल गाँधीवाद का साहित्यिक संस्करण ही है। वह मात्र साम्राज्यवाद विरोधी चेतना का निखार भी नहीं है। वह है नवजागरण की पृष्ठभूमि में निहित नव्य-वेदान्त पर समाधृत सांस्कृतिक चेतना का प्रकाश। लौकिक में अलौकिक को देखना उसकी मूल 'दृष्टि' है–इसीलिए वहाँ के सौन्दर्य और प्रेम में वासना की गन्ध असम्भव है। घुसपैठियों को किसने रोका है? उनके लक्ष्य पर छायावाद का स्वरूप निर्धारित करना ठीक नहीं है। छायावाद जिस नवीन दर्शन पर आधारित है–वह शक्ति का दर्शन है। छायावाद शक्ति का काव्य है। पदार्थवादी या बुद्धिवादी दृष्टि से नहीं, शक्ति चैतन्यवादी दृष्टि से इसका पुनः मूल्यांकन करता हूँ–तो वह विश्व के लिए अत्यन्त मूल्यवान लगता है। इसीलिए उसकी प्रासंगिकता बराबर बनी रहेगी।

वस्तुतः छायावादी व्यक्तित्व के चारों सर्जकों–प्रसाद, पन्त, निराला तथा महादेवी के समस्त लेखन को उनके भावमय व्यक्तित्व की अनुरूप भंगिमा मानकर छायावाद का स्वरूप स्थिर करना चाहिए। आचार्य शुक्ल ने केवल लौकिक-अलौकिक प्रणय को काव्य के क्षेत्र में भंगिमा के साथ उपस्थापित करने वाले काव्य तक ही अपनी सीमा रखी है। उन्होंने कहा ही है–काव्य की छायावाद कही जाने वाली शाखा चले काफी दिन हुए। इसका परिणाम है कि जीवन की विविध अर्थ भूमियों पर संचरण करने वाली स्वच्छन्द काव्यधारा पुनः रीति कवियों की वृत्ति के आधुनिकीकरण

से सीमित हो गई। लौकिक प्रणय में नवता नहीं और अलौकिक प्रणय कल्पित। मतलब जहाँ स्वानुभूति की ईमानदारी ही नहीं, वहाँ क्या? इस प्रकार वह छायावाद से नितान्त असन्तुष्ट है। बीज ही से असन्तोष हो और शाखा-पत्तों की प्रशंसा हो—ऐसी प्रशंसा का कोई अर्थ नहीं। काव्य में रहस्यवाद पर विचार करते हुए वह कहते हैं कि— "अब तक जो कुछ लिखा गया उससे यह स्पष्ट हो गया कि हिन्दी में आ निकला हुआ यह छायावाद कितनी विलायती चीजों का मुरब्बा है।"

इसं सन्दर्भ में डॉ. रामविलास शर्मा का मत सुविचारित लगता है। उन्होंने[67] यही सवाल खड़ा किया कि छायावाद का स्वरूप या तद्गत विशेषताओं का निर्धारण छायावादी स्तम्भों के समस्त लेखन को लक्ष्य मानकर किया जाय या केवल प्रगीतमय अभिव्यक्ति की तथाकथित अभिव्यक्ति को? क्या प्रगीतेतर अभिव्यक्ति को उनकी व्यक्तिगत विशेषता मानी जाय? क्या वहाँ उन सर्जकों की रोमेंटिक प्रवृत्ति विद्यमान नहीं है?—क्या वहाँ की भाषा व्यवहार की भाषा से भिन्न नहीं है?—क्या उनमें अलंकरण और भावावेश नहीं है? और है तो समस्त सर्जन को दृष्टिगत करके ही उसका स्वरूप और वैशिष्ट्य निर्धारित किया जाना चाहिए। तथाकथित रहस्यवाद ही छायावाद नहीं है। इस समदृष्टि से देखने पर उनके निष्कर्ष इस प्रकार हैं। उनका कहना यह है कि प्रथम महायुद्ध के बाद स्वाधीनता आन्दोलन के उभार के पहले दशक में हिन्दी साहित्य में तीन धाराएँ प्रमुख हैं।

(क) रीतिपरक धारा

(ख) स्वाधीनता आन्दोलन की सुधारवादी या समझौतावादी तथा

(ग) साम्राज्य विरोधी धारा की प्रखर चेतना।

छायावाद का सम्बन्ध तीसरी धारा से है। छायावाद इसी चेतना का निखार है। उनके निष्कर्ष हैं—छायावाद भारत में आमूल सामाजिक क्रान्ति की आकांक्षा का साहित्य है, वह बुद्ध की करुणा का साहित्य है, वह व्यावहारिक वेदान्त का समर्थक है, मायावाद का नहीं। शर्मा जी प्रसाद-सम्मत, रहस्यवाद की व्याख्या सादर उद्धृत करते हैं और उसकी परम्परा को सौन्दर्य लहरी से जोड़ने को रेखांकित करते हैं। प्रकृति या शक्ति के इस रहस्यवाद को शांकरी धारा से अलग-थलग का रहस्यवाद कहते हैं। प्रसाद और निराला का साहित्य शक्ति साधना का उज्ज्वल परिचायक है। डॉ. शर्मा प्रसाद-सम्मत आनन्दवाद की कमजोरी इस बात में मानते हैं कि उसमें दुःख की स्वीकृति का दर्शन नहीं है। मेरा कहना है कि प्रसाद दर्शन सम्मत छत्तीस तत्त्वों में अविद्या नामक तत्त्व तो है ही 'षट्कंचुक' और 'मलत्रय' की स्वीकृति है जिससे दुःखानुभूति का पक्ष उपोद्वलित होता है। डॉ. शर्मा के अनुसार छायावादी काव्य मनुष्य के नवीन उन्मुक्त भावलोक का साहित्य है। यह भावराशि एक ओर भावुकता को छूती है और कमजोर है, तो दूसरी ओर उसमें भाव-गाम्भीर्य है—वह अप्रतिहत भाव शक्ति से संचालित है। लिरिक छायावांद का एक पक्ष है—वही सब कुछ नहीं

है। छायावाद नए सामन्त विरोधी मानव मूल्यों की प्रतिष्ठा का साहित्य है, जातिप्रथा और साम्प्रदायिक/विद्वेष से विभाजित समाज में वह मानवीय एकता का साहित्य है। वह बाह्यजगत् के अन्तर्विरोधों को उजागर करता है साथ ही मनुष्य के अन्तर्जगत् के नए रहस्य भी उद्घाटित करता है। मनोवैज्ञानिक छानबीन की दृष्टि से छायावादी साहित्य अत्यन्त समृद्ध है। छायावाद निरन्तर और नवीन प्रयोगशीलता का साहित्य[68] है। संस्कृत वाङ्मय से लेकर हिन्दी के पुराने कवियों तक की सांस्कृतिक विरासत के प्रतिनिधि ये छायावादी कवि हैं। इस विरासत से और लोग भी परिचित थे किन्तु उसका अनुसरण मात्र नहीं, रचनात्मक विकास छायावाद की विशेषता है। अन्य भाषाओं में विशेष रूप से बंगला में जो नया साहित्य रचा जा रहा था उससे ये परिचित थे—न्यूनाधिक मात्रा में प्रभावित थे। नवीन साहित्य के अलावा निराला बंगला के पुराने साहित्य के भी अध्ययनशील प्रेमी थे। उनका परिचय उर्दू साहित्य और अंग्रेजी से भी था। देश-विदेश की अनेक सांस्कृतिक धाराएँ छायावादी साहित्य में आकर मिलती हैं। इन धाराओं के मिलने से उसका जातीय और राष्ट्रीय रूप नष्ट नहीं होता, प्रत्युत और भी विकसित होता है। डॉ. शर्मा कहते हैं—छायावादी कवियों का मूल्यांकन होगा तो उनकी कलात्मक क्षमता और रचनात्मक उपलब्धि का भेद भी सामने आएगा। छायावाद का मूल्यांकन[69] बहुतों ने किया है। डॉ. देवराज जैसे दर्शन के पण्डितों ने और पन्त जैसे दार्शनिक कवियों ने। पन्त ने जहाँ निराला की दार्शनिक वृत्ति की पर्याप्त श्लाघा की वहीं युग के महादार्शनिक और रहस्यदर्शी श्री अरबिन्द से अपनी उस 'दृष्टि' का महत्व भी बताया जिसका साक्षात्कार उनकी अन्तर्दृष्टि से ज्योत्स्ना में ही हो गया था। अपना मूल्यांकन निराला ने भी किया है...पर उसमें आत्मगत केन्द्रीयता नहीं है।

इस प्रकार 'छायावाद' का जो संकीर्ण और हेय रूप शुक्ल जी ने उभारा था—एक वस्तुवादी समीक्षक ने उससे सर्वथा भिन्न रूप उद्घाटित किया। उसके द्वारा इस नवोद्घाटित और पुनर्मूल्यांकित रूप से उसकी प्रासंगिकता तब तक रहेगी जब तक उन मूल्यों की सम्यक् प्रतिष्ठा की अपेक्षा बनी रहेगी। डॉ. शर्मा ने मुक्तिबोध के उन पूजकों को भी ललकारा है और कहा है कि वे बताएँ कि जो साहित्य देश और व्यक्ति में परिव्याप्त मानव गरिमा को प्रस्तुत करता है वह ह्रासग्रस्त, पूँजीवाद, जर्जर साम्यवाद का प्रतिनिधि कैसे हो गया।[70]

सन्दर्भ

1. छायावाद एवं अन्य श्रेष्ठ निबन्ध, 1984, सम्पादक—डॉ. बलदेव, पृष्ठ 59। 2. वही, पृष्ठ 60। 3. विश्वबोध—सम्पादक—डॉ. बलदेव, 1984, पृष्ठ 53। 4. हिन्दी साहित्य का इतिहास, पृष्ठ 441, रामचन्द्र शुक्ल। 5. वही, पृष्ठ 441। 6. वही, पृष्ठ 442 7. वही। 8. सुमित्रानन्दन पन्त ग्रन्थावली, खण्ड 4, पृष्ठ 152। 9. वही, खण्ड 3, पृष्ठ 257 10. हिन्दी साहित्य का इतिहास, पृष्ठ 445। 11. वही। 12. वही, पृष्ठ 444 13. वही,। 14. वही, पृष्ठ 453। 15. वही, पृष्ठ 443।

16. वही। 17. वही, पृष्ठ 442। 18. वही, पृष्ट 441। 19. वही, पृष्ठ 453। 20. मुकुटधर पाण्डेय सम्मान समारोह, रायगढ़, दिनांक 2-3-86 में एक वक्ता का वक्तव्य। 21. ध्वन्यालोक। 22. चिन्तामणि, तृतीय भाग, विश्व प्रपंच की भूमिका। 23. हिन्दी साहित्य का इतिहास, पृष्ठ 442। 24. जायसी ग्रन्थावली की भूमिका। 25. सूरदास। 26. वही। 27. चिन्तामणि, भाग-1। 28. चिन्तामणि, भाग-1। 29. चिन्तामणि, भाग-3। 30. वही। 31. रामचरित मानस। 32. घनानन्द कवित्त। 33. सौन्दर्यलहरी, 27 वाँ श्लोक। 34. शांकरी मानस पूजा। 35. कबीर—हजारीप्रसाद द्विवेदी, परिशिष्ट-कबीरवाणी, पद संख्या 41, पृष्ठ 266, 1971। 36. छायावाद एवं अन्य श्रेष्ठ निवन्ध, मू. पा., पृष्ठ 20। 37. वही। 38. छायावाद एवं अन्य श्रेष्ठ निबन्ध, पृष्ठ 19। 39. वही, पृष्ठ 26। 40. हिन्दी साहित्य : बीसवीं शताब्दी। 41. हिन्दी साहित्य का इतिहास, पृष्ठ 440-441। 42. मृत्युंजयी रवीन्द्र—हजारीप्रसाद द्विवेदी 43. विश्वभारती—अंक। 44. हिन्दी साहित्य का इतिहास, पृष्ठ 442। 45. वाल्मीकि रामायण 46. सूरदास रामचन्द्र शुक्ल 47. परात्रिंशिका—अभिनवगुप्त, पृष्ठ 48. भारतीय साधना और संस्कृति, भाग-1। 49. चिंतामणि, भाग-1 में संकलित निबन्ध। 50. हिन्दी साहित्य का इतिहास, पृष्ठ 442। 51. सौन्दर्यलहरी, श्लोक संख्या। 52. छायावाद एवं अन्य श्रेष्ठ निबन्ध, पृष्ठ 21। 53. ध्वन्यालोक, चतुर्थ उद्योत। 54. व्यक्ति विवेक, द्वितीय विमर्श। 55. वक्रोक्तिजीवित। 56. छायावाद एवं अन्य श्रेष्ठ निबन्ध। 57. वक्रोक्तिजीवित। 58. वन्देतां प्रतिभां शिवाम्। 59. रसगंगाधर, प्रथम आनन। 60. काव्यप्रकाश, प्रथम उल्लास। 61. अभिनवभारती तथा लोचन। 62. परिक्रमा। 63. महादेवी। 64. कामायनी, जयशंकर प्रसाद। 65. तुलसीदास—निराला। 66. राम की शक्तिपूजा—निराला। 67. निराला की साहित्य साधना, भाग-2। 68. हिन्दी साहित्य : बीसवीं शताब्दी। 69. छायावाद—नामवर सिंह, पृष्ठ 15। 70. निराला की साहित्य साधना—भाग-2, पृष्ठ 552 से 577।

आचार्य शुक्ल और बाबू मैथिलीशरण गुप्त

(आचार्य रामचन्द्र शुक्ल की दृष्टि में)

आचार्य पं. महावीरप्रसाद द्विवेदी के प्रभाव और प्रोत्साहन से हिन्दी काव्य सर्जन में प्रवृत्त होने वाले प्रमुख रूप से तीन थे–बाबू मैथिलीशरण गुप्त, पं. रामचरित उपाध्याय और पं. लोचनप्रसाद पाण्डेय। वैसे गुप्तजी में कवित्व के पैतृक संस्कार थे। पिता ने समय का रुख देखकर अपनी तरह सखी भाव में उन्हें दीक्षित कराने की जगह रामधारा के सख्यभाव में दीक्षित कराया। पैसे का प्रलोभन देकर कुछ पद्य भी कंठस्थ कराए–पर दबाव में वह सब कहाँ होता है जो स्वभाव से सम्भव है। उनके स्वभाव में जो था–वह मुंशी अजमेरी की मैत्री-वृत्ति से व्यक्त हुआ। मुंशी अजमेरी बिगड़ते हुए मैथिलीशरण गुप्त के प्रति चिंतित बड़े भाई रामकिशोरजी के प्रभाववश गुप्तजी से सम्पृक्त हुए और इस सम्पर्क का सुफल यह हुआ कि उनका साहित्यिक स्वभाव जग गया। मुंशी अजमेरी कल्याणमित्र सिद्ध हुए। गुप्तजी ब्रजभाषा में अच्छी रचनाएँ करने लगे। संस्कृत छन्दों में अन्योक्तियाँ लिखीं और वे अन्योक्तियाँ कलकत्ते से 'वैश्योपकारक' में प्रकाशित भी होती रहीं। 1898 से 1903 तक यह क्रम निरन्तर चलता रहा। इस प्रवाह की तह में समस्यापूर्ति वाली मध्यकालीन वृत्ति सक्रिय थी–जिसके लिए 'रसिकेश' नाम उपयुक्त था। यही 1903-04 का समय था–जब माता-पिता की छाया उठ गई–आर्थिक संकट गहरा उठा। परिस्थितियों ने उन्हें गम्भीर बना दिया–नैतिक संस्कार उभर उठे–साहित्य की साधना मन्द नहीं बनने पाई। यही समय था जब 'सरस्वती' पं. महावीर प्रसाद द्विवेदी के सम्पादकत्व में आई। 'सरस्वती' उस समय का आश्रय थी–जिसके माध्यम से बोलचाल की राष्ट्रभाषा को गद्य और पद्य उभयत्र प्रतिष्ठित करने का अदम्य संकल्प और अटूट आस्था थी। गद्य के साथ पद्य में खड़ी बोली की प्रतिष्ठा भारतेन्दु युग में ही हो गई थी–पर उसमें व्याकरणिक व्यवस्था और सफाई नहीं थी। कहीं नियमों का उल्लंघन था तो कहीं अवधी और ब्रजी के क्रमागत शब्दों का मिश्रण। द्विवेदी जी ने सबसे पहला काम 'सरस्वती' के माध्यम से यह किया। 'सरस्वती' की प्रतिष्ठा बढ़ गई।

गुप्तजी के मन में 'सरस्वती' से जुड़ने की अदम्य आकांक्षा जगी और 'महावीर' की शरण गए, जहाँ उन्हें प्रोत्साहन मिला और मार्गनिर्देश भी।

शुक्ल जी के अनुसार द्विवेदी जी का जोर इस बात पर बराबर रहता था कि कविता बोलचाल की भाषा में होनी चाहिए। बोलचाल से उनका मतलब ठेठ या हिंदुस्तानी का नहीं रहता था—गद्य की व्यावहारिक भाषा का रहता था। परिणाम यह हुआ कि उनकी भाषा गद्यवत् हो गई। पर जैसा कि गोस्वामी तुलसीदास ने कहा है—'गिरा अर्थ जल बीचि सम, कहियत भिन्न न भिन्न।' भाषा से विचार अलग रह नहीं सकता। इसीलिए उनकी अधिकतर कविताएँ इतिवृत्तात्मक हुईं। एक बात और, द्विवेदी जी पर मराठी का प्रभाव बहुत था। जिसमें कविता संस्कृत वृत्तों में होती हैं। पद विन्यास भी गद्य का-सा ही रहता है। शुक्ल जी की धारणा यह भी है कि मराठी का प्रभाव तो था ही—पीछे जान पड़ता है कि उनके मन में वर्ड्सवर्थ का वह पुराना सिद्धान्त भी जम गया था कि गद्य और पद्य का पद विन्यास एक ही तरह का होना चाहिए—यद्यपि द्विवेदी जी ने उक्त सिद्धान्त के अनुकूल सर्वत्र रचना नहीं की है। पर उनकी उल्लेख्य वृत्ति इतिवृत्तात्मक पद्धति की ही रही। उनमें वह लाक्षणिकता, वह चित्रमयी भावना और वह वक्रता बहुत कम आ पाई—जो रस संचार की गति को तीव्र और मन को आकर्षित करती है। यह वह समय था जब प्रत्येक निष्ठावान व्यक्ति राष्ट्रीय भावना से ओतप्रोत था और अपनी समग्र चेतना की राष्ट्रहित से कैसे जोड़ा जाय—यह रास्ता बनाता था। द्विवेदी जी की 'सरस्वती'—इसी माने में आश्रय थी 'साबरमती' की तरह। द्विवेदी जी उसके माध्यम से राष्ट्र के न केवल ज्ञानात्मक क्षितिज का विस्तार करना चाहते थे प्रत्युत परिष्कार भी चाहते थे। उनका यही पक्ष 'प्रभाव' बनकर गुप्तजी में उभरा। गुप्तजी की रचनाएँ द्विवेदी जी से व्यवस्थित और परिष्कृत होकर 'सरस्वती' में छपने लगीं। 'सरस्वती' के मुख पृष्ठ पर जो चित्र छपते थे—गुप्तजी की पंक्तियाँ उस आशय से आपूरित होकर वहीं दी जाती थीं। यह क्या कम प्रोत्साहन था। शुक्ल जी के दोनों शब्द 'प्रभाव' और 'प्रोत्साहन' कितने सटीक हैं?

दूसरा बिन्दु है—गुप्तजी का काव्य विकास। यद्यपि अन्य समीक्षकों ने अन्य आधारों पर गुप्तजी के काव्य विकास के सोपानों की चर्चा की है—मसलन डॉ. कमलाकान्त पाठक ने।

(क) प्रथम विकास स्थिति 1901 से 1910—अभ्यासकाल स्फुट पद रचना।

(ख) द्वितीय विकास स्थिति 1910 से 1925—निर्माणकाल—वर्णनात्मक तथा अनेक रूपात्मक काव्य।

(ग) तृतीय विकास स्थिते 1925 से 1937—उत्कर्षकाल—महाकाव्य चरित प्रधान, वस्तुव्यंजक शिल्प।

(घ) चतुर्थ विकास स्थिति 1937 से 1947—परिपक्वकाल—जीवनदर्शन की प्रौढ़ि, स्वच्छन्द प्रबन्धकला।

(ङ) पंचम विकास स्थिति 1947 से 1957–प्रौढ़ोत्तरकाल–रचनाकार्य में लाघव, स्वातंत्र्योत्तर विषय और प्रवृत्तियाँ, दार्शनिकता।

इन सोपानों पर कवि की युगचेतना, सांस्कृतिक भावना, जीवनदर्शन तथा काव्यकला–सभी क्रमशः उत्कर्षोन्मुख रहे। आचार्य शुक्ल तक इनका समग्र विकास नहीं हुआ था, फलतः उन्होंने केवल भाषा की दृष्टि से विकास की तीन अवस्थाओं या रूपों पर ही विचार किया है। प्रथम अवस्था भाषा की सफाई की है जिसमें खड़ी बोली के पद्यों की मसृणबन्ध रचना हमारे सामने आती है। 'सरस्वती' में प्रकाशित अधिकांश कविताएँ तथा 'भारतभारती' इस अवस्था की रचना के उदाहरण हैं। पं. महावीरप्रसाद द्विवेदी के सम्पादक न रहने पर गुप्तजी का भी इससे सम्बन्ध विच्छेद हो गया। इसका कारण परवर्ती सम्पादक पदूमलाल पुन्नालाल बख्शी की काव्य सम्बन्धी अवधारणा भी थी। उन्होंने द्विवेदी जी द्वारा व्यवस्थित शासन पद्धति की मूल आस्था में सबसे पहले परिवर्तन करना आवश्यक समझा और दूसरे यह कि अब नए लेखकों को समादृत करने का संकल्प भी लिया। तीसरे, 'सरस्वती' सम्पादन को हाथ में लेते ही प्रतिमाह सम्पादकीय में 'कविता' के सम्बन्ध में वह कुछ ऐसा लिखते थे जो नए युग की ध्वनि थी। कुछ वाक्यांश इस प्रकार हैं–यदि कविता स्वाभाविक आनन्द का बहिष्कार करेगी तो वह आनन्दप्रद भी न रहेगी। साहित्य की इस अवनति का एक प्रधान कारण यह है कि मनुष्यों की आशा और आकांक्षा इहलोक में ही सीमाबद्ध हो गई है। जब तक मनुष्य भविष्य की अज्ञेय यवनिका का भेद करने की चेष्टा नहीं करेगा–तब तक काव्य और साहित्य का द्वार अवरुद्ध हो जाता है...इस भावना से साहित्य की उन्नति नहीं, अवनति होगी। नौ वर्ष पूर्व 1912 में इसी पत्रिका का सम्पादकीय लिखते हुए पं. महावीरप्रसाद द्विवेदी ने किसी आर्थर डैवीयर का हवाला देते हुए लिखा है कि कवि को देश और काल की अवस्था का पूरा ज्ञान होना चाहिए। वह मनोविज्ञान का वेत्ता हो और मनुष्य के चरित्र का उसने अच्छी तरह अध्ययन किया हो। सबसे अच्छी कविता वह है जिसमें जीवन की सार्थकता के उपाय और उसके उद्देश्य मनोहारिणी भाषा में बतलाए जाते हैं–मनुष्य को अच्छी शिक्षा दी जाती है, उसे उन्नति का भाव दिखाया जाता है और उसके हृदय को उदार और सहानुभूतिपूर्ण बनाने का प्रयत्न किया जाता है। अच्छी कविता में उन्हीं विषयों का वर्णन होता है जो मनुष्य के जीवन से घनिष्ठ सम्बन्ध रखते हैं और जो उसकी आत्मा और आध्यात्मिकता पर गहरा असर डाल सकते हैं। बुद्धिमान लोग उसी कविता की कदर करते हैं जो उच्चकोटि के मूल्य को प्रकट करती हैं, हृदय और बुद्धि के ऊपर अच्छा प्रभाव डालती हैं और समयोपयोगी आवश्यक उपदेशों को ऐसे ढंग से देती हो–जिससे मनुष्य जल्द उन्हें ग्रहण कर सकें। सन् 1921 को सन्धि रेखा पर हिन्दी की 'सरस्वती' का रंग बदल रहा था। बख्शी जी ने कुछ ऐसी बातें कहीं जिसमें द्विवेदी जी और उनके अन्तेवासी गुप्तजी–दोनों की

अवज्ञा थी। फलतः गुप्तजी का सम्बन्ध 'सरस्वती' से विच्छिन्न हो गया। अब वह 'माधुरी', 'प्रताप' और 'प्रभाव' में प्रकाशित होने लगे। इसका एक सुखद परिणाम भी हुआ। अब गुप्तजी 'महाराज प्रणाम' 'आपका अनुचर वाली' भूमि से मुक्त हो चुके थे। अब तक गुप्तजी की 16 कृतियाँ प्रकाश में आ चुकी थीं। 'रंग में भंग, 'जयद्रथ वध', 'भारतभारती', 'पद्य प्रबन्ध', 'शकुन्तला', 'तिलोत्तमा' जैसी कृतियाँ 1915 तक आ चुकी थीं। 1915 के आसपास गुप्तजी की मानसिकता नई करवट ले रही थी। एक तो प्रथम विश्वयुद्ध का वर्ष और दूसरे गाँधी जी का भारतीय राजनीति में प्रवेश हो चुका था। 'मधुप' नाम से वे बंगला की 'मेघनादवध', 'विरहिणी व्रजांगना' आदि कोमलकान्त पदावली बंग भाषा के सरस साहित्य के अनुवाद अतुकान्त छन्दों में करने लग गए थे। 1920 से पहले 'वैतालिक', 'साकेत', 'शकुन्तला', 'पत्रावलि', 'वनवैभव', 'बकसंहार, 'विकटभट' आदि मौलिक कृतियाँ तो थी हीं–मेघनादवध, वीरांगना, जैसी अनूदित कृतियाँ भी आने लगीं। 'मंगलघट' और 'झंकार' तक 1920 के लगभग आ चुकी थीं। द्विवेदीयुग की इस परिपाक अवधि में गुप्तजी के काव्य का रूप पठनीय और मूल्यवान हो चला था।

शुक्ल जी ने भाषा की जिन तीन अवस्थाओं की ओर संकेत किया है–उन सबका अंकुरण इस काल में हो चुका था। पैंतीस वर्ष तक आदमी को जो होना है–वह हो भी जाता है। भारत-भारती (1912) से वैतालिक (1919) के बीच की काव्यभाषा की अवस्था बंग साहित्य के सम्पर्क से अपेक्षाकृत सरस और कोमल हो उठी, परन्तु उसमें भी यत्र-तत्र ऊबड़-खाबड़ और अप्रयुक्त संस्कृत के शब्द खटकते हैं। भाषा की तीसरी अवस्था वह है जहाँ गुप्तजी का झुकाव 'छायावाद' कही जाने वाली कविता की ओर होता है–फलतः वह प्रगीत मुक्तक और अभिव्यंजना के लाक्षणिक वैचित्र्य की ओर भी उन्मुख होते हैं। इस झुकाव का आभास 'साकेत' और 'यशोधरा' में भी होता है।

गुप्तजी में सरस्वती से विच्छेद होने के बाद स्वयं के मानसचक्षु, सक्रिय थे–अब उन्हें किसी अतिरिक्त वरदहस्त की अपेक्षा नहीं थी। यद्यपि 1920 के बाद काव्य ने एक नया मोड़ लिया था–फिर भी गुप्तजी अपने काव्य के ही अपराजेय शैलश्रृंग की ओर बढ़ते रहे। 'माधुरी', 'प्रभाव' और 'प्रताप' के माध्यम से 21 से 30 की इस अवधि में उसी लीक पर खण्डकाव्य, जातीयता प्रेरक गीत, कथा प्रसंग के प्रबन्ध वाक्य, भावात्मक गीतकाव्य, ऐतिहासिक कथाकाव्य लिखकर रामायण, भागवत और महाभारत तथा पौराणिक युग की गाथाओं में सम्भावित सर्जनात्मकता को मूर्त करते रहे। पत्रावली, पंचवटी, अनघ, हिन्दू, त्रिपथगा, गुरुकुल, विकटभट, सिद्धराज, यशोधरा, झंकार तथा उमर खय्याम की रुबाइयाँ–आदि भी घटित होते रहे। कुल मिलाकर उनकी यही वृत्ति भिन्न-भिन्न रचनाओं में मूर्त होती रही।

आचार्य शुक्ल की धारणा है कि गुप्तजी की प्रतिभा की सबसे बड़ी विशेषता है—कालानुसरण की क्षमता अर्थात् उत्तरोत्तर बदलती हुई भावनाओं और काव्य-सरणियों को ग्रहण करते चलने की प्रवृत्ति। सत्यपरायणता, अहिंसा, मानवतावाद, विश्वप्रेम, किसानों और श्रमजीवियों के प्रति प्रेम और सम्मान—सबकी झलक इनमें मिलती है। उनके हृदय का स्वाभाविक लगाव जगत् और जीवन के व्यक्त क्षेत्र में ही सौन्दर्य और महत्व की ओर था—रहस्यवादी भावनाओं की प्रगीतात्मक अभिव्यक्ति उनके वस्तुनिष्ठ स्वभाव की सहज परिणति नहीं थी। वैसी रचनाएँ समय का प्रभाव कही जा सकती हैं।

'साकेत', 'यशोधरा', 'द्वापर' और 'अनघ'—आदि प्रबन्ध काव्यों पर साहित्यिक प्रतिक्रिया व्यक्त करते हुए कहा है कि इनके माध्यम से गुप्तजी ने राग-प्रेरित मानवीय उच्चादर्शों, समयोचित रूढ़िविरोधी विचारों, राजनीतिक अड़ंगेबाजियों के बीच गाँधी का हृदय परिवर्तनवादी स्वभाव प्रेरित आचरण की महनीय व्यंजना हुई है। गुप्तजी सामंजस्यवादी भारतीय अस्मिता के राष्ट्रकवि हैं। उनमें न कोई अतिवाद है और न ही प्रतिक्रियात्मक उद्गार। शुक्ल जी की दृष्टि में वह उच्च आदर्शों से प्रेरित होकर लिखने वाले सीधे-सच्चे रचनाकार हैं।

पाठालोचन और आचार्य शुक्ल

हिन्दी पाठालोचन जगत् में 'पाठालोचन' की दो परम्पराएँ प्रतिष्ठित हैं—पहली का सम्बन्ध 'काशी' से है और दूसरी का 'प्रयाग' से। पहली के पक्षधर आचार्य पं. विश्वनाथ प्रसाद मिश्र हैं और दूसरी के प्रयोक्ता और पक्षधर डा. माता प्रसाद गुप्त और उनकी शिष्य परम्परा। दूसरी परम्परा के पक्षधर विद्वानों की धारणा है कि 'प्रविधि' और 'निष्कर्ष' में से निष्कर्ष भले ही विज्ञान की निरपवाद सार्वभौम मान्यता की कोटि का स्पर्श न करता हो, परन्तु 'प्रविधि' और 'प्रक्रिया' उसकी वस्तुनिष्ठ और वैज्ञानिक है। इसीलिए वह 'कला' की अपेक्षा 'शास्त्र' किंवा 'विज्ञान' की श्रेणी में प्रतिष्ठित हो चुका है—इसीलिए इस क्षेत्र के नए चिन्तकों ने उसकी सीमा बाँध दी है और कहा है कि इस क्रिया में यांत्रिक विधि जहाँ सम्पन्न हो जाय और बोध गौण रूप से सहायक हो—वहीं तक पाठालोचन का प्रयोग होना चाहिए। जहाँ से यांत्रिक प्रक्रिया सम्पन्न हो जाय और पाठालोचक की बुद्धि प्रधान हो जाय—वहाँ से आलोचन का क्षेत्रारम्भ मानना चाहिए—भले ही बुद्धि वस्तुनिष्ठ रहने का प्रयत्न करती हो—'लेखानुसंगति' और 'विषयानुसंगति' का अनुधावन करती हो।

इस नव-चिन्तन से पूर्व पाठालोचन के चार सोपान निर्धारित किए गए हैं—सामग्री संग्रह, पाठ चयन, पाठ सुधार और उच्चतर आलोचन। पाठ सुधार के स्तर पर आलोचकों में दो दल हैं—रूढ़िवादी और उदारवादी। पाठ सुधार या पाठ निर्माण के सोपान पर तीन स्थितियाँ सम्भावित हैं—पहली यह कि प्राचीनतम उपलब्ध पाठ अन्तःसाक्ष्य और बहिःसाक्ष्य की दृष्टि से कविकृत जान पड़े। दूसरी यह कि अन्तःसाक्ष्य और बहिःसाक्ष्य की दृष्टि से निर्धारित प्राचीनतम पाठ असंदिग्ध रूप से कविकृत न प्रतीत हो और तीसरी स्थिति पाठालोचकों ने यह मानी है कि उपलब्ध पाठ भ्रष्ट और अर्थ तथा व्याकरण की दृष्टि से असंगत हो। तीसरी स्थिति में पाठ सुधार का पक्ष सामने आता है—यहीं पाठालोचकों में दो दल हो जाते हैं—जिनका ऊपर उल्लेख किया गया है। रूढ़िवादी पाठालोचन का लक्ष्य प्राचीनतम पाठ को यांत्रिक विधि से उपलब्ध करा देना मात्र मानता है जबकि उदारतावादी आगे बढ़ता है। वह मानता है—प्राचीनतम उपलब्ध किन्तु संदिग्ध पाठ में वस्तुनिष्ठ सुधार कर देना। इस उदारतावादी दल में भी दो

विधियाँ हैं—एक प्रयाग की और दूसरी काशी की। पहली को वैज्ञानिक और दूसरी को साहित्यिक प्रक्रिया कहा जाता है।

पं. विश्वनाथ प्रसाद मिश्र का कहना है—"कोरी वैज्ञानिक प्रक्रिया से 'मानस' क्या, हिन्दी के किसी ग्रन्थ का ठीक सम्पादन नहीं हो सकता। उसके लिए साहित्यिक सम्पादन की सरणि का परित्याग अहितकर है। वैज्ञानिक प्रक्रिया भारतीय दार्शनिक दृष्टि से विज्ञान होने से जड़ है। साहित्यिक प्रक्रिया दर्शन होने से चेतन। मूल ग्रन्थ के लेखक से लेकर सम्पादक तक सभी चेतन प्राणी होते हैं। जड़ की गतिविधि जितनी व्यवस्थित होती है उतनी चेतन की नहीं। अतः चेतन का प्रयास सर्वत्र नियत नहीं होता। वैज्ञानिक प्रक्रिया शब्द पर अधिक ध्यान देती है जबकि साहित्यिक प्रक्रिया शब्द पर ध्यान देते हुए भी अर्थ पर विशेष दृष्टि रहती है। साहित्य शब्द और अर्थ का सम्पृक्त रूप होता है, अतः शब्द और अर्थ दोनों पर समान दृष्टि ही प्राचीन ग्रन्थों के सम्पादन में उपयोगी हो सकती है।" (काशी राज संस्करण, रा.च. मानस, भूमिका, पृष्ठ 10)

आचार्य मिश्र का कहना है कि साहित्यिक प्रक्रिया का ग्रहण पाठ सुधार में लाला भगवानदीन, आचार्य रामचन्द्र शुक्ल तथा बाबू श्यामसुन्दर दास ने किया था। अतः उचित है कि इन दोनों सरणियों का तुल्यबल संयोजन किया जाय, क्योंकि सर्वोत्तम सम्भावना इसी सामंजस्य में है। वैज्ञानिक पद्धति के पक्षधर कहते हैं कि अन्तःसाक्ष्य तथा बहिःसाक्ष्य अथवा विषयानुसंगति—में प्रसंग, सार्थकता, छंदोगति, व्याकरण, शैली तथा रचयिता के व्यक्तिगत प्रयोग आदि आते हैं—और लेखानुसंगति का सम्बन्ध रचयिता से नहीं, प्रतिलिपि और (पाठ) सामग्री से होता है इन्हीं दोनों के आधार पर ही अनुमित पाठ सुधार करना चाहिए। साहित्यिक पद्धति वालों का कहना है कि यदि विषयानुसंगति तथा लेखानुसंगति साथ दें, तो साहित्यिक चेतना के उपयोग करने से अच्छे ही परिणाम प्राप्त होंगे। उदाहरणार्थ—

चले मत्त गज, घंट बिराजी। मनहु सुभग सावन घन राजी।

यहाँ लिपिकार के प्रमादवश 'घटा' का 'घंट' हो गया है और व्याकरण की दृष्टि से अशुद्ध होने पर भी 'घंट' ही पाया गया। पण्डितजी ने साहित्यिक चेतना का अनुरोध मानकर 'घटा' पाठ ही स्वीकार किया। निष्कर्ष यह कि आचार्य रामचन्द्र शुक्ल की सम्पादन पद्धति साहित्यिक थी—काशी की यही परम्परा थी। शुक्ल जी का पाठ सम्पादन इसी परम्परा का है। हिन्दी पाठालोचन के विशेषज्ञों ने हिन्दी पाठालोचन के इतिहास को पाँच खण्डों में विभक्त किया है और ग्रियर्सनोत्तरकाल (1910-41) में शुक्ल जी को रखा है। यह वह काल है जब उच्च कक्षाओं में हिन्दी की बढ़ती हुई मान्यताओं के कारण प्राचीन साहित्य के सम्पादन की आवश्यकता अनुभव की गई और अनेक ग्रन्थों का सम्पादन हुआ।[1] यह वह समय था जब

सम्पादन कार्य में धीरे-धीरे वैज्ञानिकता का प्रवेश हो रहा था। इस काल में यद्यपि सम्पादक पाठालोचन के सिद्धान्तों से अपरिचित थे—फिर भी मूल पाठ निर्धारण की इच्छा से अधिकाधिक प्रतियों के उपयोग की प्रवृत्ति दिखाई पड़ती है। इस युग के पाठ आलोचकों में रामचन्द्र शुक्ल को प्रसिद्धि मिली है।[2] विद्वानों की धारणा है कि साहित्य और सम्पादन के क्षेत्र में अपनी ख्याति के विलोम अनुपात में इनका कार्य वैज्ञानिकता के निकट है।[3] दूसरे विद्वानों का विचार है कि शुक्ल जी की ख्याति का आधार सम्पादन नहीं, सम्पादित पुस्तकों की भूमिकाएँ हैं। सम्पादन नाम की वस्तु[4] शुक्ल जी इन ग्रन्थों में नहीं कर सके। उन्होंने प्राप्तमुद्रित संस्करणों को इकट्ठा करके उनमें से उपयुक्त लगने वाले पाठों को ले लिया और शेष को छोड़ दिया। निष्कर्ष यह कि प्रयाग-स्कूल शुक्ल जी के इन सम्पादनों को कोई महत्व नहीं देता।

शुक्ल जी ने दो ग्रन्थों का सम्पादन किया है—'तुलसी ग्रन्थावली' तथा 'जायसी ग्रन्थावली'। इनमें भी 'रामचरितमानस' तथा 'पद्मावत' विशेष उल्लेखनीय हैं। यह सही है कि इन्होंने पठन-पाठन की कठिनाइयों के कारण ही सम्पादन का दायित्व वहन किया—इसलिए इनकी समग्र चेतना का संकेन्द्रण ऐसे पाठ निर्धारण की ओर था—जो स्पष्ट अर्थ दे सकें। यह अवश्य था कि एकमात्र अर्थानुरोध से ही पाठ का निर्धारण नहीं किया—अन्यथा मनमाना पाठ-सुधार हो जाता। शुक्ल जी में अपेक्षाकृत वस्तुनिष्ठता थी और एक पाठालोचक के गुण भी। उन्होंने जायसी की कृतियों के शुद्ध संस्करण या पाठ सम्पादन के निमित्त अनेक मुद्रित और लिखित (एक) प्रतियाँ एकत्र कीं—

पदमावत्— 1. नवलकिशोर प्रेस का मुद्रित संस्करण
2. पं. रामजसन मिश्र का मुद्रित संस्करण (चन्द्रप्रभा प्रेस, काशी)
3. कानपुरवाला उर्दू संस्करण का मुद्रित संस्करण
4. म.म. सुधाकर द्विवेदी और डॉक्टर ग्रियर्सन का मुद्रित संस्करण
5. कैथी लिपि में लिखित-हस्तलिखित प्रति

प्रथम दो संस्करण तो किसी काम के नहीं। तृतीय उर्दूवाला संस्करण भी वैसा ही लगा। चौथा संस्करण पद्मावत के तृतीयांश तक ही है और वह उपेक्षणीय ही है। कैथी लिपिवाली हस्तलिखित प्रति से पाठ निर्धारण में अवश्य सहायता मिली। पाठ निर्धारण के सम्बन्ध में उनका कहना है—वह अवधी व्याकरण, उच्चारण तथा भाषा विकास के अनुसार रखा गया है। इसलिए जहाँ एशियाटिक सोसायटी की प्रति में 'ऐ' 'औ' की जगह 'अइ' 'अउ' पाठ निर्धारित किया गया है वहाँ शुक्ल जी ने 'ऐ'-'औ' को ही रखा है क्योंकि जायसी और तुलसी ने चलती भाषा में ही रचना की है—यह बात दूसरी है कि प्राचीन रूपों का व्यवहार परम्परा के विचार से उन्होंने बहुत जगह किया है। उन्होंने यह भी कहा है कि कभी-कभी किसी चौपाई का पाठ निश्चित करने में कई दिनों का समय लग गया है। फारसी लिपि में उतारी गई

प्रतियों का आधार लेकर अनेक प्रतियाँ हिन्दी अक्षरों में भी तैयार हुईं—फलतः बहुत स्थलों पर इस प्रक्रिया से काम लेना पड़ा है कि अमुक शब्द फारसी अक्षरों में लिखे जाने पर कितने प्रकार से पढ़ा जा सकता है। काव्यभाषा के प्राचीन स्वरूप पर तो ध्यान रखना ही पड़ा है।

1923 में उन्होंने 'तुलसी-ग्रन्थावली' का सम्पादन किया। इसमें संवत् 1704 की प्रति का ही पाठ स्वरूप संशोधनों के साथ गृहीत हुआ है। इस प्राचीन प्रति में विशेषकर अरण्य तथा किष्किन्धा काण्ड में बहुत अधिक प्रक्षेप है—जो कि सम्पादित पाठ में आ गए हैं।[5] अयोध्याकाण्ड का पाठ राजापुर की प्रति के अनुसार रखा गया है। पर उसमें भी यथेष्ट संशोधन है। तुलसी ग्रन्थावली के अन्य ग्रन्थों के पाठ के आधार का उल्लेख नहीं किया गया है। यही स्थिति 'अखरावट' और 'आखिरीकलाम' की जायसी ग्रन्थावली में है। जायसी ग्रन्थावली के प्रथम संस्करण में 'अखरावट' आ गया था, 'आखिरी कलाम' का समावेश द्वितीय संस्करण में समाविष्ट किया गया। इसके निमित्त फारसी लिपि में बहुत पुराना छपा हुआ एक पाठ हाल ही में उन्हें मिला था। इसके विषय में इतना ही लिखा है—बड़े परिश्रम से किसी प्रकार इसका पाठ मैंने ठीक किया है—फिर भी इधर-उधर कुछ भूलें रह जाने की आशंका से मैं मुक्त नहीं हूँ।[6]

इन ग्रन्थावलियों की भूमिका में इनके सम्पादन के विषय में इस प्रकार जो कुछ लिखा गया है—उससे कई बातें स्पष्ट होती हैं—एक तो यह कि ये संस्करण पठन-पाठन की विवशता के सन्दर्भ में सम्पादित हुए हैं। इसलिए शुक्ल जी का कहना है कि इनमें स्थान-स्थान पर टिप्पणियाँ और एक लम्बी भूमिका भी दे दी गई है। इससे स्पष्ट है कि एक वैज्ञानिक पद्धति से पाठालोचन का संकल्प लेकर ये ग्रन्थावलियाँ सम्पादित नहीं हुई हैं। तथापि स्रस्टा के मूल आशय तक पहुँचने के लिए उसकी कृति के शुद्ध पाठ की अपेक्षा से प्रेरित होकर ये प्रयास अवश्य किए गए हैं। इसीलिए शुद्ध पाठ प्राप्ति के उद्देश्य से परिचालित होने वाले पाठालोचन के इतिहास में आचार्य रामचन्द्र शुक्ल का स्मरण किया जाता है। इसीलिए डा. माता प्रसाद गुप्त जैसे पाठालोचक ने अपने द्वारा सम्पादित 'जायसी ग्रन्थावली' की भूमिका में जहाँ अपने पूर्ववर्ती 'पद्मावत' के अनेक पाठालोचकों का समीक्षण भूमिका में करते हैं वहीं आचार्य शुक्ल द्वारा सम्पादित पाठ की भी समीक्षा करते हैं। और इस निष्कर्ष पर पहुँचते हैं—प्रतिलिपि परम्परा, प्रदोष परम्परा, पाठान्तर परम्परा आदि के आधार पर ग्रन्थ के पाठ निर्धारण की बात ही शुक्ल जी के संस्करण के विषय में न सोचनी चाहिए क्योंकि प्रति के नाम पर केवल एक हस्तलिखित प्रति का उन्होंने उपयोग किया और वह भी किस अंश तक—यह बताने की उन्होंने आवश्यकता नहीं समझी। उर्दू लिपि के कारण पाठ विकृति की सम्भावनाओं पर उन्होंने ध्यान अवश्य दिया, किन्तु ग्रियर्सन ने भी ध्यान दिया था—और दोनों में अन्तर अधिक नहीं है।

ग्रियर्सन की भाँति ही शुक्ल जी का ध्यान भी इस बात की ओर नहीं गया कि वास्तव में पद्मावत की आदि प्रति उर्दू नहीं, नागरी लिपि में थी। जायसी की भाषा और छन्द योजना के स्वरूपों का भी ठीक-ठीक परिज्ञान उनके संस्करण में नहीं दिखाई पड़ता है।[7]

डॉ. वासुदेव शरण अग्रवाल ने 'पद्मावत' के प्राक्कथन में लिखा है—यद्यपि शुक्ल जी से पहले ही पं. सुधाकर द्विवेदी ने पद्मावत के पचीस खण्डों का सटीक संस्करण प्रकाशित किया था तथापि इस काव्य को सार्वजनिक रूप से हिन्दी जगत् के दृष्टिपथ में लाने का कार्य शुक्ल जी ने ही किया। शुक्ल जी के संस्करण में पद्मावत का जो पाठ है, उसमें कितना अधिक अंश बाद में मिलाए हुए आगन्तुक पाठ का है—इसका पता दोनों संस्करणों (शुक्लकृत तथा गुप्तकृत) को साथ मिलाकर देखने से शीघ्र ही लग जायगा। प्रायः सभी क्लिष्ट स्थलों में आगन्तुक पाठ ने मूल श्रेष्ठ पाठ को दबा दिया है।[8] डॉ. अग्रवाल ने शुक्ल सम्पादित और गुप्त सम्पादित उभयविध संस्करणों के साक्ष्य पर टीकाएँ लिखीं—पर पाठ शोधन की नैसर्गिक प्रणाली से सम्पादित डॉ. गुप्त की प्रति से जो सुविधा हुई[9]—वह अकथ है। उन्होंने दोनों संस्करणों के समानान्तर पाठों को तुलनात्मक ढंग से विवेचित किया है और अपने वक्तव्य की पुष्टि की है।

नागरी प्रचारिणी सभा ने प्रथम बार 1903 में पाँच सम्पादकों के सम्पादक मण्डल ने और 1923 में तीन सम्पादकों के सम्पादक मण्डल ने तुलसी ग्रन्थावली का सम्पादन करवाया। 1923 वाले गठित सम्पादक मण्डल में आचार्य रामचन्द्र शुक्ल भी थे। उनके सम्पादकत्व में प्रकाशित संस्करण की भूमिका या वक्तव्य में कहा गया है—रामचरित मानस[10] का क्षेपक-रहित शुद्ध संस्करण निकालने का प्रयत्न पहले-पहल ग्रियर्सन साहब ने किया। उनके पीछे नागरी प्रचारिणी सभा ने इस कार्य को अपने हाथ में लिया और अनेक पुरानी प्रतियों की सहायता से 'मानस' का सम्पादन किया। कहने की आवश्यकता नहीं कि इस ग्रन्थावली का सम्पादन भी इसी पद्धति पर हुआ है। इस बार कई और प्राचीन प्रतियाँ हस्तगत हुईं जिनसे पाठ के निर्णय तथा मूल और प्रक्षिप्त के विचार में कुछ अधिक सहारा मिला। जिन पुरानी प्रतियों से प्रधान रूप से सहायता ली गई—वे ये हैं—

(1) राजापुर का हस्तलिखित अयोध्याकाण्ड, जो गोस्वामी जी के हाथ का लिखा माना जाता है।

(2) अयोध्याकाण्ड की प्रति (बालकाण्ड) जो गोस्वामी जी के परलोकवास के 11 वर्ष पीछे की लिखी हुई है।

(3) काशिराज की प्रति।

(4) ला. छक्कनलाल का छपाया लीथो वाला संस्करण—जो मिर्जापुर के प्रसिद्ध रामायणी पं. रामगुलाम द्विवेदी की प्रति के आधार पर छपाया था।

(5) सदल मिश्र का संस्करण जो वि.सं. 1867 में कलकत्ते में छपा था।

(6) डेढ़ सौ वर्ष की लिखी एक हस्तलिखित प्रति।

इन छह प्रतियों में प्रथम चार बहुत प्रामाणिक मानी जाती हैं। छक्कनलाल जी वाली प्रति का वैशिष्ट्य दो बिन्दुओं में है–पहला यह कि उसका पाठ शुद्ध है और दूसरा यह कि शेष तीन प्रतियों में उपलब्ध अनेक प्रसंग यहाँ नहीं हैं–अर्थात् क्षेपक माने गए हैं। तथापि काशिराज और सदल मिश्र–दोनों में जो प्रसंग हैं–छक्कनलाल वाली प्रति में उनके न होने पर भी गृहीत कर लिए गए हैं। सदल मिश्र मूल रूप का शुद्ध संस्कृतिरूप देकर पाठ बिगाड़ते हैं। वक्तव्य में कुछ शब्दों का रूप स्थित करने के लिए राजापुर वाली प्रति के भीतर छानबीन की गई है। सबसे अधिक आवश्यकता क्रिया के रूप स्थिर करने की थी। 'गावइ' 'गावे' –में से कौन लिया जाय? भाषा के इतिहास की दृष्टि से 'गावइ' 'करइ' रूप प्राचीन हैं और गोस्वामी जी की प्रकृति प्रायः पुराने रूपों के ग्रहण की है–यद्यपि उनका उच्चारण उनके समय में ही बोलते-बोलते कुछ बदल गया था–अर्थात् 'अइ' 'अउ' मिलकर 'ऐ' 'औ' के रूप में बोले जाने लगे थे। निष्कर्ष यह निकाला गया कि यद्यपि तुलसीदास जी की प्रवृत्ति पुराने रूप की ओर अधिक थी, तथापि इसके लिए उनका कोई कड़ा नियम नहीं था। इस सम्पादित संस्करण में अयोध्याकाण्ड का पाठ ज्यों का त्यों (नमूने के लिए) राजापुर का रखा गया है पर और जगह अयोध्या वाली प्रति की तरह–जैसे, करै, चलौ। राजापुर की प्रति से एक नियम का पता और चलता है और वह यह कि क्रिया के साधारण रूप में करण कारक का चिह्न जहाँ लुप्त होता है–वहाँ बराबर अन्तिम 'ए' पर अनुस्वार मिलता है। यह प्रचलन और भाषा शास्त्र की भी दृष्टि से ठीक है।

'ष' का काम तो 'ख' से लिया ही जाता है–पुरानी लिपि में तालव्य 'श' का दन्त 'स' लिखना भी एक बँधी हुई परिपाटी है। 'र' के साथ गोस्वामी जी 'श' के साथ सर्वत्र शुद्ध ही लिखते हैं। श्री-श्रवन।

(संवत् 2024-57–1967 ई.) में 'मानस', अनुशीलन (श्री शम्भु नारायण चौबे) की भूमिका[11] (छ-ज) में भी रायकृष्ण दास ने इस दूसरे सम्पादन के बाद वाले संस्करणों के लिए वैज्ञानिक रीति का संस्करण कहा है–जिससे स्पष्ट है कि दूसरे संस्करण में वह पद्धति लागू नहीं की गई थी।

डॉ. माताप्रसाद गुप्त ने शुक्ल-प्रमुख सम्पादकत्रय के सम्पादकत्व में प्रकाशित तुलसी ग्रन्थावली–विशेषकर प्रथम खण्ड के बारे में कहा है–ग्रन्थावली के इस प्रयास के तीन पक्ष हैं–रचनाओं का पाठ पक्ष[12], कवि का जीवन वृत्त पक्ष और उसकी कला और उसके विचारों का विवेचन पक्ष। इनमें से केवल पाठ पक्ष पर डॉ. गुप्त की प्रतिक्रिया द्रष्टव्य है। इस संस्करण में–

(1) अरण्य तथा किष्किंधा काण्डों में कई स्थलों पर प्रक्षिप्त पंक्तियों की सत्ता।

(2) वस्तु-प्रक्षेप के ही नहीं, भाषा की दृष्टि से भी त्रुटिपूर्ण है। डॉ. गुप्त ने समानान्तर उद्धृत शब्दों के साक्ष्य पर इस संकल्प का कि अयोध्याकाण्ड का पाठ ज्यों का त्यों राजापुर का ही रखा जायगा–अतिक्रमण और अवहेलना माना है।

(3) संस्करण में पाठ भेद का अनुल्लेख–जिससे अराजक स्वातंत्र्य और मिल जाता है।

रहे मानसेतर ग्रन्थ–सो उनकी दशा और विभिन्न है। लगता है कि* किसी संस्करण को लेकर[13] (छक्कनलाल जी के प्रमाण पर) और उसमें स्वेच्छापूर्वक कुछ संशोधन कर बिना किन्हीं हस्तलिखित और प्राचीन प्रतियों की सहायता के इन ग्रन्थों को छापकर प्रकाशित कर दिया।

इस प्रकार आचार्य विश्वनाथ प्रसाद मिश्र द्वारा समर्थित और गृहीत पाठ सुधार की साहित्यिक प्रणाली के मूल काशी की परम्परा के स्रोत आचार्य रामचन्द्र शुक्ल द्वारा सम्पादित जायसी ग्रन्थावली तथा तुलसी ग्रन्थावली का जो आकलन या मूल्यांकन इलाहाबादी परम्परा के अधिकारी विद्वान डॉ. माताप्रसाद गुप्त ने किया है–उससे लगता है कि शुक्ल जी ने सम्पादन के नाम पर जो कुछ किया है–वह नगण्य है–उसका कोई वैज्ञानिक आधार नहीं है। जहाँ तक जायसी ग्रन्थावली का सम्बन्ध है–स्पष्ट है कि अध्ययन-अध्यापन की विवशता से प्रेरित होकर शुक्ल जी ने सम्भव साम्रगी, प्रविधि और स्वयम् की साहित्यिक चेतना के आलोक में पाद टिप्पणी और विस्तृत भूमिका के साथ उसका प्रकाशन कराकर उच्च स्तरीय अध्ययन की समस्याओं को निराकृत्त किया। तुलसी ग्रन्थावली का सम्पादन 1923 तथा जायसी ग्रन्थावली का सम्पादन (प्रथम संस्करण) 1924 तथा (द्वितीय संस्करण) 1935 ई. में सम्पन्न हुआ। शुक्ल जी के पूर्व देशी-विदेशी-उभयविध विद्वानों द्वारा इन दिशाओं में प्रयास किया जा चुका था–शुक्ल जी ने अपने सम्पादन द्वारा चाहे कोई अन्तिम प्रामाणिक स्थिति न दी हो–पर आगे तो बढ़ाया ही। उनकी सीमाएँ देखकर उनकी उपलब्धियों पर दो बात कहनी और चीज है और अन्तिम स्थिति की सम्भावना का निर्णय देना दूसरी बात। एक व्यक्ति सम्पादन के निमित्त तमाम वैज्ञानिक औजारों को झोली में भरकर चलता है और दूसरा अपनी साहित्यिक समझ का नैतिक बल–सीमा में सम्भावित प्रयासों का उपयोग कर लेने पर भी अपने सम्पादन में–"उसे पूर्ण निश्चय नहीं है"–ऐसा मानता है। हम तो उनकी उन्हीं उपलब्धियों के ऋणी हैं–जितनी मात्रा में पीढ़ी के लोगों ने प्राप्त किया। पीढ़ी के लायक सिद्ध होने पर पूर्वजों की आत्मा भी प्रसन्न होती ही है।

---

*1. षोडश रामायण संग्रह वेंकटेश्वर प्रेस, बम्बई। 1894 2. षोडश रामायण–बंगवासी प्रेस, कलकत्ता, 1903। 3. तुलसीदास जी की ग्रन्थावली–बंगवासी प्रेस, कलकत्ता, 1904।

सन्दर्भ

1. पाठालोचन : सिद्धान्त और प्रक्रिया, डॉ. विमलेश कान्ति, प्रथम संस्करण, 1967, डॉ. विमलेश कान्ति, पृष्ठ 159। 2. उपरिवत्। 3. उपरिवत्। 4. पाठ सम्पादन के सिद्धान्त—डॉ. कन्हैया सिंह, प्रथम संस्करण, 1962, पृष्ठ 230। 5. जायसी ग्रन्थावली—रामचन्द्र शुक्ल, पंचम संस्करण, सं. 2008, पृष्ठ 5। 6. वही, पृष्ठ 1 (द्वितीय संस्करण की भूमिका से)। 7. पद्मावत—डॉ. माता प्रसाद गुप्त (सम्पादित), पृष्ठ 115। 8. पद्मावत—सम्पादक डॉ. वासुदेवशरण अग्रवाल, संवत् 1955, पृष्ठ 8। 9. वही, पृष्ठ 9। 10. तुलसी ग्रन्थावली—प्रथम खण्ड, नागरी प्रचारिणी सभा, सन् 1973, पृष्ठ 3। 11. मानस अनुशीलन—श्री शम्भुनाथ चौबे—रायकृष्णदास की भूमिका। 12. तुलसीदास—डॉ. माताप्रसाद गुप्त, पृष्ठ 9 (1972 ई.)।

हिन्दी समीक्षा का सत्व और आचार्य रामचन्द्र शुक्ल

'सत्व' शब्द का दो अर्थों में प्रयोग होता है—सत्ता और सारवत्ता। कुछ लोग पहले ही अर्थ में हिन्दी समीक्षा के सत्व को विवादास्पद घोषित कर देते हैं। उनका आशय यह है कि हिन्दी समीक्षा के लिए प्रयुक्त प्रतिमान या तो संस्कृत काव्य शास्त्र से प्राप्त किए गए हैं अथवा विदेशी साहित्य के सन्दर्भ में फलतः उसकी अभी अपनी कोई सत्ता ही नहीं।

हिन्दी समीक्षा के इतिहास में प्राक् शुक्ल समीक्षा या तो रुचि-परिचालित होने से आत्मनिष्ठ है अथवा वस्तुनिष्ठ है भी तो वे वस्तुनिष्ठता के प्रतिमान क्रमागत प्राचीन भारतीय प्रतिमान हैं। वस्तुतः प्राक् शुक्ल हिन्दी समीक्षा में ऐसा कोई अन्तर्दृष्टि सम्पन्न समीक्षक ही नहीं हैं, जिसने हिन्दी की नव-विकसित रचनाओं के साक्ष्य पर ऐसे किसी महत्वपूर्ण मानदण्ड की गवेषणा की हो। शुक्लोत्तर समीक्षा के दो सोपान हैं—छायावाद और छायावादोत्तर। छायावादी काव्य प्रवाह की शिखर-स्पर्शी उपलब्धियों के साक्ष्य पर उस धारा के समर्थ समीक्षक वाजपेयी नन्द दुलारेजी ने पहले तो क्रमागत प्रतिमानों को अपर्याप्त घोषित किया और सप्तसूत्री समीक्षा पद्धति की बात उठाई और शक्ति-शील-सापेक्ष नैतिकतावादी विरुद्धों के सामंजस्य वाले लोकमंगल-केन्द्रित-सौन्दर्य की अपेक्षा प्रबन्ध-प्रगीत-उभय पर्याप्त 'स्वयं-साध्य' चेतनावादी अखण्ड 'सौन्दर्य' को काव्य मन्थन का प्रतिमान निरूपित किया—जिसे प्रसाद साहित्य के सन्दर्भ में आगे चलकर रस-पर्यवसित बताया। हाँ, परम्परा विजड़ित रस-पद्धति का नई विधाओं में परिष्कार करने का प्रस्ताव किया। वाजपेयी जी साहित्य में राष्ट्रीयता के पक्षधर हैं और बुद्धिवाद की अपेक्षा वैदिक आत्मवादी दृष्टि को समग्र मानते हैं। उन्होंने एक तरफ क्रमागत रस-पद्धति के जड़ीभाव का विरोध किया और दूसरी ओर पाश्चात्य रोमेंटिक समीक्षा के मान्य मानदण्ड 'कल्पना' को जीवन से जोड़कर रस-निष्ठ बनाया। इस प्रकार यद्यपि वाजपेयी जी ने हिन्दी समीक्षा के न केवल सत्तार्थक 'सत्व' को सुदृढ़ किया अपितु 'सारवत्ता' का अर्थ भी प्रदान किया। इतना होने पर भी शुक्लोत्तर छायावादी समीक्षा—जो रस-पर्यवसायी

सौन्दर्य को स्वयं साध्य मानती थी—कई कारणों से शुक्ल जी का महत्व स्वयं स्वीकार करती है। एक तो यह कि जिस चतुर्मुख ज्ञान भण्डार से दीप्त अन्तर्दृष्टि का प्रथम समीक्षक हिन्दी को आचार्य शुक्ल के रूप में मिला—वैसा चतुर्मुख और सन्तुलित व्यक्तित्व पुनः अब तक उदित नहीं हुआ। दूसरे, छायावादी समीक्षा में शुक्ल प्रतिमानों का सर्वत्र एक-सा अकाट्य खण्डन नहीं हो पाया। तीसरे, स्वयं आचार्य वाजपेयी उनकी 75 वीं वर्ष-ग्रन्थि पर वक्तव्य देते हैं—हिन्दी अनुशीलन शुक्ल जी के मार्गदर्शन के अभाव में सुस्पष्ट स्वरूप ग्रहण नहीं कर पाया है और कुल मिलाकर एक विशृंखल वस्तु बन गया है।

छायावादोत्तर समकालीन समीक्षा में जहाँ तक प्रगतिवादी समीक्षा-धारा का सम्बन्ध है—शुक्ल जी परम्परा से हटकर उस धारा के पास इस दृष्टि से आते हैं कि जहाँ छायावाद और सम्पूर्ण प्राक् शुक्ल-समीक्षा रस-पर्यवसायी सौन्दर्य या रस को स्वयं में आत्म-निमज्जनकारी साध्य मानती है—और अस्मिता के साक्षात्कार का पर्याय मानती है—वहाँ प्रगतिवादी भी उसे साधन कहते हैं और लोकमंगलोपयोग के कारण 'सुन्दर' और 'रसमय' प्रतिपादित करते हैं। शुक्ल जी परम्परा की भाँति रस को आनन्द का पर्याय आत्मवादी भूमि पर अस्वीकार करते हैं। इसीलिए प्रगतिवादी और प्रगतिवादी समीक्षक डॉ. रामविलास शर्मा हिन्दी समीक्षा में उनके 'सत्व' का सुदृढ़ीकरण 'आचार्य रामचन्द्र शुक्ल और हिन्दी समीक्षा' तथा 'लोक जागरण और हिन्दी साहित्य' द्वारा करते हैं।

इस प्रकार संस्कारों से परम्परावादी होकर भी विवेक की भूमि पर शुक्ल जी जहाँ एक ओर परम्परा विजड़ित भूमि का अतिक्रमण करते हैं, वहीं दूसरी ओर यह भी कहते हैं—शब्दशक्ति और रस-पद्धति का निरूपण तो अत्यन्त गम्भीर है। उसकी तह में एक ऐसे स्वतंत्र और विशाल भारतीय समीक्षा भवन के निर्माण की सम्भावना छिपी है, जिसके भीतर लाकर हम सारे संसार के सारे साहित्य की समीक्षा कर सकते हैं। डॉ. रामविलास शर्मा ने भी माना है कि लोक और जीवन से गहरी सम्पृक्ति रखने वाले आचार्य शुक्ल जहाँ एक ओर एडीसन के 'कल्पनाजन्य आनन्द' से अपनी दृष्टि की पुष्टि करते हैं, वहीं उस आनन्द की रस-विषयक भारतीय अवधारणा से संयत कर हिन्दी काव्य रचना के सन्दर्भ में एक सर्वथा मौलिक मानदण्ड की स्थापना करते हैं। यह मानदण्ड लोकमंगल पर्यवसायी रस सिद्धान्त है—जिसकी व्याप्ति काव्य से जीवन तक है—फिर भी वह साधन ही है—लोक-मंगलानुरूप कर्तव्य की ओर प्रवृत्त कराने में। परम्परा से हटकर भी 'रस' जैसी हिमालय-कल्प संज्ञा के ग्रहण द्वारा परम्परा से जुड़ते हुए प्रगतिवाद से भी अपने प्रस्थान को पृथक् कर लेते हैं। पृथक् इसलिए कर लेते हैं कि प्रगतिवाद जहाँ पदार्थवादी दर्शन के अनुरूप लोक-मंगल के लिए जनवादी रक्त-क्रान्ति की बात करता है, वहाँ शुक्ल जी किसी विश्वधात्री रहस्यमयी शक्ति की क्षात्रवृत्ति के रूप में प्राकट्य की प्रतीक्षा करते हैं।

छायावादोत्तर समकालीन गैर-प्रगतिवादी धारा कविता के नए प्रतिमान के साक्ष्य पर जहाँ एक ओर रस-सिद्धान्त की प्रासंगिकता पर प्रश्नवाचक चिह्न लगाती है, वहीं दूसरी ओर 'अनुभूति की प्रामाणिकता' 'ईमानदारी' 'जटिलता' 'द्वन्द्व' 'तनाव' 'विसंगति' 'विडम्बना' 'सर्जनात्मक भाषा' 'बिम्बात्मकता' 'सपाट बयानी' 'फैंटेसी' 'नाटकीयता' 'जातीय अस्मिता' 'प्रतिबद्धता' 'समसामयिकता' 'आयाम' 'पक्षधरता' 'उत्सवधर्मिता' 'व्यंग्य'—इनका इजहार करती है। इनको यदि हमें ठीक से पहचानना है—तो हमें 'रेलीवेन्स' 'पैराडाक्स' 'एब्सर्डिटी' 'टेन्शन' 'कानफिलक्ट' 'कमिटमेंट' 'पार्टिजन' 'कांटेम्पोरेरिटी' 'आथेण्टिसिटी' 'सिन्सियरिटी' 'डायमेन्शन' 'रेशल-मेमोरी' 'कलेक्टिव अनकान्शस' 'सेलेब्रेशन' 'आयरनी' 'फ्लैट पोएट्री' 'एण्टी पोएट्री' 'एग्ज़िस्टेंशलिज्म'—आदि विदेशी सांस्कृतिक चेतना की छलकनमयी शब्दावली से परिचय प्राप्त करना होगा। इस प्रातिमानिक संज्ञावली के साक्ष्य पर 'हिन्दी की अपनी समीक्षा का सत्व कितना उजागर होता है—सहृदय बन्धु स्वयं सोचें।

आचार्य शुक्ल की समीक्षा धारा में भी अनेक नव-विकसित शब्दावली आती है—पर उसकी पहचान के लिए अपनी ही सांस्कृतिक चेतना की गहराई से परिचित होना पर्याप्त है। उनकी समीक्षा में रस की विभिन्न कोटियाँ, आलम्बनत्व धर्म का साधारणीकरण, लोकमंगल, सत्व के शासन में रज और तमस् का अवस्थान, काव्य की प्रयत्नावस्था और सिद्धावस्था, बिम्बार्थ, अप्रस्तुत योजना, प्रत्यक्षरूप विधान, कल्पित रूप विधान, स्मृत रूप विधान, प्रत्यभिज्ञात रूप विधान—ऐसे तमाम पारिभाषिक पद आते हैं—पर इसे किसी गैर-राष्ट्रीय धारा के शब्दों का रूपान्तर मात्र नहीं माना जा सकता। सार्वभौम चिन्तन की सामग्री खाद्य रूप में उपयोगी हो सकती है।

एक बात और। कुछ लोगों का कहना है कि शुक्ल जी की समीक्षा के दो पक्ष हैं—सैद्धान्तिक और व्यावहारिक। सैद्धान्तिक क्षेत्र की प्रायः सभी मान्यताएँ—रस पर्यवसायी लोकमंगल का मानदण्ड, आलम्बनत्व धर्म का साधारणीकरण, एक मात्र वाच्यार्थ में काव्योचित सौन्दर्य की स्थिति, रस की अवधारणा, प्रकृति रस की कल्पना, रस की कोटियाँ, भाव की परिभाषा आदि प्रायः सभी विवादास्पद हो चुकी हैं—अतः हिन्दी समीक्षा के सत्व के सन्दर्भ में शुक्ल जी की दीप्ति मन्द पड़ती जा रही है। मेरा कहना यह है कि एक तो उनकी मान्यताओं से उनका व्यक्तित्व कहीं ज्यादा महाप्राण है। दूसरे उनकी ये मान्यताएँ उनकी जिस नव-जागरण के सन्दर्भ से फूटी हैं—वे आज भी वजन रखती हैं। वे अपनी स्थापनाओं में एक मौलिक आचार्य हैं—जिनके भीतर से एक ओर अभिनव निकल जाते हैं और दूसरी ओर फ्रायड तथा डार्विन। स्पेन्सर से मेल खाते हुए भी वे निजी स्थापना में—करुणापूर्ण व्यक्ति हृदय तथा लोक-सामान्य भाव भूमिपरक सहृदय-हृदय को लोमंगलविधायक परम हृदय का अंग बताते हुए—सर्वथा मौलिक रह जाते हैं। वे रस को साधन मानकर प्रगतिवाद

के नजदीक से जाते हुए भी अपनी क्षात्रवृत्ति वाली धारणा के कारण दूर हो जाते हैं। चेतनाद्वैतवाद में आस्था रखकर भी संसार को सत्य मानने के कारण शंकर से अपना प्रस्थान पृथक् कर लेते हैं। भक्ति को लोकमंगलपरक साधनों में चतुष्पाद और सर्वोपरि मानते हुए भी भक्ति की अवधारणा में वैष्णवाचार्यों से अलग हट जाते हैं। कहते हैं कि धर्म की रसात्मक अनुभूति भक्ति है और ब्रह्म के सदंश का व्यक्त रूप धर्म है। यह भक्ति उनके अनुसार अन्तःकरण की सत्वमय प्राकृत वृत्ति है। इस प्रकार शुक्ल जी का यह मौलिक प्रस्थान जिसका मेरुदण्ड जीवन में मानवता की चरितार्थता ही सब कुछ है—कैसे विवादास्पद हो सकता है? उनका सत्व कैसे मंदप्रभ हो सकता है? दूसरे उनकी समीक्षा का दूसरा पक्ष व्यावहारिक है—जिसके दो रूप हैं—एक मूल्यांकन और दूसरे व्याख्यात्मक। मूल्यांकनात्मक समीक्षा आत्मनिष्ठ होने के कारण विवादास्पद हो सकती है परन्तु व्याख्यात्मक समीक्षा जो शब्द-शक्ति और रचना की तह में निहित सर्जनात्मक अनुभूति के साक्षात्कार पर निर्भर है—सदा-सदा के लिए समीक्षकों का मार्गनिर्देश करती रहेगी। समीक्षा और है क्या? रचना की तह में निहित सर्जनात्मक अनुभूति का साक्षात्कारपूर्वक किया गया सर्जनशील विश्लेषण ही न? है कोई और समीक्षक जिसके इर्द-गिर्द ऐसा प्रभामण्डल हो?

हिन्दी साहित्य को आचार्य शुक्ल की देन

शुक्ल जी के समस्त साहित्य के सम्यक् परिशीलन से यह स्पष्ट होता है कि वे आचार्य पहले हैं और समालोचक* बाद में। द्विवेदी युग में भाषा के क्षेत्र में महावीर प्रसाद द्विवेदी और समग्र सामग्री तथा दृष्टिकोण के विषय में आचार्य रामचन्द्र शुक्ल अपनी पूरी चेतना से सक्रिय थे। भाषा का सीन-काफ एक दुरुस्त कर रहा था—आत्मा को स्वस्थ दिशा देने का उत्तरदायित्व दूसरा निवाह रहा था। इस तरह यह युग आधुनिक हिन्दी साहित्य का आचार्ययुग कहा जा सकता है। आचार्य चरम सत्य के सन्दर्भ में युग सत्य का साक्षात्कार करता है—तत्कालीन समस्याओं से अवगत होता है और तदनुरूप दर्शन देता है। शुक्ल जी मानते हैं कि जो अभेद के जितना ही समीप पहुँचता है—वह सत्य के उतना ही समीप पहुँचता है अर्थात् चरम सत्य अद्वयात्मा है—जो गोचर जगत् की अपेक्षा में 'अव्यक्त' है—व्यक्त जगत अव्यक्त में निहित आकर्षण-अपकर्षणमयी शक्ति का ही रूपान्तरण है—फलतः उसी की भाँति यह भी असीम सत्य किन्तु प्रवाहनित्य है। मूलशक्ति रजः प्रवर्तित परस्पर विरोधी गुणों—सत्व तथा तम—की समष्टि है। इसके कारण व्यक्त गोचर जगत् या व्यवहार जगत् अमंगलमय तथा मंगलमयी सम्भावना की ओर गतिशील रहता है। सत्व का प्राधान्य और शासन होने पर मंगलमय-रक्षण, स्थिति और रंजन-दिशा की ओर तथा तमःप्राधान्य होने पर अमंगलमय-अरक्षा, दुरवस्था तथा अधोगपति की ओर व्यक्त जगत् का प्रवाह रहता है। शुक्ल जी का यही परमार्थ दर्शन है। वे अद्वैतवादी होते हुए भी शंकराचार्य को भाँति जगत् को असत्य नहीं मानते। उनका अद्वैत श्री नन्ददुलारे वाजपेयी द्वारा सम्भावित स्पिनोजा का 'पैंथिइज्म' भी नहीं है—क्योंकि उनकी चिन्तनधारा में सत्व, रज, तम की कोई बात नहीं है। शुक्ल जी का जगत् के सम्बन्ध में स्वीकृत 'विरूप-परिणाम' सांख्यसम्मत है—फिर भी वे सांख्य की भाँति द्वैतवादी नहीं हैं। वे यह भी नहीं मानते कि जगत् का भौतिक तथा मानसिक समस्त व्यापार एकबारगी विश्वात्मा की इच्छा से व्यक्त हो जाता है। विपरीत इसके वे मानते

*आचार्य के समक्ष अपना सिद्धान्त रहता है, और मात्र आलोचक के सामने रचना और रचनानिर्गत मानदण्ड। शुक्ल जी रचना निर्गत मानदण्ड की अपेक्षा अपने सिद्धान्त का सर्वत्र संचार करते हैं।

हैं कि जगत् की भौतिक और मानसिक व्यापार एक से अनेक की ओर, सरलता से जटिलता की ओर क्रमशः विकसित हुए हैं। इस प्रकार विकासवाद में आस्थाशील होकर भी वे मानव स्तर पर डार्विन के 'योग्यतमावशेष' का सिद्धान्त स्वीकार नहीं करते, विपरीत इसके स्पेंसर की 'परस्पर साहाय्यवृत्ति' को मानते हैं। वे मानते हैं कि मनुष्य का प्रवर्तक भाव विश्वात्मा की इच्छा से परार्थता की सम्भावना से आपूरित है। इससे स्पष्ट है कि उन्हें जड़वाद में विश्वास नहीं है, पंडित नेहरू के शब्दों में सोचा जाय तो शुक्ल जी आधुनिक मानस की उत्तम परिणति हैं—क्योंकि आधुनिक मानस मध्यकालीन साम्प्रदायिक रूढ़ियों और रहस्यवाद में विश्वास नहीं रखता, विपरीत इसके वह समाज की समुन्नति और लोक मंगलोपयोगी व्यावहारिकता में ज्यादा निरत रहता है। उनकी दृष्टि में व्यवहार या व्यक्त जगत का मंगल ही साध्य है—उसी में व्यष्टि मानव अपनी अस्मिता या स्व (मानव) भाव (ता) की चरितार्थता पाता है। यही मानव की ऊर्ध्वगामी रचनात्मक यात्रा है—व्यष्टि सत्ता का समष्टि सत्ता में लय ही मुक्ति है। तदर्थ रागात्मक सत्व का विकास साधन है—इसी के विकास से व्यक्ति-सत्ता अशेष विश्व के साथ रागात्मक सम्बन्ध कर पाती है और व्यक्तिगत राग-द्वेष की रज्जु से अन्तस् को मुक्त कर पाती है। शुक्ल जी का विश्वास है कि जगद्धारक विश्वात्मा सत्चित् आनन्दमय है। सत् का अर्थ 'होना' तो है ही 'अच्छा' या 'मंगलमय' होना भी है। यही सदंश व्यक्त होकर जगत् को धारण करता है—इसीलिए शुक्ल जी ब्रह्म के सदंश की व्यक्त प्रवृत्ति का नाम 'धर्म' देते हैं और धर्म की रसात्मक अनुभूति का नाम भक्ति। साथ ही वे यह भी मानते हैं कि धर्म का स्वरूप सामाजिक सन्दर्भ में विकसित हुआ है उसका परलोक और अध्यात्म से कोई सम्बन्ध नहीं है—वह लोकमंगल का ही धारक है। यह लोक-मंगल-धारक-तत्त्व स्वभाव में उतर आए तो 'भक्ति' है। भाव की दृष्टि से वह जिस श्रद्धा और प्रेम का मिश्रित रूप है उसका आलम्बन धारक शक्ति का वह उद्भावित नराकार रूप है—जो लोक रक्षण-रंजनोपयोगी शक्ति, शील और सौन्दर्यमय है। इस प्रकार 'व्यक्त' ही आलम्बन है और उसके समग्ररूप से सम्बद्ध भक्ति सर्वांगीण है। न तो वह अव्यक्त से सम्बद्ध है और न ही कर्म, ज्ञान तथा उपासना के किसी पक्ष से शून्य। अव्यक्त विषयक होने से वह रहस्य के पक्षधर विदेशी स्वभाव की हो जाती है और व्यक्त विषयक होने पर भी किसी एक पक्ष से शून्य होकर एकांगी और ऐकान्तिक। इन या ऐसे निष्कर्षों पर पहुँचकर अपनी मान्यता बनाने में वे पुनीत भारतीय वाङ्मय अथवा उसको आत्मसात् करने वाले कुम्भज-कल्प-गोस्वामी तुलसीदास के 'मानस' का सहारा लेते हैं। स्मरणीय है कि सहारा भर ही लेते हैं—व्याख्या सर्वथा अपनी आधुनिक दृष्टि से देते हैं। परम्परागत आचार्यगण भी अपनी स्थापना इसी प्रकार परम्परा प्रतिष्ठ वाङ्मय के साक्ष्य पर करते हैं, पर जहाँ वे जीवन की परिधि को मनोमय कोश से ऊपर ले जाते हैं और अन्तिम साध्य परलोक अथवा अध्यात्म के

स्तर पर ले जाते हैं—लोकमंगल का आत्मसात् कर लोकातीत तक पहुँच जाते हैं—वहाँ शुक्ल जी युग-सत्य के अनुरोध से व्यक्त जगत् के समष्टि-मंगल तक ही मनुष्यता की चरितार्थता की इयत्ता स्थापित करते हैं। उनके परमार्थ दर्शन, व्यवहार दर्शन और काव्य दर्शन सबका गन्तव्य यही लोकमंगल है इसी बिन्दु पर मानव अपने स्वभाव में निहित मानवता का चरम साक्षात्कार करता है।

जैसा कि ऊपर कहा गया है कि उनकी दृष्टि में व्यवहार जगत् का मंगल या सौन्दर्य ही साध्य है। यह मांगल्य या सौन्दर्य विरुद्धों का सामंजस्य है—यह विरोध है—सत् और असत् का—रामत्व और रावणत्व का। चूँकि संस्कार सत् असत् का मिश्रण है—अतः यह संघर्ष और असामंजस्य भी रह-रहकर उभरता रहता है जिसके लिए जगद्धारक शक्ति 'प्रयत्न पूर्वक' साध्य (मंगल) की सिद्धि करती है। इसी लक्ष्य की उपलब्धि के लिए व्यवहार दर्शन के रूप में शुक्ल जी 'लोकधर्म' की स्थापना करते हैं। धर्म की चर्चा विश्व की सभी समुन्नत संस्कृतियों ने की है—पर शुक्ल जी की दृष्टि में वे धर्म 'सामान्य धर्म' है 'विशेष धर्म' नहीं। उनकी दृष्टि में 'विशेषधर्म' है सरस्वती तथा दृषद्वती के तटों पर उद्भावित धर्म-आर्यशास्त्रानुमोदित 'वर्णाश्रमधर्म इस 'सोशल डिसिप्लिन' में बुद्धि, बल, अर्थ तथा सेवा भाव का आधार लिया गया है—जिसके बिना कोई समाज चल नहीं सकता। इसमें कर्तव्यानुसार अधिकार की व्यवस्था है, जिसको जितना ही बड़ा अधिकार है—उसका उतना ही बड़ा क्लेश-साध्य कर्तव्य और उत्तरदायित्व भी है—इसलिए तदनुरूप वे श्रद्धा तथा स्नेह भाजन है। शुक्ल-सम्मंत यह व्यवस्था सनातन पंथियों की भाँति 'जन्मना' नहीं प्रत्युत 'कर्मणा' है। आर्यसमाज का उस समय जोर था, पर शुक्ल जी आर्यसमाज सम्मत त्रैतेवादी नहीं हैं। उनके लोमंगलोपयोगी लोकधर्म में क्रिश्चियनमत की भाँति केवल 'करुणा' मात्र का अवलम्ब नहीं है न ही केवल क्रोध का। इसीलिए वे टालस्टाय और गाँधी का विरोध करते हैं। वे वर्णाश्रमवादी समाज का स्वप्न देखते हैं और तदनुरूप 'लोकधर्म' से सत्व के शासन में तमस् को सक्रिय रखकर मानव मात्र का मंगल चाहते हैं—इसीलिए मार्क्स और लेनिन के सर्वहारावाद के विपक्ष में हैं। डॉ. रामविलासजी मानते हैं इसे शुक्ल जी का सर्वाधिक कमजोर पक्ष, पर उनका पक्ष यही है। वाजपेयी जी उनके लोकधर्म की जमीन कच्ची मानते हैं और हजारीप्रसाद द्विवेदी लोकधर्म की उत्कृष्ट और निकृष्ट रूपों की चर्चा करते हुए उसे भिन्न दृष्टि से रखते हैं। उसके उत्कृष्ट रूप की सम्भावना समुन्नतमनस्क व्यक्ति में देखते हैं और लोकधर्म को शास्त्रानुमोदित जड़ता का विरोधी बताते हैं। शुक्ल जी का ध्यान धर्म के उस रूप पर है जिससे औसत लोक, प्रातिभ-क्षमता विहीन, असमुन्नत मनस्क, सामान्य लोक-शासित होता है। तुलसीदास के वर्णाश्रम धर्म की शुक्ल-सम्मत यह नयी व्याख्या है। जो समाज समुचित बुद्धि बल, अर्थ और सेवा का आधार लेकर अधिकार-कर्तव्य-निष्ठ श्रद्धेय और श्रद्धालुओं से आपूरित न होगा—वह समाज

रचनात्मक न होगा और जो रचनात्मक न होगा, वह गन्तव्य तक नहीं पहुँच सकता—लोकमंगलोपयोगी नहीं हो सकता।

शुक्ल जी का गन्तव्य एक ही है—व्यवहार और काव्य उसके दो प्रस्थान हैं—किंवा काव्य का काम भी लोकमंगलोपयोगी भावजगत् का निर्माण करना है। लोकमंगल लोकरक्षण, पालन और रंजन है और तत्परक कर्म है। कर्म की ओर प्रवर्तक भाव है फलतः उस भावजगत् का परिष्कार काव्य का साध्य है—प्रयोजन है। भावजगत् का परिष्कार, चित्तवृत्ति का परिष्कार, चित्तवृत्ति का दमन नहीं शोधन उन्हें अभीष्ट है। एतदर्थ शुक्ल जी मानते हैं कि काव्य ऐसी वाग्धारा है जो व्यक्ति सत्ता-रागात्मक सत्ता को लोकसत्ता में विलीन कर दे, व्यक्तिगत भावभूमि को लोक भावभूमि तक उठा ले जाय। उनकी दृष्टि में यही सात्त्विक मनोदशा रस दशा है। पारम्परिक आचार्यों की भाँति यह न तो सर्वथा आनन्दमयी दशा है और न ही स्वयम् में साध्य। उनकी दृष्टि में काव्य संविद् विश्रान्ति नहीं, कर्तव्यविश्रान्ति है। प्रेमचन्द ने भी कुछ इसी लहजे में कहा था कि अब हमें सुलाने वाला साहित्य नहीं, जगाने वाला साहित्य चाहिए। शुक्ल जी भी श्रद्धा को प्रेम की अपेक्षा इसीलिए उत्कृष्ट मानते हैं कि पहला जागरण है और दूसरा सुषुप्ति। वैसे दोनों मिल जायँ, उनका सामंजस्य हो जाय तो सर्वोत्तम। इसीलिए कर्म, ज्ञान और उपासना में भक्तिपर्यवसायी उपासना को वे सर्वोत्तम मानते हैं।

शुक्ल जी मानते हैं कि काव्य अभिव्यक्ति है—अव्यक्ति नहीं—इसीलिए अव्यक्त वासना के रूप में स्थित 'राग' की अपेक्षा उसके व्यक्त रूप 'प्रेम' और 'करुणा' को वे ज्यादा महत्व देते हैं—वे इन्हें लोकमंगल की दृष्टि से 'बीजभाव' मानते हैं। काव्य रसात्मक है और रस भावाश्रित है—फलतः भाव की व्याख्या उन्होंने जीवनानुभव, अध्ययन से अर्जित बुद्धि तथा विशेषतः मनोविज्ञान के आलोक में की है। अपनी मान्यता स्वीकार करने में जैसे विकासवाद, तथा भौतिकवाद की निष्पत्तियों की अपनी रुचि के अनुरूप ग्रहण किया है उसी प्रकार काव्य में मनोविज्ञान को भी। वे भाव की व्याख्या में मनोविज्ञान की सहायता लेकर भी उसे फ्रायड की भाँति स्वप्न के समकक्ष नहीं रखते जिसमें मनुष्य की अवदमित इच्छाओं का अचेत प्रकाशन होता है। परम्पराभाव के स्वरूप पर वासनावासित-हृदय सहृदय की ओर से विचार करती है जबकि शुक्ल जी विषयबद्ध लौकिक पात्र की ओर से। मनोविज्ञान परिवेश की व्यक्ति-मानसगत प्रतिक्रिया पर ही विचार करता है। फलतः उनकी दृष्टि में मनोविज्ञान सम्मत भाव का स्वरूप इस प्रकार है—प्रत्यक्षबोध, अनुभूति तथा वेगयुक्त प्रवृत्ति—इन तीनों के संश्लिष्ट चक्र का नाम भाव है। परम्परा प्रभाव या अभिव्यक्ति की दृष्टि से रस की दृष्टि से भाव का विचार करती है जबकि शुक्ल जी उत्पत्ति की दृष्टि से। इसीलिए उनकी दृष्टि में भाव में वेगयुक्त प्रवृत्ति और निर्दिष्ट आलम्बन का होना आवश्यक है—जबकि परम्परा रसात्मक परिणति को ही दृष्टिगत करती है।

इस मान्यता के कारण शुक्ल जी की रसस्थापना या काव्य-चिन्तन के सन्दर्भ में और अनेक कई उद्‌भावनाओं में अन्तर आ जाता है। उदाहरणार्थ, परम्परा जहाँ रस को अनिवार्यतः आनन्दमय मानती है, वहाँ शुक्ल जी उसे सुखात्मक के साथ दुःखात्मक भी मानते हैं उनकी दृष्टि में 'रसात्मक' अनुभूति केवल इसलिए कही जाती है कि वह व्यक्तिगत योग क्षेम की भावना से मुक्त हृदय द्वारा साधारणीकृत रूप में गृहीत होने से अक्षोभकर होती है। जहाँ परम्परा रस की कोई कोटि नहीं मानती वहाँ शुक्ल जी उत्तम, मध्यम तथा अधमकोटि की स्थितियाँ भी बताते हैं। जहाँ परम्परा प्रकृतिरस के विषय में मौन है वहाँ शुक्ल जी मुखर हैं। जहाँ परम्परा समस्त काव्य सामग्री का साधारणीकरण मानती है वहाँ शुक्ल जी आलम्बनत्व धर्म के साधारणीकरण की बात करते हैं। रसावस्थ भाव को परम्परा स्थायीभाव कहती है पर उसे सहृदय साक्षिक कहकर 'सब्जेक्टिव' रहने देती है। शुक्ल जी ग्राहक-आश्रय-तादात्म्य—के निकष पर स्थायी को वस्तुनिष्ठ पद्धति पर स्थापित करते हैं। परम्परा जहाँ रस को 'काव्येनाट्‌ये न तु लोके' कहकर रस की लोकगत स्थिति का विरोध करती है वहाँ शुक्ल जी उसे लोक जीवन में भी प्रतिष्ठित करते हैं और परम्परा से हटकर काव्य या जीवन की सीमा मनोमय कोश तक ही निर्धारित करते हैं। उनकी दृष्टि में काव्य रसात्मक अनुभूतिपरक वाग्धारा ही है, मात्र चामत्कारिक उक्ति सूक्ति है और तथ्यपरक पद्य। जिस अनुभूति का आलम्बन 'व्यक्त' नहीं है ऐसी अनुभूति कल्पित है और तद्‌गर्भ काव्य काव्याभास। इसीलिए अज्ञातप्रिय को आलम्बन बनाकर चलने वाली वाग्धारा से उन्हें नफरत है। काव्य में जैसे भाव कृत्रिम होता है, लाक्षणिक चापल्य वाली अंग्रेजी भाषा का अभिव्यक्ति के धरातल पर अंधानुकरण भी उन्हें अपनी भाषा की प्रकृति से विचलित करने वाला कृत्रिम रूप ही लगता है।

इस प्रकार एक सच्चे आचार्य-समालोचक के रूप में हिन्दी जगत् को परमार्थ दर्शन, व्यवहार दर्शन और काव्य दर्शन के क्षेत्र में उनके अत्यन्त महत्वपूर्ण ये प्रदेय हैं।

परम्परा में रसानुभूमति और कलात्मक सर्जन—विपक्ष और पक्ष

(विसर्जन और विलगाव)

यदि नाट्यशास्त्र ही काव्यशास्त्र के उद्भव का मूल स्रोत होता[1] तो आनन्दवर्द्धन को यह न कहना पड़ता कि 'रस'...उभयविध काव्य का लक्ष्य होना चाहिए[2] और प्रबन्ध में ही नहीं, 'मुक्तक' में भी उसकी निष्पत्ति होती है। यहाँ तक कि कभी-कभी एक-एक मुक्तक[3] से सैकड़ों प्रबन्धों की रसधारा समुच्छलित हो सकती है। लगता यही है कि नाट्योपयोगी काव्य में रसोपयोगी सामग्री की चतुरस्र व्यवस्था होती है—पर श्रव्य काव्य के आचार्यों ने पहले तो 'चारुता' या 'सौन्दर्य' को ही केन्द्र में रखा...बाद में बलात् रस के वितान को खींचकर—नाट्य-काव्य से श्रव्य-काव्य तक फैला दिया।[4] इसीलिए 'रस' की स्वरूप-विषयक अवधारणा भी नाट्यशास्त्र और ध्वन्यालोक में अलग-अलग है। 'रस' शब्द की जो अर्थ-व्याप्ति श्रव्य-काव्यीय शास्त्र में निरूपित है—यह नाट्यशास्त्र में लक्षित नहीं होती। नाट्य में सामग्री रस-निष्पत्ति[5] के लिए चतुरस्र होती है, श्रव्य-काव्य में एक तो सामग्री एकांगी भी हो सकती है—दूसरे वहाँ रसाभास, भाव, भाव-शान्ति, आदि की निष्पत्ति के अनुरूप हो सकती है। आनन्दवर्धन ने कहा है कि आभ्यासिक की तो नहीं कह सकता परन्तु परिणतप्रज्ञ रचनाकार की काव्य में प्रवृत्ति रसमयी मानसिकता से ही होती है।[6]... अन्यथा होती ही नहीं है। बात यह है कि रचनात्मक व्यक्तित्व से ही रचना फूटती है और व्यक्तित्व वही रचनात्मक होता है जो व्यवहार में जीने से बनता और सँवरता है। यह व्यवहार का ही जीवन है जहाँ व्यक्ति की रचनात्मक सम्भावनाएँ अपमूल्यों से संघर्ष करती हुई मूल्यों के जीने से उपलब्धि बनती है। रचनात्मक व्यक्तित्व दूसरों के लिए जीने में अपने जीने को सार्थक समझता है—दूसरों के अस्तित्व की रक्षा और उसकी ऊर्ध्वगामी मानवीय सम्भावनाओं की चरितार्थता में वह अपनी चरितार्थता मानता है। निःसन्देह वह वाल्मीकि की भाँति संवेदनशील होता है। यही कारण है कि इस दुःख-बहुल संसार में वह शोक संविग्न होने के लिए अभिशप्त है—इसीलिए

हमारी विसर्जनवादी धारा में कविता आँखों से बहने वाली गंगा की निर्मल जलधारा कही गई है। पन्त ने ठीक ही कहा है—

वियोगी होगा पहला कवि
आह से निकला होगा गान।
निकलकर आँखों से चुपचाप
वही होगी कविता अनजान।।[7]

आदिकवि की रचना का भी यही इतिहास है। वहाँ भी क्रौंच-द्वन्द्व के वियोगी से समुत्थित शोक करुण में परिणत होता हुआ श्लोक रूप में फूट पड़ा था।[8] परम्परा मानती है कि रचना अपने निर्माण और ग्रहण—दोनों में विसर्जन या विलयन की अपेक्षा रखती है। अनुभूति के सर्जना और ग्रहण—दोनों भूमियों पर विसर्जन सापेक्ष होने से रस रूप में उसकी परिणति अनायास हो जाती है। सर्जना की भूमि पर सर्जक अपनी व्यक्ति-सत्ता का और ग्रहण की भूमि पर ग्राहक अपनी व्यक्ति-सत्ता का आश्रय में विसर्जन करता है।

सवाल खड़ा किया जा सकता है कि क्या सर्जना के धरातल पर भी काव्योचित साधारणीभूत संवेदना रस प्रकृतिक या रसात्मक होती है? परम्परा में बद्धमूल मान्यता यह है कि सर्जक को रसानुभूति नहीं होती और यह सकारण है। कारण यह है कि रसानुभूति संविद् विश्रान्ति है...निमज्जित होना है...स्थिति विशेष है और सर्जना गति का एक प्रकार है...फलतः गति और स्थिति जैसी विरोधी मनोदशाओं का सहावस्थान किस प्रकार सम्भव है? सर्जक में रसानुभूति की स्थिति न मानने के पीछे एक तर्क यह दिया जाता है परन्तु एक सर्वसम्मत अविसंवादिनी अनुभूति यह भी है कि सर्जक या अभिनेता डूबकर या भीगकर लिखता है। वक्ता भी जब डूबकर या भीगकर बोलता है...तो उसकी व्याख्या किस प्रकार की जाय? वह कहाँ और किसमें डूबता है या भीगता है? क्या सर्जक काव्योचित संवेदना में न डूबकर अन्यत्र डूबता है? अन्यत्र डूबना क्या सर्जक की समाधि की शिथिलता नहीं है...सम्प्रेष्य से भटकना नहीं है? और है तो यह मानना पड़ेगा कि सर्जक काव्योचित संवेदना ही में डूबता है...डूबेगा तभी जब वह खींचेगी। खींचना इस निष्कर्ष में प्रमाण है कि वह सुन्दर और रसमय है। इस प्रकार यह मानना पड़ता है कि सर्जक में भी रसानुभूति होती है।

यद्यपि 'अभिनवभारती' कार कहता है...''बीज स्थानीयः कविगतो[9] रसः''—कविगत 'रस' और ग्राहकगत 'रस' के स्वरूप में यह अन्तर है कि कवि में वह 'बीज स्थानीय' है और ग्राहक में 'फल स्थानीय'। काव्य इसी बीज से प्रकट वृक्ष है जिसमें ग्राहकगत फल लगता है। इसीलिए स्रष्टा या सर्जक और भोक्ता या ग्राहकगत 'रस' के स्वरूप में भेद है।

इस भेद के विपक्ष में यह कहा जा सकता है कि आनन्दवर्द्धन की 'क्रौंचद्वन्द्व वियोगोत्थः शोकः श्लोकत्वमागतः[10]'—इस कारिका की व्याख्या करते हुए काव्य रचना प्रक्रिया में अभिनवगुप्त ने कहा है कि वही शोक विभावादि की चर्वणा से 'हृदय संवाद' उपजाता हुआ 'तन्मयीभवन' की स्थिति ला देता है और फिर आस्वादगोचर होता हुआ करुण रस में पर्यवसित हो जाता है। वह लौकिक शोक नहीं रह जाता अपितु स्वचित्तद्रुति समास्वाद्यसार प्रतीत होने लगता है। इस करुणरस से सर्जक मुनि वाल्मीकि का अन्तःकरण रस परिपूर्ण घट की भाँति समुच्छल हो उठता है—आवेशवश यह समुच्छल करुण समुचित शब्द, छन्द-वृत्त से नियन्त्रित होकर श्लोक बन जाता है या बन[11] गया है। ''मा निषाद, प्रतिष्ठान्त्वगमः शाश्वतीः समाः। यत् क्रौञ्च मिथुनादेकमवधीः काममोहितम्[12]''—यह लौकिक छन्द उसी करुण रस के समुच्छलन का परिणाम था। कारिका की इस व्याख्या में अभिनव ने स्पष्ट ही सर्जक वाल्मीकि के अन्तस् में रस की आस्वाद्यता की संस्थिति निरूपित की है। उसके समुच्छलन की बात की है। यह स्थिति काव्य-निर्माण के पूर्व की है। काव्य-निर्माण के पूर्व सर्जकगत मनोव्यापार की है। काव्य बनने से पूर्व ही सर्जक के अन्तस् में रस की समास्वाद्य स्थिति हो जाती है—अतः वह रस-काव्य या नाट्य की नहीं हो सकती। यह घटना लोक में घटित हुई है। स्वयं जब भवभूति राम के विषय में कहते हैं—

'पुटपाकप्रतीकाशः रामस्य करुणो रसः।[13]'

तब भी राम को करुण रस की मनोदशा में ले जाने वाली स्थिति काव्य या नाट्य की नहीं है। राम के अन्तस् में अतृप्त रति स्मारक परिवेश के कारण इतना सान्द्र होकर उमड़ पड़ती है कि उनके क्रन्दनात्मक अनुभाव से वज्र का हृदय भी फट जाता है और शिलाएँ तड़प-तड़प कर रोने लगती हैं। ऐसा था वह रामगत करुण रस का संक्रामक प्रभाव। इतिहास के ये उदाहरण यह सिद्ध करते हैं कि यदि आश्रय लोकोत्तर प्रकृति का है तो उसकी चेतना का स्पर्श पाकर सारा चराचर जगत् भी लोकोत्तर हो उठता है। चराचर जगत् का वह प्रभाव जो एक राग-द्वेष-ग्रस्त व्यवहार-लिप्त मानव की चेतना पर पड़ता है—लोकोत्तर मानव की चेतना पर अन्यथा प्रभाव डालने लगता है। लोकोत्तर पुरुष की चेतना में सत्व गुण अन्य गुणों को दबा कर सक्रिय रहता है और तदनुरूप चराचर जगत् की प्रकृति में निहित सत्व समुद्रेक हो जाता है—फलतः सत्वोद्रेक प्रकाशानन्दमय संविद[14] की विश्रान्ति दशा आ जाती है। फिर उसे 'रस' कहने में आपत्ति क्या है? इसी प्रक्रिया से यह आपत्ति भी निरस्त हो जाती है कि लोक में कार्य, कारण, सहकारी के नाम से पुकारी जाने वाली सामग्री केवल लोकोत्तर काव्य और नाट्य में ही विभाव, अनुभाव और संचारी जैसी संज्ञाओं से अभिहित की जा सकती है। काव्य और नाट्य में भी चेतना और सामग्री में

सत्वोद्रेकवश लोकोत्तरता का आधान ही तो होता है–जो वाल्मीकि और राम जैसे लोकोत्तर स्वभाव के लोगों में उपाधिवश नहीं, स्वभाववश सम्पन्न हो जाता है। कवि व्यक्ति ही होता है–पर व्यक्ति जब 'कवि' की मनोदशा में आ जाता है तब उसकी संवित् या अनुभूति साधारणीकृत रूप की ही होती है। अभिनव[15] कहते हैं–"जिस काव्य का अनुसन्धान करते हुए नट नाट्य-व्यापार करता है–वह काव्य साधारणीकृत संविद्मूलक ही होता है। कवि की चेतना असामान्य चेतना है–'विसर्जन' की भूमि का यह रचनाकार अनायास 'रसदशा' में पहुँच जाता है इसलिए यह तो माना ही जा सकता है कि ग्राहक ही नहीं, सर्जक भी रसानुभूति करता है पर एक अन्तर अवश्य है। ग्राहक को ग्रहण होता है–संविद् विश्रान्ति होती है–वह डूबकर निष्क्रिय हो जाता है–पर सर्जक को 'डूबने' के साथ 'लिखना' या 'सर्जना' करनी पड़ती है। रसानुभूति की समानता के बावजूद ग्राहक और सर्जक में यह अन्तर तो अनुभव-सिद्ध है। पर एक साथ डूबना और रचना–स्थिति और गति–निष्क्रियता और सक्रियता दोनों किस प्रकार सम्भव है? अनुभव और वह भी प्रामाणिक और सहृदयसम्मत अविसंवादी अनुभव की तार्किक संगति तो बिठानी ही पड़ेगी।

ग्राहक को कुछ 'करना' नहीं है, 'डूबना' भर है–जितना डूब सके। सर्जक 'डूबने' के साथ 'करता' भी है–सर्जना भी करती है। अतः उसमें विशिष्ट क्षमता की कल्पना करनी पड़ेगी। रसानुभूति को सँभालते रहना और 'सँभाल कर' सम्प्रेषित करना। इस सँभालने में एक विशिष्ट कलात्मक क्षमता की अपेक्षा है। सम्प्रेषण करने के लिए सम्प्रेषक में सम्प्रेष्य होना चाहिए–यह सम्प्रेष्य संवेदना ही है। काव्योचित एवं उपयोगी साधारणीकृत संविद् ही है जिस प्रकार एक डाक्टर दवा भरकर उसे संयमपूर्वक अन्यत्र संक्रान्त करता है–उसी प्रकार सर्जक भी अपनी भावयित्री प्रतिभा से भावन करके संवेदना का संचय भी तो करता ही है–तदनन्तर कारयित्री जैसी प्रातिभ क्षमता से उसे संक्रान्त भी करता है। यह सब मैं उस चिन्ताधारा के सन्दर्भ में कह रहा हूँ जो 'विसर्जन' को रचना की सर्वोच्च भूमि मानती है और साथ अपना एक तत्त्वदर्शन भी रखती है।

कवि तो काव्य-सृष्टि करता ही है–नट भी अपनी सृष्टि करता है। वह अभ्यासवश यन्त्रवत् अभिनय सम्पादन कर सकता है और तात्कालिक सूझबूझ से कुछ नया रचता भी है–रच सकता भी है। तो क्या सर्जनशील नट में भी रसानुभूति की सत्ता माननी होगी? मानी जा सकती है। नट भी डूबकर या भीगकर अपनी भूमिका प्रस्तुत कर सकता है–पर लोकोत्तर सँभाल या संयम की नटीय क्षमता चाहिए। वह सम्प्रेष्य में डूबे पर 'इन्वाल्व' न हो–बड़ी कठिन स्थिति[16] है। अनुभव करे और अनुभव का अंग न बने–यह सब किसी लोकोत्तर क्षमता से ही सम्भव है। पर सम्भव है–इसीलिए अगणित नटों में कोई दो-एक उभर कर ऊपर आ पड़ते हैं। जहाँ तक अभ्यास पाटन का सम्बन्ध है–आचार्यों ने काव्य और नाट्य के क्षेत्र में,

कलामात्र के क्षेत्र में अभ्यास को बड़ा महत्व दिया है। दण्डी तो कहता है–

'श्रुतेन यत्नेन च वागुपासिता ध्रुवं करोत्येव कमप्युनुग्रहम्।'

अर्थात् यदि किसी में निसर्गजात प्रतिभा न भी हो तो भी यदि वह निरन्तर अभ्यास करता रहे तो लोकोत्तर क्षमता वहाँ भी आ ही जाती है।[17] अभ्यास बाह्य भी होता है और आन्तर भी। आन्तर अभ्यास का ही नाम समाधि है। समाधि में चेतना 'दृष्ट' पर केन्द्रित होती है। सर्जक की चेतना सम्प्रेष्य पर समाहित होती है... वह भावना से प्रभावोपयोगी विशिष्ट परिवेश की निर्मिति कर लेता है और उससे प्रसूत सर्जनात्मक संवेदना का सम्प्रेषण संयत होकर करने लगता है या होने लगता है...दोनों स्थितियाँ होती हैं। आवेश दशा भी समाहित दशा ही है।

इस सबसे यह निष्कर्ष स्पष्ट ही निकलता है कि सर्जक की चेतना सम्प्रेष्य से सिक्त होती है–उसमें डूबकर संयमपूर्वक उसे सम्प्रेषित भी करती रहती है–पर यह सब एक विशेष कलात्मक पाटव या क्षमता से ही सम्पाद्य है।

इस सन्दर्भ में अभिनवगुप्त ही नहीं, कविकुलगुरु कालिदास का भी साक्ष्य देना चाहता हूँ। 'मालविकाग्निमित्रम्' में निर्णायक परिव्राजिका कहती है–

'अंगैरन्तर्निहितवचनैः सूचितः सम्यगर्थः
पादंन्यासो लयमुपगतस्तन्मयत्वं रसेषु।
शाखायोनिर्मृदुरमिनयस्तद्विकल्पानुवृत्तौ
भावो भावं नुदति विषयं रागबन्धः स एव ॥"[18]

सन्दर्भ नृत्य कला का है। मालविका की नृत्यकला की प्रशंसा करती हुई परिव्राजिका कहती है–'गीत की सब बातों का ठीक-ठीक अर्थ अंगों के अभिनय से भली भाँति दिखला दिया गया है। इनके पैर भी लय के साथ-साथ चल रहे थे फिर गीत के 'रस में भी वह तन्मय' हो गई थी। इनके नृत्य ने अपनी रंजनात्मकता में मुझ जैसे ग्राहक को ऐसा बाँध लिया कि ताल के साथ होने वाले अभिनय में अनेक प्रकार से अंग-संचालन कर विषयान्तर को चित्त में आने ही नहीं दिया–दर्शक विगलित वेद्यान्तर हो उठे।' यहाँ भावाभिनय में समाहित नर्तकी 'तन्मयत्वं रसेषु' में भी स्थित है–नृत्यकला के प्रदर्शन के साथ-साथ रस-मग्न भी होती जा रही है। निष्कर्ष यह कि इस स्थापना को कलामात्र के साथ जोड़ा जा सकता है। उच्च कोटि की कलात्मक सर्जना विलयन या विसर्जन माँगती है, न कि विलगाव या तटस्थता।

'पारम्परिक काव्य' (भारतीय) और 'समकालीन काव्य' का सन्दर्भ उठाकर यह कहा जा सकता है कि पारम्परिक काव्य अध्यात्म प्रकृति के भारत के 'हृदय' का आवेशवश समुच्छलन है–'समकालीन काव्य' का प्रस्थान और उसकी पहचान भिन्न है। एक तो यह 'समकालीन काव्य' विज्ञान-प्रभावित आधुनिक युग का है जहाँ 'बुद्धि' का बोलबाला है–जो 'विसर्जन' नहीं 'विलगाव' पैदा करती है। आज का युग

व्यक्ति को (विसर्जन के अभाव में) आत्मसजग करता है, अपने व्यक्तित्व की महत्ता को बनाए रखना चाहता है—अपने अधिकार के प्रति सजग है। पारम्परिक काव्य 'हृदय सिंधु मति सीप समाना' का पक्षधर है। वह 'हृदय' को सिंधु के समान और 'मति' को सीप के समान मानता है—'हृदय' विलयन और तन्मयीभवन या एकात्मकता में विश्वास करता है जबकि बुद्धि विलगाव और ताटस्थ्य के लिए सक्रिय रहती है। वह अकारण नहीं है कि ब्रेख्त[19] अरस्तू के विपक्ष में 'विलगाव' की बात आधुनिक या समकालीन मानसिकता को प्रतिबिम्बित करने वाले समकालीन साहित्य को ध्यान में रखकर करता है।

इस सन्दर्भ में निराला को केन्द्र में रखकर एक सवाल खड़ा होता है। निराला वह सर्जक है जो एक साथ पारम्परिक और समकालीन है। 'नाना पुराण निगमागम'[20] को हजम करने वाला तुलसी है और तुलसी को हजम करने वाला रामकृष्ण आश्रम का दार्शनिक निराला—फलतः उन्हें पारम्परिक भी कहा जा सकता है और दूसरी तरफ़ अद्यावधिक सभी प्रकार की मानसिकताओं—तनाव, विसंगति, आक्रोश, व्यंग्य आदि से गर्भित—से गुजरता हुआ वही निराला 'समकालीन' भी माना जाता है—पर 'अर्चना' 'आराधना' से अपनी सर्जना को समापन की ओर ले जाता हुआ निराला 'विसर्जन' या 'विलयन' की मानसिकता को ही तरजीह देता है। सवाल यह है कि समकालीन होता हुआ भी निराला की सर्जना में 'विलगाव' का स्वर क्यों मुखर नहीं हुआ? अपनी धुरी से कटा हुआ और अपनी धुरी से जुड़ा हुआ समकालीन रचनाकार ही 'विलगाव' और 'विसर्जन' की बात कर सकता है। रचनाकार अपने समय के बजबजाते हुए रूप को उकेरे, पर धुरी से कटकर नहीं—जुड़कर। निराला और मोहन राकेश में यह अन्तर है। रचनाकार—भारतीय रचनाकार की मानसिकता 'स्वाभाविक' और 'औपाधिक' उभयविध लक्षित हो रही है। यह स्वाभाविकता अपनी धुरी से जुड़ने और औपाधिकता से कटने के कारण लक्षित होती है।

अन्ततः इस निबन्ध द्वारा मैं कहना यह चाहता हूँ कि ग्रहण के धरातल पर तो परम्परा परिणत प्रज्ञ रचनाकार में भी 'रसानुभूति' की बात स्वीकार करती है—जहाँ व्यक्ति-सत्ता के किसी महासत्ता में विसर्जित होने की शर्त स्वीकार की जाती है। ऐसे विसर्जनशील रचनाकार के संकल्प को महाशक्ति कार्यान्वित करने लगती है। यदि नट या नर्तक, कवि या निर्देशक का महज माध्यम है तो वह अभ्यास-पाटव से रसानुभूति में मग्न होकर भी अपनी भूमिका निभा सकता है—पर यदि उसमें अतिरिक्त सर्जनात्मक क्षमता है तो उसे सर्जनात्मक (रसानुभूति) में डूबना ही पड़ेगा—भीगना ही होगा। रसानुभूति में मग्न होना और फिर भी असम्पृक्त रहना (इनवाल्व्ड न होना) एक लोकोत्तर कलात्मक क्षमता है जो महज अभ्यास-पाटव से सम्भव नहीं है—तदर्थ कुछ और भी चाहिए। अभिप्राय यह है कि सर्जक में भी रसानुभूति सम्भव है...भारतीय परम्परा में तो यह कहा ही जा सकता है।

सन्दर्भ

1. भारतीय साहित्यशास्त्र–प्रो. जी. टी. देशपाण्डे। 2. ध्वन्यालोक–आनन्दवर्द्धन, पृष्ठ 401 व 329, चौखम्बा संस्करण। सं. 1997। 3. वही, पृष्ठ 325। 4. ध्वन्यालोक लोचन–अभिनवगुप्त, पृष्ठ 186। 5. नाट्यशास्त्र–भरत, पृष्ठ 620, ध्वन्यालोक–तृतीय अध्याय, पृष्ठ 495, 1971, विश्वविद्यालय प्रकाशन। 6. ध्वन्यालोक, तृ. उ.–आनन्दवर्द्धन, पृष्ठ 499। 7. सुमित्रानन्दन पन्त–आधुनिक कवि (पन्त) 1964 ई., पृष्ठ 10। 8. ध्वन्यालोक, चतुर्थ उद्योत–आनन्दवर्द्धन, 85। 9.नाट्यशास्त्र–अभिनवभारती–अभिनवगुप्त। 10. ध्वन्यालोक, प्रथम उद्योत–आनन्दवर्द्धन। 11. ध्वन्यालोक लोचन, प्रथम उद्योत। 12. वाल्मीकि रामायण–वाल्मीकि। 13. उत्तर रामचरित–भवभूति। 14. काव्यप्रकाश, चतुर्थ उल्लास–मम्मट। 15. अभिनवभारती–अभिनवगुप्त। 16. आत्मनेपद–अज्ञेय। 17. काव्यादर्श–दण्डी। 18. मालविकाग्निमित्र–कालिदास। 19. तुलनात्मक काव्यशास्त्र–राममूर्ति त्रिपाठी, उद्धृत, पृष्ठ 159। 20. रामचरित मानस–तुलसीदास।

—

परिशिष्ट

जन्म : आश्विन पूर्णिमा संवत् 1941 (सन् 1884), अगौना, जिला बस्ती (उत्तर प्रदेश)

शिक्षा : ऐंग्लो संस्कृत जुबली स्कूल, मिर्जापुर से मिडिल, लन्दन मिशन स्कूल, मिर्जापुर से हाई स्कूल और प्रयाग कायस्थ पाठशाला में इण्टर की पढ़ाई अधूरी।

परिवार : सन् 1896 में नवाबगंज, वाराणसी के श्री रामफल पाण्डेय की पुत्री से विवाह, दो पुत्र : केशवचन्द्र–1901 और गोकुलचन्द्र–1905 तथा चार पुत्रियाँ : दुर्गावती–1903, विद्यावती–1908, लीलावती–1910 और कलावती–1912। बचपन मिर्जापुर में।

कार्यवृत्त : 1903 में 'आनन्द कादम्बिनी' का सम्पादन, 1904 में नायब तहसीलदार के पद पर नियुक्ति हुई लेकिन लन्दन मिशन स्कूल में ड्राइंग टीचर बनना पसन्द किया, 1908 में नागरी प्रचारिणी सभा द्वारा तैयार किये जा रहे 'हिन्दी शब्द सागर' में सहायक सम्पादक नियुक्त, 1912 से नागरी प्रचारिणी सभा पत्रिका के सम्पादक, 1921 से बनारस हिन्दू विश्वविद्यालय में हिन्दी अध्यापन, 1937 में यहीं हिन्दी विभाग के अध्यक्ष।

निधन : फरवरी 2, 1941।

कृतियाँ :

कहानी	:	ग्यारह वर्ष का समय, सरस्वती, सितम्बर, 1903
कविता	:	मधुस्रोत (काव्य-संग्रह), नागरी प्रचारिणी सभा, 1971
जीवनी	:	श्री राधाकृष्ण दास की जीवनी, 1908
आलोचना	:	गोस्वामी तुलसीदास, 1923
		जायसी ग्रंथावली, 1920
		हिन्दी साहित्य का इतिहास, 1923, 1929
		विचारवीथी, 1930
		चिन्तामणि, भाग–एक, 1930; भाग 4 2002

सूरदास
चिन्तामणि, भाग-दो, 1945
चिन्तामणि, भाग-तीन, 1983
रसमीमांसा, 1949

सम्पादित ग्रंथ : तुलसी ग्रंथावली
जायसी ग्रंथावली
भ्रमरगीत सार
वीरसिंह देव चरित्र

अनुवाद : कल्पना का आनन्द (एसेज आन इमेजिनेशन) एडीसन, 1905 मेगस्थनीज़ कालीन भारत (मेगस्थनीज़ इंडिया), 1897 साहित्य (लिट्रेचर-जान हेनरी न्यूमैन), 1904 राज्य प्रबन्ध शिक्षा (माइनर हिन्ट्स-राजा सर टी. माधव राव), 1913 आदर्श जीवन (प्लेन लिविंग-हाई थिंकिंग), 1914 विश्वप्रपंच (रिड्ल आव द यूवीवर्स), 1920 शशांक (राखालदास वन्द्योपाध्याय), 1922 बुद्धचरित (लाइट आव एशिया-एडविन अर्नाल्ड), 192